D1692324

Klaus Barwig/Günter Saathoff/Nicole Weyde (Hrsg.)

Entschädigung für NS-Zwangsarbeit

Rechtliche, historische und politische Aspekte

Nomos Verlagsgesellschaft
Baden-Baden

Die Deutsche Bibliothek – CIP-Einheitsaufnahme

Entschädigung für NS-Zwangsarbeit : Rechtliche, historische und politische Aspekte / Klaus Barwig ... (Hrsg.). – 1. Aufl. – Baden-Baden : Nomos Verl.-Ges., 1998
  ISBN 3-7890-5687-1

1. Auflage 1998
© Nomos Verlagsgesellschaft, Baden-Baden 1998. Printed in Germany. Alle Rechte, auch die des Nachdrucks von Auszügen, der photomechanischen Wiedergabe und der Übersetzung, vorbehalten. Gedruckt auf alterungsbeständigem Papier.

Inhalt

Abkürzungen 9

Vorwort 15

I. Historische und politische Bedeutung der verfolgungsbedingten Zwangsarbeit im Nationalsozialismus

Ulrich Herbert
Zwangsarbeiter im "Dritten Reich" – ein Überblick 17

Karl Brozik
Die Entschädigung von nationalsozialistischer Zwangsarbeit
durch deutsche Firmen 33

Günter Saathoff
Die politischen Auseinandersetzungen über die Entschädigung
von NS-Zwangsarbeit im Deutschen Bundestag
– politische und rechtliche Aspekte – 49

II. Entschädigung für Zwangsarbeit aus juristischer Sicht

Burkhard Heß
Völker- und zivilrechtliche Beurteilung der Entschädigung
für Zwangsarbeit vor dem Hintergrund neuerer Entscheidungen
deutscher Gerichte 65

Lutz Frauendorf
Probleme der Entschädigung für Zwangsarbeit
als öffentlich-rechtliche Ersatzleistung 93

Günter Saathoff
Der Reparationsverzicht der Sowjetunion von 1953
– Hindernis für die Entschädigung von ZwangsarbeiterInnen? 107

Jerzy Kranz
Zwangsarbeit – 50 Jahre danach: Bemerkungen aus polnischer Sicht 111

Lutz Frauendorf
Ansprüche von Zwangsarbeitern aus Osteuropa gegen die
Bundesrepublik Deutschland und gegen Arbeitgeber,
die Zwangsarbeiter eingesetzt haben 135

III. Entschädigung für Zwangsarbeit aus polnischer
und ukrainischer Sicht

Karol Gawlowski
Die Sklavenarbeit der polnischen Bürger im "Dritten Reich" 159

Andrzej Budzyñski
Opfer der Repressionen des Dritten Reiches in Polen –
humanitäre Hilfe oder Entschädigung? 165

Igor Luchnikov
Ansprüche aus Zwangsarbeit seitens der Geschädigten – Ukraine
Die Tätigkeit des ukrainischen nationalen Fonds
"Verständigung und Versöhnung" 179

Taras Kyjak
Ansprüche aus Zwangsarbeit – Anmerkungen aus ukrainischer Sicht 187

IV. Rentenversicherungsrechtliche Aspekte

Cornelius Pawlita
Rentenversicherungsrechtliche Aspekte verfolgungsbedingter
Zwangsarbeit im Nationalsozialismus 193

Anhang

Abkommen über deutsche Auslandsschulden
(Londoner Schuldenabkommen) vom 27. Februar 1953 (Auszug) — 215

Bundesentschädigungsgesetz (Auszug) — 218

Beschluß des Bundesverfassungsgerichts vom 13. Juni 1996 — 221

Urteil des Landgerichts Bonn vom 5. November 1997 — 248

Urteil des Landgerichts Bremen vom 2. Juni 1998 (Tenor) — 290

Urteil des Oberverwaltungsgerichts Nordrhein-Westfalen
vom 19. 11. 1997 — 291

Urteil des Bundessozialgerichts ("Ghetto Lodz") — 300

Antrag BÜNDNIS 90/DIE GRÜNEN
Errichtung einer Bundesstiftung "Entschädigung für NS-Zwangsarbeit" — 307

Antrag BÜNDNIS 90/DIE GRÜNEN
Leistungen der gesetzlichen Rentenversicherung für die osteuropäischen
Opfer von NS-Zwangsarbeit — 318

Antrag SPD
Wiedergutmachung für die Opfer von NS-Willkürmaßnahmen — 322

Lothar Eberhardt
Hoffen auf Deutschland — 327

Stukenbrocker Appell — 333

Potsdamer Appell — 335

Ulrich Herbert
Statistische Tabellen zur Zwangsarbeit im "Dritten Reich" — 337

Geheime Staatspolizei – Staatspolizeistelle Potsdam
Sondervorschriften zur Behandlung der im Reich eingesetzten
Arbeiter und Arbeiterinnen polnischen Volkstums — 341

DGB-Erklärung vom 7. Oktober 1998
"Entschädigung von Zwangsarbeiterinnen und Zwangsarbeitern" — 343

Herausgeberin/Herausgeber — 344

Abkürzungen

a.A.	anderer Ansicht
a.a.O.	am angegebenen Ort
a.E.	am Ende
a.F.	alte Fassung
Abs.	Absatz
Abschn.	Abschnitt
Alt.	Alternative
amtl.	amtlich
Anh.	Anhang
AJIL	American Journal for International Law
AKG	Allgemeines Kriegsfolgengesetz
Anm.	Anmerkung
AöR	Archiv des öffentlichen Rechts
Art., Artt.	Artikel
Aufl.	Auflage
AusfG	Ausführungsgesetz
AVR	Archiv des Völkerrechts
Az.	Aktenzeichen
BAnz.	Bundesanzeiger
BArbBl.	Bundesarbeitsblatt
BBG	Bundesbeamtengesetz
Bd.	Band
BEG	Bundesentschädigungsgesetz
Begr.	Begründung
Beil.	Beilage
BErgG	Bundesergänzungsgesetz
Beschl.	Beschluß
betr.	betreffend
BFH	Bundesfinanzhof
BGB	Bürgerliches Gesetzbuch
BGBl.	Bundesgesetzblatt
BGH	Bundesgerichtshof
BGHZ	Bundesgerichtshof – Entscheidungen in Zivilsachen
BMF	Bundesminister(ium) der Finanzen
BR-Drs.	Bundesrats-Drucksache
BRüG	Bundesrückerstattungsgesetz
BSG	Bundessozialgericht
BSGE	Entscheidungen des Bundessozialgerichts
BSHG	Bundessozialhilfegesetz
Bst.	Buchstabe
BT	Bundestag
BT-Drs.	Bundestags-Drucksache

Bull.	Bulletin
BVerfG	Bundesverfassungsgericht
BVerfGE	Entscheidungssammlung des Bundesverfassungsgerichts
BVerwG	Bundesverwaltungsgericht
BVerwGE	Entscheidungssammlung des Bundesverwaltungsgerichts
BVG	Bundesversorgungsgesetz
BvR	Aktenzeichen beim Bundesverfassungsgericht
c	contra
DAngVers	Die Angestellten-Versicherung
DAW	Deutsche Ausrüstungswerke
ders.	derselbe/dieselbe
DÖV	Die öffentliche Verwaltung
DP	displaced persons
DRV	Deutsche Rentenversicherung
DVBl.	Deutsches Verwaltungsblatt
DVO	Durchführungsverordnung
E	Entscheidungen (Amtliche Sammlung)
ebd.	ebenda
EGBGB	Einführungsgesetz zum Bürgerlichen Gesetzbuch
EMRK	Europäische Menschenrechtskonvention
endg.	endgültig
entspr.	entsprechende(r/s)
EPIL	Encyclopaedia for Public and International Law
ERG	Entschädigungsrentengesetz
Erglfg.	Ergänzungslieferung
Erl.	Erlaß/Erläuterung
EU	Europäische Union
EuGH	Gerichtshof der Europäischen Gemeinschaften/Europäischer Gerichtshof
EuGHE	Entscheidungen des Gerichtshofs der Europäischen Gemeinschaften/Entscheidungen des Europäischen Gerichtshofes
EuGRZ	Europäische Grundrechte-Zeitschrift
f.	und die folgende Seite
FANG	Fremdrentenanpassungsgesetz
ff.	und die folgenden Seiten
Fn.	Fußnote
FRG	Fremdrentengesetz
FS	Festschrift
GG	Grundgesetz
GG	Generagouvernement
GoA	Geschäftsführung ohne Auftrag

GVG	Gerichtsverfassungsgesetz
H.L.	herrschende Lehre
h.M.	herrschende Meinung
Hdb.	Handbuch
HdbStR	Handbuch des Staatsrechts
HLKO	Haager Landkriegsordnung
Hrsg.	Herausgeber
Hs.	Halbsatz
i.d.F.	in der Fassung
i.d.R.	in der Regel
i.S.	im Sinne
i.ü.	im übrigen
i.V.m.	in Verbindung mit
IARA	Internationale Reparationsagentur
ILM	International Legal Materials
IMT	Internationales Militärtribunal
insb.	insbesondere
IPR	Internationales Privatrecht
jew.	jeweils
JZ	Juristenzeitung
Kap.	Kapitel
KOV	Kriegsopferversorgung
LAG	Landesarbeitsgericht
LG	Landgericht
lit.	Buchstabe
Lit.	Literatur
LSA	Londoner Schuldenabkommen
LSG	Landessozialgericht
m.	mit
m.a.W.	mit anderen Worten
m.E.	meines Erachtens
m.w.Nw.	mit weiteren Nachweisen
Man.	Manuskript
MDHS	Maunz/Dürig/Herzog/Scholz, Kommentar zum Grundgesetz
Mitt.	Mitteilung
MüKo	Münchener Kommentar (2. Aufl. 1986)
n.F.	neue Fassung
NJW	Neue Juristische Wochenschrift
NVwZ	Neue Zeitschrift für Verwaltungsrecht

NVwZ-RR	Neue Zeitschrift für Verwaltungsrecht – Rechtsprechungs-Report
NZA	Neue Zeitschrift für Arbeitsrecht
NZS	Neue Zeitschrift für Sozialrecht
o.g.	oben genannt
o.J.	ohne Jahr
o.V.	ohne Verfasser
OLG	Oberlandesgericht
OVG	Oberverwaltungsgericht
prALR	preußisches Allgemeines Landrecht
Prot.	Protokoll
RArbBl.	Reichsarbeitsblatt
RBHG	Gesetz über die Haftung des Reichs für seine Beamten
RdErl.	Runderlaß
Rdnr.	Randnummer
Rdz.	Randziffer
RGBl.	Reichsgesetzblatt
RGRK	Das Bürgerliche Gesetzbuch mit besonderer Berücksichtigung des Reichsgerichts und des Bundesgerichtshofes, Kommentar
RKGKom	Reichsgerichtsrätekommentar
RGZ	Entscheidungssammlung des Reichsgerichts
ROW	Recht in Ost und West
RRG	Rentenreformgesetz
Rspr.	Rechtsprechung
RVO	Reichsversicherungsordnung
RzW	Rechtsprechung zum Wiedergutmachungsrecht
s.a.	siehe auch
S.	Seite
SG	Sozialgericht
SGb.	Die Sozialgerichtsbarkeit
SGB	Sozialgesetzbuch
SJZ	Süddeutsche Juristenzeitung
SozR	Sozialrecht, Sammlung von Entscheidungen des Bundessozialgerichts
SozVers.	Die Sozialversicherung
Sp.	Spalte
st.	ständig(e)
u.a.	unter anderem, und andere
u.U.	unter Umständen
UNTS	United Nations Treaties Series
Urt.	Urteil

v.	von/vom
v.a.	vor allem
VDR	Verband deutscher Rentenversicherungsträger
VermG	Vermögensgesetz
VersR	Versicherungsrecht
VfZ	Vierteljahreshefte für Zeitgeschichte
VG	Verwaltungsgericht
VGH	Verwaltungsgerichtshof
vgl.	vergleiche
VIZ	Zeitschrift für Vermögens- und Investitionsrecht
VjZ	Vierteljahreshefte für Zeitgeschichte
VO	Verordnung
VV	Versailler Vertrag
WGSVG	Gesetz zur Wiedergutmachung nationalsozialistischen Unrechts in der Sozialversicherung
WRV	Weimarer Reichsverfassung
WVHA	Wirtschafts- und Verwaltungshauptamt der SS
z.B.	zum Beispiel
z.T.	zum Teil
ZaöRV	Zeitschrift für ausländisches öffentliches Recht und Völkerrecht
ZPO	Zivilprozeßordnung
zsfd.	zusammenfassend
ZSR	Zeitschrift für Sozialreform
zust.	zustimmend

Vorwort

Auch mehr als 50 Jahre nach Kriegsende ist die Entschädigung für NS-Zwangsarbeit noch immer in der politischen und juristischen Kontroverse. Erst vor etwa einem Jahrzehnt hat eine auch in der Öffentlichkeit wahrnehmbare Diskussion über dieses unerledigte Kapitel deutscher Geschichte eingesetzt.

Die Zwangsarbeiter, die von den Nationalsozialisten nach Deutschland deportiert wurden und zumeist unter fürchterlichen Lebensbedingungen arbeiten mußten, kamen überwiegend aus den ost- und südosteuropäischen Staaten. Die Mehrheit von ihnen dürfte heute nicht mehr am Leben sein – das Leiden der Zwangsarbeit blieb nicht ohne Folgen.

Die Überlebenden sind für die Zwangsarbeit selbst weitgehend ohne Entschädigungsleistung geblieben. Sie konnten ihre rechtlichen und moralischen Forderungen gegen die damaligen Nutznießer der Zwangsarbeit nicht durchsetzten. Neuere historische Publikationen belegen eindrucksvoll das Interesse des NS-Regimes und der damaligen Wirtschaft an der Ausbeutung der Zwangsarbeiter.[1] Es gab kaum eine Kommune, kaum einen Betrieb, kaum einen Bauern, der nicht deportierte Zwangsarbeiter einsetzte. Schätzungen gehen von bis zu 14 Millionen Menschen aus, die ins Deutsche Reich deportiert wurden.

Das Bundesentschädigungsgesetz, das umfangreiche Leistungen für Verfolgte vorsieht, hat bewußt die in Osteuropa lebenden Opfer ausgegrenzt. Stichtagsregelungen und das faktische Erfordernis eines Wohnsitzes in Deutschland oder dem westlichen Ausland machten es diesen Personen unmöglich, entsprechende Leistungen zu erhalten. Hier zeigt sich, daß selbst das Entschädigungsrecht vom Geist des "Kalten Krieges" geprägt ist. Die Zwangsarbeit als solche ist bis heute nicht als typisches NS-Unrecht anerkannt.

Zwangsarbeiter mußten daher ihre Ansprüche direkt gegen die Bundesrepublik Deutschland als Rechtsnachfolgerin des Deutschen Reiches und gegen die Firmen geltend machen. In der Vergangenheit wurden jedoch sämtliche Klagen durch die Gerichte mit der Begründung abgelehnt, die Forderungen nach Schadensausgleich für Zwangsarbeit gehörten zum Reparationsrecht. Die Forderungen könnten daher nur von Staat zu Staat geltend gemacht werden und das einzelne Opfer sei nach den Regeln des Völkerrechts nicht legitimiert, einen individuellen Anspruch auf Schadensausgleich geltend zu machen. Aber auch das "Londoner Schuldenabkommen" von 1953 hindere Deutschland und die deutschen Firmen an der Erfüllung derartiger reparationsrechtlicher Ansprüche.

Verfahren vor bundesdeutschen Gerichten und Debatten im Deutschen Bundestag haben indes in den letzten Jahren deutlich gemacht, daß die politischen und rechtlichen Barrieren gegen die Ansprüche von Opfern immer brüchiger geworden sind. Mit dem Fall der Mauer und dem 2+4-Vertrag änderte sich die politische Lage im Verhältnis zu den osteuropäischen Staaten grundlegend. Die Bundesrepublik konnte sich ihrer historischen Verantwortung gegenüber den osteuropäischen Zwangsarbeitern nicht mehr verschließen. Sie stellte eigens hierfür eingerichteten Stiftungen in Osteuropa Mittel zur Verfügung, um dadurch ehemaligen NS-Opfern, darunter auch Zwangsarbeitern wenigstens gewisse

---

[1] S. hierzu u.a.: *Hopmann*, Zwangsarbeit bei Daimler-Benz, Stuttgart 1994 (Zeitschrift für Unternehmensgeschichte, Beiheft 78); *Mommsen/Grieger*, Das Volkswagenwerk und seine Arbeiter im Dritten Reich, Düsseldorf 1997.

finanzielle Leistungen zukommen zu lassen.

Die Rechtslage änderte sich grundlegend durch die Entscheidung des Bundesverfassungsgerichts vom Mai 1996. Das Gericht machte deutlich, daß individuelle Ansprüche von Zwangsarbeitern gegen den Staat oder Firmen durch das Völkerrecht nicht ausgeschlossen werden – der vormals eherne Grundsatz der Exklusivität des Völkerrechts hatte plötzlich seine Geltung verloren. Einzelne Gerichte, allen voran das Landgericht Bonn, sprach Opfern erstmalig einen Anspruch zu.

In den USA wurden von dort lebenden NS-Opfern Klagen gegen bundesdeutsche Firmen eingereicht, die Zwangsarbeiter eingesetzt hatten. Einige der Verfahren endeten mit außergerichtlichen Vergleichen. Auch in Deutschland haben einzelne Firmen wie die Hamburger Elektrizitätswerke (HEW) für ehemalige Zwangsarbeiter einen Pauschalbetrag in die Stiftung für polnische NS-Opfer eingebracht, andere, wie die Firma Diehl aus Nürnberg, haben ihren ehemaligen Opfern persönlich einen Schadensersatz gezahlt. Der VW-Konzern Wolfsburg und die Siemens-AG gaben im September 1998 bekannt, einen privaten Fonds in Höhe von jeweils 20 Millionen DM einzurichten. Auch andere Unternehmen erwägen derzeit, eine Regelung für die Entschädigung ihrer ehemaligen Zwangsarbeiter zu finden.

Schon seit einem Jahrzehnt hatten die Oppositionsfraktionen von BÜNDNIS 90/ Die GRÜNEN und der SPD im Bundestag Versuche unternommen, eine politische Lösung für die offenen Entschädigungsfragen zu finden, gerade auch, um den oftmals betagten und verarmten Opfern den mühevollen Gang vor die Gerichte zu ersparen. Vorgeschlagen wurde eine gemeinsam vom deutschen Staat und der deutschen Industrie finanzierte Bundesstiftung auf gesetzlicher Grundlage, die individuelle Entschädigungsleistungen an die Zwangsarbeiter erbringen sollte.

Im Kontext dieser neueren Debatte hat die Akademie der Diözese Rottenburg-Stuttgart dieses wichtige und sensible Thema im Rahmen einer Tagung aufgegriffen, um die historische, rechtliche und moralische Dimension der Entschädigung von NS-Zwangsarbeit deutlich zu machen. Planung und Durchführung erfolgte in Zusammenarbeit mit der Jewish Claims Conference. Nicht zuletzt ist eine Lösung gerade auch dieses Problems von großer Bedeutung für ein zusammenwachsendes Europa.

Der vorliegende Band möchte neben den historischen Aspekten vor allem auch die Rechtslage verdeutlichen, wie sie sich nach der Entscheidung des Bundesverfassungsgerichts und einiger Urteile darstellt, die den Zwangsarbeitern einen Anspruch zugesprochen haben. Zunächst wird die "Geschichte der Zwangsarbeit" diskutiert. Dabei wird auch die Haltung der deutschen Industrie der Nachkriegszeit thematisiert. Im Mittelpunkt stehen jedoch juristische Fragen: Welche Ansprüche haben die ehemaligen Zwangsarbeiter gegen Deutschland und vor allem gegen die Firmen, deren Verantwortung historisch immer deutlicher wird? Die Bedeutung, die diese Problematik für die Zwangsarbeiter aus Osteuropa hat, wird durch die Beiträge einiger Betroffener eindrucksvoll belegt. Neben den einzelnen Fachbeiträgen enthält der Band die wichtigsten aktuellen Gerichtsentscheidungen und politischen Dokumente.

Der Band soll nochmals auf die Dringlichkeit einer Lösung hinweisen, damit die Opfer es noch erleben, daß ihre Ansprüche befriedigt werden. Diese Chance einer Versöhnung sollte ergriffen werden, bevor es zu spät ist.

Stuttgart, im September 1998   Die Herausgeber

Ulrich Herbert*

Zwangsarbeiter im "Dritten Reich" – ein Überblick

Die Heranziehung von Millionen von Arbeitskräften zur Zwangsarbeit während des Zweiten Weltkriegs war eines der wesentlichen Kennzeichen nationalsozialistischer Arbeitspolitik – in Deutschland selbst wie im ganzen von den Deutschen besetzten Europa. Allerdings umfaßt der Begriff "Zwangsarbeiter" eine Vielzahl von Personengruppen mit zum Teil sehr verschiedenen Arbeitsverhältnissen. Ihnen allen war gemeinsam, daß es ihnen verwehrt wurde, Arbeitsstelle und Arbeitgeber nach eigenem Willen auszusuchen oder zu verlassen und daß sie besonderen gesetzlichen oder sonstigen behördlichen Bestimmungen unterlagen, welche sie in der Regel besonders schlechten sozialen Bedingungen unterwarfen und ihnen rechtliche Einspruchsmöglichkeiten versagten.[1] Dabei ist der Begriff "Zwangsarbeit" vernünftigerweise deutlich abzusetzen von solchen Arbeitsverhältnissen, die zwar deutschen Reichsbürgern vorübergehend oder auf Dauer zugeordnet werden konnten, aber aufgrund der Gesamtwürdigung der Lebensumstände eher als Dienstverpflichtung denn als Zwangsarbeit zu bewerten sind – der Reichsarbeitsdienst etwa, die Dienstverpflichtung zum Bau der Autobahnen oder auch das "Landjahr" für Mädchen.

Es hat sich hierbei bewährt, drei große, in bezug auf Status, Art und Weise der Rekrutierung, soziale Lage, Rechtsgrundlage der Beschäftigung, Dauer und Umstände des Arbeitsverhältnisses sehr unterschiedliche große Gruppen voneinander zu unterscheiden:
1. die ausländischen Zivilarbeiter und Kriegsgefangenen, die zwischen 1939 und 1945 zum Arbeitseinsatz nach Deutschland gebracht und im Volksmund "Fremdarbeiter" genannt wurden;[2]
2. die Häftlinge der Konzentrationslager im Reichsgebiet sowie – in geringerem Umfang – in den besetzten Gebieten vor allem Osteuropas;[3]

---

* Professor Dr. Ulrich Herbert ist Inhaber des Lehrstuhls für Neuere und neueste Geschichte an der Albert-Ludwigs-Universität Freiburg i. Br.

[1] Im folgenden wird auf Einzelnachweise verzichtet, für detaillierte Belege verweise ich auf die Spezialliteratur. Zur ersten Information vgl. den Artikel "Zwangsarbeit" in, *Yisrael Gutman u.a.* (Hrsg.), Enzyklopädie des Holocaust. Die Verfolgung und Ermordung der europäischen Juden, 4 Bde., dt. Ausgabe Berlin 1993, Sp. 160-1644.

[2] Dazu ausführlich *Ulrich Herbert*, Fremdarbeiter. Politik und Praxis des "Ausländereinsatzes" in der Kriegswirtschaft des Dritten Reiches, Berlin, Bonn 1985; *ders.* (Hrsg.), Europa und der "Reichseinsatz". Ausländische Zivilarbeiter, Kriegsgefangene und KZ-Häftlinge in Deutschland 1938-1945, Essen 1991; *Walter Naasner,* Neue Machtzentren in der deutschen Kriegswirtschaft 1942-1945. Die Wirtschaftsorganisation der SS, das Amt des Generalbevollmächtigten für den Arbeitseinsatz und das Reichsministerium für Bewaffnung und Munition / Reichsministerium für Rüstung und Kriegsproduktion im nationalsozialistischen Herrschaftssystem, Boppard 1994; *Edward L. Homze,* Foreign Labor in Nazi Germany, Princeton 1967; Literaturübersicht bei *Hans-Ulrich Ludewig,* Zwangsarbeit im Zweiten Weltkrieg: Forschungsstand und Ergebnisse regionaler und lokaler Fallstudien, in: AfS 31(1991), S. 558-577.

[3] Dazu jetzt grundlegend: *Karin Orth,* Das System der nationalsozialistischen Konzentrationslager, Hamburg 1999; sowie *Ulrich Herbert/Karin Orth/Christoph Dieckmann* (Hrsg.), Die nationalsoziali-

3. die europäischen Juden, die in ihren Heimatländern, vor allem aber nach ihrer Deportation für kürzere oder längere Zeit Zwangsarbeiten verrichten mußten – in Gettos, Zwangsarbeitslagern oder KZ-Außenlagern.[4]

Nicht behandelt wird hier, abgesehen von den jüdischen Zwangsarbeitern, die Heranziehung von Bewohnern der von der Wehrmacht besetzten Länder zur Zwangsarbeit in diesen Ländern außerhalb der Konzentrationslager. Hierüber ist nicht nur der Forschungsstand ausgesprochen disparat, es werden in den verschiedenen Ländern auch ganz unterschiedliche Definitionen von "Zwangsarbeit" verwendet, die von der zwangsweisen Arbeitsleistung in KZ-ähnlichen Lagern bis zur Dienstverpflichtung von Unterstützungsempfängern durch die einheimische Arbeitsverwaltung reichen.

1.

Der nationalsozialistische "Ausländereinsatz" zwischen 1939 und 1945 stellt den größten Fall der massenhaften, zwangsweisen Verwendung von ausländischen Arbeitskräften in der Geschichte seit dem Ende der Sklaverei im 19. Jahrhundert dar. Im Spätsommer 1944 waren auf dem Gebiet des "Großdeutschen Reichs" 7,6 Mio. ausländische Zivilarbeiter und Kriegsgefangene offiziell als beschäftigt gemeldet, die man größtenteils zwangsweise zum Arbeitseinsatz ins Reich gebracht hatte. Sie stellten damit zu diesem Zeitpunkt etwa ein Viertel aller in der gesamten Wirtschaft des Deutschen Reiches registrierten Arbeitskräfte. Gleichwohl war der "Ausländer-Einsatz" von der nationalsozialistischen Führung vor Kriegsbeginn weder geplant noch vorbereitet worden.

Bei den rüstungswirtschaftlichen Vorbereitungen Deutschlands auf den Krieg gab es drei große Engpässe – Devisen, bestimmte Rohstoffe und Arbeitskräfte. Für Devisen und Rohstoffe gab es eine Lösung: Nach dem Konzept der "Blitzkriege" sollten die Ressourcen des Reiches sukzessive durch die Vorräte der zu erobernden Länder erweitert werden. Dieses Konzept hatte sich in den Fällen Österreich und Tschechoslowakei

---

stischen Konzentrationslager. Entwicklung und Struktur, Göttingen 1998; *Yisrael Gutman/Avital Saf* (Hrsg.), The Nazi Concentration Camps. Structure and Aims, The Image of the Prisoner, The Jews in the Camp, Proceedings of the fourth Yad Vashem International Historical Conference, Jerusalem 1980; *Falk Pingel,* Häftlinge unter SS-Herrschaft. Widerstand, Selbstbehauptung und Vernichtung im Konzentrationslager, Hamburg 1978; *Wolfgang Sofsky,* Die Ordnung des Terrors. Das Konzentrationslager, Frankfurt 1993; *Johannes Tuchel,* "Arbeit" in den Konzentrationslagern im Deutschen Reich 1933–1939, in: *Rudolf G. Ardelt/Hans Hautmann* (Hrsg.), Arbeiterschaft und Nationalsozialismus, Wien, Zürich 1990, S. 455–467; sowie die Beiträge in der Serie "Dachauer Hefte", Studien und Dokumente zur Geschichte der nationalsozialistischen Konzentrationslager, hg. v. *Wolfgang Benz/Barbara Distel,* München 1986 ff.; nach wie vor grundlegend, in vielem mittlerweile aber überholt ist *Martin Broszat,* Nationalsozialistische Konzentrationslager 1933–1945, in: *Hans Buchheim u.a.* (Hrsg.), Anatomie des SS-Staats. Gutachten des Instituts für Zeitgeschichte, Bd. 2, Olten u.a. 1965, S. 11–133.

[4] *Ulrich Herbert,* Arbeit und Vernichtung. Ökonomisches Interesse und Primat der "Weltanschauung" im Nationalsozialismus, in: *ders.* (Hrsg.), Europa , S. 384–426; *Götz Aly,* "Endlösung". Völkerverschiebung und der Mord an den europäischen Juden, Frankfurt 1995; *Thomas Sandkühler,* "Endlösung" in Galizien. Der Judenmord in Ostpolen und die Rettungsinitiativen von Berthold Beitz 1941–1944, Bonn 1996; *Dieter Pohl,* Nationalsozialistische Judenverfolgung in Ostgalizien 1941–1944. Organisation und Durchführung eines staatlichen Massenverbrechens, München 1996; *ders.,* Von der "Judenpolitik" zum Judenmord. Der Distrikt Lublin des Generalgouvernements 1939–1944, Frankfurt u.a. 1993; *Uwe Dietrich Adam,* Judenpolitik im Dritten Reich, Düsseldorf 1972.

bereits bewährt und sollte sich in den Jahren 1939 bis 1945 erneut bestätigen. Die Frage der Beschaffung von Arbeitskräften war schwieriger zu bewältigen, denn hier spielten außer wirtschaftlichen auch sicherheitspolizeiliche und vor allem weltanschauliche Faktoren eine Rolle. Etwa 1,2 Mio. Arbeitskräfte fehlten im "Großdeutschen Reich", ein weiterer Anstieg dieses Bedarfs nach Beginn des Krieges war zu erwarten.

Zwei Möglichkeiten standen zur Debatte: Entweder man beschäftigte – wie im Ersten Weltkrieg – deutsche Frauen in großem Umfang in der Wirtschaft oder man importierte aus den zu erobernden Ländern Arbeitskräfte in großer Zahl. Beides aber stieß in der Regimeführung auf Ablehnung. Die Dienstverpflichtung deutscher Frauen während des Ersten Weltkriegs hatte zu erheblicher innenpolitischer Destabilisierung und Unzufriedenheit geführt; zudem hätte sie einen eklatanten Verstoß gegen das frauen- und sozialpolitische Konzept der Nationalsozialisten dargestellt.[5] Millionen von ausländischen Arbeitern, insbesondere von Polen, ins Reich zur Arbeit zu bringen, kollidierte vehement mit den völkischen Prinzipien des Nationalsozialismus, wonach auch eine massenhafte Beschäftigung von "Fremdvölkischen" im Reich die "Blutreinheit" des deutschen Volkes bedroht hätte.

Die Entscheidung fiel erst nach Kriegsbeginn; im Vergleich zweier Übel schien der Ausländereinsatz gegenüber der Dienstverpflichtung deutscher Frauen das geringere zu sein, weil man hier die erwarteten Gefahren leichter repressiv eindämmen zu können glaubte.

Die etwa 300.000 in deutsche Hand gefallenen polnischen Kriegsgefangenen wurden nun sehr schnell vorwiegend in landwirtschaftliche Betriebe zur Arbeit gebracht. Gleichzeitig begann eine Kampagne zur Anwerbung polnischer Arbeiter, die zunächst an die langen Traditionen der Beschäftigung polnischer Landarbeiter in Deutschland anknüpfte, aber nach kurzer Zeit zu immer schärferen Rekrutierungsmaßnahmen überging und seit dem Frühjahr 1940 in eine regelrechte Menschenjagd im sogenannten "Generalgouvernement" mündete, wo mit jahrgangsweisen Dienstverpflichtungen, kollektiven Repressionen, Razzien, Umstellungen von Kinos, Schulen oder Kirchen Arbeitskräfte eingefangen wurden. Bis zum Mai 1940 war auf diese Weise mehr als eine Million polnischer Arbeiter ins Reich gebracht worden.

Gleichwohl empfand man den "Poleneinsatz" in der Regimeführung nach wie vor als Verstoß gegen die "rassischen" Prinzipien des Nationalsozialismus; den daraus erwachsenden "volkspolitischen Gefahren", so Himmler im Februar 1940, sei mit entsprechend scharfen Maßnahmen entgegenzuwirken. Daraufhin wurde gegenüber den Polen ein umfangreiches System von repressiven Bestimmungen entwickelt: Sie mußten in Barackenlagern wohnen, was sich allerdings auf dem Lande in der Praxis bald als undurchführbar erwies; sie erhielten geringere Löhne, durften öffentliche Einrichtungen (vom Schnellzug bis zur Badeanstalt) nicht benutzen, den deutschen Gottesdienst nicht besuchen; sie mußten länger arbeiten als Deutsche und waren verpflichtet, an der Kleidung ein Abzeichen – das "Polen-P" – befestigt zu tragen. Kontakt zu Deutschen außerhalb der Arbeit war verboten, geschlechtlicher Umgang mit deutschen Frauen wurde mit öffentlicher Hinrichtung des beteiligten Polen geahndet. Um "das deutsche Blut zu

---

[5] Vgl. *Rüdiger Hachtmann*, Industriearbeiterinnen in der deutschen Kriegswirtschaft 1936–1944/45, in: GG 19 (1993) S. 332–366.

schützen", war zudem bestimmt worden, daß mindestens die Hälfte der zu rekrutierenden polnischen Zivilarbeiter Frauen zu sein hatten.[6]

Für die deutschen Behörden war der Modellversuch "Poleneinsatz" insgesamt ein Erfolg: Es gelang sowohl, binnen kurzer Zeit eine große Zahl von polnischen Arbeitern gegen ihren Willen nach Deutschland zu bringen, als auch, im Deutschen Reich eine nach "rassischen" Kriterien hierarchisierte Zweiklassengesellschaft zu installieren.

Bereits im Mai 1940 aber war unübersehbar, daß auch die Rekrutierung der Polen den Arbeitskräftebedarf der deutschen Wirtschaft nicht zu befriedigen vermochte. So wurden denn schon während und alsbald nach dem "Frankreichfeldzug" etwas mehr als 1 Mio. französischer Kriegsgefangener als Arbeitskräfte ins Reich gebracht. Darüber hinaus begann in den verbündeten Ländern und besetzten Gebieten des Westens und Nordens eine verstärkte Arbeiter-Werbung. Auch für diese Gruppen wurden je besondere, allerdings im Vergleich zu den Polen deutlich günstigere Vorschriften für Behandlung, Lohn, Unterkunft etc. erlassen, so daß ein vielfach gestaffeltes System der nationalen Hierarchisierung entstand, eine Stufenleiter, auf der die damals bereits so genannten "Gastarbeitnehmer" aus dem verbündeten Italien zusammen mit den Arbeitern aus Nord- und Westeuropa oben und die Polen unten plaziert wurden.[7]

Der weit überwiegende Teil der ausländischen Zivilarbeiter und Kriegsgefangenen der "Blitzkriegsphase" bis Sommer 1941 wurde in der Landwirtschaft beschäftigt. Bei den Industrieunternehmen spielten Ausländer zu dieser Zeit keine bedeutende Rolle; die Industrie setzte vielmehr darauf, bald nach Abschluß der "Blitzkriege" ihre deutschen Arbeiter vom Militär zurückzuerhalten. Zugleich waren die ideologischen Vorbehalte gegen eine Ausweitung des Ausländereinsatzes bei Partei und Behörden so groß, daß festgelegt wurde, die Zahl der Ausländer auf dem Stand vom Frühjahr 1941 – knapp 3 Mio. – einzufrieren. Dieses Konzept ging so lange auf, wie die Strategie kurzer, umfassender Feldzüge eine Umstellung auf einen langen Abnutzungskrieg nicht erforderte.

Seit dem Herbst 1941 aber entstand hier eine ganz neue Situation. Die deutschen Armeen hatten vor Moskau ihren ersten Rückschlag erlebt, von einem "Blitzkrieg" konnte nicht mehr die Rede sein. Vielmehr mußte sich nun die deutsche Rüstungswirtschaft auf einen länger andauernden Abnutzungskrieg einstellen und ihre Kapazitäten erheblich vergrößern. Auch mit heimkehrenden Soldaten war nicht mehr zu rechnen – im Gegenteil: Eine massive Einberufungswelle erfaßte jetzt die Belegschaften der bis dahin geschützten Rüstungsbetriebe. Durch die nun einsetzenden intensiven Bemühungen um Arbeitskräfte aus den westeuropäischen Ländern allein aber waren diese Lücken nicht mehr zu schließen. Nur der Einsatz von Arbeitskräften aus der Sowjetunion konnte eine weitere, wirksame Entlastung bringen.

---

[6] *Herbert*, Fremdarbeiter, S. 67-95.
[7] Vgl. *Herbert*, Fremdarbeiter, S. 96-131; zu den Italienern: *Cesare Bermani/Sergio Bologna/Brunello Mantelli*, Proletarier der "Achse". Sozialgeschichte der italienischen Fremdarbeit in NS-Deutschland 1937-1943; zu den Franzosen: *Ulrich Herbert*, Französische Kriegsgefangene und Zivilarbeiter im deutschen Arbeitseinsatz 1940-1942, in: La France et l'Allemagne en guerre. Sous la direction de *Claude Carlier* (et. al.), Paris 1990, S. 509-531; *Bernd Zielinski*, Staatskollaboration. Arbeitseinsatzpolitik in Frankreich unter deutscher Besatzung 1940-1944, Münster 1996; *Yves Durand*, Vichy und der Reichseinsatz, in: *Herbert*, Europa, S. 184-199; *Yves Durand*, La vie quotidienne des prisonniers de guerre dans les Stalags, les Oflags et les Kommandos 1939-1945, Paris 1987.

Der Arbeitseinsatz sowjetischer Kriegsgefangener oder Zivilarbeiter im Reich aber war vor Beginn des Krieges explizit ausgeschlossen worden. Dabei hatten sich nicht nur Parteiführung, Reichssicherheitshauptamt und SS aus "rassischen" und sicherheitspolitischen Gründen gegen jede Beschäftigung von Russen in Deutschland ausgesprochen. Vielmehr war die Siegesgewißheit im überwiegenden Teil der an der Vorbereitung des Krieges beteiligten Stellen der Regimeführung und der Wirtschaft so groß, daß ein solcher Einsatz von vornherein als nicht notwendig angesehen wurde, so daß anders als bei der Beschäftigung von Polen diesmal die ideologischen Prinzipien des Regimes durchschlugen. Darüber hinaus gab es auch in der deutschen Bevölkerung starke, durch die ersten Wochenschaubilder vom Krieg in der Sowjetunion noch verschärfte Vorbehalte gegen einen "Russeneinsatz".[8]

Da also keine kriegswirtschaftliche Notwendigkeit ihrer Beschäftigung im Reich zu bestehen schien, wurden die Millionen sowjetischer Kriegsgefangener in den Massenlagern im Hinterland der deutschen Ostfront ihrem Schicksal überlassen. Mehr als die Hälfte der 3,3 Millionen bis Ende des Jahres 1941 in deutsche Hand geratenen sowjetischen Kriegsgefangenen verhungerte, erfror, starb vor Erschöpfung oder wurde umgebracht. Insgesamt kamen bis Kriegsende von den etwa 5,7 Mio. sowjetischen Kriegsgefangenen 3,5 Millionen in deutschem Gewahrsam ums Leben.[9]

Als sich aber seit dem Spätsommer 1941 und verstärkt dann im Winter des Jahres die militärische und damit auch die kriegswirtschaftliche Lage Deutschlands rapide wandelte, entstand erneut ein ökonomischer Druck zur Beschäftigung auch der sowjetischen Gefangenen, der sich im November in entsprechenden Befehlen äußerte. Die Initiative dazu ging diesmal von der Industrie, insbesondere vom Bergbau, aus, wo der Arbeitermangel bereits bedrohliche Formen angenommen hatte.

Die überwiegende Mehrzahl der sowjetischen Gefangenen aber stand für einen Arbeitseinsatz gar nicht mehr zur Verfügung. Von den bis dahin mehr als 3 Mio. Gefangenen kamen bis März 1942 nur 160.000 zum Arbeitseinsatz ins Reich. Daher mußte nun auch hier in großem Stile auf die Rekrutierung sowjetischer Zivilarbeiter umgeschaltet werden. Die Beschaffung von so vielen Arbeitskräften in so kurzer Zeit wie möglich wurde zur vordringlichen Frage und zur Hauptaufgabe des im März neu eingesetzten "Generalbevollmächtigten für den Arbeitseinsatz", Sauckel, der seine Aufgabe mit ebensoviel Effizienz wie schrankenloser Brutalität erfüllte. In knapp 2 1/2 Jahren wurden von den Einsatzstäben der Wehrmacht und der deutschen Arbeitsämter 2,5

---

[8] *Herbert*, Fremdarbeiter, S. 132-189; ders., Zwangsarbeit in Deutschland: Sowjetische Zivilarbeiter und Kriegsgefangene 1941-1945, in: *Peter Jahn/Reinhard Rürup* (Hrsg.), Erobern und Vernichten. Der Krieg gegen die Sowjetunion 1941-1945, Berlin 1991, S. 106-130; sowie die Darstellung bei *Barbara Hopmann/Mark Spoerer/Birgit Weitz/Beate Brüninghaus*, Zwangsarbeit bei Daimler-Benz, Stuttgart 1994; sowie *Hans Mommsen/Manfred Grieger*, Das Volkswagenwerk und seine Arbeiter im Dritten Reich, Düsseldorf 1996.

[9] *Christian Streit*, Keine Kameraden. Die Wehrmacht und die sowjetischen Kriegsgefangenen 1941-1945, Stuttgart 1978; *Alfred Streim*, Die Behandlung sowjetischer Kriegsgefangener im "Fall Barbarossa". Eine Dokumentation. Unter Berücksichtigung der Unterlagen deutscher Strafverfolgungsbehörden und der Materialien der Zentralen Stelle der Landesjustizverwaltungen zur Aufklärung von NS-Verbrechen, Heidelberg Karlsruhe 1981; *Karl Hüser/Reinhard Otto*, Das Stammlager 326 (VI K) Senne 1941-1945. Sowjetische Kriegsgefangene als Opfer des nationalsozialistischen Weltanschauungskrieges, Bielefeld 1992.

Mio. Zivilisten aus der Sowjetunion als Zwangsarbeiter ins Reich deportiert – 20.000 Menschen pro Woche.

Parallel zu der Entwicklung bei Beginn des "Poleneinsatzes" wurde auch dieser kriegswirtschaftlich motivierte Verstoß gegen die ideologischen Prinzipien des Nationalsozialismus durch ein System umfassender Repression und Diskriminierung der sowjetischen Zivilarbeiter kompensiert, das die Bestimmungen gegenüber den Polen an Radikalität allerdings noch weit übertraf.

Innerhalb des Reiches hatte sich mittlerweile ein regelrechter Lagerkosmos herausgebildet; an jeder Ecke in den großen Städten wie auf dem Lande fanden sich Ausländerlager. Allein in einer Stadt wie Berlin gab es etwa 500, insgesamt mögen es im Reich mehr als 20.000 gewesen sein, und etwa 500.000 Deutsche waren in verschiedenen Funktionen, vom Lagerleiter bis zum "Ausländerbeauftragten" einer Fabrik, direkt in die Organisation des "Ausländereinsatzes" einbezogen.

Die Lebensbedingungen der einzelnen Ausländergruppen wurden durch eine strikte, bis in Kleinigkeiten reglementierte nationale Hierarchie differenziert.[10] Während die Arbeiter aus den besetzten Westgebieten und den sog. befreundeten Ländern zwar überwiegend in Lagern leben mußten, aber etwa dieselben Löhne und Lebensmittelrationen wie die Deutschen in vergleichbaren Stellungen erhielten und auch denselben Arbeitsbedingungen unterlagen, waren die Arbeiter aus dem Osten, vor allem die Russen, ganz erheblich schlechter gestellt. Die Rationen für die offiziell "Ostarbeiter" genannten sowjetischen Zivilarbeiter fielen so gering aus, daß sie oft schon wenige Wochen nach ihrer Ankunft völlig unterernährt und arbeitsunfähig waren.

Schon im Frühsommer 1942 berichteten zahlreiche Unternehmen, daß der "Russeneinsatz" ganz unwirtschaftlich sei, weil eine effektive Beschäftigung nicht nur eine bessere Verpflegung und ausreichende Ruhepausen, sondern auch dem Arbeitsvorgang entsprechende Anlernmaßnahmen für die Zwangsarbeiter voraussetze. Solche Maßnahmen hatten bei den französischen Kriegsgefangenen dazu geführt, daß die Arbeitsleistungen nach relativ kurzer Zeit beinahe das Niveau der deutschen Arbeiter erreichten. Die Lage vor allem der sowjetischen Zwangsarbeiter war allerdings von Betrieb zu Betrieb, von Lager zu Lager sehr unterschiedlich; in der Landwirtschaft ging es ihnen in der Regel erheblich besser als in der Industrie, und auch dort waren die Unterschiede in der Behandlung und der Ernährung eklatant, vor allem seit Ende 1942. Das aber verweist darauf, wie groß der Handlungs- und Ermessensspielraum des einzelnen Unternehmens war. Es kann überhaupt keine Rede davon sein, daß die schlechten Arbeits- und Lebensbedingungen der Arbeiter aus dem Osten allein auf die bindenden Vorschriften der Behörden zurückzuführen gewesen seien.

---

[10] Zum Folgenden allg. *Herbert*, Fremdarbeiter, S. 190–236; *Jill Stephenson*, Triangle: Foreign Workers, German Civilians and the Nazi Regime. War and Society in Württemberg, 1939–1945, in: German Studies Review 15 (1992) S. 339–359; sowie. v.a. die betriebsgeschichtlichen Untersuchungen *Hopmann u.a.*, Zwangsarbeit bei Daimler-Benz; sowie *Mommsen/Grieger*, Volkswagenwerk; vgl. auch *Klaus-Jürgen Siegfried*, Das Leben der Zwangsarbeiter im Volkswagenwerk 1939–1945, Frankfurt/Main 1988; *ders.*, Rüstungsproduktion und Zwangsarbeit im Volkswagenwerk. Eine Dokumentation, Frankfurt/Main 1986; als Beispiel für die mittlerweile sehr umfangreiche regionalgeschichtliche Literatur vgl. *Andreas Heusler*, Zwangsarbeit in der Münchner Kriegswirtschaft 1939–1945, München 1991.

Zu wirksamen Verbesserungen der Lebensverhältnisse der "Ostarbeiter" in breitem Maße kam es allerdings erst nach der Niederlage von Stalingrad Anfang 1943; eine umfassende Leistungssteigerungskampagne setzte ein, verbunden mit einer Bindung der Höhe der Lebensmittelration an die Arbeitsleistung, zugleich begannen umfangreiche Qualifizierungsmaßnahmen. Dadurch gelang es tatsächlich, die Arbeitsleistungen beträchtlich zu erhöhen. Eine qualifizierte Beschäftigung mußte aber auch zwangsläufig Auswirkungen auf das Verhältnis der deutschen zu den ausländischen Arbeitern haben. So war denn schon in den entsprechenden Vorschriften der Behörden alles getan worden, um die bevorzugte Stellung der deutschen Arbeiter gegenüber den Ausländern, insbesondere aber den Russen, in allen Bereichen durchzusetzen. Gegenüber den "Ostarbeitern" hatten die Deutschen prinzipiell eine Vorgesetztenstellung, in manchen Betrieben erhielten die deutschen Arbeiter, die die Ostarbeiter anlernen sollten, sogar die Funktion von Hilfspolizisten.

Was nun die Löhne betrifft, so gab es hierbei grob gesprochen ein vierfach gestaffeltes System. Die zivilen Arbeitskräfte aus allen Ländern außer den ehemals polnischen und sowjetischen Gebieten erhielten die gleichen Löhne wie die deutschen Arbeiter bzw. Arbeiterinnen in vergleichbaren Funktionen – zumindest nominell. Es gibt vielfache Berichte darüber, daß dies in der Praxis nicht immer so gehandhabt wurde, wie von den Behörden vorgeschrieben. Das aber soll hier unberücksichtigt bleiben. Nominell die gleichen Löhne sollten auch polnische Arbeiter erhalten, allerdings mußten sie eine besondere 15-prozentige Steuer, die "Polen-Abgabe", zahlen – übrigens von den deutschen Arbeitsbehörden mit der bemerkenswerten Begründung eingeführt, dies diene zum Ausgleich dafür, daß die Polen ja nicht wie die Deutschen zum Wehrdienst eingezogen würden. Die sowjetischen Arbeiter hingegen erhielten besonders festgelegte Löhne, die erheblich niedriger lagen als die der deutschen und anderen ausländischen Arbeiter – nominell etwa um 40%, tatsächlich in den meisten Fällen wohl noch tiefer. Von vielen Betrieben ist zudem bekannt, daß sie gar keine Löhne an die sowjetischen Zivilarbeiter auszahlten und diese für "Zivilgefangene" hielten.

Der Ausländereinsatz gehörte in Deutschland mittlerweile wie selbstverständlich zum Kriegsalltag, und angesichts der eigenen Sorgen war für die meisten Deutschen das Schicksal der ausländischen Arbeiter von durchaus geringem Interesse. Im Sommer 1944 befanden sich 7,6 Mio. ausländische Arbeitskräfte auf Arbeitsstellen im Reich: 5,7 Mio. Zivilarbeiter und knapp 2 Mio. Kriegsgefangene. 2,8 Mio. von ihnen stammten aus der Sowjetunion, 1,7 Mio. aus Polen, 1,3 Mio. aus Frankreich; insgesamt wurden zu dieser Zeit Menschen aus fast 20 europäischen Ländern im Reich zur Arbeit eingesetzt. Mehr als die Hälfte der polnischen und sowjetischen Zivilarbeiter waren Frauen, im Durchschnitt unter 20 Jahre alt – der durchschnittliche Zwangsarbeiter in Deutschland 1943 war eine 18jährige Schülerin aus Kiew. 26,5% aller Beschäftigten im Reich waren damit Ausländer: in der Landwirtschaft 46%, in der Industrie knapp 40%, in der engeren Rüstungsindustrie etwa 50%, in einzelnen Betrieben mit hohem Anteil an Ungelernten bis zu 80 und 90%.[11]

Die Beschäftigung von ausländischen Zwangsarbeitern beschränkte sich durchaus nicht allein auf Großbetriebe, sondern erstreckte sich, von der Verwaltung abgesehen,

---

[11] Vgl. *Herbert*, Fremdarbeiter, S. 269 ff.

auf die gesamte Wirtschaft – vom Kleinbauernhof über die Schlosserei mit sechs Arbeitern bis zur Reichsbahn, den Kommunen und den großen Rüstungsbetrieben, aber auch vielen privaten Haushalten, die eines der mehr als 200.000 überaus begehrten, weil billigen russischen Dienstmädchen im Haushalt einsetzten.

Tabelle: Ausländische Arbeitskräfte in der deutschen Kriegswirtschaft 1939 bis 1944*

		1939	1940	1941	1942	1943	1944
Landwirtschaft	Deutsche	10.732.000	9.684.000	8.939.000	8.969.000	8.743.000	8.460.000
	Zivile Ausländer	118.000	412.000	769.000	1.170.000	1.561.000	1.767.000
	Kriegsgefangene	–	249.000	642.000	759.000	609.000	635.000
	Ausländer insg.	118.000	661.000	1.411.000	1.929.000	2.230.000	2.402.000
	Ausl. in % aller Beschäftigten	1,1	6,4	13,6	17,7	20,3	22,1
Alle nicht-landwirtschaftlichen	Deutsche	28.382.000	25.207.000	24.273.000	22.568.000	21.324.000	20.144.000
	Zivile Ausländer	183.000	391.000	984.000	1.475.000	3.276.000	3.528.000
	Kriegsgefangene	–	99.000	674.000	730.000	954.000	1.196.000
	Ausländer insg.	183.000	490.000	1.659.000	2.205.000	4.230.000	4.724.000
	Ausl. in % aller Beschäftigten	0,6	1,9	6,4	8,9	16,5	18,9
Gesamtwirtschaft	Deutsche	39.114.000	34.891.000	33.212.000	31.537.000	30.067.000	28.604.000
	Zivile Ausländer	301.000	803.000	1.753.000	2.645.000	4.837.000	5.295.000
	Kriegsgefangene	–	348.000	1.316.000	1.489.000	1.623.000	1.831.000
	Ausländer insg.	301.000	1.151.000	3.069.000	4.134.000	6.460.000	7.126.000
	Ausl. in % aller Beschäftigten	0,8	3,2	8,5	11,6	17,7	19,9

* Nach: Der Arbeitseinsatz im (Groß-)Deutschen Reich, Jgg. 1939–1944, Stichtag jew. 1.5. d.J.

2.

Seit Anfang 1944 aber zeigte sich, daß selbst solche in der Tat erheblichen Zahlen für den Arbeiterbedarf insbesondere der großen Rüstungsprojekte des Reiches nicht mehr ausreichend waren, zumal infolge der militärischen Entwicklung die Arbeiterrekrutierung vor allem in der Sowjetunion zurückging und so die durch weitere Einberufungen immer größer werdenden Arbeitskräftelücken nicht mehr ausgefüllt werden konnten. Daraufhin wandte sich das Interesse zunehmend der einzigen Organisation zu, die noch über ein erhebliches Potential an Arbeitskräften verfügte: der SS und den ihr unterstellten Konzentrationslagern.[13]

In den ersten Kriegsjahren hatte der Arbeitseinsatz von KZ-Häftlingen eine kriegswirtschaftliche Bedeutung nicht besessen. Zwar gab es bereits seit 1938 SS-eigene Wirtschaftsunternehmen – vor allem Steinbrüche, Ziegeleien und Ausbesserungswerkstätten –, und nahezu alle Häftlinge wurden in irgendeiner Form zur Zwangsarbeit herangezogen. Der Charakter der Arbeit als Strafe, "Erziehung" oder "Rache" blieb aber auch hier erhalten und nahm gegenüber den in der politischen und rassischen Hierarchie der Nazis besonders tief stehenden Gruppen bereits vor 1939 und verstärkt danach die Form der Vernichtung an. Durch die Gründung von SS-eigenen Betrieben wie den "Deutschen Ausrüstungswerken" und den "Deutschen Erd- und Steinwerken" wurde zwar das Bestreben der SS sichtbar, die Konzentrationslager zunehmend auch als ökonomischen Faktor zu nutzen, in der Praxis aber blieb die wirtschaftliche Funktion der Zwangsarbeit der Häftlinge bis weit in die Kriegsjahre hinein den politischen Zielsetzungen der Lagerhaft untergeordnet.[14]

Nach dem militärischen Rückschlag an der Ostfront im Herbst 1941 und der damit verbundenen Umorganisation der deutschen Rüstungsindustrie auf die Notwendigkeiten eines langen Abnutzungskrieges wurden nun auch beim Reichsführer SS organisatorische Umstellungen vorgenommen, um die Produktion für die Rüstung – und nicht nur wie bisher in der Bauwirtschaft, der Baustoffgewinnung und der Militärausrüstung – in den Konzentrationslagern zur vorrangigen Aufgabe zu machen. Tatsächlich waren jedoch weder die Konzentrationslager auf eine solche rapide Umstellung eingerichtet, noch reichte der wirtschaftliche Sachverstand in dem als neue Organisationszentrale der Konzentrationslager eingerichteten "Wirtschafts- und Verwaltungshauptamt" der SS (WVHA) aus, um eine Rüstungsfertigung in großem Stile aus dem Boden zu stampfen. Zudem waren die KZ-Wachmannschaften selbst aufgrund der jahrelang geübten Praxis, daß ein Menschenleben im KZ nichts galt, nur schwer auf den Vorrang des Arbeitseinsatzes umzustellen. Das Wirtschafts- und Verwaltungshauptamt der SS machte im April 1942 allen KZ-Kommandanten den Arbeitseinsatz der KZ-Häftlingen zur Hauptaufgabe: Tatsächlich aber starben von den 95.000 registrierten KZ-Häftlingen des 2. Halbjahrs

---

[13] Vgl. die Literaturhinweise in Fn. 2, sowie *Johannes Tuchel*, Die Inspektion der Konzentrationslager 1938–1945. Das System des Terrors. Eine Dokumentation, Berlin 1994; *ders.*, Konzentrationslager. Organisationsgeschichte und Funktion der "Inspektion der Konzentrationslager" 1934–1938, Boppard 1991; *Klaus Drobisch/Günther Wieland*, System der NS-Konzentrationslager 1933–1939, Berlin 1993; *Gudrun Schwarz*, Die nationalsozialistischen Lager, Frankfurt 1996; *Hermann Kaienburg* (Hrsg.), Konzentrationslager und deutsche Wirtschaft 1939–1945, Opladen 1996; *ders.*, "Vernichtung durch Arbeit". Der Fall Neuengamme, Die Wirtschaftsbestrebungen der SS und ihre Auswirkungen auf die Existenzbedingungen der KZ-Gefangenen, Bonn 1990.

[14] Zum Folgenden v.a. *Orth*, System; *Herbert/Orth/Dieckmann*, Konzentrationslager, Kap. "Arbeit".

1942 57.503, also mehr als 60%. Der Wert der KZ-Rüstungsproduktion im Jahre 1942 lag durchschnittlich bei etwa 0,002% der Gesamtfertigung; für die gleiche Produktionsmenge bei der Karabinerfertigung benötigte ein Privatunternehmen nur 17% der Arbeitskräfte wie der KZ-Betrieb in Buchenwald.[15]

Erst im Frühjahr 1942 begann die SS damit, KZ-Häftlinge in umfangreicherem Maße für Rüstungszwecke einzusetzen, insbesondere beim Aufbau des IG-Farben-Werkes bei Auschwitz.[16] Allerdings waren die Häftlinge hier zunächst nur bei den Bauarbeiten beschäftigt worden, während der Einsatz bei der Rüstungsfertigung erst ein Jahr später begann. Bei den Auseinandersetzungen zwischen den verschiedenen Interessengruppen innerhalb der SS setzte sich der Gedanke der Strafe und Vernichtung gegenüber dem von Arbeit und Produktivität weiterhin durch – vor allem deshalb, weil durch die Massendeportationen sowjetischer Arbeitskräfte nach Deutschland, die zu dieser Zeit einsetzten, ein kriegswirtschaftlicher Druck zur Beschäftigung von Konzentrationslager-Häftlingen nicht entstand.

Erst am 22. September 1942 entschied Hitler auf Vorschlag des Rüstungsministers Speer, daß die SS ihre KZ-Häftlinge fortan der Industrie leihweise zur Verfügung stellen und die Industrie ihrerseits die Häftlinge in den bestehenden Produktionsprozeß integrieren solle. Dadurch wurde hier das Prinzip der Ausleihe von KZ-Häftlingen an die Privatindustrie festgeschrieben, das von nun an den Arbeitseinsatz der KZ-Häftlinge bestimmen sollte. Seit dieser "Führerentscheidung" wurde der Arbeitseinsatz von KZ-Häftlingen innerhalb bestehender Industriebetriebe verstärkt; dazu meldeten die Privatunternehmen ihren Arbeitskräftebedarf beim WVHA, von wo aus Unterkünfte und Sicherheitsbedingungen überprüft und die Genehmigungen erteilt wurden. Dabei konnten in der Regel Firmenbeauftragte in den Lagern selbst die geeignet erscheinenden Häftlinge aussuchen. Anschließend wurden die Häftlinge in ein "Außenlager" des Konzentrationslagers übergeführt, das meistens in unmittelbarer Nähe der Arbeitsstelle errichtet wurde.[17] Die Gebühren für die Überlassung der Häftlinge, die die Firmen an die SS zu zahlen hatten, betrugen pro Tag 6,- RM für Facharbeiter und 4,- RM für Hilfs-

---

[15] Vgl. *Orth*, System; *Herbert*, Arbeit und Vernichtung; darauf aufbauend, in der Interpretation aber einseitig *Daniel Jonah Goldhagen*, Hitlers willige Vollstrecker. Ganz gewöhnliche Deutsche und der Holocaust, dt. Ausgabe Berlin 1996, Kap. 10–12, S. 335–384.

[16] Vgl. *Peter Hayes*, Industry and ideology. IG Farben in the Nazi Era, Cambridge/New York 1987; *ders.*, Die IG Farben und die Zwangsarbeit von KZ-Häftlingen im Werk Auschwitz, in: *Kaienburg*, Konzentrationslager, S. 129–148; *Robert Jan van Pelt/Debórah Dwork*, Auschwitz, 1270 to the present, New Haven 1996.

[17] Vgl. unter den zahlreichen Untersuchungen einzelner Konzentrationslager und Außenlager vor allem *Florian Freund/Bertrand Perz*, Das KZ in der Serbenhalle. Zur Kriegsindustrie in Wiener Neustadt, Wien 1987; *Florian Freund*, "Arbeitslager Zement". Das Konzentrationslager Ebensee und die Raketenrüstung, Wien 1989; *Rainer Fröbe/Claus Füllberg-Stollberg u.a.*, Konzentrationslager in Hannover. KZ-Arbeit und Rüstungsindustrie in der Spätphase des Zweiten Weltkriegs, 2 Bde., Hildesheim 1986; *Bertrand Perz*, Projekt Quarz: Steyr-Daimler-Puch und das Konzentrationslager Melk, Wien 1991; *Isabell Sprenger*, Groß-Rosen. Ein Konzentrationslager in Schlesien, Köln u.a. 1996; *Herwart Vorländer* (Hrsg.), Nationalsozialistische Konzentrationslager im Dienst der totalen Kriegsführung. Sieben württembergische Außenkommandos des Konzentrationslagers Natzweiler/-Elsaß, Stuttgart 1978; *Gerd Wysocki*, Arbeit für den Krieg. Herrschaftsmechanismen in der Rüstungsindustrie des "Dritten Reiches". Arbeitseinsatz, Sozialpolitik und staatspolizeiliche Repression bei den Reichswerken "Hermann-Göring" im Salzgitter-Gebiet 1937/38 bis 1945, Braunschweig 1992; sowie *Hopmann u.a.*, Zwangsarbeit bei Daimler-Benz, und *Mommsen/Grieger*, Volkswagenwerk.

arbeiter und Frauen. Gleichzeitig begannen auch die SS-eigenen Wirtschaftsbetriebe im Reich verstärkt auf Rüstungsproduktion umzustellen; die Deutschen Ausrüstungswerke (DAW) produzierten seit Ende 1942 bereits zum überwiegenden Teil für rüstungs- und kriegswichtige Zwecke, vor allem Instandsetzungsarbeiten.

Um den Rüstungseinsatz zu verstärken, lag das vorrangige Interesse des WVHA nun darin, die Zahl der Häftlinge in möglichst kurzer Zeit rigoros zu vergrößern. Die Belegstärke aller Konzentrationslager stieg von 110.000 (September 1942) in sieben Monaten auf 203.000 (April 1943). Im August 1944 war die Häftlingszahl bereits auf 524.268 angewachsen, Anfang 1945 auf über 700.000. Die Todesraten der Häftlinge waren nach wie vor außerordentlich hoch und begannen erst seit dem Frühjahr 1943 zu sinken – von 10% im Dezember 1942 auf 2,8% im April 1943. Da aber die Häftlingszahlen so stark gestiegen waren, sanken die absoluten Zahlen von Toten in weit geringerem Maße, als es die Prozentzahlen suggerieren. Von Januar bis August 1943 starben wiederum über 60.000 Häftlinge in den Konzentrationslagern, die relative Sterblichkeit aber nahm ab. Dies zeigt, daß den erhöhten Anforderungen von seiten der privaten und der SS-Industrie stark erhöhte Einweisungszahlen entsprachen, nicht aber grundlegend veränderte Arbeits- und Lebensbedingungen der Häftlinge in den Lagern.[18]

Entsprechend lag die durchschnittliche Arbeitsfähigkeit – und damit die Lebensdauer – des einzelnen Häftlings 1943/44 zwischen einem und zwei Jahren; allerdings mit großen Unterschieden je nach Einsatzort und Gruppenzugehörigkeit der Häftlinge. Zur wirklichen Verbesserung der Arbeits- und Lebensbedingungen der KZ-Häftlinge kam es aber nur dann, wenn durch berufsqualifizierten Einsatz oder nach Anlernzeiten auf qualifizierten Arbeitsplätzen die Arbeitskraft des einzelnen nicht oder nur schwer ersetzbar wurde.

Im Sommer 1943 waren von den 160.000 registrierten Gefangenen der WVHA-Lager etwa 15% bei der Lagerinstandhaltung beschäftigt und 22% als arbeitsunfähig gemeldet. Die restlichen 63%, also etwa 100.000, verteilten sich auf die Bauvorhaben der SS, die Wirtschaftsunternehmen der SS sowie die privaten Unternehmen. Noch für das Frühjahr 1944 ging das Rüstungsministerium lediglich von 32.000 tatsächlich eingesetzten KZ-Häftlingen in der privaten Rüstungsindustrie im engeren Sinne aus. Am Ende des Jahres 1942 gab es innerhalb des Reichsgebiets 82 Außenlager der KZ, ein Jahr später 186. Im Sommer 1944 stieg diese Zahl auf 341, bis Januar 1945 auf 662. Da die Zahlenangaben der SS und des Speer-Ministeriums zum Teil stark voneinander abweichen, sind exakte Bestimmungen schwierig.

3.

Gegenüber den deutschen Juden ist der Übergang zur systematischen Zwangsarbeit mit dem Beginn des Jahres 1939 feststellbar. Juden, die Arbeitslosenunterstützung beantragten, wurden nach entsprechendem Erlaß der deutschen Arbeitsverwaltung seither im "Geschlossenen Arbeitseinsatz" als Hilfsarbeiter eingesetzt; bis zum Sommer 1939 wuchs die Zahl dieser – vorwiegend männlichen – jüdischen Zwangsarbeiter auf etwa 20.000 an, die insbesondere bei Straßenbauarbeiten, bei Meliorations-, Kanal- und Talsperrenprojekten sowie auf Müllplätzen, nach Kriegsbeginn auch bei kurzfristigen

---

[18] Einzelnachweise bei *Orth*, System; *Herbert*, Arbeit und Vernichtung.

Schneeräumungs- oder Ernteaktionen eingesetzt wurden. Im Laufe des Jahres 1940 wurde die Verpflichtung zur Zwangsarbeit auf alle arbeitsfähigen deutschen Juden – Frauen wie Männer – ausgedehnt, unabhängig vom Empfang der Arbeitslosenunterstützung. Von nun an erfolgte der Einsatz vorwiegend in der Industrie.[19]

Spätestens seit dem Frühjahr 1941 aber konkurrierten die Bestrebungen zur Zwangsarbeit der deutschen Juden in Rüstungsunternehmen im Reichsgebiet mit dem Ziel der deutschen Führung, die Juden aus Deutschland zu deportieren.

Auch für die – im Sommer 1941 etwa 50.000 – in Rüstungsbetrieben eingesetzten jüdischen Zwangsarbeiter boten die Arbeitsplätze, von denen viele als "rüstungswichtig" eingestuft worden waren, keinen sicheren Schutz vor der Deportation, sondern lediglich eine nach der rüstungswirtschaftlichen Bedeutung ihrer Tätigkeit gestaffelte Verzögerung. Bemerkenswert war in diesem Zusammenhang, daß die Deportationen auch von in kriegswichtigen Betrieben beschäftigten Juden mit Hinweisen begründet wurden, es stünden schließlich genug Polen bzw. Ukrainer als Ersatz zur Verfügung – und dies war der letztlich ausschlaggebende Faktor bei der Entscheidung, die vorerst verschonten Berliner "Rüstungsjuden" schließlich doch zu deportieren. Am 27. Februar 1943 wurden die Berliner jüdischen Rüstungsarbeiter an ihren Arbeitsplätzen ergriffen und zu den Deportationszügen gebracht. Ihre Arbeitsplätze in den Betrieben wurden durch ausländische Zivilarbeiter ersetzt. Am 5., 7. und 30. März wurden die ersten Transporte mit den Berliner "Rüstungsjuden" in Auschwitz registriert. Von den 2.757 deportierten Juden aus diesen Transporten wurden 1.689 sofort umgebracht. Im Sommer 1943 gab es innerhalb Deutschlands – von wenigen Einzelfällen abgesehen – keine Juden und also auch keine jüdischen Zwangsarbeiter mehr.

Ähnlich, wenngleich in zum Teil anderer zeitlicher Staffelung, entwickelte sich der Zwangsarbeitseinsatz in den von Deutschland besetzten Ländern insbesondere Osteuropas. Dies kann im einzelnen vor allem anhand des besetzten Polens nachvollzogen werden.

Im sogenannten "Generalgouvernement" wurde der jüdische Arbeitszwang bereits im Oktober 1939 verhängt. Danach mußten alle männlichen Juden von 14 bis 60 Jahren Zwangsarbeit in dafür einzurichtenden Zwangsarbeitslagern leisten. Es war Aufgabe der "Judenräte", diese Arbeitskräfte entsprechend zu erfassen und einzuteilen. Einige Wochen später wurde der Arbeitszwang auch auf alle jüdischen Frauen im Alter von 14 bis 60 Jahren ausgedehnt.[20]

Ursprünglich hatte allerdings die SS vorgesehen, alle Juden im "Generalgouvernement" in großen Zwangsarbeiterlagern zur Arbeit einzusetzen. Allerdings waren so viele Juden de facto in freien Arbeitsverhältnissen tätig, daß eine schlagartige Umstellung auf Lagerhaft schon organisatorisch kaum möglich erschien. Jedoch sollte der jüdische "Arbeitseinsatz" zunehmend in Gettos konzentriert werden, deren Errichtung zu dieser Zeit noch nicht sehr weit vorangeschritten war.

Etwas anders verlief die Entwicklung in denjenigen Teilen Polens, die ins Reichsgebiet eingegliedert worden waren. Hier gab es wegen der reichsrechtlichen Vorschrif-

---

[19] Dazu grundlegend *Wolf Gruner,* Der geschlossene Arbeitseinsatz deutscher Juden: zur Zwangsarbeit als Element der Verfolgung 1938-1943, Berlin 1997.

[20] Vgl. *Herbert,* Arbeit und Vernichtung; *Sandkühler,* "Endlösung"; *Pohl,* Judenverfolgung in Ostgalizien; *ders.,* Von der "Judenpolitik" zum Judenmord.

ten keine generelle Regelung für die jüdische Zwangsarbeit. Die deutschen Maßnahmen zielten zunächst generell auf die "Verschiebung" von Polen, Juden und Zigeunern ins "Generalgouvernement" zugunsten jener Volksdeutschen, die aus der Sowjetunion, Rumänien und anderen Regionen kommend, im "Reich" angesiedelt werden sollten. De facto aber wurde der im "Generalgouvernement" geltende Arbeitszwang für Juden durch ortsgebundene Verfügungen auch in den annektierten Gebieten eingerichtet.

Die Arbeitsverwaltung im "Generalgouvernement" legte bereits im Sommer 1940 fest, daß jüdische Arbeitskräfte im freien Einsatz höchstens 80% der üblichen Löhne erhalten sollten, die Polen für eine entsprechende Tätigkeit erhielten. Viele deutsche Unternehmen oder Institutionen entließen daraufhin ihre jüdischen Arbeitskräfte, denen sie zuvor oft geringere oder gar keine Löhne bezahlt hatten. Das änderte sich aber mit dem Beginn der systematischen "Endlösung". Die Flucht in die "Shops" genannten Arbeitsstellen in den Gettos und die schreckliche Lage der jüdischen Arbeiter, die fürchten mußten, bei nicht genügenden Arbeitsleistungen deportiert und ermordet zu werden, machte sie als Arbeitskräfte zunehmend attraktiver. Die Einteilung in rüstungswichtige und weniger wichtige Fertigungsstätten wurde für die jüdischen Zwangsarbeiter immer mehr zur Entscheidung über Leben und Tod.[21]

Mit der Umstellung auf den Primat des Arbeitseinsatzes seit Anfang 1942 verschärften sich die Widersprüche: Im "Generalgouvernement" begannen seit März 1942 die Auflösung der Gettos und die Deportationen der polnischen Juden in die Vernichtungslager. Ein Teil von ihnen jedoch wurde in besondere, den SS- und Polizeiführern unterstehende Arbeitslager gebracht, wo sie bei Bauvorhaben und in der Rüstungsproduktion eingesetzt wurden.[22] Dazu errichtete die SS in diesen Lagern eigene Wirtschaftsbetriebe, zum Teil aus den verlagerten Betriebsanlagen ehemals jüdischer Betriebe. Durch diese Maßnahmen kam es zu erheblichen Konflikten vor allem mit der an der Erhaltung "ihrer" jüdischen Arbeitskräfte in den Gettowerkstätten interessierten Wehrmacht. Die SS war jedoch lediglich bereit, den Rüstungsbetrieben die jüdischen Arbeitskräfte vorerst zu belassen, wenn die Juden als KZ-Häftlinge unter der Regie der SS den Betrieben zum Arbeitseinsatz überlassen würden.

Am 19. Juli 1942 ordnete Himmler an, alle polnischen Juden bis zum Ende des Jahres 1942 zu ermorden. Nur solche Juden, die rüstungswichtige Zwangsarbeit verrichteten, sollten vorerst am Leben gelassen werden. Allerdings sollten solche Produktionsstätten sukzessive in SS-Regie übergehen und in Zwangsarbeitslagern zusammengefaßt werden.

Daraufhin wurden von nun an Getto um Getto geräumt und die aufgebauten Produktionsstätten mit zehntausenden von jüdischen Arbeitskräften stillgelegt, die Zwangs-

---

[21] Vgl. *Florian Freund/Bertrand Perz/Karl Stuhlpfarrer*, Das Getto in Litzmannstadt (Lódz), in: "Unser einziger Weg ist Arbeit": Das Getto in Lódz, 1940–1944. Ausstellungskatalog des Jüdischen Museums Frankfurt, Wien 1990, S. 17–31; *Alfred Konieczny*, Die Zwangsarbeit der Juden in Schlesien im Rahmen der "Organisation Schmelt", in: Sozialpolitik und Judenvernichtung. Gibt es eine Ökonomie der Endlösung? (Beiträge zur nationalsozialistischen Gesundheits- und Sozialpolitik, 5), Berlin 1987, S. 91–110. Überblick über die neuere Holocaustforschung bei *Ulrich Herbert* (Hrsg.), Nationalsozialistische Vernichtungspolitik 1939–1945. Neuere Forschungen und Kontroversen, Frankfurt 1998.

[22] Vgl. *Thomas Sandkühler*, Das Zwangsarbeitslager Lemberg-Janowska, 1941–1944, in: *Herbert/Orth/Dieckmann* (Hrsg.), Konzentrationslager.

arbeiter in die Vernichtungslager deportiert und ermordet. Selbst die von der SS selbst noch im März 1943 aufgebaute "Ost-Industrie", eine Dachgesellschaft, die die verschiedenen einzelnen Arbeitslager mit Rüstungsproduktion zusammenfaßte, wurde geschlossen, als diese Betriebe im Herbst 1943 gerade ihre Produktion aufgenommen hatten. Sämtliche hier beschäftigten 17.000 Juden wurden aus den Fabriken herausgeholt und noch in den folgenden Tagen in der Nähe von Lublin erschossen.[23]

In den besetzten Gebieten der Sowjetunion war die Lage nicht anders. Nach der ersten Phase der Massenerschießungen im Sommer 1941 waren auch hier Juden in Arbeitskolonnen und Werkstätten beschäftigt worden. Aber auch in der Folgezeit und nach der kriegswirtschaftlichen Umstellung seit Anfang 1942 wurde die Praxis der Liquidationen ohne Rücksicht auf wirtschaftliche Belange fortgesetzt.[24]

Erst seit Anfang 1944, als gegenüber den Juden das politische Hauptziel des Nationalsozialismus erreicht war, kam es aufgrund des sich dramatisch verschärfenden Arbeitskräftemangels in der letzten Kriegsphase zu einer Änderung, und jüdische Häftlinge wurden auch im Reichsgebiet als Arbeitskräfte in SS-eigenen Betrieben, bei unterirdischen Betriebsverlagerungen und in Privatunternehmen, vor allem in der Großindustrie, eingesetzt. Bereits im August 1943 war in der Führungsspitze des Regimes die Entscheidung gefallen, die Herstellung der Raketenwaffe A 4, eine der sog. V-Waffen, mit Hilfe von KZ-Häftlingen in unterirdischer Produktion durchführen zu lassen. Seit dem Jahreswechsel 1943/44 wurde nun überall in Deutschland damit begonnen, rüstungswichtige Fertigungen in Untertagefabriken – meist Höhlen oder Bergstollen – zu verlagern, wo sie vor Bombenangriffen geschützt waren. Diese unter enormem Zeitdruck vorangetriebenen Projekte hatten schreckliche Auswirkungen für die hierbei eingesetzten KZ-Häftlinge.[25] Gerade in der Aufbauphase im Herbst und Winter 1943/44 waren die Todeszahlen immens. Leichte Ersetzbarkeit der Häftlinge bei technisch überwiegend einfachen, aber körperlich schweren Arbeiten, hoher Zeitdruck, mangelnde Ernährung und denkbar schlechte Lebensbedingungen waren die Ursachen für die hohen Todesraten, die erst zu sinken begannen, als das Wohnlager fertiggestellt und die Produktion aufgenommen worden war. Bis dahin jedoch waren die Häftlinge schon wenige Wochen nach ihrem Eintreffen "abgearbeitet". Projekte dieser Art, zu denen

---

[23] *Helge Grabitz/Wolfgang Scheffler,* Letzte Spuren. Ghetto Warschau, SS-Arbeitslager Trawniki, Aktion Erntefest. Fotos und Dokumente über Opfer des Endlösungswahns im Spiegel der historischen Ereignisse, Berlin 1988.

[24] Vgl. *Christoph Dieckmann,* Der Krieg und die Ermordung der litauischen Juden, in: *Herbert* (Hrsg.), Vernichtungspolitik, S. 292–329; Artikel "Zwangsarbeit" in: Enzyklopädie des Holocaust, Sp. 160–1644.

[25] *Florian Freund,* Die Entscheidung zum Einsatz von KZ-Häftlingen in der Raketenrüstung, in: Kaienburg, Konzentrationslager, S. 61–76; *ders.,* Arbeitslager Zement; *Freund/Perz,* Das KZ in der "Serbenhalle"; *Rainer Fröbe,* Der Arbeitseinsatz von KZ-Häftlingen und die Perspektive der Industrie 1943–1945, in: *Herbert* (Hrsg.), Europa, S. 351–383; *ders.,* "Wie bei den alten Ägyptern". Die Verlegung des Daimler-Benz-Flugmotorenwerks Genshagen nach Obrigheim am Neckar 1944/45, in: *Angelika Ebbinghaus* (Hrsg.), Das Daimler-Benz-Buch. Ein Rüstungskonzern im "Tausendjährigen Reich", Nördlingen 1987, S. 392–417; *Rainer Eisfeld,* Die unmenschliche Fabrik. V2-Produktion und KZ "Mittelbau-Dora", Erfurt 1993; *ders.,* Mondsüchtig. Wernher von Braun und die Geburt der Raumfahrt aus dem Geist der Barbarei, Reinbek 1996; *Jens-Christian Wagner,* Das Außenlagersystem des KL Mittelbau-Dora, in: *Herbert/Orth/Dieckmann* (Hrsg.), Konzentrationslager; *Edith Raim,* Die Dachauer KZ-Außenkommandos Kaufering und Mühldorf. Rüstungsbauten und Zwangsarbeit im letzten Kriegsjahr 1944/45, Landsberg am Lech 1992.

Zehntausende, ja Hunderttausende von Arbeitskräften in drei Tagesschichten gebraucht wurden, waren nur noch mit KZ-Häftlingen durchführbar, denn allein die SS besaß noch Arbeitskraftreserven in solchen Größenordnungen. Aber auch die reichten zur Erfüllung der gestellten Aufgaben bald nicht mehr aus, so daß im Frühjahr 1944 der Arbeitseinsatz auch von Juden diskutiert wurde. Bis dahin war die Beschäftigung von Juden innerhalb des Reiches explizit verboten, schließlich galt es als Erfolg des Reichssicherheitshauptamtes der SS, das Reich "judenfrei" gemacht zu haben. Nun aber änderte sich dies: Offenbar ausgehend von einer Anfrage der besonders im militärischen Bauwesen eingesetzten Organisation Todt bestimmte Hitler im April 1944, für Rüstungsverlagerung und Großbunkerbau seien "aus Ungarn die erforderlichen etwa 100.000 Mann durch Bereitstellung entsprechender Judenkontingente aufzubringen"[26].

Den Deutschen waren durch die Besetzung Ungarns im März 1944 etwa 765.000 Juden in die Hände gefallen; am 15. April begann ihre Deportation, in deren Verlauf bis zum Juli etwa 458.000 ungarische Juden nach Auschwitz gebracht wurden. Von diesen wurden etwa 350.000 Menschen sofort vergast und 108.000 besonders arbeitsfähig wirkende für den Arbeitseinsatz im "Reich" aussortiert. Nachdem der Zufluß von "Fremdarbeitern" mittlerweile beinahe ganz zum Versiegen gekommen war, hatten immer mehr Firmen im Reich bei den Arbeitsämtern, zum Teil auch direkt bei den Konzentrationslagern Häftlinge angefordert und waren nun auch einverstanden, jüdische Zwangsarbeiter aus der "Ungarnaktion" zu beschäftigen. Die aus Auschwitz kommenden Häftlinge, darunter sehr viele Frauen, wurden nun formal den Konzentrationslagern im "Reich" unterstellt und auf die Firmen, die KZ-Arbeiter angefordert hatten, verteilt.

Die Zahl der Arbeitskommandos der KZ-Stammlager wuchs seit dem Frühjahr 1944 rapide an, am Ende des Krieges existierten auf Reichsgebiet etwa 660 Außenlager; die Liste der deutschen Unternehmen, die solche KZ-Außenlager einrichteten und KZ-Häftlinge einsetzten, wurde immer länger und umfaßte hunderte von renommierten Firmen.[27]

Die Arbeits- und Lebensbedingungen der Häftlinge waren dabei in den verschiedenen Firmen sehr unterschiedlich. Insgesamt kann man – mit aller Vorsicht – jedoch davon ausgehen, daß diejenigen, die in der Produktion der Rüstungsbetriebe selbst beschäftigt wurden, erheblich größere Überlebenschancen besaßen als diejenigen Häftlinge, die in den großen Bauvorhaben und insbesondere beim Ausbau unterirdischer Produktionsstätten sowie bei der Fertigung in den Höhlen und Stollen nach der Betriebsverlagerung eingesetzt wurden.

Insgesamt wird angesichts dieses knappen Überblicks deutlich, daß die deutsche Wirtschaft spätestens seit der Kriegswende im Winter 1941/42 alternativlos auf Zwangsarbeiter angewiesen war. Angesichts der erheblichen Fluktuation ist es vermutlich realistisch, von insgesamt etwa 9,5 bis 10 Millionen ausländischen Zivilarbeitern und Kriegsgefangenen auszugehen, die für längere oder kürzere Zeit in Deutschland als

---

[26] Hitler am 6.7.1944, BA R 3/1509 (Besprechung mit Dorsch, Organisation Todt); vgl. *Herbert,* Arbeit und Vernichtung, S. 413.

[27] Vgl. die (unvollständigen) Übersichten bei *Schwarz,* Die nationalsozialistischen Lager; und *Martin Weinmann* (Hrsg.), Das nationalsozialistische Lagersystem (Catalogue of Camps and Prisons in Germany and German-Occupied Territories 1939–1945), Frankfurt am Main 1990.

Zwangsarbeiter eingesetzt wurden. Die höchste Zahl der gleichzeitig eingesetzten "Fremdarbeiter" wurde im Sommer 1944 mit etwa 7,6 Millionen erreicht. Die Zahl der KZ-Häftlinge, die in Konzentrations-Stammlagern oder Außenlagern insgesamt zur Zwangsarbeit eingesetzt worden waren, ist seriös kaum schätzbar. Insgesamt sind zwischen 1939 und 1945 etwa 2,5 Millionen Häftlinge in Konzentrationslager des späteren Wirtschafts- und Verwaltungshauptamts der SS eingeliefert worden; darunter etwa 15% Deutsche und 85% Ausländer; eine seriöse Schätzung der Zahl der in diesen Jahren in den Lagern Gestorbenen geht von 836.000 bis 995.000 Toten aus. Hierin sind die Lager Majdanek und Auschwitz nicht enthalten; in beiden Lagern zusammen ist die Zahl der Toten auf etwa 1,1 Millionen berechnet worden, von denen die weit überwiegende Mehrheit Juden waren. Unter den etwa 900.000 in den Konzentrationslagern im Reichsgebiet Gestorbenen dürfte die Zahl der Juden bei etwa 300.000 bis 350.000 liegen; diejenige der Russen zwischen 200.000 und 250.000, die der Polen unter 100.000 – wobei es sich um grobe Schätzungen handelt.[28] Es ist davon auszugehen, daß nahezu jeder KZ-Häftling während seiner Haftzeit für kurze oder lange Zeit zur Zwangsarbeit eingesetzt worden ist, allerdings in sehr unterschiedlicher und sich wandelnder Weise. Von den etwa 200.000 Häftlingen im April 1943 dürfte noch weniger als die Hälfte im Rüstungsbereich eingesetzt gewesen sein. Am Ende des Jahres 1944 lag die Gesamtzahl der KZ-Häftlinge bei etwa 600.000, von denen 480.000 tatsächlich als "arbeitsfähig" gemeldet waren. Nach Schätzungen des Wirtschafts- und Verwaltungshauptamts der SS wurden davon etwa 240.000 bei den unterirdischen Verlagerungen sowie bei den Bauvorhaben der Organisation Todt eingesetzt und ca. 230.000 in der Privatindustrie.[29]

Die Zahl derjenigen Juden, die vor oder nach ihrer Deportation zur Zwangsarbeit herangezogen worden ist, ist nicht mit hinreichender Genauigkeit zu schätzen; zumal dies in den einzelnen europäischen Ländern sehr unterschiedlich war. Im Sommer 1942 lag die Zahl der in den Gettos und Zwangsarbeitslagern eingepferchten polnischen Juden bei etwa 1,5 Millionen; es ist gewiß nicht zu hoch gegriffen, wenn man davon ausgeht, daß von diesen mindestens die Hälfte für einige Zeit zur Zwangsarbeit eingesetzt worden ist. Erheblich viel geringer war der Anteil derjenigen, die aus den verschiedenen europäischen Ländern in die Lager des Ostens verschickt wurden und dort als "arbeitsfähig" aussortiert worden waren; ebensowenig gibt es für die Gebiete der Sowjetunion Zahlen, die uns auch nur einen Annäherungswert ermöglichten.

---

[28] Orth, System, Kap. VII : "Bilanz der Opfer"; *Wolfgang Benz* (Hrsg.), Dimensionen des Völkermords. Die Zahl der jüdischen Opfer des Nationalsozialismus, München 1991.
[29] Aussage Pohl, 25.8.1947, Trials of War Criminals, Bd. 5, Washington 1950, S. 445.

Karl Brozik[*]

Die Entschädigung von nationalsozialistischer Zwangsarbeit durch deutsche Firmen

I. Einleitung

Ich spreche heute an Stelle von Prof. Dr. Benjamin B. Ferencz, der leider der Einladung zu dieser Veranstaltung wegen anderer Verpflichtungen nicht folgen konnte und mich gebeten hat, Ihnen allen seine herzlichen Grüße und besten Wünsche für den Erfolg unseres gemeinsamen Anliegens zu übermitteln.

Wenn ich hier und heute das Wort ergreife, dann mit sehr gemischten Gefühlen. Ich empfinde mich an dieser Stelle als einen Vertreter aller Überlebenden, die in der Zeit der Nazidiktatur in den KZs gelitten haben, und ich verspüre die Verpflichtung gegenüber denen, die dort den Tod gefunden haben.

Ich fühle jedoch auch eine Verantwortung den Überlebenden gegenüber, denn mein Schicksal ist ein vielleicht sogar typisches Schicksal für einen im KZ internierten Häftling. Trotzdem paßt mein Schicksal in keine Systematik hinein, selbst wenn man sich um eine solche bemüht.

Aus geborgenen Verhältnissen bin ich als noch nicht 15jähriger aus Prag in das Ghetto Lodz deportiert worden. In Lodz gab es 90 Betriebe, die mehr oder weniger alle mit der Kriegswirtschaft zu tun hatten. Ich selbst wurde zur Arbeit in einem Metallressort eingeteilt, und zwar zur Herstellung von geschmiedeten Nägeln für Bergschuhe, die zur Ausrüstung alpiner Truppen benötigt wurden, ob sie nun im Osten eingesetzt wurden – im Pamir – oder anderswo. Sie müssen sich vorstellen, daß in einer großen Halle Dutzende von Essen und Stanzen aufgestellt waren und Hochbetrieb vom frühen Morgen bis tief in die Nacht herrschte. Wer waren die Arbeiter? Zehn- bis sechzehnjährige Jungen, alle unterernährt, mit großen Augen und dürren Körpern, die an der Esse mit einem Hammer in der Hand in sieben Arbeitsgängen das Produkt gestalteten und herstellten: handgeschmiedete Nägel, kleine Kunstwerke, für die viel Muskelkraft benötigt wurde. Die Kinder – es handelte sich durchweg um Kinderarbeit – starben weg wie die Fliegen. Kamen sie nicht mehr, wurden sie durch neue Kinder ersetzt – nur der einen Suppe wegen, die sie als zusätzliche Nahrung erhalten konnten.

Nachdem ich nach Auschwitz-Birkenau gebracht worden war, war ich in einem Zerlegebetrieb tätig. Worum handelte es sich hier? Abgeschossene Flugzeuge aus ganz "Großdeutschland" wurden auf einem Platz auf der grünen Wiese abgeladen, und unsere Arbeit bestand darin, daß wir mit Beilen und Äxten die Flugzeuge – es handelte sich überwiegend um Kampfflugzeuge – in Platten von 2 x 2 oder 2 x 3 m zerlegten, damit diese, auf Waggons verladen, wieder der Kriegsindustrie durch Schmelzen der Elektronbleche zur Verfügung gestellt werden konnten. Ein besonderes Kommando demontierte das Cockpit mit Apparaturen und eventuell mit alten, unbrauchbaren Waffen. Wem kam diese Arbeit zugute? Ebenfalls der Kriegsindustrie. Wieviel private Firmen darunter waren, die damit Geld verdienten, ist wohl kaum auszumachen.

---

[*] Dr. Karl Brozik ist Repräsentant der Jewish Claims Conference in Deutschland.

Die dritte Station war die fürchterlichste. Das Hauptlager Mauthausen unterhielt eine Reihe von Nebenlagern. Ich wurde nach Gusen II verbracht, wo unterirdische Höhlen bzw. Schächte von einem Kommando, das 8.000 Mann zählte, gegraben wurden. In den anderen, bereits fertiggestellten unterirdischen Höhlen wurden Messerschmidt 129, also im Krieg verwendete Jagdflugzeuge, hergestellt. Die Flugzeuge wurden mit Menschenkraft auf den Achsen hin- und hergetragen und an ihnen wurde genietet und gehämmert – unter fürchterlichen Arbeitsbedingungen. Es gab zu wenig Sauerstoff, denn die Stollen waren nicht genügend belüftet, und ganz wenig Nahrung. Die Leute brachen vor den Augen ihrer Kollegen und Mithäftlinge zusammen und wurden abends auf Bahren tot oder beinahe tot ins Lager zurückgebracht. Dort mußte man eine Stunde lang auf das wenige Essen warten, und bevor man auf die Pritsche kroch, gab es Fliegeralarm, so daß auch ungenügender Schlaf ein Grund dafür war, daß die Sterblichkeit ungemein hoch war – und das ohne Gaskammern.

Ich habe drei Stationen meines eigenen Schicksals ganz kurz beschreiben wollen, um zu zeigen, wie vielfältig und mannigfaltig die Ausbeutung durch Arbeit war. Weitestgehend kann ich Ulrich Herbert in seiner Auffassung über die Zwangsarbeit, insbesondere die Zwangsarbeit der Juden, folgen. Wie ein roter Faden zieht sich die Hauptabsicht, den Genozid an den Juden trotz Arbeitskräftemangels zu vollenden, durch das Werk. Es gibt aber trotzdem sich widersprechende Faktoren, die ich hier nicht alle anführen möchte, die aber immerhin die vermeintliche Logik des Vernichtungswillens in der Praxis verlangsamt haben. Einmal war es ein geschickter Geschäftsmann wie Hans Biebow in Lodz, der an den Erzeugnissen, hergestellt von Ghetto-Inhaftierten in 90 Fabriken, bis August 1944 gut verdient hat; ein anderes Mal waren es junge ungarische Jüdinnen, die trotz der gefährlichen Arbeit bis zum Ende des Krieges in Munitionsfabriken ausgebeutet wurden; wieder in anderen Fällen war es eine "humanere" Behandlung, weil ein Kommandant seine Haut retten wollte oder weil er in der Tat mit der Tötungsmaschinerie nicht einverstanden war. Wie erwähnt, die Hauptrichtung, nämlich die Vernichtung der Juden durch Arbeit, so wie sie von Ulrich Herbert unterstrichen wurde, ist wissenschaftlich erwiesen.

Im folgenden möchte ich Ihnen aufzeigen, wie schwer es fiel, Adressaten in der Industrie zu finden, die sich – zumindest moralisch gesehen – verantwortlich für diese Taten im Dritten Reich fühlen. Auch an dieser Stelle möchte ich nochmals betonen, daß ich als Vertreter von Prof. Dr. Ferencz zu Ihnen spreche und mich bei den Hintergrunddaten auf sein herausragendes Werk zu diesem Thema "Lohn des Grauens"[1] beziehe.

II. Schicksal der Zwangsarbeiter

Im September 1944 betrug die Gesamtzahl der Zwangsarbeiter in Deutschland rund 5,5 Mio. Menschen, dazu kamen weitere 2 Mio. Kriegsgefangene. Von diesen 7,5 Mio. Zwangsarbeitern gehörten 38% sowjetischen Völkern an, 20% waren Polen. Ende 1944 stieg diese Zahl auf fast 9 Mio. Menschen. Jeder fünfte Arbeiter in Deutschland, jeder

---

[1] *Benjamin B. Ferencz*, Lohn des Grauens, Die Entschädigung jüdischer Zwangsarbeiter – Ein offenes Kapitel deutscher Nachkriegsgeschichte, Campus Verlag Frankfurt/New York 1981.

dritte in der Metallindustrie war Ausländer, jeder vierte Panzer und jedes vierte Flugzeug wurden von ausländischen Arbeitern hergestellt.

Die Lage der Arbeiter aus Osteuropa unterschied sich deutlich von der westeuropäischer Fremdarbeiter, und zwar durch die Lebensbedingungen und die ihnen gegenüber eingenommene Haltung. Menschen aus Polen und der Sowjetunion wurden als minderwertig angesehen – in der rassischen Terminologie des NS-Staates waren sie "Untermenschen". In aller Regel mußten sie schwere körperliche Arbeiten leisten und waren strengen Kontrollen, Erniedrigungen und schweren Strafen ausgesetzt. Sie mußten Erkennungszeichen an der Kleidung tragen, mit "P" für Polen und "Ost" für die Sowjetunion.

Die Bedingungen für "Fremdarbeiter" aus dem Westen waren besser. Die Arbeitgeber und vor allem die Bauern hielten sich oft nicht an die von der NSDAP festgelegten strengen Vorschriften, denn diese Arbeiter waren für sie und das Überleben des Betriebes unentbehrlich. Gewisse Verbesserungen hinsichtlich der Ernährung und "Betreuung" der Fremdarbeiter standen aber unvermittelt neben brutaler Ausbeutung und körperlicher Auszehrung, namentlich der Ostarbeiter.

Die Zwangsarbeit, zu der die Juden herangezogen wurden, war die qualvollste und ohne Aussicht auf Überleben. Sie nahm verschiedene Formen an und hatte im Gegensatz zu den übrigen Fremdarbeitern immer nur ein Ziel: ihre physische Vernichtung.

Mitte 1944 betrug die Zahl der jüdischen KZ-Häftlinge, die Zwangsarbeit verrichten mußten, etwa 500.000 Menschen. Von dieser Zahl sind jedoch nur diejenigen jüdischen Häftlinge erfaßt, die zu dieser Zeit tatsächlich beschäftigt waren. Absolut war die Anzahl der jüdischen Zwangsarbeiter zu diesem Zeitpunkt wesentlich höher. Genauere Zahlenangaben sind deshalb nicht möglich, weil diese Menschen nach der nationalsozialistischen Strategie vernichtet wurden und die Zwangsarbeit – durch Ausnutzen der Leistungsfähigkeit bis zur totalen Erschöpfung – ein Mittel zur Tötung war.

Anfangs war der einzige Zweck der Zwangsarbeit, die Juden zu demütigen, indem man sie nötigte, harte körperliche Arbeiten auszuführen, die keinerlei praktischen Sinn hatten. Währenddessen wurden sie zusätzlich Schlägen und Quälereien ausgesetzt. Im Laufe der Zeit wurden besondere Arbeitslager für Juden errichtet. Die Lebens- und Arbeitsbedingungen in diesen Lagern waren die schlechtesten und die Insassen wurden zusätzlich gequält, erniedrigt und geprügelt. Oft bekamen die Männer und Frauen während des Zwangsarbeitseinsatzes keinen Wohnraum zugewiesen, mußten also unter freiem Himmel schlafen. Sie erhielten nicht einmal die Mindestrationen an Nahrungsmitteln und mußten, z. B. bei Meliorationsprojekten, stundenlang im Wasser arbeiten, ohne jede Möglichkeit sich aufzuwärmen oder umzuziehen.

Der überwiegende Teil der Zwangsarbeiter überlebte diese Lager nicht. Andere waren, wenn sie zurückkamen, völlig verbraucht und lebenslang invalide. Von 6.000 Männern aus dem Ghetto von Warschau, die in Arbeitslager geschickt wurden, waren innerhalb von zwei Wochen 1.000 nicht mehr arbeitsfähig. Die Zahl von 750.000 jüdischen Zwangsarbeitern im Jahre 1940 sank Mitte 1943 auf etwas mehr als 100.000 Menschen – dies sind 650.000 ermordete jüdische Menschen in zweieinhalb Jahren. In Mauthausen war die durchschnittliche Überlebenszeit vier Tage. Beim Tragen der Granitblöcke aus dem Steinbruch brachen sie zusammen und wurden erschlagen.

Selbst hinsichtlich der "Bezahlung" an die SS galt für die Juden eine besondere Regelung: sie mußte stets niedriger sein als die der übrigen Zwangsarbeiter. Wenn Minimallöhne gezahlt wurden, so schmolzen selbst diese Beträge angesichts bestimmter Abzüge auf ein Nichts zusammen. In der Regel wurden die Zahlungen für die jüdischen Arbeiter ohnehin direkt an die SS geleistet. Jüdische Zwangsarbeiter erhielten daher in der Regel nichts für ihre Sklavenarbeit.

III. Entschädigung der Zwangsarbeiter

Die Claims Conference hat von Anfang an, d.h. seit 1952, ihre Forderungen auch auf Entschädigung für Zwangsarbeit gerichtet. Mit dem Hinweis auf das Londoner Schuldenabkommen wurden die Forderungen immer wieder abgelehnt. Die Strategie der Claims Conference zeichnete sich dadurch aus, daß sie bemüht war, nach Prioritäten des Verfolgungsschicksals immer wieder neue Gruppen in die Möglichkeiten einer Entschädigung durch das BEG einzubeziehen. Das tat sie auch bei den Härtefonds und tut sie bis heute. Aber auch diese Strategie half nichts, und die Claims Conference hat auch für die jüdischen Häftlinge, was Zwangsarbeit betrifft, bis jetzt keinen Erfolg gehabt. Deshalb wandte sich die Claims Conference direkt an die Industrie. Dabei sollte sich die Klage von Norbert Wollheim 1952 gegen die I.G.-Farben in Liquidation später noch als hilfreich herausstellen.

Wollheim war Häftling im KZ Auschwitz und seit 1943 Zwangsarbeiter im Bunawerk der I.G.-Farbenindustrie AG Monowitz. Als Entschädigung für die Zwangsarbeit klagte Wollheim nun gerichtlich 10.000,-- DM ein. Im Prozeß verteidigte sich die I.G.-Farben damit, daß sie vom Deutschen Reich zur Beschäftigung von Zwangsarbeitern gezwungen worden sei. Was auch immer den Zwangsarbeitern angetan worden sei, falle unter die Verantwortung der SS, der NSDAP oder des Deutschen Reiches im weitesten Sinne. Die I.G.-Farben brachte damit einen vermeintlichen Rechtfertigungsgrund hervor, der zukünftig von allen betroffenen Firmen vorgebracht werden sollte: Die Verantwortung lag schon damals beim Deutschen Reich und demnach konsequenterweise nun bei der Bundesrepublik Deutschland als dessen Rechtsnachfolger. Auch eine moralische Verpflichtung zur Entschädigung wollte die I.G.-Farben nicht anerkennen. Vielmehr stellten sie im Prozeß – unter Beibringung von Zeugen – die Situation der Zwangsarbeiter als im Gegensatz zum KZ verbesserte dar; die Arbeiter erhielten eine zusätzliche Suppe und hätte die I.G.-Farben sie nicht beschäftigt, wären sie wahrscheinlich getötet worden. Noch im Jahre 1984 sagte Otto Kranzbühler, Verteidiger im Nürnberger Prozeß gegen die Vertreter der Industrie, in einem Fernsehinterview:

"Ich akzeptiere keineswegs die Behauptung, daß ungewöhnlich viele Menschen, die aus KZs in der Industrie eingesetzt wurden, starben. Im Gegenteil, die Menschen waren ja froh darum, wenn sie rauskamen in die Industrie, weil sie dort eine vernünftige Verpflegung und eine Möglichkeit des Überlebens hatten, die ihnen bekanntlich in den Vernichtungs-KZs ja nicht gegeben wurde."[2]

---

[2] *Otto Kranzbühler*, in: Vernichtung durch Arbeit, Fernseh-Dokumentation von Lea Rosh, gesendet am 4.11.1984 im SFB; vgl. auch *Constantin Goschler*, Streit um Almosen, Die Entschädigung der KZ-Zwangsarbeiter durch die deutsche Nachkriegsindustrie, in: Dachauer Hefte Nr. 2, November 1986.

Tatsächlich brachte Wollheim Zeugen in den Prozeß ein, die bestätigten, daß die Zwangsarbeiter aufgrund der Mißhandlungen und der Unterernährung unter Todesangst litten.

Das Argument, daß den Betrieben die Zwangsarbeiter quasi aufgezwungen wurden, ist heute durch unzählige Quellen und Dokumente widerlegt.

Es sei mir an dieser Stelle erlaubt, auf das Buch von Benjamin B. Ferencz zu diesem Thema zu verweisen, in dem die wichtigsten Dokumente zusammengestellt sind, aus denen hervorgeht, daß sich die deutsche Industrie von sich aus Zwangsarbeiter aus den Konzentrationslagern beschaffte. Beispielhaft ist hier ein Brief des I.G.-Farben Direktors Krauch an den Reichsführer der SS vom 27.07.1943:

"Sehr geehrter Herr Reichsführer! [...] ich habe es besonders begrüßt, daß Sie gelegentlich dieser Besprechung angedeutet haben, eventuell den Ausbau eines weiteren Synthesewerkes, [...], ähnlich wie in Auschwitz, durch die Zurverfügungstellung von Insassen aus Ihren Lagern gegebenenfalls zu unterstützen. Ich habe im entsprechenden Sinne auch dem Herrn Minister Speer geschrieben und wäre Ihnen dankbar, wenn Sie dieser Frage weiter Ihre Förderung und volle Unterstützung angedeihen ließen. [...]
Heil Hitler
Ihr sehr ergebener
Dr. C. Krauch."[3]

Eine Kalkulation der SS belegt dies. Es ist eine makabre Aufstellung der SS überliefert:[4]

Rentabilitätsberechnung der SS über Ausnutzung der Häftlinge in Konzentrationslagern

Täglicher Verleihlohn durchschnittlich	RM	6,--
abzüglich Ernährung	RM	-,60
durchschnittliche Lebensdauer 9 Monate = 270 x RM 5,30 =	RM	1.431,--
abzüglich Bekleidungs-Amortisation	RM	-,10
Erlös aus rationeller Verwertung der Leiche:		
1. Zahngold 3. Wertsachen		
2. Kleidung 4. Geld		
abzüglich Verbrennungskosten	RM	2,--
durchschnittlicher Nettogewinn	RM	200,--
Gesamtgewinn nach 9 Monaten	RM	1.631,--

zuzüglich Erlös aus Knochen und Aschenverwertung

---

[3] *Ferencz*, S. 59.
[4] *Bernd Klemitz*, Die Arbeitssklaven der Dynamit Nobel, Verlag Engelbrecht 1986, S. 191.

Dieses erschreckende Beispiel zeigt, welche Überlegungen Industrie und SS angestellt hatten, um das äußerste aus den Häftlingen an Arbeitskraft herauszuholen.

Das zuständige Amt bei der SS war das Wirtschafts- und Verwaltungshauptamt (WVHA), Chef war Oswald Pohl. Beim WVHA mußten die Unternehmen, die KZ-Häftlinge einsetzen wollten, einen begründeten Antrag stellen; eine Kontaktaufnahme zum nächstgelegenen KZ war durch Pohl untersagt worden. Nachdem das WVHA die Anträge geprüft hatte, wies das Hauptamt das entsprechende KZ an, mit dem Unternehmen, das in seinen Betrieb KZ-Häftlinge einsetzen wollte, Verhandlungen aufzunehmen und die genauen lokalen Bedingungen zu erkunden.

Im April 1942 konnte Pohl voller Stolz an Himmler Bericht erstatten, daß er die bestehenden Konzentrationslager vollständig umorganisiert habe, "um alle arbeitsfähigen Häftlinge zu mobilisieren".[5] Gleichzeitig wies er alle Lagerkommandanten an: "Der Einsatz muß im wahren Sinne des Wortes erschöpfend sein, um ein Höchstmaß an Leistung zu erreichen".[6] Ende Mai 1943 erließ Pohl die sog. Prämienvorschrift, um dieses Höchstmaß mit allen Mitteln und Wegen zu erreichen:

"Der Umfang und die Dringlichkeit aller mit Häftlingen zur Durchführung gelangenden Arbeiten erfordern höchste Leistung eines jeden Häftlings. Die gegenwärtigen Ergebnisse müssen deshalb zu einer Steigerung gebracht werden. Sie wird durch Führung und Erziehung der Häftlinge erreicht und durch Gewährung von Vergünstigungen an die Häftlinge anerkannt. Hierzu erlasse ich folgende Dienstvorschrift:

Häftlinge, die sich durch Fleiß, Umsichtigkeit, gute Führung und besondere Arbeitsleistung auszeichnen, erhalten künftig Vergünstigungen. Diese bestehen in Gewährung von

1. Hafterleichterung,
2. Verpflegungszulagen,
3. Geldprämien,
4. Tabakwarenbezug,
5. Bordellbesuch."[7]

Die Gerichte, die in den von ehemaligen Zwangsarbeitern eingeleiteten Prozessen über Entschädigungsansprüche für entgangenen Lohn und der gesundheitlichen Folgen gegen die deutschen Firmen zu entscheiden hatten, hielten diese Forderungen prinzipiell für berechtigt. Daß es jedoch trotzdem für die zur Zwangsarbeit verpflichteten KZ-Häftlinge nicht zu einem positiven Ausgang der Gerichtsverfahren gekommen war, liegt daran, daß die deutschen Gerichte alle Entschädigungsansprüche entweder als verfrüht oder verspätet abwiesen. Damit hat es folgendes auf sich:

Als verfrüht wurden diejenigen Fälle behandelt, in denen Zwangsarbeiter klagten, die einem ehemaligen Feindstaat des Deutschen Reiches oder einem von ihm besetzten Gebiet angehörten. Diese Gruppe fiel nach Auffassung der Gerichte in den Anwendungsbereich des Abkommens über deutsche Auslandsschulden vom 27.2.1953 (Londoner Schuldenabkommen), in dessen Art. 5 Abs. 2 es heißt, daß

---

[5] *Ferencz*, S. 43.
[6] Ebd.
[7] *Klemitz*, S. 191 ff.

"[...] eine Prüfung der aus dem Zweiten Weltkrieg herrührenden Forderungen von Staaten, die sich mit Deutschland im Kriegszustand befanden, oder deren Gebiet von Deutschland besetzt war, und von Staatsangehörigen dieser Staaten gegen das Reich und im Auftrag des Reichs handelnden Personen [...] bis zur endgültigen Regelung der Reparationsfrage zurückgestellt [wird]"[8].

Aus dieser Regelung ergab sich nach Ansicht der Gerichte, daß ein Teil der Schulden des Deutschen Reiches – worunter auch Lohnforderungen der ehemaligen Zwangsarbeiter gerechnet wurden – einem sogenannten Klagestop unterlagen und demzufolge in den damals anhängigen Prozessen noch nicht über einen Entschädigungsanspruch entschieden werden konnte. Es bildete sich eine Rechtslage heraus, wonach die Lohn- und Entschädigungsansprüche bis zur Unterzeichnung von Friedensverträgen zwischen Deutschland und den betroffenen Staaten zurückzustellen seien.

Soweit die Kläger Deutsche waren, fand auf sie das Londoner Schuldenabkommen keine Anwendung. Daß diese Gruppe von ehemaligen Zwangsarbeitern trotzdem aus den Prozessen mit leeren Händen herausgingen, lag in der Auffassung der Rechtsprechung begründet, die Ansprüche der Kläger seien verspätet geltend gemacht und damit verjährt.

IV. Beispiele für deutsche Nachkriegsjustiz

Die Versuche von KZ-Zwangsarbeitern, auf zivilgerichtlichem Weg ihre Ansprüche gegen die Unternehmen durchzusetzen, führten in eine Sackgasse. Die verklagten Unternehmen prozessierten durch alle Instanzen, um spätestens vor dem BGH ihre Revisionen durchzusetzen.

Der deutsche Rechtsanwalt Edmund Bartl bietet dazu ein drastisches Beispiel: Er war als KZ-Häftling vom KZ Sachsenhausen an die Firma Heinkel verliehen worden. Sowohl 1962 durch das Landgericht Augsburg als auch 1965 durch das Oberlandesgericht in Stuttgart wurden seine Ansprüche auf Entschädigung der Zwangsarbeit anerkannt. Viele ehemalige Zwangsarbeiter glaubten daher, daß ihre Ansprüche nun doch noch durchzusetzen seien. Bei den betroffenen Unternehmen sorgte man sich über diesen Präzedenzfall, der immense Folgen zeitigen könnte. Aus diesem Grunde hatte wohl das damalige Bundesfinanzministerium entschieden, den Standpunkt der Heinkel-Werke zu stützen und beratend für sie tätig zu werden – eine Tatsache, die den Protest der ehemaligen Häftlinge hervorgerufen hat.

Das letztinstanzliche Urteil des Bundesgerichtshofes vom 22. Juni 1967[9] verwarf die Klage von Edmund Bartl. Zur Begründung stützten sich die Bundesrichter diesmal nicht auf die Regelungen des Londoner Schuldenabkommens, da Dr. Bartl Deutscher war. Der Kläger wurde abgewiesen, weil seine Ansprüche bereits verjährt gewesen seien. Unkenntnis über die entsprechenden Fristen, die einzuhalten gewesen wären, sei Edmund Bartl als erfahrenem deutschen Rechtsanwalt nicht zu unterstellen gewesen, vielmehr habe er diese kennen können – so der BGH. Diese Ablehnung im Prozeß bedeutete für Edmund Bartl den finanziellen Ruin.

---

[8] Abkommen über deutsche Auslandsschulden, London, 27.2.1953, in: BGBl. II, 1953, S. 340.
[9] Entscheidung des Bundesgerichtshofes im Fall Bartl gegen Heinkel vom 22.6.1967

Auch andere Gruppen von Zwangsarbeitern versuchten den Gerichtsweg zu beschreiten – vergeblich. Polnische Zwangsarbeiter klagten gleichzeitig wie Norbert Wollheim gegen die I.G.-Farben AG i.L. auf Entschädigung. Auch hier scheiterten die Bemühungen auf dem zivilgerichtlichen Weg. Zur Begründung wurde ein Argument benutzt, das bereits in den Nürnberger Industriellenprozessen verwandt worden war: Die Beschäftigung von Zwangsarbeitern erfolgte auf Anordnung von staatlichen Stellen, die Beklagten handelten somit als ein Instrument des Deutschen Reiches. Die Ansprüche der Kläger hätten somit gegen das Deutsche Reich gerichtet werden müssen; solche Ansprüche fielen wiederum unter das Londoner Schuldenabkommen. Eine Entscheidung über die Entschädigung komme erst mit einer endgültigen Regelung der Reparationsfragen in einem sog. Friedensvertrag in Betracht. An dieser Stelle sei noch einmal Prof. Ferencz zitiert: "Die Richter hatten nur folgende Wirkung des Spruches vergessen: aufgeschobene Gerechtigkeit ist aufgehobene Gerechtigkeit."[10]

Hermann Langbein, Sprecher der Organisation der polnischen Kläger, kommentierte die Haltung der Verantwortlichen in den deutschen Unternehmen:

"Mit immer neuen Ausflüchten bemühen sich die beklagten Firmen, sich vor ihrer moralischen Verpflichtung einer Entschädigungszahlung zu drücken, in der Hoffnung, daß die Rechtslage für sie günstig sei und sie daher juristisch nicht gezwungen werden könnten."[11]

In einem einzigen Fall ist es bisher einem ehemaligen Zwangsarbeiter gelungen, vor einem deutschen Gericht Entschädigungsansprüche für Zwangsarbeit von dem Unternehmen letztinstanzlich einzuklagen, das ihn während des Krieges zur Arbeit herangezogen hatte.

Es sei hier die Geschichte des Prozesses von Adolf Diamant vor dem Landgericht Braunschweig gegen die Firma Büssing im Jahre 1965 erzählt.[12]

1944 wurde Adolf Diamant aus dem Ghetto Lodz in das KZ Auschwitz-Birkenau gebracht. Als damals 20jähriger wurde er von Ingenieur Pfender der Firma Büssing als einer von 2.000 Metallarbeitern ausgesucht, bei der Firma Büssing in Braunschweig zu arbeiten, wo Lastkraftwagen für die Armee hergestellt wurden. 1957 – Büssings Unternehmen florierte – nahm Adolf Diamant Kontakt zu seinem früheren Herrn auf, der ihm ein Zeugnis über seine Beschäftigung bei Büssing ausstellte und ihm darüber hinaus bescheinigte, wieviel Büssing selbst an die KZ-Lagerverwaltung Neuengamme, in der Diamant während der Arbeit bei Büssing untergebracht war, abführen mußte. Dieses Dokument legte Diamant im Prozeß vor, woraufhin das Landgericht Braunschweig den Entschädigungsanspruch auf vorenthaltenen Lohn anerkannte. Dabei sah es das Gericht nicht als entlastend an, daß Büssing selbst der SS für die Dienstleistungen bezahlt habe, denn niemand sei dazu berechtigt, die Arbeitskraft eines Menschen zu kaufen, der seiner Freiheit beraubt sei. Der Vertrag zwischen Büssing und der SS war demnach nichtig, die Rechtsbeziehung zwischen Büssing und der SS eine sog. Geschäftsführung ohne Auftrag und der Anspruch perfekt. Denn jeder, der wissentlich

---

[10] *Ferencz*, S. 169.
[11] Entscheidung des Bundesgerichtshofes im Fall Staucher gegen I.G.-Farben vom 23.2.1963, vgl. auch *Goschler*, s.o. Fn. 1, S. 181.
[12] Entscheidung des Landgerichts Braunschweig im Fall Diamant gegen Büssing vom 20.6.1965, Az. 13 C 566/64, vgl. *Ferencz*, S. 214 ff.

eines anderen Arbeitskraft annimmt und daraus einen Vorteil zieht, hat dem Benachteiligten dafür zu zahlen. Daß der Prozeßgewinn für Diamant am Ende lediglich ein "Pyrrhussieg" war, lag an der Berechnung der Anspruchshöhe durch das Gericht: Nach dessen sorgfältigen Berechnungen hatte Diamant 1.778 Arbeitsstunden gearbeitet. Den kriegsbedingten Lohn legte das Gericht auf 1 RM; der sich daraus ergebende Betrag von 1.778 RM war nach dem Gesetz über die Währungsreform von 1948 im Verhältnis 10:1 umzurechnen: Adolf Diamant gewann seinen Prozeß mit 177,80 DM.[13]

Es ist wichtig, wie ich glaube, für unsere aktuelle Arbeit heute diesen Prozeß genauestens zu analysieren. Meine Meinung ist, daß wir eine Entlohnung allein nicht fordern können und sollten, denn sie bringt materiell gar nichts oder sehr wenig. Sie bringt insbesondere denen nichts, die nur eine einzige Alternative hatten, nämlich innerhalb eines halben Jahres, in dem ihre Arbeitskraft ausgebeutet wurde, den Tod vor Augen zu haben. Diese Tatsache darf bei der Entschädigung für Zwangsarbeit nicht unberücksichtigt bleiben. Nehmen wir z.B. an, jemand hätte ein ganzes Jahr als Facharbeiter und ohne jeden Lohn gearbeitet. Dieses Musterbeispiel ist die wahrscheinliche Alternative unter den damaligen Umständen, insbesondere für Juden, denen in der Regel ein langes Leben nirgends gewährt war. Bei einem Tageslohn von zehn Reichsmark ergibt sich bei 300 Arbeitstagen jährlich eine Summe von 3.000 Reichsmark. Die Abwertung wegen der Währungsreform im Jahr 1948 entspäche 90%; von 3.000 Reichsmark blieben also 300 DM. Auch wenn diese mit 4% pro Jahr verzinst würden, würden wir bei einem wie hier geschilderten extrem günstigen Fall kaum 1.000 DM Entschädigung für ein Jahr Zwangsarbeit in KZ-Verhältnissen herauskommen. Es ergibt sich der Schluß, daß nicht nur die Entlohnung selbst angefordert werden sollte, sondern, weil die Umstände selbst, nämlich der Zwang zur Arbeit unter brutalster Behandlung, wegen des großen Leides, das dem Häftling angetan wurde, wegen inhumaner Trennung von der Familie, wegen Verschleppung aus der Heimat und vielen anderen Eingriffen in das Leben eines Individuums eine Entschädigung verlangt werden muß, die von der ökonomischen Seite der Entlohnung aus sicher getrennt zu berücksichtigen ist.

V. IG-Farben-Abkommen

Wie bereits ausgeführt, hatten Norbert Wollheim und sein Anwalt Henry Ormond mit ihrer Klage gegen die I.G.-Farben AG i.L. in der ersten Instanz 1953 obsiegt. Aber das Urteil des Landgerichts Frankfurt/M. war nicht rechtskräftig geworden, da die I.G.-Farben Revision eingelegt hatten. Es war absehbar, daß hier durch alle Instanzen geklagt werden müßte. Die Claims Conference engagierte sich in dieser Sache, um mit der Klage Wollheims einen Präzedenzfall zu schaffen. Eine Verurteilung der I.G.-Farben i.L. würde nicht allein diesen Konzern zur Zahlung von Entschädigungen an ihre ehemaligen Zwangsarbeiter verpflichten. Dementsprechend große Befürchtungen waren in der gesamten Industrie verbreitet.

Konkrete Gespräche zwischen der Claims Conference und der I.G.-Farben begannen 1954: Der Liquidator der I.G.-Farben, Walter Schmidt, traf sich mit Dr. Herbert Schönfeld vom Bonner Verbindungsbüro der Claims Conference. Benjamin Ferencz

---

[13] *Ferencz*, S. 216.

(damals Direktor der Claims Conference in Deutschland) beschreibt in seinem Buch sehr anschaulich den Gang der Verhandlungen, an denen er maßgeblich beteiligt war.

"[...] Walter Schmidt und Herbert Schönfeld waren Kollegen und Freunde in Berlin, bevor die Nazis an die Macht kamen. Als Schönfeld nach dem Krieg nach Deutschland zurückkehrte, suchte er nach seinem alten Freund. Im Frühjahr 1954 stattete Schmidt, seine Weisungen vom Finanzministerium parat, seinem Freund Herbert Schönfeld in Bonn einen Besuch ab, um mit ihm über die Forderungen aus jüdischer Zwangsarbeit zu sprechen.

Obwohl sie zwei verschiedene Interessen vertraten, konnten sie als Freunde, die sich fast 30 Jahre kannten, offen miteinander reden. Schmidt war überzeugt davon, daß Wollheim am Ende seinen Prozeß verlieren würde, aber ihn kümmerte der schlechte Eindruck, den die Farben-Gemeinschaft im Falle einer Ablehnung der geringen Forderungen aus Zwangsarbeit im Ausland erwecken würde, wie auch die moralische Verpflichtung der I.G.-Farben, etwas für die Überlebenden des Lagers zu tun. [...]."[14]

Schmidt bot eine Summe von 10 Mio. DM, 5.000 DM pro Person bei geschätzten 2.000 Berechtigten. Benjamin Ferencz rechnete mit bis zu 10.000 Überlebenden mit Entschädigungsansprüchen von 10.000 DM pro Person und kam so auf eine Summe von 100 Mio.; diese Summe erschreckte Schmidt.

Die Verhandlungen über einen möglichen Vergleich wurden auch vom Frankfurter Berufungsgericht unterstützt. Schmidt als Vertreter der I.G.-Farben hielt in dieser Frage auch stets Kontakt mit dem Bundesverband der Deutschen Industrie und dem Bundesfinanzministerium. Die Vorstellungen lagen jedoch noch weit auseinander: Die Claims Conference, die nunmehr mit ca. 6.000 Überlebenden rechnete, forderte 66 Mio. DM, die I.G.-Farben erhöhte auf 20 Mio. DM.

Vor dem Oberlandesgericht wurde Wollheim neben Rechtsanwalt Ormond auch durch Otto Küster vertreten, der seinen persönlichen Mut auch als Vorsitzender der Delegation bei den Haager Verhandlungen bewiesen hatte. Auf der Gegenseite stand unter anderem Otto Kranzbühler, der sein Geschick – wie bereits erwähnt – schon bei den Nürnberger Prozessen als Vertreter verschiedener Industrieller bewiesen und viele Nazi-Aktionen verteidigt hatte.

Im Oktober 1955 forderte das Oberlandesgericht die Parteien erneut auf, sich um einen Vergleich zu bemühen. Die Verhandlungen blieben schwierig und mit dem neuen Aufsichtsratvorsitzenden Dr. Johann August von Knieriem kühlte sich die Atmosphäre der Verhandlungen deutlich ab. Knieriem war während der Nazi-Diktatur der erste Hausjurist des I.G.-Farben Konzerns gewesen und er gehörte zu den in Nürnberg Angeklagten.

An einem Detail machte Ferencz deutlich, wie viele Interessen bei den Verhandlungen berücksichtigt werden mußten: Die I.G.-Farben hatten 30 Mio. DM geboten, wobei 3 Mio. DM für nichtjüdische Überlebende und weitere 3 Mio. DM für mögliche weitere Personen abgezogen werden sollten. Der Claims Conference wären somit nur 24 Mio. DM zur Verteilung verblieben. Schmidt regte daraufhin einen Gegenvor-

---

[14] *Ferencz*, S. 69.

schlag der JCC an und bat um 25 Kopien; damit wurde die Zahl der Leute offenbar, die Schmidt überzeugen mußte, bevor irgendein Fortschritt erreicht werden konnte.[15]

Erst im Januar 1957 zeichnete sich eine Lösung ab. In dem Abkommen vom 6. Februar 1957 wurde vereinbart, daß die Summe von 30 Mio. DM seitens der I.G.-Farben für die Entschädigung von ehemaligen Zwangsarbeitern gezahlt wird. 10% dieser Summe sollte nichtjüdischen Zwangsarbeitern vorbehalten bleiben, die direkt von der Liquidationsgesellschaft entschädigt wurden. Eine weitere Bedingung sollte mit einem Gesetz des Bundestages erfüllt werden: alle Forderungen - auch alle Forderungen der ehemaligen Zwangsarbeiter - mußten gegen die I.G.-Farben i.L. bis zum 31. Dezember 1957 geltend gemacht worden sein, danach waren sie endgültig verfallen.[16]

Die Hauptarbeit erfolgte erst jetzt: die Verteilung der 27 Mio. DM an die Überlebenden der Zwangsarbeit gemäß den strengen Bestimmungen des Abkommens. Für diese Aufgabe wurde eigens die Kompensations-Treuhandgesellschaft mbH gegründet, deren Leitung Dr. Ernst G. Lowenthal übernommen hatte.

Entschädigungen konnten nur an KZ-Häftlinge gezahlt werden, die für die I.G.-Farben Sklavenarbeit verrichten mußten. Zwangsarbeiter aus den "Arbeitslagern" des Farben-Konzerns waren ausgeschlossen. Nach der positiven Überprüfung des jeweiligen Antrages wurde eine Abschlagszahlung geleistet; erst als feststand, wieviele Berechtigte sich gemeldet hatten, erfolgte die Restzahlung. Für Sklavenarbeit in den Buna-Werken von Auschwitz erhielten jene, die bis zu 6 Monaten dort arbeiten mußten, 2.500 DM; jene, die dies mehr als ein halbes Jahr ertragen mußten, erhielten 5.000 DM. Insgesamt wurden an 5.855 jüdische Zwangsarbeiter 27.841.000 DM ausgezahlt. Die am stärksten vertretenen Länder waren Israel und die USA, darüber hinaus kamen die Berechtigten aus weiteren 40 Ländern. Wenn die nichtjüdischen Überlebenden mit eingerechnet werden, erhielten rund 6.500 ehemalige Zwangsarbeiter der "IG-Auschwitz" eine Entschädigung nach diesem Abkommen.

VI. Rheinmetall

Die Firma Rheinmetall Berlin AG kämpfte mit harten Bandagen. Der Mann, der hier den Ton angab, war der stellvertretende Aufsichtsratsvorsitzende von Rheinmetall, Otto Kranzbühler, ist Ihnen mittlerweile bekannt. Ich hatte seinen Namen bereits beim Verfahren gegen die I.G.-Farben als vehementen Vertreter der Industrieinteressen erwähnt.

Das Procedere ist nach dem vertrauten Muster abgelaufen. Im November 1959 war die Klage von zwei jüdischen Zwangsarbeiterinnen vom Kammergericht Berlin wegen Verjährung abgewiesen worden. Die beiden Frauen waren 12 bzw. 18 Jahre alt gewesen, als sie vom KZ-Buchenwald an die Firma Rheinmetall - Werk Sömmerda - zur Zwangsarbeit verliehen wurden. Unter unmenschlichen Bedingungen mußten sie Munition für die deutsche Rüstungsfirma herstellen.

---

[15] *Ferencz*, S. 75.
[16] BGBl. I, 1957, S. 569.

Die Revisionen endeten vor dem BGH, der 1964 das Urteil im Ergebnis bestätigte, jedoch nun anders begründete: unter Hinweis auf das Londoner Schuldenabkommen wurden die Ansprüche als Reparationsfrage zurückgestellt.[17]

Die wiederholten Versuche von Ernst Katzenstein, meinem Vorgänger, im Auftrag der Claims Conference mit Rheinmetall einen Vergleich zu finden, blieben erfolglos: Rheinmetall sah keine Möglichkeit, zu einem Einvernehmen zu kommen. Erst die Hilfe aus einer unerwarteten Richtung sollte die Situation verändern und die Verhandlungsbereitschaft von Rheinmetall wecken. Im Zusammenhang mit einem großen Waffengeschäft zwischen der deutschen Waffenschmiede und dem Pentagon zeigte sich die Macht der öffentlichen Meinung. Die US-Army wollte für 50 Mio. US-$ 20-mm-Maschinenkanonen von Rheinmetall samt der dazugehörigen Munition kaufen. Die mächtige Kampagne, auf die ich hier nicht näher einzugehen brauche, da B. Ferencz sie ausführlich beschrieben hat[18], brachte die Vertreter der Waffenfabrik zu erneuten Verhandlungen mit der Claims Conference. Im Hintergrund waren das amerikanische und das deutsche Verteidigungsministerium und der US-Botschafter der Vereinten Nationen, Phil Klutznich, als Vermittler nötig gewesen.

Schließlich konnte der Frankfurter Rechtsanwalt Hans Wilhelmi im Auftrag der Rheinmetall 2,5 Mio. DM an die Claims Conference überweisen. Die Zahlung erfolgte, nachdem die US-Army endgültig im Mai 1966 den Auftrag vergeben hatte. Sie erfolgte ohne Vorgaben durch Rheinmetall hinsichtlich der Verteilung. Jedoch mußte die Verteilung trotzdem äußerst restriktiv erfolgen: Insgesamt wurde an 1.507 Überlebende, die in Sömmerda, Unterlüß (nahe Hannover) und Hundsfeld (nahe Breslau) Entschädigung gezahlt. Jeder erhielt die einmalige Zahlung von 1.700 DM.

VII. Dynamit Nobel – Flick

"Nichts wird uns davon überzeugen, daß wir Kriegsverbrecher sind", sagte Friedrich Flick im eigenen und im Namen der sechs Mitangeklagten des Flick-Konzerns im Nürnberger Kriegsverbrecherprozeß 1947. Das Gericht nahm diese Äußerung Flicks zur Kenntnis, verurteilte ihn dennoch wegen Ausplünderung, Beschäftigung von Zwangsarbeitern und Unterstützung der SS durch Geldspenden zu sieben Jahren Haft. Diese dauerte kaum drei Jahre, als der US-Hochkommissar John McCloy eine Amnestie für alle Unternehmer im Landsberger Gefängnis erließ. Flick konnte nun dort weitermachen, wo er vor 1947 aufgehört hatte: sein Imperium weiter aufzubauen. Zu diesem Wirtschaftsimperium gehörte im Krieg auch die Munitionsfabrik Dynamit Nobel AG, bei der Flick einer der Direktoren war. Die Dynamit Nobel AG ließ während des Krieges Tausende von KZ-Insassen aus Buchenwald und Groß-Rosen zur Herstellung von Kriegsmaterial als Zwangsarbeiter für sich arbeiten. Als sich der Umsatz des Unternehmens 1963 bereits wieder einer Milliarde DM näherte, Flick 80% des Stammkapitals besaß, die ehemaligen Zwangsarbeiter jedoch noch keine Entschädigung für ihre Arbeit erhalten hatten, wandte sich Erich Katzenstein für die Claims Conference an den damaligen Chef von Dynamit Nobel, Fabian von Schlabrendorff, dem Vertreter Flicks. Zur freudigen Überraschung Katzensteins willigte von Schla-

---

[17] Entscheidung des Bundesgerichtshofes vom 17.3.1964, Az. VI ZR 186/61.
[18] *Ferencz*, S. 169 ff.

brendorff, im Krieg als Nazi-Gegner bekannt und nun Sprecher des Munitionslieferanten der Nazis, sofort in den Vorschlag ein, jedem Zwangsarbeiter, der nachweisen konnte, in einem der drei Dynamit Nobel Betriebe gearbeitet zu haben, 5.000 DM zu zahlen, insgesamt ein Betrag von fünf bis acht Mio. DM.

Trotz des schnellen Vorstoßes von Schlabrendorff mußte noch über ein Jahr lang verhandelt und taktiert werden, bis ein von der Claims Conference unterzeichneter Vertrag über eine einmalige Entschädigungszahlung von 5 Mio. DM vorlag. Jedoch verweigerte Flick erneut die Unterschrift. Dies erstaunte um so mehr, als Flick anläßlich seines 80. Geburtstages mehr als 4 Mio. DM an deutsche Wohlfahrtsverbände verschenkte – nur die in seinem Unternehmen beschäftigten Sklavenarbeiter erhielten nichts. Am 26. Januar 1967 schließlich trafen sich die fünfzehn Firmenvertreter von Dynamit Nobel, um ihre Beratungen zu der Entschädigung für die ehemaligen Zwangsarbeiter fortzusetzen. Nach von Schlabrendorffs Eindruck war das Abkommen am Ende der Verhandlungen so gut wie unterzeichnet, rechtsverbindlich absichern vermochte er es jedoch nicht: Die Gesellschaft sei nicht liquide. Bei einem geschätzten Privatvermögen Flicks von ca. 2 Milliarden DM war dies glatter Hohn.

Kurze Zeit später schied von Schlabrendorff aufgrund seiner Berufung an das Bundesverfassungsgericht aus. Der neue Verhandlungspartner der Claims Conference war Eberhard von Brauchitsch, ein Gegner des Abkommens. Es kam, wie es sich bereits seit langem abgezeichnet hatte: 1969 erklärte Flick den Vertrag endgültig für obsolet. 1972 verstarb Friedrich Flick ohne einen Pfennig gezahlt zu haben.[19]

Dreizehn Jahre später verkaufte Friedrich Karl Flick, Sohn und Erbe Friedrich Flicks, seine Dynamit Nobel Aktien an die Deutsche Bank. Die Claims Conference sah erneut eine Chance, den ehemaligen Zwangsarbeitern noch zu ihrem Recht zu verhelfen und appellierte an den Vorstand der Deutschen Bank, die alten Forderungen von fünf bis acht Mio. DM zu erfüllen.

Zunächst reagierte die Deutsche Bank ablehnend und wies den Schuldvorwurf mit der Begründung zurück, daß dies ein Problem von Flick und nicht ihres sei. Diese starre Haltung war der Vorstand jedoch bald gezwungen aufzugeben: Sowohl der Deutsche Bundestag als auch das Europäische Parlament kündigten Debatten zum Thema Zwangsarbeit an. Die Presse lieferte Hintergrundberichte über ehemalige jüdische Zwangsarbeiter und die Rolle der Industrie im Dritten Reich. Nach alledem rief das Interview des CSU-Bundestagsabgeordneten Hermann Fellner im Kölner "Express" großen öffentlichen Protest hervor, als dieser sich äußerte:
"Ich sehe für einen Anspruch der Juden bisher weder eine rechtliche noch eine moralische Grundlage.[...]" [Außerdem entstehe der Eindruck], "daß die Juden sich schnell zu Wort melden, wenn irgendwo in deutschen Kassen Geld klimpert [...] Die Juden sollten uns mit solchen Forderungen nicht in Verlegenheit bringen.[...]"[20]

---

[19] *Ferencz*, S. 195 ff.
[20] Zit. nach *Dirk Cornelsen*, Den neuen Aktien sollte nicht der Geruch von Blut anhaften", in: Frankfurter Rundschau vom 7.1.1986, vgl. auch *Dieter Vaupel*, Spuren, die nicht vergehen, Eine Studie über Zwangsarbeit und Entschädigung, Kassel 1990, S. 249.

So kam es nicht von ungefähr, daß am 8. Januar 1986 die nunmehr unter dem Namen "Feldmühle Nobel AG" firmierende Gesellschaft bekannt gab, 5 Mio. DM an die Claims Conference auszuzahlen. Was Ferencz oft gefordert hatte, war hier nach anfänglichen jahrelangen Verhandlungen innerhalb weniger Wochen möglich geworden: Über den Weg des öffentlichen Drucks etwas zu erreichen.

Die von mir geschilderten Beispiele reihen sich in die Geschichten der insgesamt sieben von mehreren Hundert Firmen, die Zwangsarbeiter beschäftigt hatten, ein, die überhaupt etwas gezahlt haben: So zahlte die

I.G.-Farbenindustrie	27 Mio DM	2.500 DM pro Person bzw. 5.000 DM p.P.
Krupp	10 Mio DM	3.300 DM p.P.
AEG	4 Mio DM	1.800 DM p.P.
Siemens	7 Mio DM	3.500 DM p.P.
Rheinmetall	2,5 Mio DM	1.700 DM p.P.
und Feldmühle Nobel	5 Mio DM	2.000 DM p.P.

Im Jahre 1988 stellte die Daimler Benz AG der Claims Conference, dem Deutschen Roten Kreuz und weiteren Verbänden Beträge von insgesamt 20 Mio. DM als Entschädigung für ehemalige Zwangsarbeiter zur Verfügung, jedoch mit der Zweckbindung, sie ausschließlich für die institutionelle Förderung von Alten- und Pflegeheimen zu verwenden.

VIII. Resümee

Diese geschilderten Beispiele machen deutlich, daß die Erlangung einer Kompensation für die ehemaligen Zwangsarbeiter auf dem rein juristischen Weg zur Erfolglosigkeit verurteilt war. Allein die Prozeßkosten waren für die einzelnen Kläger kaum zu tragen, während die verklagten Unternehmen damit keine Probleme hatten. Dies war eine der Ursachen, weshalb die Organisationen der ehemaligen Häftlinge und die Claims Conference die Initiative übernahmen. Nur als Interessenvertretung der ehemaligen Zwangsarbeiter konnte der nötige lange Atem bewahrt bleiben, um Entschädigungsabkommen zu erreichen. In diesen stets außergerichtlichen Einigungen bestanden die betroffenen Firmen auf der Feststellung, daß mit ihren Zahlungen keinerlei Eingeständnis einer juristischen oder moralischen Schuld verbunden sei.

Ob diese Rechtsposition nach dem Beschluß des Bundesverfassungsgerichts[21] noch aufrechterhalten werden kann, oder ob sich nicht vielmehr die Geschäftsgrundlage geändert hat, stelle ich zur Diskussion. Geht man wie ich von dem Wegfall der Geschäftsgrundlage aus, dann sind sicherlich auch Maßnahmen wie das Bundesgesetz, in dem alle ehemaligen Zwangsarbeiter von I.G.-Farben zur Anmeldung ihrer Ansprüche bis zur Ausschlußfrist am 31.12.1957 aufgefordert worden waren[22], ungültig.

Betrachtet man also die wenigen bisher gelungenen Übereinkünfte zur Entschädigung von KZ-Zwangsarbeitern hinsichtlich der Hintergründe ihrer Entstehung, stößt

---

[21] Beschl. des 2. Senats des Bundesverfassungsgerichts vom 13.5.1996, Az. 2 BvL 33/93.
[22] Vgl. Fn. 16.

man jeweils auf ein Gemisch von zähen Verhandlungen und spektakulären Aktionen zur Beeinflussung der Öffentlichkeit.

Aus dem Vorstehenden wird deutlich, daß sich die deutsche Nachkriegsjustiz einer Rechtsprechung entzogen hat, die für die ehemaligen Zwangsarbeiter zumindest nach Durchlaufen eines langen Rechtsweges eine Entschädigung zur Folge hätte haben können. Es liegt auf der Hand, daß die Gerichte nicht entgegen der allgemeinen politischen Lage und öffentlichen Meinung entscheiden – die Einstellung der Bundesrepublik Deutschland zum Thema "Entschädigung für Zwangsarbeit" wird darin im Umkehrschluß deutlich. Zu keiner Zeit hat es Bestrebungen der Bundesregierung gegeben, eigenständig und ohne Druck den Betroffenen zu ihrem Recht zu verhelfen.

Der Beschluß des Bundesverfassungsgerichts vom 13. Mai 1996, der in deutlicher Form einige Hindernisse, die die Gerichte bisher für einen Entschädigungsanspruch gesehen haben, beseitigt, könnte für die Bundesregierung eine Chance sein, unabhängig vom höchsten deutschen Gericht für die ehemaligen – heute hochbetagten – Sklavenarbeiter eine auf politischer Ebene herbeigeführte Lösung zu finden. Damit könnte die Bundesrepublik Deutschland unter das Kapitel der fehlenden Entschädigung für Zwangsarbeit im Dritten Reich für die Betroffenen einen abschließenden, positiven Schlußstrich ziehen und sich ihrer Verantwortung stellen.

Günter Saathoff*

Die politischen Auseinandersetzungen über die Entschädigung von NS-Zwangsarbeit im Deutschen Bundestag – politische und rechtliche Aspekte –[1]

Bevor ich auf das Kernthema, die Entschädigung für NS-Zwangsarbeit und dabei auf die bisherige Politik von Bundestag und Bundesregierung eingehe, scheinen mir einige Bemerkungen zum politischen wie rechtlichen Gesamtkontext sinnvoll. Ich stelle sie auch voran, weil die rechtlichen Feinheiten, die Begriffe und gesetzlichen Normierungen des deutschen Rechts gerade für ausländische Gäste dieser Tagung sonst vielleicht nicht verständlich sein werden. Ich möchte darum zunächst mit einem Überblick über die rechtliche Situation beginnen.

Bei den rechtlichen Regelungen der Opferentschädigung für den 2. Weltkrieg haben wir – aus der Perspektive der Bundesrepublik betrachtet – grundsätzlich verschiedene Dimensionen auseinanderzuhalten:

Da sind zum einen die Opfer des Krieges, also vor allem die Soldaten und Zivilisten des Deutschen Reiches, die Schäden durch Kriegshandlungen erlitten haben, etwa durch Verwundungen, durch Bombenangriffe oder später durch Kriegsgefangenschaft. Für diese Opfer wurde sehr bald in Deutschland die sogenannte Kriegsopferversorgung (KOV), rechtlich grundsätzlich im Rahmen des Bundesversorgungsgesetzes angesiedelt, erlassen. Für die KOV[2] sind mittlerweile bis zum Jahresende 1996 mehr als 395 Mrd. DM ausgegeben worden.

Als zweite Schadensgruppe gelten diejenigen, die im Inland und Ausland durch nationalsozialistische Gewaltmaßnahmen verfolgt und geschädigt wurden. Dieser Bereich wird auch "Wiedergutmachungsrecht" genannt. Einschlägig sind hier das Bundesentschädigungsgesetz (BEG), für das Gebiet der neuen Bundesländer (Beitrittsgebiet) das Entschädigungsrentengesetz (ERG) und für den Verlust von Vermögen das Bundesrückerstattungsgesetz (BRüG). Für diesen Gesamtbereich der Entschädigung für NS-Unrecht einschließlich der sogenannten "Globalabkommen" mit anderen Staaten sind nach Angaben der Bundesregierung bis zum Jahresende 1996 rund 100 Mrd. DM[3] aufgebracht worden. Diese Leistungen gingen an jüdische und nichtjüdische Opfer, z.B.

---

* Günter Saathoff ist Vorstandsbeauftragter des Bundesverbandes Information und Beratung für NS-Verfolgte, Köln und Koordinator des Arbeitskreises Innen- und Rechtspolitik der Bundestagsfraktion BÜNDNIS 90/DIE GRÜNEN.

[1] Überarbeitete und ergänzte Fassung des Referates bei der Tagung "Gerechtigkeit nach 50 Jahren? – Entschädigung von NS-Zwangsarbeit" bei der Akademie der Diözese Rottenburg-Stuttgart in Zusammenarbeit mit der Jewish Claims Conference, Stuttgart-Hohenheim 25.–27.10.1996.

[2] Kriegsopferversorgung einschl. -fürsorge laut interner Übersicht des Bundesministeriums für Arbeit und Sozialordnung bis zum Jahresende 1996 einschließlich den ab 1990 gezahlten Leistungen für Empfänger aus den neuen Bundesländern.
Auf die Überschneidungen des Bereichs der KOV mit dem Entschädigungsrecht für NS-Unrecht soll an dieser Stelle nicht weiter eingegangen werden.

[3] Übersicht des Bundesministeriums der Finanzen an den Deutschen Bundestag "Leistungen der öffentlichen Hand auf dem Gebiet der Wiedergutmachung" bis zum Jahresende 1996 vom 1.1.1997.

Sinti und Roma, verfolgte Sozialdemokraten, Opfer von Menschenversuchen usw. Im Inland gelten ergänzend zum BEG u.a. Gesetze wie das Allgemeine Kriegsfolgengesetz (AKG) oder das Gesetz zur Wiedergutmachung in der Sozialversicherung (WGSVG). Nicht in allen Fällen erhielten die Opfer daraus vergleichbare Entschädigungsleistungen wie nach dem BEG. In der Regel haben nämlich ausländische NS-Verfolgte, die grundsätzlich nicht nach dem Bundesentschädigungsgesetz antragsberechtigt sind, über die Globalabkommen deutlich niedrigere Beträge bekommen. Die Leistungen, die der Staat Israel aufgrund des "Israelvertrages" ab 1952 erhielt (3 Milliarden DM), waren im wesentlichen Warenlieferungen für die Grundbedürfnisse NS-Verfolgter, die in Israel wiederangesiedelt wurden, z.b. Nahrung, Zelte etc., aber keine individuellen Entschädigungsleistungen.

Als dritte Schadensgruppe sind diejenigen anzusehen, die von Deutschland als BürgerInnen anderer Staaten durch Kriegshandlungen geschädigt wurden, etwa als Kriegsgefangene. Für diesen Bereich ist grundsätzlich das Völkerrecht und hier wiederum insbesondere das Reparationsrecht zuständig.

Seitens der Bundesregierung wurde von Anfang an – und nicht ohne Hintergedanken – versucht, die Ansprüche wegen geleisteter Zwangsarbeit aus dem Entschädigungsrecht herauszuhalten und sie unter das Reparationsrecht zu subsumieren: die Erörterung der hochpolitischen und finanziell sehr bedeutsamen Differenz, welche Unrechtshandlungen zum Reparationsrecht gehörten und welche zum Wiedergutmachungsrecht, war eine der wesentlichen Streitpunkte der Bundesrepublik mit den anderen Staaten, insbesondere in den fünfziger und sechziger Jahren. Diese Debatte dauert bis heute an. Die größte Gruppe, für die diese Auseinandersetzung bedeutsam war, waren die ZwangsarbeiterInnen, und hierbei wiederum insbesondere diejenigen aus den früheren "Ostblockstaaten".

Zentral für den Bereich der "Wiedergutmachung" von nationalsozialistischen Gewaltmaßnahmen war – wie angesprochen – das Bundesentschädigungsgesetz, das 1956 erlassen und 1965 als BEG-Schlußgesetz novelliert wurde. Seit spätestens 1969 sind Anträge nach diesem Gesetz nicht mehr möglich. Auf die historischen Rahmenbedingungen bei der Entstehungsgeschichte des BEG werde ich später noch eingehen. Zunächst ist für die Systematik des BEG folgendes wichtig: Das BEG enthält im wesentlichen Generalklauseln, nicht – wie das angelsächsische Recht – eine detaillierte Aufzählung der Unrechtstatbestände beziehungsweise der Opfergruppen (etwa: Juden, Sinti und Roma oder Zwangssterilisierte), die Leistungen nach diesem Gesetz bekommen sollten. Das BEG legt fest, daß nur diejenigen, die aus "Gründen der Rasse, der Religion und Weltanschauung oder aus politischer Gegnerschaft" verfolgt wurden, als NS-Verfolgte anzuerkennen waren. Es oblag also den Behörden und Gerichten, zu definieren, wer nun eigentlich nach dieser Generalklausel zu den Opfern zählen sollte und wer nicht. So wurden jahrzehntelang viele Opfer, etwa Zwangssterilisierte, viele Sinti und Roma, Homosexuelle oder Kriegsdienstverweigerer nicht als NS-Verfolgte anerkannt. Hinzu kommen sehr relevante Ausschlußtatbestände, vor allem die engen Antragsfristen und die als sog. subjektives und objektives Territorialitätsprinzip gerichteten Bestimmungen. Diese orientierten wesentlich auf den Wohnsitz der Opfer bzw. auf eine "räumliche Beziehung zum Geltungsbereich des BEG" zum Zeitpunkt der Verfolgung und heute. Die größte Gruppe der aus dem Leistungsanspruch nach dem BEG ausgegrenzten NS-Opfer waren diesbezüglich klassisch die aus den osteuropäischen

Staaten und darunter die ZwangsarbeiterInnen. Von diesen strengen Regelungen des Territorialitätsprinzips wurden nur in engen Grenzen im Rahmen des BEG-Schlußgesetzes Ausnahmen gemacht.

Waren Leidensweg und rechtlicher Status der ZwangsarbeiterInnen auch recht verschieden, so kann festgehalten werden, daß *zunächst* keinerlei Verfolgungs- oder Unrechtshandlung aus dem Ausland – insbesondere aus Osteuropa –, also etwa die Deportation, die vielfältigen Verfolgungshandlungen und die Tatsache der Ausbeutung ihrer Arbeitskraft vom Rechtsnachfolger des Deutschen Reiches als entschädigungspflichtiges NS-Unrecht anerkannt wurden. Dies überrascht um so mehr, als das Internationale Militärtribunal (IMT) just die Tatbestände der Deportation und der Zwangsarbeit besonders gewürdigt hatte. Das Nürnberger Urteil führte insbesondere aus:
"Das Sklavenarbeitsprogramm verfolgte zwei Zwecke, die verbrecherisch waren. Der erste Zweck war (...) die Erfüllung der Arbeitsanforderungen der Nazi-Kriegsmaschinerie, indem man die ausländischen Arbeitskräfte zwang, so gut wie gegen ihr eigenes Vaterland und seine Verbündeten Krieg zu führen. Der zweite Zweck war die Vernichtung und Schwächung der Völker, die von den Vertretern der Nazi-Rassenlehre als minderwertig oder von den die Weltherrschaft anstrebenden Nazis als mögliche Feinde betrachtet wurden."
Das IMT befand aber nicht über Folgewirkungen des Strafurteils, etwa einen Schadensersatz für die Opfer.[4] 1947 verfügten die westlichen Siegermächte jedoch durch entsprechende Gesetze in den Besatzungszonen, daß die aus "Gründen der Rasse, Nationalität, des Glaubens und der politischen Meinung" verfolgten Personen die ihnen entzogenen Vermögenswerte zurückverlangen konnten. In den jeweiligen Militärregierungs-Gesetzen der britischen und amerikanischen Siegermacht wurde festgestellt, daß eine Wiedergutmachung dann nicht in Betracht kam, wenn es sich um Maßnahmen gehandelt hatte, die im Kriegsfall nach den Bestimmungen des Völkerrechtes üblicherweise gegen Staatsangehörige eines Feindstaates unternommen werden konnten. Vermögenseinbußen durch derartige Maßnahmen könnten erst durch eine nach Beendigung des Krieges vorgenommene Reparationsregelung ausgeglichen werden.

Am 26. Mai 1952 verpflichtete sich die Bundesrepublik gegenüber den Besatzungsmächten im sogenannten "Überleitungsvertrag" zur Übernahme der alliierten Rückerstattungsgesetze und zur Schaffung einer umfassenden Bundesgesetzgebung zur Entschädigung der NS-Verfolgten auf der Grundlage des in der amerikanischen Zone geltenden Rechts. Nur bedingt handelte die BRD hier "freiwillig". Dies war vielmehr der Preis gegenüber den Alliierten für die Souveränität der Bundesrepublik, die ihr erst die Mitgliedschaft zum Beispiel in der NATO ermöglichte. Die Erwartung an eine umfassende Wiedergutmachung durch den deutschen Gesetzgeber erwies sich jedoch als trügerisch.

---

[4] Vgl. für die folgenden Abschnitte *Heinz Düx*, Zum Thema Zwangsarbeit, Unveröffentlichtes Manuskript, Roßbach v.d.H., 13.10.1990, S. 4 f.

Kalter Krieg, Londoner Schuldenabkommen, Globalabkommen mit den Weststaaten und der doppelte Ausschluß durch das BEG

Trotz der angeführten eindeutigen politischen und rechtlichen Vorgaben des IMT bzw. des Überleitungsvertrages gelang es Bundesregierung und Bundestag am Anfang, die Entschädigung für Zwangsarbeit, darüber hinaus sogar einen Ausgleich für die selbst im eigenen Land anerkannten NS-Verfolgungsmaßnahmen, auszuhebeln, sofern die Opfer BürgerInnen anderer Staaten waren.

Die zunächst wichtigste politische Entscheidung zur Abwehr der Ansprüche von ZwangsarbeiterInnen wurde mittels des Londoner Schuldenabkommens (LSA) vom Februar 1953 getroffen, dem zentralen Abkommen zur Regelung der deutschen Kriegs- und Nachkriegsschulden. Das LSA verpflichtete die BRD zunächst nur zu einer pauschalen Tilgung der Nachkriegsschulden in Höhe von 7,3 Milliarden DM, eine Verpflichtung, die bereits nach wenigen Jahren erfüllt war. In Artikel 5 des Vertrages wurde aber eine Formulierung eingeführt, die fortan Dreh- und Angelpunkt der Argumentationen aller Bundesregierungen wurde:

"Eine Prüfung der aus dem zweiten Weltkrieg herrührenden Forderungen von Staaten, die sich mit Deutschland im Kriegszustand befanden oder deren Gebiet von Deutschland besetzt war und von Staatsangehörigen dieser Staaten (...) wird bis zur endgültigen Regelung der Reparationsfrage zurückgestellt."[5]

Die Zwangsarbeit wurde in diesem Kontext seitens der Bundesregierung zum Kriegsunrecht, also dem Reparationsrecht zuzuschlagende Regelungsmaterie, definiert (also nicht als Frage des Entschädigungsrechts) – international erst zu verhandeln, sobald es zu einem Friedensvertrag für den Zweiten Weltkrieg und zur Wiedervereinigung Deutschlands gekommen sei.

In diesem Zusammenhang sind einige Tatsachen interessant: Im Wortlaut des Londoner Schuldenabkommens sucht man vergeblich das Wort Zwangsarbeit. Daß die zitierte Formel im Artikel 5 die Entschädigung für Zwangsarbeit meinte und damit die Rechtsauffassung der Bundesregierung belegt, ist dem Wortlaut des LSA gar nicht zu entnehmen. Dies mußte vielmehr nachträglich hineininterpretiert werden. Mehr aber noch: Die Bundesregierung meinte sogar, nun seien sogar alle Ansprüche von NS-Verfolgten abgewehrt, egal, in welchem Staat sie lebten. Dies wollten die westeuropäischen Signatarstaaten des LSA aber nicht akzeptieren. Sie waren empört, als sie zur Kenntnis nahmen, daß ihre Staatsbürger durch das Bundesentschädigungsgesetz nicht erfaßt waren. In gleichlautenden diplomatischen Noten verlangten sie einen Schadensausgleich für ihre Opfer. Diese mündeten schließlich in Globalabkommen mit diesen Staaten. Sie umfaßten aber keinen Schadensausgleich für die "Zwangsarbeit als solche".

Diese "Zwangsarbeit als solche" ist im deutschen Recht nicht identisch mit der Entschädigung von ZwangsarbeiterInnen im Rahmen des Entschädigungsrechts. Während die erstgenannte Kategorie vor allem die Leistungen für entgangenen Lohn meint, umfaßt die zweite Kategorie vor allem das Unrecht der Inhaftierung, die gesundheitlichen Schädigungen durch diese Maßnahmen und dergleichen mehr. Das BEG und die Bundesregierung in ihrer politischen und rechtlichen Bewertung unterscheiden die bislang nicht in den Gesetzen als entschädigungspflichtig gehandelten "Zwangsarbeit als

---

[5] BGBl. 1953 II, S. 331, 340.

solche" (vor allem: Lohnforderungen) von anderen Schädigungen durch Verfolgungsmaßnahmen, etwa gesundheitlichen Folgen der Zwangsarbeit.

Während es weder für deutsche noch für ausländische ZwangsarbeiterInnen bis heute einen Schadensausgleich für die "Zwangsarbeit als solche" gibt, konnten für den sog. immateriellen Schaden durch Verfolgungsmaßnahmen – Freiheitsschaden aufgrund der Inhaftierung, Schaden an Gesundheit und Leben etc. – deutsche NS-Verfolgte (worunter zu einem kleineren Teil ja auch ZwangsarbeiterInnen waren) Entschädigungsleistungen erhalten. Weder für das eine noch das andere konnten hingegen polnische, ungarische, jugoslawische oder sowjetische Opfer von NS-Gewaltmaßnahmen einen Anspruch realisieren. Hier mußte sogar vom Gesetzgeber ein dritter Sperriegel gegen die Forderungen osteuropäischer NS-Opfer insgesamt her: In das 1956 (mit Rückwirkung zum Jahr 1953) verabschiedete BEG wurde neben der Einführung des bereits angesprochenen Territorialitätsprinzips eine weitere Bestimmung, die sogenannte "Diplomatenklausel", aufgenommen. Leistungen wurden danach nicht an BürgerInnen solcher Staaten gezahlt, mit denen die Bundesrepublik zur Zeit der (sehr engen) Antragsfristen des BEG keine diplomatischen Beziehungen pflegte. So war es möglich (obgleich dies auch erst unter amerikanischem Druck gelang!), mit Israel einen Vertrag mit über 3 Milliarden DM Finanzumfang (Aufbauhilfe) und mit 12 westeuropäischen Staaten Verträge über insgesamt fast 1 Milliarde DM zur Entschädigung (Globalabkommen) abzuschließen, darüber hinaus alle Leistungen für nach dem BEG anerkannte NS-Verfolgte auch in Länder wie Frankreich, die USA oder England zu transferieren, osteuropäische NS-Opfer aber von solchen Möglichkeiten vollständig auszuschließen.

Verfehlte die grundlegende Begrifflichkeit des BEG vor allem durch eine restriktive Auslegung der Generalklausel durch Behörden und Gerichte vorsätzlich eine Vielzahl von Unrechtstatbeständen (etwa die Zwangssterilisation, die Opfer der NS-Militärjustiz, die "Euthanasie"-Opfer, aber eben auch die Zwangsarbeit), so konnten die gesamten Ansprüche der deportierten Zwangsarbeiter, KZ-Insassen und sonstigen NS-Opfer aus Osteuropa nur mit zusätzlichen politischen und rechtlichen Mitteln abgewehrt werden. Außer der "Diplomatenklausel" kam der Gesetzgeber darauf, die Verfolgung aus rassenpolitischen Gründen (ein BEG-Tatbestand) für Polen umzudefinieren zu einer Verfolgung "aus Gründen der Nationalität" (Nationalgeschädigte)[6], für die es geringwertigere Leistungen gab. Diejenigen Verfolgten, die zum Beispiel in Polen wohnen blieben, konnten nicht einmal diese Leistungen erhalten, sondern nur solche Opfer (und das auch erst ab 1965 aufgrund des BEG-Schlußgesetzes!), die staatenlos und damit aus ihren Heimatländern ausgewandert oder nach 1945 nicht zurückgekehrt waren, wenn sie zusätzlich noch bestimmte Stichtags-, Frist- und Wohnsitzvoraussetzungen erfüllen konnten.

Zunächst wurde überhaupt bestritten – und dies bis heute –, daß es sich bei der Zwangsarbeit um ein spezifisches NS-Unrecht handelte. Wie spätere Urteile bis hin zum Bundesgerichtshof immer wieder begründeten, sei der Einsatz von ZwangsarbeiterInnen eine "allgemeine Begleiterscheinung von Krieg und Besatzungsherrschaft" gewesen. Mir ist das bis heute auch rechtssystematisch nicht erklärlich. Wie kann man

---

[6] Erst neuerdings wird in der Rechtsprechung versucht, diese unsinnige Differenzierung und Diskriminierung zu durchbrechen, siehe hierzu das Urteil des OVG NW (Münster) vom 6.11.1997 – 14 E 402/95 –.

die Verbringung in ein KZ, den dort erlittenen Gesundheitsschaden oder Freiheitsschaden als NS-Verfolgung definieren, gleichzeitig aber die unter diesen Bedingungen geleistete Zwangsarbeit nicht als NS-Unrecht, sondern als "übliche Begleiterscheinung von Krieg und Besatzungsherrschaft"? Wie ist es rechtssystematisch möglich, im BEG Verluste an Eigentum und Vermögen als entschädigungspflichtigen Tatbestand zu definieren, die widerrechtliche Ausbeutung der Arbeitskraft hingegen nicht? Offenbar handelt es sich um eine politische Setzung, einen rechtlichen Willkürakt.

Einerseits verkündeten Bundesregierung und BGH den ausländischen Betroffenen, die Realisierung ihrer Ansprüche käme zu früh, denn ein Schadensausgleich für den Zwangsarbeitseinsatz sei, da dies zum Reparationsrecht und damit dem Regelungsbereich des LSA gehöre, zeitlich erst nach einem Friedensvertrag für den Zweiten Weltkrieg möglich. Andererseits wurde den ZwangsarbeiterInnen bedeutet, sie seien zu spät gekommen, denn die Ansprüche gegen Staat und Wirtschaft seien längst verjährt. Schließlich kamen die Gerichte bei Klagen deutscher wie ausländischer Betroffener zu der skandalösen Einschätzung, die Firmen, die die ZwangsarbeiterInnen ausgebeutet hätten, seien dazu vom NS-Staat gezwungen worden! Deswegen könnten Schadensersatzansprüche gegen sie nicht gestellt werden. Hier ergibt sich auch eine interessante Frage für die sog. schuldnerische Gesamthaftung von Staat und Wirtschaft bzw. das Staatshaftungsprinzip, die eingehender Erörterung bedarf.

Ich verzichte an dieser Stelle darauf, auf die Zahlungsmoral der Firmen sowie die Zivilprozesse gegen deutsche Unternehmen einzugehen. Das Ergebnis dieser Prozesse war bis heute: Es gibt keinen rechtlichen Anspruch der Betroffenen auf Schadensersatz für den einbehaltenen Lohn. Wir wissen, daß es bisher nur einigen jüdischen Opfern gelungen ist, durch die verdienstvolle Arbeit der Jewish Claims Conference von einigen deutschen Firmen einen Schadensausgleich zu erstreiten – übrigens für den Lohnausfall *und* für die Leiden unter den Bedingungen der Zwangsarbeit. Diese Leistungen wurden unabhängig von evtl. staatlichen Entschädigungsleistungen etwa wegen KZ-Haft, Gesundheitsschäden etc. erbracht.

Weil deutsche Gesetze und deutsche Gerichte einen Rechtsanspruch für den Schadensersatz bei Ausbeutung durch Zwangsarbeit bestritten haben, geht auch die erste Entscheidung eines Parlamentes zugunsten der ZwangsarbeiterInnen des NS-Regimes, die Entschließung des Europäischen Parlamentes vom 16. Januar 1986 mit dem Titel "Entschädigungsleistungen für ehemalige Sklavenarbeiter der deutschen Industrie", ins Leere. Hierin heißt es unter anderem:

"Das Europäische Parlament (...) 1. sieht eine klare moralische und rechtliche Verpflichtung der Firmen, die Sklavenarbeiter beschäftigt haben, Entschädigungsleistungen zu zahlen; (...) 4. fordert alle deutschen Unternehmen, die Sklavenarbeiter beschäftigt haben, auf, einen Fonds für Entschädigungszahlungen an die Opfer der Zwangsarbeit einzurichten (...)."[7]

Zwar kann, ja muß man sich der hier geäußerten klaren moralischen Verpflichtung voll anschließen, die behauptete rechtliche Verpflichtung der Firmen besteht jedoch nach deutscher Rechtsprechung nicht. In dem Nachweis einer historischen Mittäterschaft oder gar Eigeninitiative der Firmen liegt jedoch der Zündstoff für neue Klageverfahren,

---

[7] Entschließung des Europäischen Parlamentes vom 16. Januar 1986, Dokument B 2-1475/85/rev.

wie sie vor einigen Jahren etwa beim Landgericht München gegen die Firma Siemens AG oder seitens jüdischer Zwangsarbeiter bei dem Landgericht in Bremen erhoben wurden. Diese Klagen sind noch einmal rechtlich zu unterscheiden von denen wie die später noch erwähnte vor dem Landgericht Bonn, die sich gegen den deutschen Staat selbst wegen Zwangsarbeit in einem KZ richten. Die Frage ist jedoch in beiden Fällen, ob für die überlebenden ZwangsarbeiterInnen der Weg über die Privatklage zumutbar ist. Erneut wurde bei dem Musterprozeß gegen die Firma Siemens einer ehemaligen Zwangsarbeiterin wegen der Tatsache des Fristablaufs und der "Unschuld" der Firma (die Zwangsarbeiterin sei der Firma "von der SS zugewiesen worden") am 3. Juli 1991 abschließend durch das Oberlandesgericht München ein Schadensersatzanspruch versagt.

Initiativen im Bundestag ab 1984

Erst Mitte der achtziger Jahre wurde das politische Tabu der NS-Zwangsarbeit erstmalig gebrochen. Das Europäische Parlament verabschiedete, unter anderem auf Initiative der GRÜNEN, im Januar 1986 die erwähnte Entschließung. Im Deutschen Bundestag hatten die GRÜNEN schon im Jahre 1984 und dann erneut im Jahre 1986 einen Antrag gestellt, einen bundesweiten – und von der Industrie zu finanzierenden – Fonds für die ZwangsarbeiterInnen einzurichten, um diesen eine schnelle und unbürokratische Hilfe zukommen zu lassen, darüber hinaus die bislang unterbliebene Anrechnung der Zwangsarbeit in der Rentenversicherung durch eine Nachversicherung auszugleichen.[8] Dieser Antrag wurde erwartungsgemäß von der Parlamentsmehrheit abgelehnt. Nach den gescheiterten parlamentarischen Anläufen in der 10. und zu Beginn der 11. Legislaturperiode brachten die GRÜNEN am 6. Juni 1989 einen Gesetzentwurf und zwei Anträge in den Bundestag ein, die eine Entschädigung für die ehemaligen ZwangsarbeiterInnen über eine Bundesstiftung auf gesetzlicher Grundlage vorsahen.[9] Die SPD, jahrzehntelang in dieser Angelegenheit untätig, zog im September 1989 nach und legte ebenfalls einen Antrag mit diesem Ziel vor, der zusätzlich noch einen Ausgleich für die bestehenden rentenrechtlichen Nachteile forderte.[10]

Einer der genannten Anträge der GRÜNEN forderte zusätzlich die Bundesregierung auf, auch an die ehemaligen Nutznießer der Zwangsarbeit, also vor allem Firmen, heranzutreten, um diese direkt zur Entschädigung ihrer ehemaligen ZwangsarbeiterInnen oder entsprechend ihres damaligen Nutzens zur Einzahlung in eine zu errichtende Bundesstiftung zu bewegen. Der zweite Antrag forderte exemplarisch am Falle Polens ein den Westabkommen vergleichbares Globalabkommen.

Am 12. Dezember 1989 lud der Bundestag auf Initiative der Oppositionsfraktionen Sachverständige zu einer Anhörung. Im März 1990 haben schließlich alle Sachverständigen, die von der CDU/CSU und F.D.P. benannt worden waren, eine gemeinsame

---

[8] Der Antrag "Entschädigung für Zwangsarbeit während der Nazi-Zeit" wurde in der 11. Legislaturperiode noch einmal unter der BT-Drs. 11/142 eingebracht und vom Bundestag am 3.12.1987 abgelehnt.

[9] BT-Drs. 11/4704, 11/4705 und 11/4706.

[10] BT-Drs. 11/5176. Merkwürdigerweise lehnte die SPD im Bundestag kurz darauf zwei Anträge der GRÜNEN (BT-Drs. 11/5544 und 11/5547) im Rahmen des Rentenreformgesetzes ab, die just dem von der SPD geforderten Ausgleich für Nachteile in der Rentenversicherung dienen sollten.

Stellungnahme verfaßt, wonach sie die Entschädigung polnischer ebenso wie ehemaliger sowjetischer Zwangsarbeiter ausdrücklich als möglich ansahen, dabei aber sichergestellt haben wollten, daß damit die Bundesrepublik keine reparationsrechtlichen Verpflichtungen eingehe. Der F.D.P.-Abgeordnete Lüder forderte wenig später, daß es zu einer von der Bundesrepublik finanzierten Stiftung in Polen kommen sollte, an der auch die deutsche Industrie maßgeblich zu beteiligen sei.

Die Entscheidung des Bundestages und erneutes Warten

Im Jahr 1990 wurde in den Ausschüssen des Bundestages deutlich: Man war wohl von den politischen Tatsachen (nicht nur der "Wiedervereinigung") überrollt worden, die plötzlich die bislang vertretenen Argumente als nicht mehr haltbar erwiesen. Die angeblich für die Realisierung von Reparationsleistungen notwendigen Bedingungen – die Vereinigung Deutschlands und ein Friedensvertrag für den Zweiten Weltkrieg – waren spätestens mit Abschluß des "Zwei-plus-Vier-Vertrages" erfüllt[11] oder zumindest brüchig geworden. So in die Enge gedrängt, mußten der Bundestag und die Bundesregierung irgendwie handeln.

1991 kam es dann endlich zu einer Regelung mit Polen, konkret, für die in Polen lebenden NS-Opfer polnischer Nationalität. Entgegen der Forderungen der Oppositionsfraktionen im Bundestag – etwa der GRÜNEN, die 2 Milliarden DM nach dem Kurswert des Jahres 1989 gefordert hatten – willigte die polnische Regierung schließlich in ein Abkommen ein, daß als abschließende Regelung einen Betrag von 500 Millionen DM, zahlbar in drei Jahresraten, vorsah. Die Leistungen sollten "an schwer geschädigte Opfer des Nationalsozialismus, die sich in einer Notlage befinden", gezahlt werden. Die Gelder wurden von einer unabhängigen Stiftung verwaltet, der "Stiftung deutsch-polnische Aussöhnung". Auch ZwangsarbeiterInnen erhalten hieraus Leistungen, jedoch wie bisher auch nach deutschem Recht nicht für den entgangenen Lohn. Wenn man einer im Herbst 1996 von dpa veröffentlichten Bilanz der polnischen Stiftung glauben darf, hat im Durchschnitt jedes anerkannte Opfer einen Einmalbetrag von wenig mehr als 500 DM (!) Entschädigung erhalten.

Ein Jahr später folgte ein Abkommen mit drei Nachfolgestaaten der Sowjetunion – Rußland, Ukraine und Belarus. Den drei in diesen Staaten gegründeten Stiftungen wurde insgesamt eine Milliarde DM von Deutschland gezahlt. Hierbei unterlief der Bundesregierung allerdings ein schwerwiegender politischer Fehler. Man legte in dem Vertrag fest, daß die NS-Opfer auch aus den baltischen Staaten Anträge bei der russischen Stiftung stellen sollten. Dagegen haben nun die Regierungen Estlands, Litauens und Lettlands protestiert, waren ihre Länder doch selbst von Rußland besetzt und beherrscht worden. Mit anderen osteuropäischen Staaten – ich nenne beispielhaft Ungarn und die Tschechische Republik – sind überhaupt noch keine Verträge absehbar. Daß diese Situation untragbar war, erkannte auch der Bundestag im Herbst 1996: Er stellte insgesamt 80 Millionen DM zur Gründung von Stiftungen für NS-Opfer in anderen ost-

---

[11] Für weitere Prozesse gegen die Bundesrepublik und gegen Firmen wird die Bewertung dieser Rechtsfrage große Bedeutung haben. Mittlerweile sieht das OVG NW diese Angelegenheit wie der Verfasser, siehe Urteil vom 19.11.1997 – 14 A 362/93.

und mittel-osteuropäischen Staaten zur Verfügung, die allerdings erst ab dem Jahr 1998 zur Auszahlung kommen sollen[12].

Die Aufforderung des Deutschen Bundestages vom 31.10.1990, die Bundesregierung solle bis zum Jahresende 1990 einen Vorschlag für die Entschädigung der Zwangsarbeiter machen und dabei die deutsche Industrie einbeziehen, wurde erst 1992 beantwortet – allerdings nicht im Sinne der Abgeordneten des Bundestages. Die von der Bundesregierung vorgelegte Unterrichtung (BT-Drs. 12/1973) klammerte die spannenden Fragen geradezu aus: Weder wurde deutlich, ob die Bundesregierung die Zwangsarbeit nunmehr rechtlich neu bewertet, noch wurden ernsthafte Bemühungen erkennbar, daß die Bundesregierung der Aufforderung nachkam, massiv auf die deutsche Industrie einzuwirken. Selbst die Vertretung der F.D.P. im federführenden Innenausschuß wollte diese Untätigkeit nicht mehr mittragen und ergriff ihrerseits Initiative, die schließlich in einer gemeinsamen Entschließung des Deutschen Bundestages vom Februar 1994 kulminierte. Diese Entschließung (BT-Drs. 12/6725), eine erneute Aufforderung an die Bundesregierung, gegenüber den Firmen tätig zu werden, läßt an Deutlichkeit wenig zu wünschen übrig. Ich zitiere auszugsweise:

"Der Deutsche Bundestag bekräftigt seine Aufforderung an Bundesregierung und Wirtschaft, daß insbesondere diejenigen Unternehmen der deutschen Wirtschaft, in denen oder in deren Rechtsvorgängern Zwangsarbeiter tätig waren, finanzielle Beiträge zu den gegründeten Stiftungen leisten sollten.

Der Deutsche Bundestag fordert daher die Bundesregierung auf, ergänzend zum Bericht – Drucksache 12/1973 – umfassend – ggf. durch Heranziehen eines einschlägigen Forschungsinstitutes – über bisherige Wiedergutmachungsleistungen deutscher Unternehmen zu berichten. Er fordert ferner die Bundesregierung auf, alle Unternehmen anzuschreiben, bei denen oder bei deren Rechtsvorgängern Zwangsarbeiter aus den heutigen Staaten der GUS, der Republik Polen, der Tschechischen Republik oder der Slowakischen Republik, der Republik Ungarn oder der baltischen Staaten beschäftigt worden sind. Diese Unternehmen sind aufzufordern, nach Möglichkeiten zu suchen, eine der gegründeten Stiftungen finanziell zu unterstützen.

Dabei sollen auch diejenigen Unternehmen angeschrieben werden, die Unternehmen oder Unternehmensteile aufgekauft oder im Wege der Restitution zurückerhalten haben, bei denen Zwangsarbeiter beschäftigt waren. Sofern Unklarheiten darüber bestehen, ob Unternehmensidentität oder Nachfolge im Sinne dieses Beschlusses gegeben ist, oder ob tatsächlich Zwangsarbeiter aus diesen Ländern beschäftigt wurden, mag die Bundesregierung in ihrem Schreiben entsprechende Vorbehalte zur Prüfung dieser Frage durch die Unternehmen aufnehmen. Sie soll jedoch auch in derartigen Fällen auf die Ansprache der Unternehmen nicht verzichten.

---

[12] Den ursprünglichen Plan zur Errichtung unabhängiger Stiftungen in diesen Staaten hat die Bundesregierung modifiziert und plant nun eine Regelung mit dem Internationalen Roten Kreuz als Transferorganisation. Völlig unabhängig davon sind aber die Sonderregelungen für schwergeschädigte jüdische NS-Verfolgte in den osteuropäischen Staaten zu sehen, die die Bundesregierung als Ergänzung zum sog. "Artikel-2-Fonds" im Frühjahr 1998 mit der Jewish Claims Conference aushandelte. Dem war eine gemeinsame Bundestagsinitiative des BÜNDNIS 90/DIE GRÜNEN und der SPD vorausgegangen, siehe Antrag auf BT-Drs. 13/6844.

Nach Erfüllung dieser Forderung ist im Anschluß an den Bericht vom 21. Januar 1992 – Drucksache 12/1973 – von der Bundesregierung erneut zu berichten."

Diese Entschließung des Bundestages wurde bemerkenswerterweise von allen Fraktionen mitgetragen.

Die Bundesregierung ließ sich aber wiederum nahezu zwei Jahre Zeit mit der Antwort, einer Unterrichtung an den Bundestag, die groteskerweise den Titel "Umfassender Bericht über bisherige Wiedergutmachungsleistungen deutscher Unternehmen" (Drucksache 13/4787) hatte und nur aus dreieinviertel Seiten bestand. Diese Unterrichtung ist ein einziges Dokument der Verweigerung. Wiederum hatte die Bundesregierung keine nennenswerten Verhandlungen mit der deutschen Industrie geführt. In Erwartung der Entscheidung des BVerfG zur Frage der Entschädigung von Zwangsarbeit wollte man auch hier keine Festlegungen treffen, sondern diese Entscheidung erst einmal abwarten. Allenfalls in Aussicht gestellt wurde, die Spitzenverbände der deutschen Wirtschaft zu bitten, nach Möglichkeiten zu suchen und sie zugleich zu bitten, dies an ihre Mitgliedsunternehmen weiterzugeben. Vorsorglich stellte die Bundesregierung aber bereits fest, daß

"weitere Wiedergutmachungsleistungen in der gegenwärtigen Situation zu Belastungen führen würden, die nicht zuletzt auch negative Auswirkungen auf die Arbeitsplatzsituation hätten."

Dieses Argument ist, wenn es denn eines ist, neu. Eigentlich ist es aber eine Drohung an die Opfer.

Wie zu erwarten, folgte die entsprechende Positionsbestimmung der Bundesregierung gegenüber den Abgeordneten des Bundestages auf dem Fuße, als die BVerfG-Entscheidung veröffentlicht war. In einem Schreiben an die Abgeordneten des Innenausschusses des Bundestages führte das federführende Bundesministerium der Finanzen am 23. Juli 1996 aus:

" Das Bundesverfassungsgericht hat in seinem (...) Beschluß vom 13. Mai 1996 festgestellt, das Völkerrecht schließe nicht aus, ausländischen Zwangsarbeitern innerstaatliche Wiedergutmachungsansprüche einzuräumen. Damit hat es dem Gesetzgeber allerdings keineswegs die Pflicht auferlegt, bestehende Wiedergutmachungsregelungen zugunsten der ehemaligen Zwangsarbeiter nachzubessern."

Und freiwillig war bzw. ist die Bundesregierung eben nicht dazu bereit. Statt dessen meinte die Bundesregierung zu diesem Zeitpunkt noch, die historische Verpflichtung sogar für Globalabkommen zur individuellen Entschädigung von NS-Opfern in anderen osteuropäischen Staaten nach der sog. "Brioni-Formel" für erledigt erklären zu können: gutnachbarliche Beziehungen für die Zukunft statt Entschädigung für die Opfer von NS-Unrecht[13]. Erklärte man den Opfern von Zwangsarbeit also jahrzehntelang, sie kämen zu früh, so kommen sie nun zu spät. Niemals konnten sie aber rechtzeitig kommen.

Bemerkenswert ist, daß zwar ein formeller Schadensersatz deutscher Firmen gegenüber ehemaligen Zwangsarbeitern bislang niemals erfolgt ist, real aber doch in einigen Fällen derartige Zahlungen vorgenommen wurden – jedoch nur unter internationalem Druck. Neben den Fällen, die Benjamin Ferencz in seinem Buch "Lohn des

---

[13] Unterrichtung der Bundesregierung auf BT-Drs. 13/4787, S. 2. Nach entsprechendem politischen Druck hat die Bundesregierung diese Position mittlerweile aufgegeben, siehe die Angaben zur Fußnote zuvor.

Grauens" beschreibt, ist dabei der "Fall Hugo Prinz" und eine Reihe weiterer jüdischer Zwangsarbeiter beachtenswert. Der Fall Prinz, einem US-amerikanischen Staatsbürger, der vom Nazi-Deutschland verfolgt und zur Zwangsarbeit herangezogen worden war, beschäftigte die amerikanische Öffentlichkeit schließlich in einer Weise, daß der amerikanische Kongreß und selbst der amerikanische Präsident Clinton bereit war, ein eigenes Gesetz zu erlassen, um die von Deutschland und deutschen Firmen verwehrten Entschädigungs- bzw. Schadensersatzansprüche eintreiben zu können. Während die Entschädigungsleistungen – was für die Opfer zu begrüßen ist – deutlich über den Leistungen liegen, die Opfer in Osteuropa erhalten, setzte sich die Bundesregierung sogar dafür ein, daß eine Lösung für die Lohnforderungen der Zwangsarbeiter gefunden wurde. So haben deutsche Firmen an diesen sehr kleinen Kreis von verfolgten jüdischen Zwangsarbeitern letztlich doch noch einen nennenswerten Betrag gezahlt, wenngleich über eine Mittlerorganisation, denn man war ja bemüht, keine Präzedenzfälle zu schaffen. Gleichwohl ist dies ein Präzedenzfall, erklärte die Bundesregierung doch in früheren Jahren, ihr sei nicht bekannt (!), welche Firmen unter dem NS-Regime Zwangsarbeiter ausgebeutet hätten, von daher handlungsunfähig. Bekannt ist aber, daß heute noch weitere Klagen gegen deutsche Firmen, die unter dem NS-Regime Sklavenarbeiter eingesetzt haben, in den USA bei den obersten Gerichten anhängig sind.

Die "Entscheidung" des Bundesverfassungsgerichtes in Sachen Zwangsarbeit

Am 3. Mai 1996 hat – wie angesprochen – das Bundesverfassungsgericht über eine Vorlage des Landgerichtes Bonn entschieden[14], dem Klagen jüdischer Zwangsarbeiter gegen die Bundesrepublik Deutschland auf Nachzahlung von Lohn vorlagen. Das Bonner Landgericht hatte in Zweifel gezogen, daß der Ausschluß der ZwangsarbeiterInnen von einer Lohnnachzahlung – gerade im Hinblick auf das Reparationsrecht – (heute noch) rechtens ist, wollte dies aber vom BVerfG geklärt haben.

Das Verfahren vor dem Verfassungsgericht führte im wesentlichen zu einer "Nicht-Entscheidung", allerdings mit einem Fingerzeig: Das BVerfG wies die Klagen als unzulässig ab, weil das Landgericht selbst die Verfassungsmäßigkeit der geltenden Rechtslage, die vertraglichen Regelungen Deutschlands mit dem Ausland zur Entschädigung von NS-Opfern und zum Reparationsrecht und zudem noch die Verjährungsfristen hätte prüfen müssen. Mit dieser Abweisung hat das BVerfG aber eine Rechtsauffassung verbunden, die die bisherige Rechtsauffassung der Bundesregierung in einem zentralen Punkt als irrig ansieht. Hatte letztere immer behauptet, die Forderung nach Entschädigung für den Lohnausfall bei Zwangsarbeit sei als Reparationsfrage nur zwischen den ehemals kriegführenden Staaten selbst zu verhandeln, befand nun das BVerfG, die individuell Geschädigten könnten neben dieser völkerrechtlichen Ebene auch individuell Schadensersatzansprüche einklagen.

Bei intensiverer Prüfung dieses Gedankens ist man aber noch keinen entscheidenden Schritt weiter, denn: Selbst wenn Opfer weiterhin den Klageweg beschreiten, werden sie von den Instanzgerichten wahrscheinlich abgewiesen, und dies aus mehreren Gründen. Nicht nur wird man ihnen weiterhin das Argument der Verjährung der Schadensansprüche entgegenhalten. Das Hauptproblem ist aber, daß Gerichte keinen Lei-

---

[14] Bundesverfassungsgericht Beschluß vom 13. Mai 1996 – 2 BvL 33/93 –.

stungsanspruch gegen die Bundesrepublik Deutschland aus einem Gesetz – hier dem Bundesentschädigungsgesetz – herauslesen können, das gerade einen solchen Anspruch nicht vorsieht. Die – gerade nicht rechtskräftige – Entscheidung des Landgerichts Bonn[15] zugunsten der Opfer ist zwar ehrenwert, aber bewegt sich rechtlich auf außerordentlich dünnem Eis. Im gleichen Atemzug hat darum auch das Bonner Landgericht feststellen müssen, daß es in Deutschland leider kein Entschädigungsgesetz gibt, nachdem dieser "eigentliche" Anspruch der Opfer realisiert werden könnte. Auch deutsche ZwangsarbeiterInnen erhalten ja nach dem Bundesentschädigungsgesetz keine Entschädigung für die Sklavenarbeit. Da ist schon der Verweis des Gerichts in den Urteilsgründen tragfähiger und ehrlicher, das Problem sei grundsätzlich nur vom Gesetzgeber, nicht aber von den Gerichten zu lösen. Zudem ist schon jetzt absehbar, daß die Bundesregierung in die nächste Instanz, also vor das Oberlandesgericht und dann gar vor den Bundesgerichtshof ziehen wird, der bisher immer die Auffassung der Bundesregierung gedeckt habe.

Gleichwohl wird man bei der Prüfung der geltenden Abkommen – sowohl, was Prozesse gegen den deutschen Staat als auch gegen einzelne Firmen anbelangt – feststellen müssen, daß die Opfer einiger Staaten rechtlich besser dastehen als Opfer in anderen Staaten. Da z.B. Polen das Londoner Schuldenabkommen gar nicht unterschrieben hat, kann es daran auch nicht gebunden sein. Nun hat der polnische Staat, wie der frühere Botschaftsrat Dr. Jerzy Kranz, der damals an den Verhandlungen für das Abkommen über die Stiftung polnisch-deutsche Aussöhnung beteiligt war, unlängst bei einer Tagung in Stuttgart ausführte, abschließend auf weitere Entschädigungsforderungen gegen die Bundesrepublik Deutschland verzichtet. Dies kann man nun zweierlei interpretieren: entweder er hat damit auch auf den Anspruch der Opfer für den Schadensausgleich bei der "Zwangsarbeit als solche" oder nur auf die Ansprüche des polnischen *Staates* für diesen Bereich verzichtet. Ich tendiere zu der zweiten Auffassung, denn Deutschland hat bisher bei allen Globalabkommen besonderen Wert darauf gelegt, daß damit die "Zwangsarbeit als solche" nicht umfaßt sei. Diese gehört ja nach rechtlicher Auffassung der Bundesregierung zum Reparationsrecht. Somit hätten z.B. polnische Zwangsarbeiter noch das formale Recht, gegenüber dem deutschen Staat oder einer deutschen Firma ihren individuellen Anspruch geltend zu machen. Für diese Interpretation spricht auch, daß bei der Vereinbarung zwischen Deutschland und Polen zur Gründung der polnisch-deutschen Stiftung schriftlich erklärt wurde, von dem weiteren Entschädigungsverzicht seien die individuellen Ansprüche der BürgerInnen nicht berührt.

Für die Zwangsarbeiter in den Staaten, die das LSA unterschrieben haben, sieht die Lage schlechter aus, noch schlechter für die Opfer, deren Staaten vollends auf Reparations- und auf Entschädigungsleistungen – und zwar auch für ihre BürgerInnen – verzichtet haben.

Ich habe aber gerade deshalb mit dieser ganzen Orientierung politische und rechtliche Schwierigkeiten. Mir ist nicht klar, was die Strategie der Prozeßbevollmächtigten der Opfer ist, die in weitere Klageverfahren gerade *gegen den deutschen Staat* eintreten: Wenn es rechtlich so ist, daß man mit guten Gründen bestreiten kann, daß es sich bei der Entschädigung für Zwangsarbeit – gerade, wenn es sich um anerkannte Ver-

---

[15] Urteil vom 5.11.1997, Az. 1 O 134/92.

folgte handelt – um einen Fall des Reparationsrechts handelt (dies tun m.E. sogar mittlerweile die Entschließungen des Bundestages seit 1990), statt dessen vielmehr um den Fall einer verweigerten Entschädigung für eine spezifische Kategorie von NS-Verfolgung, welchen Sinn soll dann noch haben, zu fragen, ab wann Ansprüche nach dem LSA realisiert werden können bzw. welche rechtliche Bindewirkungen Reparationsverzichte von Staaten haben? Die politische Forderung muß doch sein, endlich einen gesetzlichen Entschädigungsanspruch für die "Zwangsarbeit als solche" zu normieren! Bei möglichen Prozessen gegen Firmen kann man die Sache z.T. anders bewerten, hier werden durch das Urteil des BVerfG in Einzelfällen die Chancen gestiegen sein.

Der Verfasser sieht die Bedeutung derartiger Prozesse aber mehr als Begleitmusik für eine politische Lösung, da den vielfach betagten und verarmten Opfern finanziell und zeitlich aufwendige Prozesse nicht zugemutet werden sollten. Schwierig würden aber in Zukunft stets die Fälle sein, bei denen der Unrechtsgehalt als NS-Unrecht strittig ist, etwa, weil die Schwere des Delikts selbst innerhalb der Kategorien des deutschen Entschädigungsrechts keinen Halt finden könnte. Hier wäre man dann auf das Terrain des wirklichen zivilen Schadensausgleichs verwiesen. Als Gruppe, für die dies in Frage käme, nenne ich beispielhaft die ZwangsarbeiterInnen, die in der bäuerlichen Landwirtschaft eingesetzt waren.

Dies bringt uns zu der Frage, ob wir rechtlich und damit auch finanziell jede Form der Zwangsarbeit gleich zu bewerten haben oder eine Abstufung vorzunehmen wäre.

Vorschlag für eine per Gesetz erlassene Bundesstiftung für NS-Zwangsarbeit

Wenn wir historisch feststellen, daß Deutschland aus reinem Eigennutz die "Zwangsarbeit als solche" bewußt, also politisch motiviert, nicht entschädigen wollte, dann ist heute der politische Wille gefragt, ob man diese rechtliche Lücke schließen will. Dafür kann es ganz unbürokratische Formen geben, die auf komplizierte Gesetzeskonstruktionen verzichten.

Um den meisten Opfern einen neuerlichen, langen und teuren Weg über die Gerichte zu ersparen, müssen Bundestag und Bundesregierung eine politische Lösung für diese Fragen finden. Nachdem mit den Stiftungen für NS-Opfer in mehreren osteuropäischen Staaten die Entschädigung für Haft- und Gesundheitsschäden auch für ZwangsarbeiterInnen möglich ist, wird sich in Zukunft die Entschädigung der ZwangsarbeiterInnen auf die offene Frage der Lohnnachzahlungen und einen Ausgleich für die Bedingungen der Zwangsarbeit konzentrieren. Ich wiederhole: Bei den Vereinbarungen der Jewish Claims Conference mit einigen deutschen Firmen haben diese auch nicht nur die nackte Lohnnachzahlung (in pauschalierter Form) vorgenommen, sondern auch einen Ausgleich für die schrecklichen Bedingungen der Zwangsarbeit (Schläge, Demütigungen, Unterernährung usw.) einbezogen, für die es nach dem BEG keinen eigenständigen Schadensausgleich gibt. Sonst hätten die jüdischen Zwangsarbeiter von diesen Firmen sicherlich weniger als 1.500 bis 5.000 DM erhalten. Einen entsprechenden parlamentarischen Antrag hat die Fraktion BÜNDNIS 90/DIE GRÜNEN mittlerweile in den Bundestag eingebracht[16].

---

[16] Antrag Errichtung einer Bundesstiftung "Entschädigung für NS-Zwangsarbeit", BT-Drs. 13/8956.

Die Idee einer eigenen Bundesstiftung für Zwangsarbeit bekommt gerade nach der BVerfG-Entscheidung neue Aktualität. Hier muß neben dem deutschen Staat vor allem die deutsche Industrie einzahlen. So kann auch die Entschließung des Deutschen Bundestages vom Februar 1994 angemessen umgesetzt werden. Dabei wird man für die zahlungswilligen Firmen auch eine gewisse Schutzkonstruktion erfinden müssen. Denn diese werden nicht bereit sein, etwas in eine Stiftung einzuzahlen, wenn gleichzeitig die Opfer gegen sie private Klagen anstrengen. Orientieren kann man sich dabei an dem "Gesetz über den Aufruf der Gläubiger der I.G. Farbenindustrie in Abwicklung"[17]: hier wurde gesetzlich festgelegt, daß nach Inkrafttreten dieses Gesetzes weitergehende Ansprüche nicht mehr gestellt werden dürften.

Dies kann hier jedoch nur für zahlungswillige Firmen gelten, die in eine Bundesstiftung einen namhaften Betrag einzahlen. Bundestag und Bundesregierung müssen aber den ersten Schritt durch Erlaß eines Stiftungsgesetzes tun und einen finanziellen Startbeitrag in diese Stiftung einzahlen, dem dann die deutsche Industrie u.a. folgen. Es gibt ja einige Firmen, die dafür ihre Bereitschaft bereits bekundet haben, aber darauf warten, daß der Bund den ersten Schritt tut. Wenn man auf einen bürokratischen Apparat, der viel Geld und Zeit kostet, verzichten will, müßte die Stiftung auf Pauschalzahlungen ausgerichtet sein. So könnte z.B. für die Zwangsarbeit in einem KZ oder einer KZ-ähnlichen Haftstätte der doppelte Betrag gezahlt werden gegenüber Zwangsarbeit in der Privatwirtschaft.

Ich möchte auch noch eine abschließende Bemerkung zu den Globalabkommen machen, für deren Abschluß wir weiterhin sind. Zu prüfen ist, ob es dabei bleiben kann, daß – wie in Polen – Opfer nur mit einem Einmalbetrag von wenigen hundert DM abgespeist werden. Die Fraktion der GRÜNEN bzw. BÜNDNIS 90/DIE GRÜNEN hat sich immer dafür eingesetzt, daß den Opfern laufende Leistungen, also Renten, ermöglicht werden sollten.

Auf einen weiteren Bereich möchte ich hinweisen, der nicht geklärt ist: ehemalige ZwangsarbeiterInnen, die nach Deutschland deportiert wurden, haben hier in die Rentenkasse eingezahlt. Mit einigen Ländern bestehen besondere Vereinbarungen (Sozialversicherungsabkommen etc.), etwa mit den Niederlanden und Polen, die diesen Opfern ermöglichen, später diese Zeiten bei den Altersrenten anrechnen zu lassen. ZwangsarbeiterInnen aus Rußland oder der Ukraine aber, die hier in die deutsche Rentenkasse eingezahlt haben, erhalten mangels Abkommen keinen Pfennig. Auch hier muß eine politische Lösung gefunden werden. Eine entsprechende parlamentarische Initiative liegt auch hier mittlerweile dem Bundestag vor[18].

Eines der großen Probleme des jetzigen Bundestages ist, daß alle Abgeordneten der Fraktionen von CDU/CSU, SPD und F.D.P., die sich in den letzten 10 Jahren für Verbesserungen bei der Entschädigung für NS-Opfer eingesetzt hatten, aus dem Bundestag ausgeschieden sind. Die in der 13. Wahlperiode nachgerückten Abgeordneten sind zumeist so uninformiert, daß sie an den in den letzten Wahlperioden erreichten Debattenstand nicht anknüpfen konnten. Auch dies – und nicht nur die angespannte Haushaltslage – erklärt wohl, warum die zitierte neuerliche Unterrichtung der Bundes-

---

[17] BGBl. I/1957, S. 569.
[18] Antrag der Fraktion BÜNDNIS 90/DIE GRÜNEN "Leistungen der gesetzlichen Rentenversicherung für die osteuropäischen Opfer von NS-Zwangsarbeit", BT-Drs. 13/9218 (in diesem Band S. 307 ff.).

regierung zur Entschädigung von Zwangsarbeit so wenig Empörung im Bundestag ausgelöst hat. Heute stehen die Chancen für die Opfer nicht besser, sondern deutlich schlechter als noch vor Jahren, Gehör zu finden, wenn sie nicht nur Mitleid und Mitgefühl, sondern eine nennenswerte Entschädigung erwarten.

Zusammengefaßt: Der Weg zur Entschädigung der vom NS-Staat Verfolgten in Osteuropa, insbesondere der ZwangsarbeiterInnen, war und ist lang und steinig. Er ist bis heute noch nicht beendet. Was wir in den letzten Jahren feststellen können ist, daß auf Seiten der Bundesregierung nach und nach, wenngleich nur auf innen- und außenpolitischen Druck hin, erkannt wurde, daß es besser ist, für die offenen Fragen humanitäre und politische Lösungen zu suchen, statt verbissen auf rechtlichen Streitigkeiten zu beharren. Nur so waren die Abschlüsse von Verhandlungen mit Polen und den GUS-Staaten möglich. Kein völkerrechtlicher Vertrag – auch nicht das Londoner Schuldenabkommen – hindert die Bundesrepublik an freiwilligen finanziellen Leistungen, sondern nur der eigene Unwille. Aber nur politische Lösungen aus dem Geist der Humanität können verhindern, daß die Opfer alle gestorben sind, bevor sich die Juristen und Politiker über alle rechtlichen Feinheiten einig sind. Inzwischen hat übrigens nach den "Hamburger Elektrizitäts-Werken", die einen Betrag für ihre ehemaligen polnischen Zwangsarbeiter in die polnische Stiftung eingezahlt hat, eine weitere Firma gehandelt. Die Frankfurter "Degussa" hat ehemals bei ihnen beschäftigten ZwangsarbeiterInnen einen finanziellen Ausgleich zukommen lassen. Es ist zu hoffen, daß diesem Schritt weitere Firmen folgen werden. Die Firmen können aus dieser historischen Pflicht nicht entlassen werden. Bekanntlich geht das aber nur mit politischem Druck und einer Öffentlichkeit, die sich auf die Seite der Opfer stellt.

Burkhard Heß[*]

Völker- und zivilrechtliche Beurteilung der Entschädigung für Zwangsarbeit vor dem Hintergrund neuerer Entscheidungen deutscher Gerichte

A. **Einleitung**

B. **Individualansprüche auf Entschädigung**
I. Die unterschiedlichen Personengruppen
   1. Die Häftlingsarbeiter
   2. Die sog. "Zivilarbeiter"
   3. Die Verjährung der Ansprüche
II. Die Anwendbarkeit deutschen Sachrechts
   1. Die kollisionsrechtliche Anknüpfung
   2. Vorrang spezieller völkerrechtlicher Ausgleichsregelungen?
III. Das Verhältnis der Individualansprüche zum Wiedergutmachungsrecht
   1. Die Regelungen des Allgemeinen Kriegsfolgengesetzes
   2. Wiedergutmachung nach dem Bundesentschädigungsgesetz

C. **Die völkerrechtliche Problematik**
I. Die völkerrechtlichen Forderungsverzichte
   1. Die Aussagen des Bundesverfassungsgerichts
   2. Die Zulässigkeit völkerrechtlicher Forderungsverzichte
II. Die Reparationsregelungen nach dem 2. Weltkrieg
   1. Die Reparationsregelungen des Potsdamer Abkommens
   2. Die Regelung der westlichen Hälfte
   3. Die Situation der östlichen Reparationsmasse
III. Das Verhältnis von Reparationen und sog. äußerer Wiedergutmachung"
   1. Reparationen und Individualansprüche
   2. Reparationsvereinbarungen nach der Beendigung des 2. Weltkrieges
   3. Reparationen und "äußere" Wiedergutmachung
IV. Die Auswirkungen der deutschen Wiedervereinigung auf das Reparationsmoratorium des Art. 5 II LSA
   1. Der vorläufige Charakter des Art. 5 LSA
   2. Konkludenter Forderungsverzicht bei der Wiederherstellung der deutschen Einheit?
   3. Wegfall von Art. 5 II LSA?

D. **Schlußbemerkung**
I. Zur Verfahrensdauer
II. Die Notwendigkeit weiterer "humanitärer" Hilfsmaßnahmen

A. Einleitung[1]

Meine Aufgabe ist es, die Entscheidung des Bundesverfassungsgerichts (BVerfG) vom 13. Mai 1996 zu untersuchen[2]. Ich werde im folgenden eine nüchterne, juristische Bewertung abgeben im Hinblick auf den Fortgang der Verfahren, insbesondere, ob die Tür für durchsetzbare Individualforderungen aufgemacht wurde: Chancen, aber auch Risiken des Urteils sind zu evaluieren. Bevor ich damit beginne, will ich eine persönliche Vorbemerkung machen: Ich komme hier zu Ihnen als deutscher Jurist. Ich werde schreckliche Vorgänge, die Sie erlebt und erlitten haben, die ich jedoch als jüngerer Mensch nur aus Erzählungen kenne, begutachten. Ich bewerte diese Vorgänge mit Hilfe des deutschen Zivil- und Verwaltungsrechts sowie mit Hilfe des Völkerrechts, d.h. ich werde Rechtsnormen auf diese Vorgänge anwenden. Das wird Ihnen im Verlauf meines Vortrags vielleicht herzlos und technisch vorkommen. Ich möchte aber klarstellen, daß diese Bewertung mir menschlich, aber auch als Juristen, schwerfällt. Denn es geht um Vorgänge, die – unabhängig von jeglicher rechtlicher Bewertung – tiefstes Unrecht waren. Nicht von ungefähr haben sich deshalb deutsche Gerichte wiederholt gescheut, Rechtsnormen auf diese Vorkommnisse exakt und genau anzuwenden[3]. Ich möchte Sie aber bitten zu verstehen, daß ich hier nüchtern argumentiere und subsumiere, jedoch im Bewußtsein des Leids, das diese Ereignisse Ihnen, Ihren Familien und Freunden verursacht haben.

Die rechtliche Beurteilung muß zwei Komplexe unterscheiden. Der erste betrifft die Frage, inwieweit Zwangsarbeit überhaupt Individualansprüche begründet hat. In Betracht kommen öffentlich-rechtliche und zivilrechtliche Ansprüche. Die Ansprüche zielen inhaltlich auf Entlohnung und auf den Ersatz von Körper- und Gesundheitsschäden aus der Zwangsarbeit; bei Häftlingsarbeitern zusätzlich auf den Ersatz von Freiheitsschäden. Zuvor ist zu prüfen, ob die Ansprüche deutschem Recht unterliegen – das ist zumindest bei Zwangsarbeit, die nicht in Deutschland geleistet wurde, nicht selbstverständlich. Zu untersuchen ist aber auch, gegen wen sich die Ansprüche richten: Gegen die Bundesrepublik als Rechtsnachfolgerin des Deutschen Reichs (bzw. der SS als "Staatsorgan") oder gegen private Unternehmen, die Sklavenarbeiter beschäftigt haben. Schließlich ist nach dem Verhältnis dieser Ansprüche zum sog. Wiedergutmachungsrecht nach dem Bundesentschädigungsgesetz zu fragen[4]. – Das ist der erste Problemkomplex.

Das Verhältnis dieser Ansprüche zum Entschädigungsrecht leitet über in den zweiten Komplex: die völkerrechtliche Problematik. Hier ist zu fragen, inwieweit diese

---

[*] Professor Dr. Burkhard Heß ist Inhaber des Lehrstuhles für Bürgerliches Recht, Zivilprozeßrecht, Internationales Privat- und Verfahrensrecht an der Eberhard-Karls-Universität Tübingen.

[1] Erweiterter und um Fußnoten ergänzter Vortrag vom 26.10.1996, die Vortragsform wurde beibehalten. Die Urteile des LG Bonn vom 5.11.1997 (in diesem Band S. 248) und des OVG Münster vom 19.11.1997 (in diesem Band S. 291) wurden berücksichtigt.

[2] BVerfGE 94, 315 abgedruckt unten S. 221 ff.

[3] Der BGH, RzW 1963, 525, 526, umschreibt beispielsweise die Rechtsbeziehungen zwischen der SS und den Häftlingsarbeitern in den Konzentrationslagern als "rechtlich nicht geordnet".

[4] Die Begründung des Individualanspruchs nach Zivil- bzw. öffentlichem Recht wird häufig nicht hinreichend von seiner Überlagerung durch das nationale und internationale Wiedergutmachungsrecht unterschieden, vgl. statt vieler *Kischel*, JZ 1997, 126, 129 f.

Individualansprüche in völkerrechtlichen Regelungen erledigt wurden. Diese Frage hat das Bundesverfassungsgericht nicht beantwortet[5], das LG Bonn hat sie – mit durchaus angreifbarer Begründung – verneint. Sie ist für den weiteren Verfahrensfortgang streitentscheidend: Wenn nämlich auf Entschädigungs- und Reparationsansprüche in völkerrechtlichen Verträgen und Erklärungen zwischen 1945 und 1990 verzichtet wurde, dann ist mit dem völkerrechtlichen auch der Anspruch des einzelnen Zwangsarbeiters erloschen. Die Lösung dieser Rechtsfragen hat das Bundesverfassungsgericht an die vorlegenden Gerichte zurückübertragen. Ich werde Ihnen meine Einschätzung zu diesen Verzichtserklärungen vortragen.

B. Individualansprüche auf Entschädigung

Lassen Sie mich also mit dem ersten Teil beginnen. Es geht um die Fragen, inwieweit Zwangsarbeit nach deutschem Recht Individualansprüche auf Entschädigung – darunter fasse ich sowohl Lohnforderungen als auch sonstige deliktische Schadensersatzansprüche – ausgelöst hat. Dabei unterstelle ich, daß Zwangsarbeit nach deutschem Recht zu beurteilen ist, hierauf werde ich unter II. eingehen. Anschließend werde ich das Verhältnis der zivil- und öffentlichrechtlichen Ansprüche zum Wiedergutmachungsrecht behandeln (III.).

I. Die unterschiedlichen Personengruppen

Jede juristische Bewertung der Vorgänge muß an den Status der Personen anknüpfen, die von Zwangsarbeit betroffen waren[6]. Es lassen sich – grob gesprochen – zwei Hauptgruppen unterscheiden: Die erste umfaßt die sog. Häftlingsarbeiter, d.h. die Kriegsgefangenen, die Gefangenen in den Konzentrationslagern oder in den Arbeitslagern, die die SS auch für Fremdarbeiter eingerichtet hatte. Daneben gibt es eine weitere Gruppe, die ich unspezifiziert Zivilarbeiter nenne. Sie umfaßt diejenigen, die aufgrund des sog. Arbeitseinsatzes, der Arbeitspflicht ins Reich geholt wurden[7] und dann bei privaten Arbeitgebern, sei es als Fabrik- oder Landarbeiter, sei es als Hausmädchen, gegen Kriegsende aber zunehmend unfreiwillig und unter Haftbedingungen bei Rüstungsbetrieben eingesetzt wurden[8].

1. Die Häftlingsarbeiter

Ich beginne mit der Gruppe, die als Häftlingsarbeiter nur sehr ungenau umschrieben ist. Dabei soll exemplarisch die Konstellation untersucht werden, daß ein deutsches Unternehmen Häftlinge anforderte, die in einem Lager in der Nähe des Betriebs untergebracht wurden und von diesem Lager aus in dem Unternehmen Zwangsarbeit leiste-

---

[5] BVerfGE 94, 315, 333 f.
[6] Dabei muß man sich darüber klar sein, daß aufgrund der schrecklichen Ereignisse einzelne Betroffene verschiedene Stadien der Zwangsarbeit durchlaufen haben. Dies führt zu entsprechenden unterschiedlichen rechtlichen Bewertungen, Beispiel: BVerwGE 35, 262.
[7] VO vom 30.6.1942, RGBl. I 419; dazu *Herbert*, Fremdarbeiter, S. 74 ff.
[8] Biographien bei *Herbert*, Sonderheft VfZ 1989, 273 ff.; lesenswert: *Mendel*, Zwangsarbeit im Kinderzimmer (1994).

ten[9]. Das Lager unterstand der SS, im Betrieb hatte das Personal des Rüstungsunternehmens das Sagen. Für eine rechtliche Beurteilung kommen zwei Anspruchsgegner in Betracht: Zum einen die SS als "Betreiber" des Lagers und zum anderen das Unternehmen, das diese Arbeiter angefordert hat. Eine solche Konstellation, in der mehrere Beteiligte untereinander in Rechtsbeziehungen stehen, umschreibt man im Zivilrecht als Dreiecksverhältnis. Die juristische Fragestellung besteht darin zu klären, zwischen welchen Beteiligten welche rechtlichen Beziehungen bestanden[10].

a) Lassen Sie mich mit dem Verhältnis der SS zu den Häftlingen beginnen. Es war ein umfassendes Verhältnis mit komplettem Zugriff auf die Betroffenen. Rechtlich gesehen unterlagen die Häftlinge einem "polizeilichem Gewahrsam", ausgeübt durch die SS[11]. Wenn man das Verhältnis SS – Häftlinge untersucht, wird man es als ein öffentlich-rechtliches (polizeiliches) Anstaltsverhältnis qualifizieren müssen[12]. Das bedeutet, daß Rechtsbeziehungen primär zwischen der SS und den Häftlingen bestanden, soweit man hier überhaupt von rechtlichen Beziehungen sprechen kann.

Daneben bestanden Rechtsbeziehungen zwischen der SS als "Vermieter" der Häftlinge und dem jeweiligen Unternehmen[13]. Die Rüstungsbetriebe zahlten an die SS ein "Entgelt" für die Überlassung der Sklavenarbeiter. Im Rahmen dieser "Rechtsbeziehung" kam die Arbeitsleistung der Zwangsarbeiter den Unternehmen (aus der Sicht der Zwangsarbeiter sozusagen "mittelbar") zugute. Unmittelbare Rechtsbeziehungen zwischen den Häftlingen und den Unternehmen sollten hingegen nach den NS-Vorschriften nicht begründet werden. Neuere historische Untersuchungen haben jedoch gezeigt, daß die Unternehmen nicht vollständig durch die SS von den Häftlingen abgeschirmt waren. Vielmehr forderten die Firmenleitungen aus eigener Initiative die Stellung von KZ-Häftlingen[14]; sie schlossen zudem mit der SS Verträge ab, die die Firmen zur unmittelbaren Erbringung gewisser Leistungen (Unterkunft, Verpflegung) an die Häftlinge verpflichteten[15].

---

[9] Vgl. dazu den instruktiven Bericht von *Mommsen/Grieger,* Das Volkswagenwerk und seine Arbeiter im Dritten Reich, 1996, insbes. S. 516 ff. (Übergang von der Ausländerbeschäftigung zur Zwangsarbeit).

[10] Bei dieser Prüfung ist ein zweistufiges Vorgehen angebracht: Zunächst sind die Rechtsregelungen der NS-Zeit zu ermitteln, um die "tatsächliche Rechtssituation" festzuhalten. Sodann ist zu fragen, ob diese Regelungen der NS-Zeit auch heute noch angewendet werden können. Das ist immer dann nicht der Fall, wenn dadurch das NS-Unrecht bis in die Gegenwart diskriminierend wirkt, dazu unten im Text.

[11] Siehe dazu *Buchheim,* Die SS – das Herrschaftsinstrument, in: *Broszat u.a.,* Anatomie des SS-Staates, Bd. 1, 3. Aufl. 1982, S. 33 ff.

[12] So bereits LAG Mannheim, SJZ 1947, 516; BVerwGE 35, 262; OVG Münster, 17.11.1997, S. 23 der Urteilsgründe, zum völkerrechtlichen Status der Kriegsgefangenen.

[13] Siehe dazu die Richtlinie des Reichsführers SS betreffs der Errichtung von Arbeitserziehungslagern der Gestapo, Bundesarchiv Koblenz, RSHA 58/1027 v. 28.5.1941, geändert am 12.12.1941; dazu *Broszat,* Konzentrationslager, S. 97 ff., S. 108 ff.

[14] Beispiel: *Mommsen/Grieger,* Volkswagenwerk, S. 497 ff. – persönliche Intervention F. Porsches bei Himmler, um KZ-Häftlinge als Arbeitskräfte für den Bau von VW-Kübelwagen für die Waffen-SS zu erhalten.

[15] Ein Merkblatt des Reichsarbeitsministeriums über den Einsatz von Kriegsgefangenen in privaten Rüstungsbetrieben vom 7.4.1942, RArbBl. 1942 I 208 enthielt hierzu detaillierte Regelungen.

b) Angesichts dieser Rechtssituation müssen zwei Anspruchskategorien unterschieden werden, nämlich Lohnansprüche und sonstige Schadensersatzansprüche: Lohnansprüche bestanden zwischen SS und Häftlingen. Tatsächlich wurde zumeist keinerlei Lohn gezahlt. Die Arbeitsleistung der Häftlinge wurde aufgrund der Arbeitspflicht in den Lagern an die SS erbracht. Alle diese Rechtsbeziehungen unterlagen öffentlichem Recht[16]. Das hat das Bundesverwaltungsgericht in bezug auf Kriegsgefangene entsprechend gesehen[17]. Daraus folgt, daß derartige Lohnansprüche auf einen öffentlich-rechtlichen Erstattungsanspruch[18] zu stützen sind[19]. Dessen Höhe richtet sich nach dem objektiven Wert der erbrachten Arbeitsleistung; maßgebend ist der Lohn, den ein deutscher Arbeiter an der Stelle des ausländischen Zwangsarbeiters verdient hätte[20].

Das LG Bonn hat hingegen in seinem Urteil vom 5.11.1997 (Urteilsgründe S. 14 ff.) den Ersatzanspruch für geleistete Zwangsarbeit primär auf Amtshaftung nach § 839 BGB gestützt[21]: Dabei stellt es darauf ab, daß die Zwangsarbeiter durch die Inhaftierung in den Lagern in ihrem Persönlichkeitsrecht verletzt und ihrer Freiheit beraubt wurden[22]. Hieraus sei ein Vermögensschaden dergestalt resultiert, daß ihnen die Vergütung, die üblicherweise für derartige Arbeiten in der Zeit zwischen 1944 und 1945 zu zahlen gewesen wäre, zu ersetzen ist[23]. Dies erscheint vor dem Hintergrund des allgemeinen Schadensrechts nicht unbedenklich: Zwar hat die neuere Rechtsprechung des BGH anerkannt, daß die erbrachten Arbeitsleistungen ein Vermögensschaden sein können[24], sofern sie nach der Verkehrsanschauung einen Marktwert haben. Gerade letzterer ist allerdings vorliegend schwer zu bestimmen, im Ergebnis hat das LG Bonn einen Arbeitsmarkt für deutsche Arbeitnehmer (die sich aber überwiegend im Krieg befanden) zwischen 1944/45 ermitteln müssen[25]. Diese Schwierigkeiten zeigen, daß

---

[16] BGH 19.6.1961, LM Nr. 73 zu § 13 GVG.

[17] BVerwGE 35, 262; ebenso nunmehr OVG Münster, 17.11.1997, Urteilsgründe S. 22 f. (den Vorrang völkerrechtlicher Regelungen bejahend).

[18] Soweit das LG Bonn Art. 34 GG anwenden will, ist dies unzutreffend, es galt die Überleitungsvorschrift des Art. 131 WRV.

[19] Den öffentlich-rechtlichen Erstattungsanspruch hatte das Reichsgericht (RGZ 99, 41, 45) bereits im Jahre 1920 in Analogie zur zivilrechtlichen Bereicherungshaftung anerkannt.

[20] Die Ansicht des LG Bonn, Urteilsgründe S. 53 ff., die Höhe des Erstattungsanspruchs betrage das "Entgelt", das die Unternehmen für die Überlassung der Zwangsarbeiter gezahlt haben, geht fehl: Maßgebend ist die Anmaßung der Arbeitskraft der Zwangsarbeiter durch die SS, deren Wert ist nach § 818 II BGB zu ersetzen. Wegen der rassischen Diskriminierung sind die Entlohnungsvorschriften für ausländische Zwangsarbeiter nicht mehr anwendbar, dies folgt aus dem intertemporalen ordre public (Art. 6 EGBGB, analog Art. 1, 3 II GG); die Anspruchshöhe bestimmt sich nach dem üblichen Lohn deutscher Arbeitnehmer zwischen 1939–45; zum Problem *Heß*, Intertemporales Privatrecht, 1998, § 9 II 2, S. 402 ff. m.w.Nw.; vgl. auch BSG, SozR 3-2200 §1251 Nr. 7 S. 50 (Nichtigkeit des sog. "Ostarbeitererlasses", der einer Sozialversicherung der Ostarbeiter entgegenstand).

[21] Diese Begründung war vor allem deshalb nötig, um den Rechtsweg zu den Zivilgerichten zu bejahen, Art. 34 GG. Nach § 17 II GVG konnten auch konkurrierende, öffentlich-rechtliche Ansprüche mitentschieden werden.

[22] Das LG Bonn unterscheidet dabei nicht hinreichend zwischen den Voraussetzungen des § 823 I BGB und denen des § 839 BGB, der keine Rechtsgutverletzung, sondern eine Amtspflichtverletzung erfordert.

[23] Urteilsbegründung, S. 47 ff.; a.A. BGH LM Nr. 73 zu § 13 GVG: Amtshaftungsansprüche vermögen Lohnforderungen nicht zu begründen. Das LG Bonn hat sich hierzu nicht geäußert.

[24] BGHZ 131, 225.

[25] Nach *Mommsen/Grieger*, Volkswagenwerk, S. 532, 938 ff., waren ab 1943 Deutsche nur noch als

die Vorstellung einer Vermögenseinbuße hier fiktiven Charakter hat. Maßgebend war die Anmaßung der Arbeitskraft (zum Zweck der "Vernichtung durch Arbeit"), ein Vorgang, der sich nicht primär im Vermögen der Zwangsarbeiter, sondern durch eine vermögensmäßige Bereicherung der SS niedergeschlagen hat. So gesehen liegt ein Eingriff in die Arbeitskraft vor, der nach allgemeinem Schadensrecht für sich allein nicht ersatzfähig ist[26]. Daher sollte die Rückabwicklung nach Bereicherungsrecht (bzw. öffentlich-rechtlicher Erstattung) erfolgen, die Verletzung der Arbeitskraft kann im Rahmen der Amtshaftung nur nach § 252 BGB, als (anderweitig) entgangener Gewinn, geltend gemacht werden.

c) Schadensersatzansprüche gegen private Rüstungsfirmen bestehen wegen Körper- und Gesundheitsverletzungen, sofern Angestellte der Unternehmen – und das kam durchaus häufig vor[27] – Gefangene mißhandelt haben, diese Mißhandlungen sind den Unternehmen zuzurechnen[28]. Allerdings erfolgt die Zurechnung auf die Unternehmen nicht zivilrechtlich (d.h. nach § 831 BGB), sondern öffentlich-rechtlich. Das ist die Konsequenz der Einbindung der Unternehmen in dieses Lagerverhältnis. Sie begründet einen Anspruch aus § 839 BGB[29].

Die Geschädigten haben versucht, auch gegenüber den privaten Unternehmen Lohnansprüche durchzusetzen. Sie empfinden es als ungerecht, daß Unternehmen, die die SS zur Errichtung der Lager veranlaßt haben, auch nach 1945 sinngemäß erklärt haben: "Ihr standet doch in Rechtsbeziehungen mit der SS, laßt uns damit in Ruhe." Trotz des verständlichen Anliegens lassen sich bürgerlichrechtliche Lohnansprüche im vorliegenden Zusammenhang nicht begründen: Sie sind weder über ein Arbeitsverhältnis begründbar, denn ein Arbeitsvertrag bestand nicht zwischen dem einzelnen Häftling und dem Unternehmen, noch über andere gesetzliche Schuldverhältnisse[30]. Etwas anderes gilt nur, wenn man mit dem LG Bonn Lohnansprüche als deliktische Schadensersatzansprüche begründen will. Folgt man dem nicht[31], so verbleibt es bei Schadensersatzansprüchen der Häftlingsarbeiter gegen die Unternehmen, die sich auf § 839 BGB

---

[26] Vorarbeiter und Angestellte beschäftigt.
Die Arbeitskraft als solche ist kein ersatzfähiger Schaden, *Palandt/Heinrichs*, Vorb. § 249 BGB, Rdnr. 37 m.w.Nw.; aus diesem Grund gewährt § 847 BGB bei Freiheitsverletzungen ausdrücklich Ansprüche auf Schmerzensgeld.

[27] Vgl. *Mommsen/Grieger*, Volkswagenwerk, S. 534 ff., 542 f. (zum Werkschutz im Volkswagenwerk, der von der SS aufgebaut wurde, jedoch der Werksleitung unterstand).

[28] Zu erinnern ist an die extrem hohe Sterblichkeitsrate der Säuglinge (bis zu 98%), die im Volkswagenwerk Wolfsburg unmittelbar nach der Geburt von ihren Müttern, die Zwangsarbeit leisten mußten, getrennt wurden und in sog. "Kinderbaracken" des Volkswagenwerks völlig unzureichend untergebracht wurden, *Mommsen/Grieger*, Volkswagenwerk, S. 762 ff.

[29] Nach Art. 34 GG, 13 GVG ist der Anspruch aus § 839 BGB vor den Zivilgerichten geltend zu machen.

[30] Zu bedenken sind Ansprüche aus §§ 670, 683, 677 ff. BGB und aus §§ 812 ff. BGB. Letztere hat das Oberlandesgericht Stuttgart RzW 1964, 425 ff. bejaht. Das Urteil widerspricht grundsätzlichen Wertungen des Bereicherungsrechts, das im sog. "Dreiecksverhältnis" nur in den jeweiligen Leistungsbeziehungen kondiziert. I.E. wurde eine sog. Versionsklage zugelassen.

[31] Gegen die Begründung des LG Bonn spricht insbesondere diese Konsequenz: Die bereicherungsrechtliche Rückabwicklung würde durch eine deliktische Haftung ersetzt mit der Konsequenz, daß die ursprünglichen Rechtsbeziehungen im Dreiecksverhältnis, auf die der Bereicherungsausgleich abstellt, durch die gesamtschuldnerische Haftung nach §§ 839, 840 BGB vollständig verdrängt würden, wie hier BGH LM Nr. 71 zu § 13 GVG.

gründen³². Haftungsgrund sind vor allem unzureichende Versorgung und Übergriffe von Mitarbeitern auf die Häftlinge. Nach dieser Vorschrift sind Körper-, Gesundheits- und Fortkommensschäden zu ersetzen. Möglich ist auch die Geltendmachung eines Anspruchs auf Schmerzensgeld aus § 847 BGB.

2. Die sog. "Zivilarbeiter"

Lassen Sie mich jetzt zur zweiten Personengruppe kommen, zu den Zivilarbeitern. Sie kamen während des sog. Arbeitseinsatzes ins Deutsche Reich, d. h. aufgrund gesetzlicher Arbeitspflichten. Hier wurden jedoch – und das ist anders als bei der Häftlingsarbeit – unmittelbare Rechtsbeziehungen zu den Rüstungsunternehmen bzw. zu anderen Arbeitgebern begründet³³. Man kann hier von Arbeitsverhältnissen, von Arbeitsverträgen ausgehen. Diejenigen, die diese Menschen beschäftigten und bisweilen gequält haben, haften dafür aus Vertrag (§§ 611 ff. BGB), daneben bestehen allgemeine deliktische Ansprüche (§§ 823 ff. BGB). Soweit hier frühere Rechtsvorschriften der NS-Administration eine Diskriminierung der sog. Fremdarbeiter anordneten, darf ein deutsches Zivilgericht sie heute nicht mehr anwenden, denn diese Vorschriften verstoßen gegen Grundwertungen der Verfassung. Art. 3 Abs. 2 GG verbietet jede Diskriminierung aufgrund der Rasse, der Abstammung. Rechtstechnisch geschieht dies durch eine Berufung auf den sog. "ordre public", der die menschenrechtlichen Garantien und Wertungen der Verfassung aufnimmt und gegenüber fremden (auch früheren) Rechtsordnungen durchsetzt. Das bedeutet konkret, daß dann, wenn aufgrund früherer Entgeltsregelungen niedrigerer Arbeitslohn an Fremdarbeiter gezahlt wurde, Restforderungen in Höhe auf den allgemein gezahlten, üblichen Lohn bestehen (vgl. auch § 612 BGB)³⁴. Soweit Zivilarbeiter körperlich geschädigt wurden, bestehen gegen die früheren Arbeitgeber Ansprüche aus Vertrags- und Deliktsrecht (§ 823 BGB).

3. Die Verjährung der Ansprüche

a) Ein weiterer Punkt betrifft die Frage, ob die Ansprüche verjährt sind. Klagen, die deutsche Zwangsarbeiter gegen Firmen erhoben haben, bei denen sie Zwangsarbeit leisten mußten, sind regelmäßig an der Verjährung gescheitert. Der BGH³⁵ hat nämlich bereits im Jahre 1967 entschieden, daß sämtliche Ansprüche auf Lohn (unabhängig von ihrer konkreten rechtlichen Einordnung) der zweijährigen Verjährung nach § 196 I Nr. 9 BGB unterliegen. Das Oberlandesgericht München hat im Jahre 1991 erneut in diesem Sinn entschieden und sich der Rechtsprechung des Bundesgerichtshofs explizit angeschlossen³⁶. Das heißt, im Hinblick auf Lohnansprüche ist – und ich sage das

---

[32] Die Anwendung dieser Vorschrift ergibt sich aus der Einbindung der Unternehmen in das als öffentlich-rechtlich zu qualifizierende Lagerverhältnis zwischen SS und Häftlingen, insofern wäre eine Mittäterschaft zu bejahen.

[33] Instruktiv *Mommsen/Grieger*, Volkswagenwerk, S. 283 ff. – zu den italienischen Beschäftigten im Volkswagenwerk (ab 1938); vgl. auch *dies.*, S. 516 ff. – Übergang von der Ausländerbeschäftigung zur Zwangsarbeit.

[34] Vgl. hinsichtlich der fehlenden Sozialversicherung der Ostarbeiter auch BSG, SozR 3-2200 §1251 Nr. 7 S. 50; dazu *Gagel*, Der "freie Arbeitsvertrag" als Merkmal des "Beschäftigungsverhältnisses", FS Krasney, 1997, 147, 160 ff.

[35] BGHZ 48, 125, 127 ff.

[36] OLG München, Urt. v. 3.7.1991, Az. 20 U 5269/90.

nur einfach als Prognose –, eine Klage für deutsche Zwangsarbeiter nicht erfolgversprechend. Nichts anderes gilt, wenn man mit dem LG Bonn die Vergütungsansprüche auf § 839 BGB stützt. Dann gilt die dreijährige Verjährungsfrist des § 852 BGB, sofern nicht auch hier die Regelverjährung des § 196 Nr. 9 Vorrang beansprucht.[37].

b) Anderes gilt aber eventuell – und das ist viel interessanter – im Hinblick auf die Verjährung der Ansprüche ausländischer Zwangsarbeiter. Denn insofern könnte sich eine Hemmung der Verjährung durch das Londoner Schuldenabkommen ergeben. Nach § 1 Abs. 2 Ausführungsgesetz zum Londoner Schuldenabkommen sind Individualansprüche, die in das Abkommen eingestellt wurden, bis zur endgültigen Regelung dieser Ansprüche gem. § 202 BGB gehemmt. Unter Berufung auf diese Vorschriften wurden Klagen ausländischer Zwangsarbeiter auf Entschädigung von den deutschen Gerichten lange Zeit als *derzeit* unbegründet abgewiesen[38], und zwar unabhängig davon, ob die Heimatstaaten der Kläger das LSA ratifiziert hatten[39]. Diese Rechtsprechung war, soweit es um Klagen von Geschädigten aus Nichtvertragsstaaten des LSA ging, unzutreffend[40]: Das LSA konnte nur im Verhältnis zu seinen Vertragsstaaten und deren Angehörigen Bindungswirkungen entfalten.

Wenn man nun davon ausgeht, daß diese Klagen falsch entschieden wurden – weil Individualansprüche osteuropäischer, insbesondere polnischer Zwangsarbeiter überhaupt nicht unter das Londoner Schuldenabkommen fallen –, dann stellt sich dennoch die Frage, ob diese Ansprüche heute nach § 196 Nr. 9 BGB verjährt sind. Das leitet über in ein grundsätzliches zivilrechtliches Problem, das auch speziell im Zusammenhang mit Ansprüchen aus Zwangsarbeit immer wieder diskutiert wurde: Nämlich die Frage, ob Entschädigungsansprüche aufgrund einer sogenannten anspruchsfeindlichen Rechtsprechung gehemmt werden. Dieser Gedanke erscheint in unserem Zusammenhang durchaus diskutabel. Schließlich existierte eine gefestigte höchstrichterliche Rechtsprechung, die Entschädigungsansprüche aus Zwangsarbeit unabhängig von der Staatsangehörigkeit der Kläger dem Londoner Schuldenabkommen unterstellte und entsprechende Klagen abgewiesen hat. Folglich gab es für ausländische Geschädigte keine Veranlassung, im Inland zu klagen. Meines Erachtens kann man hier eine Hemmung der Verjährung aus Gründen der anspruchsfeindlichen Rechtsprechung dann anerkennen, wenn in Folge des Bonner Musterprozesses Entschädigungsansprüche aus der Erwägung heraus bejaht werden, daß die Klagebarriere des § 1 II AusfG LSA nunmehr weggefallen ist. Es wäre widersinnig (und grob unbillig), den Klägern aus der "Ostmasse" entgegenzuhalten, daß ihre Ansprüche verjährt sind, obwohl sie nach der bisherigen Rechtsprechung dem LSA unterstanden und als gehemmt galten. Eine Änderung der Beurteilung der höchstrichterlichen Rechtsprechung in dieser Frage darf nicht zu Lasten der Kläger gehen. Maßgeblicher Zeitpunkt für den Wegfall der Hemmung ist das Inkraft-

---

[37] Das LG Bonn (S. 46 ff. des Urteilsabdrucks) prüft den Anlauf der Verjährungsfrist (im Hinblick auf ausländische Zwangsarbeiter) nicht näher. Zudem fehlt eine Abgrenzung der angenommenen Verjährungsfrist zur Rechtsprechung des BGH (BGHZ 48, 125), der § 196 Nr. 9 BGB auf Vergütungsansprüche unabhängig von ihrer rechtlichen Begründung anwendet.

[38] BGHZ 18, 22, 41.

[39] BGHZ 18, 22, 30; BGH RzW 63, 525, 527; BGHZ 16, 207; BGHZ 19, 258; BGH NJW 58, 1390; BGH VersR 64, 637; BGH NJW 1973, 1549.

[40] Dazu LG Bonn, Urteilsabdruck, S. 23 f.; *Kischel*, JZ 1997, 126, 130, Fn. 64 m.w.Nw.

treten des 2+4-Vertrages; denn dieses Abkommen hat die Sperrwirkung des Art. 5 LSA entfallen lassen[41]. Allerdings ist eine Berufung auf die Hemmung der Verjährung in der deutschen Rechtslehre sehr umstritten[42].

II. Die Anwendbarkeit deutschen Sachrechts

1. Die kollisionsrechtliche Anknüpfung

Zunächst will ich kurz begründen, warum deutsches Recht auf die Ansprüche anzuwenden ist. Ich gehe auf diese Frage deshalb ein, weil der 2. Senat des Bundesverfassungsgerichts sie in einem kurzen Exkurs aufgeworfen hat[43]. Der Senat meinte, das LG Bonn müsse zunächst prüfen, ob überhaupt während des Krieges in den von den deutschen Armeen besetzten Gebieten deutsches Recht anwendbar war. Diese Fragestellung beantwortet das internationale Privatrecht (als sog. Kollisionsrecht). Wir müssen hier zwischen den öffentlich-rechtlichen und den zivilrechtlichen Ansprüchen differenzieren. Im Hinblick auf den öffentlich-rechtlichen Erstattungsanspruch (Lohnforderungen der Häftlingsarbeiter) gilt im internationalen Privatrecht der Grundsatz, daß, soweit öffentliches Recht anzuwenden ist, grundsätzlich jeder Staat das öffentliches Recht in seinem Inland anwendet. Man bezeichnet diese Anknüpfung als Territorialitätsprinzip. Das Bundesverfassungsgericht fragte nun in dem genannten Beschluß, ob eventuell wegen der völkerrechtswidrigen Annexion Polens aus heutiger Sicht das deutsche öffentliche Recht nicht angewendet werden darf. Dann wäre auf die Vorgänge in den Konzentrationslagern polnisches Verwaltungsrecht anzuwenden. Das LG Bonn hat im Ergebnis die Anwendbarkeit des deutschen Verwaltungsrechts bejaht, freilich ohne kollisionsrechtliche Erwägungen[44].

Das vermag jedoch nicht zu überzeugen: Aus der Sicht des internationalen Privatrechts kommt es auf die Rechtmäßigkeit der Annexion nicht an. Das IPR nimmt vielmehr eine "realistische Sichtweise" ein und stellt auf die faktische Rechtsgeltung im jeweiligen Gebiet ab, ohne auf die völkerrechtliche Situation Bezug zu nehmen[45]. Hierfür spricht meines Erachtens eine weitere Erwägung: Man kann wohl kaum zu einem anderen Ergebnis kommen, als daß die Lager unter Zugrundelegung deutschen (NS-) Rechts existierten und nicht unter Zugrundelegung polnischen Rechts. Die Lager waren zwar tatsächlich rechtlose Bereiche, aber von der deutschen Besatzungsmacht und der SS angelegt. Für die rechtliche Bewältigung folgt daraus, die Anwendbarkeit deutschen Rechts, in Anwendung des "faktisch" verstandenen Territorialitätsprinzips. Auch die Schadensersatzansprüche aus Amtshaftung unterstehen deutschem Recht, diese Anknüpfung wird international einheitlich gehandhabt[46]. Im Ergebnis steht m.E. die Anwendbarkeit deutschen Rechts außer Frage.

---

[41] Dazu unten (C IV.)
[42] BAGE 12, 97, 100; BGH DB 1961, 1257; BGHZ 37, 117; OLG Karlsruhe, NJW 1959, 48, 50 mit zust. Anm. Larenz; BGH NJW 1988, 197 f.; *Palandt/Heinrichs*, § 203 BGB, Rdnr. 7; *Soergel/Walter*, § 202 BGB, Rdnr. 9; MünchKomm-BGB/*Feldmann*, § 202 BGB, Rdnr. 6, jeweils m.w.Nw.
[43] BVerfGE 94, 315, 323 f.
[44] Urteilsgründe, S. 17 ff.
[45] *Kegel*, Internationales Privatrecht, 7. Aufl. 1995, S. 849 ff. m.w.Nw.; vgl. auch BGHZ 31, 367, 371 f.
[46] MünchKomm-BGB/*Kreuzer*, Art. 38 EGBGB, Rdnr. 277 m.w.Nw.

2. Vorrang spezieller völkerrechtlicher Ausgleichsregelungen?

a) Eine andere Frage ist, ob nicht die Anwendung zivil- oder öffentlich-rechtlicher Entschädigungsansprüche durch vorrangige völkerrechtliche Ausgleichsregelungen verdrängt wird. Diese Ansicht hat das OVG Münster in einer neuen Entscheidung zu Entschädigungsansprüchen von Kriegsgefangenen vertreten[47]. Zur Begründung verweist das OVG darauf, daß der Status der Kriegsgefangenen, einschließlich eventueller Arbeitspflichten und deren Entlohnung, abschließend im Genfer Kriegsgefangenenabkommen von 1929[48] geregelt war. Dabei handelt es sich um ein völkerrechtliches Abkommen, das zwar eine Entlohnung vorsah, aber keine Individualansprüche (iSe bezifferbaren Individualanspruchs) schuf, sondern lediglich einen völkerrechtlichen Mechanismus zur Durchsetzung dieser Ansprüche festlegte. Eine derartige vorrangige völkerrechtliche Regelung schließe daneben bestehende Individualansprüche (nach nationalem öffentlichen Recht) von Anfang an aus[49]. Die Entscheidung verdeutlicht die "Zugriffsgewalt" des Völkerrechts auf Individualansprüche[50]: Nach herkömmlichem Rechtsverständnis können Staaten auf völkerrechtlicher Ebene über Individualansprüche ihrer Staatsangehörigen verfügen und sie mit unmittelbarer Wirkung deren "Zugriff" entziehen[51]. Zwar setzen nach heutigem Rechtszustand die Menschenrechte dieser Verfügungsgewalt Schranken, als aber im Jahre 1929 das Genfer Abkommen abgeschlossen wurde, war die Rechtsstellung des Individuums im Völkerrecht (aber auch nach nationalem Staatshaftungsrecht, das hier keine oder doch nur sehr eingeschränkte Amtshaftungsansprüche vorsah[52]) sehr viel prekärer. So gesehen entfaltet das 1929 geschaffene Abkommen, das eigentlich die Rechtsstellung der Kriegsgefangenen verbessern wollte (und auch verbessert hat) aus heutiger Sicht und aus der Sicht der Betroffenen kontraproduktive Wirkung.

b) Fraglich ist, ob diese Erwägungen nicht auch für Rechtsverletzungen gelten müssen, die an der Bevölkerung in den vom Deutschen Reich besetzten Gebiete begangen wurden. Denn auch insofern bestand ein völkerrechtliches Haftungs- und Ausgleichsystem, nämlich die Haager Landkriegsordnung von 1907, die ebenfalls eine abschliessende, völkerrechtliche Ausgleichsregelung für Individualschäden enthielt. Art. 3 des 4. Haager Abkommens von 1907 enthält nämlich eine ähnliche völkerrechtliche Entschädigungspflicht für Verletzungen der HLKO. Man könnte also auch insofern argumentieren, daß die völkerrechtliche Regelung hier individuelle Ansprüche von vornherein nicht hat entstehen lassen. Dafür spricht, daß nach dem 1907 bestehenden Rechtszustand Individualansprüche im Zusammenhang mit dem Kriegsgeschehen kaum begründbar waren[53]. Jedoch hat das BVerfG eine derartige Argumentation ausdrücklich zurück-

---

[47] Urt. vom 17.11.1997, Az. 14 A 262/93.
[48] RGBl. 1934 II 227.
[49] Das OVG Münster qualifiziert das Genfer Kriegsgefangenen-Übereinkommen zutreffend als ein non self executing treaty, das keine Individualansprüche zu begründen vermag.
[50] Dazu *Heß*, Staatenimmunität bei Distanzdelikten, 1992, S. 340 ff.
[51] Die Ähnlichkeit zu einem Forderungsverzicht im Rahmen einer Reparationsregelung ist evident. Dazu ausführlich unten C I 2.
[52] Im Gegensatz zum heutigen Rechtsverständnis, vgl. auch BVerfGE 94, 315, 329 f. zur Entwicklung des völkerrechtlichen Menschenrechtsschutzes.
[53] So zumindest die zeitgenössische Literatur, vgl. *Strupp,* Das internationale Landkriegsrecht, 1914,

gewiesen: Sie entspricht im Ergebnis der Theorie von der "Exklusivität friedensvertraglicher Regelungen"[54]. Nur dort, wo neben den völkerrechtlichen Haftungsnormen auch ein Streitbeilegungsmechanismus ausdrücklich geregelt wurde, kann man vom Vorrang des völkerrechtlichen Haftungsrégimes ausgehen[55].

III. Das Verhältnis der Individualansprüche zum Wiedergutmachungsrecht

Der letzte Punkt meiner Ausführungen zu den Individualansprüchen betrifft das Verhältnis dieser Ansprüche zum Entschädigungs- bzw. Wiedergutmachungsrecht. Auch hier sind zwei Komplexe auseinanderzuhalten: Zum einen geht es um die Frage, ob Individualansprüche auf Entschädigung gegen die Bundesrepublik Deutschland, die als Rechtsnachfolgerin des Deutschen Reichs für das Verhalten der SS grundsätzlich haftet, nach § 1 AKG erloschen sind. Sodann ist zu fragen, ob eventuell andere Ersatzansprüche nach dem Wiedergutmachungsrecht (d.h. nach dem Bundesentschädigungsgesetz, BEG) bestehen. Bei beiden Fragen müssen verschiedene Gruppen von Anspruchstellern unterschieden werden, zum einen inländische deutsche Anspruchsteller und zum anderen die ausländischen Anspruchsteller. Dies liegt an der Grundstruktur der genannten gesetzlichen Regelungen, die zwischen in- und ausländischen Gläubigern/Antragstellern unterscheiden.

1. Die Regelungen des Allgemeinen Kriegsfolgengesetzes

Für die inländischen Anspruchssteller gilt zunächst das allgemeine Kriegsfolgengesetz[56]. Erstattungsansprüche, die gegen die Bundesrepublik in Rechtsnachfolge von NSDAP, SS, Deutschem Reich etc. geltend gemacht werden, sind nach § 1 Abs. 1 AKG erloschen[57]. Jedoch bleiben nach § 1 Abs. 2 AKG neu geschaffene, spezialgesetzliche Ansprüche bestehen, hierunter fallen Ansprüche aus Wiedergutmachung nach dem BEG. § 1 AKG erweist sich damit als die entscheidende Vorschrift. Sie bringt nämlich alle Lohn- und Schadensersatzansprüche aus Zwangsarbeit (soweit inländische Zwangsarbeiter betroffenen sind) gegen die Bundesrepublik zum Erlöschen. Die Reichweite und die Verfassungsmäßigkeit dieser Vorschrift werden im Zentrum der weiteren Verfahren stehen. Ein Erlöschen der Ansprüche inländischer Zwangsarbeiter scheidet nur aus, wenn § 1 Abs. 1 AKG heute als verfassungswidrig anzusehen ist. Dies wird von der h.M. im Anschluß an die Rechtsprechung des BVerfG jedoch ver-

---

Art. 3 Anm. II a; *Hofer,* Der Schadensersatz im Landkriegsrecht, 1910, S. 73 f.

[54] BVerfGE 94, 315, 330 f. - freilich hat das BVerfG nicht näher begründet, auf welchem Rechtsgrund der dort angenommene, parallele Individualanspruch auf staatlichem Recht beruht.

[55] Soweit das Genfer Abkommen anwendbar ist, scheiden Lohnansprüche der Kriegsgefangenen aus Zwangsarbeit aus; dies gilt allerdings nur für die Gefangenen aus den Vertragsstaaten, daher beispielsweise nicht für Kriegsgefangene aus der früheren UdSSR.

[56] AKG vom 5.11.1957, BGBl. I 1747, zuletzt geändert durch Gesetz vom 21.12.1992, BGBl. I 2094, 2101. Das AKG regelt die Folgen des sog. "Konkurses des deutschen Reichs" auf innerstaatlicher Ebene mit der Konsequenz, daß die meisten Forderungen gegen das Reich gar nicht oder nur teilweise von der Bundesrepublik befriedigt werden.

[57] BVerwGE 35, 262, 265 ff.

neint[58]. Es ist allerdings bedauerlich, daß das BVerfG diese streitentscheidende Rechtsfrage nicht beantwortet hat[59].

Das eben Gesagte betrifft freilich nur die inländischen Kläger. Für ausländische Geschädigte ist das AKG nur nach Maßgabe seines § 101 anwendbar, diese Vorschrift verweist auf die Regelungen des LSA[60]. Damit bleiben Ansprüche, auf die Art. 5 LSA Anwendung findet, von der Erlöschenswirkung des § 1 AKG ausgenommen. Hier haben die völkerrechtlichen Reparationsregelungen (denn auf diese bezieht sich Art. 5 LSA) Vorrang.

2. Wiedergutmachung nach dem Bundesentschädigungsgesetz

Eine Ausnahme vom Erlöschensgrund des § 1 AKG enthält das Bundesentschädigungsgesetz. Dieses Gesetz begründet Entschädigungsansprüche gegen die Bundesrepublik Deutschland für sog. nationalsozialistische Verfolgungsmaßnahmen. Allerdings eröffnet das BEG für Zwangsarbeit nur in eingeschränktem Umfang (nämlich nach § 43 BEG) Entschädigungsansprüche. Entschädigung wird danach nur geleistet, wenn der Arbeitseinsatz unter menschenunwürdigen Bedingungen erfolgte[61].

Die Begrenzung der Entschädigungsleistungen ergibt sich aus der systematischen Einordnung des BEG. Dieses Gesetz gewährt sozialrechtliche Fürsorgeleistungen, es hat primär zum Ziel, die unmittelbaren Folgen der NS-Verfolgung zu lindern. Seine Hilfen sollen vor allem eine Behandlung von Gesundheitsschäden sowie eine Wiedereingliederung in das Berufsleben ermöglichen. Die sozialrechtliche Natur des Wiedergutmachungsrechts erklärt sich aus seiner Entstehungsgeschichte. Unmittelbar nach Kriegsende hatten die neu geschaffenen, westdeutschen Länder für die früheren KZ-Insassen erste "humanitäre Hilfsleistungen" zur Verfügung gestellt[62]. Diese Fürsorgeleistungen wurden von Anfang an nur einem begrenzten Personenkreis gewährt, nämlich Bedürftigen "vor Ort". Nach § 4 BEG ist auch heute nur anspruchsberechtigt, wer am 31. 12. 1952 seinen Wohnsitz oder dauernden Aufenthalt im Geltungsbereich des BEG hatte[63]. Ähnlich wie die Sozialhilfe, die ebenfalls nur Bedürftigen im Inland zur Verfügung gestellt wird, sollte das BEG nur einem beschränkten Kreis von Geschädigten erste Hilfe bieten. Die systematische Zuordnung zum Sozialrecht schloß also nach den Vorstellungen der Gesetzesverfasser eine Einbeziehung von Personen, die nicht in der Bundesrepublik ihren Aufenthalt hatten, aus. Diese Begrenzung der Berechtigten ist von den westlichen Alliierten nach dem Erlaß des BEG (als sog. Bundesergänzungsgesetz im Jahre 1953) sowie von den Verfolgtenorganisationen scharf kritisiert worden.

---

[58] BVerfGE 15, 126, 147 ff.; 19, 150, 159 ff.; 41, 126, 150 ff.; vgl. auch *Randelzhofer/Dörr*, Gutachten, S. 99 ff. m.w.Nw.
[59] BVerfGE 94, 315, 325 f.
[60] Die Vorschrift lautet: "Das Abkommen vom 27. Februar 1953 über deutsche Auslandsschulden und die zu seiner Ausführung ergangenen Vorschriften werden durch die Vorschriften dieses Gesetzes nicht berührt".
[61] Ständige Rechtsprechung des OLG Köln, wiedergegeben bei *Kraus*, Nationalgeschädigte, in: BMF (Hrsg.), Wiedergutmachung VI, S. 249, Fn. 106.
[62] Ausführlich *Goschler*, Wiedergutmachung (1992), S. 76 ff. (Fürsorge für NS-Opfer in Süddeutschland nach 1945).
[63] Dies ist Konsequenz der grundsätzlichen "territorialen Verankerung" von sozialrechtlichen Vorschriften, die dem öffentlichen Recht zuzuordnen sind.

Sie sahen den primären Zweck des BEG in der Wiedergutmachung besonders gravierender Menschenrechtsverletzungen durch das NS-Régime. Diese Zielsetzung hat die deutsche Gesetzgebung übernommen und deshalb den Kreis der Anspruchsberechtigten erweitert: Nach der aktuellen Gesetzesfassung sind auch sog. "Nationalgeschädigte", die unter Mißachtung der Menschenrechte geschädigt wurden und bei Inkrafttreten des BEG Flüchtlinge im Sinne der Genfer Konvention waren, (in freilich geringerem Umfang) anspruchsberechtigt[64]. Entschädigungen nach dem BEG werden nur bei Vorliegen der im BEG abschließend definierten Voraussetzungen gewährt, weitere Ansprüche aus "ungeschriebener Wiedergutmachung" bestehen daneben nicht.

Als Ergebnis ist festzuhalten, daß Ansprüche nach dem BEG von den Individualansprüchen (aus § 839 BGB und aus öffentlich-rechtlicher Erstattung) deutlich zu trennen sind[65]. Sie resultieren zwar aus denselben, schrecklichen Vorgängen, haben aber unterschiedliche Zwecksetzungen. Allerdings bestehen mittelbare Zusammenhänge insofern, als die Wiedergutmachung nach dem BEG die ursprünglichen Individualansprüche substituiert und den Betroffenen einen beschränkten Ersatz für die nach § 1 AKG erloschenen Individualansprüche auf Schadensersatz eröffnet. Aus diesem Zusammenhang ergibt sich aber auch, daß weitergehende Individualansprüche gegen die Bundesrepublik in Rechtsnachfolge des Deutschen Reichs nach § 1 AKG abgeschnitten sind. Dies ergibt sich auch aus der ausdrücklichen Regelung des § 8 BEG. Nach § 8 Abs. 1 BEG werden Ansprüche gegen öffentlich-rechtliche Körperschaften, also gegen die Bundesrepublik durch die Entschädigungsleistung dieses Gesetzes definitiv geregelt, es bleiben nur noch die Entschädigungsleistungen nach dem BEG[66]. Das Erlöschen der Individualansprüche gegen das Deutsche Reich ist durch die eingeschränkten Leistungen nach dem BEG kompensiert worden[67].

Für die ausländischen Geschädigten gelten hingegen Sonderregelungen: § 101 AKG enthält für ihre Ansprüche gegen die Bundesrepublik (aus öffentlich-rechtlicher Erstattung und aus § 839 BGB) einen Vorbehalt, sie unterfallen den zwischenstaatlichen Reparationsvereinbarungen, insbesondere dem Londoner Schuldenabkommen (Art. 5 LSA). Auch die Wiedergutmachung ausländischer Geschädigter wurde gesondert geregelt (allerdings in ganz unbefriedigendem Ausmaß): die Entschädigungsleistungen werden hier nicht aufgrund des BEG geleistet, sondern erfolgen aufgrund völkerrechtlicher Globalentschädigungsabkommen, die ergänzend zu § 5 LSA zwischen der Bun-

---

[64] Art. VI BEG-Schlußgesetz 1965. Dieser Personenkreis betrifft vor allem die sog. "Staatenlosen", die nach 1945 aus Deutschland ausgewandert sind.
[65] Anders *Kischel,* JZ 1997, 126, 130 f., der lediglich von "Individualansprüchen" ausgeht.
[66] Anderes gilt hingegen nach § 8 Abs. 2 BEG: im Hinblick auf Ansprüche der Zwangsarbeiter gegen private Schuldner und Firmen: Sie bleiben von den öffentlich-rechtlichen Ersatzansprüchen unberührt, sind also nicht erloschen. Auch §§ 5, 95 AKG halten Ersatzansprüche gegen Dritte aus vorsätzlich begangenen, unerlaubten Handlungen ausdrücklich aufrecht.
[67] Diesen Zusammenhang hat das LG Bonn (Urteilsgründe S. 45 f., 60 f.) verkannt: Es geht davon aus, daß nach § 101 AKG Entschädigungsansprüche aus Zwangsarbeit generell von der Erlöschenswirkung ausgenommen werden. Erst der Erhalt von Wiedergutmachungsleistungen bewirke nach § 8 I BEG den Untergang der Individualansprüche. § 8 BEG ist jedoch (dazu unten C II) auf ausländische Geschädigte nicht anwendbar; maßgebend sind die völkerrechtlichen Vereinbarungen zur Reparation und eventuelle Globalentschädigungsabkommen (zur Wiedergutmachung). Das LG Bonn geht hingegen davon aus, daß der allgemeine Amtshaftungsanspruch die Ansprüche nach dem BEG quasi "ergänzt". Mißverständlich auch BVerfGE 94, 315, 331.

desrepublik und den Heimatstaaten ausländischer Geschädigter abgeschlossen wurden. Man muß jedoch von der Rechtslage inländischer Geschädigter ausgehen, wenn man die völkerrechtliche Situation (d.h. die sog. "äußere Wiedergutmachung") zutreffend verstehen und einordnen will.

C. Die völkerrechtliche Problematik

Der Zusammenhang zwischen Individualansprüchen und völkerrechtlichen Vereinbarungen leitet über in den dritten Teil meiner Ausführungen. Bei der völkerrechtlichen Problematik sind mehrere Komplexe zu klären: Zunächst ist zu fragen, ob in völkerrechtlichen Vereinbarungen auf Individualansprüche verzichtet wurde. Sodann ist zu prüfen, inwieweit die jeweiligen völkerrechtlichen Erklärungen Individualansprüche der Antragssteller wegen Zwangsarbeit (aus öffentlich-rechtlicher Erstattung, aus § 839 BGB) eingeschlossen haben. Zuvor ist kurz darzustellen, inwieweit derartige Verzichtserklärungen vom Völkerrecht für zulässig erachtet werden.

I. Die völkerrechtlichen Forderungsverzichte

1. Die Aussagen des Bundesverfassungsgerichts

Die Bedeutung des Urteils des Bundesverfassungsgerichts besteht darin, daß deutlich zwischen dem Individualanspruch des einzelnen Geschädigten und zwischen dem Reparationsanspruch des Staates unterschieden wird[68]. Man kann die Entscheidung dahin interpretieren, daß das Bundesverfassungsgericht davon ausgeht, daß die Einstellung individueller Schäden in völkerrechtliche Reparationsvereinbarungen nicht zwingend bedeutet, daß damit die Inhaberschaft über die Individualforderung dem einzelnen entzogen wird[69]. Ausdrücklich zurückgewiesen hat das BVerfG die These, daß es eine "Exklusivität" der Reparation dahin gibt, daß Individualansprüche von Anfang an nicht entstehen, etwa weil der Krieg eine zwischenstaatliche Angelegenheit ausschließlich zwischen den Staaten sei[70]. Dies entsprach jedoch auch schon zuvor der h.M. in der völkerrechtlichen Literatur[71]. Alles in allem wurde jedoch die Rechtsstellung der individuellen Antragssteller gestärkt[72].

Das BVerfG hat hingegen nicht geprüft, inwieweit nach 1945 tatsächlich auf Forderungen verzichtet wurde. Diese Prüfung obliegt nach seiner Auffassung weiterhin den vorlegenden Gerichten[73]. Bei dieser Prüfung kommt es auf zwei Fragen an: zum

---

[68] BVerfGE 94, 315, 330 ff. – der Sache nach handelt es sich nicht um einen tragenden Entscheidungsgrund, sondern um ein obiter dictum.

[69] Dafür *Heß*, JZ 1993, 606 ff.; das BVerfG bejaht eine "Anspruchsparallelität", ohne der Frage nachzugehen, welchen Sinn eigentlich die parallele Geltendmachung desselben Schadens auf Individual- und auf völkerrechtlicher Ebene macht. (BVerfGE 94, 315, 330 f.); vgl. dazu deutlich BGHZ 134, 67, 75 (im Zweifel müsse ein Entschädigungsabkommen dahin ausgelegt werden, daß Doppelzahlungen vermieden werden); *Seidl-Hohenveldern*, FS Stern (1997), S. 88.

[70] So aber *Féaux de la Croix*, NJW 1960, 2268, 2269 f.

[71] *Heß*, JZ 1993, 606 m.w.Nw.

[72] Dazu *Kischel*, JZ 1997, 126, 129 ff.

[73] Ursache hierfür ist der eingeschränkte Prüfungsmaßstab des Art. 100 II GG, der nur die Feststellung von Völkergewohnheitsrecht zuläßt, BVerfGE 94, 315, 332 f.

einen auf den Begriff der Reparationen (er entscheidet über die Reichweite der Verzichte) und auf sein Verhältnis zum allgemeinen Wiedergutmachungsrecht.

2. Die Zulässigkeit völkerrechtlicher Forderungsverzichte

a) Nach fest etablierter und weit verbreiteter Praxis des Völkerrechts können Staaten auf völkerrechtlicher Ebene über Forderungen, die ihren Staatsangehörigen zustehen, verfügen. Dies bedeutet konkret, daß ein völkerrechtlicher Verzicht auch die Individualansprüche zum Erlöschen bringt[74]. Im Hinblick auf die Reichweite eines derartigen Verzichts (er beruht auf der Personalhoheit des Staates über seine Angehörigen[75]) unterscheidet die Völkerrechtspraxis den sog. Interventionsverzicht[76] vom Forderungsverzicht[77]. Kennzeichen des sog. Interventionsverzichts ist es, daß der Heimatstaat eines privaten Geschädigten lediglich darauf verzichtet, sich auf völkerrechtlicher Ebene, im Rahmen des sog. diplomatischen Schutzes, für dessen Belange einzusetzen. Der Individualanspruch bleibt daneben unberührt, er kann vom einzelnen Geschädigten gegen den fremden Staat geltend gemacht werden. Anderes gilt für den Fall des Forderungsverzichts: Er betrifft unmittelbar die im diplomatischen Schutz geltend gemachte Individualforderung und führt deren Erlöschen herbei[78]. In diesem Fall verliert der private Geschädigte bereits mit der Geltendmachung der Forderung durch den Heimatstaat die Verfügungsbefugnis über den Anspruch[79]. Ob im Einzelfall ein umfassender Forderungs- oder nur ein Interventionsverzicht vereinbart wird, ist durch Auslegung der entsprechenden Verzichtserklärung der betroffenen Staaten zu ermitteln.

b) Die Problematik wird im Hinblick auf die Individualforderung aus Zwangsarbeit dadurch erschwert, daß die völkerrechtlichen Verzichtserklärungen, die sich eventuell auf Ansprüche aus Zwangsarbeit beziehen, auf sog. Reparationen Bezug nehmen. Dieser Begriff, der im weitesten Sinne Ansprüche von Staaten aus vorhergegangenen Kriegshandlungen betreffen, ist weithin ungeklärt – er hat auch im Verlauf der letzten 200 Jahre eine inhaltliche Wandlung durchgemacht[80]. Die Problematik besteht darin, daß der Begriff der Reparation zwischen den verschiedenen Staaten, die nach 1945 Erklärungen im Hinblick auf evtl. Reparationen abgegeben haben, streitig blieb[81]. Zum einen war streitig, ob überhaupt Individualansprüche vom Begriff erfaßt waren, zum anderen blieb das Verhältnis zwischen Wiedergutmachung und Reparationen ungeklärt. Hier hat erst die spätere völkerrechtliche Praxis – insbesondere zum Londoner

---

[74] Nachweise bei *Heß*, Staatenimmunität bei Distanzdelikten, 340 ff.; *Geck*, Diplomatic Protection, EPIL 10 (1987), 111; *Randelzhofer/Dörr*, Gutachten, S. 74 ff., die Völkerrechtspraxis umschreibt diesen Vorgang mit "diplomatischem Schutz".
[75] BGH AVR 11 (1963/1964), 237, 244.
[76] Beispiel: Art. 4 Nr. 3 Princz-Settlement vom 19.9.1995, ILM 35 (1996), 195.
[77] Dazu zuletzt BGHZ 134, 67, 70 ff. (Globalentschädigungsabkommen DDR/Schweden); BVerwG VIZ 1995, 411; *Heß*, VIZ 1993, 331.
[78] Ausführlich *Heß*, Staatenimmunität bei Distanzdelikten, S. 340 ff.
[79] *Heß*, Staatenimmunität bei Distanzdelikten, S. 345 ff.
[80] Dazu *Eichhorn*, Reparation als völkerrechtliche Delikthaftung (1992), S. 85 ff. (Reparationen nach dem 1. Weltkrieg), S. 121 ff. (Reparationen nach dem 2. Weltkrieg); vgl. auch *Seidl-Hohenveldern*, FS Stern (1997), 88, 91 ff.
[81] Zu den unpräzisen Vorstellungen der englischen Regierung vgl. nunmehr *Farquharson*, VjZ 1998, 43 ff.

Schuldenabkommen – teilweise Klarheit herbeiführen können[82]. Angesichts der hier nur angedeuteten Differenzen über den Reparationsbegriff bedarf es einer kurzen Auflistung der unterschiedlichen Reparationsvereinbarungen nach dem Zweiten Weltkrieg, bevor auf die Frage eingegangen werden kann, ob unter die Reparationsregelungen auch Individualansprüche aus Zwangsarbeit fallen.

IV. Reparationsregelungen nach dem Zweiten Weltkrieg

Bei den Regelungen über die Reparationsfrage nach dem Zweiten Weltkrieg stand die Einsicht im Vordergrund, daß eine umfassende Wiedergutmachung aller Kriegsschäden angesichts der verheerenden Zerstörungen des Zweiten Weltkrieges nicht möglich war. Deutschland, als hauptkriegsschuldige, Nation war dazu nicht in der Lage. Auch stand den Alliierten die Erfahrung nach 1918, als man das besiegte Deutschland im Versailler Vertrag mit übermäßigen Reparationsforderungen in die Diktatur getrieben hatte, als deutliche Warnung vor Augen. Deshalb bemühten sich die Alliierten bei grundsätzlichem Festhalten an der Verpflichtung Deutschlands zur Reparation der Kriegsschäden um pragmatische Regelungen[83]. Das Aufkommen des "Kalten Krieges", das bereits im Jahre 1945 einsetzte, erschwerte zusätzlich die Regelung der Reparationen. Dies erklärt den fragmentarischen Charakter der zu beurteilenden völkerrechtlichen Vereinbarungen. Allerdings war allen beteiligten Staaten bewußt, daß die getroffenen Teilregelungen die späteren Friedensvereinbarungen nachhaltig präjudizieren würden[84].

1. Die Reparationregelungen des Potsdamer Abkommens

Bereits auf der Konferenz von Gibraltar (1945) hatten Churchill, Roosevelt und Stalin sich darüber geeinigt, daß Deutschland verpflichtet sei, für die Kriegsschäden in weitestmöglichem Maße Ersatz in Waren zu leisten. In einem geheimen Protokoll der Konferenz von Jalta über deutsche Reparationen wurde festgelegt, daß die beteiligten Mächte jeweils Zonen des besetzten Deutschlands erhalten sollten, aus denen sie sich durch Demontagen befriedigen konnten[85]. Die Aufteilung erfolgte auf der Konferenz von Potsdam (17.7.–1.8.1945) und findet sich in Abschnitt IV des sog. Potsdamer Abkommens[86]. Man einigte sich im großen und ganzen darauf, daß die sog. Entnah-

---

[82] *Heß*, JZ 1993, 606, 608 ff.
[83] *Fisch*, Reparationen nach dem 2. Weltkrieg (1992), S. 41 ff.; *Farquharson*, VjZ 1998, 43 ff.
[84] Dies galt insbesondere für die (nicht nur) in Ostdeutschland durchgeführten "Demontagen", Fisch, Reparationen, S. 179 ff.
[85] *Fisch*, Reparationen, S. 57 ff.
[86] Die Vorschrift lautet: "In Übereinstimmung mit der auf der Krim-Konferenz getroffenen Entscheidung, wonach Deutschland gezwungen werden soll, in größtmöglichem Umfang für die Verluste und die Leiden Schadensersatz zu leisten, die es den Vereinten Nationen zugefügt hat und für die das deutsche Volk der Verantwortung nicht entgehen kann, wurde das folgende Übereinkommen über Reparationen erzielt: 1. Die Reparationsansprüche der UdSSR sind durch Entnahmen aus den von der UdSSR besetzten Zonen in Deutschland und durch geeignete deutsche Vermögenswerte im Ausland zu befriedigen. 2. Die UdSSR verpflichtet sich, die Reparationsansprüche Polens aus ihrem eigenen Reparationsanteil zu decken. 3. Die Reparationsansprüche der Vereinigten Staaten, des Vereinigten Königreiches und der anderen zu Reparationsforderungen berechtigten Länder sind aus den westlichen Zonen und aus geeigneten deutschen Vermögenswerten im Auslande zu befriedigen. (...) 8. Die Sowjetregierung verzichtet auf alle Reparationsansprüche auf Anteile an deutschen Unternehmen, die sich in den westlichen Besatzungszonen Deutschlands befinden, wie auch auf deutsche Vermögenswerte im Ausland in allen Ländern mit Ausnahme der nachstehend in Ziffer 9

(d.h. Demontagen) den jeweiligen Besatzungszonen folgen sollte, die UdSSR verpflichtete sich zudem, die Reparationsansprüche Polens aus ihrem eigenen Reparationsanteil zu decken. Keine Einigung ließ sich über die Höhe der Reparationen erzielen, auch der Begriff war nicht endgültig geklärt – allerdings zeigt der Gesamtzusammenhang des Potsdamer Abkommens, das nicht nur von staatlichen Schäden, sondern auch von dem Leid, das der Zivilbevölkerung zugefügt wurde, spricht – , daß hier Reparationen im umfassenden Sinne (d.h. im Hinblick auf die Ersetzung von Staats- und Individualansprüchen) verstanden wurden[87]. Im Anschluß an die Regelungen des Potsdamer Abkommens muß im Hinblick auf die Reparationsfrage zwischen einer "westlichen" und "östlichen" Reparationsmasse unterschieden werden: Die östliche Reparationsmasse umfaßte lediglich die Ansprüche der UdSSR (einschließlich ihrer Nachfolgestaaten) und Polens[88]. Alle anderen Staaten, die mit Deutschland im Krieg standen, sollten aus der westlichen Masse befriedigt werden. An diese Grundentscheidung, die die Reparationsmasse nach den politischen Machtverhältnissen aufgeteilt hatte, haben alle späteren Reparationsvereinbarungen angeknüpft.

2. Die Regelung der westlichen Hälfte

Die Regelung der "westlichen Hälfte" erfolgte im sog. interalliierten Reparationsabkommen vom 14.1.1946 (IARA), das in Paris vereinbart wurde. Es wurde zwischen den drei Westmächten (Frankreich, Großbritannien, USA) und 15 weiteren alliierten Staaten abgeschlossen[89]. Geregelt wurde eine vorläufige Aufteilung der aktuell realisierbaren Reparationen, eine definitive Festlegung sollte im Friedensvertrag mit Deutschland erfolgen. Reparationen wurden in einem umfassenden Begriff definiert[90], sie sollten durch Zugriff auf das deutsche Auslandsvermögen (auch in neutralen Staaten wie beispielsweise der Schweiz) und durch Demontagen erfüllt werden. Eine definitive

---

aufgeführten. 9. Die Regierungen des Vereinigten Königreiches und der Vereinigten Staaten von Amerika verzichten auf ihre Reparationsansprüche auf Anteile an deutschen Unternehmungen, die sich in der östlichen Besatzungszone in Deutschland befinden sowie auf deutsche ausländische Vermögenswerte in Bulgarien, Finnland, Ungarn, Rumänien und dem östlichen Teil Österreichs."

[87] Zum Begriff der Reparationen vgl. unten III 2.

[88] Polen hat dieser Regelung zugestimmt; in einem Abkommen mit der UdSSR vom 16.8.1945 (Archiv der Gegenwart 1945, 374 F) wurde die Aufteilung der Reparationen mit der UdSSR geregelt, damit wurde das Potsdamer Abkommen für Polen rechtsverbindlich. So der polnische Völkerrechtler und damalige Außenminister Skubiszenski in einer Debatte des polnischen Sejm im Herbst 1989, wiedergegeben in: Zur Sache 6/1990, S. 236.

[89] Ägypten, Albanien, Australien, Belgien, Dänemark, Griechenland, Indien, Jugoslawien, Kanada, Luxemburg, Norwegen, Niederlande, Neuseeland, Südafrika, Tschechoslowakei; Pakistan ist später beigetreten.

[90] Die Reparationsentnahmen aus der Westmasse wurde in eine A- und eine B-Kategorie unterteilt, wobei die A-Kategorie das deutsche Auslandsvermögen umfaßte sowie das Münzgold; die B-Kategorie betraf die Demontagen. Es wurde ein prozentualer Anteil der Staaten an dem Vermögensaufkommen festgelegt, die Verteilung im einzelnen erfolgte durch eine interalliierte Reparationsagentur in Paris. Art. 2 umschreibt die Reparationen folgendermaßen: "A. Die Signatarmächte kommen untereinander überein, daß ihre jeweiligen Anteile an den Reparationen – wie sie durch das vorliegende Abkommen bestimmt werden – von jeder von ihnen als Abgeltung aller ihrer Forderungen und aller Forderungen ihrer Staatsangehörigen gegen die ehemalige deutsche Regierung oder gegen deutsche Regierungsstellen angesehen werden. Dies gilt für Forderungen öffentlicher oder privater Natur, die aus den Kriegsverhältnissen entstanden sind (...)".

Abrechnung sollte erst im künftigen Friedensvertrag mit Deutschland erfolgen. Deutschland selbst war – da handlungsunfähig – am Pariser Abkommen nicht beteiligt. Die Verbindlichkeit dieser Regelungen für die Bundesrepublik wurde durch die sog. Bonner Verträge (1952/54) herbeigeführt, die das Besatzungsstatut ablösten. Diese Verträge wurden zwischen den drei Westmächten (USA, Großbritannien, Frankreich) und der Bundesregierung abgeschlossen. Die Alliierten verzichteten in Art. 1 IV Überleitungsvertrag auf die Entnahme weiterer Reparationen (d.h. auf Demontagen etc.) bis zum Abschluß eines Friedensvertrages. Im Gegenzug verpflichtete sich die Bundesregierung, die bisherigen Reparationen hinzunehmen und garantierte die Wiedergutmachung der NS-Opfer[91]. Damit wurde erstmals in einer völkerrechtlichen Übereinkunft, an der die Bundesrepublik wieder beteiligt war, ein unmittelbarer Zusammenhang zwischen Reparationen und Wiedergutmachung hergestellt. Wiedergutmachung wurde dabei als die Entschädigung von entzogenen Vermögenswerten (Restitution) und als Entschädigung sonstiger Schäden (Wiedergutmachung im Sinne des Bundesentschädigungsgesetzes) durch das NS-Unrechtsrégime verstanden.

Diese "Reparationsvereinbarung", die nur die Vertragsstaaten binden konnte, wurde im Londoner Schuldenabkommen vom 27.2.1953 auf alle nichtbeteiligten Staaten erweitert, die ebenfalls mit Deutschland im Krieg standen. Darüber hinaus wurden in dieses Abkommen auch die früheren Verbündeten Deutschlands und die neutralen Gläubigerstaaten Deutschlands eingebunden. Das Londoner Schuldenabkommen regelt die Abwicklung des "Konkurses des Deutschen Reiches", es ging um eine umfassende Regulierung der Vorkriegsschulden und um eine Aussetzung der Verpflichtung Deutschlands zur Zahlung von Reparationen bis zum endgültigen Friedensvertrag. Zentrale Regelung im Hinblick auf die Reparationen ist Art. 5 LSA[92]. Diese Vorschrift "verklammert" alle früheren Teilregelungen zur Westmasse und schafft eine allgemeine Völkerrechtsbindung. Art. 5 II LSA (er betrifft die Forderungen der früheren Kriegsgegner gegen Deutschland) setzt die Befriedigung von sog. "Kriegsforderungen" bis zum Abschluß eines Friedensvertrages aus. Damit wurden die Regelungen des Bonner Überleitungsvertrages auf alle anderen Gläubiger des Deutschen Reiches erweitert. Als Ergebnis ist festzuhalten, daß die "Westmasse" in Art. 5 II LSA eine lediglich vorläufige Regelung bis zum Abschluß eines Friedensvertrags mit Gesamtdeutschland erhalten hat[93].

---

[91] Diese Regelung war unmittelbare Folge der Meinungsverschiedenheiten zwischen der Bundesregierung und den Alliierten über den Zweck und die Rechtsnatur der Wiedergutmachung, vgl. oben bei Fn. 60.

[92] Die Vorschriften lauten: "(2) Eine Prüfung der aus dem zweiten Weltkriege herrührenden Forderungen von Staaten, die sich mit Deutschland im Kriegszustand befanden oder deren Gebiet von Deutschland besetzt war, und von Staatsangehörigen dieser Staaten gegen das Reich und im Auftrage des Reichs handelnde Stellen oder Personen, einschließlich der Kosten der deutschen Besatzung, der während der Besetzung auf Verrechnungskonten erworbenen Guthaben sowie der Forderungen gegen die Reichskreditkassen, wird bis zur endgültigen Regelung der Reparationsfrage zurückgestellt. (3) Eine Prüfung der während des zweiten Weltkrieges entstandenen Forderungen von Staaten, die sich während dieses Krieges mit Deutschland nicht im Kriegszustand befanden oder deren Gebiet nicht von Deutschland besetzt war, und von Staatsangehörigen dieser Staaten gegen das Reich und im Auftrage des Reichs handelnde Stellen oder Personen (...), wird zurückgestellt, bis die Regelung dieser Forderungen im Zusammenhang mit der Regelung der in Abs. 2 dieses Artikels bezeichneten Forderungen behandelt werden kann (...)

[93] Allerdings war während der Verhandlungen das Verhältnis des Moratoriums zu eventuellen Ent-

3. Die Situation der östlichen Reparationsmasse

Die Regelung der "östlichen Hälfte" der Reparationen erfolgte zunächst in einem polnisch/sowjetischen Abkommen vom 16. 8. 1945. Dort wurde im Verhältnis zwischen Polen und der UdSSR bestimmt, daß die Reparationen Polens aus dem Gebietszuwachs Polens befriedigt werden sollten. Eine definitive Regelung der östlichen Reparationsentnahmen folgte (nicht zufällig) zeitgleich mit dem Londoner Schuldenabkommen in einem Vertrag zwischen der UdSSR und der DDR vom 22. 8. 1953. Dessen Ziffer VI Absatz 2 stellt die DDR von der Zahlung sämtlicher Nachkriegsschulden frei[94]. Die polnische Regierung erließ am 23./24.8.1953 eine Parallelerklärung, in der es heißt:

"Mit Rücksicht darauf, daß Deutschland seinen Verpflichtungen zur Zahlung von Reparationen bereits in bedeutendem Maße nachgekommen ist und daß die Verbesserung der wirtschaftlichen Lage Deutschlands im Interesse einer friedlebenden Entwicklung liegt, hat die Regierung der Volksrepublik Polen den Beschluß gefaßt, mit Wirkung vom 1.1.1954 auf die Zahlung von Reparationen an Polen zu verzichten, um damit einen weiteren Beitrag zur Lösung der deutschen Frage im Geiste der Demokratie und des Friedens, in Übereinstimmung mit den Interessen des polnischen Volkes und aller friedliebenden Völker zu leisten."[95]

Die Erklärungen sind in drei Aspekten bedeutsam: (1) Sie beziehen sich auf Deutschland als Ganzes und sprechen den Reparationserlaß auch für Gesamtdeutschland aus, (2) zugleich nehmen sie auf das Potsdamer Abkommen Bezug und bekräftigen die dort getroffene Regelung. (3) Schließlich enthalten sie einen definitiven, einseitigen Verzicht auf die Reparationsansprüche und keinen vorläufigen Aufschub. Der Verzicht ist auch völkerrechtlich verbindlich: Als einseitige Erklärung bedurfte er keiner gesonderten Annahme – abgesehen davon, daß das handlungsunfähige Gesamtdeutschland zu einer derartigen Handlung nicht in der Lage war. Damit liegt hinsichtlich der Ostmasse eine abschließende, definitive Regelung der Reparationen vor.

Als Ergebnis ist damit festzuhalten: Die Aufteilung der Reparationsforderungen in eine West- und eine Ostmasse wirkt bis heute fort. Sie hat freilich nur dann Auswirkungen auf die Entschädigungsansprüche für Zwangsarbeit, wenn diese in die Reparationsregelungen eingestellt wurden. Dies wiederum ergibt sich aus dem Verhältnis zwischen Reparationen und "äußerer Wiedergutmachung".

III. Das Verhältnis von Reparationen und sog. "äußerer Wiedergutmachung"

1. Reparationen und Individualansprüche

Mit "Reparationen" wird der Schadensersatz bezeichnet, der nach der Beendigung eines Krieges von dem besiegten Staat an den Siegerstaat zu zahlen ist. Dabei handelt es sich nicht um einen besonderen Tatbestand, sondern um einen Teilausschnitt des allgemeinen völkerrechtlichen Deliktsrechts. Der Krieg als solcher ist Haftungsgrund. Doch

---

schädigungsansprüchen aus Zwangsarbeit zwischen den Delegationen aus Westdeutschland und den anderen Verhandlungspartnern streitig geworden. Aus diesem Grunde enthält Anlage VIII zu Art. 5 LSA einen Vorbehalt, auf den noch zurückzukommen ist.

[94] Ziffer VI Absatz 2 lautet: "Im Zusammenhang hiermit erklärt die Sowjetregierung ferner, daß Deutschland von der Zahlung staatlicher Nachkriegsschulden an die Sowjetunion frei ist", abgedruckt in Europaarchiv 1953, 5981.

[95] Archiv der Gegenwart 1970, 15.868 A.

bestehen insofern Besonderheiten, als der Krieg von seinem Wesen her auf eine umfassende Schädigung des feindlichen Staates abzielt. Dementsprechend sind die Schadensposten, die es zu regulieren gilt, ungleich höher als bei allgemeinen völkerrechtlichen Deliktstatbeständen. Deshalb hat es eigentlich nur ganz selten Fälle gegeben, in denen nach Beendigung eines Krieges sämtliche Schäden vollständig beglichen wurden[96].

Der Begriff ist dem Völkerrecht erst seit dem ersten Weltkrieg geläufig. Reparationen bezeichneten den Schadensersatz, den das Deutsche Reich und seine Verbündeten an die Entente-Mächte zu leisten hatten. Die Verpflichtung war in Art. 231, 232 Versailler Vertrag (VV)[97] enthalten. Die Schadensposten waren in einer Anlage zu Art. 232 aufgeführt. Die Vorschrift lautete:

"Gemäß Art. 232 kann von Deutschland Ersatz für die Gesamtheit der Schäden verlangt werden, die unter die nachstehenden Kategorien fallen:
1. Schäden an Leib oder Leben, die Zivilpersonen oder die Hinterbliebenen erlitten haben (...), gleichviel an welchem Orte, sofern die Schäden durch irgendwelche Kriegshandlungen einschließlich der Beschiessungen oder anderer Angriffe zu Lande, zur See oder aus der Luft oder durch irgendeine ihrer unmittelbaren Wirkungen oder durch irgendwelche Kriegsmaßnahmen der bei den Krieg führenden Gruppen verursacht worden sind.
2. Schäden, die von Deutschland oder seinen Verbündeten, gleichgültig an welchem Orte, Zivilpersonen dadurch zugefügt worden sind, daß sie Opfer von Akten der Grausamkeit, Gewalttätigkeit oder schlechter Behandlung wurden (einschließlich der Angriffe auf Leben und Gesundheit infolge von Gefangensetzung, Deportation, Internierung oder Evakuierung, Aussetzung auf hoher See oder Zwangsarbeit) oder die den Hinterbliebenen zugefügt worden sind, die von diesen Opfern versorgt wurden.
3. Schäden, die von Deutschland oder seinen Verbündeten in ihrem Gebiet oder im besetzten oder Kriegsgebiet Zivilpersonen dadurch zugefügt worden sind, daß sie Opfer irgendeiner gegen ihre Gesundheit, ihre Arbeitsfähigkeit oder ihre Ehre gerichteten Handlung wurden (...).
4. Schäden, die durch irgendeine Art von schlechter Behandlung den Kriegsgefangenen zugefügt worden sind. (...)
8. Schäden, die zivilen Personen infolge der ihnen von Deutschland oder seinen Verbündeten auferlegten Verpflichtung erwachsen sind, ohne angemessene Vergütung zu arbeiten."

Diese Aufzählung macht deutlich, daß der Begriff der Reparationen, so wie er im VV definiert wurde, gerade und speziell Individualforderungen und auch solche aus Zwangsarbeit umfaßte. Angesichts der ungeheueren Zerstörungen des Ersten Weltkrieges hat man sich sogar darauf verständigt, daß die Entschädigungszahlungen des Deutschen Reiches nicht zuerst den Staaten als solchen zugute kommen sollten, sondern den

---

[96] *Seidl-Hohenveldern*, EPIL 4 (1982), 178 ff.
[97] RGBl. 1919, 687 ff. Art. 231 VV legte Deutschland die Kriegsschuld auf, um eine rechtliche Basis für die umfassenden Schadensersatzpflichten zu begründen. Dazu *Kube,* Kriegsschäden, 69 ff; *Granow,* AÖR 77 (1951/52), 67 ff.; vgl. auch *Kischel,* JZ 1997, 126, 127 ff.

individuellen, geschädigten Opfern. Diesen wurde sogar teilweise ein unmittelbares eigenes Klagerecht vor internationalen Schiedsinstanzen eingeräumt[98].

2. Reparationsvereinbarungen nach Beendigung des Zweiten Weltkriegs

Die völkerrechtlichen Verträge und Erklärungen nach 1945 haben den Begriff der Reparationen erneut aufgegriffen. Die Vereinbarungen haben teilweise ausdrücklich Individualansprüche von Staatsangehörigen mit einbezogen[99], teilweise wurde pauschal auf "Reparationen" verzichtet. In letzterem Fall stellt sich die Frage, ob diese Erklärungen in einem umfassenden, auch die Individualansprüche einbeziehenden Sinn zu verstehen sind. Diese Aussage des BVerfG haben das LG Bonn und das OVG Münster im Hinblick auf die polnische Verzichtserklärung vom 23./24.08.1953 dahin verstanden, daß ein umfassender Verzicht nur dann vorliegt, wenn die Individualforderungen ausdrücklich in den völkerrechtlichen Erklärungen genannt werden. Aus diesem Grund wird insbesondere die polnische Erklärung vom 23./24.08.1953 im Hinblick auf die Forderungen aus Zwangsarbeit lediglich als Interventionsverzicht interpretiert. Folglich bestehen nach Ansicht dieser Gerichte die Individualansprüche heute noch fort.

Ob dies zutrifft, erscheint fraglich. Denn die Verwendung des zumindest mißverständlichen Begriffs "Reparationen" in den russischen und polnischen Verzichtserklärungen, der eine herkömmliche Bezeichnung für die Haftung für Kriegsschäden beinhaltet und der im Potsdamer Abkommen auch auf die "Leiden der Zivilbevölkerung" bezogen worden war, legt ein Verständnis nahe, wonach der Verzicht umfassend zu verstehen ist. Zumindest wird man nach dem "estoppel"-Prinzip davon ausgehen müssen, daß ungenaue Formulierungen zu Lasten des Erklärenden und nicht des begünstigten Erklärungsempfängers (d.h. Gesamtdeutschland) gehen.

Dies folgt auch aus einem Vergleich zur Regelung der Westmasse. Im Gegensatz zu Art. 5 II LSA (d.h. der Anlage VIII zu dieser Vorschrift) enthält die Verzichtserklärung keinen Vorbehalt im Hinblick auf eventuelle Entschädigungsleistungen aus "Wiedergutmachung". Historisch erscheint dies einleuchtend: Die Verzichtserklärung bezog sich auf die "Ostmasse", betraf also das Verhältnis zur DDR. Die DDR hat aber keine Wiedergutmachungsleistungen erbracht und solche auch niemals in Aussicht gestellt[100]. Die polnische Regierung hat zwar in späteren Erklärungen versucht, die

---

[98] Vgl. Art. 297e VV und S. 10, 11 der Anlage II hierzu, wonach die Individualschäden durch eine spezielle Kommission festgestellt wurden. Dazu *Wühler*, Mixted Arbitral Tribunals EPIL 1 (1981), 142, 144; *Eichhorn*, Reparation, S. 87 ff.

[99] Vgl. Art. 30 IV Friedensvertrag der Alliierten mit Ungarn vom 10.2.1947, UNTS 41 (1949), 135: "Unbeschadet dieser und anderer Verfügungen der Besatzungsmächte in Deutschland zugunsten Ungarns und ungarischer Staatsangehöriger verzichtet Ungarn für sich selbst sowie für ungarische Staatsangehörige auf alle Forderungen gegen Deutschland und deutsche Staatsangehörige, die am 8. Mai ausstanden, mit Ausnahme der Forderungen aus Verträgen und anderen eingegangenen Verbindlichkeiten und aus erworbenen Rechten aus der Zeit vor dem 1. September 1939. Dieser Verzicht umfaßt alle Schulden, alle zwischenstaatlichen Forderungen aus Abmachungen, die im Verlaufe des Krieges vereinbar wurden, sowie alle Forderungen aus Verlusten und Schäden, die während des Krieges entstanden sind." Die parallel abgeschlossenen Friedensverträge enthalten gleichlautende Regelungen, vgl. Artt. 77 IV FriedensV Italien, 28 IV FriedensV Rumänien, 26 IV FriedensV Bulgarien. Übersetzung bei *Menzel*, Forderungsverzichtsklauseln (1955), S. 8 ff.; unklar *Kischel*, JZ 1997, 126, 131 Fn. 70.

[100] Deswegen wurde nach 1990 die Wiedergutmachung auf das Beitrittsgebiet erstreckt, vgl. zur Restitution von Eigentum und Unternehmen § 1 VI VermG, sowie das Gesetz vom 22.9.1994 BGBl. I

Tragweite der Verzichtserklärung zu relativieren und Forderungen wegen Zwangsarbeit hiervon auszunehmen[101]. Unmittelbare völkerrechtliche Relevanz haben diese späteren Erklärungen jedoch nicht: Nach allgemeiner Völkerrechtspraxis[102] können einseitige Erklärungen (zu diesen gehören auch Verzichtserklärungen, s.o.) nicht einseitig vom erklärenden Staat modifiziert werden[103], vielmehr muß sich der Erklärende nach dem sog. "estoppel"-Prinzip an der gewählten Begrifflichkeit festhalten lassen[104].

3. Reparationen und "äußere" Wiedergutmachung

Wie bereits aufgezeigt, bestand im Hinblick auf den Umfang der Wiedergutmachungsleistungen zwischen der Bundesregierung und den Westmächten ein nachhaltiger Dissens. Er betraf die Entschädigung für Zwangsarbeit, die von der Bundesregierung als Reparationsforderung, von den westlichen Alliierten hingegen als Wiedergutmachungsleistung angesehen wurde. In der Sache ging es darum, den Verzicht bzw. ein Moratorium auf Reparationen (einschließlich der Individualansprüche aus Zwangsarbeit) durch Wiedergutmachungsleistungen nach dem BEG zu kompensieren. Die praktische Durchführung erwies sich als kompliziert: Zwar war die Bundesrepublik insofern im Vorteil, als sie aufgrund ihrer Gesetzgebungskompetenz über die inhaltliche Reichweite des BEG (d.h. den Kreis der Anspruchsberechtigten) entscheiden konnte. Die Westmächte übten jedoch nachhaltige Pressionen auf die Bundesregierung aus, um eine Erweiterung zu erreichen. Die rechtliche Entwicklung vollzog sich dabei in zwei Schritten: Es gelang der Bundesregierung bei der Ablösung des Besatzungsstatuts einen umfassenden Reparationsaufschub festzuschreiben. Zugleich mußte sie sich aber zur Schaffung ausreichender Wiedergutmachungsleistungen verpflichten, wobei freilich deren Umfang nicht völkerrechtlich festgeschrieben war. Eine Neuregelung und Verbesserung der Wiedergutmachung (aufgrund des BErgG) wurde jedoch in Aussicht gestellt (sie erfolgte im Jahre 1956 durch das BEG).

Derselbe Dissens trat auch bei den Verhandlungen über das LSA zutage: Auch hier war streitig, ob die Aussetzung von Reparationszahlungen auch die Forderungen aus Zwangsarbeit betreffen sollten[105]. Der Dissens schlug sich in der Anlage VIII zum LSA nieder, die eine autoritative Auslegung zu Art. 5 enthielt[106]. Dieser Vorbehalt

---

[101] 2624; *Ossenbühl*, HdbStR IX (1997), § 1212, Rdnr. 18 f.
[101] *Czaplinski*, Die friedliche Regelung mit Deutschland, ROW 35 (1991), 129 ff., 134; *Blumenwitz*, Das Offenhalten der Vermögensfrage in den deutsch-polnischen Beziehungen, 1992, S. 131; vgl. auch *Rumpf*, Die deutsche Frage und die Reparationen, ZaöRV 33 (1973), 344 ff. 351.
[102] A.A. *Kranz*, Beitrag in diesem Tagungsband, Manuskript S. 21 ff. Daß die damalige kommunistische Regierung Polens gegen vitale Interessen des eigenen Landes (und vor allem der betroffenen Menschen) verstoßen hat, versteht sich von selbst. Wie wenig die kommunistisch-stalinistische Regierung Polens die (Vermögens-)Rechte ihrer Staatsbürger geachtet hat, zeigt ein Geheimabkommen mit der Schweiz vom Juni 1953, in dem Polen (ohne inländische Entschädigungen) auf Individualansprüche jüdischer NS-Opfer verzichtete, um damit Kriegsforderungen der Schweiz gegen Polen zu begleichen.
[103] *Fiedler*, EPIL 7 (1984), 517 ff., 520 ff.; vgl. auch *Ipsen*, Völkerrecht, 3. Aufl. 1990, § 18, Rdnr. 7, 10; *Graf Vitzthum*, in: ders. (Hrg.), Völkerrecht, 1997, S. 94 f., Rdnr. 152, jeweils m.w.Nw.
[104] *Trebilcock*, EPIL 7 (1984), 533 ff., 535; *Rubin*, The International Legal Effects of Unilateral Declarations, AJIL 71 (1977), 1 ff., 15; *Ipsen*, Völkerrecht, 3. Aufl. 1990, § 18, Rdnr. 7, 10 m.w.Nw.
[105] Protokoll der informellen Besprechungen v. 29.1.1953, Ziff. 60, 63 und 76 und v. 4.2.1953, Ziff. 9 und 12, abgedruckt in Anlage 3 der BT-Drs. 1/4478, Nr. 74.
[106] Die Vorschrift lautet: "Art. 5 Abs. 2 darf nicht so ausgelegt werden, als würden dadurch Rechte

bezieht sich auf die Wiedergutmachungsgesetzgebung, die zu diesem Zeitpunkt bereits von der Bundesrepublik teilweise erlassen worden war, deren Verbesserung auch im Hinblick auf ausländische NS-Geschädigte (i.S.e. Einbeziehung ausländischer Staatsangehöriger) jedoch von der Bundesregierung in Aussicht gestellt worden war. Man wollte durch diese Regelung das grob unbillige Ergebnis vermeiden, daß zwar die deutschen Vorkriegsschulden zugunsten privater Gläubiger befriedigt wurden, aber aufgrund des Moratoriums des Art. 5 LSA alle sonstigen Individualforderungen (auch die der NS-Geschädigten) bis zum Abschluß eines künftigen Friedensvertrages zurückgestellt wurden. Allerdings enthält Anlage VIII keine klaren Vorgaben über den Umfang der zu leistenden Wiedergutmachung.

Aus der Entstehungsgeschichte der Anlage VIII des LSA ergibt sich also, daß der Konflikt zwischen der Bundesregierung und den anderen Vertragsstaaten des Übereinkommens darüber, inwieweit die Wiedergutmachungsgesetzgebung auch auf ausländische Zwangsarbeiter anwendbar sein sollte, nicht gelöst wurde. Nach Ansicht der Bundesregierung sollten diese Forderungen in die nach dem Zweiten Weltkrieg zu lösenden Reparationsansprüche eingestellt werden. Die anderen Vertragsstaaten waren hingegen der Ansicht, daß eine Entschädigung der Zwangsarbeit vorrangig durch die Bundesregierung, und zwar sofort, aufgrund der Entschädigungsgesetzgebung zu erfolgen habe[107]. Aus der Entstehungsgeschichte ergibt sich aber, daß speziell im Zusammenhang mit dem NS-Unrecht zwischen Reparationen und Wiedergutmachung unterschieden werden muß. Die Wiedergutmachungsleistungen nach dem BEG beinhalten neu geschaffene, spezialgesetzliche Ansprüche, die freilich ihrerseits der Sache nach die ursprünglichen Individualforderungen kompensieren, die in die Reparationsvereinbarung eingestellt wurden[108]. Aus dem Vorstehenden ergibt sich zugleich, daß allgemeine Amtshaftungsansprüche oder öffentlich-rechtliche Erstattungsansprüche als Ergänzung des Wiedergutmachungsrechts ausscheiden. Die neu geschaffenen gesetzlichen Ansprüche reichen nur soweit, wie das BEG selbst es bestimmt[109].

Dieser Zusammenhang zeigt auch, daß die Reparationsverzichtserklärungen der UdSSR und Polens aus dem Jahre 1953 sich zwar auf Individualansprüche ihrer Staatsangehörigen beziehen, aber weitergehende – freiwillige – Leistungen der Bundesrepublik nicht ausschließen[110]. Auf diese entschädigungsrechtlichen Ansprüche wurde nicht verzichtet, zumal zu diesem Zeitpunkt der Kreis der Anspruchsberechtigten noch gar nicht feststand. Man kann wohl auch davon ausgehen, daß zu diesem Zeitpunkt die Regierungen Polens und der DDR darauf hofften, daß die Leistungen nach dem Bundesentschädigungsgesetz auch die Geschädigten in Osteuropa erfassen würden. Die Bundesrepublik hat hier eine andere Haltung bezogen: Entsprechend der Aufteilung des Potsdamer Abkommens war sie der Ansicht, daß Entschädigungsleistungen für osteuro-

---

gemäß den in der Bundesrepublik geltenden Rechtsvorschriften oder solche Rechte beeinträchtigt, die aus den Abkommen abgeleitet werden können, welche vor der Unterzeichnung des Londoner Schuldenabkommens zwischen der Bundesrepublik und einer Partei abgeschlossen wurden."

[107] Ausführlich dazu *Goschler*, Wiedergutmachung, S. 303 ff.
[108] Daher ungenau *Kischel*, JZ 1997, 126, 130.
[109] Unklar daher BVerfGE 94, 315, 331; a.A. LG Bonn, 5.11.1997, 30 ff., wonach es neben dem BEG sozusagen "ungeschriebene" öffentlich-rechtliche Erstattungsansprüche gibt, die immer dann eingreifen sollen, wenn keine Leistungen nach dem BEG gezahlt wurden.
[110] So BVerfGE 94, 315, 330 f.

päische Staatsangehörige aus der "Ostmasse", also von der DDR zu erbringen seien[111]. Vor diesem Hintergrund erweisen sich die Verzichtserklärungen als umfassende Verzichte, die auch die Individualforderungen aus Amtshaftung bzw. öffentlich-rechtlicher Erstattung der Individualgeschädigten erfassen[112]. Die entgegengesetzten Ergebnisse des LG Bonn und des OVG Münster überzeugen daher nicht.

Die hier vertretene Auffassung wird auch durch die spätere Praxis zu Art. 5 LSA, Anlage VIII, gestützt: Die Bundesregierung hat nämlich ihre Ansicht, daß sie ohne völkerrechtliche Bindungen den Umfang der Wiedergutmachungsleistungen festlegen könne, nicht durchhalten können. Vielmehr kam es im Juni 1956 zu einer gemeinsamen Demarche der Botschaften Belgiens, Dänemarks, Frankreichs, Griechenlands, Großbritanniens, Luxemburgs, Niederlande und Norwegens, die eine Entschädigung der bisher nicht berücksichtigten NS-Verfolgten in ihren Staaten forderten[113]. Die Bundesregierung verwies zwar darauf, daß diese Ansprüche unter die Reparationen fielen und nach Art. 5 LSA zurückgestellt seien, jedoch konnte sie diese Ansicht nicht durchhalten. Sie nahm bilaterale Verhandlungen auf Staatenebene auf, die in den Abschluß von Globalentschädigungsabkommen einmündeten. Derartige Globalentschädigungsabkommen zur Abgeltung des besonderen NS-Unrechts wurden vereinbart mit Luxemburg[114], Norwegen[115], Dänemark[116], Griechenland[117], den Niederlanden[118], Frankreich[119], Belgien[120] und Großbritannien[121]. Auch mit weiteren (neutralen bzw. früher verbündeten) Staaten wurden entsprechende Regelungen getroffen[122]. Die Höhe der im einzelnen gezahlten Summen ergab sich aus einer zum Teil sehr exakten Zusammenstellung der geltend gemachten, individuellen Schädigungen.

Alle Abkommen folgen einem ähnlichen Regelungsmuster: In einer sog. "Leistungsklausel" werden die Verfolgungsmaßnahmen näher umschrieben, für die eine Entschädigung gezahlt wurde, und die Personengruppe benannt, die die Zahlungen letztlich erhalten sollte. In der sog. "Verteilungsklausel" wird festgelegt, daß die Verteilung der gezahlten Beträge dem Ermessen der jeweiligen Heimatregierung vorbehalten blieb. In der sog. "Erledigungsklausel" ist festgelegt, daß durch die Bezahlung der Pauschalsumme die geltend gemachten Ansprüche zwischen den Staaten erloschen sind[123]. Diese Bezugnahme auf das NS-Unrecht zeigt, daß die Globalentschädigungs-

---

[111] *Randelzhofer/Dörr,* Gutachten, S. 100 m.w.Nw.
[112] Um es nochmals zu verdeutlichen: Es bestand für die kommunistischen Regierungen, die individuelle Grundrechte ihrer Staatsbürger nicht anerkannten, gar kein Anlaß, explizit auf Individualansprüche zu verzichten.
[113] *Féaux de la Croix,* in: BMF (Hrg.), Wiedergutmachung III, S. 204.
[114] 11.7.1959, BGBl. 1960 II, 2077, bezahlt wurden 18 Millionen DM.
[115] 7.8.1959, BGBl. 1960 II, 1336, bezahlt wurden 60 Millionen DM.
[116] 24.8.1959, BGBl. 1969 II, 1333, bezahlt wurden 16 Millionen DM.
[117] 18.3.1960, BGBl. 1961 II, 1596, bezahlt wurden 115 Millionen DM.
[118] 8.4.1960, BGBl. 1963 II, 629, bezahlt wurden 125 Millionen DM.
[119] 15.7.1960, BGBl. 1961 II, 1024, bezahlt wurden 400 Millionen DM, und Vertrag vom 31.3.1981, BGBl. 1984 II, 608, bezahlt wurden 250 Millionen DM gegen eine Grenzkorrektur.
[120] 28.9.1960, BGBl. 1961 II, 1037, bezahlt wurden 80 Millionen DM.
[121] 9.6.1964, BGBl. 1964 II, 1032, bezahlt wurden 11 Millionen DM.
[122] Dazu *Féaux de la Croix,* in: BMF (Hrsg.), Wiedergutmachung III, 308 ff. mit genauen Zahlenangaben.
[123] Häufig enthalten die Globalentschädigungsabkommen jedoch Vorbehalte zugunsten weitergehender, individueller Ansprüche der jeweiligen Staatsangehörigen (d.h. eine Begrenzung auf einen Interven-

abkommen Ersatz dafür waren, daß das BEG NS-Opfer ausländischer Staatsangehörigkeit ausnahm. Damit wurde im Ergebnis die Territorialitätsklausel des § 4 BEG überwunden. Allerdings bestanden zwischen der Bundesregierung und den jeweiligen ausländischen Regierungen erhebliche Meinungsdifferenzen darüber, welche Personengruppen letztlich erfaßt werden sollten. Jedoch konnten die Heimatstaaten aufgrund der "Ermessensklausel" faktisch selbst darüber entscheiden, an welche Personengruppen die Entschädigungen geleistet wurden. Im Ergebnis erhielten damit auch die Zwangsarbeiter der Empfängerstaaten eine gewisse Entschädigung.

Die Globalentschädigungsabkommen lassen sich – anders als bisweilen behauptet – durchaus mit dem Moratorium des Art. 5 LSA vereinbaren: Da Anlage VIII zum LSA bestehende öffentlich-rechtliche Entschädigungszahlungen an NS-Opfer unberührt läßt, kann man durchaus die Ansicht vertreten, daß es sich auch bei den nachfolgenden Zahlungen um die Konkretisierung derartiger Ansprüche handelt. Die Praxis der Globalentschädigungsabkommen hat letztlich den in Anlage VIII niedergelegten Vorbehalt bezüglich der öffentlich-rechtlichen Wiedergutmachungsansprüche präzisiert, sie hat aber keine inhaltlichen Auswirkungen auf die zuvor erfolgte Aufschiebung der Reparationszahlungen in Art. 5 LSA[124]. Auch die Erweiterung der Entschädigungsleistungen nach 1990 durch entsprechende Vereinbarungen mit osteuropäischen Nachbarstaaten fügt sich in das überkommene Schema ein: Hier wurden zusätzliche öffentlich-rechtliche Wiedergutmachungsansprüche auf völkerrechtlicher Ebene vereinbart, die als neubegründete Ersatzansprüche den NS-Opfern zugute kommen. In der Sache substituieren sie die zuvor durch die völkerrechtlichen Verzichtserklärungen erloschenen Individualansprüche.

IV. Die Auswirkungen der deutschen Wiedervereinigung auf das Reparationsmoratorium des Art. 5 II LSA

1. Der vorläufige Charakter des Art. 5 LSA

Nach dem Wortlaut des Art. 5 LSA ist die Prüfung von Kriegsforderungen "zurückgestellt". Diese Rückstellung erfolgt bis zur endgültigen Regelung der Reparationsfrage. Wann und wie diese Regelung vorzunehmen ist, sagt das LSA nicht ausdrücklich. Art. 25 LSA enthält zwar eine Revisionsklausel für den Fall der Wiedervereinigung Deutschlands, jedoch bezieht sich diese Vorschrift nicht auf Art. 5 LSA. Nach der deutschen Wiedervereinigung stellt sich die Frage, ob ein Ersatzfriedensvertrag (im Sinne einer Reparationsregelung) durch den 2+4-Vertrag[125] erfolgt ist. Kennzeichen des 2+4-Vertrages ist jedoch, daß hier eine Regelung der Reparationsfrage entgegen den ursprünglichen sowjetischen Vorstellungen nicht getroffen wurde[126]. Die Verbindlichkeit des 2+4-Vertrages, an dem nicht alle europäischen Nachbarstaaten Deutschlands beteiligt waren, ergibt sich aus den Nachbarschaftsverträgen, die Deutschland seit 1990 abgeschlossen hat. Alle europäischen Staaten haben in einer Zusammenkunft im Rahmen der KSZE in Paris die Regelung in einem gemeinsamen

---

[124] tionsverzicht).
Anderer Ansicht *Féaux de la Croix*, in: BMF (Hrsg.), Wiedergutmachung III, S. 281 ff.
[125] Vertrag über die abschließende Regelung in bezug auf Deutschland v. 12. 9.1990, BGBl. II, 1318.
[126] Dazu *Rauschning*, DVBl. 1990, 1276 f.

Kommuniqué zustimmend zur Kenntnis genommen und damit eine Verbindlichkeit für sich hergestellt[127]. Auch die Nachbarschaftsverträge, die die Bundesrepublik mit osteuropäischen Staaten seit 1990 abgeschlossen hat, klammern die Vermögensfrage aus[128].

2. Konkludenter Forderungsverzicht bei der Wiederherstellung der deutschen Einheit?

Das LG Bonn[129] geht zutreffend davon aus, daß die fehlende Regelung der Reparationsfrage im 2+4-Vertrag keinen impliziten Forderungsverzicht enthält. Dies folgt aus der allgemeinen völkerrechtlichen Regel, wonach ein Verzicht regelmäßig eindeutig erklärt werden und keineswegs vermutet werden darf[130]. Im Verhältnis zu Polen und der CSSR scheidet die Annahme eines stillschweigenden Verzichts schon deswegen aus, weil dort Vermögensfragen ausdrücklich ausgeklammert wurden[131].

3. Wegfall von Art. 5 II LSA?

Da Art. 5 LSA die Prüfung der Kriegsforderungen bis zur endgültigen Regelung der Reparationen aufschiebt, könnte man nunmehr, nach der materiellen Beendigung des Kriegszustandes mit Deutschland seit 1990, davon ausgehen, daß auch das Zahlungsmoratorium definitiv weggefallen ist[132]. Auf jeden Fall kann die bisherige Rechtsprechung deutscher Gerichte, wonach Klagen ausländischer Zwangsarbeiter auf eine Entlohnung als "derzeit unbegründet" abgewiesen wurden, nicht mehr fortgeführt werden.

Ob man einen automatischen Wegfall der Klagesperre annimmt, ist nach den allgemeinen völkerrechtlichen Grundsätzen zu beurteilen, die für eine Beendigung von Verträgen aufgrund geänderter Umstände gelten (Art. 62 Wiener Vertragsrechtskonvention)[133]. In diesem Zusammenhang kommt es nun nochmals auf das Verhältnis von Individual- und völkerrechtlichem Anspruch an: Geht man davon aus, daß bei der Geltendmachung des diplomtischen Schutzes der Individualanspruch dem einzelnen Rechtsinhaber entzogen wird, so führt der Abschluß des 2+4-Vertrages für sich allein gesehen nicht zur Rückübertragung der Ansprüche auf die privaten Rechtsinhaber: Vielmehr haben sich alle beteiligten Staaten auf völkerrechtlicher Ebene mit dem Abschluß des LSA darauf geeinigt, über diese Forderung in einem völkerrechtlichen Verfahren zu befinden. Folglich bedarf es einer entsprechenden Einigung der beteiligten

---

[127] Erklärung von Paris, 27./28.9.1990, der Text der Charter of Paris der KSZE v. 21.11.1990 ist wiedergegeben in *Bloed/van Dijk* (Hrsg.), The Human Dimension of the Helsinki Process, 1991, S. 273; vgl. dazu auch *Seidl-Hohenveldern*, FS Stern (1997), S. 89, 92; *Blumenwitz*, This is Germany: Germany's legal status after unification, 1994, S. 14.

[128] So ausdrücklich der Briefwechsel zum deutsch-polnischen Nachbarschaftsvertrag vom 17.6.1991, wiedergegeben in: *Stern*, Dokumente zur deutschen Einheit III, S. 225.

[129] Urteilsgründe, S. 39 ff.

[130] Dazu Internationaler Gerichtshof, ICJ-Reports 1957, 26; *Verdross/Simma*, Völkerrecht, § 688 m.w.Nw.

[131] *Mayer*, AVR 29 (1991), 15.

[132] So explizit *Seidel-Hohenveldern*, FS Stern (1997), 88, 94 f.; LG Bonn, Urteilsgründe S. 24; OVG Münster, 19.11.1997, Urteilsgründe S. 10.

[133] Danach führt ein Wegfall der Geschäftsgrundlage nicht zum automatischen Fortfall des Vertrages – etwas anderes gilt nur, wenn man den Vorbehalt des Art. 5 II LSA als auflösende Bedingung interpretiert.

Staaten darüber, ob diese Individualansprüche nunmehr zurückzuübertragen sind. Erst dann können sie vor den Zivil- oder Verwaltungsgerichten geltend gemacht werden.

Folgt man hingegen der Auffassung des Bundesverfassungsgerichts[134], wonach grundsätzlich Individualansprüche neben den völkerrechtlichen Ansprüchen bestehen bleiben, so kann man nunmehr davon ausgehen, daß die "Klagesperre" des Art. 5 LSA mit dem Abschluß des 2+4-Vertrages entfallen ist[135]. Dann könnte nunmehr aus den Individualansprüchen geklagt werden, sofern nicht zuvor auf Individualansprüche wirksam verzichtet wurde. Allerdings müssen – wie aufgezeigt – die Erfolgsaussichten einer derartigen Klage eher skeptisch beurteilt werden[136].

D. Schlußbemerkung

I. Zur Verfahrensdauer

Abschließend ist kurz zum Verfahrensverlauf Stellung zu nehmen: Das Bundesverfassungsgericht hatte über zwei Vorlagebeschlüsse vom 3.12.1992[137] und vom 2.7.1993[138] zu entscheiden. Die Kläger und Klägerinnen sind alt, waren selber Zwangsarbeiter[139]. Die Zivilverfahren wurden ersichtlich eingeleitet, um das Verfassungsgericht mit den völkerrechtlichen Fragen zu befassen, Eile war also geboten. Diese Situation hat das Verfassungsgericht nicht hinreichend berücksichtigt. Vielmehr vergingen zunächst drei bzw. fast vier Jahre. Die Entscheidungen aber, die nach einer bedenklich langen Verfahrensdauer ergingen, bleiben vor allem deshalb unbefriedigend, weil sie die Vorlagefragen nur ganz zum Teil beantworten. Ein Jahr später, im November 1997, hat das LG Bonn zur Sache entschieden. Inzwischen ist Berufung beim OLG Köln eingelegt. Der Prozeß wird sich – nicht zuletzt wegen seiner finanziellen Implikationen – noch lange hinziehen. Kurz gesagt, die Verfahrensdauer ist nicht absehbar. Ich halte es auch durchaus für möglich, daß das Bundesverfassungsgericht erneut angerufen wird[140]. Für die Betroffenen wird es also noch sehr lange dauern, bis überhaupt Leistungen, Zahlungen erstritten sind. Alles in allem sind der bisherige Prozeßverlauf und die bisherige Verfahrenshandhabung kein Ruhmesblatt für die deutsche Justiz. Ein derart zögerlicher Rechtsschutz ist – auch bei schwierigen Rechtsfragen – mit der Garantie effektiven Rechtsschutzes, den Art. 6 EMRK gewährleistet, nicht zu vereinbaren[141].

---

[134] BVerfGE 94, 315, 330 ff.
[135] So ausdrücklich OVG Münster, 19.11.1997, Urteilsgründe, S. 10.
[136] So auch OVG Münster, 19.11.1997, Urteilsgründe, S. 17 ff.
[137] Vorlagebeschluß des LG Bremen, JZ 1993, 633 ff.; dazu *Heß* JZ 1993, 606 ff.
[138] Vorlagebeschluß des LG Bonn, abgedruckt bei *Randelzhofer/Dörr*, Gutachten, S. 113 ff.
[139] Einige Kläger sind inzwischen verstorben.
[140] Auch die Prozeßführung auf Seiten der Kläger erscheint nicht durchgehend überzeugend: Dies gilt insbesondere für die Anrufung der Zivilgerichte zur Durchsetzung der öffentlich-rechtlichen Entschädigungsansprüche.
[141] Der Europäische Gerichtshof für Menschenrechte, hat durch Urt. v. 1.7.1997, NJW 1997, 2809 und Urt. v. 1.7.1997, EuGRZ 1997, 310, jüngst die überlange Verfahrensdauer vor deutschen Gerichten (einschließlich der Verfahrensdauer vor dem BVerfG) als Verstoß gegen Art. 6 EMRK gewertet.

II. Die Notwendigkeit weiterer "humanitärer" Hilfsmaßnahmen

Angesichts der aufgezeigten, komplexen Rechtslage und der materiellen Not vieler ehemaliger Zwangsarbeiter, die bis heute an den Folgen des Terrors und Unrechts leiden, das ihnen von Deutschen während des Dritten Reichs zugefügt wurde, erscheint es dringlich, die Wiedergutmachungsleistungen nach dem BEG auch auf osteuropäische Geschädigte auszuweiten, die bisher leer ausgegangen sind[142]. Dieser Verantwortung kann sich – wie die letzten Monate gezeigt haben – die Bundesregierung nicht entziehen. Nichts anderes gilt aber auch für private Unternehmen, die von der Zwangsarbeit zwischen 1939 und 1945 profitiert haben und die ihrerseits auch immer wieder mit Entschädigungsforderungen konfrontiert wurden und werden. Die Errichtung von Fondslösungen, die auf unbürokratischem Wege Entschädigungsleistungen an bedürftige NS-Opfer auszahlen, erscheint deshalb der moralisch und politisch angemessene Weg. Prozesse auf Entschädigungen vor deutschen Zivil- oder Verwaltungsgerichten sind demgegenüber nicht unproblematisch: Die Verfahren erweisen sich als langwierig, rechtlich kompliziert und führen selten zu den erhofften Ergebnissen. Dennoch ist nicht zu verkennen, daß die Musterprozesse in Bonn und Bremen bei den politisch Verantwortlichen zu einer neuen Nachdenklichkeit geführt haben. Die Zeit drängt: Sonst werden viele Geschädigte den Erhalt einer Wiedergutmachungsleistung nicht mehr erleben.

---

[142] Dazu aus verfassungsrechtlicher Sicht *Heß*, JZ 1993, 606, 609 f.

Lutz Frauendorf

Probleme der Entschädigung für Zwangsarbeit als öffentlich-rechtliche Ersatzleistung

A. Einführung

I. Entscheidung des Bundesverfassungsgerichts

Der 2. Senat des Bundesverfassungsgerichts hat im Beschluß vom 13.05.96[1] einstimmig festgestellt, daß es keine allgemeine Regel des Völkerrechts gibt, die der Geltendmachung individueller Entgeltansprüche durch ehemalige jüdische Zwangsarbeiter aus dem Zweiten Weltkrieg entgegensteht.

Anlaß dieser Entscheidung waren zwei Vorlagen der Landgerichte Bonn und Bremen. In den Ausgangsverfahren gegen die BRD ging es um Klagen auf Entgelt für geleistete Zwangsarbeit.

Im Verfahren einer deutschen Klägerin hat das Landgericht dem Bundesverfassungsgericht die Frage vorgelegt, ob § 1 AKG mit dem Grundgesetz vereinbar ist. Hierbei handelt es sich um das Allgemeine Kriegsfolgengesetz vom 05.11.57, welches in besagter Vorschrift regelt, daß Ansprüche gegen das Deutsche Reich erloschen sind, soweit das Gesetz nichts anderes bestimme.

Im Verfahren der ausländischen Kläger wurde dem Bundesverfassungsgericht die Frage vorgelegt, ob eine allgemeine Regel des Völkerrechts bestehe, nach der die Ansprüche nicht individuell durchsetzbar, sondern nur auf zwischenstaatlicher Ebene geltend zu machen seien. Ein solcher Entgeltanspruch wäre sozusagen dann Teil allgemeiner anderer Reparationsregelungen.

Beide Vorlagen wurden für unzulässig erklärt, weil es jeweils entweder an der Entscheidungserheblichkeit der Vorlagefrage bzw. der ausreichenden Darlegung der Verfassungswidrigkeit der entsprechenden Normen fehle.

Hinsichtlich der Frage des Ausschlußes des Erstattungsanspruches durch das Allgemeine Kriegsfolgengesetz sah das Bundesverfassungsgericht noch einige weitere Probleme, die einem öffentlich-rechtlichen Erstattungsanspruch entgegenstehen können:
- so das Territorialitätsprinzip, also ob auf besetztem polnischen Gebiet denn überhaupt das deutsche Recht und damit diese Rechtsfigur zur Anwendung kommen könne;
- die Frage, ob das Wiedergutmachungsrecht im Bundesentschädigungsgesetz einen abschließenden Ausgleich verfügt habe;
- und schließlich die Frage, ob denn nicht zumindest für deutsche Staatsangehörige eindeutig ein Fall der Verjährung gegeben wäre.

Auch die Vorlagen im Verfahren der ausländischen Kläger wurden als unzulässig erkannt. Auch insoweit seien aus denselben Gründen die Voraussetzungen des Erstattungsanspruches nicht hinreichend begründet worden.

---

[1] BVerfG, DVBl. 1996, 981.

Darüber hinaus sei die Verfassungswidrigkeit von § 1 AKG, insbesondere wegen der angeblich neuen Beurteilung dieser Frage, nicht hinreichend dargelegt. Hier sei vor allem der Entscheidungsspielraum des Gesetzgebers bei der Regelung der Folgen von Krieg und Zusammenbruch des nationalsozialistischen Systems und der entsprechenden Zustimmung zu völkerrechtlichen Verträgen zu berücksichtigen.

Das Bundesverfassungsgericht hat jedoch vorab deutlich gemacht, daß es für die vorliegenden Fälle keinen völkerrechtlichen Grundsatz gibt, der die Geltendmachung individueller Ansprüche aus geleisteter Zwangsarbeit ausschließt.[2]

Es sei von einer Anspruchsparallelität auch für den Fall auszugehen, daß zwischenstaatliche Ansprüche aufgrund von Zwangsarbeit im Zusammenhang mit dem Zweiten Weltkrieg bestünden. Dies gelte selbstverständlich erst recht, wenn der Ausgleichsanspruch nicht aus dem Sonderrecht für Kriegsfolgen oder Verfolgungsschäden abgeleitet wird, sondern wie hier nach den Vorlagegerichten aus einem allgemeinen Rechtsanspruch, wie z.B. dem Erstattungsanspruch oder Deliktsrecht etc.[3]

II. Rechtliche und rechtspolitische Rahmenbedingungen

1. Die Bewältigung des nationalsozialistischen Unrechtssystems war nach dem Krieg einer Reihe von Sondergesetzen vorbehalten. Dies hat seine Parallele in der heutigen Bewältigung des SED-Unrechtsstaates.

Diese Regelungen, wie z.B. das Bundesentschädigungsgesetz, enthalten in der Regel einen Katalog denkbarer Ansprüche für die Entschädigung von Eingriffen gegenüber Eigentum, Vermögen und personaler Integrität. Entsprechende Regelungen enthielten zeitliche Abwicklungsvorstellungen und waren dementsprechend befristet bzw. wurden mit entsprechenden Schlußgesetzen beendet.

Auch bei der Bewältigung des DDR-Unrechtsstaates wurden vergleichbare Gesetze im Bereich der strafrechtlichen Rehabilitierung, der vermögensrechtlichen Rehabilitierung und der verwaltungsrechtlichen Rehabilitierung erlassen, die nach dem ursprünglichen Vorbildern des Wiedergutmachungsrechtes ausgerichtet waren.

Die Entschädigungsregelungen sind bis auf die Vermögensrestitution in der Regel von einem gewissen symbolischen Gehalt. Hier ist nur zu erinnern z.B. an die Haftentschädigung für Freiheitsentziehung in Bautzen von DM 300,-- pro Monat für zu Unrecht erlittene Strafhaft. Dies sind selbstverständlich heutige Entschädigungsgrößen.

Dieses Wiedergutmachungsrecht wird in aller Regel als abgeschlossenes System behandelt, neben welchem ein Rückgriff auf allgemeine Vorschriften nicht möglich ist. Es scheint prima facie auch die einzig sinnvolle Möglichkeit zur Bewältigung oder wenigstens teilweisen rechtlichen Bewältigung dieser Problematik zu sein.

---

[2] Allerdings können völkervertragliche Verzichtserklärungen auch individuelle Ansprüche zum Erlöschen bringen.

[3] Bei den Ausgangskonstellationen ging es jeweils um typische Fälle des nationalsozialistischen KZ-Vernichtungssystems. Es handelte sich um Auschwitz-Häftlinge, die entweder auf Anordnung der SS einer privaten Firma – Munitionsfabrik –, welche in der Nähe ihre Produktionsstätte hatte, zugewiesen wurden oder auf Anforderung einer öffentlichen Behörde im Behelfswohnungsbau bzw. der Trümmerbeseitigung eingesetzt wurden.

Es ist damit typische Aufgabe des Gesetzgebers, hier etwas zu regeln und zu unternehmen. Der Normalfall des Rechts paßt nur eingeschränkt für die Bewältigung von Kriegsfolgen.

Selbstverständlich wird man dann, wenn man hier nach anderen rechtlichen Kriterien vorgehen will, mit dem weiten Ermessensspielraum des Gesetzgebers konfrontiert.

Rechtspolitisch und zeithistorisch bewegt man sich in gewissen Risikosphären, die sich möglicherweise auch in der Entscheidung des Bundesverfassungsgerichtes realisiert haben und die bestimmt sind durch eine Verknappung der Haushaltslage, eine geringe Bereitschaft, sich noch einmal mit der Problematik zu befassen; schlicht und einfach – gleichgültig ob man dies jetzt als Abschluß des Problems oder als fortgesetzte Verdrängung bewertet – mit dem Problem der Tragung von Folgelasten durch neue Generationen.

Juristisch schlägt sich dieser Zeitfaktor in der ausgiebigen Diskussion der Verjährungsfrage und weiterer Einwendungen[4] nieder, da ja die längstmöglichen Verjährungsfristen 30 Jahre sind.

2. Sicher ist es am effektivsten, wenn sich die einzelnen Gläubigerstaaten bzw. betroffenen Staaten für ihre Staatsbürger verwenden und Regelungen im Wege von völkerrechtlichen Verträgen finden. Dies ist nicht Thema des vorliegenden Referats.

Solche Lösungen, die möglicherweise ja auch Folge der Erörterung des Themas sind, verdienen einen gewissen Vorzug. So ist z.B. auf das Abkommen zwischen der BRD und den USA vom 19.09.95 zu verweisen, in dem für entsprechende Fälle eine pauschale Regelung gefunden wurde.[5]

Ebenfalls nicht Thema sind zivilrechtliche Ausgleichsansprüche unmittelbar gegen die Leistungsempfänger, also z.B. private Unternehmen, sonstige Institutionen oder den Staat. In diesem Rahmen kann dann auch die Verjährungsfrage besser angesprochen werden, die insgesamt einheitlich zu beurteilen ist.

III. Verbleibende öffentlich-rechtliche Ersatzleistungen

Hier sind zu betrachten der öffentlich-rechtliche Erstattungsanspruch, der öffentlich-rechtliche Aufopferungsanspruch und die Amtshaftung.

Ich möchte mich schwerpunktmäßig mit der Amtshaftung beschäftigen und mich hier mit den Argumenten auseinandersetzen, die die Bundesregierung in dem Verfahren vor dem Bundesverfassungsgericht vorgetragen hat. Diese sind in der Veröffentlichung von Randelzhofer/Dörr: "Entschädigung für Zwangsarbeit?" zusammengefaßt[6], welche in diesem Verfahren für die Bundesregierung ein Gutachten erstellt haben.

Von der Bundesregierung wurde dementsprechend von vornherein die Entscheidungserheblichkeit der Vorlagefragen bezweifelt, weil entsprechende Ansprüche des

---

[4] Wie z.B. Art. 5 Abs. 2 u. 4 LSA, § 1 AKG (vgl. BVerfGE 24, 203, 214), § 8 BEG.
[5] Die Einbeziehung in das Fremdrentengesetz mit dem Ziel der Nachentrichtung von Beiträgen wurde bereits im 2. Zusatzabkommen vom 6.3.95. und der entsprechenden Durchführungsvereinbarung zum Abkommen vom 7.1.76. geregelt.
[6] *Randelzhofer/Dörr*, "Entschädigung für Zwangsarbeit?" Zum Problem individueller Entschädigungsansprüche von ausländischen Zwangsarbeitern während des 2. Weltkrieges gegen die BRD, Berlin 1994.

allgemeinen Rechtes nicht gegeben wären. Dies hat sich sehr deutlich in der Entscheidung des Bundesverfassungsgerichtes niedergeschlagen.

Man kann im Grunde genommen als einheitliches Kriterium der Ablehnung sämtlicher drei Ansprüche anführen, daß verworfen wird, Rechtsakte des NS-Staates nach heutigen rechtsdogmatischen Kriterien oder den heutigen gültigen Gesetzen der BRD zu beurteilen. Anzuwenden ist die Weimarer Reichsverfassung in der Veränderung, die sie durch das NS-Recht erfahren hat. Ich vergröbere hier ganz bewußt. Die entsprechenden Regelungen wären nur für die staatliche Normallage geschaffen und taugten nicht für die Kriegs- oder Besatzungssituation.[7]

Forderung der Ausgangsverfahren war lediglich eine Entgeltzahlung für geleistete Zwangsarbeit, also sozusagen die Klage auf den Lohn.

Ein Amtshaftungsanspruch ist zwar regelmäßig ein Schadenersatzanspruch. Er würde aber auch die Herausgabe des Erlangten nach Bereicherungsrecht gemäß § 852 Abs. 2 BGB außerhalb der kurzen Verjährung umfassen. Die Frage wäre dann nur: von wem. Der öffentlich-rechtliche Erstattungsanspruch will eine ungerechtfertigte Vermögensverschiebung rückgängig machen. Dies kann auch die Bereicherung durch Arbeitsleistungen beinhalten, was dann einer Lohnentgeltzahlung entsprechen kann. Soweit sich dies gegen den Staat richtet, käme allenfalls nur das in Betracht, was diesem damals auch zugeflossen ist, also z.B. der Wert der Entgeltbeträge, die die SS erhalten hat.

Der Aufopferungsanspruch würde wieder zu einem Entschädigungsanspruch führen. Er betrifft die Vermögensschäden, die aus Eingriffen in nichtsvermögenswerte Rechtsgüter, wie Leben, Gesundheit und Freiheit entstanden sind. Dieser Anspruch würde das Problem des Lohnentgeltes überschreiten.

Zum Abschluß dieses Überblickes sei die Anmerkung erlaubt, daß dann, wenn man einen solch "profanen Anspruch", wie ein Entgelt für eine geleistete Arbeit verlangt, sich allerdings nicht wundern sollte, wenn man – vor allem nach so langer Zeit – profane juristische rechtsdogmatische Antworten erhält. Im rechtlichen Sinne ist dies nach dem System der Entschädigung eben gerade keine Wiedergutmachung, was nur moralisch befriedigen könnte. Dies wäre Aufgabe des Gesetzgebers.

B. Amtshaftungsanspruch

Der Amtshaftungsanspuch wird im wesentlichen aus zwei Gesichtspunkten abgelehnt:
- Zum einen wird vorgetragen, daß auch dann, wenn die Heranziehung der betroffenen Personen diesen gegenüber rechtswidrig war, sie dennoch keine Amtspflichtverletzung dargestellt hat. Dies deswegen, weil die Heranziehung der Zwangsarbeit vom Recht des NS-Staates gedeckt war.

---

[7] Eine stärkere Befassung mit dem Amtshaftungsanspruch scheint mir auch deswegen angebracht zu sein, weil jedenfalls die Ausführungen des Bundesverfassungsgerichts in seinem Beschluß für die Anwendung eines öffentlich-rechtlichen Erstattungsanspruch eine Reihe von sehr skeptischen Fragen aufwerfen, die im Ergebnis zur Unanwendbarkeit schon des deutschen Rechts führen sollen. Es wäre wünschenswert gewesen, auch im Sinne einer Prozeßökonomie, wenn sich hier das Bundesverfassungsgericht festgelegt hätte.

- Darüber hinaus scheitere ein entsprechender Anspruch an § 7 des Gesetzes über die Haftung des Reiches für seine Beamten (RBHG), wonach Ausländern gegenüber nur im Falle verbürgter Gegenseitigkeit gehaftet würde. Ich unterstelle hier, daß der Hauptanwendungsfall die Haftung gegenüber ausländischen Anspruchstellern ist.

I. Amtspflichtgemäßes Verhalten, trotz Rechtswidrigkeit im Verhältnis zum Bürger?

Eine Haftung des Staates für begangenes Unrecht kennt das geltende Recht schon seit Inkrafttreten des preußischen ALR (§§ 88, 89 ALR). Allerdings haftete dort der handelnde Beamte nur persönlich. Einer Haftung des Staates stand die Überlegung entgegen, daß der Staat auf rechtmäßiges Handeln beschränkt ist. Pflichtverletzungen konnten damit nur dem Beamten persönlich zugerechnet werden (sog. ultra-vires Theorie: "The King can do no wrong".)[8]. Rechtlich konstruiert wurde dieses Ergebnis durch die sogenannte Mandatstheorie: Zwischen Landesherr und Staatsdiener bestand ein privatrechtlicher Mandatskontrakt. Handelte der Beamte rechtmäßig, so wurde dieses Handeln dem Landesherrn zugerechnet. Handelte er unrechtmäßig, so überschritt er das ihm übertragene Mandat, da dieses sich nur auf rechtmäßiges Handeln erstreckte; bei Überschreiten des Mandats trat er dann aber – bildhaft gesprochen – in den Privatstand, so daß er ausschließlich als Privatperson haftete.[9]

1. Historischer Kontext

Wichtig ist insoweit, daß die Amtshaftung schon ihrem historischen Ursprung nach entscheidend auf das Innenrechtsverhältnis Staat (Landesherr) – Beamter abstellt. Haftungsgrund für die Amtshaftung sind nicht die sich aus dem Außenverhältnis Staat – Bürger ergebenden Rechtspflichten, sondern die sich aus dem Innenverhältnis Staat – Beamter ergebenden Pflichten. Amtspflicht i.S.d. § 839 BGB, Art. 34 GG ist damit die interne Dienstpflicht des Beamten gegenüber seinem Dienstherrn.[10]

Der Beamte erhielt mit dem ihm übertragenen Mandat auch gleichzeitig die Weisung, sich rechtmäßig zu verhalten. Beging der Beamte eine Amtspflichtverletzung, so verhielt er sich nicht mehr der Weisung entsprechend und haftete damit persönlich.[11]

2. Auseinanderfallen von Amtspflichtwidrigkeit und Rechtswidrigkeit

An diesem Rechtszustand hat sich auch durch das Inkrafttreten des BGB nichts geändert. Nachdem Versuche, eine unmittelbare Staatshaftung zu etablieren, scheiterten, knüpfte § 839 BGB an die Mandatstheorie an und statuierte die Eigenhaftung des Beamten. Auch Art. 34 GG (und der ähnlich lautende Art. 131 der Verfassung des Deutschen Reiches vom 11.08.1919)[12] haben hieran nichts geändert; Art. 34 GG legt ledig-

---

[8] *Ossenbühl*, Staatshaftungsrecht, 4.A. 1991 (zit.: Ossenbühl), § 4, S. 7 ff.
[9] *Ossenbühl*, § 4, S. 7; *Schoch*, Jura 1988, 585.
[10] *Schoch*, Jura 1988, 585 (S. 589).
[11] MünchKomm-BGB/*Papier*, § 839, Rdz. 5 ff.
[12] Art. 131: "Verletzt ein Beamter in Ausübung der ihm anvertrauten öffentlichen Gewalt die ihm einem Dritten gegenüber obliegende Amtspflicht, so trifft die Verantwortlichkeit grundsätzlich den Staat oder die Körperschaft, in deren Dienste der Beamte steht. Der Rückgriff gegen den Beamten

lich eine verfassungsrechtlich garantierte Schuldübernahme eines Staates und damit eine mittelbare Staatshaftung fest.[13]

Eine unmittelbare Organhaftung, wie sie z.B. das Privatrecht kennt (§§ 89, 31 BGB), existiert im Bereich des Staatshaftungsrechts nach wie vor nicht.[14]

Nach dem bisher hier Dargelegten ist damit ein Auseinanderfallen von Amtspflichtwidrigkeit und Rechtswidrigkeit ohne weiteres möglich. Die Staatshaftung knüpft nach wie vor an die persönliche Haftung des Amtswalters an. Diese ergibt sich – wie oben ausgeführt – aus einer Verletzung von Amtspflichten, die aus dem Innenverhältnis (Staat – Amtswalter) resultieren. Maßstab für die Entscheidung, ob eine Amtspflichtverletzung vorliegt oder nicht, ist damit allein das Innenverhältnis Staat – Beamter. Amtspflichten sind die persönlichen Verhaltenspflichten des Beamten hinsichtlich seiner Amtsführung. Diese werden im einzelnen jeweils durch den Staat festgeschrieben, entweder durch Verwaltungsvorschriften oder durch die allgemeine Anweisung, sich den Gesetzen entsprechend zu verhalten (vgl. §§ 52 ff. BBG). Damit kann eine Amtshandlung amtspflichtwidrig, aber rechtmäßig sein[15]. Der Beamte führt sein Amt so, wie die Behörde ihm dies im Innenverhältnis durch Verwaltungsvorschrift vorschreibt. Der Beamte ist vielmehr kraft Gesetzes verpflichtet, die Weisung in Form der Verwaltungsvorschrift zu befolgen (vgl. § 55 S. 2 BBG).[16]

Dieser Ansicht hat sich der BGH – mit Einschränkungen – schon sehr frühzeitig in seinen Entscheidungen angeschlossen [17], die er trotz heftiger Kritik im Schrifttum[18] in späteren Entscheidungen fortführte.[19] Der BGH stellt – anknüpfend an das Modell der mittelbaren Staatshaftung – auch entscheidend darauf ab, daß Weisungen des Dienstherrn für den Beamten nach geltendem Recht bindend sind (vgl. §§ 55 f. BBG).[20] Entsprechend war die Rechtslage auch zur Zeit des NS-Regimes. Diese bindende Wirkung entfällt nur dann, wenn der Beamte sich nach geltendem Recht durch die Ausführung der Weisung strafbar machen würde und dies für ihn auch erkennbar war (§ 56 Abs. 2, S. 3 BBG).[21]

Dies dürfte vorliegend der zentrale Punkt sein, da die Heranziehung zur Zwangsarbeit offensichtlich durch entsprechende Rechtsverordnungen gedeckt war, die selbst wohl ihre materielle Rechtsgrundlagen im Ermächtigungsgesetz von 1933 fanden. Nach unserem heutigen Rechtsstaatsverständnis ist dies nur schwer erträglich. Zumindest ist aber die Erkennbarkeit für den jeweils handelnden Beamten zu problematisieren, da

---

bleibt vorbehalten. Der ordentliche Rechtsweg darf nicht ausgeschlossen werden.
Die nähere Regelung liegt der zuständigen Gesetzgebung ob."

[13] *Ossenbühl*, § 4, S. 7 ff.
[14] MünchKomm-BGB/*Papier*, § 839, Rdz. 8 ff.
[15] Bsp.: Ein Beamter erläßt eine Baugenehmigung, da die gesetzlichen Voraussetzungen erfüllt sind. Es existiert aber eine Verwaltungsvorschrift, die besagt, daß in Fällen wie dem vorliegenden keine Baugenehmigung erteilt werden darf und umgekehrt.
Handelt der Beamte in dem erwähnten Beispiel gemäß der Verwaltungsvorschrift und erteilt die Baugenehmigung nicht, so liegt keine Amtspflichtverletzung vor.
[16] MünchKomm-BGB/*Papier*, § 839, Rdz. 165.
[17] BGH NJW 1959, 1629.
[18] Vgl. MünchKomm-BGB/*Papier*, § 839 BGB.
[19] BGH JZ 1977, 398; VersR 1985, 588; VersR 1986, 372.
[20] Vgl. auch RGRK/*Kreft*, § 839, Rdz. 170.
[21] BGH NJW 1959, 1629.

dieser sich wohl im Einklang mit der Rechtsordnung wähnte. Damit würde es an einer Amtspflichtverletzung des jeweils handelnden Beamten fehlen, da er sein Amt so ausführte, wie es ihm aufgetragen wurde.[22] Da diese Weisungen bzw. Gesetze für ihn nach dem eben Gesagten bindend gewesen wären, ließe sich auf diese Weise keine Staatshaftung konstruieren.

Es fragt sich aber, ob nicht gerade in Fällen wie dem vorliegenden dieser Mandatstheorie eine deutliche Grenze gezogen werden muß. Ansatzpunkt einer Einschränkung nach geltendem Recht ist ja ohnehin, daß der Beamte auch bei der Ausführung von Amtshandlungen nach Weisungen nicht gegen die Strafgesetze verstoßen darf. Insoweit kann es z.B. auch nicht eine amtspflichtgemäße Tötung aufgrund des Schießbefehles geben. Deshalb ist der zuständige Strafsenat des BGH immer von dem Grundsatz ausgegangen, daß das Grenzregime der DDR nicht mit den sonst üblichen Formen bewaffneter Grenzsicherung gleichgesetzt werden könne. Ein Befehl, die Flucht um jeden Preis – ggf. durch die Tötung des Flüchtlings – zu verhindern, war auch unter den besonderen Verhältnissen an der innerdeutschen Grenze ein so schweres Unrecht, daß etwaige Rechtfertigungsgründe des DDR-Rechtes unbeachtlich sind, weil sie gegen die allen Völkern gemeinsam auf Wert und Würde des Menschen bezogene Rechtsüberzeugungen verstoßen.[23]

Für den vorliegenden Fall bedeutet dies, daß zu untersuchen ist, wo hier in diesem Sinne der Rubikon überschritten sein könnte. Dies führt zwangsläufig dazu, daß möglicherweise zwischen verschiedenen Formen der Zwangsarbeit differenziert werden muß. Dies wäre möglicherweise bei Fällen, wo es um verfügte Landarbeit auf einem Bauernhof geht, anders zu beurteilen als in den Fällen, wo die Zwangsarbeit in räumlicher und organisatorischer Nähe zu den KZs ein Teil der NS-Vernichtungsmaschinerie war, dem viele KZ-Häftlinge auch – aber eben anders – zum Opfer fielen.

Hier fällt es nur schwer, Rechtfertigungsgründe des NS-Rechtes im Sinne eines bindenden Befehles heranzuziehen, wenn diese Variante eben auch zur Tötung von Menschen geführt hat, was von den Amtswaltern gewußt und billigend in Kauf genommen wurde.

Es ist klar, daß diese Variante die Untersuchung und den Nachweis im Einzelfall voraussetzt, was in einem solchen Verfahren sicher nicht immer einfach ist. Auch führt dieser Gedankengang von der bloßen Forderung für Lohnersatzleistungen weg und voll in die Entschädigungs- und Schadenersatzfrage.

Wenn man diesem Ansatz aber nicht folgt, würde dies nicht bedeuten, daß eine Haftung des Staates ganz ausscheidet.[24]

In Frage kommt vielmehr eine Haftung des Staates aufgrund der von der Reichsregierung erlassenen Rechtsvorschriften bezüglich der Verbringung der KZ-Häftlinge zur Zwangsarbeit. Die Mitglieder der Reichsregierung stellen insoweit Amtswalter des Staates und damit Beamte im haftungsrechtlichen Sinne dar.[25]

Diese Rechtsverordnungen waren auch im Außenverhältnis zum Bürger rechtswidrig, da sie weder dem Grundrechtskatalog der Weimarer Verfassung entsprachen,

---

[22] MünchKomm-BGB/*Papier*, § 839, Rdz. 165.
[23] Vgl. BGH NJW 1996, 2042.
[24] *Schoch*, Jura 1988, 585, 589; BGH NJW 1959, 1629.
[25] MünchKomm-BGB/*Papier*, § 839, Rdz. 111.

noch dem Mindeststandard nach geltendem Völkerrecht, das insoweit gem. Art. 4 der Verfassung des Deutschen Reiches vom 11.08.1919 unmittelbar Geltung hatte.[26] Die weiteren Haftungsvoraussetzungen der § 839 BGB, Art. 34 GG sind unproblematisch gegeben. Die Einschränkungen, die im Falle der Haftung für legislatives Unrecht gemacht werden, stellen im konkreten Fall keine unüberwindbaren Hürden dar. Im Fall des legislativen Unrechts ist regelmäßig vor allem die Frage der "Drittbezogenheit" der Amtspflicht (= Erlaß von rechtmäßigen Vorschriften) problematisch. Rechtsnormen werden grundsätzlich im Interesse der Allgemeinheit erlassen und nicht im Interesse des einzelnen. Der Schutz des einzelnen ist insoweit lediglich eine Reflexwirkung der in Frage stehenden Norm. Etwas anderes hat aber dann zu gelten, wenn sich die Amtspflicht – wie vorliegend – aus Grundrechten ergibt (Schutzpflicht des Staates); diese Amtspflichten sind stets drittschützend.[27] Um aber einer ausufernden Staatshaftung entgegenzuwirken, verlangt der BGH[28] als einschränkendes Kriterium, daß der Kreis der durch die Rechtsnorm potentiell Betroffenen von vorneherein überschaubar und bestimmbar ist und diese einer Sonderbelastung ausgesetzt ist. Dies dürfte vorliegend unschwer der Fall sein. Die in Frage stehenden Rechtsverordnungen wurden von Anfang an im Hinblick auf bestimmte, genau abgrenzbare Personengruppen (KZ-Häftlinge) erlassen; die für die Drittbezogenheit erforderliche Individualisierbarkeit der betroffenen Personengruppe[29] ist damit gegeben. Daß diese Personengruppen auch einer Sonderbelastung ausgesetzt waren, bedarf wohl keiner Erwähnung.

Damit kommt eine Staatshaftung gem. Art. 34 GG, § 839 BGB aufgrund legislativen Unrechts in Betracht.

II. Amtshaftung auch gegenüber Ausländern?

1. Nach h.L. in der Völkerrechtsliteratur können Schadenersatzansprüche von Ausländern aufgrund einer Amtspflichtverletzung grundsätzlich nur von dem jeweiligen Heimatstaat geltend gemacht werden. Die Verletzung des Staatsangehörigen stellt nach h.L. insoweit eine Verletzung des Heimatstaates in der Person des Angehörigen dar.[30]

Allein aus der Forderung der h.L., daß der Verletzte zunächst selbst Klage zu erheben hat, ergibt sich, daß ihm neben dem Anspruch des Heimatstaates ein eigener Anspruch zustehen muß. Der Anspruch des Heimatstaates kann damit schon aus rechtsdogmatischen Gründen einen eigenen Rechtsanspruch des Verletzten nicht ausschließen.

Dem entspricht die Rechtsprechung des Bundesverfassungsgerichts, die Ausgangspunkt unserer Betrachtung war.[31]

2. Problematisch ist in den vorliegenden Fällen, daß gem. § 7 RBHG (Gesetz über die Haftung des Reichs für seine Beamten)[32], der zum Zeitpunkt des Entstehens der in

---

[26] Art. 4: "Die allgemein anerkannten Regeln des Völkerrechts gelten als bindende Bestandteile des deutschen Reichsrechts."
[27] MünchKomm-BGB/*Papier*, § 839, Rdz. 221; *ders.*, in: MDHS, Art. 34, Rdz. 179.
[28] BGH NJW 1989, 101.
[29] *Ossenbühl*, § 7, S. 87.
[30] *Verdross/Simma*, Universelles Völkerrecht, 3. Aufl. S. 878.
[31] BVerfG DVBl. 1996, 981.
[32] RGBl. 1910, 798.

Frage stehenden Ansprüche galt und der nach h.M. in der Literatur[33] und nach der früheren Rechtsprechung des BGH[34] nach wie vor Geltung hat, eine Amtshaftung gegenüber Ausländern nur dann in Betracht kommt, wenn die Gegenseitigkeit gegenüber dem betreffenden Heimatstaat verbürgt ist. Dies ist nur in wenigen Fällen der Fall. Danach wäre ein Amtshaftungsanspruch ausgeschlossen.

Einen Lösungsansatz könnte hier eine sachgerechte Einordnung der beiden in Frage kommenden Schadenersatzansprüche bieten.

Hervorzuheben ist zunächst, daß beide Ansprüche inhaltlich weitgehend identisch sind.[35] Herzustellen ist in beiden Fällen in erster Linie der vorherige Zustand (Naturalrestitution); wenn dies nicht möglich ist, kommt die Leistung von Schadenersatz in Geld in Betracht.[36] Anknüpfungspunkt für eine Haftung ist in beiden Fällen, daß gegen eine Norm des Völkerrechts verstoßen wurde. Alle Staaten sind gehalten, Ausländern einen Mindeststandard an Rechten zu gewähren. Dies stellt eine allgemeine Regel des Völkerrechts dar, welche über Art. 25 GG (bzw. Art 131 WeimRVerf) unmittelbare Geltung hat und insoweit dem Bundesrecht vorgeht.[37]

Da die Ansprüche das gleiche Ziel verfolgen, kann die Theorie, daß der Staat, soweit er Ansprüche seiner Bürger geltend mache, einen eigenen Schaden liquidiere, nicht zutreffen.[38] Zumindest wird sie durch die Praxis widerlegt.[39] Einleuchtender erscheint insoweit die rechtliche Konstruktion einer Prozeßstandschaft: Der Heimatstaat setzt für seinen Bürger[40] auf internationalem Wege Ansprüche durch, die der betreffende Staat innerstaatlich nicht bereit ist, zu gewähren. In diesem Fall ist es dann aber unnötiger Formalismus, wenn der betreffende Staat innerstaatlich gerichtlich geltend gemachte Ansprüche unter Berufung auf das Gegenseitigkeitsprinzip abwehrt, diese aber dann erfüllen muß, sobald er auf internationalem Wege von dem betreffenden Heimatstaat in Anspruch genommen wird.

Das Gegenseitigkeitsprinzip macht nur dann Sinn, wenn der innerstaatlich gewährte (Rechts-) Standard höher ist als der sich aus dem internationalen Recht ergebende Standard und der Rechtsverstoß auf dieser höherliegenden innerstaatlichen Ebene angesiedelt ist.[41] Dann ergibt sich nämlich nicht die Möglichkeit, auf internationalem Wege (über den Heimatstaat) den Schadenersatz geltend zu machen. Insoweit kommt lediglich die Berufung auf Völkerrecht in Betracht, das in diesem Fall eben nicht verletzt ist.

Stellt die Amtspflichtwidrigkeit aber zugleich einen Verstoß gegen den völkerrechtlich gewährleisteten Mindeststandard dar, so ergibt sich bei Anwendung des Gegenseitigkeitsprinzips die oben dargestellte Konstellation: Der Verletzte kann seine Ansprüche auf innerstaatlichem Wege nicht geltend machen (ist nach h.L. aber trotz-

---

[33] *Ossenbühl*, § 7, S. 81 m.w.Nw.
[34] BGH Z 13, 241 vom Urt. v. 10.05.1954: Fortgeltung unter dem GG entschieden für Polen nach dem damaligen Stand.
[35] *Seidl-Hohenveldern*, Lexikon des Rechts, S. 277.
[36] *Verdross/Simma*, §§ 1294 ff.
[37] *Frowein*, JZ 1964, 358, 409.
[38] So aber das BVerfG, a.a.0.
[39] So ausdrücklich *Seidl-Hohenveldern*, Lexikon des Rechts, S. 277.
[40] Da generell Natrualrestitution geschuldet wird (vgl. *Verdross/Simma*, §§ 1294 ff.), ist der Leistungsempfänger in der Regel der Verletzte selbst.
[41] *Verdross/Simma*, § 1215.

dem zur Erschöpfung des Rechtsweges verpflichtet), wohl aber der Heimatstaat. Dies erscheint wenig sinnvoll.

Gegen eine Anwendung des Gegenseitigkeitsprinzips in diesen Fällen sprechen auch folgende Erwägungen: Der völkerrechtlich gewährleistete Mindeststandard stellt nach h.M. eine allgemeine Regel des Völkerrechts i.S.d. Art. 25 GG dar; zu diesem Mindeststandard zählt auch die Möglichkeit der gerichtlichen Geltendmachung dieser Rechte im Falle einer Verletzung.[42] Diese Grundsätze gelten gem. Art. 25 GG unmittelbar und gehen den allgemeinen Gesetzen vor. Dies bedeutet, daß für den Fall, daß die Amtspflichtverletzung zugleich eine Verletzung des völkerrechtlich gewährleisteten Mindeststandards darstellt (und nur für diesen Fall) die allgemeinen Regeln des Völkerrechts über Art. 25 GG das deutsche Amtshaftungsrecht modifizieren. Dies geschieht in einer Weise, daß in diesen Fällen das Gegenseitigkeitsprinzip keine Anwendung findet. Die innerstaatliche gerichtliche Geltendmachung des völkerrechtlichen Mindeststandards muß stets möglich sein.[43]

Fazit: Zumindest in den Fällen, in denen die Amtshaftpflichtverletzung zugleich einen Verstoß gegen den völkerrechtlich gewährleisteten Mindeststandard darstellt, erscheint es geboten, einen Amtshaftungsanspruch nicht an der fehlenden Gegenseitigkeit scheitern zu lassen.

C. Der öffentlich-rechtliche Erstattungsanspruch

I. Begriff und Voraussetzungen

Der öffentlich-rechtliche Erstattungsanspruch ist ein Rechtsinstitut, welches von Rechtsprechung und Lehre entwickelt wurde und der Rückabwicklung rechtsgrundloser Vermögensverschiebungen dient (Kehrseitentheorie).[44]

Es handelt sich um ein eigenständiges Institut des öffentlichen Rechts.[45] Der Erstattungsanspruch, nach dem rechtsgrundlose Vermögensverschiebungen auszugleichen sind, beherrscht als allgemeiner Rechtsgedanke auch das öffentliche Recht und ist Ausfluß des Grundsatzes der Gesetzmäßigkeit der Verwaltung.

Er setzt voraus, daß der Anspruchsgegner einen Vermögensvorteil i.S. der Verbesserung der Vermögenslage erreicht hat. Dies kann durch Leistung oder auf sonstige Weise geschehen.

In den vorliegenden Fällen war es ja zumeist so, daß auf "Anweisung" des Staates die Leistung des Zwangsarbeiters an den Dritten (Unternehmen etc.) erfolgte. Das gesamte maßgebliche Rechtsverhältnis ist nach hiesiger Auffassung öffentlich-rechtlicher Natur. Insoweit wird insgesamt ein öffentlich-rechtlicher Zweck verfolgt.[46]

Die Vermögensverschiebung muß schließlich rechtsgrundlos erfolgt sein. Hier ist besonders wichtig, daß der öffentlich-rechtliche Erstattungsanspruch nicht rechtswidrige, sondern rechtsgrundlose Vermögensverschiebungen korrigiert.

---

[42] *Frowein* JZ 1964, 412; *Verdross/Simma*, § 1212 ff.
[43] So ausdrücklich BVerfG NVwZ 1983, 89.
[44] BVerwG NJW 1993, 215.
[45] BVerwG NJW 1985, 2436.
[46] BFH NVwZ 89, 799; wie Fälle fehlgeleiteter Leistung.

Wesentlicher Kritikpunkt von Randelzhofer/Dörr[47] war an diesem Punkt, daß der Verwaltungsakt hätte nichtig sein müssen. Sowohl nach heutiger als auch damaliger Rechtslage lägen aber keine Nichtigkeitsgründe vor. Solche wären nur Unmöglichkeit der vom Verwaltungsakt angeordneten Rechtsfolge, absolute Unzuständigkeit der erlassenden Behörde, Verstoß gegen wesentliche Formvorschriften, Unsinnigkeit des Verwaltungsaktes, Fehlen eines Erklärungswillens. Der Bezug auf eine rechtswidrige Ermächtigungsnorm alleine reicht nicht aus.[48]

Dem muß zunächst entgegengehalten werden, daß die in der Nachkriegszeit vor Erlaß der Verwaltungsverfahrensgesetze von der h.M. verfolgte Evidenztheorie in der Literatur bereits zur Weimarer Zeit entwickelt wurde.[49] Bei einer ganz erheblichen Verletzung der an eine ordnungsgemäße Verwaltung zu stellenden Anforderungen kann die verbindliche Anerkennung des Verwaltungsaktes nicht erwartet werden. Dies kann auch materielle Gründe haben. Abzustellen ist auf das Erkenntnisvermögen des aufmerksamen und verständigen Staatsbürgers.[50] Bereits das LG Bonn hat im Vorlagebeschluß darauf hingewiesen, daß die Verschleppung der Zivilbevölkerung vom Internationalen Militärgerichtshof in Nürnberg als Verbrechen gegen die Menschlichkeit und Kriegsverbrechen beurteilt wurde. Soweit dies nach damaligem nationalsozialistischen Recht erlaubt war, ist dies unbeachtlich.[51] Diese Unverbindlichkeit ergreift das Außenverhältnis im Verwaltungsrechtsverhältnis mit Evidenz.

II. Die Anwendung deutschen Rechts

Das Bundesverfassungsgericht stellt in seiner angesprochenen Entscheidung Klärungsbedarf hinsichtlich der Geltendmachung des Territorialitätsprinzips[52] fest. Die Annektion Polens sei völkerrechtlich rechtsunwirksam gewesen und deswegen hätte im besetzten polnischen Gebiet polnisches Recht gegolten, wovon ohnehin auch die NS-Verwaltung ausgegangen wäre.

Zunächst ändert dies allerdings an den Fällen, wo eine Verbringung des Zwangsarbeiters auf das Reichsgebiet erfolgte, nichts. Hier besteht eindeutig ein öffentlich-rechtliches Rechtsverhältnis zu den deutschen Staatsorganen, unabhängig davon, ob dies von der Besatzungsverwaltung im besetzten Gebiet ausgegangen war. Bei der Verbringung in das Staatsgebiet durch Organe deutscher Staatsgewalt kann es hinsichtlich der territorialen Geltung deutschen Rechts keine Bedenken mehr geben.

Zwar besteht unstreitig ein Rechtsverhältnis zu der deutschen Staatsgewalt insoals Nutznießer der deutsche Staat war. Dieser in Form der SS, die Entgeltgebühren erhalten hat und die nach einhelliger Auffassung im haftungsrechtlichen Sinne[53] immer der deutschen Staatsgewalt zuzurechnen ist. Die SS war Teil der kriegsführenden Staatsmacht und in dieses System öffentlicher Gewaltausübung nahtlos integriert.[54] Deswegen

---

[47] A.a..O, S. 49 f.
[48] *Randelzhofer/Dörr*, a.a.O., S. 50.
[49] *Hatschek/Kurtzig*, Lehrbuch des deutschen und preußischen Verwaltungsrechts, 7./8. A., Leipzig 1931, § 16
[50] Vgl. *Wolff/Bachof*, Verwaltungsrecht I, 9. Aufl. § 51 I c 4.
[51] BGH NJW 1952, 1139.
[52] BVerfGE 1984, 90, 123 ff.
[53] *Randelzhofer/Dörr*, a.a.O., S. 39.
[54] OLG Stuttgart, RzW 1964, 425.

besteht auch keine Schwierigkeit, den bereicherungsrechtlichen Zufluß dem deutschen Staat zuzurechnen und nicht einem gesonderten SS-Vermögen, dessen Nachkriegsschicksal erst später geregelt wurde.

Da ich mir keinen Übergriff ins Völkerrecht erlauben will, soll die Frage dahingestellt bleiben, ob durch die Okkupation die territoriale Souveränität Polens durch die faktische Ausübung der Gebietshoheit durch die deutsche Besatzungsverwaltung eingeschränkt war.[55] Ausgehend vom Normalfall des öffentlichen Kollisionsrechts gilt der Grundsatz der Territorialität des Rechts in der Weise, daß die Bestimmungen des öffentlichen Rechts grundsätzlich nicht über die Landesgrenzen des rechtssetzenden Staates hinauswirken.[56]

Wenn man hier aber berücksichtigt, daß es einerseits verwaltungsrechtlich nur um die Bindung deutscher Staatsorgane (Personalitätsprinzip), die eine umfassende öffentliche Gewalt etabliert haben, an das eigene Recht geht, andererseits durch die gewährte Begünstigung völkerrechtlich die Souveränität des besetzten Staates nicht leidet, so mutet es schon treuwidrig an, deutsches Recht nicht zur Anwendung kommen zu lassen.[57] Das Problem geht vom Übergriff der deutschen Staatsgewalt aus. Diese führt zur Vermögensverschiebung über die Grenze. Insoweit kann auf die obigen Ausführungen zur Amtshaftung und den zu gewährenden Mindeststandard auch für Ausländer verwiesen werden. Ansonsten könnte die Problematik in der Tat nur einer völkerrechtlichen Lösung zugeführt werden.

III. Abschließende Regelung des Wiedergutmachungsrechts

Sonstige Ausschlußgründe beim Erstattungsanspruch sind nicht gegeben. Insbesondere ist nicht zwingend, wieso das Recht der Wiedergutmachung, welches einen abschließenden Ausgleich vorgesehen hat, für die vorliegenden Fälle gem. § 8 Abs. 1 BEG auch allgemeine Ansprüche ausschließen soll.[58] Es ist zwar richtig, daß das BEG Entschädigung – und kein Entgelt – für geleistete Zwangsarbeit vorsah.[59] Andererseits fallen die hier fraglichen Opfer von vornherein nicht in den Anwendungsbereich des BEG, so daß das Argument, daß diese Spezialregelung allgemeine Ansprüche generell ausschließe, nicht verfangen kann. Hierauf wurde von den Instanzgerichten auch hingewiesen. Voraussetzung eines Anspruches nach BEG war gem. § 4 Abs. 1 nämlich, daß der Anspruchsteller einen Wohnsitz oder dauernden Aufenthalt im Geltungsbereich des GG bzw. einen entsprechenden Bezug innerhalb des deutschen Reichsgebietes vom 31.12.1937 hatte. Dies ist in den streitigen Fällen regelmäßig nicht der Fall.

Das BEG-Schlußgesetz enthielt eine Zusammenfassung und Umgestaltung der Wiedergutmachungsansprüche und konnte demgemäß nur diejenigen ausschließen, die neu geregelt und vom Gesetz erfaßt waren. Die daneben bestehende Haftung aus allgemeinen Vorschriften war davon nicht erfaßt, die Haftung gegenüber ausländischen Rechtsträgern war ohnehin nach dem Londoner Schuldenabkommen zurückgestellt.[60]

---

[55] Vgl. *Verdross/Simma*, a.a.O., §§ 1038, 1154.
[56] BGHZ 31, 367, 371.
[57] Diese Problematik wird in der Entscheidung des BVerfG zumindest zwischen den Zeilen aufgeworfen.
[58] Vgl. OlG Stuttgart, RzW 1964, 425.
[59] Vgl. z.B. § 43 Abs. 3 BEG.
[60] Auch der BGH differenziert im Urt. v. 19.06.73, NJW 1973, 549, zwischen Leistungen nach dem

D. Aufopferungsanspruch

I. Rechtscharakter

Die öffentlich-rechtliche Aufopferung bildet die Entschädigungsgrundlage für hoheitliche Eingriffe in immaterielle Rechtsgüter wie Leben, Gesundheit und Bewegungsfreiheit.[61]

Sie ist insoweit mit dem enteignungsgleichen Eingriff vergleichbar. Die Ansprüche unterscheiden sich aber nur nach dem geschützten Rechtsgut.

Von der Entschädigungsregelung her kann eine angemessene Entschädigung verlangt werden, nicht voller Schadenausgleich.

Von daher paßt der Entgeltanspruch für eine solche Regelung von vornherein nicht.

II. Anspruchsvoraussetzungen

Von den Anspruchsvoraussetzungen her muß eine hoheitliche Maßnahme als Verletzungshandlung vorliegen.

Die Unmittelbarkeit des Eingriffs muß vorliegen, es muß sich also eine typische Gefahr in Form des Eingriffs verwirklichen (Haftungsbegrenzung).

Weiter muß ein Sonderopfer vorliegen.

Die Maßnahme muß dazu bestimmt sein, dem Gemeinwohl zu dienen und Primärrechtsschutz muß erfolglos gewesen sein.

Es gelten die Grundsätze der Enteignungsentschädigung.

Es bleibt aber das Problem, daß das Institut als Ausgleich für hoheitliche Eingriffe zum Wohl der Allgemeinheit geschaffen wurde.[62] Wo, wie hier, die Rechtsgrundlage als solches Unrecht darstellt, läßt sich schwerlich vortragen, daß der Eingriff in die Rechte des Betroffenen dem Wohle der Allgemeinheit gedient habe. Zu Recht wird deswegen eingewandt, daß der Aufopferungsanspruch nur innerhalb der staatlichen Normallage zur Anwendung kommen könne.

Es wäre dann ein Akt singulärer Rechtsfortbildung, wenn man die Aufopferung auch für die vorliegenden Fälle anwenden würde.

Da es im vorliegenden Fall nicht um ein verletztes Rechtsgut im Sinne der Immaterialität (Leben, Gesundheit und Freiheit) geht, sondern um wirtschaftliche Werte – es wird Lohnersatz geltend gemacht –, greift diese Anspruchsgrundlage von vornherein nicht ein.

Wie man die einzelne Freiheitsentziehung bemessen müßte, soll offenbleiben.

BEG und weitergehenden privatrechtlichen Ansprüchen, wobei dies nicht nur auf das Privatrecht beschränkt sein muß. Auch die Regelung der §§ 104 u. 111 BEG 1. Fassung sprechen für eine solche Auslegung.

[61] BGHZ 1966, 118.
[62] Bsp.: Impfschäden.

E. Ergebnis

Der Gesetzgeber bleibt aufgefordert, entsprechende Entschädigungsregelungen für die wenigen Überlebenden per Gesetz und/oder im Wege von völkerrechtlichen Verträgen zu regeln. Arbeit soll die individuelle Zukunft sichern. Sie dient der Selbstverwirklichung nur dann, wenn sie frei ist.

Günter Saathoff

Der Reparationsverzicht der Sowjetunion von 1953 – Hindernis für die Entschädigung von ZwangsarbeiterInnen?

1. Der polnische Staat hat weder durch den Reparationsverzicht von 1953, noch durch die Vereinbarung der Regierungen der Republik Polen und der Bundesrepublik Deutschland vom 16. Oktober 1991, die Grundlage der "Stiftung Deutsch-Polnische Aussöhnung" war, auf individuelle Ansprüche seiner BürgerInnen verzichtet.[1]

Die Betonung dieses Sachverhaltes ist deshalb so wichtig, weil das Bundesverfassungsgericht in seinem obiter dictum zu der Zwangsarbeiter-Entscheidung vom 13. Mai 1996 (2 BvL 33/93) bei der Prüfung von individuellen Ansprüchen unter anderem den erkennenden Gerichten aufgetragen hatte, zu berücksichtigen, ob die jeweiligen Staaten ggf. bei ihren Reparationsverzichten auch auf alle individuellen Ansprüche ihrer BürgerInnen mitverzichtet hätten. Nachdem der polnische Staat seit Jahrzehnten mehrfach deutlich gemacht hat, daß für ihn der Reparationsverzicht von 1953 – der im übrigen in seinem Geltungsbereich[2] noch weitergehender war als der sogleich zu behandelnde Reparationsverzicht der Sowjetunion – nur für die üblicherweise vom Reparationsrecht umfaßten *staatlichen* Ansprüche, nicht aber die individuellen Ansprüche seiner BürgerInnen (gegen den deutschen Staat oder deutsche Firmen) Geltung habe,[3] ist zusätzlich eine Passage aus der oben genannten Vereinbarung von 1991 bemerkenswert. Dort heißt es u.a.:

"Die Regierung der Republik Polen bestätigt, daß sie die Fragen, die Gegenstand dieser Vereinbarung sind, für endgültig geregelt hält. Die Regierung der Republik Polen wird keine weiteren Ansprüche polnischer Bürger mehr geltend machen, die sich aus einem Zusammenhang mit nationalsozialistischer Verfolgung ergeben könnten. Beide Regierungen sind sich darin einig, daß dies keine Einschränkung der Rechte von Bürgern beider Staaten bedeuten soll."

Man wird davon ausgehen können, daß die Bundesregierung gerade deshalb keine Schwierigkeiten gehabt hat, diesem zuletzt zitierten Satz zuzustimmen, weil sie noch im Jahre 1991 die Gewißheit hatte, daß vor deutschen Gerichten die Rechtsauffassung Bestand haben würde, derartige Ansprüche könnten nicht seitens der Individuen selbst, sondern nur von Staat zu Staat geltend gemacht werden. Mit der genannten Entscheidung des BVerfG stellt sich aber eine neue Lage dar, die grundsätzlich polnische ZwangsarbeiterInnen in ihrer Rechtsposition stärkt. Dies gilt insbesondere deshalb, weil von dem genannten Abkommen von 1991 über die Entschädigung für nationalsozialisti-

---

[1] Vgl. hierzu den Beitrag von *Jerzy Kranz* in diesem Band S. 111 ff.
[2] Im Gegensatz zu der bis heute strittigen Frage, ob der Reparationsverzicht der Sowjetunion nur Gegenüber der DDR oder gegenüber ganz Deutschland galt, hat die polnische Seite historisch mehrfach deutlich gemacht, daß sie ihn als gegenüber ganz Deutschland verstanden wissen wollte.
[3] Bemerkenswert hierzu bereits die Ausführungen des damaligen polnischen Außenministers Skubiszewski aus dem Jahre 1989 vor dem polnischen Seym, die in der Publikation des Deutschen Bundestages "Zur Sache – Themen parlamentarischer Beratung" mit dem Titel 'Entschädigung für NS-Zwangsarbeit' Nr. 6/90, Bonn 1990 auf den Seiten 236 ff. dokumentiert sind.

sche Verfolgung die Entschädigung für NS-Zwangsarbeit als solche nicht mitumfaßt war, da es sich im Verständnis der Bundesregierung um keinen Fall des Entschädigungsrechts handelt. Wie aber sieht der Sachverhalt für die Betroffenen aus, die aus einem Nachfolgestaat der ehemaligen Sowjetunion kommen?

2. Bekanntermaßen waren die sowjetischen ZwangsarbeiterInnen (die "OstarbeiterInnen") die größte Betroffenengruppe, die zudem vom NS-Regime am schlechtesten behandelt wurde. Sollte es zu weiteren Prozessen von Betroffenen gegen den deutschen Staat oder deutsche Firmen kommen, wäre auch hier von den Gerichten zu prüfen, inwieweit der Reparationsverzicht der Sowjetunion vom 22. August 1953 gegenüber Deutschland oder spätere Vereinbarungen Deutschlands mit den Nachfolgestaaten einer Realisierung individueller Ansprüche entgegensteht. Der Wortlaut des Reparationsverzichts liegt dem Verfasser ebenso wie der Wortlaut des Notenwechsels zur Errichtung von Stiftungen in Rußland, der Ukraine und Weißrußlands in russischer und in deutscher Sprache vor.[4]

Der Reparationsverzicht der Sowjetunion von 1953 hat – leicht gekürzt – folgenden Wortlaut:

<u>"Protokoll über Einstellung der Erhebung der deutschen Reparationszahlungen und über andere Maßnahmen zur Erleichterung der mit den Folgen des Krieges verbundenen finanziellen und wirtschaftlichen Verpflichtungen der Deutschen Demokratischen Republik</u>

Ausgehend davon, daß Deutschland seinen mit den Folgen des Krieges verbundenen finanziellen und wirtschaftlichen Verpflichtungen gegenüber der UdSSR, den USA, England und Frankreich in bedeutendem Maße nachgekommen ist, und mit Rücksicht auf die Notwendigkeit, die Wirtschaftslage Deutschlands zu erleichtern, sowie in Anbetracht dessen, daß die Sowjetregierung in der Note vom 15. August den Regierungen der USA, Englands und Frankreichs den Vorschlag unterbreitet hat, die mit den Folgen des Krieges verbundenen finanziellen und wirtschaftlichen Verpflichtungen Deutschlands gegenüber den vier Mächten wesentlich zu reduzieren, und daß eine Annahme dieser Vorschläge durch die Regierungen der genannten Westmächte die Verwirklichung dieser Maßnahmen für ganz Deutschland gewährleisten würde, desgleichen, daß die Verwirklichung dieser Vorschläge in bezug auf die Deutsche Demokratische Republik dem deutschen Volk eine wesentliche Hilfe sein wird, nicht nur in wirtschaftlicher Beziehung, sondern auch bei der Schaffung der Voraussetzungen für die Wiederherstellung der Einheit Deutschlands als (eines) friedliebenden und demokratischen Staats sowie für die Beschleunigung des Abschlusses des Friedensvertrags mit Deutschland –

---

[4] Der Reparationsverzicht in Form eines Protokolls wurde für die Sowjetunion vom damaligen Außenminister Molotow und für die damalige DDR von Otto Grotewohl unterzeichnet war. Der Verfasser folgt einer Übersetzung des Auswärtigen Amtes, die ihm auf Anfrage zur Verfügung gestellt wurde. Sie wird hier auszugsweise zitiert.

haben die Regierungen der Sowjetunion und der Deutschen Demokratischen Republik Besprechungen gepflogen und sind zu einem Übereinkommen über folgende Maßnahmen gelangt:

I.
Die Sowjetunion stellt im Einvernehmen mit der Regierung der Polnischen Volksrepublik (hinsichtlich ihres Anteils an den Reparationszahlungen) ab 1. Januar 1954 die Erhebung der Reparationszahlungen der Deutschen Demokratischen Republik sowohl in Form von Warenlieferungen als auch in jeder anderen Form völlig ein.
Der Deutschen Demokratischen Republik wird somit erlassen die Bezahlung der nach dem 1. Januar 1954 noch übrig gebliebenen Reparationssumme, die entsprechend der Erklärung der Sowjetregierung vom 15. Mai 1950 über Reduzierung der Reparationslieferungen Deutschlands an die Sowjetunion
2 537 000 000 Dollar in Weltpreisen des Jahres 1938 beträgt. (...)

IV.
Die Sowjetregierung erklärt, daß sie der Deutschen Demokratischen Republik die aus den Besatzungskosten seit 1945 entstandenen Schulden in ausländischer Währung völlig erläßt. In diesem Zusammenhang erklärt die Sowjetunion ferner, daß Deutschland die staatlichen Nachkriegsschulden an die Sowjetunion erlassen sind."

Bezüglich dieses Verzichtsprotokolls ist zunächst zu klären, ob dieser Verzicht nur gegenüber der damaligen Deutschen Demokratischen Republik oder gegenüber ganz Deutschland ausgesprochen wurde (Polen hat ausdrücklich, wie Skubiszewki ausgeführt hat, den Reparationsverzicht für ganz Deutschland erklärt)[5]. Für beide Versionen läßt das zitierte Protokoll eine gewisse Berechtigung zu, ist aber keinesfalls eindeutig. So hat auch ein interner Vermerk des Auswärtigen Amtes, der dem Verfasser vorliegt,[6] als Interpretation folgenden vorsichtigen Wortlaut:
"Diese Formulierungen dürften so zu verstehen sein, daß das begünstigte Rechtssubjekt nach dem Willen der Vertragsteile 'Deutschland als Ganzes' sein sollte, für das gewissermaßen die DDR-Regierung als Sprecher und Adressat aufgetreten ist."
Tatsache ist jedoch, daß nach Auskunft der Botschaft der Republik Rußland[7] die Sowjetunion resp. Rußland in der Folgezeit explizit nicht auf offene Reparationsforderungen hingewiesen oder bestanden hat; gleiches gilt auch für die Beratungen zum 2+4-Vertrag. Umgekehrt gilt aber auch, daß diesbezüglich weder die Sowjetunion noch im Nachgang einer der Nachfolgestaaten der UdSSR, insbesondere Rußland, Ukraine und Weißrußland, die die Begünstigten von Sonderregelungen zur Entschädigung von NS-Opfern waren, formell in einer Weise, wie es das BVerfG als Kriterium nennt, aus-

---

[5] Vgl. Fn. 4.
[6] Dieser Vermerk wurde dem Verfasser am 25.2.1998 per Fax vom Referat 503 des Auswärtigen Amtes übermittelt.
[7] Mündliche Auskunft seitens der russischen Botschaft in Bonn vom 4.2.1998 auf Anfrage des Verfassers.

drücklich für seine Bürger auf individuelle Ansprüche verzichtet hat. Ergänzend muß hier auch auf den Notenwechsel zwischen der Russischen Föderation und der Bundesrepublik Deutschland anläßlich der Vorbereitungen zur Gründung und Finanzierung der Stiftungen in den genannten Nachfolgestaaten der UdSSR verwiesen werden. Im Wortlaut der Note der Russischen Föderation vom 30. März 1993 als Empfangsbestätigung für die deutsche Note vom gleichen Tage heißt es am Ende:

"Die Leistung des oben genannten einmaligen finanziellen Beitrags regelt endgültig alle Probleme zwischen den Seiten, die sich aus den nationalsozialistischen Verfolgungen ergeben."

Und weiter – wie in dem Abkommen mit Polen –:

"Beide Regierungen sind sich darin einig, daß dies keine Einschränkung der Rechte von Bürgern beider Staaten bedeuten soll."

Der Sachverhalt stellt sich also weitgehend als identisch mit der Bewertung des polnischen Reparationsverzichts dar. Es ist vor diesem Hintergrund sogar eine zweitrangige Frage, ob der sowjetische Reparationsverzicht für ganz Deutschland oder nur im Hinblick auf die DDR galt. Denn entscheidend ist einerseits, daß die Sowjetunion offenbar ebenso wie Polen nicht auf die individuellen Forderungen ihrer BürgerInnen verzichtet hat und andererseits im Rahmen des Entschädigungsabkommens für spezifische NS-Unrechtsmaßnahmen eingeräumt hat, es gäbe noch individuelle Ansprüche, die von dem Verzicht nicht berührt, also "nicht eingeschränkt" werden sollten. Dies sind de facto aber wesentlich die Ansprüche wegen Zwangsarbeit, denn – wie bereits ausgeführt –, fallen nach der Definition der Bundesregierung gerade die Ansprüche aus der "Zwangsarbeit als solche" (Nachzahlung einbehaltenen Lohns etc.) nicht unter das Entschädigungsrecht für NS-Unrecht, sondern unterliegen dem Reparationsrecht.

Das Ergebnis der Prüfung der Eingangsfrage kann darum in eine rhetorische Frage gekleidet werden: Welchen Sinn sollte der ausdrückliche Hinweis in diesem Abkommen haben, individuelle Rechte – also Ansprüche von BürgerInnen – gegen eine der beiden Vertragsparteien sollten durch dieses Abkommen nicht eingeschränkt werden, wenn man nicht zugleich beidseitig davon ausgeht, es gäbe von früheren BürgerInnen der Sowjetunion derartige Ansprüche – und dies trotz des Verzichtsabkommens der Sowjetunion von 1953?

Oder mit anderen Worten: Hat mit der Unterzeichnung dieses Abkommens die Bundesrepublik Deutschland nicht anerkannt, daß es Ansprüche individuell Geschädigter außerhalb des Geltungsbereichs des Reparationsverzichts und zudem außerhalb des Geltungsbereichs des genannten Abkommens zur Entschädigung für spezifische NS-Verfolgungsmaßnahmen gibt, die auch von dem russischen "Entschädigungsverzicht" für Probleme "die sich aus nationalsozialistischen Verfolgungen ergeben", nicht erfaßt sind?

Die genannten Fragen und Interpretationen spielen vor allem eine Rolle, wenn die Erfolgsaussicht individueller Klageverfahren gegen die Bundesrepublik Deutschland oder gegen einzelne Firmen bewertet werden soll. Stellt man sich auf den Standpunkt, daß für diese Fragen eine *politische* Lösung gefunden werden sollte, wird vom Verfasser eine Bundesstiftung auf gesetzlicher Basis favorisiert. Sie wäre vom deutschen Staat und der Industrie zu finanzieren. Damit würden die oben aufgeworfenen Fragen völlig in den Hintergrund treten.

Jerzy Kranz*

Zwangsarbeit – 50 Jahre danach: Bemerkungen aus polnischer Sicht

I. Einleitung

Die Folgen des Zweiten Weltkriegs dauern nach 50 Jahren an. Durch neue Fakten, durch die noch lebenden NS-Opfer kommen sie wieder an die Tagesordnung – eine Vergangenheit, die nicht vergehen will, sowohl für die Opfer als auch für die Staaten.

Das deutsch-amerikanische Abkommen vom 19. September 1995 zur Entschädigung amerikanischer Opfer der NS-Verfolgung, der Fall Hugo Princz, das Urteil des Bundesverfassungsgerichts (BVerfG) vom 13. Mai 1996, das Urteil des Landgerichts Bonn vom 5. November 1997, der Antrag der Fraktion BÜNDNIS 90/DIE GRÜNEN vom 5. November 1997 zur Errichtung einer Bundesstiftung "Entschädigung für die NS-Zwangsarbeit", die öffentliche Debatte um die Entschädigung der tschechischen Opfer der NS-Verfolgung (im Rahmen des deutsch-tschechischen Zukunftsfonds) sowie ein an den Bundeskanzler gerichteter Brief von 82 amerikanischen Senatoren (vom 1. August 1997)[1] und die damit verbundene Entscheidung der Bundesregierung vom Januar 1998, der Conference on Jewish Material Claims against Germany 200 Millionen DM zur Verfügung zu stellen, um auf diese Weise die in Mittel- und Osteuropa lebenden jüdischen Opfer der NS-Verfolgung zu entschädigen – alle diese Elemente haben in den letzten drei Jahren zur Belebung der öffentlichen Debatte zum Thema Zwangsarbeit im Dritten Reich geführt.

Das Problem ist facettenreich, weil es politische, juristische und moralische Aspekte beinhaltet. Seit der Vereinigung Deutschlands konnte man glauben, daß Ereignisse aus der NS-Zeit eher ein Thema für Historiker sind. Warum also bleibt der geschichtliche Schatten immer präsent?

Der Kern des Problems liegt in der ungleichen und ungerechten Behandlung der NS-Opfer durch die Bundesrepublik. Viele – aber immer weniger – vergessene Opfer der NS-Verfolgung sind noch am Leben und leiden an Gesundheitsschäden, viele von ihren Ansprüchen sind nicht befriedigt worden. Die in den letzten Jahren geführte Debatte beweist vor allem, daß die Problematik der Entschädigung der NS-Opfer in verschiedenen multilateralen Regelungen mit der Bundesrepublik nicht genügend berücksichtigt worden ist. In diesem Zusammenhang trägt auch Deutschland die Konsequenzen politischer und juristischer Entwicklungen der Nachkriegszeit, die durch den kalten Krieg und durch seine eigene Politik verursacht worden sind.

---

* Dr. Jerzy Kranz war zur Zeit der Abfassung des Beitrages stellvertretender Direktor des Center for International Relations, Warschau.

[1] In diesem Brief bekunden die Senatoren ihre "tiefe Besorgnis (...) über die anhaltende Weigerung der deutschen Regierung, den Tausenden alternden Holocaust-Überlebenden in Osteuropa und der ehemaligen Sowjetunion eine Rente zu zahlen", Text in: Blätter für deutsche und internationale Politik, 1997, Nr. 9, S. 1151.

Die Reparations- und Entschädigungsproblematik wurde im 2+4-Vertrag von 1990 (im großen Teil auf Wunsch der Bundesrepublik) verschwiegen. Deutschland galt 1990 als friedlicher und anerkannter internationaler Partner (Mitglied der UNO, der NATO und der EU). Außerdem wäre die Debatte über finanzielle Aspekte der Kriegsverantwortung politisch und technisch (wie und in welcher Höhe sollte man die Ansprüche beziffern) sehr lang und kompliziert gewesen, was zu einer Verzögerung der 2+4-Verhandlungen hätte führen können.

Es erweist sich jedoch, daß diese Haltung die existierenden Probleme der Entschädigung nicht vom Tisch gebracht hat. Es gibt nämlich Ansprüche, vor allem mittel- und osteuropäischer NS-Opfer, die vernachlässigt und vergessen worden sind. Es geht dabei nicht nur darum, daß andere Staaten die finanzielle Last der Hilfe für die NS-Opfer tragen und daß manche Opfer ohne Entschädigung blieben, sondern es geht auch um die offenbar ungleiche Behandlung dieser Opfer.

Man schätzt (Stand 1944) die Zahl der Zwangsarbeiter in Deutschland auf 8 Millionen, darunter etwa zwei Millionen Polen. Die Zwangsarbeiter wurden vor allem durch die deutsche Industrie und deutsche Bauern beschäftigt. Daß dies eine Verletzung des Völkerrechts darstellte, wird auch von der deutschen Doktrin nicht bestritten[2].

II. Deutsche Zahlungen für die mittel- und osteuropäischen Opfer

Die Bundesrepublik Deutschland ist ihrer Verpflichtung, die sich aus der NS-Verfolgung und vor allem der Zwangsarbeit ergibt, zögerlich und nur unter Druck von außen und restriktiv nachgekommen.

Es ist bekannt, daß trotz verschiedener deutscher Zahlungen an die Opfer der NS-Verfolgung viele der Leistungen sehr spät erfolgten; Opfer in Mittel- und Osteuropa wurden bis Anfang der 90er Jahre nicht entschädigt; Leute, die dasselbe Kriegsschicksal erlebt haben, bekommen heute sehr verschiedene oder gar keine Leistungen; last but not least: manche NS-Verbrecher beziehen Renten von der Bundesrepublik.

Was die Leistungen der Bundesrepublik an die nichtdeutschen Opfer der NS-Verfolgung betrifft, wird offiziell die Summe von 100 Milliarden DM genannt. Diese ist aber im Kontext der mittel- und osteuropäischen Opfer zu dechiffrieren. Die Zahlungen an die (jüdischen und nichtjüdischen) Opfer der NS-Verfolgung in dieser Region beziffern sich auf etwa 1,8 Milliarden DM und erfolgten erst seit Anfang der 90er Jahre. Es handelt sich offiziell nicht um eine Entschädigung, sondern um eine humanitäre und freiwillige Geste der Bundesrepublik.

1991 wurde in Polen eine Stiftung gegründet, an die die Bundesrepublik einen einmaligen Beitrag in Höhe von 500 Millionen DM geleistet hat[3]. Der überwiegende

---

[2] A. Randelzhofer/O. Dörr, Entschädigung für Zwangsarbeit? Zum Problem individueller Entschädigungsansprüche von ausländischen Zwangsarbeitern während des Zweiten Weltkrieges gegen die Bundesrepublik Deutschland, Berlin 1994, S. 8–25.

[3] 1972 hat die Bundesrepublik (ex gratia) eine pauschale Summe von 100 Millionen DM an die polnische Regierung bezahlt, die als Wiedergutmachung für die NS-Opfer der pseudomedizinischen Versuche gedacht war. Im polnisch-deutschen Abkommen von 1975 wurden die Ansprüche der Versicherungsanstalten beider Staaten im Bereich von Renten und Unfällen geregelt, auch – aber nicht nur – für die Kriegszeit (wobei die Bundesrepublik nur für ihr damaliges Staatsgebiet gehaftet

Teil dieser Mittel ist durch die Stiftung an die Opfer – in Form von einmaliger und individueller Hilfe in durchschnittlicher Höhe von etwa 1.200 DM – ausgezahlt worden. Sie erfolgte nur zugunsten der in Polen lebenden Opfer. Vergleichbare Regelungen finden sich bei den Stiftungen, die in Rußland, Weißrußland und in der Ukraine gegründet wurden. Die Tätigkeit der polnischen Stiftung hat sich gut bewährt.

Eine Milliarde DM wurde 1993 durch die Bundesregierung an ähnliche Stiftungen in Rußland (400 Millionen DM), Weißrußland (200 Millionen DM) und in der Ukraine (400 Millionen DM) ex gratia als Hilfe zu individuellen Auszahlungen bereitgestellt. Diese Lösung ist aber in dem Sinne ungeschickt, daß NS-Verfolgte aus Estland von der weißrußischen und diejenigen aus Litauen und Lettland von der russischen Stiftung mitbetreut werden. Für die Regierungen der drei baltischen Staaten hat die Bundesregierung in den letzten Jahren auch Hilfe in Höhe von jeweils zwei Millionen DM angeboten, die für soziale Projekte (also nicht für individuelle Zahlungen) verwendet werden soll.

Der deutsch-tschechische Zukunftsfonds wurde mit 165 Millionen DM (25 Millionen DM zahlt die tschechische Seite ein) ausgestattet – etwa dreiviertel davon für die NS-Opfer. Der Fonds soll 1998 operativ sein. In Tschechien dauert noch die Debatte an, weil die Mittel des Fonds vor allem für Projekte benutzt werden sollen (z. B. Bau von Altenheimen oder Sanatorien). Diese Lösung ist von den tschechischen Opfern kritisiert worden, weil sie viel Zeit in Anspruch nimmt und ein Teil der Betroffenen inzwischen sterben wird.

Die in Albanien, Bulgarien, Ungarn, Rumänien und in der Slowakei lebenden NS-Opfer (vor allem Juden) wurden bisher von den deutschen Leistungen ausgeschlossen, weil es sich um die während des Krieges mit Deutschland verbündeten Länder handelt. In den Jahren 1998–2000 sollen zugunsten dieser Opfer insgesamt 80 Millionen DM von der Bundesregierung bereitgestellt werden.

Dieses Bild beweist, daß die deutschen Zahlungen an die NS-Opfer in Mittel- und Osteuropa sehr spät stattfanden, für viele zu spät, und daß sie – vor allem im Hinblick auf die Zahl der noch lebenden Opfer (über eine Million) – sehr gering sind. Anfang der 60er Jahre wurden die Zahlungen der Bundesrepublik für die NS-Opfer mit den westlichen Regierungen in bilateralen Abkommen pauschal geregelt, wobei sie großzügiger als im Falle der mittel- und osteuropäischen Länder waren.

III. NS-Verfolgung, deutsches Recht und deutsche Politik

1. Die offizielle deutsche Position zur Zwangsarbeit im Dritten Reich besteht darin, daß man die damit verbundenen Ansprüche als Teil der Kriegsreparationen betrachtet, wobei der Reparationsbegriff von der Bundesrepublik extensiv ausgelegt wird, so daß er jede Art von Verantwortlichkeit für den Krieg beinhaltet. Bis zur Schließung des 2+4-Vertrages im Jahre 1990 hat die Bundesrepublik immer behauptet, daß die endgültige Lösung der Reparationsfrage bis zu einer Friedensregelung zurückgestellt wird.

---

hat). Die damit verbundene Zahlung von 1,3 Milliarden DM an Polen gehört aber keinesfalls zu Reparations- oder Entschädigungsleistungen.

Die deutsche Gesetzgebung und die Praxis deutscher Gerichte gingen davon aus, daß die Zwangsarbeit an sich keine NS-Verfolgung und keinen Rechtstitel für individuelle Ansprüche darstellt. Sie wurde als eine Begleiterscheinung des Krieges betrachtet und nur in Verbindung mit besonderer NS-Verfolgung (im Sinne der Wiedergutmachungsgesetzgebung) berücksichtigt. In der Rechtsprechung deutscher Gerichte sind Klagen der Zwangsarbeiter zurückgewiesen worden. Die Begründung dafür waren unter anderem der Mangel entsprechender Normen im deutschen Recht, die Verjährung oder das Londoner Schuldenabkommen von 1953, welches die Frage von verschiedenen Ansprüchen bis zur Regelung der Reparationsfrage zurückgestellt hat.

Das Bundesentschädigungsgesetz hat die Anwendung des Bürgerlichen Gesetzbuches im Bereich der NS-Verfolgung ausgeschlossen, wobei die Definition der NS-Verfolgten im BEG restriktiv blieb[4]. Außerdem wurde dieses Gesetz nur auf einen bestimmten Personenkreis angewendet (diejenigen, die in Deutschland oder in westlichen Ländern – inklusive Israel – lebten). Das BEG betraf auch nicht Personen, die in den Staaten lebten, die keine diplomatischen Beziehungen zur Bundesrepublik hatten, also ganz bewußt mit Ausschluß der NS-Verfolgten in Mittel- und Osteuropa. Die Zwangsarbeit wurde im BEG nicht als ein selbständiger Entschädigungstitel betrachtet, sondern nur in Verbindung mit anderen Tatbeständen, die als Hauptprämissen galten[5].

Im Endeffekt, ist es zu einer kuriosen Situation gekommen, in der nicht die Verfolgung, sondern der Wohnsitz über die Entschädigung entscheidet. Dies hat mit der Gleichbehandlung der NS-Opfer wenig zu tun.

Die Anträge im Rahmen des BEG waren spätestens bis 1969 zu stellen. Nach der Vereinigung, als die Hemmwirkung des Art. 5 (2) des Londoner Schuldenabkommens entfallen ist, können diejenigen NS-Opfer, die früher ausgeschlossen waren, ihre Entschädigungsansprüche aufgrund des BGB stellen (so das Landgericht Bonn in seinem Urteil vom 5. November 1997).

---

[4] "§ 1. (1) Opfer der nationalsozialistischen Verfolgung ist, wer aus Gründen politischer Gegnerschaft gegen den Nationalsozialismus oder aus Gründen der Rasse, des Glaubens oder der Weltanschauung durch nationalsozialistische Gewaltmaßnahmen verfolgt worden ist und hierdurch Schaden an Leben, Körper, Gesundheit, Freiheit, Eigentum, Vermögen, in seinem beruflichen oder in seinem wirtschaftlichen Fortkommen erlitten hat [Verfolgter]"; "§ 3. Der Verfolgte hat Anspruch auf Entschädigung nach diesem Gesetz". Es folgt daraus, daß nicht alle Opfer des Nationalsozialismus als NS-Verfolgte im Sinne des BEG gelten (z.B. nicht jeder Häftling eines Konzentrationslager als NS-Verfolgte gilt).

[5] Z.B. gemäß § 43 BEG: "[Entschädigung für Freiheitsentziehung] (1) Der Verfolgte hat Anspruch auf Entschädigung, wenn ihm in der Zeit vom 30. Januar 1993 bis 8. Mai 1945 die Freiheit entzogen worden ist. (...) (2) Freiheitsentziehung sind insbesondere polizeiliche oder militärische Haft, Inhaftnahme durch die NSDAP, Untersuchungshaft, Strafhaft, Konzentrationslagerhaft und Zwangsaufenthalt in einem Ghetto. (3) Der Freiheitsentziehung werden Leben unter haftähnlichen Bedingungen, Zwangsarbeit unter haftähnlichen Bedingungen und Zugehörigkeit zu einer Straf- oder Bewährungseinheit der Wehrmacht gleichgeachtet". Dabei müssen aber zuerst die (restriktiven) Bedingungen des § 1 erfüllt werden. Zu beachten bleibt auch, daß viele Zwangsarbeiter nicht unter haftähnlichen Bedingungen ihre Arbeit geleistet haben, wobei sie ihrer Freiheit trotzdem beraubt worden waren. In diesem Kontext ist diese Regelung diskriminierend und entspricht nicht der Regelung der HLKO (1907).

2. In ihrer neuesten Stellungnahme aus dem Jahre 1996[6] zur Frage der Zwangsarbeit betont die Bundesregierung, die Forderungen der während des Zweiten Weltkrieges in Deutschland beschäftigten Zwangsarbeiter

"können nach allgemein anerkannten völkerrechtlichen Grundsätzen nicht von einzelnen Personen und auch nicht gegen einzelne Personen oder privatrechtliche juristische Personen, sondern nur von Staat zu Staat als Reparationsverlangen geltend gemacht werden. (...) Deutsche Privatunternehmen können deshalb von ausländischen Zwangsarbeitern nicht in Anspruch genommen werden. Auch deutsche Gesetze sehen solche Ansprüche nicht vor"[7].

Die Bundesregierung erinnert auch an den Verzicht Polens von 1953 auf weitere Reparationen gegenüber ganz Deutschland. Die Bundesregierung stellt gleichzeitig fest:

"... dem Zweck der Reparationen als Teil eines friedensstiftenden und friedenssichernden Prozesses ist zu entnehmen, daß solche Regelung in einem zeitlich angemessenen Zusammenhang mit der Beendung des Kriegszustandes zu erfolgen habe (...). 50 Jahre nach der Beendigung des Zweiten Weltkrieges (...) hat die Reparationsfrage ihre Berechtigung verloren". Mit anderen Worten, mal war es zu früh, nun ist es zu spät.

Diese Argumentation erinnert an eine politische Manipulation, weil der Umfang deutscher Reparationen nie definitiv bestimmt wurde und weil die Bundesrepublik jahrelang betonte, daß die sich aus dem Zweiten Weltkrieg ergebenden Ansprüche bis zu einer Friedensregelung warten müssen. Außerdem, noch vor einer Friedensregelung war die Bundesregierung in manchen bilateralen Abkommen bereit, Entschädigungen für die Opfer der NS-Verfolgung zu zahlen.

3. Gemäß Art. 52 der Ordnung der Gesetze und Gebräuche des Landkriegs – HLKO (1907) "Naturalleistungen und Dienstleistungen können von Gemeinden oder Einwohnern nur für die Bedürfnisse des Besatzungsheers gefordert werden. Sie müssen im Verhältnisse zu den Hilfsquellen des Landes stehen und solcher Art sein, daß sie nicht für die Bevölkerung die Verpflichtung enthalten, an Kriegsunternehmungen gegen ihr Vaterland teilzunehmen"[8]. Diese Bestimmung galt in der Kriegszeit auch für Deutschland und sie drückt eine Norm des universellen Völkerrechts aus.

Es ist wahr, daß die Verantwortlichkeit für eine solche Verletzung des Völkerrechts üblicherweise in Rahmen einer Friedensregelung stattfindet. Die Regelung der aus dem Krieg herrührenden Ansprüche wurde in manchen multilateralen Nachkriegsverträgen bis zur Friedensregelung zurückgestellt (diese Verträge wurden aber nur zwischen der Bundesrepublik und ihren westlichen Alliierten geschlossen). In der Zwischenzeit – nicht ohne Druck der Westmächte – wurde in der Bundesrepublik die Ge-

---

[6] Unterrichtung durch die Bundesregierung. Umfassender Bericht über bisherige Wiedergutmachungsleistungen deutscher Unternehmen, in: BT-Drs. 13/4787 vom 3.6.1996.
[7] Diese Stellungnahme der Bundesregierung, die zeitlich nach der Entscheidung des BVerfG im Bundestag abgegeben wurde, nimmt allerdings hierauf keinen Bezug.
[8] Gemäß Art. 3 des Abkommens betreffend die Gesetze und Gebräuche des Landkriegs von 1907 (IV. Haager Abkommen), "Die Kriegspartei, welche die Bestimmungen der bezeichneten Ordnung [Ordnung der Gesetze und Gebräuche des Landkriegs, JK] verletzen sollte, ist gegebenen Falles zum Schadensersatz verpflichtet. Sie ist für alle Handlungen verantwortlich, die von den zu ihrer bewaffneten Macht gehörenden Personen begangen werden".

setzgebung zur Entschädigung (Wiedergutmachung) der NS-Opfer verabschiedet (50er-Jahre) und eine Serie von bilateralen Abkommen mit westlichen Ländern geschlossen. Dies stand offensichtlich nicht im Widerspruch zu einer zukünftigen Friedensregelung.

Der 2+4-Vertrag hat in dieser Hinsicht nicht sehr viel geändert, weil er finanzielle Aspekte der Verantwortlichkeit verschwiegen hat und die NS-Verfolgung nicht erwähnt. Für die Bundesregierung wurde damit das Reparationsproblem definitiv geregelt, wobei sie unter Reparationen alle gegen Deutschland aus dem letzten Krieg resultierenden Forderungen subsumiert.

Als Folge ist eine paradoxe Lage entstanden. Das IV. Haager Abkommen von 1907, das die Zwangsarbeit verbietet, war für Deutschland in der Kriegszeit geltendes Recht. Die Frage der Verantwortung für die Zwangsarbeit im Dritten Reich wurde mit Deutschland auf der völkerrechtlichen Ebene nicht geregelt (auch nicht im 2+4-Vertrag). Gleichzeitig wurde die deutsche Gesetzgebung so restriktiv verabschiedet und angewendet, daß sie nur manche Formen von NS-Verfolgung (mit Ausschluß der Zwangsarbeit) berücksichtigt hat. Im Endeffekt ist das IV. Haager Abkommen zu leeren Worten geworden. Es ist dabei zu erinnern, daß nach allgemein anerkannten völkerrechtlichen Grundsätzen sich kein Staat auf nationales Recht berufen darf, um sich seiner völkerrechtlichen Verpflichtungen zu entziehen.

Der Beschluß des BVerfG von 1996 und das Urteil des Landgerichts Bonn von 1997 bezeichnen zwar eine Änderung dieser Tendenz, sie bedeuten aber gleichzeitig eine Verzögerung der Durchsetzung weiterer Ansprüche der Opfer, vor allem wegen der Dauer jedes Prozesses.

IV. Reparationsfrage

1. Der Reparationsbegriff im Völkerrecht ist vieldeutig. Seine Bedeutung sollte jeweils anhand konkreter Texte definiert werden.

Im Zusammenhang mit dem Zweiten Weltkrieg ist zu bemerken, daß die Reparationsfrage und die völkerrechtliche Verantwortlichkeit Deutschlands nicht ausführlich und endgültig in einem Rechtsakt definiert worden sind. Zu einer angekündigten Friedensregelung (peace settlement) mit Deutschland ist es nie gekommen; sie wurde nolens volens durch verschiedene Teilregelungen ersetzt. Bei den Verhandlungen des 2+4-Vertrags wollte die Bundesrepublik um jeden Preis vermeiden, daß er "Friedensregelung" oder "Friedensvertrag" genannt wird, dies um verschiedene finanziellen Fragen nicht zu berühren, die normalerweise zu einer solcher Regelung gehören und die in früheren Verträgen bis zu einer Friedensregelung zurückgestellt worden sind.

Die Konsequenz davon war unter anderem, daß die Frage der Zwangsarbeit (als eine massive Verletzung des Völkerrechts) keine völkerrechtliche Lösung in einer Regelung mit Deutschland gefunden hat.

2. Das Potsdamer Abkommen

Im Teil IV (Reparationen aus Deutschland) des Potsdamer Abkommens von 1945 stellen die drei Mächte fest: "In Übereinstimmung mit der Entscheidung der Krim-Kon-

ferenz⁹, wonach Deutschland gezwungen werden soll, in größtmöglichem Ausmaß für die Verluste und die Leiden, die es den Vereinten Nationen verursacht hat, und wofür das deutsche Volk der Verantwortung nicht entgehen kann, Ausgleich [englisch: to compensate] zu schaffen, wurde folgende Übereinkunft über Reparationen erzielt:
   1. Die Reparationsansprüche [reparation claims] der UdSSR sollen durch Entnahmen aus der von der UdSSR besetzten Zone in Deutschland und durch angemessene deutsche Auslandsguthaben im Ausland befriedigt werden.
   2. Die UdSSR wird die Reparationsansprüche Polens aus ihrem eigenen Anteil an den Reparationen befriedigen. (...)
   8. Die Sowjetregierung verzichtet auf alle Ansprüche bezüglich der Reparationen aus Anteilen an deutschen Unternehmungen, die in den westlichen Besatzungszonen in Deutschland gelegen sind. Das gleiche gilt für deutsche Auslandsguthaben in allen Ländern, mit Ausnahme der weiter unten in § 9 gekennzeichneten Fällen.
   9. Die Regierungen der Vereinigten Staaten und des Vereinigten Königreiches verzichten auf ihre Ansprüche im Hinblick auf Reparationen hinsichtlich der Anteile an deutschen Unternehmungen, die in der östlichen Besatzungszone in Deutschland gelegen sind. Das gleiche gilt für deutsche Auslandsguthaben in Bulgarien, Finnland, Ungarn, Rumänien und Ostösterreich".

Die weiteren Einzelbestimmungen dieses Teils beweisen eindeutig, daß es sich um Reparationen handelte, die die Staaten wegen der Kriegsführung und der Besatzung verlangen können und die vor allem industrielle Ausrüstung in Deutschland und deutsche Auslandsguthaben als Ziel hatten.

Der Inhalt des Potsdamer Abkommens deutet schon in diesem Zusammenhang unterschiedliche Meinungen der drei Mächte an, was die Summe der deutschen Reparationen betrifft. Sie einigten sich zu dieser Zeit auf folgende Formel: jeder befriedigt sich mit den Reparationen aus der eigenen Besatzungszone und aus dem deutschen Vermögen im Ausland¹⁰. Die Reparationsansprüche anderer Länder (mit Ausnahme Polens) wurden in diesem Kontext noch nicht geklärt.

Das Potsdamer Abkommen erwähnt zwar "die Verluste und die Leiden" der Vereinten Nationen, schweigt aber über die Ansprüche der Bürger, die wegen des Krieges und der Verletzungen des Völkerrechts gelitten haben. Es ist klar, daß das erste Ziel der drei Mächte die Schwächung deutschen Potentials und die Entschädigung für materielle Kriegsverluste waren. Die Reparationsfrage wurde aber in Potsdam weder um-

---

⁹ "1. Germany must pay in kind for the losses caused by her to the Allied nations in the course of war. (...). 2. Reparation in kind is to be exacted from Germany in three following forms: a) Removals within 2 years from the surrender of Germany or the cessation of organised resistance from the national health of Germany located on the territory of Germany herself as well as outside her territory (equipment, machine-tools, ships, rolling stock, Germany investments abroad, shares of industrial, transport and other enterprises in Germany etc.), these removals to be carried out chiefly for purpose of destroying the war potential of Germany. b) Annual deliveries of goods from current production for a period to be fixed. c) Use of German labour", s. Protocol on the Talks between the Heads of the Three Governments at the Crimean Conference on the Question of the German Reparations in Kind, v. 11.2.1945.

¹⁰ Es ist in diesem Kontext zu bemerken, daß im Potsdamer Abkommen die Frage der deutschen Kriegs- und Handelsmarine nicht ein Teil des Reparationskapitels ist, sondern in einem separaten Kapitel V geregelt worden ist (Disposal of the Fleet).

fassend noch definitiv geregelt. Es ist verständlich, daß eine solche ausführliche Regelung drei Monate nach Kriegsende nicht realistisch war. Das Potsdamer Abkommen stellt also einen ersten Schritt in der Regelung der Verantwortlichkeit Deutschlands für den Zweiten Weltkrieg dar. Spätere Abkommen verweisen aber deutlich auf die endgültige Lösung in einer Friedensregelung mit Deutschland.

3. Friedensverträge aus dem Jahre 1947

Die Friedensverträge aus dem Jahre 1947 mit den Verbündeten Deutschlands unterscheiden zwischen "reparation and restitution" (Teil V) und "economic clauses" (Teil VI des Vertrags mit Ungarn). Der Friedensvertrag mit Ungarn ist auch ein Beispiel unterschiedlicher Regelung der Forderungen zwischen Ungarn und Deutschland einerseits und zwischen Ungarn und der Alliiertenkoalition andererseits[11].

Art. 23 (1) des Friedensvertrages mit Ungarn (Teil V), der die zentrale Bestimmung der Reparationsregelung darstellt, betrifft nur die Staaten:

"Losses caused to the Soviet Union, Czechoslovakia and Yugoslavia by military operations and by the occupation by Hungary of the territories of these States shall be made good (...). The Parties agree that compensation for the above losses will be made by Hungary (...) in the amount of $300,000,000 payable over eight years from January 20, 1945, in commodities (machine equipment, river craft, grain and other commodities)".

Eine andere Formel, die im Teil VI (economic clauses) formuliert wurde, ist in Art. 30 (4) vorgesehen:

"Without prejudice to these and to any other dispositions in favour of Hungary and Hungarian nationals by the Powers occupying Germany, Hungary waives on its own behalf and on behalf of Hungarian nationals all claims against Germany and German nationals outstanding on May 8, 1945, except those arising out of contracts and other obligations entered into, and rights acquired, before September 1, 1939. This waiver shall be deemed to include debts, all intergovernmental claims in respect of arrangements entered into in the course of the war and all claims for loss and damage during the war". Diese Lösung darf aber nicht als Beispiel für eine Regelung zwischen Kriegsgegnern benutzt werden.

4. Das Pariser Abkommen

"On Reparation from Germany, on the Establishment of an Inter-Allied Reparation Agency and on the Restitution of Monetary Gold" vom 14. Januar 1946, stellt unter anderem fest (Teil I, Art. 1 (A)): "German reparation (exclusive the funds to be allocated under Article 8 of Part I of this agreement), shall be divided into the following categories:

Category A, which shall include all forms of German reparation except those include in Category B,

---

[11] Vgl. auch den Staatsvertrag zwischen den vier Mächten und Österreich (1955), der zwischen den "aus dem Krieg herrührenden Ansprüchen" (Teil IV) und anderen Fragen, die im Teil V unter dem Titel "Eigentum, Rechte und Interessen" erfaßt werden, unterscheidet.

Category B, which shall include industrial and other capital equipment removed from Germany, and merchant ships and inland water transport"
(Terminologie übernommen aus dem Potsdamer Abkommen).

Der Inhalt des Abkommens beweist, daß es sich vor allem mit den als Kategorie B genannten Fragen beschäftigt. In diesem Zusammenhang soll man auch Art. 2 (A) interpretieren, in dem

"The Signatory Governments agree among themselves that their respective shares of reparation, as determines by the present Agreement, shall be regarded by each of them as covering all its claims and those of its nationals against the former German Government and its Agencies, of a governmental or private nature, arising out of the war (which are not otherwise provided for), including costs of German occupation, credits acquired during occupation on clearing accounts and claims against the Reichskreditkassen"[12].

Die Details des Abkommen zeigen, daß es keine endgültige Lösung darstellt. In Artikel 2 (B) kommt es genauer zum Ausdruck:

"The provisions of paragraph A above are without prejudice to:
(i) The determination at the proper time of the forms, duration or total amount of reparation to be made by Germany;
(ii) The right which each Signatory Government may have with respect to the final settlement of German reparation; and
(iii) Any political, territorial or other demands which any Signatory Government may put forward with respect to the peace settlement with Germany"[13].

Das Pariser Abkommen regelt nicht die Frage der Entschädigung für die NS-Verfolgten. Es ist aber zu bemerken, daß in Art. 8 des ersten Teiles des Abkommens über die Hilfe (aid) für manche NS-Verfolgte gesprochen wird und daß diese Problematik in Art. 1 (A) nicht als Reparation betrachtet wird[14]. Es ist auch zu berücksichtigen, daß

---

[12]   Diese Bestimmung wurde im Londoner Schuldenabkommen (1953) in dem Sinne geändert, daß diese Fragen bis zur endgültigen Regelung der Reparationen zurückgestellt worden sind.
[13]   Im Teil I, Artikel 2 (C) wird zusätzlich präzisiert, daß "Notwithstanding anything in the provisions of paragraph A above, the present Agreement shall not be considered as affecting: (i) The obligation of the appropriate authorities in Germany to secure at a future date the discharge of claims against Germany and German nationals arising out of contracts and other obligations entered into, and rights acquired, before the existence of a state of war between Germany and the Signatory Government concerned or before the occupation of its territory by Germany, whichever was earlier; (ii) The claims of Social Insurance Agencies of the Signatory Governments or the claims of their nationals against the Social Insurance Agencies of the former German Government; and (iii) Banknotes of the Reichsbank and the Rentenbank, it being understood that their realization shall not have the result of reducing improperly the amount of reparation and shall not be effected without the approval of the Control Council for Germany". Im Annex zu diesem Abkommen erklären manche Signatarstaaten ihre Absicht, auf die Reparationen aus der laufenden Produktion Deutschlands zu verzichten.
[14]   "Article 8. Allocation of a Reparation Share to Non-repatriable Victims of German Action. (...) D. The persons eligible for aid under the plan in question shall be restricted to true victims of Nazi persecution and to their immediate families and dependents, in the following classes: (i) Refugees from Nazi Germany or Austria who require aid and cannot be returned to their countries within a reasonable time because of prevailing conditions; (ii) German and Austrian nationals now resident in Germany or Austria in exceptional cases in which it is reasonable on grounds of humanity to assist such persons to emigrate and providing they emigrate to other countries within a reasonable period; (iii) Nationals of countries formerly occupied by the Germans who cannot be repatriated or are not

die Formel "claims (...) arising out of the war (which are not otherwise provided for)" eine Differenzierung beinhaltet, die zu einer besonderer Regelung mancher Ansprüche führen kann[15].

5. Das Londoner Abkommen

Das Londoner Abkommen von 1953 über deutsche Auslandsschulden ist ein weiterer Teil der völkerrechtlichen Regelung. In Artikel 4 wird der Gegenstand des Abkommens beschrieben und zwar die Zahlung der deutschen Auslandsschulden gegenüber anderen Signatarstaaten und ihren Rechtssubjekten[16]. Die Grundidee dieses Abkommens lag darin, daß die Zahlung der deutschen Auslandsschulden ordnungsgemäß stattfinden sollte, um sich nicht als kontraproduktiv zu erweisen. Andererseits ging es auch darum, daß keine neuen privaten Kredite und Investitionen zu erwarten waren, solange die Schuldenfrage nicht geregelt worden war.

Die Reparationsfrage wurde jedoch zurückgestellt. Gemäß Art. 5 (2):

"Eine Prüfung der aus dem Zweiten Weltkriege herrührenden Forderungen [claims, créances] von Staaten, die sich mit Deutschland im Kriegszustand befanden oder deren Gebiet von Deutschland besetzt war, und von Staatsangehörigen dieser Staaten gegen das Reich und im Auftrage des Reiches handelnde Personen, einschließlich der Kosten der deutschen Besatzung, der während der Besatzung auf Verrechnungskonten erworbenen Guthaben sowie der Forderungen gegen die Reichskreditkassen, wird bis zur endgültigen Regelung der Reparationsfrage zurückgestellt"[17].

Art. 5 (2) unterscheidet sich also von der in Art. 2 (A) des Pariser Abkommens vorgesehenen Formel und beweist damit, daß die Frage der aus dem Zweiten Weltkrieg herrührenden Forderungen erst in Zukunft endgültig geregelt sein sollte.

In Art. 5 (2) werden zwei Begriffe benutzt, ohne sie zu definieren: die aus dem Zweiten Weltkrieg herrührenden Forderungen und die Reparationen. Die erste Kategorie scheint auf jeden Fall breiter angelegt zu sein als die zweite[18]. Aus Art. 5 (2) läßt

---

[15] in a position to be repatriated within a reasonable time. (...) I. Nothing in this Article shall be considered to prejudice the claims which individual refugees may have against a future German Government, except to the amount of the benefits that such refugees may have received from the sources referred to in paragraphs A and C above".
S. zum Beispiel Fn. 13 und 14.

[16] Art. 4. Zu regelnde Schulden (1) Die gemäß diesem Abkommen und seinen Anlagen zu regelnden Schulden sind (a) nichtvertragliche Geldverbindlichkeiten, die der Höhe nach vor dem 8. Mai 1945 festgestellt und fällig waren; (b) Geldverbindlichkeiten aus Anleihe- und Kreditverträgen, die vor dem 8. Mai 1945 abgeschlossen wurden; (c) Geldverbindlichkeiten aus anderen Verträgen als Anleihe- und Kreditverträgen, sofern diese Verbindlichkeiten vor dem 8. Mai 1945 fällig waren".

[17] Es ist dabei zu erwähnen, daß Anfang 50er-Jahre, d.h. in der Zeit einer großen internationalen Spannung, die Amerikaner (unterstützt von den Briten, aber ohne Begeisterung der Franzosen) die Wiederbewaffnung der Bundesrepublik planten. Die Verhandlung der Reparationsfrage würde in diesem Zusammenhang die Beziehungen zu der Bundesrepublik nur belasten.

[18] Der Begriff von Forderungen wird übrigens in verschiedenen Verträgen uneinheitlich (in der deutschen Fassung) benutzt. Es ist auch zu erwähnen, daß "Forderung" eher im Zivilrecht und "Anspruch" eher im öffentlichen Recht angewandt werden. Zum Beispiel, im Potsdamer Abkommen werden die "reparations claims" als "Reparationsansprüche" übersetzt; im Friedensvertrag mit Ungarn (Art. 30 Abs. 4) - englisch und russisch als Originalsprachen - erwähnt man "claims against Germany and German nationals" (Forderungen, réclamations); im Londoner Schuldenabkommen (Art. 5 Abs. 1 und 2) - "claims" (créances, Forderungen); im Überleitungsvertrag (Teil VI, Art. 1)

sich nur herleiten, daß die unter das Abkommen fallenden Forderungen völkerrechtlich begründet und von anderen Staaten bzw. ihren Rechtssubjekte gegen das Reich und im Auftrage des Reiches handelnde Personen gerichtet sein müssen. Das Abkommen schließt dagegen nicht generell die Forderungen oder Ansprüche gegen andere deutsche Rechtssubjekte aus.

Polen gehörte nicht zu den Signatarstaaten des Londoner Schuldenabkommens und durfte nicht (gemäß Art. 10) seine Bestimmungen nutzen. Es handelt sich um einen kuriosen und durch den kalten Krieg bedingten Versuch, andere Staaten ihrer berechtigten Forderungen gegenüber Deutschland zu berauben. Dies kann man nicht nur als einen juristischen Fehler betrachten, wobei die politische Verantwortung für diese Lösung auch bei den Westalliierten lag.

6. Der Überleitungsvertrag von 1954

Im Überleitungsvertrag von 1954 hat sich die Bundesrepublik verpflichtet
"Personen, die wegen ihrer politischen Überzeugung, aus Gründen der Rasse, des Glaubens oder der Weltanschauung verfolgt wurden und hierdurch Schaden an Leben, Körper, Gesundheit, Freiheit, Eigentum, Vermögen oder in ihrem wirtschaftlichen Fortkommen erlitten haben (mit Ausschluß feststellbaren Vermögens, das der Rückerstattung unterliegt), eine angemessene Entschädigung nach Maßgabe der Bestimmungen der Abs. 2 und Abs. 3 dieses Teiles sicherzustellen" (Teil IV, Art. 1).

Gemäß Art. 1 (Teil VI) "Die Frage der Reparationen wird durch den Friedensvertrag zwischen Deutschland und seinen ehemaligen Gegnern oder vorher durch diese Frage betreffende Abkommen geregelt werden".

Man kann daraus die Schlußfolgerung ziehen, daß die Entschädigung und die Reparationen als zwei separate Begriffe benutzt werden.

7. Es ist interessant, in diesem Kontext auch die bilateralen Abkommen der Bundesrepublik zu untersuchen, die der Problematik der NS-Verfolgung gewidmet sind. In diesen Abkommen – die Anfang 60er und Anfang 90er-Jahre geschlossen worden sind – hat die Bundesrepublik eine pauschale Summe an andere Regierungen gezahlt, mit dem Ziel, den Opfern der NS-Verfolgung zu helfen. Es fällt dabei auf, daß die Bundesrepublik vermieden hat, den genauen Charakter ihrer Leistungen und die Art ihrer Verantwortlichkeit zu definieren.

Es gibt aber einige Ausnahmen. Im deutsch-luxemburgischen Abkommen wird von der "indemnisation des victimes du nazisme et prestations aux victimes de guerre" gesprochen (deutsche Fassung: Wiedergutmachung und Versorgung der Kriegsopfer). Das deutsch-französische Abkommen betrifft
"l'indemnisation des ressortissants français ayant été l'objet de mesures de persécution national-socialistes" und das deutsch-britische die "compensation for United

---

- "claim for reparation" (demandes de réparations, Forderung auf Reparationen), im Teil VI, Art. 3
- "claim or action" (réclamations ou actions, Ansprüche und Klagen), im Teil IX, Art. 1 – "claims" (réclamations, Ansprüche).

Kingdom nationals who were victims of national-socialist measures of persecution"[19].

Diese Bestimmungen beweisen, daß es sich um Entschädigung der Opfer der NS-Verfolgung (und nicht um Reparationen) handelte.

Das deutsch-amerikanische Abkommen vom 19. September 1995 betrifft "compensation claims" von

"United States nationals who suffered loss of liberty or damage to body or health as a result of National Socialist measures of persecution conducted directly against them (...) and who have to date received no compensation from the Federal Republic of Germany. This Agreement shall, inter alia, not cover persons who were subjected to forced labor alone while not being detained in a concentration camp as victims of National Socialist measure of persecution" (Art. 1)[20].

Es ist bekannt, daß dieses Abkommen unter Druck von einigen Senatoren und von Präsident Clinton zustande kam.

Es ergibt sich daraus, daß im Falle der früheren Abkommen die Entschädigung unabhängig von der endgültigen Regelung der Reparationsfrage (im Sinne des Art. 5 Abs. 2 des Londoner Schuldenabkommens) betrachtet war. Der wichtigste Grund für die Schließung dieser Abkommen war der außenpolitische Druck und die Empörung über die mangelnde Entschädigung für die ausländischen NS-Verfolgten.

Es ist auch zu berücksichtigen, daß die erwähnten Abkommen nur diejenigen Ansprüche der Bürger betreffen, die durch ihren Heimatstaat einzuklagen sind (privatrechtliche Ansprüche, die sich auf das deutsche Recht stützen, bleiben unberührt) und daß die Verfolgungsmaßnahmen sich nur auf Freiheitsschäden oder/und Gesundheitsschädigungen begrenzen[21]. Das mangelnde Entgelt für die Zwangsarbeit ist damit nicht erfaßt.

Eine besondere Regelung ist im deutsch-amerikanischen Abkommen vorgesehen, wonach die Opfer die Zahlung nur dann bekommen, wenn sie auf alle durch Art. 1 erfaßten Ansprüche gegenüber der Bundesrepublik und ihrer Rechtspersonen ausdrücklich verzichtet haben[22].

---

[19] Im deutsch-britischen Abkommen vom 9. Juni 1964 handelt es sich um eine compensation für diejenigen, "who were victims of National-Socialist measures of persecution and who, as a result of such measures, suffered loss of liberty or damage to their health" (Art. 1, Abs. 1). Gemäß Art. 3, "Without prejudice to any rights of United Kingdom nationals arising from legislation or special agreements in force, the payment provided for in paragraph (1) of Article 1 shall constitute a final settlement, as between the Federal Republic of Germany and the United Kingdom, of all questions concerning compensation [in deutscher Fassung: Entschädigung] for the measures of persecution referred to in that Article".

[20] Die Unterzeichnung dieses Abkommens erfolgte im Kontext der Tätigkeit Hugo Princzs, eines amerikanischen Juden und Opfer der NS-Verfolgung. Er beabsichtigte, große deutsche Firmen in den USA wegen Zwangsarbeit zu verklagen. Seine Aktion traf auf ein großes Echo in der amerikanischen Öffentlichkeit und bei manchen Politikern. Inoffiziellen Informationen zufolge sollen manche deutschen Firmen eine große Summe bezahlt haben, damit Princz seine gerichtliche Aktivitäten einstellte.

[21] Zur deutsch-polnischen Vereinbarung von 1991 s. unten Pkt. VI (2).

[22] Gemäß Art. 4, "1. Upon payment of the amount referred to in paragraph 1 of Article 2, the Government of the United States of America declares all compensation claims against the Federal Republic of Germany by the United States nationals benefiting under the paragraph for damage within the meaning of Article 1 suffered by those nationals to be finally settled. 2. Upon payment of the amount referred to in paragraph 2 of Article 2, the Government of the United States of America

8. Die oben genannten Fälle beweisen, daß der Reparationsbegriff nicht immer klar ist und daß er die völkerrechtliche Verantwortlichkeit für den Krieg nicht ausschöpft. Die benutzte Terminologie muß in jedem Fall genau untersucht werden, unter Berücksichtigung des geltenden Völkerrechts, des Ziels von jedem Abkommen und der Bereiche, die es nicht ausdrücklich erfaßt.

Es läßt sich behaupten, daß sich die Reparationen auf völkerrechtliche Forderungen der Staaten beziehen, die mit den Kriegsführungskosten, Besatzungskosten und mit den durch militärische Operationen verursachten Schäden zu begründen sind. Neben diesem engen Begriff, der eigene Forderungen der Staaten subsumiert, werden gelegentlich zu den Reparationen auch manche individuellen Ansprüche gezählt, die auf der Grundlage des Völkerrechts entstanden sind und die nur durch den Heimatstaat einzuklagen sind.

Der Begriff "Entschädigung" bezieht sich eher auf individuelle Ansprüche, die wegen der Verletzung des internationalen Rechts (besonders des Kriegsrechts) oder des nationalen Rechts entstanden sind. Es ist nicht ausgeschlossen, daß manche individuellen Ansprüche völkerrechtlich in Verträgen geregelt werden, ohne daß sie automatisch als Reparationen zu betrachten sind.

Reparationen werden nur völkerrechtlich begründet, Entschädigung dagegen findet ihre Grundlage im Völkerrecht oder im nationalen Recht. Reparationen im engeren Sinne betreffen grundsätzlich Schäden, die durch die Kriegführung und die Kriegsoperationen entstehen (auch wenn sie das Kriegsrecht nicht verletzen). Entschädigung dagegen resultiert nicht immer direkt aus Kriegsoperationen und entsteht in vielen Fällen durch die Verletzung des Kriegsrechts.

Diese Bemerkungen ändern nichts an der Tatsache, daß Begriffe wie Reparationen oder Entschädigung nicht immer eindeutig sind. Nach dem Zweiten Weltkrieg hat sich deshalb ein Oberbegriff durchgesetzt: die Verantwortlichkeit des Aggressors für den Krieg, der sowohl Reparationen als auch andere Ansprüche (Entschädigungen) erfaßt. Die Reparationen erschöpfen also nicht die gesamten Ansprüche und Forderungen, die sich aus einem Krieg ergeben.

V. Bedeutung des 2+4-Vertrages

Die Nachkriegsverträge beweisen, daß man eine Friedensregelung zwischen Deutschland und der Alliiertenkoalition beabsichtigt hat. Im Gegensatz zum Potsdamer Abkommen, umfaßten das Pariser und das Londoner Abkommen einen breiteren Kreis der Signatarstaaten. In Teil VI, Art. 1 des Überleitungsvertrages wird bestätigt:

---

declares all compensation claims against the Federal Republic of Germany by United States nationals for damage within the meaning of Article 1 to be finally settled. 3. A United States national shall benefit from a payment under this Agreement only if that national executes a waiver of all compensation claims within the meaning of Article 1 against the Federal Republic of Germany and against its nationals (including natural and juridical persons). At the request of the Government of the Federal Republic of Germany, the Government of the United States of America shall transmit such waivers to the Government of the Federal Republic of Germany".

"Die Frage der Reparationen wird durch den Friedensvertrag zwischen Deutschland und seinen ehemaligen Gegnern oder vorher durch diese Frage betreffende Abkommen geregelt werden".

Aus völkerrechtlicher Sicht hat eine endgültige und positive Gesamtlösung der Reparationsfrage mit Deutschland nicht stattgefunden (auch die Summe und der Umfang der Reparationen wurden nie definitiv festgelegt). Der 2+4-Vertrag bringt aber trotzdem eine Antwort: die vier Mächte und die beiden deutschen Staaten haben die Reparationsfrage verschwiegen, wobei Art. 1 des Teils VI des Überleitungsvertrags in einem anderen Vertrag aufgehoben worden ist[23]. Sie haben auch auf den Namen "Friedensregelung" oder "Friedensvertrag" verzichtet, dies – vor allem auf Wunsch Deutschlands –, um den finanziellen Aspekten einer solcher Regelung zu entgehen. Wenn der Verzicht auf den Friedensvertrag (Friedensregelung) den Verhandlungsprotokollen eindeutig zu entnehmen ist[24], ist die Reparationsfrage durch eine schweigende Akzeptanz geregelt worden. Kein Staat hat dagegen protestiert. Es ist gleichzeitig davon auszugehen, daß der 2+4-Vertrag die Bedingung aus Art. 5 (2) des Londoner Schuldenabkommens auflöst.

Schwierig ist jedoch genau festzustellen, inwieweit und auf welche Forderungen verschiedene Staaten gegenüber Deutschland verzichtet haben (der Begriff von Reparationen hat keinen festen und universell akzeptierten Inhalt). Eins scheint sicher zu sein: Die Staaten haben auf Reparationen verzichtet, die sich aus der Kriegführung und Besatzungskosten ergeben.

Andererseits bedeutet die Unterzeichnung des 2+4-Vertrags nicht automatisch, daß er alle aus dem Zweiten Weltkrieg herrührenden Ansprüche gegen Deutschland zum Erlöschen bringt. Manche auf dem Völkerrecht oder auf dem nationalen Recht gestützten Ansprüche können weiter existieren, mit dem Vorbehalt, daß sie nun auf der Grundlage des nationalen Rechts oder in Form von bilateralen Verträgen zu lösen sind.

---

[23] Art. 1 des Teils VI des Überleitungsvertrages ("Die Frage der Reparationen wird durch den Friedensvertrag zwischen Deutschland und seinen ehemaligen Gegnern oder vorher durch diese Frage betreffende Abkommen geregelt werden") wurde aufgehoben, s. Bekanntmachung – vom 8.10.1990 – der Vereinbarung vom 27./28. September 1990 zu dem Vertrag über die Beziehungen zwischen der Bundesrepublik Deutschland und den Drei Mächten (in der geänderten Fassung) sowie zu dem Vertrag zur Regelung aus Krieg und Besatzung entstandener Fragen (in der geänderten Fassung), BGBl. 1990 II, S. 1386. Unbewiesen ist jedoch die These: "it can be deduced from the very considerable territorial concession of Germany in the so-called 2+4 Treaty that the entire 'German question' was settled finally, including all reparations", G. Ress, in: The Charter of the United Nations. A Commentary (ed. by *Bruno Simma*), München 1994, S. 1162.

[24] Während der 2+4-Verhandlungen am 17. Juli 1990 in Paris (mit Beteiligung Polens), wurde im Punkt 4 des Procès-verbal de la réunion des ministres des Affaires étrangères de France, de Pologne, de l'Union des Républiques Socialistes Soviétiques, des Etats-Unis d'Amérique. de Grande-Bretagne, de la République Fédérale d'Allemagne et de la République Démocratique Allemande festgestellt: "Les Quatre puissances alliées déclarent que les frontières de l'Allemagne unifiée auront un caractère définitif qui ne pourra être remis en cause par aucun événement ou circonstance extérieurs. Le Ministre des Affaires Etrangères de la Pologne indique qu'aux yeux du Gouvernement Polonais, cette déclaration ne constitue pas une garantie de frontières par les Quatre puissances. Le Ministre de la République Fédérale d'Allemagne indique qu'il a pris connaissance de ce que le gouvernement polonais ne voyait pas dans cette déclaration une garantie sur les frontières. La RFA s'associe à la déclaration des Quatre puissances alliées, et souligne que les événements ou circonstances auxquels cette déclaration fait référence ne se produiront pas, à savoir qu'un Traité de paix ou un règlement de paix ne sont pas envisagés. La RDA souscrit à la déclaration faite par la RFA".

Sie durchzusetzen, erweist sich nicht einfach[25], vor allem wegen der Haltung der Bundesregierung und der Interpretation deutscher Gesetzgebung.

Die Staatenpraxis nach der Unterzeichnung des 2+4-Vertrags bringt aber einige interessante Beweise[26]. Als Beispiel für eine solche Regelung gilt das deutsch-amerikanische Abkommen vom 19. September 1995, in dem sich die USA und Deutschland über eine Entschädigung (compensation – man redet diesmal nicht von einer humanitären Geste!) für Opfer der NS-Verfolgung geeinigt haben. Gemäß der Stellung der Bundesregierung gehört eine solche Frage zu den Reparationen und bedarf eines völkerrechtlichen Vertrages. Das deutsch-amerikanische Abkommen wurde geschlossen, man kann sich aber fragen, in welchem Sinne es einen Teil der Reparationen darstellt, wenn die Reparationsfrage durch den 2+4-Vertrag endgültig geregelt worden sei? Diesen Widerspruch kann man beseitigen, wenn man annimmt, daß die "compensation" nicht von dem Reparationsbegriff erfaßt wird. Art. 4 des deutsch-amerikanischen Abkommens ist ein zusätzlicher Beweis dafür, weil der Verzicht der Opfer auf alle Ansprüche gegenüber der Bundesrepublik und ihrer Rechtssubjekte eine Bedingung für die Auszahlung der Entschädigung ist[27]; wären diese Ansprüche nicht mehr aktuell, hätte man auf diese Klausel verzichten können.

Am 12. Januar 1998 erklärte der Chef des Bundeskanzleramtes, daß die Bundesregierung einen Finanzbeitrag von 200 Millionen DM, verteilt auf vier Jahre, zum Zweck der "Entschädigungsleistungen" an einen Fonds zahlen wird, der von der Jewish Claims Conference verwaltet wird. Die Auszahlungen sind für die in Mittel- und Osteuropa lebenden jüdischen Opfer der NS-Verfolgung bestimmt, "die notleidend sind und bislang keine Entschädigung erhalten haben"[28]. Die rechtliche Grundlage dieser Entschädigung wird nicht präzisiert. Der neue Fonds soll nach den Kriterien des sog. Artikel-2-Fonds arbeiten. Es ist daran zu erinnern, daß der Anfang der 90-er Jahre gegründete Artikel-2-Fonds Leistungen nur für die jüdischen NS-Opfer vorsieht, die nicht in Mittel- und Osteuropa leben. Erst der amerikanische Druck hat die Bundesregierung zu den zusätzlichen Entschädigungsleistungen veranlaßt[29].

---

[25] Zu manchen Ansprüchen Frankreichs, s. Die Welt vom 22.12.1990 und Le Monde vom 26.12.1990; zu den griechischen Ansprüchen s.: Frankfurter Allgemeine Zeitung vom 23.2.1996 und Der Spiegel, Nr. 1/1998, S. 43–46.

[26] Gemäß Art. 28 Abs. 3 des polnisch-deutschen Vertrags über gute Nachbarschaft und freundschaftliche Zusammenarbeit vom 17. Juni 1991 sind beide Seiten bestrebt, "die Probleme im Zusammenhang mit Kulturgütern und Archivalien, beginnend mit Einzelfällen, zu lösen". Eindeutiger noch ist die Sprache des deutsch-sowjetischen Vertrags über gute Nachbarschaft, Partnerschaft und Zusammenarbeit vom 9. November 1990, in dem beide Seiten darin übereinstimmen, "daß verschollene oder unrechtmäßig verbrachte Kunstschätze, die sich auf ihrem Territorium befinden, an den Eigentümer oder seinen Rechtsnachfolger zurückgegeben werden" (Art. 16). In beiden Fällen geht es um Probleme, die mit dem Zweiten Weltkrieg zusammenhängen.

[27] S. Fn. 22. Eine solche Bedingung ist aber nicht in den Abkommen der Bundesrepublik mit einigen Staaten des ehemaligen Ostblocks vorgesehen.

[28] Pressemitteilung vom 12. Januar 1998, Nr. 6/98 (Presse- und Informationsamt der Bundesregierung). In einer Erklärung der Bundesfraktion BÜNDNIS 90/DIE GRÜNEN wird dazu erläutert: "Jüdische NS-Opfer in Osteuropa können künftig auch laufende Leistungen aus einem Fonds der Jewish Claims Conference erhalten, wenn sie Zahlungen aus den Stiftungen in Polen oder den GUS-Staaten erhalten haben. Dies erklärte ein Vertreter des Bundesfinanzministeriums", s. Pressemitteilung vom 14. Januar 1998, Nr. 0030/98.

[29] Diese Lösung verbirgt aber eine neue Differenzierung der NS-Opfer in Mittel- und Osteuropa (unter anderem auch der Roma in ganz Europa). Z.B. die in Polen lebenden jüdischen Opfer der NS-Ver-

VI. Polnische Erklärungen

1. Die Erklärung der Volksrepublik Polen hinsichtlich des Beschlusses der Regierung der UdSSR in bezug auf Deutschland vom 23. August 1953 wird in der Bundesrepublik als ein globaler Verzicht auf Reparationen gegenüber Deutschland betrachtet.

In Teil IV Abs. 2 des Potsdamer Abkommens haben die drei Mächte entschieden: "Die UdSSR wird die Reparationsansprüche Polens aus ihrem eigenen Anteil an den Reparationen befriedigen". Es war keine typische und keine glückliche Lösung, vor allem wenn man die sowjetische Dominanz in Ost- und Mitteleuropa berücksichtigt[30]. Die Bilanz dieser "brüderlichen" Leistungen ist bis heute unbekannt, man kann aber davon ausgehen, daß sie für Polen negativ ist. Die polnische Erklärung bleibt im engen Zusammenhang mit dem Text des Potsdamer Abkommens und mit der diesbezüglich 1953 abgegebenen sowjetischen Erklärung.

Am 22. August 1953 haben Molotow und Grotewohl ein "Protokoll zwischen der UdSSR und der DDR über den Erlaß der deutschen Reparationszahlungen und über andere Maßnahmen zur Erleichterung der finanziellen und wirtschaftlichen Verpflichtungen der Deutschen Demokratischen Republik, die mit den Folgen des Krieges verbunden sind" unterzeichnet. Ziel dieses Protokolls war,

"die mit den Folgen des Krieges verbundenen finanziellen und wirtschaftlichen Verpflichtungen Deutschlands gegenüber den vier Mächten bedeutend zu ermäßigen" (Präambel).

In Artikel I wird festgestellt:

"Die Sowjetregierung wird im Einverständnis mit der Regierung der Volksrepublik Polen (in bezug auf den sie betreffenden Anteil an den Reparationen) ab 1. Januar 1954 die Entnahme von Reparationen aus der Deutschen Demokratischen Republik sowohl in Form von Warenlieferungen als auch in jeder anderen Form vollständig beenden". In Artikel IV erklärt die sowjetische Regierung, daß "sie die Deutsche Demokratische Republik von der Zahlung der Schulden vollständig befreit, die als Besatzungskosten in ausländischer Währung nach 1945 entstanden sind".

Die sowjetische Erklärung betrifft den Verzicht auf "Entnahme von Reparationen" aus der DDR, nicht aber auf "Reparationen" gegenüber Deutschland. Sie schweigt gleichzeitig über die Reparationen, die die Sowjetunion (gemäß Potsdamer Abkommen) aus den westlichen Zonen und aus dem deutschen Auslandsvermögen bekommen sollte. Die sowjetischen Forderungen wurden übrigens im Jahre 1955 aus dem deutschen Aus-

---

folgung haben, wie andere Opfer, Leistungen aus der polnischen Stiftung erhalten. Nun werden sie, mit Ausschluß von anderen NS-Opfern, zusätzliche Leistungen in Form von einer Rente von bekommen.

[30] Ein erstes Zeichen dafür war das Abkommen zwischen der Provisorischen Regierung der Nationalen Einheit der Republik Polen und der Regierung der UdSSR über den Ausgleich der durch die deutsche Besatzung verursachten Schäden vom 16. August 1945 (Umowa między Tymczasowym Rzadem Jednoaci Narodowej RP i Rzadem Zwiazku Socjalistycznych Republik Radzieckich w sprawie wynagrodzenia szkód wyrzadzonych przez okupację niemiecka) in dem die Sowjetunion billige (zu dem sogenannten Sonderpreis) Lieferungen polnischer Kohle als eine Art Gegenleistung zu den Reparationslieferungen aus dem sowjetischen Reparationsanteil erzwungen hat. Text in: Zbiór Dokumentów, 1945, Nr. 1, S. 59–61.

landsvermögen im Staatsvertrag mit Österreich befriedigt, was nicht für einen allgemeinen Verzicht der UdSSR 1953 spricht[31].

Was Polen betrifft, hat die polnische Regierung am 23. August 1953 (einen Tag später als die UdSSR) in einer einseitigen Erklärung hinsichtlich
"der Beschlüsse der Regierung der UdSSR in bezug auf Deutschland" mitgeteilt, daß "mit Rücksicht darauf, daß Deutschland seinen Verpflichtungen zur Zahlung von Reparationen bereits in bedeutendem Maße nachgekommen ist und daß die Verbesserung der wirtschaftlichen Lage Deutschlands im Interesse seiner friedlichen Entwicklung liegt, hat die Regierung der Volksrepublik Polen den Beschluß gefaßt, mit Wirkung vom 1. Januar 1954 auf die Zahlung von Reparationen an Polen zu verzichten, und damit einen weiteren Beitrag zur Lösung der deutschen Frage (...) zu leisten"[32].

Worauf hat also Polen verzichtet und wem gegenüber?

Die polnische Erklärung verweist deutlich auf die sowjetische, und diese bleibt im Zusammenhang mit dem Potsdamer Abkommen. Dieses Abkommen war für Polen – in Hinsicht auf Reparationen – ein pactum in favorem tertii und deshalb erwähnt die sowjetische Regierung das Einverständnis Polens. Im Kontext der sowjetischen Erklärung (die sich auf die Entnahme von Reparationen aus der DDR begrenzt), betrifft der Verzicht Polens die Reparationen, d.h. der Umfang dieser Entscheidung scheint breiter zu sein als im Falle der UdSSR.

Es stellt sich damit erneut die Frage, was unter dem Begriff "Reparationen" zu verstehen ist. Das Potsdamer Abkommen erschöpft nicht alle Einzelheiten der Verantwortlichkeit Deutschlands für den Zweiten Weltkrieg. Diese Lücke sollte in einer zukünftigen Friedensregelung mit Deutschland geschlossen werden, woran manche späteren Abkommen deutlich erinnern (Pariser Abkommen von 1946, Londoner Abkommen von 1953, Überleitungsvertrag von 1954).

Der Text des Potsdamer Abkommens spielte zwar eine wichtige Rolle, es hat aber die Gesamtproblematik der Verantwortung Deutschlands (auch für "die Verluste und die Leiden", die Deutschland den Vereinten Nationen verursachte) nicht geregelt. In den Potsdamer Beschlüssen handelte es sich um Reparationen im engeren Sinne, das heißt nur um den Ausgleich der Kriegs- und Besatzungskosten einiger Staaten (die Frage der Reparationsansprüche anderer Mitglieder der Koalition wurde erst 1946 Gegenstand des Pariser Abkommens), nicht aber um alle Forderungen und Ansprüche, die sich aus dem Zweiten Weltkrieg ergeben[33].

Aus Teil IV des Potsdamer Abkommens läßt sich nicht die Schlußfolgerung ziehen, daß deutsche Industrieanlagen, deutsche Produktion und deutsches Auslandsvermögen als Grundlage zu betrachten seien, alle polnischen aus dem Krieg resultierenden

---

[31] Die Entnahme des sowjetischen Anteils von Reparationen aus den westlichen Zonen Deutschlands wurde seit 1946 verhindert, obwohl sie im Potsdamer Abkommen deutlich erwähnt worden waren.

[32] Offizielle Übersetzung, Text in: Zbiór Dokumentów, 1953, Nr. 9, S. 1830-1832.

[33] Ein indirekter Beweis dafür ist das polnisch-sowjetische Abkommen über den Ausgleich der durch deutsche Besatzung verursachten Schäden vom 16. August 1945 (s. Fn. 30). In der Präambel stellen beide Seiten fest, daß die deutsche Besatzung "Polen und der Sowjetunion immense Schäden gebracht hat, indem viele Städte, industrielle Unternehmen, Eisenbahnstrecken und ganze Wirtschaftsbranchen ruiniert worden sind". Der Text des Abkommens knüpft in weiteren Teilen eindeutig an die konkreten Bestimmungen des vierten Teils des Potsdamer Abkommens an.

Ansprüche zu befriedigen, z.B. Ansprüche der Versicherungsanstalten[34], Museen oder manche mit der NS-Verfolgung verbundenen Individualansprüche. Der polnischen Erklärung ist nicht zu entnehmen, daß Polen, im Namen seiner Rechtssubjekte, auf alle "aus dem Zweiten Weltkrieg herrührenden Ansprüche" oder auf alle Forderungen und Ansprüche gegenüber dem Reich und seinen Rechtssubjekten verzichtet hat. Polen hat übrigens mehrmals eindeutig erklärt, daß der Verzicht von 1953 nicht individuelle Ansprüche umfaßt[35].

Ein wichtiges Element der in Deutschland formulierten Argumentation besteht darin, daß im polnischen Text der Erklärung von 1953 das Wort "odszkodowania"[36] benutzt wird, was man als jede Form von Entschädigung interpretiert und die Schlußfolgerung zieht, daß Polen auf jede Art von Ansprüchen gegenüber Deutschland verzichtet habe[37].

Dieser sprachlichen Auslegung muß man widersprechen: Die Sprache der polnischen Doktrin und der Dokumente ist nicht einheitlich, und man muß jeden Fall in concreto analysieren. Übrigens, in der offiziellen polnischen Übersetzung der Erklärung von 1953 wird das Wort "odszkodowania" als "Reparationen" wiedergegeben.

Was darüber hinaus die sprachliche Analyse angeht, ist es von Bedeutung, daß in der offiziellen Übersetzung des Potsdamer Abkommens das Wort "Reparationen" als "odszkodowania" (tout court) übersetzt worden ist (sowohl im Titel als auch im Text des IV Teils)[38]. Es ist also klar, daß die polnische Erklärung von 1953 im polnischen Text an die offizielle Übersetzung des Potsdamer Abkommens anknüpft, welches als entscheidende inhaltliche Referenz gilt[39].

Eine andere Frage heißt: Wem gegenüber hat Polen auf Reparationen verzichtet? Die Erklärung von 1953 stellt fest: "hat die Regierung der Volksrepublik Polen den Beschluß gefaßt, (...) auf die Zahlung von Reparationen an Polen zu verzichten". In einem früherem Teil findet man eine Begründung:

"Mit Rücksicht darauf, daß Deutschland seinen Verpflichtungen zur Zahlung von Reparationen bereits in bedeutendem Maße nachgekommen ist und daß die Ver-

---

[34] Zum Beispiel, das polnisch-deutsche Abkommen vom 9. Oktober 1975 über Renten- und Unfallversicherung, aufgrund dessen Polen eine Ausgleichszahlung von 1,3 Milliarden DM bekommen hat, ist kein Teil von Reparationen, obwohl es die Ansprüche der Versicherungsanstalten beider Länder auch für die Kriegszeit regelt. Die Bundesrepublik sah sich seinerzeit durch das Londoner Schuldenabkommen (Art. 5, Abs. 2) nicht gehindert, dieses Abkommen zu unterzeichnen.

[35] S. zum Beispiel die Note des Generalsekretärs der Vereinten Nationen vom 2. November 1969 (E/CN-4/1010).

[36] Wörtlich übersetzt handelt es sich um Entschädigung. Es ist dabei zu bemerken, daß es ein vieldeutiger und allgemeiner Begriff ist, der in unterschiedlicher Form oder unter verschiedenen Namen konkretisiert wird, z.B. das polnische Bürgerliche Gesetzbuch benutzt meistens den Begriff von Schadensersatz (naprawienie szkody).

[37] In diesem Sinne *A. Randelzhofer/O. Dörr*, s.o. Fn. 2, S. 69–71.

[38] Zbiór Dokumentów, 1946, Nr. 1, S. 19–22.

[39] Es ist dabei zu erwähnen, daß im polnisch-sowjetischen Abkommen über den Ausgleich der durch die deutsche Besatzung verursachten Schäden vom 16. August 1945 (Fn. 30) eine andere Terminologie in bezug auf denselben Inhalt und auf den Teil IV des Potsdamer Abkommens benutzt wird. Art. 2 beginnt nämlich mit den Worten: "Im Zusammenhang mit den Beschlüssen der Berliner Konferenz hinsichtlich der Befriedigung der Reparationsansprüche (pretensji reparacyjnych) Polens". Dies ist ein Beweis uneinheitlicher Terminologie in bezug auf dieselbe Tatsachen. Die offizielle Übersetzung des Potsdamer Abkommens ist ein paar Monate später erschienen.

besserung der wirtschaftlichen Lage Deutschlands im Interesse seiner friedlichen Entwicklung liegt".

In der Erklärung wird die Klausel nicht benutzt, daß Polen auf alle Ansprüche gegen das Reich und seine Rechtspersonen verzichtet. Die sowjetische Erklärung, dem Polen zugestimmt hat, betrifft nur den Verzicht auf die Entnahme von Reparationen aus der DDR, der polnische Beschluß bezieht sich dagegen auf "die Zahlung von Reparationen an Polen". Es ist nicht klar, ob diese Absicht in erster Linie die Sowjetunion oder Deutschland betraf. Weil die polnischen reparation claims aus dem Reparationsanteil des UdSSR zu befriedigen waren, darf man davon ausgehen, daß der polnische Verzicht direkt die Sowjetunion und indirekt Deutschland von den Reparationszahlungen an Polen befreit.

Es ist dabei zwischen zwei Aspekten zu unterscheiden. Einer betrifft die Forderungen und Ansprüche gegenüber Deutschland, der andere bezieht sich auf den territorialen und materiellen Bereich, der als Reparationsquelle zu betrachten ist. Polen (sowie die Sowjetunion) hat nicht auf Reparationen von der DDR (es waren aber im großen Teil Reparationen aus der DDR) verzichtet, weil Polen ein Recht auf Reparationen von Deutschland hatte und nicht von den Besatzungszonen (oder der DDR und der Bundesrepublik separat). Der polnische Verzicht betrifft Reparationen (im engeren Sinne) von Deutschland, was aber nicht bedeutet, daß alle polnischen, aus dem Zweiten Weltkrieg herrührenden Ansprüche damit erlöschen.

Es ist bekannt, daß zwischen Deutschland und Polen sowohl der Reparationsbegriff als auch der Umfang des polnischen Verzichts strittig sind. Man darf aber nicht vergessen, daß im Völkerrecht die einseitigen Rechtsakte so auszulegen sind, daß sie in möglichst wenig "belastend" wirken, und daß die Konstruktion der Präsumtion in solchen Fällen nicht anwendbar ist. Auch wenn Meinungsunterschiede vorhanden sind, gibt es keinen Grund dafür, daß die deutsche Regierung oder der deutsche Gesetzgeber besser wissen, worauf Polen verzichtet hat und daß die deutsche Interpretation als einzige gilt.

2. Ein wichtiges Element der Analyse bleibt auch die polnisch-deutsche Vereinbarung vom 16. Oktober 1991, die sich mit dem Problem der NS-Verfolgung beschäftigt. In dieser Vereinbarung erklärt sich die Bundesrepublik (das vereinte Deutschland)

"auf der Grundlage humanitärer Überlegungen bereit, einen einmaligen Beitrag in Höhe von fünfhundert Millionen Deutsche Mark an die 'Stiftung Deutsch-Polnische Aussöhnung' zu leisten. Die Stiftung wird von der Regierung der Republik Polen noch im Jahre 1991 gegründet. Ihr Zweck ist, Opfern nationalsozialistischer Verfolgung Hilfe zu leisten" (Art. 1).

In Artikel 2 wird festgestellt:

"die Stiftungsmittel werden ausschließlich für besonders geschädigte Opfer nationalsozialistischer Verfolgung verwendet. Die Stiftung liegt die notwendigen Leistungsvoraussetzungen fest, das heißt die Kriterien eines schweren Gesundheitsschadens und einer gegenwärtigen wirtschaftlichen Notlage".

Das Wort "Hilfe" beweist, daß es sich nicht um mangelnde Belohnung oder Schadensersatz handelt. Es ist zu bemerken, daß diese Formulierung ein deutscher Wunsch (sogar Vorbedingung) war, obwohl es sich um Opfer eines von Deutschland begangenen Kriegsverbrechens handelte.

In der Vereinbarung hat die polnische Regierung bestätigt, "daß sie die Fragen, die Gegenstand dieser Vereinbarung sind, für endgültig geregelt hält". Sie erklärte auch: "Polen wird keine weiteren Ansprüche polnischer Bürger mehr geltend machen, die sich aus einem Zusammenhang mit nationalsozialistischer Verfolgung ergeben könnten".

Gegenstand der Vereinbarung sind einerseits die Ansprüche der polnischen Regierung für die NS-Verfolgung (die im Namen polnischer Bürger geltend gemacht sind) und, andererseits, der einmalige Beitrag in Höhe von fünfhundert Millionen Deutsche Mark an die Stiftung Deutsch-Polnische Aussöhnung (die Stiftung leistet Hilfe für "besonders geschädigte" NS-Verfolgten).

Polen verzichtet gleichzeitig, weitere Ansprüche der polnischen Bürger geltend zu machen. Der Terminus "geltend machen" bedeutet, daß es sich um Ansprüche polnischer Bürger handelt, die von dem polnischen Staat eingeklagt werden. Der offizielle Verzicht auf manche "Ansprüche" (dieser juristischer Begriff wird nicht ohne Grund benutzt) bedeutet auch, daß Deutschland sie trotz der polnischen Erklärung von 1953 und trotz der Unterzeichnung des 2+4-Vertrags anerkennt und verlangt, daß Polen auf weitere Ansprüche verzichtet.

Polen verzichtet aber nicht auf alle aus dem Krieg herrührenden Ansprüche seiner Bürger, es wird nur verhindert, daß Polen die im Zusammenhang mit der NS-Verfolgung[40] existierenden und sich aus dem Völkerrecht ergebenden Ansprüche seiner Bürger geltend macht. Es handelt sich also um die völkerrechtliche Ebene, nicht aber um Ansprüche, die man nach deutschem Recht einklagen kann.

In der Vereinbarung erklären sich beide Regierungen ausdrücklich "darin einig, daß dies keine Einschränkung der Rechte von Bürgern beider Staaten bedeuten soll", wobei "dies" sich auf den polnischen Verzicht, völkerrechtlich begründete Ansprüche aus der NS-Verfolgung geltend zu machen, bezieht. Dieser Satz bedeutet, daß die auf dem deutschen Recht gestützten Ansprüche durch die Vereinbarung nicht berührt werden. Manche Ansprüche können also weiter existieren, sonst wäre dieser Satz der Vereinbarung gegenstandslos, was man aber vernünftigerweise nicht vermuten darf.

Rechtlich gesehen stellt diese Vereinbarung eine komplexe Konstruktion dar. Einerseits anerkennt die Bundesregierung die Existenz polnischer Ansprüche wegen der NS-Verfolgung, indem sie verlangt, daß Polen verzichtet, sie geltend zu machen. Andererseits kommt es zu einem Kompromiß, weil die geleistete Zahlung nicht als Entschädigung, sondern als humanitäre Geste bezeichnet wird (Hilfe ex gratia).

VII. Reparationen und individuelle Ansprüche

1. Die aus der Zwangsarbeit resultierenden Ansprüche beruhen in erster Linie auf der Verletzung des universellen Völkerrechts. Ihr Umfang kann unterschiedlich sein, wobei zu berücksichtigen ist, daß die Zwangsarbeit sich als eine Verletzung des Völkerrechts darstellt. Die Bedingungen, unter denen sie geleistet worden ist, oder die Frage der Belohnung sind in diesem Zusammenhang nicht entscheidend.

---

[40] Der Umfang der "NS-Verfolgung" wurde von den beiden Seiten nicht präzisiert.

Die Erhebung von völkerrechtlich begründeten Ansprüchen aus der Zwangsarbeit liegt bei dem Heimatstaat der Opfer. Der Heimatstaat macht sie geltend, nicht aber als eigene Ansprüche, sondern als Ansprüche seiner Bürger, die nicht individuell in einem völkerrechtlichen Verfahren eingeklagt sein können[41]. Wenn der Heimatstaat verzichtet, völkerrechtliche Ansprüche geltend zu machen, können die Opfer gegebenenfalls Recht auf Rückgriff haben. Als Regel gilt jedoch, daß der Staat über die völkerrechtlich begründeten Ansprüche seiner Bürger verfügen kann.

Diese Konstruktion schließt aber nicht aus, daß parallele Ansprüche von Bürgern auf der Grundlage des Rechts des Aggressorstaates bestehen (in diesem Sinne auch die Entscheidungen des BVerfG von 1996 und des Landgerichts Bonn von 1997); solche parallelen Ansprüche zählen aber nicht zu den Reparationen, weil sie nicht völkerrechtlich begründet sind. Auf diese Ansprüche der Bürger kann der Heimatstaat normalerweise nicht verzichten[42], weil es sich nicht um seine Ansprüche handelt[43].

Die Ansprüche aus der Zwangsarbeit können entweder international oder national eingeklagt werden. Ob solche Ansprüche unter den Begriff von Reparationen subsumiert sind, hängt von der Definition dieses Begriffs ab. Sicher scheint auf jeden Fall, daß die auf nationalem Recht gestützten Klagen nicht als Reparationen betrachtet werden können. Es ist auch möglich, daß manche individuellen, aus dem Krieg herrühren-

---

[41] Die Ausnahmen waren schon vor dem Zweiten Weltkrieg bekannt, vor allem in den Friedensverträgen nach dem Ersten Weltkrieg. Nach dem Zweiten Weltkrieg wurden solche Verfahren in manchen Friedensverträgen von 1947 vorgesehen und auch im Londoner Schuldenabkommen (Art. 28). Diese Möglichkeit ist auch in den Europäischen Gemeinschaften sowie durch die EMRK von 1950 vorhanden. Ein anderes Beispiel bildet das Iran – United States Claims Tribunal, mit dem Sitz in Den Haag.

[42] Beispiele dafür sind in den Friedensverträgen mit dem besiegten Gegner vorhanden. Ob und inwieweit Bürger gegenüber ihrem Heimatstaat Regreß haben, hängt von seinem Rechtssystem oder von vertraglichen Regelungen ab.

[43] Vgl. *Erich Kaufmann*, Gutachten zur Frage der Vereinbarkeit des deutsch-polnischen Abkommens vom 31.10.1929 mit der Reichsverfassung *[E. Kaufmann,* Autorität und Freiheit. Gesammelte Schriften, Bd. I, Göttingen 1960 (Zitat nach *D. Blumenwitz,* Das Offenhalten der Vermögensfrage in den deutsch-polnischen Beziehungen, Bonn 1992, S. 152-153)]: "Das Individuum, das sich im Ausland aufhält oder betätigt, steht unter dem Schutze des Völkerrechts, d.h. der ausländische Staat ist dem Heimatstaat gegenüber verpflichtet, das zwischen ihnen geltende besondere und allgemeine Völkerrecht einzuhalten, zum mindesten aber ihm den Schutz seiner Gesetze und Gerichte loyal zu gewähren, wie der Heimatstaat völkerrechtlich berechtigt ist, diesen Schutz zu verlangen. Nur auf dieses völkerrechtliche jus protectionis kann der Heimatstaat verzichten, keinesfalls aber auf die subjektiven Rechte der Individuen, die sich aus der landesrechtlichen Geltung des allgemeinen (Art. 4 der Reichsverfassung) und des besonderen Völkerrechts ergeben, in ihrem Bestande vernichten. (...) Als sich die Reichsregierung entschloß, im Vertrage von Rapallo auf gewisse Ansprüche gegenüber der Sowjetregierung zu verzichten, legte sie besonderen Wert darauf, in der dem Reichstag vorgelegten Denkschrift besonders zu betonen: 'Wenn Deutschland auf die Ansprüche verzichtet, die sich aus der bisherigen Anwendung der russischen Gesetze und Maßnahmen auf deutsche Rechte ergeben, so heißt das, daß Deutschland darauf verzichtet, in dieser Hinsicht völkerrechtliche Entschädigungsansprüche geltend zu machen. Der Artikel berührt mithin nicht den Bestand der deutschen Rechte selbst und entscheidet auch nicht die Frage, ob und inwieweit die russischen Gesetze und Maßnahmen diese Rechte aufgehoben oder beseitigt haben. Nur will Deutschland, soweit der Bestand dieser Rechte russischerseits beeinträchtigt worden ist und soweit diese Beeinträchtigung nach den Grundsätzen des Völkerrechts etwa zu Ersatzansprüchen Anlaß geben könnte, solche Entschädigungsansprüche gegen die russische Regierung nicht erheben'. Das Deutsche Reich kann daher nur auf diesen völkerrechtlichen Anspruch, niemals dagegen auf private Ansprüche verzichten. Das ergibt sich schon aus der Tatsache, daß private Rechte und Ansprüche nicht Rechte und Ansprüche des Staates sind, der Staat also nicht über sie Dritten gegenüber verfügen kann".

den Ansprüche in einem völkerrechtlichen Vertrag geregelt werden, eine solche Regelung muß aber nicht automatisch als ein Teil von Reparationen betrachtet werden[44].

Wenn ein Anspruch parallel auf der Grundlage des Völkerrechts und des nationalen Rechts möglich ist, wird die Befriedigung eines der beiden Ansprüche den anderen zum Erlöschen bringen. Wenn sich aber aus einem Tatbestand mehrere Ansprüche ergeben, besteht automatisch keine Parallelität.

2. In seinem Urteil von 1996, stellt das BVerfG unter anderem fest:
"Das Grundprinzip des diplomatischen Schutzes schließt aber einen Anspruch nicht aus, den das nationale Recht des verletzenden Staates dem Verletzten außerhalb völkerrechtlicher Verpflichtungen gewährt und der neben die völkerrechtlichen Ansprüche des Heimatstaates tritt. (...) Das gilt insbesondere dann, wenn in der staatlichen Verletzungshandlung sowohl ein Bruch des Völkerrechts als auch des nationalen Rechts liegt. (...) Diese Anspruchsparallelität gilt auch für etwaige zwischenstaatliche Ansprüche aufgrund von Zwangsarbeit im Zusammenhang mit dem Zweiten Weltkrieg".
Damit weicht das BVerfG deutlich von der Meinung der Bundesregierung ab.
Das BVerfG betont zusätzlich:
"Im übrigen besteht eine solche Regel des Völkergewohnheitsrechts über die 'Exklusivität' nicht, nach der Entschädigungsregelungen im Zusammenhang mit Kriegsfolgen nur im Rahmen von völkerrechtlichen Verträgen, insbesondere von Friedensverträgen getroffen werden könnten. (...) Das Fehlen einer Regel (...) schließt jedoch nicht aus, daß einzelne Verzichtserklärungen – wie etwa die polnische Erklärung vom 23. August 1953 (Zbiór Dokumentów 1953, Nr. 9, S. 1830 <1831>) – oder völkerrechtliche Verträge – wie etwa der Zwei-plus-Vier-Vertrag, das Londoner Schuldenabkommen und der Friedensvertrag der Alliierten mit Ungarn vom 10. Februar 1947 (UNTS, vol. 41, S. 135) – solche Ansprüche zum Erlöschen bringen".

VIII. Schlußbemerkungen

Erstens: Die juristische Analyse der Problematik der Zwangsarbeit und ihres Umfelds beweist, daß die Zwangsarbeit ein völkerrechtliches Verbrechen ist, das aber infolge der internationalen Lage in der Nachkriegszeit keine völkerrechtliche Lösung in einer Friedensregelung mit Deutschland gefunden hat.
Zweitens: Die Bundesrepublik hat in diesem Zusammenhang immer auf eine Lösung im Rahmen einer endgültige Regelung der Reparationsfrage verwiesen (d. h. auf eine Friedensregelung), was einen Verzögerungseffekt hatte.

---

[44] In seinem Urteil von 1997 macht das Landgericht Bonn zutreffend darauf aufmerksam, daß – gemäß Art. 6 HLKO – Überschüsse aus der Arbeit von Kriegsgefangenen nicht als Rechnungsposten des Reparationsanspruchs des Siegerstaates zu behandeln sind, sondern grundsätzlich als Individualansprüche der Kriegsgefangenen. (Das Urteil ist abgedr. in diesem Band S. 248 ff.)

Drittens: Das deutsche Recht wurde so restriktiv gefaßt, daß die Zwangsarbeit während des Krieges durch die Bundesrepublik nicht als selbständiger Entschädigungstitel anerkannt wird.

Viertens: Die von der Bundesrepublik geschlossenen bilateralen Abkommen verwischen die juristische Art der an die ausländischen NS-Opfer gerichteten Leistungen und den Charakter der deutschen Verantwortlichkeit in diesem Bereich. Die Bundesrepublik hat an die mittel- und osteuropäischen Opfern der Zwangsarbeit sehr spät und – pro Kopf – symbolische Summen gezahlt. Die deutsche Industrie hat sich um die Opfer kaum gekümmert.

Fünftens: Das Bewußtsein der ungleichen und restriktiven Behandlung der NS-Opfer (auch der deutschen Opfer) ist in der Bundesrepublik relativ gering.

Das Ziel unserer Analyse besteht darin, diese Problematik aus einem anderen Blick zu zeigen und darauf aufmerksam zu machen, daß nicht alle juristischen Aspekte so klar und eindeutig sind, wie es manchmal betrachtet wird.

Eine Tendenzänderung ist in den Entscheidungen des BVerfG (1996) und des Landgerichts Bonn (1997) zu bemerken. Es handelt sich aber um eine späte und inadäquate Lösung. Unabhängig von Prozessen, die gegen die Bundesrepublik und manche deutschen Unternehmen in Zukunft zu erwarten sind, besteht die vernünftige Lösung darin, den Opfern – solange sie leben – zu helfen. Ein gerichtliches Verfahren führt heute nur zu einer biologischen Lösung (der Prozeß vor dem Landgericht Bonn hat fünf Jahre gedauert, wobei noch mit einer Berufung der Bundesregierung zu rechnen ist).

Die europäische Politik blickt heute nach vorne, und dies betrifft auch Polen und die polnisch-deutschen Beziehungen. Die Vergangenheit muß eher als Mahnung, nicht aber als Last betrachtet werden. In diesem Zusammenhang wäre es am besten, nach einer politischen Lösung zu suchen. Ein solcher Weg zeichnet sich in Deutschland mit einer Initiative der Bundestagsfraktion BÜNDNIS 90/DIE GRÜNEN ab. Es handelt sich um einen am 5. November 1997 gestellten Antrag, eine Bundesstiftung "Entschädigung für NS-Zwangsarbeit" zu gründen, die aus Beiträgen der Bundesregierung und den freiwilligen Beiträgen deutscher Industrie unterstützt würde[45].

Die Bildung einer solcher Stiftung ist eine politische Aufgabe. Sie verlangt von Unternehmen das Bewußtsein einer zumindest moralischen Verpflichtung und es gibt Signale, daß manche großen Unternehmen bereit wären, die Stiftung finanziell zu unterstützen. Andererseits geht es um ein klares Wort der christlich-demokratischen und liberalen Regierungskoalition.

Man darf in diesem Zusammenhang an den Wortlaut der polnisch-deutschen Vereinbarung (1991) erinnern: "Der Stiftung können auch Mittel natürlicher und juristischer Personen zugewendet werden. Beide Regierungen würden entsprechende Zuwendungen begrüßen". In dem selben Sinne hat sich 1991, während der Ratifikationsdebatte des polnisch-deutschen Nachbarschaftsvertrages, auch der Staatsminister im Aus-

---

[45] Die Stiftung soll einen Ausgleich für entgangenen Lohn durch NS-Zwangsarbeit (Zwangsarbeit als solche) und einen Pauschalbetrag für diejenigen Bedingungen der Zwangsarbeit (schlechte Behandlung, Schläge, Unterernährung usw.) leisten, die nach dem deutschen Recht nicht entschädigungsfähig sind. Sie soll also nicht für Schaden an Freiheit (Haft), Gesundheit, Leben oder beruflichem Fortkommen leisten.

wärtigen Amt, Helmut Schäfer, geäußert. Es handelte sich vor allem um eine unterstützende Initiative der deutschen Regierung. Die spätere Praxis hat bewiesen, daß es nur leere Worte waren. Es ist peinlich, daß es eines Drucks von Präsident Clinton oder von US-Senatoren bedarf, um noch etwas zu bewegen.

Lutz Frauendorf*

Ansprüche von Zwangsarbeitern aus Osteuropa gegen die Bundesrepublik Deutschland und gegen Arbeitgeber, die Zwangsarbeiter eingesetzt haben

Heute, über 50 Jahre nach Ende des Zweiten Weltkriegs, stellt sich die Frage nach der Abwicklung von Ansprüchen von Zwangsarbeitern, die aus Osteuropa nach Deutschland zum Arbeitseinsatz verschleppt wurden. Bis heute haben sie für diese Arbeit, die sie häufig unter menschenunwürdigen Bedingungen erbringen mußten, keine nennenswerten Leistungen erhalten. Die Gerichte haben in der Vergangenheit die Klagen "als zur Zeit nicht begründet" abgewiesen[1]. Mit der Entscheidung des Bundesverfassungsgerichts vom 13. Mai 1996[2] und des Landgerichts Bonn[3] ist eine Änderung in der rechtlichen Bewertung der Zwangsarbeit eingetreten. Unter Berücksichtigung dieser Entscheidungen werden im folgenden die Ansprüche der Zwangsarbeiter aus Osteuropa näher untersucht.[4] Hierbei geht es sowohl um die Ansprüche der Zwangsarbeiter gegen die Bundesrepublik Deutschland (BRD) als Rechtsnachfolger des Deutschen Reiches als auch gegen die Arbeitgeber, die Zwangsarbeiter eingesetzt haben. Dabei ist von folgenden Fallkonstellationen auszugehen:

Fall 1: Ein KZ-Häftling aus Osteuropa wird von Beauftragten der Firma X nach Antrag beim Wirtschaftsverwaltungshauptamt der SS im KZ ausgewählt und in eine in der Nähe der Firma liegende KZ-Außenstelle überführt. Von dort wird er zur täglichen Arbeit in das Werk geführt und von dem Aufsichtspersonal der Firma übernommen. Die Firma hat eine Regelung mit der SS über Versorgung und Ernährung der Häftlinge geschlossen. Sie bezahlte bis zu 120 RM im Monat an die SS. Der normale Arbeitslohn lag bei ca. 240 RM. Der KZ-Häftling wurde z.T. auch während der Arbeit mißhandelt.

Fall 2: Ein junger Pole wurde 1941 anläßlich seiner Anwerbung im Generalgouvernement festgenommen und von der SS zwangsweise in das Reichsgebiet verbracht. Insoweit kam es zur Anwendung von körperlicher Gewalt und Mißhandlungen. Er wurde der Firma X überstellt. Bei dieser mußte er in der Produktion Arbeit leisten. Die Unterkunft wurde von der Firma X geregelt durch Unterbringung in Baracken neben dem Firmengelände. Nach dem Polenerlaß mußte er ständig das Polenzeichen tragen. Nach anfänglicher transportbedingter Krankheit erhielt er später für tatsächlich geleistete Arbeit im Akkord Lohn von monatlich

---

* Lutz Frauendorf ist Rechtsanwalt in Tübingen.
[1] BGHZ 18, 22; BGH NJW 1973, 1549.
[2] BVerfGE 94, 315, in diesem Band S. 221 ff.
[3] Urt. v. 5.11.1997, in diesem Band S. 248 ff. Gegen das Urteil wurde Berufung eingelegt.
[4] Der Beitrag vermittelt einen Überblick über den Stand einer möglichen Begründung solcher Ansprüche und erhebt demgemäß keinen Anspruch auf wissenschaftliche Vollständigkeit.

netto 80 RM, von dem noch die Kosten der Unterbringung etc. abgezogen wurden. Teile davon überwies er per Postscheck nach Warschau, was aber nie ankam.

Fall 3: Ein Bergarbeiter wurde 1942 in der Ukraine bei einer Razzia aufgegriffen. Er wurde von der SS in Gütertransportwagen in das Reichsgebiet verbracht. Die Firma X hatte eine Anforderung für Arbeitskräfte beim Ostarbeitsamt gestellt. Sie beschäftigt den Zwangsarbeiter aufgrund der Sondervorschriften für Ostarbeiter. Sie bezahlt u.a. eine Ostarbeiterabgabe an das Reich. Der Ostarbeiter erhält einen Sonderlohn, der ca. 25% des normalen Lohnes beträgt, was einen Betrag von ca. 40 RM monatlich ausmacht. Er ist in einem Lager untergebracht und wird von der Firmenküche verköstigt. Hierfür werden 1.50 RM täglich berechnet. Wegen Verletzung der Arbeitsdisziplin erhielt er mehrmals eine körperliche Züchtigung. In der Waffenproduktion ist er ständig chemischen Dämpfen ausgesetzt, von denen er einen Lungenschaden davonträgt.

I. Ansprüche gegen die BRD aus § 839 BGB und aufgrund eines öffentlich-rechtlichen Erstattungsanspruchs

1. Ansprüche von KZ-Opfern, die unter haftähnlichen Bedingungen zur Zwangsarbeit gezwungen wurden

Das LG Bonn hat im Ergebnis einen Schadensersatzanspruch aus Amtspflichtverletzungen bejaht. Der zu ersetzende Schaden wurde in der Differenzvergütung gesehen, die üblicherweise für solche Arbeiten in der Zeit zwischen 1944 und 1945 zu zahlen gewesen wäre. Geklagt hatten KZ-Häftlinge des Konzentrationslagers Auschwitz, die auf Anordnung der SS einer nahegelegenen Munitionsfabrik zum Zwecke der Zwangsarbeit zugeführt wurden.

a. Amtshaftungsansprüche

Nach § 839 BGB i.V.m. Art. 34 GG hat der Staat aufgrund Amtshaftung einem Dritten den Schaden zu ersetzen, der daraus entsteht, daß ein Amtswalter vorsätzlich oder fahrlässig die ihm einem Dritten gegenüber obliegende Amtspflicht verletzt. Zu prüfen ist insoweit die Kausalitätskette von Amtspflichtverletzung, Rechtsgutverletzung und Schaden. Bezogen auf den Erfolg einer Klage sind vor allem die Rechtsgutverletzungen zu betrachten, die zu bestimmten Schadensliquidationen führen können. Hinsichtlich der einzelnen anspruchsbegründenden Voraussetzungen kann auf das Urteil des LG Bonn vom 05.11.97 verwiesen werden, außerdem auf das Gutachten von Randelzhofer/Dörr[5].

Durch den Zwang zur Arbeit werden die Betroffenen unmittelbar in den durch § 823 BGB geschützten absoluten Rechtspositionen des Persönlichkeitsrechtes und des Rechtes auf Freiheit verletzt. Insoweit sind sie stets Dritte im Sinne des Amtshaftungs-

---

[5] *Randelzhofer/Dörr*, Entschädigung für Zwangsarbeit? Berlin 1994, S 37 f.

spruches. Der Tatbestand des § 839 BGB schließt unerlaubte Handlungen im Sinne der §§ 823 ff BGB ein[6]. Insoweit liegt immer Drittbezogenheit vor.

Die Drittbezogenheit der verletzten Amtspflicht, nämlich die Unterlassung unerlaubter Handlungen, die aus der Gesetzesbindung der Verwaltung entspringt, liegt vor. Die Rechtswidrigkeit dieser Handlungen ergibt sich bereits aus Art. 52 HLKO[7], was insbesondere auch der internationale Militärgerichtshof in Nürnberg hinsichtlich der Verschleppung der Zivilbevölkerung zur Zwangsarbeit festgestellt hat.

Die Bundesrepublik haftet als Rechtsnachfolgerin des Deutschen Reiches. Sie hat in der Völkerrechtspraxis in Anspruch genommen, mit dem Deutschen Reich identisch zu sein[8].

Unstreitig sind die Zwangsmaßnahmen der SS unmittelbar dem Reich zuzuordnen, zumal die Wirtschaftstätigkeit der SS ab 1942 im Wirtschafts- und Verwaltungshauptamt (WVHA) konzentriert wurde[9].

Es ergeben sich auch keine durchgreifenden Bedenken dann, wenn die SS lediglich in einem Gebiet agiert hat, welches erst durch Annexion unter die staatliche Gewalt des Reiches gestellt wurde. Im Hinblick auf die völkerrechtliche Ächtung des Angriffskrieges ist eine deliktische Sanktion und damit eine Haftung im Sinne von Schadensersatz bei Verletzung dieser Völkerrechtsgrundsätze geboten[10]. Die Ausübung expandierter Staatsgewalt im annektierten Gebiet kann völkerrechtlich nicht privilegiert werden.

§ 7 des Gesetzes über die Haftung des Reichs für seine Beamten (RBHG) vom 22.05.1910[11] steht mangels Verbürgung der Gegenseitigkeit nicht entgegen. Entsprechende Gegenseitigkeit der Staatshaftungsansprüche ist insbesondere mit Polen nicht gewährleistet, da kein entsprechendes Abkommen besteht und dieses kein Signatarstaat der europäischen Sozialcharta vom 18.10.1961[12] oder des europäischen Niederlassungsabkommens vom 13.12.1955[13] ist.

Nach Art. 25 GG gehen die allgemeinen Regeln des Völkerrechts den allgemeinen Gesetzen vor. Aus dem Völkergewohnheitsrecht ergibt sich ein Minimumstandard an Staatshaftung und vor allem an Agressorhaftung einer kriegsführenden Partei. Insoweit muß das Gegenseitigkeitsprinzip völkerrechtskonform angewendet werden[14]. Wenn das allgemeine Völkerrecht eine Regel kennt, daß eine kriegsführende Partei, die gegen Völkerrechtsregeln verstößt, hierfür zu haften hat, dann kann diese Haftung nicht im Hinblick auf mangelnde Gegenseitigkeit ausgeschlossen werden. Für dieses Ergebnis spricht auch das Rechtsstaatsprinzip nach Art. 20 GG, dem ebenfalls ein Minimumstandard an

---

[6] Vgl. MünchKomm, § 839, Rdnr. 196.
[7] Dienstleistungen der Zivilbevölkerung dürfen nur für Bedürfnisse des Besatzungsheeres gefordert werden und in keinem Zusammenhang zu Kriegsunternehmungen stehen.
[8] BVerfGE 36, 1 ff.
[9] *Josel Henke,* Von den Grenzen der SS-Macht, in: Verwaltung kontra Menschenführung im Staat Hitlers. Studien zum politischadministrativen System, hrsg. von *Dieter Rebentisch/Karl Teppe,* Göttingen 1986 S. 255–277.
[10] *Verdross/Sima,* Universelles Völkerrecht, 3. A. Seite 873 f.
[11] RGBl. 1910, 798; 1933, 433.
[12] BGBl. 1964 II, 1262.
[13] BGBl. 1959 II, 998.
[14] Vgl. hierzu *Frauendorf,* Probleme der Entschädigung für Zwangsarbeit als öffentlich-rechtliche Ersatzleistung, in diesem Band und nunmehr auch LG Bonn, Urt. v. 5.11.1997.

Staatshaftung innewohnt. Dies muß für sämtliche konkret von der Staatsgewalt Betroffenen gelten, gleichgültig ob sie Bürger sind. Als **Schadensersatz** kann der Differenzlohn geltend gemacht werden.

Das LG Bonn hat die haftungsausfüllende Kausalität bejaht und festgestellt, daß ein materieller Schaden dadurch entstanden sei, daß auferlegte Arbeit verrichtet werden mußte, ohne hierfür eine angemessene Vergütung zu erhalten. Die Differenz zum damaligen Durchschnittslohn wäre im konkreten Fall dann als Schaden zu betrachten.

Zunächst muß festgehalten werden, daß zumindest Wertersatz nach § 852 III BGB i.V.m. § 812 BGB geschuldet ist und insoweit auf jeden Fall eine Vermögensverschiebung auch aufgrund eines Schadensersatzanspruches liquidiert werden kann.

Aber auch unter dem Gesichtspunkt eines entgangenen Gewinns[15] aufgrund fehlender Erwerbstätigkeit durch die Zwangsinhaftierung vermag ein Schaden im Sinne des § 249 BGB begründet werden. Dies kann schon aufgrund der vom BGH lange verfolgten Kommerzialisierungstheorie angenommen werden, nach der immateriellen Rechtsgütern ein materieller Gesichtspunkt zukommt, wenn das Rechtsgut im allgemeinen Geschäftsleben "kommerzialisiert" ist. Dies kann bei der Erwerbstätigkeit grundsätzlich unterstellt werden.

Im übrigen kann unterstellt werden, daß Zwangsarbeiter ohne die Verschleppung einen normalen Beruf hätten nachgehen können, wobei sie dann einen entsprechenden Verdienst gehabt hätten[16]. Für den Einwand des rechtmäßigen Alternativverhaltens im Rahmen der haftungsausfüllenden Kausalität wäre der Schädiger darlegungs- und beweisbelastet[17]. Schließlich muß festgehalten werden, daß auch im Rahmen von § 839 BGB gem. §§ 847, 253 BGB eine billige Entschädigung in Geld, insbesondere bei schweren Beeinträchtigungen des allgemeinen Persönlichkeitsrechtes in Betracht kommt[18].

b. Öffentlich-rechtlicher Erstattungsanspruch

Der öffentlich-rechtliche Erstattungsanspruch dient der Rückabwicklung rechtsgrundloser Vermögensverschiebungen, die durch Leistung oder auf sonstige Weise eingetreten sind. Dementsprechend ist der Erstattungsanspruch von Fragen des Verschuldens und Fragen der Schadenszurechnung unabhängig.

Der erlangte Vermögensvorteil liegt in der geleisteten Arbeit, zumindest in ersparten Aufwendungen für die Beschäftigung eines echten Arbeitnehmers. Falls letzteres ausschließlich dem privaten Unternehmer zugekommen ist, kann die Vermögensverschiebung zugunsten des Reiches in der gewinnbringenden entgeltlichen Weitervermittlung gesehen werden. Das LG Bonn[19] hat das Erlangte in dem Entgelt für die Arbeitsleistung gesehen, den das Unternehmen an die SS bezahlen mußte.

Fraglich mag allerdings sein, ob dies durch Leistung erlangt wurde. Eine Verknüpfung zwischen der Leistung und einer zweckgerichteten Vermögensvermehrung

---

[15] OLG Oldenburg, NVwZ-RR 1993, 593.
[16] *Palandt,* vor § 249, Rdz. 37, BGH NJW 1988, 1134.
[17] *Lang,* Schadensersatz, § 4 VII, 4.
[18] LG Baden-Baden, NJW 1991, 1118; OLG Hamm, NJW 1993, 1209.
[19] A.a.O., S. 47.

dürfte zweifelhaft sein[20]. Der Erstattungsanspruch umfaßt aber auch eine Vermögensverschiebung auf sonstige Weise[21].

Im vorliegenden Fall reicht aus, daß auch unter dem Gesichtspunkt der Verletzung des Persönlichkeitsrechtes dieses allgemein einer kommerziellen Verwertungsmöglichkeit zugänglich ist. Dies ist bei der Arbeitstätigkeit der Fall.

Ein rechtlicher Grund hierfür fehlt. Insbesondere sind die im Rahmen des öffentlich-rechtlichen Gewahrsamsverhältnis ergangenen Verwaltungsakte kein Rechtsgrund, auch wenn sie durch Ermächtigungsnormen gedeckt gewesen wären. Insoweit liegt aufgrund des Völkerrechtsverstoßes Nichtigkeit vor[22].

Geschuldet wird gem. § 818 II BGB Wertersatz. Der Vermögensvorteil ist der BRD aufgrund der Übernahme der Vermögen des Deutschen Reiches und der NSDAP zugute gekommen.

Da der Bereicherungsanspruch bereits vor der Währungsreform allein auf Geld gerichtet war, ist er entgegen dem Grundsatz, daß er normalerweise Geldwertschuld ist, als Geldsummenschuld zu behandeln mit der Konsequenz der Abwertung nach der Währungsumstellung im Verhältnis 1:10[23]. Gleichzeitig hat eine Anpassung an die allgemeine Wertsteigerung entsprechend dem gestiegenen Lebenshaltungskostenindex stattzufinden[24].

Ein Wegfall der Bereicherung gem. § 818 BGB kommt nicht in Betracht, da eine verschärfte Haftung eingreift[25]. Insoweit kommt nach hiesiger Auffassung auch keine Anspruchsminderung in Betracht, wenn seitens Privater Teilzahlungen oder Zuwendungen an die Zwangsarbeiter erfolgten. Zu betrachten ist alleine die Vermögensvermehrung beim Reich.

Fazit:
Es bestehen sowohl Ansprüche gem. § 839 BGB Art. 34 GG als auch Ansprüche aus dem Gesichtspunkt des öffentlich-rechtlichen Erstattungsanspruches. Der Erstattungsanspruch ist rechtsdogmatisch einfacher zu begründen. Der Schadensersatzanspruch ist insoweit umfassender als er dem Betroffenen einen wirklichen Ausgleich für den erlittenen Vermögensnachteil gewähren will.

2. Ansprüche von Zwangsarbeitern, die als Zivilarbeiter eingesetzt wurden

Die sogenannten Zivilarbeiter standen regelmäßig in einem vertraglichen Rechtsverhältnis zu den Unternehmen, bei denen sie eingesetzt waren, welches in einer Reihe von Rechtsnormen geregelt war, so z.B. der Verordnung über die Einsatzbedingungen der Ostarbeiter vom 30.06.1942[26]. Schon vorher gab es Sonderregelungen für Arbeitskräfte polnischer Volkszugehörigkeit und dann aller nicht deutschen Arbeitskräfte aus dem Generalgouvernement. Diese ganzen Dinge wurden mit üblicher Gründlichkeit durchnormiert und systematisiert[27].

---

[20] Dieser Gesichtspunkt wird vom LG Bonn nicht problematisiert.
[21] BGH NJW 1984, 1878.
[22] Vgl. *Frauendorf*, Probleme der Entschädigung für Zwangsarbeit, a.a.O.
[23] So LG Bonn Seite 55 des amtlichen Abdrucks.
[24] Faktor 4,5454.
[25] BGHZ 55, 128.
[26] RGBl. I, S. 419.
[27] Vgl. insbesondere *Küppers/Bannier*, Die Einsatzbedingungen der Ostarbeiter, Berlin u.a. 1942, S.

Eine Beteiligung staatlicher Organe liegt vor allem nicht nur im Bereich der gesamten Regelung der Einsatzverhältnisse, sondern vor allem im Bereich der Rekrutierung, die nach Fallschilderungen Betroffener wohl praktisch sehr unterschiedlich aussah. Auf jeden Fall sahen die Vorschriften vor, "angeworbene Ostarbeiter" nach Unterbringung in den Auffanglagern und Durchgangslagern entsprechend der Anforderung beim zuständigen Arbeitsamt den jeweiligen Betrieben zuzuteilen, wo sie in geschlossenen Wohngemeinschaften untergebracht werden sollten[28]. Auch hier schaffte demnach der Staat die Grundlage für die Begründung der Rechtsverhältnisse zu Unternehmen und gewährleistete die praktische Durchführung über die reine Zuführung des Arbeiters hinaus[29].

a. Amtshaftungsansprüche

Hinsichtlich der dogmatischen Probleme des Amtshaftungsanspruchs kann auf die vorherigen Ausführungen unter 1. verwiesen werden. Dies wäre im vorliegenden Zusammenhang nicht anders zu beurteilen.

Allerdings ergeben sich zusätzliche Probleme: Eine Amtspflichtverletzung bezogen auf die Rechtsgüter körperliche Integrität und Freiheit ist ohne weiteres möglich. Die Frage ist nur, ob aufgrund von Tathandlungen von Amtswaltern ein andauernder liquidierbarer Schaden vorliegt. Dies könnte nur bei einer Körperverletzung der Fall sein, die nach wie vor körperliche Beeinträchtigungen zur Folge hat. Ansonsten verbliebe es bei einem möglichen Schmerzensgeldanspruch gem. § 847 BGB wegen Verletzung des Persönlichkeitsrechts. Ob dieser Anspruch gegenüber dem Staat eine Abschöpfung des erzielten Gewinnes umfassen könnte, ist zunächst Tatfrage. Es liegt näher, dies bei denjenigen anzunehmen, die sich eine entsprechende Arbeitsleistung zu nutze gemacht haben, also den Unternehmen, die den Zwangsarbeiter beschäftigt haben. Soweit hierfür im Einzelfall an den Staat vom Unternehmen ein Entgelt bezahlt wurde, käme ein entsprechender Anspruch in Betracht.

Soweit bei diesen Zivilarbeitern auch eine Zwangsrekrutierung stattfand mit der anschließenden Übergabe an private Unternehmen stellt sich die Frage, in welchem Umfang diese amtspflichtwidrigen Handlungen kausal zum Schadenseintritt oder dessen Vertiefung beigetragen haben. Es waren sicher adäquate Ursachen. Darüber hinaus stellt sich aber bereits vorher die Frage, was hinsichtlich dieser Persönlichkeitsverletzung von der Tatherrschaft des Amtswalters umfaßt ist und ob insoweit in diesem Sinne Mittäterschaft gem. § 830 BGB vorliegt.

Im Fall der Zwangsrekrutierung liegt auf jeden Fall objektive Tatherrschaft hinsichtlich eines Teils der Tat vor. Falls sich die subjektive Absicht nur auf einen Teil bezieht, können auch die Grundsätze der sukzessiven Täterschaft angenommen werden, wenn jeweils auch ein eigener Taterfolg verfolgt wird.

In diesen Fällen stellt sich dann allerdings regelmäßig die Frage der Subsidiarität der Amtshaftung. Soweit ein Dritter den Schaden mitverursacht hat, kann es sich so-

---

[28] 19 ff.; *dies.*, Arbeitsrecht der Polen im Deutschen Reich, Berlin, Wien, Leipzig 1942. Vgl. *Küppers/Bannier*, Einsatzbedingungen, a.a.O., S. 21 f.

[29] Zu dem Gesichtspunkt der Staatshaftung wegen rechtswidriger Rechtssetzung vgl. *Frauendorf*, a.a.O.

weit um eine anderweitige Ersatzmöglichkeit gem. § 839 I Satz 2 BGB handeln[30]. Allerdings fragt sich, ob diese Entlastung der öffentlichen Hand nicht unbillig ist und eine unzulässige Verlagerung des Schadensrisikos darstellt. In all den Fällen, in denen der private Dritte – Mitschädiger – liquidiert wurde und nicht mehr besteht, ist der konkrete Einzelfall im Hinblick auf diesen Amtshaftungsanspruch zu überprüfen.

b. Öffentlich-rechtlicher Erstattungsanspruch

Der öffentlich-rechtliche Erstattungsanspruch knüpft an eine rechtsgrundlose Vermögensverschiebung an. Er wird beim Zivilarbeiter regelmäßig daran scheitern, daß nicht dargelegt werden kann, was seitens des Reiches oder der SS erlangt wurde, da die Vorteile der Zwangsarbeit dem Unternehmen unmittelbar zugeflossen sind.

Nur soweit im Einzelfall darüber hinausgehend auch Entgeltzahlungen an das Reich erfolgten, käme ein entsprechender Erstattungsanspruch in Betracht. Dies entsprach aber nicht der normalen Regelungslage.

Zu denken wäre hier an Überweisungsfälle z.B. im Postscheckweg. Dann wenn entsprechende Lohnüberweisungen, z.B. bei den Polen im Heimatgebiet, nicht angekommen sind und unterschlagen wurden, käme eine Bereicherungshaftung in Betracht. Bei sonstigen Ostarbeitern kam es in der Regel nur zu geringen Barauszahlungen. Wenn hier dann Gelder im Lohnsparwesen abhanden gekommen sind oder nicht mehr zurückbezahlt wurden oder werden konnten, wäre ebenfalls eine Bereicherungshaftung denkbar.

Aber auch ansonsten hat das Reich an den Ostarbeitern zusätzlich verdient durch Sonderabgaben über die normale Lohnsteuer hinaus und Gebühren für die Rekrutierung, die von den Unternehmen bezahlt werden mußten. Eine Aufarbeitung dieser Problematik dürfte aber schwierig sein, da hier zum Teil staatliche Leistungen entgegenstanden und dann noch überprüft werden müßte, ob z.B. solche Abgaben offensichtlich übermäßig waren.

Fazit:
Amtshaftungsansprüche und Erstattungsansprüche der Zivilarbeiter sind im Einzelfall denkbar, soweit auch der Staat infolge der Rekrutierung des Zivilarbeiters und der Abwicklung des Rechtsverhältnisses, bei dem er vielfach beteiligt war, etwas erlangt hat[31]. Es besteht eine staatliche Verantwortung, für das Rekrutierungssystem, das auch amtspflichtwidrig war, soweit Zwangselemente vorhanden waren. Den Anspruch auf den vollen Arbeitslohn oder das entsprechende Surrogat wird der Zivilarbeiter aber regelmäßig zunächst von dem beteiligten Unternehmen fordern müssen.

3. Mögliche Einwendungen gegen die Ansprüche

a. Ausschluß von Ansprüchen von Zwangsarbeitern gegen die BRD nach § 8 BEG und Art. VI BEG-Schlußgesetz

In § 8 BEG wird bestimmt, daß Ansprüche gegen die BRD nur nach dem BEG geltend gemacht werden können, wenn ein Schaden durch eine Maßnahme eingetreten ist, die

---

[30] MüKo, § 839, Rdnr. 259.
[31] Vgl. insbesondere Fall 3.

auf einem Verfolgungsgrund des § 1 BEG beruht. Eine entsprechende Regelung enthält Art. VI BEG-Schlußgesetz, der besondere Entschädigungsregelungen für Nationalgeschädigte enthält. Es stellt sich daher die Frage, ob Ansprüche von Verfolgten und Nationalgeschädigten, die Zwangsarbeit leisten mußten, außerhalb des BEG überhaupt geltend gemacht werden können.

Danach ist zunächst zu prüfen, ob die Maßnahme der Zwangsarbeit aus Verfolgungsgründen getroffen wurde bzw. ob die Opfer aus Gründen ihrer Nationalität unter Mißachtung der Menschenrechte geschädigt worden sind.

Ein solcher Zusammenhang dürfte vermutlich bei jüdischen Opfern anzunehmen sein, da diese zur Zwangsarbeit gezwungen wurden, um sie zu vernichten. Entsprechendes dürfte bei all den Opfern zu bejahen sein, die Verfolgte im Sinne von § 1 BEG sind. Schwieriger ist die Beurteilung bei den Nationalgeschädigten. Nach den Richtlinien ist entscheidend, ob "die Zugehörigkeit zu einem fremden Staat oder zu einem nichtdeutschen Volkstum den "wesentlichen Grund" für die schädigende Maßnahme gebildet hat[32]. Dies dürfte z.B. immer bei Angehörigen von nationalen Widerstandsgruppen zu bejahen sein. Ob diese Voraussetzung auch bei Zwangsarbeitern gegeben ist, kann nicht allgemein beantwortet werden. Hier ist auf den konkreten Einzelfall abzustellen. Der BGH hat mit Urteil vom 28.1.1956 – IV ZR 323/55 entschieden, daß die "Verschickung zur Zwangsarbeit, die wegen des Mangels an Arbeitskräften erfolgt, keine Schädigung aus Gründen der Nationalität darstelle"[33].

Mit dem Urteil des LG Bonn ist jedoch davon auszugehen, daß § 8 BEG keine Wirkung gegenüber den Personen entfaltet, die die territorialen Voraussetzungen des § 4 BEG nicht erfüllen[34]. Ein Anspruch auf Entschädigung besteht nach dieser Vorschrift nur, wenn der Verfolgte am 31.12.1952 seinen Wohnsitz in der BRD hatte bzw. vor dem 31.12.1952 ausgewandert ist, deportiert oder ausgewiesen wurde und seinen letzten Wohnsitz im Reichsgebiet nach dem Stand von 1937 oder im Gebiet der freien Stadt Danzig hatte. Eine Sonderregelung gilt für Verfolgte, die sich am 1. Januar 1947 in einem DP-Lager aufgehalten haben und später ausgewandert sind. Sonderbestimmungen bestehen noch für Vertriebene und Sowjetzonenflüchtlinge, auf die jedoch hier nicht weiter eingegangen wird[35].

Hinzuweisen ist hier, daß Anträge auf die Leistungen nach dem BEG nach dem 31.12.1969 nicht mehr angenommen werden konnten.

Das LG Bonn hat § 8 BEG nicht in Bezug auf Verfolgte angewandt, die nicht die Voraussetzungen des § 4 BEG erfüllen konnten. Zur Begründung verweist das Gericht auf § 238 BEG, der bestimmt, daß eine weitergehende Regelung der Entschädigung für die Verfolgten mit Beziehung zu deutschen Gebieten, die außerhalb der BRD liegen, bis zur Wiedervereinigung vorbehalten bleibt. Die Regelung wäre sinnlos, wenn diese Ansprüche bereits durch § 8 Abs. 1 BEG ausgeschlossen wären[36]. Im übrigen wird diese Interpretation auch durch die Regelung des Art. III des 3. Gesetzes zur Änderung

---

[32] *Schirilla*, Wiedergutmachung für Nationalgeschädigte, S. 108.
[33] *van Dam-Loos*, Bundesentschädigungsgesetz, Kommentar, 1957, § 167, Anm. 5, S. 698.
[34] A.A. *van Dam-Loos*, Bundesentschädigungsgesetz, Kommentar, § 8, Rdnr. 2, der jedoch diese Frage nicht problematisiert.
[35] *Gießler*, Die Grundsatzbestimmungen des Entschädigungsrecht, S. 54, in: BMF (Hrsg), Die Wiedergutmachung nationalsozialistischen Unrechts durch die Bundesrepublik Deutschland, Band IV.
[36] LG Bonn, Urt. v. 5.11.1997, Az. 1 O 14/97, S. 42.

des Bundesergänzungsgesetzes zur Entschädigung für Opfer der nationalsozialistischen Verfolgung vom 29.06.1956 gestützt. In den Übergangsvorschriften Ziffer 1 ist festgelegt, daß Ansprüche von Verfolgten, die ihren Wohnsitz oder dauernden Aufenthalt in der Zeit vom 01.01.1947 bis 30.12.1952 aus dem Geltungsbereich des Bundesergänzungsgesetzes verlegt haben, aufrechterhalten bleibt. Im Umkehrschluß ließe sich daraus entnehmen, daß das BEG eigentlich generell nur Verfolgte in seinen Geltungsbereich in die Ansprüche miteinbeziehen will.

Für Verfolgte, die diese Wohnsitz- und Stichtagsvoraussetzungen des § 4 BEG nicht erfüllen konnten, war es zu keinem Zeitpunkt möglich, Ansprüche im Rahmen des BEG geltend zu machen. Würde man auch diesen Personen über § 8 BEG Leistungsansprüche gegen den Staat verwehren, so wären sie schlechter gestellt als die Verfolgten, die Anspruch auf Leistungen nach dem BEG haben. Letztere erhalten spezifische Leistungen, durch die versucht wird, dem erlittenen NS-Unrecht Rechnung zu tragen. Zusätzliche Ansprüche gegen den Staat sind bei diesen Personen nach dem Willen des Gesetzgebers nicht mehr geboten. Dagegen sollten Verfolgte, die keine spezifischen Leistungen nach dem BEG erhalten können, in ihren Rechten gegen die BRD nicht begrenzt werden. Dem LG Bonn ist daher in seiner Entscheidung zuzustimmen, § 8 BEG nur dann anzuwenden, wenn Ansprüche nach dem BEG geltend gemacht werden konnten.

Ansonsten gäbe es für die Ungleichbehandlung keinen Differenzierungsgrund, der einer verfassungsrechtlichen Überprüfung Stand halten könnte.

Der Regelung des § 8 BEG liegt offensichtlich der Gedanke zugrunde, daß der deutsche Gesetzgeber nur eine Verantwortung für die Verfolgten hat, die in Deutschland leben oder im ehemaligen Reichsgebiet gelebt haben. Verfolgte mit ausländischer Staatsangehörigkeit, die während des Krieges in ihren Heimatstaaten verfolgt wurden und heute dort noch leben, sollten ausgegrenzt werden. Ihnen wurde bis zur Entscheidung des Bundesverfassungsgerichts generell verwehrt, ihre eigenen Ansprüche gegen die BRD geltend zu machen. Sie wurden auf den Staat ihrer Staatsangehörigkeit verwiesen, der ihre Ansprüche im Rahmen völkerrechtlicher Reparationsforderungen geltend machen könne. Es ist kein Grund ersichtlich, weshalb diesen Verfolgten auch Ansprüche gegen den deutschen Staat außerhalb des BEG verwehrt werden sollen. Gerade die Bürger der östlichen Staaten, die hinsichtlich von Reparationen auf die "Ostmasse" der DDR verwiesen waren, konnten nach AKG und LSA keine Ansprüche gegen die BRD geltend machen. Von daher ergibt es auch keinen Sinn, über diese völkerrechtliche Situation hinaus dem BEG für den östlichen Bereich irgendeine Ausschlußwirkung zuerkennen zu wollen.

Hinzuweisen ist, daß mit den westlichen Staaten sog. Globalabkommen geschlossen wurden. Durch sie sollte eine Entschädigung der Verfolgten im Sinne von § 1 BEG erfolgen, also vor allem von Opfern, die zwar tatbestandsmäßig die Voraussetzung des § 1 BEG erfüllen, jedoch aufgrund der territorialen Einschränkungen bzw. der Stichtagsregelungen keine Ansprüche realisieren konnten. Diese Leistungen sind jedoch nicht mit den Leistungen nach dem BEG vergleichbar. In der Regel erhielten die Verfolgten eine Einmalzahlung.

Des weiteren gibt es eine Härteregelung für jüdische Verfolgte, die außerstande waren, die Antragsfristen einzuhalten oder die Stichtags- und Wohnsitzvoraussetzungen des BEG zu erfüllen. Diese Leistungen werden nach der Artikel 2-Vereinbarung von der Claims Conference verwaltet. Neuerdings werden auch jüdischen Verfolgten, die in Osteuropa leben, Leistungen gewährt[37].

Im übrigen hat die hier vertretene Auffassung zu § 8 BEG zur Folge, daß Verfolgte, also z.B. jüdische Zwangsarbeiter, in ihren Rechten nicht schlechter gestellt werden als die übrigen Zwangsarbeiter, deren Ansprüche gegen die BRD nach allgemeiner Auffassung nicht durch § 8 BEG ausgeschlossen werden. Es wäre in der Tat nicht vertretbar, daß die Personen, die besonders unter dem NS-Unrecht gelitten haben, in ihren Rechten schlechter gestellt werden, als die übrigen Zwangsarbeiter.

Fazit:
§ 8 BEG schließt die Ansprüche von Verfolgten des NS-Regimes aus Osteuropa und Polen nicht aus. Sie konnten wegen der territorialen Anknüpfung keine Leistungsansprüche gegen die BRD realisieren. Es wäre eine grobe Ungleichbehandlung der Verfolgten Osteuropas gegenüber den Verfolgten, die Leistungen nach dem BEG erhalten konnten, wenn sie keine Ansprüche gegen die BRD geltend machen könnten.

b. Ausschluß der Ansprüche gemäß § 1 AKG

Dieses Gesetz sieht in § 1 vor, daß Ansprüche gegen das Deutsche Reich erlöschen, soweit in dem Gesetz selbst keine Sonderregelungen vorgesehen sind. Ausgenommen sind nach § 5 AKG Ansprüche, die auf einer Verletzung des Lebens, der Gesundheit oder der Freiheit beruhen. § 5 AKG gewährt einen Anspruch auf Schadensersatz nach den allgemeinen Rechtsvorschriften, insbesondere nach den Vorschriften über Staatshaftung und nach § 823 BGB (unerlaubte Handlungen). Allerdings werden Lohnforderungen hiervon nicht erfaßt.

Dieser Anspruch wird jedoch durch die strengen Wohnsitzvoraussetzungen des § 6 AKG faktisch wieder ausgeschlossen. Gefordert wird nämlich, daß der Antragsteller entweder seinen Wohnsitz am 31.12.1952 in der BRD hatte oder in einem Staat, der die Regierung der BRD am 1.4.1956 anerkannt hatte. Besonders die letzte Voraussetzung kann von Opfern, die in einem osteuropäischen Land wohnen, nicht erfüllt werden. Zweck dieser Regelung ist offensichtlich, die Ostmasse der Verbindlichkeiten aus der Erfüllungsverpflichtung nach § 5 AKG auszuschließen.

Die Ansprüche mußten bis zum 31.12.1958 angemeldet sein, Nachsicht konnte bis zum 31.12.1959 gewährt werden. Neuanträge sind damit ausgeschlossen.

Die Regelung des § 1 AKG ist jedoch hier ohne Bedeutung. Art. 101 AKG sieht vor, daß das Londoner Schuldenabkommen (LSA) durch das AKG nicht berührt wird, das LSA also insoweit vorgeht. Im Ergebnis bedeutet dies, daß Forderungen, die von dem LSA erfaßt werden, durch § 1 AKG nicht zum Erlöschen gebracht werden. Dies betrifft besonders die Reparationsforderungen, die gemäß Art. 5 LSA zurückgestellt sind. Hierunter fallen auch die oben dargestellten Ansprüche von Zwangsarbeitern. Da nach der deutschen Rechtsprechung das LSA auch Wirkung gegenüber Nicht-Vertragsstaaten entfaltet[38], kommt Art. 101 AKG eine generelle Bedeutung zu, so daß § 1 AKG insofern nicht zu beachten ist. Entscheidend ist hier vielmehr die Wirkung von § 5 LSA.

---

[37] *Saathoff,* Die politischen Auseinandersetzungen über die Entschädigung, in diesem Band S. 49 ff.
[38] Art. 8 LSA.

Fazit:
Aus all dem folgt, daß die unter 1 a u. b dargestellten Ansprüche von Zwangsarbeitern, gegen die BRD geltend gemacht werden können. Art. 1 AKG steht dem nicht entgegen. So auch im Ergebnis das Landgericht Bonn in seiner Entscheidung vom 5.11.1997.

c. Den Ansprüchen könnten Verzichtserklärungen oder völkerrechtliche Abkommen entgegenstehen

Die Verzichtserklärung der UdSSR

Zunächst ist zu prüfen, ob durch die Verzichtserkärung der UdSSR auch auf die individuellen Ansprüche der Zwangsarbeiter gegen die BRD verzichtet wurde, die in einem der Nachfolgestaaten der UdSSR leben. Ein derartiger Verzicht war jedoch nicht beabsichtigt.

Die UdSSR hat mit dem "Protokoll über den Erlaß der deutschen Reparationszahlungen und über andere Maßnahmen zur Erleichterung der finanziellen und wirtschaftlichen Verpflichtungen der DDR, die mit den Folgen des Krieges verbunden sind" vom 22. August 1953 die DDR von weiteren Reparationsleistungen befreit. Da die Präambel der Protokollerklärung nur von Deutschland spricht,

"Ausgehend davon, daß Deutschland seinen mit den Folgen des Krieges verbundenen finanziellen und wirtschaftlichen Verpflichtungen gegenüber der UdSSR, den USA, England und Frankreich in bedeutendem Maße nachgekommen ist, und mit Rücksicht auf die Notwendigkeit, die Wirtschaftslage Deutschlands zu erleichtern.....",

wird in der Literatur und von der Bundesregierung (BR) vielfach die Auffassung vertreten, diese Verzichtserklärung beziehe sich auf ganz Deutschland. Hierbei ist jedoch zu beachten, daß sie sich in ihrem konkreten Teil ausschließlich auf die DDR bezieht: "Der Deutschen Demokratischen Republik wird erlassen..."[39]. Hieraus wird deutlich, daß die von der BR vertretene Interpretation dem eindeutigen Wortlaut der Verzichtserklärung selbst widerspricht, da nur die DDR von Reparationsforderungen freigestellt werden sollte; im übrigen würde eine andere Interpretation auch den deutschland-politischen Gesamtzusammenhang mißachten[40].

Folgt man der Auffassung der Bundesregierung, so fragt sich, ob die Verzichtserklärung nur eine Erklärung ist, die die UdSSR bzw. ihre Folgestaaten bindet, oder auch die Opfer selbst.

Aus dem Text der Verzichtserklärung ergibt sich kein konkreter Hinweis darauf, daß sie auch die individuellen Forderungen der Opfer mit umfassen solle. Bei dem Staatsverständnis der UdSSR ist davon auszugehen, daß der Verzicht die Rechte der Individuen selbst nicht im Blickfeld hatte. Mit der einseitigen Erklärung hat die UdSSR als Staat auf die Geltendmachung weiterer Reparationsforderungen verzichtet. Die Rechte der Bürger wurden hierdurch nicht berührt. Für diese Interpretation spricht auch, daß Polen in bezug auf die gleichlautende Verzichtserklärung immer deutlich gemacht hat, daß Individualforderungen von dem Verzicht nicht berührt werden sollen. Diese Auffassung wird offensichtlich auch vom russischen Außenministerium vertre-

---

[39] *Pawlita*, Wiedergutmachung als Rechtsfrage? Frankfurt u.a 1993, S. 105.
[40] *Pawlita*, a.a.O., S. 106.

ten[41]. Damit sind lediglich weitere Forderungen Rußlands gegen die BRD ausgeschlossen. Die Ansprüche von russischen Bürgern sind hiervon jedoch nicht berührt.

Die Verzichtserklärung der Republik Polen
Auch hier ist zu prüfen, ob die Verzichtserklärung der polnischen Regierung auch die individuellen Forderungen der Zwangsarbeiter erfaßt, die Ansprüche gegen die BRD haben. Die Erklärung schränkt die individuellen Rechte der Zwangsarbeiter nach Auffassung Polens jedoch nicht ein. Polen hat mit einer Erklärung vom 23. August 1953 auf Reparationen gegenüber ganz Deutschland verzichtet. Die Erklärung lautet:
"Mit Rücksicht darauf, daß Deutschland seinen Verpflichtungen zur Zahlung von Reparationen bereits in bedeutendem Maße nachgekommen ist und daß die Verbesserung der wirtschaftlichen Lage Deutschlands im Interesse seiner friedlichen Entwicklung liegt, hat die Regierung der Volksrepublik Polen den Beschluß gefaßt, mit Wirkung vom 1. Januar 1954 auf die Zahlung von Reparationen zu verzichten, um damit einen weiteren Beitrag zur Lösung der deutschen Frage im Geiste der Demokratie und des Friedens in Übereinstimmung mit Interessen des polnischen Volkes und aller friedlichen Völker zu leisten.[42]"
Im Rahmen der Warschauer Vertragsverhandlungen hat Polen diesen Verzicht bestätigt und zum Ausdruck gebracht, daß dieser Verzicht sich auf ganz Deutschland beziehe[43]. Daraus folgt, daß die Republik Polen keine weiteren Ansprüche völkerrechtlich gegen die BRD geltend machen kann.

Es ist daher zu prüfen, ob diese Erklärung auch Individualforderungen gegen die BRD umfaßt. Hierzu ist zu betonen, daß im Verlauf der Verhandlungen zum Warschauer Vertrag vom Dezember 1970 die polnische Regierung betont hat, daß unter die Verzichtserklärung "allerdings individuelle Ansprüche polnischer Bürger auf "Wiedergutmachung" nicht fallen." Im Rahmen einer Erklärung der polnischen Regierung an die Vereinten Nationen vom 27. September 1969, hat die polnische Regierung Gruppen von Personen benannt, denen aus ihrer Sicht Entschädigungsansprüche zustehen: Unter Buchstabe d der Erklärung heißt es: Personen, die zu Zwangsarbeit ins Reich deportiert wurden oder als Kriegsgefangene Sklavenarbeit verrichten mußten, ohne für diese Arbeit einen angemessenen Lohn zu erhalten[44]. In diesem Sinne hat das Landgericht Bonn entschieden. Diese Sichtweise wird im Ergebnis auch vom OVG Münster geteilt[45].

Fazit:
Unter Berücksichtigung der Entscheidung des BVerfG und der Interpretation der Verzichtserklärungen vor allem durch die Polnische Republik, wurden durch die Verzichtserklärungen die individuellen Rechte der Zwangsarbeiter nicht eingeschränkt. Diese Auffassung wird auch von der Rechtsprechung vertreten.

---

[41] Auskunft der russischen Botschaft.
[42] *Pawlita*, a.a.O., S. 139.
[43] *Pawlita*, a.a.O., S. 142.
[44] *Rumpf*, Völkerrechtliche und außenpolitische Aspekte der Wiedergutmachung, S. 338 f, in: BMF, Die Wiedergutmachung nationalsozialistischen Unrechts durch die Bundesrepublik Deutschland.
[45] OVG Münster, Urt. v. 17.11.1997, Az. 14 A 262/93, das Urteil ist im Anhang abgedruckt.

d. Rückstellung der Ansprüche gegen die BRD durch das LSA

Zu prüfen ist nunmehr, ob die Forderungen der Zwangsarbeiter gegen die BRD gemäß Art. 5 Abs. 2 LSA zurückgestellt sind. Art. 5 Abs. 2 regelt, daß

"eine Prüfung der aus dem Zweiten Weltkriege herrührenden Forderungen von Staaten, die sich mit Deutschland im Kriegszustand befanden oder deren Gebiet von Deutschland besetzt war, und von Staatsangehörigen dieser Staaten gegen das Reich und im Auftrag des Reichs handelnden Stellen oder Personen, [...] bis zur endgültigen Regelung der Reparationsfrage zurückgestellt"

wird. Die deutschen Gerichte haben in ständiger Rechtsprechung die Auffassung vertreten, daß Forderungen von Zwangsarbeitern als Reparationsforderungen durch das LSA zurückgestellt sind. Dabei wurde Art. 5 LSA auch im Verhältnis zu Nichtvertragsstaaten angewandt. Daraus folgt, daß die Forderungen von Zwangsarbeitern immer zurückgestellt wurden[46].

Das Moratorium des LSA hat jedoch nach der neueren Rechtsprechung keine Wirkung mehr. Sowohl das Landgericht Bonn als auch das OVG Münster haben entschieden, daß der 2+4-Vertrag einen Friedensvertrag im Sinne des LSA darstellt. Dies entspricht offensichtlich auch der Auffassung der Bundesregierung[47]. Auf die Ausführungen in diesen Entscheidungen wird verwiesen. Die Regelung des Art. 5 Abs. 2 ist daher ohne Bedeutung, sie kann einem Anspruch also nicht mehr entgegen gehalten werden[48].

4. Die Einrede der Verjährung

Die Ansprüche auf Amtshaftung und der öffentlich-rechtliche Erstattungsanspruch sind nicht verjährt.

Amtshaftungsansprüche verjähren gem. § 852 I BGB 3 Jahre nachdem der Verletzte von dem Schaden und der Person des Ersatzpflichtigen Kenntnis erlangt, ohne Rücksicht auf diese Kenntnis tritt eine Verjährung in 30 Jahren von der Begehung der Handlung an ein. Die Ansprüche wären demgemäß verjährt, wenn sie nicht nach den Vorschriften über die Hemmung gem. §§ 202 ff BGB gehemmt gewesen wären. Darüber hinaus kann die Berufung auf die Verjährungseinrede treuwidrig sein und eine unzulässige Rechtsausübung im Sinne des § 242 BGB darstellen.

Es ist davon auszugehen, daß es den Klägern vor Kriegsende der Natur der Sache nach wegen ihrer Verfolgung verwehrt war, Ansprüche gegen das Reich wegen Entschädigung der Zwangsarbeit geltend zu machen. Seit Kriegsende war es den Klägern aber rechtlich nicht möglich, ihre Ansprüche durchzusetzen. Ob es ihnen faktisch, soweit sie aus dem ehemaligen Ostblock kamen, überhaupt möglich gewesen wäre, mag dahingestellt bleiben.

Eine gerichtliche Geltendmachung scheitert regelmäßig daran, daß nach höchstrichterlicher Rechtsprechung[49] und nach h.L. in der Literatur[50] eine völker-

---

[46] BGHZ 18, 22; BGH NJW 1973, 1549.
[47] Die Bundesregierung hat diese Auffassung gegenüber dem OVG Münster mündlich vertreten, vgl. OVG Münster, Urt. v. 19.11.1997.
[48] *Pawlita*, a.a.O., S. 411 m.w.Nw.; BGH RzW 1963, 525–528=MDR 1963, S. 492.
[49] BGH MDR 1963, 492 (493).
[50] *Féaux de la Croix*, NJW 1960, 2268; *Dolzer*, in: Entschädigung für NS-Zwangsarbeit, Öffentliche

rechtliche Regel der "Exklusivität des völkerrechtlichen Ausgleichs" galt. Nach dieser können völkerrechtswidrige Handlungen nur im zwischenstaatlichen Verhältnis, nicht aber durch eine unmittelbar betroffene Einzelperson geltend gemacht werden. Von dieser anspruchsfeindlichen Rechtsprechung waren die Kläger unmittelbar betroffen. Zwar waren sie nicht an der Klageerhebung gehindert – was den Lauf der Verjährung ohnehin unterbrochen hätte –; jedoch entsprach es der h.M., daß eine solche Klage zumindest unbegründet gewesen wäre. Um dem Grundgedanken des § 202 BGB ("agere non valenti non currit preascriptio") dennoch Rechnung zu tragen, gilt der § 202 I BGB auch für die Fälle, in denen ein auf der Rechtsprechung und -lehre beruhendes Hindernis dem Erfolg einer Klage entgegensteht[51]. Unter diesem Gesichtspunkt kann auch § 203 BGB analog angewandt werden.

Einwände gegen diesen Rechtsgedanken konnten nur aus dem Rechtfertigungsgrund der Verjährung, nämlich Rechtsfrieden und Rechtssicherung zu schaffen, hergeleitet werden. Dies sind letztlich neben Fragen des Vertrauensschutzes für den Schuldner allgemeine öffentliche Interessen. Angesichts der Tatsache, daß es hier um Völkerrechtsverstöße, insbesondere um Menschenrechtsverletzungen geht und die entsprechende Regelung der Ansprüche nach maßgeblicher Auffassung der Staaten, der juristischen Lehre und insbesondere der Rechtsprechung für die hier interessierenden Anspruchsinhaber offen war, sprechen die dem Verjährungsgedanken zugrundeliegenden tragenden Rechtsgüter gegen die Annahme einer Verjährung.

Erst mit dem Beschluß des BVerfG vom 13.05.1996[52] ist nämlich das rechtliche Hindernis zur Durchsetzung der Ansprüche durch Einzelpersonen weggefallen, die Verjährung mithin nicht mehr entsprechend § 202 I BGB gehemmt. Wie das BVerfG in seinem obiter dictum[53] erstmals seit Ende des Krieges festgestellt hat, findet die Regel der Exklusivität des Völkerrechts auf die Fälle der Verfolgung von Individualansprüchen durch den Geschädigten keine Anwendung.

Darüber hinaus muß insbesondere bei Ansprüchen gegen den Staat berücksichtigt werden, daß angesichts der ständigen Rechtsprechung[54] dahingehend, daß Ansprüche gegen den Bund unter Hinweis auf das Londoner Schuldenabkommen "momentan unzulässig" seien, ein klageweises Vorgehen völlig unzumutbar war.

Aus alledem ergibt sich, daß der Gesichtspunkt der Verjährungshemmung wegen ständiger anspruchsfeindlicher Rechtsprechung im vorliegenden Fall zu einer Hemmung des Verjährungsablaufes führt, aber zumindest die Berufung auf die Einrede der Verjährung treuwidrig macht.

Dieses Hemmnis ist erst mit der Entscheidung des BVerfG vom 13.05.1996 entfallen. In dieser Entscheidung wurde erstmals festgelegt, daß individuelle Ansprüche außerhalb der Völkerrechtsverhältnisse der Staaten geltend gemacht werden können. Wenn an die vorhergehende Rechtsprechung als Verjährungshemmnis angeknüpft wird, dann ist dieses erst durch die Entscheidung des BVerfG beseitigt worden und nicht

---

[51] Anhörung des Innenausschusses des Deutschen Bundestages am 14.12.1989, S. 199. BGH DB 1961, 1257; *Johannsen* in: RKGKom. zum BGB, 1. Band, 12. Aufl. 1982, § 202 Rdz. 2; *Erman/Hefermehl,* Kom. zum BGB, 1. Band, 4. Aufl. 1993, § 202 Rdz. 10.
[52] Rechtssache 2 BvL 33/93.
[53] S. 19 ff. der Gründe.
[54] BGH NJW 1973, 1549.

schon nach Inkrafttreten des 2+4-Vertrages am 15.03.1991. Ansonsten hätte für das BVerfG auch keine Veranlassung bestanden, sich derart intensiv mit dieser Fragestellung auseinanderzusetzen.

Für den öffentlich-rechtlichen Erstattungsanspruch gelten die §§ 194 ff. BGB entsprechend[55]. Damit gilt gem. § 195 BGB die Regelverjährungsfrist von 30 Jahren. Auch wenn Wertersatz für Arbeitsleistung verlangt wird, kann schon im Hinblick auf den Rechtsgrund der Kondiktion in sonstiger Weise keine kurze Verjährungsfrist angenommen werden, weil letztere erkennbar nur für Rechtsverhältnisse mit normalen Vertragsabwicklungen gilt.

II. Ansprüche von Zwangsarbeitern aus den Nachfolgestaaten der UdSSR, der Republik Polen und der Republik Tschechien gegen Privatpersonen und Gemeinden

Hier geht es insbesondere um die Frage, ob zivilrechtliche Ansprüche gegen Firmen bestehen, die Zwangsarbeiter eingesetzt haben.

1. Zivilrechtliche Ansprüche von KZ-Häftlingen, die unter haftähnlichen Bedingungen Zwangsarbeit leisten mußten, gegen Firmen

Hier sind die Fälle von Bedeutung, in denen die SS im Rahmen des Lagersystems Arbeitskräfte zur Verfügung gestellt hat, die weiterhin zum Teil unmittelbar neben den Produktionsstätten sich im Gewahrsam der SS befanden.

Davon zu unterscheiden sind die Fälle, in denen faktisch auch z.B. im Hinblick auf die Unterbringung weitestgehend ähnliche Verhältnisse vorlagen, die aber nicht KZ-Insassen waren. Bei den zu betrachtenden Ansprüchen gegen Firmen wird die entscheidende Frage sein, ob das öffentlich-rechtliche Gewahrsamsverhältnis sämtliche privaten Rechtsbeziehungen überlagert.

a. Anspruch aus Vertrag

Voraussetzung des Anspruchs wäre ein Bestehen eines Dienstvertrages. Von beiden Seiten müßten Willenserklärungen abgegeben worden sein[56], die sich auf den Abschluß eines schuldrechtlichen gegenseitigen Vertrages beziehen. Hierbei ist grundsätzlich als Ausfluß der Privatautonomie Voraussetzung, daß die Willenserklärungen freiwillig erfolgten. Von derartigen Vertragserklärungen kann aber bei einem Zwangsverhältnis, was dieser Fallgruppe zugrunde liegt, nicht ernsthaft ausgegangen werden.

Da auch nach der Lehre über das faktische Arbeitsverhältnis unterstellt wird, daß an sich ein Arbeitsvertrag gewollt wurde, kann auch diese Auffangkonstruktion nicht zum Tragen kommen. Der Leistungserbringung lag also kein Vertrag zugrunde, so daß solche Ansprüche ausscheiden.

---

[55] *Ossenbühl*, Staatshaftungsrecht, 4. Aufl. 1991, S. 354.
[56] Vgl. *Palandt*, Vor § 104, Rdz. 1.

b. Aufwendungsersatz gem. §§ 677, 683, 670 BGB

Auch dieser Anspruch ist abzulehnen, da keine autonome Handlung der Zwangsarbeiter vorlag. Der Regelungsgehalt der GoA erstreckt sich in erster Linie darauf, fremdnütziges Handeln durch Begünstigung des rechtmäßig handelnden Fremdgeschäftsführers zu fördern, andererseits den Geschäftsherrn vor unbefugter und unerwünschter Einmischung in seine Angelegenheit zu schützen[57].

Nach dem gesetzgeberischen Leitbild setzt die GoA ein freiwilliges Vermögensopfer voraus.

c. Deliktische Schadensersatzansprüche gem. §§ 823 ff. BGB

Abzustellen ist auf die verschiedenen denkbaren Rechtsgutverletzungen je nach Fallsituation: Freiheitsberaubung, Körperverletzung, Persönlichkeitsrechtsverletzung.

Schadensersatz im Sinne einer Naturalrestitution gem. § 249 Satz 1 BGB kommt der Sache nach nur in Betracht, wenn eine damals begangene Körperverletzung nach wie vor körperliche Beeinträchtigungen zur Folge hat. Denkbar ist bei der Freiheitsberaubung noch ein Anspruch aus entgangenem Gewinn aufgrund fehlender Erwerbstätigkeit während der Zwangsinhaftierung. Dies wird regelmäßig den konkreten Nachweis erfordern, daß man ohne die Verschleppung zur Zwangsarbeit hätte einem normalen Beruf nachgehen können[58]. Für den Einwand des sogenannten rechtmäßigen Alternativverhaltens trägt der Schädiger grundsätzlich die Darlegungs- und Beweislast[59]. Auch wäre daran zu denken, den Kommerzialisierungsgedanken hinsichtlich der erbrachten Arbeitsleistung wieder zu betonen.

Im übrigen verbleibt auf jeden Fall im Hinblick auf die angeführten Rechtsgutverletzungen ein **Schmerzensgeldanspruch** gem. § 847 BGB. Der Anspruchsumfang ist gem. § 287 ZPO durch das Gericht zu schätzen.

Im Rahmen von § 847 BGB ist zu berücksichtigen, daß der Schmerzensgeldanspruch zunächst eine Ausgleichs- und Genugtuungsfunktion erfüllt. Trotz der Inkommensurabilität der beeinträchtigten Rechtsgüter soll der Geschädigte in Form von Geld einen Ersatz erhalten (Ausgleichsfunktion). Darüber hinaus soll der Geldanspruch dem Gedanken Rechnung tragen, daß der Schädiger dem Geschädigten Genugtuung schuldet (Genugtuungsfunktion). Beide Komponenten, die im Einzelfall nicht immer scharf voneinander getrennt werden können, bestimmen die Höhe des Ersatzanspruches.

Darüber hinaus kann aber, insbesondere nach neuerer Rechtsprechung bei Verletzung des Persönlichkeitsrechtes in den Fällen, in denen die Verletzung dieses Rechtes mit Gewinnerzielungsabsicht erfolgte, eine Präventivfunktion im Rahmen des § 847 BGB zum Tragen kommen. Eigentlich geht es ja um den Ersatz eines immateriellen Schadens. Zum Teil wurde von der Rechtsprechung bereits auch im Rahmen von § 847 BGB eine Anwendung bereicherungsrechtlicher Grundsätze ins Auge gefaßt[60].

Dabei handelt es sich nach Ansicht des BGH[61] bei einer Entschädigung wegen einer Verletzung des allgemeinen Persönlichkeitsrecht im eigentlichen Sinne nicht um

---

[57] *Jauernig,* Vor § 677, I. b.
[58] *Palandt,* Vor § 249, Rdz. 37.
[59] *Lange,* Schadensersatz, § 4 XII 4.
[60] BGH NJW 1968, S. 90.
[61] BGHZ 128, S. 1.

ein Schmerzensgeld nach § 847 BGB, sondern um einen Rechtsbehelf, der auf den Schutzauftrag aus Art. 1 und Art. 2 I GG zurückgeht. Die Zubilligung einer Geldentschädigung beruht nach Ansicht des BGH auf dem Gedanken, daß ohne einen solchen Anspruch Verletzungen der Würde und Ehre des Menschen häufig ohne Sanktion blieben, mit der Folge, daß der Rechtsschutz der Persönlichkeit verkümmern würde.

Wird das Persönlichkeitsrecht also gezielt mit der Absicht der Gewinnerzielung verletzt, so gebietet der angeführte Präventivaspekt die – indirekte – Anwendung bereicherungsrechtlicher Grundsätze. Die Erzielung von Gewinnen aus der Rechtsverletzung muß als Bemessungsfaktor in die Entscheidung über die Höhe der Geldentschädigung einbezogen werden.

Diese Rechtsprechung wurde in den Prominenten-Fällen im Zusammenhang mit der Verletzung des Persönlichkeitsrechtes in Publikationsorganen entwickelt. Was hierfür Recht war, kann für die Entschädigung für Zwangsarbeit nur billig sein.

Auch bei der Bemessung von Schmerzensgeld in Zwangsarbeitsfällen muß es deswegen aus Präventivgesichtspunkten, die auch völkerrechtlich veranlaßt sind, zur Abschöpfung des erzielten Gewinnes kommen und dementsprechend zu einem vollen Ausgleich für die geleistete Arbeit.

Es besteht demnach auf jeden Fall ein Schmerzensgeldanspruch gem. §§ 823, 847 BGB.

Nach hiesiger Auffassung kann aber dahingestellt bleiben, ob dieses deliktische Verhalten der von der Zwangsarbeit begünstigten Firma in einem quasi öffentlich-rechtlichen Rechtsverhältnis erfolgte oder nicht. Auch wenn, wie hier angenommen, zwischen den Reichsorganen und der Firma Mittäterschaft gem. § 830 BGB vorliegt, kommt es aufgrund der Subsidiarität der Amtshaftung nach § 839 I Satz 2 BGB zur primären Haftung des beteiligten Unternehmens für den angeführten Anspruchsbereich und die angeführten Rechtsgutverletzungen, wenn das Unternehmen nach wie vor passiv legitimiert ist.

An der prinzipiellen Mittäterschaft nach § 830 BGB bestehen keine Zweifel[62]. Es sind insoweit strafrechtliche Grundsätze heranzuziehen[63]. Die beteiligten Firmen wollten die Tat als eigene (subjektive Animusformel), da sie ein erhebliches wirtschaftliches Interesse am Taterfolg hatten. Darüber hinaus hatten sie objektiv die Täterschaft (zumindest Ingewahrsamnahme während der Arbeit) und auch subjektiv den Willen hierzu[64].

d. Bereicherungsansprüche gem. §§ 812 ff. BGB

Es wurde im Rahmen des öffentlich-rechtlichen Erstattungsanspruches bereits dargelegt, daß an einer Leistungskondiktion gem. § 812 I Satz 1 1. Alternative BGB durchgreifende Zweifel bestehen, weil es an der Leistung im Sinne einer willentlichen Wertverschaffung und deren Zweckgerichtetheit fehlt.

Es besteht aber auf jeden Fall ein Kondiktionsanspruch in sonstiger Weise gem. § 812 I Satz 1 2. Alternative BGB. Der Bereicherungsschuldner (die Firmen) haben ohne

---

[62] Vgl. insbesondere Fall 1.
[63] *Palandt*, § 830, Rdz. 3 ff.
[64] Vgl. BGH NJW 1985, S. 1035.

rechtlichen Grund "etwas erlangt", und zwar auf Kosten des Bereicherungsgläubigers (Zwangsarbeiter). Dies wäre die Arbeitskraft bzw. die verrichtete Arbeitsleistung, welche gem. § 818 II BGB zu bewerten ist.

Auf jeden Fall wird man aufgrund der Verletzung des Persönlichkeitsrechtes annehmen, daß auch eine Rechtsposition betroffen ist, die einer kommerziellen Verwertungsmöglichkeit zugänglich ist[65]. Die Persönlichkeitsverletzung lag darin, daß das Selbstbestimmungsrecht des einzelnen bezüglich seiner konkreten Arbeitstätigkeit mißachtet wurde. Die Fähigkeit Arbeiten gegen Entgelt zu verrichten, ist zwar eine immaterielle Rechtsposition, die aber einer solchen kommerziellen Verwertungsmöglichkeit ohne weiteres zugänglich ist. Der wirtschaftliche Zuweisungsgehalt dieser Rechtsposition ist dem Bereicherungsgläubiger ausschließlich zugewiesen. In diesen wird eingegriffen. Es kommt insoweit nicht darauf an, ob der Bereicherungsgläubiger selbst eine wirtschaftliche Verwertung gewollt hätte oder nicht[66]. Das Fehlen eines rechtlichen Grundes ist indiziert.

Nach § 818 II BGB kann der Wert der Arbeitsleistung verlangt werden[67]. Diesem entspricht in der Regel der verkehrsübliche Arbeitslohn eines vergleichbaren deutschen Arbeiters. Die Voraussetzungen der verschärften Haftung gem. §§ 818 IV, 819 I BGB liegen vor, so daß keine Entreicherung geltend gemacht werden kann[68].

Fazit:
Im Ergebnis sind bei Zwangsarbeitern, die vom KZ als Häftlinge Unternehmen zur Arbeit überlassen wurden, auch Ansprüche gegen die Unternehmen aus §§ 823, 847 BGB und aus § 812 I Satz 1 2. Alternative BGB gegeben. Diese Ansprüche umfassen den üblichen Arbeitslohn eines vergleichbaren deutschen Arbeitnehmers des Unternehmens.

2. Zivilrechtliche Ansprüche von Zwangsarbeitern, die als Zivilarbeiter eingesetzt wurden, gegen Firmen

Die Rechtsverhältnisse der Zivilarbeiter, die zwangsweise bei Unternehmen eingesetzt wurden, waren zum Teil umfassend geregelt. Diese Regelungen hatten zum Teil diskriminierenden Charakter, zumal sie von der damaligen herrschenden Rechtsmeinung nicht als normales Arbeitsverhältnis angesehen wurden.

Nach anfänglicher Freiwilligkeit bei der Anwerbung wurde in den späteren Kriegsjahren eine Zwangsrekrutierung typisch, die nicht einmal den eigenen Vorschriften über den Einsatz der Ostarbeiter entsprach[69]. Von daher mag sowohl angefangen über diese Rekrutierung der Arbeitskraft bis zur Durchführung des Arbeitsverhältnisses und der gesamten damit verbundenen Lebensbedingungen die Situation einzelner Gruppen und Betroffener sehr unterschiedlich gewesen sein. Es kommt demgemäß in diesen Fällen auf die Einzelfälle an, die bei größeren Firmen in der Regel durch ähnliche Verhältnisse geprägt waren.

---

[65] BGHZ 20, 345; 107, 117.
[66] Vgl. *Löwenhein,* Bereicherungsrecht, S. 90 ff. für das Eigentum.
[67] BGHZ 82, 299.
[68] Ein Bereicherungsanspruch aufgrund Kondiktion in sonstiger Weise vor allem bejaht von *R. Schröder,* Jura 1994, S. 118, 124.
[69] Vgl. Fall 2 und Fall 3.

a. Vertragliche Ansprüche

Vertragliche Ansprüche aus einem Arbeitsverhältnis, wenn ein solches begründet wurde, könnten dahingehen, daß der Differenzlohn zum üblichen Lohn bezahlt werden muß. Insoweit wären die nationalsozialistischen Regelungen, die eine Diskriminierung der Ostarbeiter u.a. hinsichtlich der Entlohnung vorsahen, nach heutigem Recht nicht anzuwenden. Es würde entsprechend dem Rechtsgedanken von § 612 BGB eine Restforderung bestehen[70].

Dies kann selbstverständlich nur für die Fallgruppen von Zwangsarbeitern aus dem Bereich der Zivilarbeiter gelten, für die vertragliche Regelungen maßgebend sind.

Wie bereits dargelegt wurden die Fremdarbeiter zunächst angeworben, von 1942 ab aber durchweg zwangsrekrutiert und deportiert[71]. Dies galt vor allem für die Ostarbeiter, deren Beschäftigungsverhältnis weitgehend reglementiert war und auch nach der damaligen Lehre eine Gleichstellung mit deutschem Arbeitsrecht abgelehnt wurde.

Es ist eine Frage des einzelnen Falles, unter welchen Voraussetzungen auch bei Zivilarbeitern Zwangsverträge einem gesetzlich normierten Arbeitsverhältnis unterstellt werden können oder nicht. Bei einer Zwangsrekrutierung und Zuweisung zu einer bestimmten Arbeitsstätte mit entsprechender Gemeinschaftsunterkunft, die Beschränkungen der Freizügigkeit beinhaltete, bestehen hieran erhebliche Zweifel. Dies widerspräche dem Grundsatz der Freiwilligkeit einer Willenserklärung. Diese ist, soweit sie sich auf den Abschluß eines Rechtsgeschäftes bezieht, Ausfluß der Privatautonomie und damit der Selbstbestimmung des einzelnen. Die Arbeitsleistung wäre in solchen Fällen auch nicht im Hinblick darauf erbracht worden, daß durch die entsprechende Firma eine Gegenleistung zu erwarten wäre. Die insoweit gezahlten Beträge waren zum Teil, wie dargestellt, lediglich eine Sonderentlohnung und damit nicht freiwillige Leistungsgrundlage.

Vertragliche Ansprüche kommen deswegen nur dann in Betracht, wenn bei dem Zivilarbeiter ein Mindestmaß an Freiwilligkeit beim Abschluß eines entsprechenden Vertrages zu unterstellen ist. Nur dann kommen auch entsprechende Vertragsverletzungsansprüche wegen Forderungsverletzung in Betracht. Soweit man von gesetzlichen Arbeitspflichten ausgehen kann, die auch in ein Vertragsverhältnis münden können, wäre nach hiesiger Auffassung immer noch Voraussetzung, daß dies ein von der Rechtsordnung zu billigendes Ergebnis nach heutigen Maßstäben sein könnte. Von daher scheint eine bereicherungsrechtliche Abwicklung in den meisten der Fälle nach wie vor die überzeugendere Lösung zu sein[72].

b. Deliktische Ansprüche

Deliktische Ansprüche kommen selbstverständlich für den gesamten Bereich negativer Begleitumstände dieses Zwangsarbeitsverhältnisses in Betracht – also für alle die Fälle, bei denen es zu massiven Diskriminierungen gekommen ist, Körperverletzungen und Mißhandlungen sowie Freiheitsberaubungen. Nur wird man aufgrund entsprechender

---

[70] So insbesondere *Heß,* Völker- und zivilrechtliche Beurteilung der Entschädigung für Zwangsarbeit vor dem Hintergrund neuerer Entscheidungen deutscher Gerichte, in diesem Band S. 65 ff.

[71] Vgl. *Schröder,* Zwangsarbeit Rechtsgeschichte und zivilrechtliche Ansprüche, in: Jura 1994, 63; *Ulrich Herbert,* Zwangsarbeiter im "Dritten Reich" – ein Überblick, in diesem Band S. 17 ff.

[72] Zum faktischen Arbeitsverhältnis siehe obige Ausführungen unter II 1 a.

Einzelvorkommnisse mangels andauernden Schadens regelmäßig keinen oder keinen wesentlichen Schadensersatzanspruch begründen können – auf jeden Fall aber keinen Anspruch, mit dem ein nicht oder zu wenig bezahlter Arbeitslohn im Wege des Schadensersatzes liquidiert werden könnte.

Nur soweit sich ein Zwangsverhältnis von der Rekrutierung eines Ostarbeiters bis zur Durchführung der Arbeit begründen läßt[73], kommt ein Anspruch gem. §§ 823, 847 BGB in Betracht, der aufgrund der anhaltenden Verletzung des Persönlichkeitsrechtes im Sinne der dargestellten Ausgleichsfunktion den aus der Arbeit gezogenen Gewinn abschöpft[74].

Die maßgebende Rechtsgutverletzung ist in derjenigen des allgemeinen Persönlichkeitsrechtes zu sehen. Das allgemeine Persönlichkeitsrecht ist aufzufassen als einheitliches, umfassendes subjektives Recht auf Achtung, Entfaltung der Persönlichkeit[75] und als sogenanntes Quellenrecht für einzelne konkretisierte Gestaltungen[76]. Es ist insoweit im Sinne des § 823 I BGB ein Auffangtatbestand. Soweit spezialgesetzliche Ausformungen vorhanden sind, tritt es zurück[77]. Da wie dargelegt das allgemeine Persönlichkeitsrecht im Sinne des § 823 I BGB sich nach den verfassungsrechtlichen Vorgaben der Grundrechte bestimmt, ist es mit dem Kerngehalt der Art. 1 I und 2 I GG identisch und damit in allen Lebensbereichen relevant. Die geschützte Entfaltungsfreiheit soll Selbstbestimmung, Selbstwahrung und Selbstdarstellung garantieren. Aus diesem Grund ist alleine bereits die Bestimmung von Zivilarbeitern zur Zwangsarbeit eine Verletzung des Persönlichkeitsrechtes, völlig unabhängig davon, ob es darüber hinaus zu Exzesshandlungen gekommen ist. Sie verstößt gegen das Selbstbestimmungsrecht und damit die menschliche Würde. Es muß nicht darauf hingewiesen werden, daß diese Fundamentalbestimmungen unter der Weimarer Reichsverfassung und nach allgemeinem Völkerrecht Geltung beanspruchen konnten. Wer an diesem Zwangsarbeitersystem mitgewirkt hat, auch wenn einzelne vertragliche Elemente vorhanden waren, hat zumindest billigend in Kauf genommen, daß die Persönlichkeit der Gewaltunterworfenen verletzt wurde.

Erlangt in diesem Sinne wurde der übliche Wert der Arbeit, so daß die Differenz zum Lohn eines vergleichbaren Arbeitnehmers des Unternehmens nachgezahlt werden muß. Es bedarf insoweit nicht des Rückgriffs auf die Grundsätze über den Vermögensschaden, insbesondere den entgangenen Gewinn gem. §§ 249, 252 BGB.

Es ist auch davon auszugehen, daß zwischen staatlichen Organen und Unternehmen, die zwangsweise rekrutierte Zivilarbeiter übernommen haben, Mittäterschaft gem. § 830 BGB vorliegt. Dies zumindest in der Form der sukzessiven Täterschaft. Die zwangsweise Rekrutierung, insbesondere von Ostarbeitern, war zumindest ab 1942 üblich. Diejenigen Unternehmen, die Anträge beim zuständigen Arbeitsamt auf Zuweisung von Arbeitskräften gestellt haben und diese dann anschließend übernommen haben, hatten ein eigenes wirtschaftliches Interesse an der Tat (subjektive Animustheorie). Im Rahmen der nachfolgenden Beschäftigung und Versorgung der Arbeiter lag insoweit

---

[73] Vgl. insbesondere Fall 3.
[74] BGHZ 128, 1.
[75] BGH 13, 334.
[76] BGH 23, 72.
[77] BGHZ 80, 311.

teilweise objektive Tatherrschaft vor. Dies reicht aus, um die allgemeinen Voraussetzungen für eine Mittäterschaft anzunehmen. Die Arbeiter wurden in dem Betrieb aufgrund eines Sonderrechtsverhältnisses eingegliedert, welches offensichtlich diskriminierenden Charakter trug. Dies war auch allen Beteiligten augenscheinlich bekannt. Es muß davon ausgegangen werden, daß bei der Übernahme jeweils bekannt wurde, daß das Rechtsverhältnis nicht aufgrund freiwilliger Anwerbung begründet wurde. Ob man aus politischen Gründen keine andere Möglichkeit sah, als an diesem Kriegswirtschaftssystem zu partizipieren, ist im Rahmen dieser rechtsdogmatischen Betrachtung unerheblich.

Fazit:
Die Rechtsverhältnisse der Zivilarbeiter insbesondere aus dem Osten lassen je nach Einzelfall eine gewisse Bandbreite der Einordnung zu. Soweit es im Zeitraum der fortschreitenden Kriegswirtschaft eine Art Zwangssystem mit Zwangsrekrutierung, kollektiver Unterbringung und Versorgung nach Sondervorschriften beinhaltete[78], sind deliktische Ansprüche oder mindestens bereicherungsrechtliche Ansprüche aufgrund Bereicherung auf sonstiger Weise gegeben.

3. Einwendungen gegen die Ansprüche

a. Ausschluß der Ansprüche gemäß § 8 BEG und § 1 AKG
§ 8 Abs. 2 BEG regelt ausdrücklich, daß Ansprüche gegen Körperschaften des öffentlichen Rechts oder gegenüber Personen des privaten Rechts durch das BEG nicht berührt werden. Damit ist sichergestellt, daß § 8 BEG hier einem Anspruch nicht entgegensteht.

Entsprechendes gilt für das AKG, das nur Forderungen gegen den Staat zum Erlöschen bringt.

Daraus folgt, daß individuelle Forderungen gegen Privatpersonen gelten gemacht werden können, und zwar sowohl von Verfolgten i.S.v. § 1 BEG als auch von den übrigen Zwangsarbeitern.

b. Den Ansprüchen könnten Verzichtserklärungen oder völkerrechtliche Abkommen entgegenstehen.

Die Verzichtserklärung der UdSSR
Die oben dargestellte Erklärung vom 22. August 1953 beinhaltet den Verzicht der UdSSR als Staat. Die Rechte von Individuen werden nicht erwähnt. Es ist daher zu prüfen, ob durch die Verzichtserklärung der UdSSR auch Individualforderungen gegen Personen des privaten Rechts erloschen sind. Das BVerfG führt allgemein hierzu auf Seite 24 seiner Entscheidung aus:

"Soweit Friedensverträge Individualforderungen ausschließen, regeln sie die Ansprüche von Staatsangehörigen ausdrücklich neben den Forderungen der Staaten. [...] Auch aus der übrigen Staatenpraxis wird deutlich, daß den Staaten die Unterscheidung zwischen staatlichen und individuellen Ansprüchen bewußt gewesen ist."

---

[78] Vgl. Fall 2 und Fall 3.

Als Beispiel wird hier auch ein Vertrag der UdSSR mit den USA von 1933 angeführt, ein Hinweis, daß die Unterscheidung auch der UdSSR bekannt war.

Aus der Verzichtserklärung selbst wird deutlich, daß der Verzicht nur gegenüber dem Staat erfolgen sollte. Dies machen auch die konkreten Regelungen deutlich. Individuelle Forderungen gegen Einzelpersonen waren nicht im Blickfeld. Daraus folgt, daß die Verzichtserklärung Ansprüche der Staatsangehörigen selbst - z.B. gegenüber Firmen - nicht tangiert.

Diese Auffassung wird auch von der russischen Seite geteilt.

Wirkung der polnischen Verzichtserklärung
Wie bereits dargestellt, beinhaltet die polnische Verzichtserklärung nur einen Verzicht des polnischen Staates gegenüber der BRD. Die polnische Regierung hat immer wieder betont, daß der Verzicht Individualforderungen selbst gegen die BRD nicht ausschließt. Selbst wenn man hier der Auffassung ist, der Verzicht würde auch die Individualforderungen von Privatpersonen gegenüber der BRD erfassen, so kann dies jedoch in keinem Fall für die Forderungen gegenüber Privatpersonen gelten. Sie sind - unter Beachtung der Hinweise des BVerfG - hier nicht ausgeschlossen. Folge: auch polnische Staatsangehörige können gegen deutsche Firmen klagen.

c. **Rückstellung der zivilrechtlichen Ansprüche durch Art. 5 Abs. 2 LSA**

Wie bereits oben dargestellt, hat die Rechtsprechung Art. 5 Abs. 2 LSA auch im Verhältnis zu Nicht-Vertragsstaaten angewandt. Diese Rechtsprechung ist jedoch nunmehr ohne Bedeutung, da - wie bereits ausgeführt - Art. 5 Abs. 2 SA nach dem 2+4 Vertrag keine Wirkung mehr entfaltet. Eine Rückstellung der Forderungen ist damit ausgeschlossen.

Fazit:
Gegen die Ansprüche bestehen unter Berücksichtigung der jüngsten Rechtsprechung keine Einwendungen.

4. **Die Einrede der Verjährung**

Die Verjährungsvorschriften richten sich nach dem BGB. Danach verjähren Ansprüche auf Ersatz des aus einer unerlaubten Handlung entstandenen Schadens in 3 Jahren, gerechnet vom Zeitpunkt in welchem der Geschädigte von der Person des Ersatzpflichtigen Kenntnis erlangt hat; ohne Rücksicht auf diese Kenntnis in 30 Jahren von der Begehung der Handlung, § 852 BGB.

Die Ansprüche aus ungerechtfertigter Bereicherung nach § 812 BGB verjähren nach 30 Jahren, § 195 BGB.

Die genannten Ansprüche sind nicht verjährt. Dies folgt aus dem Rechtsgedanken von § 202 BGB. Die Verjährung war aus Rechtsgründen gehemmt. Es kann nicht sein, daß Ansprüche, die bisher wegen der "Exklusivität des Völkerrechts" vom BGH zurückgewiesen wurden, nunmehr, nachdem das BVerfG entschieden hat, Individualforderungen ausländischer Geschädigter könnten noch bestehen, mit der Begründung zurückgewiesen werden, diese Ansprüche seien nun verjährt. Die Erhebung einer solchen Einrede würde gegen den Grundsatz von Treu und Glauben verstoßen. Diese

Auffassung wird auch in der Literatur vertreten. Auf die Ausführungen unter I. 4 kann verwiesen werden.

Ergebnis:
Individualforderungen gegen Personen des privaten Rechts können von den Geschädigten, die in Osteuropa und Polen leben, geltend gemacht werden. Dem steht weder die Verzichtserklärung der UdSSR entgegen noch die Verzichtserklärung Polens. Dies ist die Auffassung beider Staaten. Im übrigen entspricht dies auch der historischen Interpretation, Individualforderungen sollten nicht ausgeschlossen werden. Auch das LSA steht diesen Ansprüchen nicht entgegen.

Karol Gawlowski*

Die Sklavenarbeit der polnischen Bürger im Dritten Reich

Unsere Vereinigung zählt gegenwärtig über 700.000 Mitglieder und hat in allen 49 Wojewodschaften ihre Abteilungen. Sie vertritt die Interessen sowohl der Häftlinge der Konzentrationslager und Gefängnisse, als auch der zur Sklavenarbeit im Dritten Reich gezwungenen Polen.

Es ist schwer festzustellen, wie viele polnische Bürger zur Sklavenarbeit gezwungen worden sind, vor allem deswegen, weil die Zahl der zur Sklavenarbeit gezwungenen Personen sich in den Kriegsjahren stets geändert hat.

Nach einem Gutachten von Professor A. Klafkowski[1] sind in den Jahren 1939-1945 2.460.000 Zivilpersonen zur Sklavenarbeit ins Dritte Reich deportiert und etwa 400.000 Kriegsgefangene zur Sklavenarbeit gezwungen worden. Neben diesen zwei Kategorien sind weitere hunderttausende polnischer Bürger zur Sklavenarbeit gezwungen worden, die sowohl die in das Dritte Reich einverleibten Gebiete als auch das Generalgouvernement bewohnten. Ein beträchtlicher Teil von ihnen leistete Sklavenarbeit in verschiedenen Arbeitslagern. Für das Dritte Reich arbeiteten auch Gefängnisinsassen polnischer Nationalität sowie Häftlinge der Konzentrationslager. Die Gesamtzahl der Polen, die Sklavenarbeit geleistet haben, hat 3 Mio. überschritten.

Polen bildete zunächst (bis 1941) die größte Gruppe von Sklavenarbeitern im Dritten Reich (vorübergehend etwa 60%); nach dem deutschen Überfall auf die UdSSR und den danach folgenden Massendeportationen der Bevölkerung aus diesem Land wurden sie zur zweitgrößten Gruppe (29% im September 1944). Diese beiden Gruppen zusammen machten zu dieser Zeit 67,7% der Gesamtzahl der Sklavenarbeiter aus[2].

Der Einsatz der polnischen Bevölkerung zur Sklavenarbeit wurde planmäßig vorbereitet. Die deutsche Arbeitverwaltung etablierte sich in den besetzten polnischen Gebieten unmittelbar nach dem Einmarsch der deutschen Wehrmacht[3].

Weil die Werbung für eine freiwillige Ausreise ins Reich (trotz gewisser Tradition, vor allem im Bereich der Saisonarbeit in der Landwirtschaft) nicht zu den gewünschten Ergebnisse geführt hatte, wurden zahlreiche Zwangsmaßnahmen angewandt. Man kann folgende Beispiele nennen:
1. Zwangsanweisung zur Arbeit – z.B. bei deutschen Bauern in einverleibten Gebiete. Diese Maßnahme wurde unter Polizeiaufsicht durchgeführt.
2. Deportationen der polnischen Bevölkerung aus den in das Reich einverleibten Gebieten in das Generalgouvernement. Junge, arbeitsfähige Leute wurden für einen Arbeitseinsatz im Reich bei der Zwangsumsiedlung in den Übergangslagern

---

* Dr. Karol Gawlowski ist stellvertretender Vorsitzender der Vereinigung der vom III. Reich geschädigten Polen.
[1] Ekspertyza polskich roszczen indywidualnych o odszkodowania wojenne, styczen 1990, s. 36
[2] *Luczak Czeslaw*, "Polscy robotnicy przymusowi w Rzeszy podczas II wojny swiatowej", Poznan 1974.
[3] *Ulrich Herbert*, Geschichte der Ausländerbeschäftigung in Deutschland 1890-1990, Dietz Verlag 1986, S. 125.

für Deportierte von ihren Eltern getrennt. Auf diese Weise kam es auch zur Deportation des Verfassers dieses Beitrags nach Ulm a/D und seiner Geschwister in andere Regionen des Reiches.

3. Kontingentquoten wurden in den Gemeinden bestimmt und auf Dörfer im Generalgouvernement verteilt, namentliche Aufforderungen wurden an die Betroffenen gerichtet. Bei Nichtbefolgen dieser Aufforderung zur Ausreise drohte zunächst eine Geldstrafe, Einstellung der Lebensmittelrationen, Vermögenskonfiszierung und – wenn das nichts bewirkt hat – Haftstrafen oder Einweisung in ein Konzentrationslager. Der Widerspruch bezüglich der Ausreise ins Dritte Reich wurde auch mit Todesstrafe durch Erhängen bestraft[4].

4. Razzien in den durch die deutsche Wehrmacht besetzten Gebieten, vor allem im Generalgouvernement (auf Straßen, auf Märkten, vor den Kirchen), die seit Mitte 1940 bis in die letzten Besatzungstage durchgeführt wurden. Während der Razzien kam es oft zu schmerzhaften Verprügelungen und sogar zu Tötungen. Eine solche Behandlung der polnischen Bevölkerung erfolgte in Übereinstimmung mit den Richtlinien vom 19. Juli 1942, die das SS-Reichsbüro von Himmler an den Obersturmbannführer der SS und der Polizei im Generalgouvernement, Friedrich Wilhelm Krüger, gerichtet hatte.

Die polnischen Zwangsarbeiter (ähnlich wie die Ostarbeiter) gehörten nicht zu den sogenannten "fremdvölkischen Arbeitskräften", die man – nach den Richtlinien der Gestapo – in folgende Gruppen unterteilte[5]:

"1. Italiener

2. Angehörige germanischer Völker: Flamen, Dänen, Norweger, Holländer, Wallonen und Finnen,

3. Angehörige nichtgermanischer Völker, mit denen wir verbündet oder aufgrund ihrer kulturellen Bedeutung verbunden sind: Bulgaren, Franzosen, Kroaten, Rumänen, Slowaken, Spanier, Ungarn.

4. Angehörige nichtgermanischer Völker, die unter der unmittelbaren Hoheitsgewalt des Reiches leben: Protektoratsangehörige, Serben, Slowenen, Litauer, Lettländer, Estländer, Zigeuner (meist staatenlos)".

Die Polen unterlagen besonderen diskriminierenden Verordnungen, die mit Entziehung der persönlichen Freiheit und der Menschenrechte gleichbedeutend waren.[6] Dazu einige Beispiele:

1. In Übereinstimmung mit der Verordnung des SS-Reichsführers und Chefs der deutschen Polizei mit Bevollmächtigung des Reichsmarschalls Hermann Göring war jeder Pole und jede Polin verpflichtet, auf der rechten Brustseite ein fest angenähtes und immer sichtbares (braungelbes) Stoffstück von einer gesetzlich festgelegten Größe mit dem Buchstaben P zu tragen. Die Markierung – wie früher der Davidstern für die Juden – war ein Ausdruck der Verachtung für die Menschen "niedrigerer Kategorie" ("Untermenschen") und sie ermutigte die deutsche Bevölkerung zu verschiedenen For-

---

[4] Das Geheimnis der Versöhnung heißt Erinnerung, Ausstellung der Körber-Stiftung, Hamburg 1987, S. 31.

[5] *Helmut Bräutigam*, Fremdarbeit in Brandenburg in der NS-Zeit – Interkulturelle Beiträge 17, s. Anhang.

[6] Ebd.

men der Drangsalierung von polnischen Bürgern und Demonstrierung des Überlegenheitsgefühls der "Herrenrasse" ("Herrenvolk").
2. Polen – neben Zigeunern und sowjetischen Bürgern – unterlagen diskriminierenden Vorschriften in bezug auf die Vergütung, z.B.:
- Entziehung des Rechts auf alle zusätzlichen Leistungen (13. Gehalt, Gratifikation, Prämie, Altersgeld, Heiratsgeld, Familienzulagen, Bestattungsgeld),
- 12 Arbeitsstunden pro Tag als Minimalnorm (Überstunden erst ab der 13. Arbeitsstunde),
- Abzug der sog. "gesellschaftlichen Ausgleichsgabe" in den nicht landwirtschaftlichen Industriezweigen,
- gesonderter Lohntarif in der Landwirtschaft (etwa 40–60% netto weniger als der Lohn für dieselbe Arbeitsleistung eines Deutschen).

Die Einordnung in die entsprechende Lohngruppe erfolgte dabei völlig willkürlich. Auch Abzüge für eine Barackenunterkunft und für die Ernährung im Lager hingen wesentlich von den "Besitzern" dieser Sklaven ab. Als Folge davon blieben allenfalls so kleine Beträge, daß von Sparen oder Hilfe für die im Lande verbliebene Familie in der Regel keine Rede sein konnte.
3. Diejenigen Polen, die nicht in der Landwirtschaft tätig waren, wohnten hauptsächlich in vollen, engen Baracken (jeweils Dutzende von Personen auf übereinander aufgestellten Pritschen in einem Raum), in Feuerwehrräumlichkeiten, Schiffen, die nicht mehr in Betrieb waren usw., in der Regel ohne Bettwäsche.
4. Diejenigen Polen, die auf dem Lande gearbeitet haben, wohnten meistens in engen nicht geheizten und schlecht beleuchteten Räumen, auf Trockenböden und in mit primitiven Möbeln ausgestatteten Kellern. Sehr oft wurde für diesen Zweck ein Teil des Bauernhofs bestimmt, in dem das Vieh lebte.
5. Die meisten polnischen Arbeiter haben unter Hunger gelitten. Der energetische Wert ihrer Ernährung betrug in den Jahren 1940–42 zwischen 1500 und 1800 Kalorien, später nur etwa 1000 Kalorien. Vor allem Kinder, die zu einer schweren Arbeit gezwungen waren, und schwangere Frauen litten unter Hunger. Polnischen Sklavenarbeitern entzog man das Recht, Gemüse, Obst, Milch oder Eier, Süßigkeiten, Kaffee, Tee und viele andere Lebensmittel einzukaufen, die die deutsche Bevölkerung gegen Lebensmittelkarten erhalten konnte. In den fabriknahen Lagern entschied die Lagerführung über die Größe der Lebensmittelrationen. Sie verfügte nach eigenem Willen über Lebensmittelvorräte. Die polnischen Arbeiter bekamen die ihnen zustehenden Lebensmittelkarten nicht. Sie wußten auch nicht, was ihnen wirklich zustand. Im Februar 1941 wurde verboten, polnische Arbeiter mit Paketen aus dem Ausland zu versorgen. Die Folge der Unterernährung war eine physische Schwäche, Hungerschwellungen und Krankheiten, an deren Folgen diejenigen, die sie durchgemacht haben, bis heute leiden.
6. Polnische Sklavenarbeiter im Dritten Reich wurden oft gedemütigt, mit Auspeitschung bestraft, vor allem wegen ihrer Nationalität beschimpft. Diese Mißhandlung fand sowohl am Arbeitsplatz von seiten des Aufsichts- und Schutzpersonals in den Fabriken als auch im Lager statt, wo die Lagerführer und ihre Helfer geherrscht haben.
7. Polnische Arbeiter wurden um ihre Menschenrechte betrogen. Himmler hat schon in den ersten Kriegsmonaten beschlossen, sie der polizeilichen Gewalt zu unterstellen (Verordnung vom 23. September 1939 über die Behandlung von arbeitsunwilligen Polen). Die Verordnung von Hermann Göhring vom 8. März 1940 über die Behandlung

von polnischen Arbeitern im Reich hat die Vollmachten der Polizei noch erweitert, und ab dem 10. September 1943 wurde der Polizei die Bestrafung der Mehrheit der von den polnischen Arbeitern begangenen Straftaten übertragen.

Die deutsche Polizei wurde mit dem Instrument der sog. "Sonderbehandlung" ausgestattet, die ein schnelles Töten ganzer Bevölkerungsgruppen möglich machte (eine vereinfachte Prozedur der Verurteilung zur Todesstrafe). Die Sonderbehandlung wurde seit der zweiten Jahreshälfte 1940 bis zum Kriegsende angewandt. Die Hinrichtung war in der Regel öffentlich. Anwesend waren Vertreter der Gestapo und anderer Hitlerbehörden sowie Polen, die aus der Umgebung zu diesem Zweck geholt wurden. Der Verfasser dieses Beitrags und mehrere Hundert andere Arbeiter der Heinkel-Betriebe in Stuttgart-Zuffenhausen waren gezwungen, einer solchen Hinrichtung zuzusehen. Manchmal wurden unter Todesdrohung andere polnische Bürger (hauptsächlich Häftlinge) gezwungen, die Hinrichtung zu vollziehen.

Der Grund für eine derartige Strafe war meistens eine Anklage wegen Verprügelung eines Deutschen, wegen Sabotage oder sogar wegen eines kleinen Diebstahls sowie wegen einer intimen Beziehung mit einer Person deutscher Staatsangehörigkeit (sog. "Rassenschande") oder allein schon wegen einer Bezichtigung sexueller Belästigung. Die "Sonderbehandlung" bezog sich auch auf polnische Babys, die ihren polnischen Eltern weggenommen wurden. Ein Teil von ihnen wurde mit tödlichen Spritzen ermordet.

In den Sondervorschriften der Gestapo Potsdam vom 13. August 1943 hat man die Polen folgendermaßen eingeteilt:[7]

"Die nachstehenden Vorschriften gelten nur für polnische Arbeitskräfte, die nach dem 1.9.1939 aus den eingegliederten Ostgebieten, aus dem Generalgouvernement, aus dem Distrikt Galizien und dem Bezirk Bialystok ins Altreich gekommen sind, keine andere Volkstumszugehörigkeit besitzen. Die Bestimmungen gelten nicht für Zivilpolen die vor dem 1.9.1939 im Altreich aufhältlich waren, nicht für polnische Volkstumsangehörige, die aus Frankreich zum Arbeitseinsatz gelangt sind, nicht für die fremdvölkischen Arbeitskräfte, die aus den genannten Gebieten stammen und nichtpolnischen Volkstums sind (z.B. Ukrainer) und nicht für Arbeitskräfte, die aus anderen Ostgebieten stammen und unter der Bezeichnung "Ostarbeiter" zusammengefaßt werden".

Für diese "unterste" Gruppe der Polen gab es u.a. folgende Verordnungen:[8]
1. Kennzeichnung durch "P"-Abzeichen. Kennzeichnungszwang auch für Polen in besonderen Berufen, z.B. Ingenieure, Friseure usw.,
2. Verbot, den Arbeitsort ohne behördliche Genehmigung zu verlassen,
3. Verbot sich in der Zeit vom 1.4. bis 30.9 von 21.00 Uhr bis 5.00 Uhr, vom 1.10. bis 31.3. von 20.00 Uhr bis 6.00 Uhr ohne behördliche Genehmigung außerhalb der Unterkunft aufzuhalten,
4. Verbot der Benutzung öffentlicher Verkehrsmittel über den Ortsbereich hinaus,
5. Verbot der Teilnahme an deutschen Veranstaltungen,

---

[7] S.o. Fn. 5.
[8] Ebd.

6. Verbot des Aufenthalts in deutschen Gaststätten, sofern sie nicht zu einzelnen Tageszeiten für Zivilpolen freigegeben sind,
7. Verbot, Fahrräder zu besitzen oder zu benutzen,
8. Verbot, Fotoapparate zu besitzen oder zu benutzen,
9. Verbot der Teilnahme an deutschen kirchlichen Veranstaltungen. Kirchendienst für Zivilpolen: Am 1. Sonntag jeden Monats und an Festtagen zwischen 10.00 Uhr und 12.00 Uhr nur für den Ortsbereich (5 km). Anwendung der polnischen Sprache ist verboten."

Das Ziel derartiger Diskriminierungsmaßnahmen gegenüber Polen war der Wille, das polnische Volk auszurotten. Von solchen Absichten zeugt die Stellungnahme des Reichsjustizministers vom Oktober 1942:

"In der Zielsetzung, das deutsche Volk von Polen, Russen, Juden und Zigeunern zu bereinigen und in dem Bestreben, die in das Reich einverleibten östlichen Gebiete als Ansiedlungsgebiete für das deutsche Volk freizumachen, beabsichtige ich, den Vollzug der gegenüber Polen, Russen, Juden und Zigeunern verhängten Strafen dem SS-Reichsführer zu übertragen. Ich gehe nämlich davon aus, daß die Gerichtsbarkeit nur in einem geringen Maße zur Ausrottung dieser Völker beitragen kann".

Schwere Lebensbedingungen, bewußte Vernichtungspolitik und Kriegshandlungen haben den Tod von 137.021 polnischen Sklavenarbeitern im Dritten Reich herbeigeführt.[9] Man muß mindestens mehrere Tausend ermordeter Babys dazurechnen, die von zur Sklavenarbeit deportierten Polinnen geboren wurden. Ein großer Teil ehemaliger Sklavenarbeiter ist frühzeitig verstorben, hat mehrere Jahre seiner Jugend verloren, ohne sich fortbilden und beruflich profilieren zu können, mehrere Tausende leiden an Folgen der Verletzungen und Krankheiten.

Jahrelange schlechte Ernährung und Behandlung hatten zur Folge, daß die Sterblichkeit der ehemaligen Zwangsarbeiter wegen Tuberkulose und Magen- und Darmkrankheiten in den ersten Nachkriegsjahren sehr groß war. Diese Krankheiten als auch Knochen- und Bewegungskrankheiten traten bei dieser Gruppe zwei- bis dreimal öfter als in Vergleichsgruppen auf.

Zum Andenken an alle polnischen Opfer der Sklavenarbeit im Dritten Reich errichteten wir ein Denkmal auf dem Powazki-Friedhof in Warszawa in der Verdienten-Allee.

---

[9] S.o. Fn. 2.

Andrzej Budzyński*

Opfer der Repressionen des Dritten Reiches in Polen – humanitäre Hilfe oder Entschädigung

Mit dem Überfall Hitler-Deutschlands auf Polen am 1. September 1939 vollzogen sich die Bestrebungen des deutschen Imperialismus nach der Absicherung des Lebensraumes im Osten für die deutsche Nation. Der Drang nach Osten, welchen deutsche Nationalisten seit langem dem deutschen Volk angedeutet hatten, hatte zum Ziel, polnische Gebiete zu erobern und zu kolonialisieren. Mit der Gestaltung jener Bestrebungen haben die Faschisten, noch bevor sie nach der Macht gegriffen haben, ein Programm zur Eroberung und Herrschaft Deutschlands in Europa formuliert.

Der Überfall auf Polen bedeutete eine Fortsetzung der Bestrebungen des deutschen Imperialismus in einem bisher unbekannten Ausmaß. Als Ziel der Aggression galt nicht nur die Auflösung der Staatlichkeit, sondern die Vernichtung und Ausrottung des polnischen Volkes. Maßgebend für jene verbrecherische Politik war Hitlers Richtlinie an die höheren Befehlshaber der Wehrmacht, herausgegeben am 22. August 1939:
"Im Krieg entscheidet nicht das Recht, sondern der Sieg. Habt kein Erbarmen. Seid brutal. Das Recht ist auf Seite des Stärkeren. Handelt mit der höchsten Grausamkeit. Die völlige Vernichtung Polens ist unser Militärziel".
Diese Richtlinie war die Grundlage der Okkupationspolitik auf polnischem Gebiet. Am 7. Oktober 1939 unterzeichnete Hitler eine geheime Verordnung "Über die Stärkung des Deutschtums", die die Deportation der Polen aus den ins Dritte Reich eingegliederten polnischen Gebieten, die Ansiedlung der Auslandsdeutschen in die eroberten Gebiete sowie die Gestaltung der neuen Siedlungsgebiete befahl. Zum Kommissar des Reiches für die Festigung des Deutschtums wurde SS-Reichsführer Heinrich Himmler ernannt. Auf seinen Befehl hin wurde zu Beginn des Jahres 1941 ein sogenannter Generalplan Ost erarbeitet. Dieser Plan sah u.a. eine völlige Germanisierung Polens vor. Des weiteren sollten Polen nach Sibirien umgesiedelt, ein Teil von ihnen aber an Ort und Stelle umgebracht werden. Lediglich ein kleiner Teil derer, die für die Germanisierung tauglich schienen, durfte in den bisherigen Gebieten bleiben. Die Nationalsozialisten planten, daß nach Kriegsende 80–85% der dann noch lebenden Polen, d.h. ca. 18 Mio., deportiert werden sollten.

In dem Streben nach Verdeutschung der eroberten Gebiete wurden detaillierte Konzepte für einen Kampf gegen das Polentum erarbeitet. Diese Pläne bestimmten die Okkupationspolitik und das Ausmaß des Terrors. Die Besatzer haben sie verwirklicht mittels geheimer und offener Morde und Hinrichtungen, Verhaftungen und Razzien, Abtransporte in die KZs, Pazifikationen der Dörfer, während derer alle Bewohner getötet und alle Objekte dem Erdboden gleichgemacht wurden, mittels Massendeportationen und der Sklavenarbeit, die zum Instrument der Ausrottung umgewandelt wurde.

---

*   Dr. Andrzej Budzyński war bis vor kurzem Vorsitzender des Vorstandes der Stiftung Polnisch-Deutsche Aussöhnung.

Die Zeit des Terrors

Während der Kriegshandlungen wurden durch die Luftwaffe 160 Städte, Kleinstädte, Siedlungen und Hunderte von Dörfern zu 50–70% zerstört und verbrannt. Die Infanterieeinheiten vernichteten weitere 310 Ortschaften, ohne daß dabei ein Zusammenhang mit Kriegshandlungen bestanden hätte. Die Verluste an der Zivilbevölkerung schätzt man auf über 200.000 Personen und eine doppelt so hohe Zahl von Verwundeten.

Seit den ersten Tagen der Aggression haben die besetzten polnischen Gebiete eine Welle des blutigen Terrors ertragen müssen. In über 760 Hinrichtungen, von denen mindestens 310 der Wehrmacht zuzuschreiben waren, wurden ca. 20.100 Menschen umgebracht. Opfer jenes Terrors wurden sowohl die Zivilbevölkerung als auch Kriegsgefangene, darunter auch Verwundete. Die Wehrmacht, die für diese Mordtaten verantwortlich war, hat eine Taktik der verbrannten Erde betrieben.

Massenhinrichtungen der Dorfbewohner, die die Wehrmacht, SS-Einheiten, Gendarmerie und politische Formationen vollzogen haben, erfolgten nicht nur im September 1939, sondern auch in den Folgejahren als Vergeltungsmaßnahmen gegen den Widerstand hinsichtlich der kontingentierten Güterabgabe oder als Abschreckungsmaßnahmen. In sechs Aktionen wurde die Luftwaffe eingesetzt, um die zu vernichtenden Dörfer zu bombardieren. Bei solchen Handlungen hatte man nicht nur Männer, sondern auch Frauen und Kinder getötet.

Die Pazifikationen verliefen ähnlich wie nach dem früher vorbereiteten Plan vorgesehen: ein Dorf wurde von einem Kordon umringt, alle Gebäude wurden durchsucht, die Einwohner entweder sofort getötet und ihre Häuser angezündet; oder man hat die Menschen an einen Platz gebracht, um alle bzw. ausgewählte Personen zu liquidieren. Hitlers Leute, die daran teilgenommen haben, haben in der Regel ihre Opfer beraubt.

Besonders während der September-Kampagne und der Besetzung der Gebiete um Bialystok wurden solche Aktionen durch die Wehrmacht durchgeführt, ohne daß die Kriegshandlungen solche Aktionen nötig gemacht hätten.

Die meisten der grausamen Mordtaten an der Dorfbevölkerung wurden in der Kielce-Region während der Kämpfe mit den Einheiten von Major Hubal verübt. Besonders betroffen war auch die Region um Zamosc, aus der die polnische Bevölkerung in der Zeit von 1942–1943 vertrieben wurde. Durch derartige verbrecherische Handlungen haben viele Dörfer in den Wojewodschaften Lublin, Zamosc, Kielce, Bialystok, Radom, Kraków, Rzeszów und Warszawa sehr gelitten.

Nachdem die Kriegshandlungen ruhten, erfolgte die erste Pazifikation bei Kielce im Frühjahr 1940 unter dem Vorwand einer militärischen Suchaktion gegen die Abteilung von Major Henryk Dobrzański Hubal. Diese Treibjagd mißlang und die Aktion wurde gegen die Zivilbevölkerung gerichtet. Zwischen dem 30. März und dem 11. April haben die SS- und Polizeieinheiten 31 Dörfer pazifiziert. Insgesamt wurden 712 Menschen umgebracht, davon sind 503 vor Ort getötet worden. 620 Bauernhöfe wurden verbrannt. Völlig abgebrannt wurden folgende Dörfer: Skloby, Galki, Szalas Stary, Hucisko Chlewiskie, Hucisko Borkowickie und zum größten Teil Królewiec.

In der zweiten Hälfte 1941 hat sich die Ausrottungstätigkeit der Besatzer auf die Dörfer der Region Bialystok konzentriert, was unmittelbar mit dem Ausbruch des deutsch-sowjetischen Krieges zusammenhing. Dort wurden 51 Pazifikationen ohne irgendwelche Motive und Gründe durchgeführt. Der Zeitraum vom Herbst 1941 bis zum Frühjahr 1942 ist durch Ausrottung und Abschreckungsterror charakterisiert.

Der Terror hat 1942 im GG zugenommen. Seit Frühjahr 1942 wurden auf dem ununterbrochen offene und geheime Hinrichtungen verübt, die hauptsächlich im Zusammenhang mit der Tätigkeit des Widerstandskampfes sowie mit den durchgeführten Vertreibungen aus den Pazifikationsgebieten standen. Es wurden Vergeltungshinrichtungen aufgrund von Attentaten auf Vertreter des deutschen Verwaltungs- und Polizeiapparates und des deutschen Militärs durchgeführt. Die Dorfbewohner wurden öffentlich und geheim wegen der Teilnahme an der Widerstandsbewegung, wegen Sabotage, wegen Nichtaufnahme der angeordneten Arbeit, wegen der Verweigerung der Deportation zur Zwangsarbeit im Reich, wegen Verweigerung von Lieferungen der Lebensmittel im Rahmen der Pflichtkontingente, wegen Beschützens von Flüchtlingen und Juden und wegen Hilfeleistung an Kriegsgefangene und Partisanen ermordet.

Sehr oft hat die Besatzungsmacht das Prinzip der kollektiven Verantwortung angewendet und alle bzw. einen Teil der Einwohner einer Ortschaft, aus der der mutmaßliche Verbrecher stammte, ermordet. Im Sommer 1944 wurde eine weitere Variante der kollektiven Bestrafung eingeführt: Wegen Sabotage wurden alle Verwandten der beschuldigten Person erschossen.

Die Repressionstätigkeit des hitlerschen Besatzungsapparates verstärkte sich Ende 1942, vor allem in der Zamosc-Region, wo die Zwangsvertreibungen mit einer bis dahin unbekannten Ausrottung verbunden wurden. Während dieser Vertreibungen wurden insgesamt 115 Dörfer pazifiziert, davon 68 teilweise und sechs vollständig niedergebrannt. 4.574 Personen wurden hingerichtet und 2.111 in KZs abtransportiert.

Während der Repressionen in den polnischen Dörfern im Jahre 1942 wurden ca. 100 Großaktionen durchgeführt, die einigen tausend Menschen das Leben kosteten.

Der Höhepunkt des Nazi-Terrors wurde 1943 erreicht. Er erstreckte sich zu diesem Zeitpunkt auf alle Regionen Polens. Dies betraf sowohl die Städte als auch die Provinz. Auf Warschaus Straßen fanden jede Woche öffentliche Hinrichtungen statt mit dem Ziel, die Bevölkerung abzuschrecken. Auf dem Lande wurden die Bewohner ermordet, ihre Häuser geplündert und verbrannt. Am schlimmsten war die Region Kielce betroffen. Die Tragödie von Michniów, das am 12.-13. Juli 1943 pazifiziert wurde, ist zu einem Symbol des Schreckens geworden. Es wurden dort 203 Personen (fast alle Bewohner) ermordet und das Dorf dem Erdboden gleichgemacht. Massenhinrichtungen an der polnischen Bevölkerung begannen in den Ostgebieten, wo es zu einer Rivalität zwischen Deutschen, ukrainischer und weißrussischer Polizei sowie antipolnischen nationalistischen Organisationen gekommen war.

Im Herbst 1943 und im Frühjahr 1944 reduzierte sich die Anzahl von Hitlers Terroraktionen beträchtlich. Eine erneute Zunahme der Aktionen erfolgte im Sommer 1944 im Zusammenhang mit der Operation Sturm.

Die Bilanz des Terrors

Die Bilanz der hitlerschen Besatzung ist für die polnischen Dörfer tragisch. Über zehntausend Dörfer waren durch verschiedene Formen der Repressionen betroffen. In ca. 900 Dörfern haben die Angreifer Hunderte von Menschen ermordet. Über 440 Dörfer in GG wurden pazifiziert, davon die Hälfte abgebrannt.

Nach Schätzungen sind in den besetzten polnischen Gebieten – als Folge der unmittelbaren Ausrottung – ca. 1,3 Mio. Dorfbewohner umgebracht worden. Dem Zweck der Vernichtung des polnischen Volkes dienten auch die Deportationen der polnischen Bevölkerung. Dabei haben die Menschen die Grundlagen ihrer Existenz, ihre Bauernhöfe, ihren Boden und ihr Vermögen verloren.

In den Jahren 1939–1944 wurden nach den offiziellen Angaben aus dem sogenannten Warthegau insgesamt ca. 630.000 Polen, aus Schlesien (bis Ende 1942) 81.000, aus Pommern 124.000, aus der Regenz Ciechanów 25.000 ausgesiedelt. Insgesamt wurden 860.000 Polen vertrieben, abgesehen von 30.000 ausgesiedelten Polen, die in den Statistiken nicht berücksichtigt wurden und von 500.000, die ihre Häuser verloren hatten und in den ausgesiedelten Gebieten geblieben sind. Dazu sind Polen jüdischer Abstammung hinzuzurechnen, die nach der Vertreibung aus ihren Wohnungen in die Ghettos umgesiedelt oder ermordet wurden.

Aus dem GG wurden insgesamt ca. 300.000 Menschen, darunter 110.000 aus der Region Zamosc, 28.000 aus der Region Bialystok und 171.000 aus den Gebieten, die zu Militärübungsplätzen bestimmt wurden, ausgesiedelt. Dazu gehören fast 200.000 Personen, die aus ihren Wohnungen vertrieben wurden, die Bevölkerung von Warschau, die nach der Niederschlagung des Aufstandes ausgesiedelt wurde, sowie die jüdische Bevölkerung, die in Ghettos gebracht wurde.

Die Deportationen wurden oft bei großem Frost durchgeführt. Das hatte zur Folge, daß unter den Deportierten eine hohe Sterblichkeit wegen der extremen Bedingungen herrschte. Sie verloren nicht nur ihre Immobilien, sondern auch ihr ganzes bewegliches Vermögen.

Während Hitlers Okkupation wurden insgesamt 2,5 Mio. Polen deportiert.

Polen war nach dem 2. Weltkrieg wirtschaftlich total ruiniert. Dieses Land hat prozentual die meisten Menschenopfer zu beklagen. Sie waren nicht die Folge der Kriegshandlungen, sondern vor allem ein Ergebnis der verbrecherischen Ausrottungspolitik des Okkupanten gegenüber dem polnischen Volk.

Ganz düster wird diese Politik durch die Aussage des Reichsministers Hans Frank in einem Interview vom 6. Februar 1940 im Völkischen Beobachter charakterisiert:

"Sollte ich über jede sieben erschossenen Polen die Aushängung einer Bekanntmachung anordnen, so würde es mit polnischen Wäldern knapp werden, um ausreichend Papier für diese Bekanntmachungen herzustellen."

In der Tat: Innerhalb von 2.078 Tagen der Besetzung sind pro Tag 2.900 polnische Bürger ums Leben gekommen. Mit 6 Mio. Opfern hat Polen prozentual die größten Verluste unter allen Ländern der Antihitlerkoalition erlitten. Umgerechnet auf 1.000 Einwohner betrug die Zahl der Opfer: in der Sowjetunion 40 Personen, in Jugoslawien 108, in Griechenland 70, in Holland 22, in Frankreich 13, in Großbritannien 8, in Norwegen 3, in den USA 1,4 und in Polen 222 der Einwohner.

Dies bedeutet, daß infolge des deutschen Überfalls auf Polen am 1. September 1939 und der Besetzung jeder vierte polnische Bürger ums Leben gekommen ist; davon waren 53% jüdischer Abstammung.

Die Vernichtungen waren nicht nur Folge der Kriegshandlungen. Planmäßig erfolgten Demontage und Abtransport der technischen Anlagen, Abholzung der Wälder, Ausfuhr von Lebensmitteln und Rohstoffen ins Reich. Die polnische Bevölkerung mußte große Verluste an persönlichem Vermögen hinnehmen, nicht zuletzt durch die von den deutschen Behörde auferlegten Kontributionen.

Die Besatzung hatte für die polnische Kultur verheerende Auswirkungen. Unzählige Kulturgüter wurden zerstört oder geraubt – sakrale Objekte ebenso wie Architekturdenkmäler, Kunstgegenstände, Museen, Bibliotheken, Kunstsammlungen.

Diese Verluste unter Einbeziehung der Sklavenarbeit der Gefangenen in den KZ, der deportierten Zwangsarbeiter sowie den damit verbundenen Spätfolgen der hitlerschen Verfolgungen sind 1990 von Prof. Alfons Klafkowski auf 537 Mrd. DM beziffert worden.

Die Zwangsarbeit

Zweifelsohne wurde Zwangsarbeit als Instrument der indirekten Ausrottung eingesetzt. In den durch das Dritte Reich annektierten Gebieten wurde für Polen ein Sonderarbeitsrecht eingeführt. Im GG wurde die Arbeitsfreiheit aufgehoben und bei Personen über 14 Jahren eine Arbeitspflicht eingeführt. Die Anwerbung der Arbeiter erfolgte mittels polizeilichen oder ökonomischen Zwanges.

Zur Zwangsarbeit im Dritten Reich sind ca. 2,4 Mio. Polen deportiert worden, davon kamen 75–80% aus ländlichen Gebieten. Unter den Deportierten waren ca. 700.000 Jugendliche, darunter auch 10-12-jährige Kinder. Entgegen dem Genfer Übereinkommen wurden ca. 300.000 der insgesamt 400.000 Kriegsgefangenen zur Sklavenarbeit gezwungen. Sie wurden in der deutschen Landwirtschaft, aber auch zur Schwerstarbeit eingesetzt, so z.B. beim Bau der Militärobjekte, in Steinbrüchen und in der Rüstungs- und Förderindustrie. Große deutsche Konzerne und andere Branchen der deutschen Wirtschaft haben riesige Gewinne aus der Sklavenarbeit der Zwangsarbeiter und der Gefangenen der KZ geschöpft.

Die bei dieser Sklavenarbeit in Deutschland eingesetzten Personen haben zugunsten der deutschen Industrie und der deutschen Landwirtschaft insgesamt 32,6 Mio. Arbeitsjahre durchgearbeitet. Die Arbeit wurde gegen einen minimalen Lohn bzw. ohne Entlohnung unter schlechten sozialen Bedingungen, unter Bewachung, ohne soziale Rechte und unter ständiger Gefährdung der Gesundheit und des Lebens geleistet.

Die Frage der Reparationen

Polen beteiligte sich an der Koalition gegen Hitler. Polens Armee zählte vor Beendigung des Krieges zu den fünf größten Streitkräften. Nach internationalem Recht sollte Polen an den Kriegsreparationen und -entschädigungen erhalten, die das besiegte Deutschland zu erbringen hätte.

Wie wir wissen, stand Polen infolge der Entscheidungen der drei Siegermächte, die eine neue politische Ordnung im Nachkriegseuropa errichtet haben, unter der Einflußnahme der Sowjetunion. In der Folge wurden das Hoheitsgebiet und die gesellschaftliche Ordnung wesentlichen Änderungen unterworfen. Es wurde vereinbart, daß die legitimen Ansprüche Polens gegenüber dem besiegten Hitler-Deutschland aus dem der Sowjetunion zuerkannten Pool befriedigt werden.

Im Zusammenhang mit den Verlusten und Schäden, die Polen infolge der Naziverfolgungen zugefügt wurden, wurde 1945 ein polnisch-sowjetisches Abkommen unterzeichnet. Nach diesem Abkommen sollten 15% der Reparationslieferungen und

Industrieanlagen, die die Sowjetunion aus Deutschland bekommen sollte, an Polen gehen. Aufgrund der veränderten politischen Lage und der Gründung der DDR in der bisherigen sowjetischen Besatzungszone hat die Sowjetunion im Jahre 1953 auf ihre Ansprüche verzichtet. Im Anschluß daran hat die nicht souveräne polnische Regierung am 23. August 1953 unter Druck der Sowjetunion die folgende Erklärung abgegeben:
"Unter Berücksichtigung, daß Deutschland bereits in wesentlichem Ausmaß seinen Verpflichtungen hinsichtlich der Kriegsentschädigungen nachgegangen ist und daß die Verbesserung der wirtschaftlichen Situation in Deutschland im Interesse seiner friedlichen Entwicklung liegt, geleitet von dem Wunsch, einen Beitrag zur Regulierung der deutschen Frage im friedlichen und demokratischen Geiste zu leisten, gehandelt einverständlich der Interessen des polnischen Volkes und aller den Frieden liebenden Völker, hat die polnische Regierung die Entscheidung getroffen, per 1. Januar 1954 auf die Rückzahlung der Reparationen zugunsten Polens zu verzichten."

In den ersten 20 Jahren nach Kriegsende hatte sich die Situation bezüglich der Wiedergutmachung der Verluste sowie der Entschädigungen für hunderttausende der noch lebenden Opfer der Naziverfolgung nicht geändert. Erst der Vertrag zwischen der Volksrepublik Polen und der Bundesrepublik Deutschland, der die diplomatischen Beziehungen zwischen beiden Ländern wiederhergestellt hat, hat die Hoffnung auf eine Entschädigungsregelung belebt. Bezüglich der Reparationen bestätigte die polnische Delegation jedoch noch einmal deutlich die Gültigkeit der Erklärung der polnischen Regierung vom 23. August 1953, in der die Volksrepublik Polen auf die Kriegsentschädigungen verzichtet hat.

Ein Schritt in Richtung Entschädigung, zwar in einem begrenztem Umfang, war die Vereinbarung vom 16. November 1972 zwischen dem Bundesministerium für Wirtschaft und Finanzen der Bundesrepublik Deutschland und dem Ministerium für Gesundheit und Sozialpflege der Volksrepublik Polen.

Gegenstand der Vereinbarung war die finanzielle Hilfe für polnische Opfer der nationalsozialistischen pseudomedizinischen Experimente. Von der dafür bestimmten Quote in Höhe von 100 Mio. DM wurden die Ansprüche von 4.191 Personen abgegolten, obwohl dreimal soviel Betroffene eine Entschädigung beantragt hatten. Ein Restbetrag wurde 1988 Überlebenden aus KZs gewährt; sie erhielten 188.000 Zloty pro Person.

Eine größere Bedeutung hatte das Regierungsabkommen zwischen der Volksrepublik Polen und der Bundesrepublik Deutschland vom 9. Oktober 1975 über die Renten- und Unfallversicherung. Danach erhielt Polen 1,3 Mrd. DM als Rückerstattung der Ausgaben, die der polnische Staat für Rentenzahlungen übernommen hatte. Diese Leistungen hätten von der Bundesrepublik Deutschland erbracht werden müssen, wurden aber wegen der fehlenden zwischenstaatlichen Vereinbarung nicht getätigt. Dieser Betrag wurde vom staatlichen Haushalt übernommen. Er ist jedoch nicht in vollem Umfang zur Grundlage für eine Auszahlung der Entschädigungen geworden. Am 23. Oktober 1975 hat der Sejm ein Gesetz verabschiedet, das am 1. Januar 1976 in Kraft getreten ist, und nach dem die bisher den Kriegsbehinderten zustehenden Sozialleistungen, darunter auch Rentenleistungen, den ehemaligen KZ-Häftlingen zuerkannt wurden. Im Jahre 1980 haben auf Grund dieses Gesetzes 30.900 ehemalige Häftlinge Rentenleistungen in Anspruch genommen.

Die oben erwähnten Vereinbarungen wurden zur Grundlage einer partiellen Regelung der legitimen Ansprüche der ehemaligen KZ-Häftlinge, ohne daß die Erwartungen einer riesigen Anzahl der Zwangsarbeiter berücksichtigt wurden.

1980 wurde im Sejm eine Anfrage eingereicht, warum diese Kategorie der Betroffenen auf keine Weise von den zur sozialen Absicherung durch die Bundesrepublik Deutschland übergebenen Mitteln berücksichtigt wurde. Diese Anfrage wurde nicht konkret beantwortet. Der ehemalige Amtsleiter für Kombattantenfragen stellte fest, daß der Verzicht der polnischen Regierung auf Kriegsentschädigungen nicht die individuellen Rechte der Bürger auf Geltendmachung ihrer Ansprüche auf zivilrechtlichem Wege ausschließe.

Gleichzeitig wurden die Anträge, die an große deutschen Firmen gestellt wurden, mit dem Hinweis abgelehnt, daß sich die Antragsteller in diesen Fragen an die polnischen Behörden, die alle Verpflichtungen auf sich genommen hätten, wenden sollten.

Der Druck der Zwangsarbeiter wurde aufgrund der unbefriedigten Hoffnungen stärker. Die Frage gewann an Aktualität, da immer mehr ehemalige Zwangsarbeiter ins und nur eine geringe Rente erhielten.

Der Verband der Zwangsarbeiter

Angesichts dieser unbefriedigenden Situation begannen die ehemaligen Zwangsarbeiter, sich in Verbänden zu organisieren, um ihren Ansprüchen größeren Nachdruck zu verleihen. Der 1987 gegründete Verband der durch das Dritte Reich unterdrückten Polen war in Kürze zur größten Organisation geworden. Zur Zeit gehören ihm über 700.000 Betroffene an, und zwar hauptsächlich die zur Sklavenarbeit deportierten Personen.

Die Bemühungen des Verbandes, der Briefe und Petitionen an die deutschen Behörden und Industrieunternehmen gerichtet hat, hatten zur Folge, daß manche Bundestagsabgeordnete während einer Debatte im Jahre 1989 über die Vorbereitungen auf den 50. Jahrestages des Ausbruchs des Krieges auf dieses Problem geworden waren. Die Bundestagsabgeordnete Antje Vollmer von den GRÜNEN erklärte, daß es möglich und begründet ist, den 700.000 noch lebenden polnischen Zwangsarbeitern eine bescheidene finanzielle Entschädigung zuzusichern.

Unter Berücksichtigung der Erwartungen der ehemaligen Zwangsarbeiter hat auch der Sejm am 8. Juni 1990 einen Beschluß zu dieser Frage gefaßt. Darin stellte man fest: Hinsichtlich der besonderen rechtlichen und moralischen Dimension des Problems verpflichtet der Sejm die Regierung der Republik Polen, verstärkte Bemühungen vorzunehmen, um zivilrechtliche Entschädigungen für die Opfer des 2. Weltkrieges zu erreichen.

Die Gründung der Stiftung Polnisch-Deutsche Aussöhnung

Der deutsche Staat hat konsequenterweise den Standpunkt vertreten, daß die Fragen der Entschädigung endgültig rechtlich abgeschlossen sind. Trotzdem haben die Änderungen in den polnisch-deutschen Beziehungen im Herbst 1989 die Möglichkeit einer konkreten Lösung auch in diesem Bereich geschaffen. Prinzipielle Meinungsunterschiede verhinderten die Lösung des Problems auf der rechtlichen Ebene. Möglich war aber die Annahme einer politischen Lösung, indem die Möglichkeit einer konkreten Hilfe für die noch lebenden Opfer von Hitlers Verbrechen vereinbart werden sollte. Die Ansätze für eine solche Lösung brachte die Begegnung von Ministerpräsident Tadeusz Mazowiecki mit Bundeskanzler Helmut Kohl am 8 November 1990. Weitere Gespräche von Ministerpräsident Jan Krzysztof Bielecki mit Bundeskanzler Helmut Kohl führten am 17. Juni 1991 zu einer Vereinbarung. Es wurde festgelegt, daß die Regierung der Bundesrepublik Deutschland 500 Mio. DM als einen humanitären Beitrag an die besonders betroffenen Personen überweisen werde. Über diesen Betrag solle die zu gründende Stiftung Polnisch-Deutsche Aussöhnung verfügen.

In der Debatte, die am 6. September 1991 während der 39. Plenarsitzung des Bundestages anläßlich des Vertrages über die gute Nachbarschaft und freundschaftliche Zusammenarbeit begann, gingen die meisten Redner auf die belastende historische Vergangenheit ein. Einige die Redebeiträge waren entschieden und weitgehend. Im Diskussionsverlauf griff Bundeskanzler Kohl die Frage materieller Entschädigungen für diejenigen polnischen Bürger auf, die besonders unter der nationalsozialistischen Verfolgung gelitten hatten.

Der Abgeordnete Hans Koschnick ist in dieser Entschädigungsfrage weiter gegangen. Er hat darauf hingewiesen, daß neben den Handlungen der Bundesregierung eine moralische Verpflichtung seitens der Vertreter der deutschen Wirtschaft hinsichtlich ihrer Beteiliging an dem Entschädigungsfonds bestehe.

Seiner Ansicht nach sollten in diesem Fonds jedenfalls solche Wirtschaftsbranchen vertreten sein, die aus der Zwangsarbeit polnischer Frauen und Männer Vorteile erzielt haben.

Er stellte fest, daß die Dringlichkeit um so höher sei, je weniger die Wirtschaft selbst ihre Bereitschaft zur Beteiligung an einer Entschädigungsregelung erkennen lasse – dies vor dem Hintergrund der Gewinne, die aus der Zwangsarbeit gezogen wurden. Koschnick appellierte an die Mitglieder des Bundestages, es nicht zuzulassen, in der Frage nach Moral und Gerechtigkeit lediglich die Reue und nicht die Hilfeleistung anzubieten.

Einigen Abgeordneten wurde bewußt, daß das Problem nicht im Sinne der polnischen Erwartungen geregelt werden könne. Der Abgeordnete Gerd Poppe hat seine Unzufriedenheit mit der unterbreiteten Vereinbarung über Entschädigungen für die Zwangsarbeiter zum Ausdruck gebracht und stellte fest, daß dies eine Schande darstelle, da die durch alle polnischen Regierungen erhobenen Forderungen begründet seien.

Der Staatsminister im Auswärtigen Amt, Helmut Schäfer, hat erreicht, daß die Regelung der Entschädigungsfrage nicht nach den polnischen Vorstellungen realisiert wurde. Er appellierte an deutsche Firmen, einen Teil der Gelder für die Werbung und Sportunterstützung an die Stiftung Polnisch-Deutsche Aussöhnung in Gründung zu zahlen.

Die Notwendigkeit einer Beteiligung der deutschen Industrie wurde immer häufiger betont. Die Abgeordneten waren sich einig, daß 500 Mio. DM keine zufriedenstellende Summe gegenüber den früheren Erwartungen und Absichten sein könne.

Der Sejm der Republik Polen begann am 13. September 1991 mit einer entsprechenden Debatte. Eröffnetwurde sie von Minister Skubiszewski, der zum Problem der Entschädigung für polnische Opfer der hitlerschen Verbrechen (und nicht nur für Zwangsarbeiter) seinen Standpunkt darlegte. Er erklärte, daß diese Frage wegen der Stellungnahme der deutschen Seite nicht im Vertrag geregelt wurde. Der Minister kündigte an, daß mit der Bundesregierung eine Vereinbarung über die Gründung einer Stiftung, die den Betroffenen Hilfe leisten wird, getroffen werde.

Die Vertreter aller Fraktionen haben dieses Konzept zur Abwicklung der Entschädigungsfrage kritisiert. Die Fraktion der Demokratischen Linke hat Minister Skubiszewski vorgeworfen, daß er diese Angelegenheit im Schreiben an den Außenminister der Bundesrepublik Deutschland nicht angesprochen habe.

Obwohl der Abgeordnete Janusz Dobrosz im Namen der Polnischen Volkspartei den Vertrag unterstützte, kritisierte er unmißverständlich die Regelung der Entschädigungsfrage.

Die parlamentarische Fraktion der Demokratischen Union bereute, daß die Entschädigungen nicht im Vertrag selbst geregelt seien.

Die anderen Fraktionen haben dergleichen Vorbehalte angedeutet. Gleichzeitig mit den parlamentarischen Debatten in Polen und in Deutschland wurden die Verhandlungsschritte zur Gründung der erwähnten Stiftung konkretisiert.

Den Abschluß der Verhandlungen stellte der Notenwechsel vom 16. Oktober 1991 dar, der im Namen der beiden Regierungen von Staatsminister Dieter Kastrup und Minister-Amtsleiter des Ministerrates Krzysztof Zabiński unterzeichnet wurde.

Kraft dieses Abkommens wurde die Stiftung Polnisch-Deutsche Aussöhnung gegründet mit der Aufgabe, den Opfern der Naziverfolgung Hilfe zu leisten und andere Aktivitäten zugunsten dieser Personen vorzunehmen.

Am 18. Oktober 1991 begann die zweite Runde der Debatte im polnischen Sejm. Zu jenem Zeitpunkt ist die Gründung der Stiftung Polnisch-Deutsche Aussöhnung erfolgt.

Die Diskussion über die Entschädigungsfrage lief nach wie vor im kritischen Ton ab. Im Endbeschluß hat man das Bedauern zum Ausdruck gebracht, daß es seitens Deutschlands nicht zur vollständigen Regelung der Entschädigungen für die Opfer der Naziverbrechen gekommen ist. Gleichzeitig hat der Beschluß erwähnt, daß am 16. Oktober 1991 eine Regierungsvereinbarung über die Gründung der Stiftung Polnisch-Deutsche Aussöhnung zur Hilfeleistung für diese Opfer abgeschlossen wurde. Der Sejm unterstützte die Forderungen hinsichtlich der Finanzierung der Stiftung, vor allem seitens der Firmen, die während des Nazi-Regimes von der Sklavenarbeit der polnischen Bürger profitiert hatten.

Die Ratifizierungsdebatte, die am 23. Oktober 1991 im Senat stattfand, verlief in ähnlichem Geiste. Laut wurden die kritischen Stimmen hinsichtlich der Regelung der Entschädigungsfrage für polnische Opfer der Naziverbrecher.

Die Note der deutschen Bundesregierung, die von Minister Dieter Kastrup unterschrieben wurde, betonte den humanitären Charakter der einmaligen Überweisung von 500 Mio. DM zugunsten der Stiftung Polnisch-Deutsche Aussöhnung. Gleichzeitig präzisierte sie, daß diese Mittel ausschließlich für besonders betroffene Opfer der Naziverfolgung bestimmt sind. Die Stiftung wurde damit verpflichtet, die notwendigen Kriterien zur Auszahlung der Leistungen festzulegen.

Der Inhalt der Regierungsnote der Republik Polen, unterschrieben von Minister Krzysztof Zabiński, bestätigte, daß die Regierung der Republik Polen den Gegenstand der Vereinbarung für endgültig geregelt hält. Die Regierung der Republik Polen wird keine weiteren Ansprüche der polnischen Bürger im Zusammenhang mit der Naziverfolgung geltend machen. Beide Regierungen stimmen jedoch darin überein, daß dies keine Einschränkung der Rechte der Bürger beider Länder bedeuten sollte.

Von Bedeutung war, daß in der Note von Minister Zabiñski die Rechtslage, wie wie sie vor dem 16. Oktober 1991 bestand, bestätigt wurde. Das bedeutete, daß die polnische Regierung bereits zum dritten Mal in der Nachkriegsgeschichte der polnisch-deutschen Beziehungen auf die Inanspruchnahme der Rechte bezüglich der Naziverfolgungen verzichtete und gleichzeitig das Recht der polnischen Bürger auf die zivilrechtliche Geltendmachung ihrer Ansprüche aufrechterhielt, was von der Regierung der Bundesrepublik Deutschland angenommen wurde.

Eine vom Minister-Amtsleiter des Ministerrates berufene Sonderkommission bestimmte die besonders betroffenen Personengruppen, indem die in der Note des Ministers Kastrup enthaltenen Kriterien als grundlegend angenommen wurden.

Des weiteren vereinbarte der Vorstand der Stiftung nach Konsultationen mit den Organisationen der Betroffenen eine Kriteriologie angesichts der individuellen Schicksale, welche durch den Aufsichtsrat der Stiftung bestätigt wurde. Es wurde beschlossen, daß eine Vorlage von Bescheinigungen über den schlechten Gesundheitszustand nicht nötig sei, weil die erlittenen Verfolgungen iher Natur nach großen Schaden zugefügt hätten. Darüber hinaus ist die Unterstützung der Stiftung auf die Menschen gerichtet, die über 60 Jahre alt sind. Was die zweite grundlegende Bedingung der Hilfeleistung angeht, die das Regierungsabkommen beinhaltet, d.h. schwierige materielle Lage von Personen, so ist es festzustellen, daß das niedrige Rentenniveau, das die materielle Situation wiederspiegelt, ohne Zweifel eine allgemeine Erscheinung in Polen ist. Dementsprechend sind die Antragsteller nicht verpflichtet, ein Armutszeugnis vorzulegen, was für viele eine Beleidigung und Demütigung darstellen würde.

Eine sehr schwierige Problematik, mit welcher die Stiftung konfrontiert wurde, stellte das komplizierte Problem der Dokumentation des Arbeitszwanges dar. Nach vielen Diskussionen hat man sich auf das Prinzip geeinigt, daß die Hilfe denjenigen gewährt wird, die in ihren Unterlagen ein Vermerk haben, daß sie nicht freiwillig zur Arbeit gefahren sind.

Die Stiftung gewährt die Unterstützung nur besonders betroffenen NS-Opfern. Dazu gehören polnische Bürger, die auf dem Hoheitsgebiet der Republik Polen wohnen:
– Häftlinge der KZ, Gefängnisse, Ghettos – Erwachsene und Kinder
– Häftlinge der sog. Polenlager
– Zwangsarbeiter – Erwachsene und Kinder
– Waisenkinder, die zur Sklavenarbeit am Wohnort gezwungen waren
– Holocaust-Kinder

Diese Kategorien umfassen nicht alle Gruppen von polnischen Bürgern, die in Folge des Krieges und der Besatzung große Verluste und Schäden erlitten haben. Die durch die Stiftung geleistete Hilfe hat keinen Entschädigungscharakter. Über diese Frage, wie oben erwähnt, erstreckt sich ein langer Schatten der historischen Vergangenheit. Der überwiesene Betrag für die Tätigkeit der Stiftung ist nicht adäquat und ausschließlich als humanitär zu betrachten.

Eins muß jedoch festgestellt werden, und das bezeugen die Erfahrungen der letzten Jahre: Die Erwartungen der polnischen Bevölkerung überschreiten bei weitem die Möglichkeiten der Stiftung.

Die Mittel, die durch die Regierung der Bundesrepublik Deutschland übergeben wurden, betrugen umgerechnet 4 Bill. 172 Mrd. alte polnische Zloty und reichten bis Ende 1994.

Zur Zeit werden zusätzliche Mittel in Anspruch genommen, die die Stiftung durch freie Terminanlagegelder in Form der Wertscheine und staatlichen Obligationen erzielt hat.

Dank dieser Finanz- und Bankpolitik hat die Stiftung auf diese Weise zusätzlich über 3 Bill. alte polnische Zloty erzielt. Dies entspricht 70% des Ausgangskapitals.

Die Kosten der Stiftung belaufen sich auf 2% im Vergleich zu dem Gesamtvolumen.

Bisweilen hat die Stiftung fast 500.000 besonders Betroffene unterstützt.

Das Erwirtschaften zusätzlicher Finanzmittel durch die Stiftung ermöglicht eine zusätzliche Auszahlung von Hilfeleistungen an die NS-Opfer.

Anträge wurden bis zum 30. September 1996 angenommen. Sie konnten positiv beschieden werden. Abgesehen von Sonderfällen konnten die nach diesem Datum eingegangenen Anträge nicht mehr berücksichtigt werden.

Die Diskussion, die sowohl die Gestaltung des Vertrages über die gute Nachbarschaft und freundschaftliche Zusammenarbeit als auch die, die während der Debatten im polnischen und im deutschen Parlament geführt wurde, konzentrierte sich auf die Problematik der Entschädigung für die Sklavenarbeit. Sie bezog sich nicht nur auf die KZ-Häftlinge, sondern vor allem auf die beinahe 2,5 Mio. polnischen Arbeiter, die zur Sklavenarbeit ins Dritte Reich deportiert wurden.

Die Teilnehmer dieser Debatten, und zwar sowohl auf der polnischen als auf der deutschen Seite, waren sich einig, daß der an die Stiftung überwiesene Betrag weitgehend unzureichend sei. Es wurde wiederholt gefordert, daß die Unternehmen, die die Sklavenarbeit der polnischen Zwangsarbeiter ausgenutzt haben, eine moralische Pflicht zu einer Beeiligung haben. Die geleistete Zwangsarbeit war nicht selten Grundlage für die gegenwärtige Wirtschaftsmacht.

Die Beteiligung der Industrie an der Stiftung

Trotz der konsequenten Ablehnung der deutschen Indutrie, sich an der Stiftung zu beteiligen, hat sich im Frühjahr 1995 ein Unternehmen, die Hamburgischen Elektrizitätswerke (HEW), entschieden, der Stiftung einen erheblichen Betrag zur Verfügung zu stellen.

Diese Entscheidung wurde mit großer Zufriedenheit aufgenommen. Es ging einerseits um die Akzeptanz der moralischen Verantwortung und andererseits um einen Versuch der Genugtuung den Betroffenen gegenüber sowie um eine symbolische Geste. Sie erlaubt uns zu hoffen, daß auch andere Unternehmen nach 50 Jahren endlich diesem Beispiel der HEW folgen werden und damit vielleicht am Abend der Lebensjahre der Zwangsarbeiter deren schwieriges Schicksal verbessern wollen.

Ich darf hier erwähnen, daß es während des Krieges über 200 große Einsatzbetriebe gegeben hat. Ein solches Entgegenkommen würde einen nicht abschätzbaren Beitrag im Prozeß des Ebnens der Gräben des Unwillens und der Vorurteile zwischen den Völkern unserer Länder sowie einen wertvolles Signal auf dem Wege zur Aussöhnung darstellen.

Diese Tatsache hat eine große Bedeutung für die Aufgaben und Aktivitäten der Stiftung. Sie beweist die Änderung der Haltung der deutschen Industrie gegenüber den Zwangsarbeitern, die zur Entwicklung der deutschen Wirtschaft maßgebend beigetragen haben.

Dieses Ereignis wurde sowohl durch die Organe der Stiftung als auch durch die Kreise der Betroffenen mit großer Anerkennung angenommen. Diese Geste weckt die Hoffnung, daß die deutschen Wirtschaftskreise sie als ein moralisches Zeichen zur Nachahmung aufnehmen.

Daß die Stiftung existiert und ihre Hilfe für Zwangsarbeiter leistet, steht durchaus im Einklang mit den deutschen Rechtsvorschriften. Sie ermöglicht die Fortsetzung des humanitären Prozesses durch die Beteiligung der deutschen Unternehmen an der Hilfe für NS-Opfer.

Auch die bisherige deutsche Auslegung der Entschädigungsfrage stellt hier kein Hindernis dar.

Ausblick

Hinsichtlich der Sklavenarbeit von Millionen von Polen, die ins Reichsgebiet deportiert worden waren, muß der Sejmbeschluß der Republik Polen vom 31. Mai 1996 mit Zufriedenheit aufgenommen werden. Er regelt die Rechte derjenigen Personengruppen, die außerhalb der Stiftungsgelder keine Entschädigung wegen der Verfolgung erhalten haben. Die Stiftung wird sich an der Durchführung dieses Beschlusses in Form der Vorbereitung einer entsprechenden Dokumentation für das Amt der Kombattanten und Repressionsopfer beteiligen.

Diese Leistung wird aus dem Haushalt des polnischen Staates finanziert und nicht aus dem "Geldsack" der Bundesrepublik Deutschland, die sich nach wie vor den tatsächlichen Entschädigungen entzieht und auf die historische Vergangenheit und auf den aktuellen Rechtsstand hinweist. Das Problem wird nicht durch die weit unzureichende und einmalige Hilfeleistung der Stiftung Polnisch-Deutsche Aussöhnung gelöst werden.

Kraft der Entscheidung des Bundesverfassungsgerichts in Karlsruhe vom 1996 gewann die Entschädigungsfrage der Zwangsarbeiter, die nach dem Krieg im sog. sozialistischen Lager gelebt haben, an Aktualität.

Es muß an dieser Stelle erwähnt werden, daß die Entschädigungsfrage der Bürger der westlichen Länder bereits vor langer Zeit geregelt wurde. Dies betrifft auch ehemalige polnische Bürger, hauptsächlich jüdischer Abstammung.

Das Entscheidung von Karlsruhe bezieht sich auf individuelle Ansprüche, die vor einigen Jahren von den ausländischen Zwangsarbeitern eingeklagt wurden. Die Entscheidung, die individuelle Klagen zuläßt, hat Hoffnung bei den lebenden Opfern der hitlerschen Ausbeutung auf eine finanzielle Wiedergutmachung erweckt.

Die Angelegenheit scheint jedoch problematisch zu sein, weil die rechtliche Grundlage kompliziert ist und die Regierung der Bundesrepublik Deutschland weiterhin der Meinung ist, daß die Arbeiten und durch sie verursachte Lohnverluste unter die Kategorie der Kriegsreparationen fallen. Diese werden aber ausschließlich zwischen den Staaten geregelt, d.h. sie setzen die Anerkennung der Rechte des jeweiligen Staates voraus. Hier muß erwähnt werden, daß die polnischen Behörden auf dieses Recht verzichtet haben. Deswegen dürften auch private Unternehmen nicht direkt angesprochen werden, heißt es in einem Bericht der Bundesregierung an den Bundestag vom 3. Juni 1996.

Der deutsche Staat sowie die Unternehmen konnten sich bisher auf das Londoner Schuldenabkommen von 1953 berufen. Alle Forderungen wurden damals bis zum Abschluß eines Friedensvertrages zurückgestellt, d.h. bis zur endgültigen Regelung der Reparationsfrage. Seit der Wiedervereinigung Deutschlands und dem 2+4-Vertrag von 1990 gelten diese Festlegungen nicht mehr. Nach wie vor gibt es aber keine gesetzliche Regelung.

Der Sachverständige für Fragen der Innen- und Rechtspolitik der Bundestagsfraktion BÜNDNIS 90/DIE GRÜNEN, Günter Saathoff, der sich sehr für Entschädigung ehemaliger Zwangsarbeiter engagiert hat, befürchtet, daß ab diesem Zeitpunkt solche Forderungen als für verjährt angesehen werden können. Dies würde bedeuten, wenn jemand seine Ansprüche vor der Wiedervereinigung Deutschland angemeldet hat, hätte er dies zu früh getan, wer aber jetzt den Antrag stelle, komme zu spät. DIE GRÜNEN beanstanden, daß Lohnentschädigungen überhaupt nicht unter Reparationsrecht fallen. G. Saathoff meint, daß ein solcher Rechtsbetrug gegenüber den Opfern ein politischer Trick der letzten 50 Jahre ist. Letzten Endes muß eine Rechtsgrundlage zur individuellen Beantragung der Entschädigungsansprüche geschaffen werden.

Die Frage nach der gerechten Regelung der Schulden in Form der tatsächlichen Entschädigungen vom Staat und von der deutschen Industrie bleibt also weiterhin ungelöst. Die polnischen politischen Kreise sind sich dieser Tatsache bewußt. Ganz klar hat sich der Marschall des Senats der Republik Polen, Adam Struzik, während einer Konferenz in Warschau am 14. Juni 1996 geäußert. Er sprach zum Thema "Gegenwärtige Sklaverei – Zwangsarbeit im Dritten Reich" und stellte fest: Die Schuldenrechnung bleibt weiterhin offen. Die Wunden, die vor einem halben Jahrhundert geschaffen wurden, sind noch nicht verheilt. Die deutsche humanitäre Hilfe über die Stiftung hätte sie gemildert, aber nicht ausreichend auskuriert.

Wenn ich nach dieser Äußerung zu Schlußfolgerungen kommen sollte, so möchte ich folgendes sagen: Mit diesem letzten Satz möchte ich die eingangs aufgeworfene Frage eindeutig beantworten, daß den Opfern der Repressionen des Dritten Reiches die humanitäre Hilfe nicht ausreicht. Nach wie vor warten sie auf eine tatsächliche Entschädigung.

Ich danke für Ihre Aufmerksamkeit.

Igor Luchnikov*

Ansprüche aus Zwangsarbeit seitens der Geschädigten – Ukraine
Die Tätigkeit der ukrainischen nationalen Stiftung "Verständigung und Versöhnung"

Vorbemerkung

Vor allem möchte ich mich für die Einladung zu dieser Tagung bedanken. Dies hat uns die Möglichkeit gegeben, hier interessante Menschen kennenzulernen.

Ich selbst habe verschiedene Organisationen vertreten, welche sich für die Belange von Verfolgten des NS-Regimes während des Krieges einsetzen. Sie wissen vielleicht, daß es bei uns in der Ukraine über 600.000 Menschen mit unterschiedlichen Verfolgtenschicksalen gibt, darunter eine große Anzahl von Menschen, die in den KZs waren. Der Sinn dieser Veranstaltung ist es, sich für die Interessen dieser Menschen einzusetzen, um ihnen den Rest ihres Lebens zu erleichtern. Es versteht sich von selbst, daß dieses Seminar keine endgültigen Beschlüsse fassen kann, aber die Hauptaufgabe von allen TeilnehmerInnen des Seminars ist die Formung der gesellschaftlichen und offiziellen Meinung in unseren Ländern. Nochmals muß die Aufmerksamkeit unserer Regierungen und der unterschiedlichen gesellschaftlichen und staatlichen Organisationen gerade auf das Schicksal der Zwangsarbeiter gelenkt werden.

Unsere Stiftung in der Ukraine hat mehrere Schwierigkeiten. Das Hauptziel der Stiftung ist die Annäherung unserer Völker, in diesem Fall der Ukraine und Deutschland. Wir sind für die Handlungen unserer Väter nicht verantwortlich, und die Begegnungen, die wir in der Ukraine mit Vertretern des deutschen Volkes hatten, zeigen, daß es keine Feindlichkeit zwischen uns gibt. Unsere Leute verstehen es gut, daß konkrete Menschen dafür die Verantwortung tragen und nicht das ganze Volk. Die Deutschen sollen jetzt möglichst mehr tun, damit wir alle diese tragische Zeit vergessen können. Ich hoffe, daß Seminare wie dieses auch bei uns in der Ukraine durchgeführt werden. Und ich lade dazu schon schon jetzt zu uns in die Ukraine ein, um diese Probleme auch bei uns besprechen zu können. Ich bedanke mich.

Um das vierseitige Abkommen zwischen den Regierungen der Ukraine, der Republik Weißrussland, der Russischen Föderation und der Bundesrepublik Deutschland über Zahlungen von Entschädigung an die Bürger der ehemaligen UdSSR, die während des Zweiten Weltkriegs Opfer nationalsozialistischer Verfolgungen wurden, mit Leben zu erfüllen, gründete das Ministerkabinett der Ukraine mit Erlaß Nr. 453 vom 16.06.1993 die Ukrainische nationale Stiftung "Verständigung und Versöhnung".

Die Stiftung handelt aufgrund der von der Regierung der Ukraine gebilligten und mit der BRD vereinbarten Satzung als wohltätige, friedensstiftende Organisation, die vom Staat unterstützt wird. Sie stützt sich in ihrer Tätigkeit auf zahlreiche öffentliche

---

* Igor Luchnikov ist Leiter der ukrainischen Stiftung "Verständigung und Aussöhnung" in Kiew.

Vereinigungen, die die Interessen der Menschen vertreten, die unter der nationalsozialistischen Verfolgung besonders gelitten haben.

Die Stiftung wird von einem Aufsichtsrat geleitet, der vom Ministerkabinett der Ukraine bestätigt worden ist. Der Aufsichtsrat wird vom Vizepremierminister der Ukraine geleitet. Dem Rat gehören auch Vertreter betroffener Ministerien, von Behörden und Veteranenorganisationen an. Die laufenden Geschäfte der Stiftung – Vorbereitung und Durchführung der Entschädigungszahlungen sowie andere finanzielle bzw. wirtschaftlichen Tätigkeiten werden vom Vorstand erledigt, dessen Vorsitzender von der Regierung ernannt wird. Es besteht weiter ein Sachverständigenausschuß, der die Entschädigungsanträge bearbeitet und die Höhe des jeweiligen Entschädigungsbetrags festsetzt. Im Streitfall entscheidet abschließend eine Berufungskommission. Der Sachverständigenausschuß und die Berufungskommission sind in ihrer Tätigkeit unabhängig. Die Mitglieder dieser beiden Gremien sind hauptsächlich bekannte Persönlichkeiten, die selbst Opfer des Nationalisozialismus waren, sowie andere Fachleute.

Die Regierung der BRD hat der Ukrainischen Stiftung einen Betrag von 400 Mio. DM zur Verfügung gestellt. Fast 650.000 Bürger, darunter etwa 32.000, die während des Zweiten Weltkriegs unter den Nazionalisten in den eroberten Territorien der Ukraine gelitten haben, heute aber in der Republik Moldowa, in Kasachstan, den ehemaligen Unionsrepubliken in Mittelasien und im Kaukasus leben, haben einen Antrag gestellt. Einen Anspruch haben ehemalige KZ-Häftlinge, "Getto-Märtyrer" und Zwangsarbeiter, die nach Deutschland oder in andere Länder deportiert wurden. Der errechnete durchschnittliche Entschädigungsbetrag beläuft sich auf ca. DM 615,- pro Person.

Wegen der großen politischen Bedeutung der Entschädigungsfrage wurde in kürzester Zeit die Stiftung im Jahre 1994 gegründet: Es wurden Arbeitseinheiten gebildet, Gebietsvertretungen sowie regionale Vertretungen in Kiew und auf der Krim eröffnet. Eine entsprechende gesetzliche Basis wurde geschaffen und eine Verordnung über Folgen und Kriterien der Entschädigungszahlungen erlassen. Es wurden 700.000 Antragsformulare gedruckt und in die Regionen verschickt sowie ihre Bearbeitung eingeleitet. Gleichzeitig wurde Software entwickelt und eine Datenbank im Computer angelegt. Dies war erforderlich, um die Entschädigung elektronisch bearbeiten zu können. Bereits im Mai 1994 erfolgten die ersten Auszahlungen an die vom Nationalsozialismus besonders betroffenen Personen. Dies waren die ehemaligen KZ- und Getto-Häftlinge, die Invaliden und alte Menschen. Bis Ende 1994 wurden Auszahlungen an 40.200 Personen geleistet.

Mit staatlicher Unterstützung baute die Stiftung eine Datei der Antragsteller direkt vor Ort auf, und zwar in den örtlichen und regionalen Sozialbehörden, dort also, wo auch die Renten gewährt werden. Dies war insbesondere für die Älteren, viele von ihnen invalide und krank, eine wesentliche Erleichterung. Das Archiv des Sicherheitsdienstes und das Staatsarchiv der Ukraine unterstützen die Antragsteller kostenlos bei der Beschaffung von Nachweisen für die Zeit der Verfolgung. Eine unschätzbare Hilfe erhielten hunderttausende unserer Landsleute beim Auffinden der Dokumente durch den Suchdienst des Internationalen Roten Kreuzes (Arolsen, BRD). Auch informiert die Stiftung systematisch die Bevölkerung über Presse, Rundfunk und Fernsehen. Bis zum 30. Dezember 1994 waren 408.500 Entschädigungsanträge gestellt. Bis September 1996 stieg die Zahl um mehr als 200.000 auf nunmehr 611.538.

Die Dokumente der Antragsteller unterliegen einer dreifachen Prüfung: durch staatliche Organe, anschließend durch die örtlichen Sachverständigenräte und schließlich durch den Sachverständigenausschuß. Der Sachverständigenausschuß der Stiftung prüft alle Verfahren genau und beschließt über die Höhe der Leistung an die NS-Verfolgten oder fordert weitere Nachweise an. Bis zum 2. September 1996 wurden 536.800 Anträge positiv beschieden. An 80% der Antragsteller wurden bereits Entschädigungszahlungen geleistet. 81 Anträge wurden abgelehnt, weil die Antragsteller entweder inzwischen Staatsangehörige von Ländern Westeuropas oder Amerikas geworden sind, Kriegsgefangene waren oder während des Krieges keine besonderen Verfolgungen erlitten hatten. Bei 22.000 Anträgen waren weitere Angaben erforderlich, da die Dokumente der Verfolgung lückenhaft waren oder unklare oder zweifelhafte Angaben enthielten.

Wie bereits ausgeführt, wurden der Ukraine von der Regierung der BRD 400 Mio. DM für Entschädigungszahlungen zur Verfügung gestellt, 160 Mio. DM nach dem 30. Dezember 1993, 120 Mio. DM nach dem 29. Dezember 1994 und 120 Mio. DM Mitte des Jahres 1995. Die deutsche Seite hat ihre Verpflichtung zur Überweisung der Beträge pünktlich erfüllt. Die Stiftung hat ihrerseits alles unternommen, um allen Personen, die bis zum 1. Januar 1995 ihre Anträge vollständig eingereicht hatten – das waren etwa 400.000 –, bereits 1995 Entschädigungsbeträge auszahlen zu können. 10–15% der Antragsteller hatten unvollständige Anträge. Bis zum 1. Januar 1996 sind Kompensationszahlungen an 413.700 Menschen ausgezahlt worden. Die weiteren bereits vorliegenden und Neu-Anträge gelangten 1996 zur Auszahlung. Im Anschluß erfolgt eine Überprüfung der Finanzmittel und im Falle eines Überschusses ist vorgesehen, eine Nachzahlung an alle Antragsteller im Laufe des Jahres 1997 zu leisten.

Die termingerechte Überweisung der Entschädigungssummen durch die Regierung der BRD ermöglichte es der Stiftung, Auszahlungen zu planen. Bis zum 2. September 1996 sind Entschädigungszahlungen in Höhe von 319.034.150 DM ausgezahlt worden.

Weil der Gesamtbetrag für die Menschen, die in der Ukraine gelitten haben, nicht adäquat ist (die zur Verfügung stehenden Mittel sind viel geringer als die Mittel, die in anderen Ländern ausgezahlt wurden), haben wir einige Unterschiede bei der Höhe der Entschädigung vorgenommen. Diese richten sich nach dem Alter, dem Betroffensein von sogenannten pseudomedizinischen Forschungen und dem Schweregrad der Leiden. Ehemalige KZ- und Gettohäftlinge bekommen DM 900,-. Waren die Opfer während des Zweiten Weltkriegs Kinder waren oder hatten sie unter pseudomedizinischen Experimenten zu leiden oder wurden sie invalide, erhalten sie DM 1.000,-. "Ostarbeiter", die in der Industrie unter Bewachung gearbeitet hatten, bekommen DM 600,-. Diejenigen, die für Bauern gearbeitet hatten, erhalten DM 560,-. Kinder und Invalide unter ihnen bekommen DM 660,-, Kinder, die am Ende des Krieges in diesen Familien geboren wurden, erhalten DM 400,-. Der durchschnittliche Entschädigungsbetrag (400 Mio. DM für 650.000 Personen) beläuft sich auf DM 615,-. Betrug 1994 der durchschnittliche Betrag, der von der Stiftung ausgezahlt wurde, noch DM 630, so beträgt er heute im Durchschnitt nur noch DM 594 pro Person, da an KZ- und Gettohäftlinge und Menschen, die über 80 Jahre alt sind, vorrangig gezahlt haben.

Die Entschädigung wird an die Antragsteller grundsätzlich in DM ausgezahlt; auf Wunsch wird die entsprechende Summe auch in US Dollar oder einer anderen Währung bar oder auf ein Devisenkonto ausgezahlt. Aufgrund der Dringlichkeit der Auszahlungen (1995 waren es 6.000-8.000 Zahlungen im Monat, 1996 bereits 40.000-50.000 Zahlungen im Monat) arbeiten wir mit einigen ukrainischen Banken zusammen (insbesondere mit der Industrie-Investitionsbank, der Sparbank, der "Gradobank" und der "Brokbusinessbank"). Die Auszahlung erfolgt in den Städten Kiew, Kertsch, Odessa, Sewestopil, in den Gebieten Winniza, Dnipropetriwajk, Transkarpatien, Saporishshja, Donezjk, Lugansjk, Riwne und Perschkassy, demnach in den meisten Regionen der Ukraine.

Um die Aufgaben der Stiftung zu erfüllen, wurden im September 1995 ausländische Vertretungen in der Republik Moldau und der Republik Kasachstan eröffnet. Die letztgenannte ist auch beauftragt, Auszahlungen in Aserbadschan, Armenien, Georgien, Kirgisien, Tadshikistan, Turkmenich und Usbekistan vorzunehmen. Briefe wurden an die Regierungen dieser Länder mit der Bitte geandt, die Arbeit der Stiftung zu fördern. Bis zum 2. September 1996 sind Zahlungen für mehr als 3.000 NS-Opfer dieser Länder erfolgt.

Das Vertrauen der Bevölkerung in die Stiftung hat wesentlich zugenommen. Auch hat sich der Umfang der Korrespondenz geändert. Anfang 1996 haben wir etwa 4.000-5.000 Telefonanrufe im Monat bekommen und die gleiche Zahl an Besuchern empfangen. Diese Zahl heute auf rund 2.000 gesunken. Die Art der Nachfragen hat sich geändert; die meisten Anrufer oder Besucher bitten um Mithilfe beim Auffinden von Dokumenten.

Die Tätigkeit der Stiftung wird ständig durch den Aufsichtsrat und die zahlreichen Prüfungen der Verwaltungsorgane kontrolliert. 1995 und 1996 wurde eine unabhängige Rechnungsprüfung und einige Prüfungen durch die staatliche Steuerinspektion KRU der Ukraine durchgeführt. Dabei wurden weder Mißbräuche noch Gesetzesverstöße festgestellt. Berichte über die Tätigkeit der Stiftung wurden in der Administration des Präsidenten der Ukraine, in den Verwaltungen des Vorsitzenden des Obersten Rats und des Premierministers der Ukraine erörtert. Ein Bericht über die Arbeit der Stiftung wurde der Parlamentskommission für auswärtige Angelegenheiten vorgelegt. Regelmäßig findet ein Informationsaustausch während der tournusmäßigen Arbeitstreffen in der Botschaft der BRD in der Ukraine statt.

Für die Stiftung hat das Programm für humanitäre Hilfe für Kriegsveteranen – ehemalige Häftlinge und Zwangsarbeiter – besondere Bedeutung. Allein 1995 wurden auf Kosten der Stiftung Medikamente im Wert von DM 1,4 Mio. besorgt, die denjenigen zur Verfügung gestellt werden, die während des Kriegs gelitten haben. Vier Delegationen ehemaliger Häftlinge (146 Personen) wurden zur Teilnahme an den Kundgebungen anläßlich der 50. Wiederkehr des Kriegsendes gesandt (DM 140.000,-). Es wurde auch materielle Hilfe in Höhe von DM 8.500,- an die Aktivisten der ehemaligen KZ-Häftlinge geleistet. Auch erhielten wir Spenden im Wert von 2,4 Milliarden Karbownczj und Medikamente im Wert von 500.000 Dollar, die an die staatlichen Einrichtungen für Gesundheitsschutz für Kriegsveteranen übergeben wurden.

Zum Schluß: Die Tatsache, daß die Bundesregierung die Frage der Entschädigung nicht vergessen hat, wurde zu einem äußert wichtigen moralisch-psychologischen Faktor nicht nur für diese Menschen selbst, sondern auch für ihre Kinder und Enkel. Wir verstehen dies als eine wichtige humanitäre Geste, die die Verständigung und Annäherung der Völker fördert.

1996 hat die Ukrainische Nationale Stiftung "Verständigung und Versöhnung" 1121 Anträge zur Bestätigung der NS-Verfolgungen während des Zweiten Weltkriegs an den Internationalen Suchdienst in Arolsen versndt. Von dort haben wir 690 Antworten erhalten, in 212 Fällen waren die Antworten positiv, was uns ermöglichte, für diese Bürger Zahlungen zu bewilligen. Zur Zeit bereiten wir noch etwa 100 Anträge zur Versendung nach Arolsen vor.

Die Stiftung leistet den Bürgern bei dem Ausfüllen der Anträge praktische Hilfe.

Wir erhalten auch Briefe aus den GUS-Ländern (Rußland, Kasachstan, Weißrußland, Armenien) mit der Bitte, zu helfen, Bestätigungsdokumente für ehemalige Staatsangehörigen der Ukraine zu finden. Aufgrund dieser Briefen stellen wir Anträge in den Gebietsarchiven der Ukraine (durch die regionalen und Gebietsvertretungen der Stiftung) und senden die Antworten an die Antragsteller weiter.

Ukrainische Nationale Stiftung, "Verständigung und Versöhnung"

Statistik der Kompensationsauszahlungen durch die Vertretungen in den Regionen der Ukraine und außerhalb ihrer Grenzen

Stand 2. Oktober 1996

Nr	Regionen, Gebiete der Ukraine und ausländische Vertretungen	Vorauss. Zahl der Bewerber, die für eine Zahlung in Betracht kommen	Zahl der von den Vertretungen aufgenommenen Anträge	Zahl der geprüften Dokumente durch die Vertretungen	Zahl der in die Computerdatenbank eingetragenen Dokumente	Festgelegte Kompensationszahlungen (Zahl der Personen)
1	Gebiet Winniza	25.000	24.997	24.900	24.622	20.620
2	Gebiet Wolynsjka	12.000	11.745	11.730	11.599	9.958
3	Gebiet Dnipropetriwsjk	50.000	49.738	49.738	49.738	45.166
4	Gebiet Denezk	45.000	44.865	44.165	44.165	40.445
5	Gebiet Shilomir	26.000	25.578	24.378	23.919	22.012
6	Gebiet Transkarpatien	1.850	1.817	1.817	1.817	1.415
7	Gebiet Saporishja	31.000	30.673	30.673	30.447	28.559
8	Gebiet Jwano Frankiwsjk	17.000	1.779	1.779	16.479	12.479
9	Stadt Kiew	27.000	26.443	26.443	19.207	18.083
10	Gebiet Kiew	42.400	41.769	41.769	37.928	39.140
11	Gebiet Kirowograd	16.100	16.074	16.074	15.227	15.086
12	Autonome Republik Krim	16.000	13.630	13.630	13.572	12.321
13	Stadt Sewastopol	2.000	1.760	1.760	1.682	1.595
14	Gebiet Lugansjk	26.000	25.660	25.660	23.917	23.815
15	Gebiet Lwiw	31.000	30.571	30.571	30.428	26.127
16	Gebiet Mykolajiw	12.000	11.339	11.339	10.354	9.654
17	Gebiet Odessa	5.000	4.895	4.895	4.470	4.379
18	Gebiet Poltawa	48.000	46.875	46.875	43.485	38.352
19	Gebiet Riwne	8.300	8.243	8.243	8.243	7.597
20	Gebiet Sumy	20.500	19.924	19.924	19.401	18.776
21	Gebiet Ternobil	15.500	15.300	15.120	15.120	11.636
22	Gebiet Charkiw	34.000	33.150	32.847	27.922	27.747

23	Gebiet Cherson	14.000	12.910	12.570	11.937	11.043
23	Gebiet Chmelnizkij	47.000	47.000	45.000	44.079	40.790
24	Gebiet Tscherkassy	37.000	36.428	35.673	35.360	34.973
25	Gebiet Tschernigiw	19.000	18.521	17.897	17.714	15.108
26	Gebiet Tscherniwzi	2.500	2.476	1.872	1.466	1.365
27	Insgesamt in der Ukraine	631.450	624.585	612.651	584.298	538.245
	Republik Moldowa (Moldawien)	5.000	1.850	1.700	1.700	1.698
	Republik Kasachstan, Republiken Mittelasien und Kaukasus	1.3550	2.553	1.557	1.403	1.336
	Andere Länder		15	15	15	15
	Insgesamt:	650.000	625.988	615.908	587.401	541.279

Taras Kyjak*

Ansprüche aus Zwangsarbeit – Anmerkungen aus ukrainischer Sicht

Meine Damen und Herren,

ich bedanke mich für die Einladung, hier zu Ihnen sprechen zu können. Ich bedanke mich auch bei den Kollegen aus Deutschland, die im Juni 1996 bei uns zu Gast im Parlament in der Ukraine waren und mir auch die Möglichkeit, oder besser gesagt den Ansporn, gegeben haben, mich näher mit diesem Thema zu befassen. Ich vertrete hier den Ausschuß für Auswärtige Angelegenheiten der Ukraine, bin für die Politik der Ukraine in Zentraleuropa im Rahmen des Parlaments verantwortlich und leite den Ausschuß oder die interparlamentarische Gruppe Ukraine – Deutschland. An den Beziehungen zwischen der Ukraine und Deutschland bin ich sehr interessiert.

Jetzt möchte ich ein paar Worte zu den Problemen der Zwangsarbeiter in der Ukraine aus meiner Sicht sagen. Der hl. Paulus hat uns in seinem Testament die Worte hinterlassen: Jeder trage des anderen Last.

Für das Geschehen in der Welt seit Beginn dieses Jahrhunderts, angefangen mit dem Ersten Weltkrieg, dem Oktober-Putsch 1917, den nachfolgenden kommunistischen Repressalien und dem grausamen Höhepunkt, dem Zweiten Weltkrieg, haben wir eine kennzeichnende Deutung in dieser Zeit der Dunkelheit:

"... von einer gewissen Form der Leibeigenschaft oder wenn Sie wollen, der Sklaverei, kann eine menschenliebende Kultur nicht entwickelt werden," Adolf Hitler, 1930

Eine Variante dieser Aussage finden wir an der Pforte des Buchenwalder Konzentrationslagers: Jedem das Seine. Und in diesem Lager, im Museum, habe ich vor 25 Jahren geheimgehaltene Informationen über mein Volk während des Zweiten Weltkrieges gefunden. Von 20 Mio. Kriegsopfern der ehemaligen Sowjetunion kamen über 8 Mio. aus der Ukraine, waren 6 Mio. Russen, 4 Mio. Weißrussen und 2 Mio. hatten andere Nationalitäten der Sowjetunion. 2,24 Mio. Ukrainer wurden nach Deutschland deportiert bzw. wurden in den Konzentrationslagern geboren. Unter diese Zahl fallen nicht die Kriegsgefangenen. Heute wissen wir, daß diese Statistik die Zahlen nicht vollständig wiedergibt. Wir haben die Aussage eines englischen Anthropologen, die besagt, daß es drei Lügen gibt: eine Notlüge, die man verzeihen kann, eine freiwillige, die nicht zu verzeihen ist und die dritte, die größte Lüge, die Statistik.

Zum Vergleich die Zahlen aus Rußland: 1,5 Mio. Zwangsarbeiter sind nicht zurückgekommen, mehrere Tausende von ihnen sind nach dem Krieg als Opfer des Stalinismus in Sibirien umgekommen. Einige Hunderttausende, die zurückgekommen sind, sind schon gestorben. Wie dem auch sei, die Hälfte der Deportierten aus der ehemaligen Sowjetunion waren Ukrainer. Sie gehörten zu denen, über die in den Be-

---

* Prof. Dr. Taras Kyjak war zum Zeitpunkt seiner Ausführungen Mitglied des ukrainischen Parlaments in Kiew.

richten der deutschen Militärindustrieverwaltung im Früjahr 1942 geschrieben wurde: Russische Arbeitskraft ist die wertvollste Trophäe, welche die russische Kriegskampagne der deutschen Miliärwirtschaft gebracht hat.

Heute geht man in der Ukraine von ca. 640.000 Zwangsarbeitern aus. Der zwangsläufige Zerfall der Sowjetunion trug dazu bei, daß im geographischen Zentrum Europas ein neuer Staat, die Ukraine, entstanden ist. Mit Dankbarkeit und Verständnis empfingen wir die humane Geste Deutschlands, den ehemaligen Zwangsarbeitern eine symbolische Reparation auszuzahlen. Gemäß dem Erlaß Nr. 453 des Ministerkabinetts der Ukraine vom 16. Juni 1993 wurde die Stiftung "Verständigung und Aussöhnung" gegründet, die von einem Aufsichtsrat geleitet wird. Die Stiftung leistet Entschädigung an rund 640.000 Bürger, darunter 32.000 aus Moldawien, Kasachstan und anderen Republiken in Mittelasien und im Kaukasus, die während des Krieges als Zwangsarbeiter in der Ukraine gearbeitet haben. Die Ukrainer, die zusammen diesen Zwangsarbeitern in ihrer Heimat gearbeitet haben, werden nicht zu den Zwangsarbeitern gezählt und erhalten keine Entschädigung. Einen Anspruch auf Entschädigung haben in der Ukraine ehemalige KZ- bzw. Getto-Häftlinge und die Personen, die während des Krieges unfreiwillig zur Zwangsarbeit nach Deutschland verbracht wurden. Die freiwilligen Arbeiter, denen es trotzdem sehr schlimm erging, da sie zum Objekt des Hasses wurden, bekommen keine Entschädigung. Die Zahl der freiwilligen Arbeiter ist glücklicherweise nicht sehr groß. Darüber hinaus ist es schwierig, die Zwangsarbeiter von den freiwilligen Arbeitern abzugrenzen, da die Grenzen fließend sind.

Die durchschnittliche Entschädigung beträgt 615,-- DM pro Person. In allen Gebieten gibt es regionale Vertretungen der Stiftung. Man hat bereits seit Mai 1994 schon angefangen, die Entschädigungen auszuzahlen. Zuerst wurden Leistungen an KZ- und Getto-Häftlinge, Invaliden und Personen im hohen Alter erbracht. Bis Ende 1994 haben 40.200 Menschen Hilfeleistungen erhalten. Der Sicherheitsdienst und die Archive der Ukraine organisieren halfen bei der Suche nach den notwendigen Dokumenten und Beweisen. Als eine sehr große Hilfe erweist sich der Suchdienst des Internationalen Roten Kreuzes in Arolsen.

Als Fehler hat sich leider inzwischen herausgestellt, daß wir im Vergleich zu anderen Ländern viel früher angefangen haben, das Geld auszuzahlen. Es wäre besser gewesen, den betagten Menschen die Notwendigkeit eines Zahlungsaufschubes zu erklären und ihnen die Garantie einer Entschädigungszahlung zu geben, damit alle Zwangsarbeiter von der Stiftung die ihnen zustehende Entschädigung erhalten. Das hätte es uns ermöglichen können, eine zunächst eine umfassende Liste der Bedürftigen zu erstellen und ein Prüfungs- und Auszahlungssystem auszuarbeiten, das uns von Kritik weitestgehend verschont hätte. Hier hat Lech Walensa Recht wenn er sagt, daß man aus einem Aquarium eine Fischsuppe machen kann, aus einer Fischsuppe aber kein Aquarium.

Außer den Staatsorganen gibt es heute Sachverständigenausschüsse, die über den Einzelfall abschließend entscheiden. Es gibt verschiedene Ablehnungsgründe: Einige Antragsteller sind inzwischen Staatsbürger westeuropäischer oder amerikanischer Länder geworden sind. 22.000 Anträge bleiben z.Zt. unbearbeitet, weil keine ausreichenden Beweise vorliegen.

Bis zum 2. September 1996 erhielten 536.836 Menschen eine Entschädigungsleistung in Höhe von insgesamt 319.034.150,-- DM.

Die Anträge werden von vier Stellen bearbeitet, und zwar:
1. von den örtlichen Sozialbehörden, bei denen die Rentenauszahlung erfolgt,
2. von der Vertretung der Stiftung in den 25 Regionen der Ukraine. Dort gibt es jeweils einen Expertenbeirat, in dem die Vertreter der Betroffenen und der staatlichen Archive sitzen;
3. von dem Expertenbeirat. Dieser korrigiert noch kleine Fehler. Vor allem wird die Einordnung in die Kategorien überprüft. Im Zweifelsfall wird die Entscheidung dem Sachverständigenausschuß, bestehend aus 11 Personen, darunter 8 ehemaligen KZ-Häftlingen, zur Prüfung vorgelegt, der bereits fast 10.000 Fälle wegen Unklarheiten überprüft hat. Nur fünf Anträge sind wegen Verbrechen gegen die Menschheit abgelehnt worden. Wir haben manchmal Schwierigkeiten und es entstehen Mißverständnisse, wenn manche Staaten die Dokumente ehemaliger Kommunisten bzw. von Mitgliedern der ukrainischen aufständischen Armee analysieren. Diese Menschen wurden im Zweiten Weltkrieg ebenfalls verfolgt und unterdrückt. So wird versucht, den Entschädigungsanspruch abzulehnen, da der einzelne vor Beginn des Krieges russische Soldaten des KGB getötet hat, weil er sein Haus verteidigte.
4. vom Sachverständigenausschuß, der endgültig entscheidet. Seine Entscheidungen sind unanfechtbar.

Ein derartiges Verfahren ist kompliziert aus. Aus politischen und ethischen Gründen wäre die Beteiligung eines deutschen offiziellen Vertreters auf der letzten Ebene erwünscht. Wie dem auch sei: Hier habe ich die seltene Möglichkeit, den polnischen Kollegen vorzuschlagen, in Kontakt mit unserem neuen Leiter der Stiftung "Verständnis und Aussöhnung", Herrn Luchnikov, zu treten, um Erfahrungen der Delegationen auszutauschen und ein sachgerechtes Regularium auszuarbeiten.

Des weiteren will die ukrainische Seite eine Dokumentation in deutscher Sprache veröffentlichen, um über die der ukrainischen Stiftung in Europa zu informieren. Das ist meine Bitte an Herrn Luchnikov.

Die Mittel, die für eine Person in der Ukraine zur Verfügung stehen, sind viel geringer als in anderen Ländern. Deswegen haben wir bei der Höhe der Leistung das Alter, die Art der erlittenen Grausamkeit und die heutigen Lebensumstände berücksichtigt. Den ehemaligen KZ-Häftlingen wurden 900,-- DM gezahlt. Opfer der Naziverfolgung, die als Kinder zum Objekt der Pseudoversuche und aus diesem Grunde zu Invaliden wurden, erhielten 1.000,-- DM. Ostarbeiter, die in der Industrie unter Bewachung gearbeitet haben, erhalten 600,-- DM, diejenigen, die bei einem Landwirt arbeiteten 560,-- DM. Kinder und Invalide der letzten Gruppe erhalten 660,-- DM, Kinder, die in Zwangsarbeiterfamilien am Ende des Krieges zur Welt gekommen sind, 400,-- DM. Im Unterschied zu den russischen Richtlinien spielt bei uns die Dauer des Leidens keine Rolle. Dieses Vorgehen kann man kritisieren, jedoch entspricht es der Realität, daß manchmal wenige Tage der Unterdrückung viel tragischer für den Einzelnen waren als mehrere Jahre.

Die Handlungsweise der Stiftung wird regelmäßig von der Steuerinspektion überprüft. Die Rechenschaftsberichte werden an den Präsidenten des obersten Rates und Ministerpräsidenten weitergeleitet. Das Kontrollsystem besitzt einige Schwächenattenseiten, die durch die Probleme einer Staatsneugründung wie die der Ukraine bedingt sind. Dies bezieht sich besonders auf die Banken, die mit der Verwaltung und Auszahlung des Geldes betraut wurden.

Neben der Auszahlung der Entschädigung befaßt sich die Stiftung mit der karitativen Hilfe für Bedürftige. Allein 1995 haben wir kranken Zwangsarbeitern Arzneimittel in Höhe von 1,4 Mio. DM kostenlos zur Verfügung gestellt. Auf unsere Kosten sind vier Delegationen von ehemaligen Häftlingen, insgesamt 146 Personen, nach Deutschland gefahren, um Medikamente in Höhe von 500.000 US Dollar entgegenzunehmen.

Die Thematisierung der Entschädigung für Zwangsarbeiter in der BRD ist ein sehr wichtiger moralisch-psychologischer Faktor sowohl für die ehemaligen Zwangsarbeiter selbst als auch für ihre Kinder und Enkel. Aus diesem Anlaß gaben Herr Luschnikov und ich im ukrainischen Fernsehen ein Interview über die heutige Situation der Stiftung, sowie über diese Tagung und die weiteren Perspektiven.

Dazu ein paar Worte: Die Arbeit muß fortgesetzt werden. Man könnte die Sache vielleicht besser organisieren, wenn jedem Zwangsarbeiter direkt eine vorläufige Rente ausgezahlt würde, wie es in Israel der Fall ist. Man könnte zuerst mit den Leuten anfangen, die in den Betrieben gearbeitet haben. Auch könnte die einzelne Rente geringer ausfallen, um alle zu berücksichtigen. Es gibt viele Möglichkeiten. Die Hauptsache ist jedoch, daß wir eine Lösung herbeiführen. Wir brauchen entsprechende Kontakte, notwendige Gesetze in Deutschland und Ihre Unterstützung. Das heißt, daß wir schon heute unsere gemeinsame Arbeit anfangen müssen. Wenn die Ukraine nichts mehr erhält, dann sagen wir doch, daß wir für den guten Willen danken, welcher gegenüber der unabhängigen Ukraine seitens Deutschlands gezeigt wurde.

Vielleicht gewöhnen wir uns an künftige Generationen von Soldaten, die aus dem Krieg zurückkommen und die eine Entschädigung von Kriegsverbrechen fordern. Nicht umsonst fordert heute das heldenhafte Tschetschenien eine Reparation von Rußland in der Größe des jährlichen russischen Haushalts.

Nicht nur die Zahlung ist in unserem Volk von Wichtigkeit. Im Rahmen des gesamten Prozesses erfüllen wir eine große humane Aufgabe, indem wir die Völker versöhnen. Aus diesem Grunde wollen wir auch Kontakte zwischen Deutschen und den ehemaligen Zwangsarbeitern positiv bewerten. Vor kurzem habe ich ein paar Briefe mit Zeitungsartikeln erhalten. Der Autor des Artikels hat einen Verein mit dem Titel "Händedruck" gegründet. Dort finden sich Überlebende zusammen, die ihre Dankbarkeit zum Ausdruck bringen wollen. Er berichtet von einer Zwangsarbeiterin, die die Kinder ihrer deutschen Wirtin sucht, die sie wie eine Mutter betreut habe. Sollten sie diese Kinder noch in Erinnerung behalten haben, dann wollte sie sie zu sich einladen, um ihnen ihre Dankbarkeit über ihre Rettung zum Ausdruck zu bringen. Heute haben wir das Recht, dankbar zu sein. Der erwähnte Herr hat viele solcher Fälle in einem Drehbuch für einen Dokumentarfilm zusammengefaßt. Dieser Film hat 1994 bei einem Filmfestival zwei Auszeichnungen erhalten. Derselbe Herr ist der Autor eines Buches, das zwingt, die Wahrheit zu sagen. Diesem Thema ist auch eine ständige Ausstellung in der Schule 46 in Kiew gewidmet; der Titel der Ausstellung lautet: "Wir alle sind doch Menschen".

Ich habe auch einen Brief eines ehemaligen deutschen Soldaten erhalten, der mit seiner Truppe am 23. März 1944 in der Nähe der Ukraine eingeschlossen war. Er schlägt in diesem Brief vor, mit den ehemaligen Feinden in Kontakt zu treten und sie zu einer Reise nach Deutschland einzuladen, als Beispiel für ein neues Europa. Dem erwähnten Verein "Händedruck" gehören heute viele Intellektuelle, Studenten, Schüler und in erster Linie Zwangsarbeiter an, die in den Zeitungen den deutschen Bürgern danken, denen sie ihre Rettung zu verdanken haben. Darüber spricht man heute in der Ukraine, und ich bin sicher, daß die Entschädigungszahlungen dazu verstärkt beitragen werden. Das empfinde ich als das beste Resultat dieser Arbeit. Auf diese Weise treten wir aus der Phase der menschlichen Entwicklung in die Phase des menschlichen Verstandes.

In seiner Rede anläßlich der Verleihung der Ehrendoktorwürde der Universität Kiew am 3. September 1996 sprach Bundeskanzler Helmut Kohl:

"Wir stehen kurz vor dem Beginn eines neuen Jahrhunderts, es bietet sich uns die phantastische Chance, nach allem Elend und Leid dieses Jahrhunderts in Europa eine neue, eine gerechte und dauerhafte Friedensordnung zu verwirklichen. Den ersten Schritt haben wir getan, wir haben die Berliner Mauer abgetragen. Mit Gottes Segen war ich auch Teilnehmer dieser Geschehnisse."

Am 3.10.1990 hat der ostdeutsche Dichter Reiner Kunze in seinem Gedicht die Mauer beschrieben:

"Als wir sie schleiften, ahnten wir nicht, wie hoch sie ist in uns. Wir haben uns gewöhnt an ihren Horizont und an die Windstille. In ihrem Schatten warfen wir aber keinen Schatten. Nun stehen wir entblößt bar jeder Entschuldigung."

Entschuldigen wir uns voreinander zu beiden Seiten der Berliner Mauer. Der zweite Schritt ist noch viel komplizierter. Wir sollen die Mauern in unseren Herzen, in unserer Mentalität beseitigen, wenn wir keine neuen Mauern vor uns sehen möchten. Statt der Mauern sollen Brücken entstehen, Brücken zwischen Menschen, zwischen Staaten, zwischen Regionen, zwischen Religionen. Und Gott sei Dank hat der große Herder doch Recht, in dem er sagt:

Unsere Humanität ist nur Vorübung der Knospe zu einer zukünftigen Blume.

Cornelius Pawlita*

Rentenversicherungsrechtliche Aspekte verfolgungsbedingter Zwangsarbeit im Nationalsozialismus[1]

Die nationalsozialistische Herrschaft hat – trotz aller Ausnahmevorschriften für Verfolgte – im Selbstverständnis der Sozialrechtler die Grundlagen der Sozialversicherung nicht erschüttert.[2] Diese Auffassung verwundert zunächst, da das Sozialversicherungsrecht doch weitgehend auf dem Beschäftigungsverhältnis im Sinne freier Arbeitsverhältnisse aufgebaut ist. Demgegenüber sehen Arbeitsrechtler schon für die Vorkriegszeit die Ersetzung privater durch staatliche Rechtsgestaltung.[3] Blickt man weiter, so leisteten Zwangsarbeit insbesondere Juden sowie Sinti und Roma, die nach der Zerstörung ihrer wirtschaftlichen Existenz ab 1938 zur Arbeit gezwungen wurden, die KZ-Häftlinge – bei Kriegsende betrug ihre Zahl etwa 700.000 –, als "Fremdarbeiter" zivile und kriegsgefangene ausländische Arbeitskräfte mit z.T. sehr unterschiedlichen Arbeitsbedingungen – im August 1944 befanden sich 7,8 Millionen im Reichsgebiet – sowie Arbeitskräfte in den besetzten Gebieten.

Während die historische Wissenschaft insgesamt erheblich aufgeholt hat, ist das Feld des Sozialrechts bisher kaum bearbeitet,[4] sieht man von den Publikationen der juristischen Gebrauchsliteratur und als zeitgenössisch zu bezeichnenden Darstellungen ab.

Ein Grund könnte die Binnensicht der beteiligten Fachkreise sein. So stellten die führenden Kommentatoren zum Entschädigungsrecht bereits 1956 fest, die Wiedergutmachung in der Sozialversicherung sei "bisher reibungslos durchgeführt und zum Abschluß gebracht worden."[5] Über 30 Jahre später sah auch die Bundesregierung in ih-

---

* Dr. Cornelius Pawlita ist Richter am Sozialgericht in Frankfurt/M.; dieser Beitrag wurde bereits in der Zeitschrift für Sozialreform (Heft 1, 1998, Seite 1–21) veröffentlicht. Er geht über den damals auf der Stuttgarter Tagung gehaltenen Vortrag wesentlich hinaus. Die Herausgeber danken der Zeitschrift für die Überlassung des Textes.

[1] Zugleich Besprechung neuerer Entscheidungen zu "Ostarbeitern" und zum Getto Lodz.
[2] Vgl. *Peters*, Die Geschichte der sozialen Versicherung, 3. Aufl., 1978, S. 105; *Zöllner*, in: *Köhler/Zacher* (Hrsg.), Ein Jahrhundert Sozialversicherung, 1981, S. 45 ff., 127 ff.; *Wannagat*, Lehrbuch des Sozialversicherungsrechts, 1965, S. 87; *Bley/Kreikebohm*, Sozialrecht, 7. Aufl. 1993, Rdnr. 256 ff.; *Rüfner*, Einführung in das Sozialrecht, 2. Aufl., 1991, S. 3; *Gitter*, Sozialrecht, 3. Aufl. 1992, S. 19 f.; differenzierter aus sozialwissenschaftlicher Sicht *Gladen*, Geschichte der Sozialpolitik in Deutschland, 1974, S. 113.
[3] So *Kranig*, Lockung und Zwang, 1983, S. 81; noch stärker auf ein "reines Zwangsverhältnis" abstellend *Wahsner*, in: *Reifner* (Hrsg.), Das Recht des Unrechtsstaates, 1981, S. 112; vgl. a. *Richardi*, in: *ders./Wlotzke*, Münchner Handbuch zum Arbeitsrecht, Bd. 1, S. 28 ff.; immerhin einen "inneren Wandel" konstatiert *Söllner*, Grundriß des Arbeitsrechts, 11. Aufl., 1994, S. 16; *ders.*, in: NS-Recht in historischer Perspektive, 1981, S. 135 ff.; zur tatsächlichen Ausweitung der Disziplinierung vgl. *Werner*, "Bleib übrig!" Deutsche Arbeiter in der nationalsozialistischen Kriegswirtschaft, 1983.
[4] Vgl. aber *Sachße/Tennstedt*, Der Wohlfahrtsstaat im Nationalsozialismus, 1992.
[5] *Blessin/Ehrig/Wilden*, Bundesentschädigungsgesetz, 2. Aufl., 1957, § 138, Rdnr. 4.

rem Bericht über die Wiedergutmachung keine Probleme. Resümierend schloß sie: alle relevanten Schäden seien ausgeglichen worden oder würden ausgeglichen.[6]

Die jüngste Entscheidung des BSG zu sog. Ostarbeitern und die Entscheidungen einiger erstinstanzlicher Sozialgerichte zum Getto in Lodz wecken jedoch Zweifel an dieser Einschätzung. Bevor ich hierauf im einzelnen eingehe, wende ich mich zunächst dem allgemeinen Rentenversicherungsrecht zu, um den Stellenwert dieser Problemgruppen im Gesamtsystem besser verorten zu können.

I. Das Beitragsprinzip – Versicherungspflicht aufgrund eines Beschäftigungsverhältnisses

Kernbereich des Rentenrechts ist das Beitragsprinzip. Arbeit allein begründet keinen Versicherungsschutz. Abgesehen von freiwilligen Beiträgen entsteht eine Beitragszeit nur bei wirksamer Entrichtung von Pflichtbeiträgen und dann, wenn Pflichtbeiträge nach besonderen Vorschriften als bezahlt gelten. Hierzu zählen auch die nach den Reichsversicherungsgesetzen entrichteten Beiträge.[7] Der bundesrepublikanische Gesetzgeber knüpft somit bruchlos an die vorherige Beitragsentrichtung an.

1. Zur Entwicklung des Arbeitsverhältnisses im Nationalsozialismus

Seit Beginn der Rentenversicherung besteht – von Weiterungen abgesehen – das Recht (und die Pflicht) zur Entrichtung von Beiträgen nur bei Personen, die gegen Arbeitsentgelt beschäftigt sind.[8] Allgemein bezeichnet der Gesetzgeber eine Beschäftigung als die nichtselbständige Arbeit, insbesondere in einem Arbeitsverhältnis (§7 Abs.1 SGB IV). Zur Abgrenzung in den Randbereichen wird das Beschäftigungsverhältnis als nicht identisch mit dem Arbeitsverhältnis angesehen. Wie bei diesem wird aber auf das Moment der Freiwilligkeit nicht verzichtet, wenn hier auch in erster Linie Anstaltsverhältnisse abgegrenzt werden sollen.[9]

Nach der frühen Beseitigung des kollektiven Arbeitsrechts, nicht zuletzt durch Zerschlagung der Gewerkschaften, wurden neben allgemeinen Dienstpflichten wie dem Reichsarbeitsdienst auch hoheitlich begründete Beschäftigungsverhältnisse durch die Notdienst-[10] und DienstpflichtVO[11] geschaffen. Durch letztere konnte vor allem die Lösung von Arbeitsverhältnissen genehmigungspflichtig gemacht werden. Nach Kriegsausbruch wurden die Vertragseingehungs- und die Kündigungsfreiheit endgültig aufgehoben.[12]

---

[6] BT-Drs. 10/6287, S. 28.
[7] Zum heute geltenden Recht vgl. §§ 54, 55, 247 SGB VI.
[8] Vgl. § 1 S.1 Nr. 1 SGB VI; zuvor § 1227 I Nr. 1 RVO i.d.F. Rentenreformgesetz (RRG) 1957; zuvor § 1226 S.1 Nr.1 u. S.2 RVO v. 19.7.1911, RGBl. I S. 509.
[9] Vgl. z.B. Kasseler Kommentar/*Seewald*, § 7 SGB IV, Rdnr. 35 f.
[10] Dritte Verordnung zur Sicherstellung des Kräftebedarfs für Aufgaben von besonderer staatspolitischer Bedeutung v. 15.10.1938, RGBl. I S. 1441.
[11] Verordnung zur Sicherstellung des Kräftebedarfs für Aufgaben von besonderer staatspolitischer Bedeutung v. 13.2.1939, RGBl. I S. 206 mit der Ersten Durchführungsanordnung v. 2.3.1939, RGBl. I S. 403; zur Entwicklung d. Arbeitsrechts vgl. *Kranig*, a.a.O.
[12] Vgl. Verordnung über die Beschränkung des Arbeitsplatzwechsels v. 1.9.1939, RGBl. I S. 1685.

Bereits nach damaligem Recht wurde für die verschiedenen Dienstpflichten, wie sie vor allem während des Krieges entstanden, einschließlich des Reichsarbeitsdienstes, ein Ersatzzeitentatbestand geschaffen,[13] wie er heute noch gilt. Die Beschäftigungsverhältnisse, auch soweit sie in ähnlicher Weise jetzt hoheitlich überlagert waren, beließ man in der Sphäre vertragsrechtlicher Konstruktionen. Ohne Bedeutung hierfür war der von den Wortführern nach 1945 fortgesetzte Streit um die Vertrags- bzw. Eingliederungstheorie,[14] hatten sich ihre Positionen doch weitgehend angenähert.

Hueck/Nipperdey/Dietz führten 1943 in ihrer Kommentierung zum Arbeitsordnungsgesetz aus, bei den aufgrund der Dienstpflichtverordnung Herangezogenen entstehe mit Zustellung der Verpflichtungsbescheide ein Arbeitsvertrag, richtiger ein Arbeitsverhältnis, d.h. die Zustellung des Verpflichtungsbescheids ersetze die Einigung von Unternehmer und Beschäftigten.[15] Diese Sichtweise wurde in der Bundesrepublik übernommen. Die Dienstverpflichtung begründete stets ein Beschäftigungsverhältnis, der hoheitliche Eingriff soll sich jedoch lediglich auf Beschäftigungsort oder -art beschränkt haben. Die Notdienstverpflichtung war unterschiedlich geregelt. Von einer Notdienstverpflichtung mit Beschäftigungsverhältnis ist in der Mehrzahl der Fälle dann auszugehen, wenn der Einsatz unter Bedingungen erfolgte, die einer Beschäftigung aufgrund eines Arbeitsvertrages weitgehend entsprachen, so z.B. bei Bürotätigkeiten in einer Behörde, die ansonsten von einem nach der Tarifordnung bezahlten Arbeitnehmer verrichtet wurden.[16]

Als Zwischenergebnis ist festzuhalten:
Reichsdeutsche Arbeiter erwarben durch abhängige Arbeit – vernachlässigt werden Versicherungsfreigrenzen – Beitragszeiten. Dies galt weitgehend auch dann, wenn die Arbeit auf der Grundlage hoheitlicher Verpflichtungen beruhte, soweit es sich nur um "normale" Arbeiten handelte. Nur der Notdienst in militärähnlicher Form oder für die Wehrmacht begründete kein sozialversicherungspflichtiges Beschäftigungsverhältnis, wobei die einzelnen Regelungen – vermutlich politischer Opportunität geschuldet – nicht immer nachvollziehbar sind. Beitragsprinzip und versicherungspflichtige Beschäftigung führen so mit Hilfe gesetzlicher Fiktion zu geschlossenen Versicherungsbiographien. So konnte der bundesrepublikanische Gesetzgeber nahtlos an das Beitragsprinzip anschließen, solange er – wie geschehen – auf eine politische Überprüfung der den Beiträgen zugrunde liegenden Tätigkeiten verzichtete. Soweit Gebiete annektiert oder annektionsähnlich besetzt wurden, wanderte der Geltungsbereich der Reichsversicherung mit, wenn auch jetzt z.T. diskriminierende Ausnahmen vorgesehen wurden (Polen).[17] Im sog. Generalgouvernement galt für die Beschäftigung deutscher Staatsangehöriger ebenfalls die Reichsversicherung.[18] Die Verordnung über die Sozialversicherung

---

[13] Vgl. § 250 I Abs.1 Nr. 1 SGB VI, zuvor 1251 I Nr.1 RVO i.d.F. RRG 1957, davor 1267 Nr.1 i.d.F. d. Gesetzes über den Ausbau der Rentenversicherung v. 21.12.1937, RGBl. I S. 1393, ergänzt durch §§ 16, 17 d. Gesetzes über weitere Maßnahmen in der Reichsversicherung aus Anlaß des Krieges v. 15.1.1941, RGBl. I S. 34 (in Kraft seit 26.8.1939); s. a. *Seldte*, Sozialpolitik im Dritten Reich, 1938, S. 119 f.
[14] Vgl. *Hientzsch*, Arbeitsrechtslehren im Dritten Reich, 1970.
[15] *Hueck/Nipperdey/Dietz*, Gesetz zur Ordnung der nationalen Arbeit, 4. Aufl., 1943, § 1, Rdnr. 17a.
[16] Zum Ganzen vgl. *Bredow*, DAngVers 1974, S. 116 ff.
[17] Vgl. Überblick im Kasseler Kommentar/*Niesel*, § 247 SGB VI, Rdnr. 21.
[18] Verordnung über die Sozialversicherung der deutschen Staatsangehörigen im Generalgouvernement

in den besetzten Gebieten erweiterte deren Anwendungsbereich auf die bei deutschen Dienststellen beschäftigten deutschen Volkszugehörigen.[19]

2. Juden sowie Sinti und Roma

Juden wurden bis 1938 aus dem gesamten Wirtschaftsleben vertrieben. Soweit sie arbeitslos wurden oder auf versicherungsfreie Beschäftigungen ausweichen mußten, liegen Beitragszeiten nicht vor. Insbesondere nach Kriegsausbruch wurden Juden zwangsverpflichtet. Obwohl in einem "Beschäftigungsverhältnis eigener Art" stehend, war die Reichsversicherungsordnung weiterhin anwendbar.[20] Diese Regelung wurde für Sinti und Roma übernommen.[21] Mit der Deportation außerhalb des Reichsgebiets, insbesondere in das sog. Generalgouvernement, waren sie von der deutschen Rentenversicherung ausgeschlossen und erhielten trotz Versicherungsbeiträgen zu der von der deutschen Besatzungsmacht übernommenen Versicherung allenfalls Krankenhilfe. Eine "Verordnung über die Behandlung besonderer Fremdstämmiger in der Reichsversicherung" wurde nicht mehr in Kraft gesetzt.[22]

3. "Fremdarbeiter"

Auch ausländische Zvilarbeitskräfte unterlagen grundsätzlich der Versicherungspflicht nach der Reichsversicherungsordnung. Eine Ausnahme bestand nur für polnische Saisonarbeiter in der Land- und Forstwirtschaft bis Ende 1942 – dies in Fortführung einer Regelung aus dem Kaiserreich[23], einer im Hinblick auf die Zwangsrekrutierung allerdings fraglichen Kontinuität – und für "Ostarbeiter" bis März 1944.[24] Abgesehen von den "Ostarbeitern" wurde trotz aller rassisch motivierten Abstufungen bei Behandlung und Ausgestaltung der konkreten Arbeitsbedingungen rentenrechtlich, d.h. vor allem beitragsrechtlich nicht weiter differenziert. Ohne Belang war auch der Umstand, daß die meisten der "Fremdarbeiter", insbesondere aus Osteuropa, z.T. brutal zum "Arbeitseinsatz" verschleppt worden waren.[25] Zweifel am Vorliegen eines "Beschäftigungsverhältnisses" wurden damals nicht geäußert. In der zeitgenössischen Fachpublizi-

---

für die besetzten polnischen Gebiete v.17.6.1940, RGBl. I S. 908; vgl. hierzu *Grünewald*, Arbeiter-Versorgung 1940, S. 253 ff.; *Frauendörfer*, RArbBl. V 1941, S. 68 ff., 93 ff., 94.

[19] V. 4.8.1941, RGBl. I S. 486.

[20] Verordnung über die Beschäftigung von Juden v. 3.10.1941, RGBl. I S. 675; § 20 Durchführungs-VO v. 31.10.1941, RGBl. I S. 681; hierzu *Küppers*, RArbBl. 1941, S. V 569 ff., 573; vgl. ferner *Kirchberger*, Die Stellung der Juden in der deutschen Rentenversicherung, in: Beiträge zur nationalsozialistischen Gesundheits- und Sozialpolitik, Bd. 5 (1983), S. 111 ff.; zur Vorenthaltung der Rentenzahlungen s.a. *Bonz*, ZSR 1991, S. 517 ff.

[21] Vgl. Anordnung über die Bekämpfung von Zigeunern v. 3.3.1942, RGBl. I S. 138; vgl. hierzu *Pawlita*, ZSR 1990, S. 427 ff., 456 f.

[22] Vgl. *Kirchberger*, a.a.O., S. 120 u. 123.

[23] Vgl. Erlaß v. 13.2.1940, RArbBl. II 1940, S. 131; Bekanntmachung über die Beitragspflicht der polnischen landwirtschaftlichen Arbeiter in der Invalidenversicherung v. 19.12.1942, RArbBl. II 1943, S. 27; *Timm*, RArbBl. V 1941, S. 609 ff., 616; ausführlich zur Entwicklung vgl. SG Hamburg, Urt. v. 18.7.1996 – S 9 J 594/95 –; s.a. Urt. v. 10.6.1994 – S 20 J 800/92 –. Nach Art. 6 § 23 I FANG wird für heimatlose Ausländer dennoch eine Nachversicherung fingiert, vgl. BSG, Urt. v. 18.9.1975 – 4 RJ 265/74 – SGb. 1976, 60 f.

[24] Dazu sogleich im Text.

[25] Vgl. *Herbert*, Fremdarbeiter, 2.Aufl., 1986; ders. (Hrsg.), Europa und der "Reichseinsatz", 1991.

wird neben der wegweisenden europäischen Bedeutung des "Arbeitseinsatzes" auf die Freiwilligkeit abgestellt. Bei Letsch, Ministerialrat im Arbeitsministerium, heißt es: "Der Einsatz der gewerblichen ausländischen Arbeitskräfte vollzieht sich nach dem Grundsatz der Freiwilligkeit. Irgend ein Zwang zur Arbeitsaufnahme im Reich wird – auch bei Kräften aus den besetzten Gebieten – nicht ausgeübt. ..., daß den ausländischen Kräften im Reich Arbeitsbedingungen und eine Behandlung gewährt werden, die Anreiz für die freiwillige Meldung weiterer Kräfte sind."[26]

Fremdarbeiter, "Ostarbeiter" nur eingeschränkt, erhalten so für die gesamte Dauer ihrer Tätigkeit, soweit sie nicht Konzentrationslagerhaft erlitten, eine Beitragszeit. Mit Frankreich, Luxemburg, den Niederlanden, Österreich, Jugoslawien und Polen sind Abkommen auch über diese Zeit geschlossen worden.[27]

Neben den "Ostarbeitern" und den polnischen Landarbeitern waren Konzentrationslagerhäftlinge von vornherein von jeglicher Sozialversicherung ausgeschlossen. Eine zeitgenössische Publizistik hierüber ist nicht zu finden, vermutlich auch deshalb, weil ihr Ausschluß selbstverständlich war. In juristischen Kategorien griff der Verfolgungsapparat hoheitlich zu und begründete mit der Konzentrationslagereinweisung ein Anstaltsverhältnis. Damit waren Beschäftigungsverhältnisse ausgeschlossen. Dies soll nun im einzelnen untersucht werden.

II. Der Ausschluß der "Ostarbeiter" bis zur Einführung der Versicherungspflicht

1. Die sozialrechtlichen Regelungen

Als "Ostarbeiter" definierten die nationalsozialistischen Machthaber die Angehörigen der ehemaligen Sowjetunion mit Ausnahme der baltischen Länder, der Emigranten vor dem Angriff auf die Sowjetunion sowie der Volksdeutschen. Im August 1944 waren über 2,1 Millionen sowjetische Zivilarbeiter im Deutschen Reich beschäftigt. Nach der Verordnung über die Besteuerung und die arbeitsrechtliche Behandlung der Arbeitskräfte aus den neu besetzten Ostgebieten (StVAOst) vom 20.1.42[28] standen diese, wie Juden und Sinti und Roma in einem "Beschäftigungsverhältnis eigener Art"(§ 7 Abs.1). Im Erlaßwege[29] dekretierte der Reichsarbeitsminister, daß diese Arbeitskräfte nicht der Reichsversicherung unterliegen. Der Ausschluß der Sozialversicherungspflicht ist im Gefolge der "Ostarbeitererlasse" zu sehen. Die Beschäftigung der Russen im Reich wurde nun zwar akzeptiert, sollte nach Herbert aber zur "Exemplifizierung einer nach

---

[26] *Letsch*, NS-Sozialpolitik 1941, S. 9 ff, 12 f.; s.a. *ders.*, RArbBl. V 1941, S. 42 ff., 44; *Timm*, a.a.O., S. 611 f.

[27] Vgl. BT-Drs. 10/6287, S.27 f.; *Hillen*, DRV 1987, S. 172 ff.; *Schuler*, Das internationale Sozialrecht der Bundesrepublik Deutschland, 1988, S. 560 ff.; zum dt.-niederl. Abkommen s. LSG Berlin, Urt. v. 13.1.1994 – L 8/10 An 137/91 –; EuGH, Urt. v. 28.4.1994 – C 305/92 –. Die neueren Leistungen der Bundesrepublik an verschiedene osteuropäische Staaten haben ausschließlich Entschädigungsfunktion und betreffen nicht die Sozialversicherung, vgl. *Küpper*, Osteuropa 1996, S. 639 ff.; *ders.*, ebd., S. 758 ff.

[28] RGBl. I S. 41; z.T. ersetzt durch die VO über die Einsatzbedingungen der Ostarbeiter v. 30.6.1942, RGBl. I S. 419; s. ferner Erlaß v. 29.7.1942, RArbBl. I S. 343; vgl. hierzu *Herbert*, Fremdarbeiter, S. 154 ff., zum Beschäftigungsumfang S. 271.

[29] Erlaß v. 4.3. 1942, RArbBl. II S. 167; vgl. ferner Erlaß v. 19.8.1942, ebd. S. 466; *Bogs*, RArbBl. II 1943, S. 165.

weltanschaulichen Prinzipien durchorganisierten Zwangsarbeit" werden.[30] Erst die Verordnung v. 25.3.1944[31], am "Beschäftigungsverhältnis eigener Art" festhaltend, führte im Zuge weiterer Verbesserungen[32] die Sozialversicherungspflicht ein.

2. Zur Entscheidung des Bundessozialgerichts aus dem Jahre 1995

Das Bundessozialgericht hat in seiner Entscheidung vom Mai 1995[33] die Auffassung vertreten, ein versicherungspflichtiges Beschäftigungsverhältnis habe, da dieses seit jeher auf freiwilliger Basis beruhe, nicht bestanden. Arbeitsverträge seien zwischen den "Ostarbeitern" und den Betrieben, denen sie zugewiesen waren, nicht geschlossen worden. Diesen reinen Zwangsverhältnissen habe jedes Element der Freiwilligkeit gefehlt. Dies ist eine im Vergleich zur Rechtsprechung des Bundesgerichtshofs erfreulich klare Diktion. Sie führt aber zunächst zur Ablehnung eines Beschäftigungsverhältnisses und damit der Möglichkeit einer Beitragszeit. Bereits hier wird deutlich, daß es in der Willkür des nationalsozialistischen Gesetzgebers lag, über das Vorliegen einer Beitragszeit zu entscheiden. Oder woher kam mit Einführung der Versicherungspflicht 1944 das Moment der "Freiwilligkeit"? Gleichfalls sind insbesondere polnische, der Versicherungspflicht unterliegende Arbeitskräfte nicht weniger zwangsweise verschleppt worden.

Der Hinweis des BSG auf das "besondere Beschäftigungsverhältnis eigener Art" soll das Vorliegen eines Nichtbeschäftigungsverhältnisses belegen. Dieses bestand, wie bereits ausgeführt, aber auch noch nach Einführung der Versicherungspflicht. Hier wird nun explizit die nationalsozialistische Terminologie aufgegriffen, ohne sich von ihr zu distanzieren oder wenigstens ihren zeitgenössischen Inhalt herauszuarbeiten. Immerhin verwendet der nationalsozialistische Gesetzgeber auch hier noch den Begriff des "Beschäftigungsverhältnisses". In dessen "eigener Art" spiegelte sich indessen weniger sein tatsächliches Zwangsmoment als vielmehr die Kulmination zusätzlicher Diskriminierung, die nicht zuletzt in der Nichtgeltung arbeitsschutzrechtlicher Bestimmungen lag. Das Beschäftigungsverhältnis "eigener Art" bei Polen, "Ostarbeitern", Juden und "Zigeunern" hatte lediglich die Funktion ideologischer Ausgrenzung. Es war "kein Arbeitsverhältnis im Sinne des heutigen deutschen Arbeitsrechts, also kein personenrechtliches Gemeinschaftsverhältnis, sondern ein schuldrechtlicher Austausch von Arbeitsleistung und Lohn."[34]

Soweit das BSG auf eine fehlende Regelung entsprechend der Fiktion der DienstpflichtVO verweist, hätte die Überlegung nahegelegen, ob eine solche Fiktion nicht durch Einzelakt, d.h. Verwaltungsakt zustande gekommen ist. Nach ihrer Ankunft in Deutschland wurden die "Fremdarbeiter" durch Vertreter des Arbeitsamtes den deutschen Arbeitgebern zugewiesen.[35] In dieser Zuweisung kann die Begründung des Ar-

---

[30] Vgl. *Herbert*, a.a.O., S. 157.
[31] § 11 Verordnung über die Einsatzbedingungen der Ostarbeiter v. 25.3.1944, RGBl. I S. 68; vgl. a. DurchführungsVO v. 26.3.1944, RGBl. I S. 70; Erlasse v. 22.4., 7. und 21.8.1944, RArbBl. II 1944, S. 96, 196 u. 225.
[32] Vgl. *Herbert*, Fremdarbeiter, S. 266 ff.
[33] SozR 3-2200 § 1251 Nr. 7.
[34] So *Hueck*, Deutsches Arbeitsrecht, 2. Aufl., 1944, S. 262; s. ferner *ders./Nipperdey/Dietz*, a.a.O., Rdnr. 20d, 31a–31h; *Küppers*, RArbBl. V 1941, S. 532 ff., 534.
[35] Vgl. *August*, Beiträge zur nationalsozialistischen Gesundheits- und Sozialpolitik 3 (1986), S. 109 ff.,

beitsverhältnisses, soweit man von den veränderten Verhältnissen unter dem Nationalsozialismus ausgeht, gesehen werden. Nach der Zuweisung an den Arbeitgeber war auch ein unmittelbarer staatlicher Zugriff nicht mehr gegeben.

Einen solchen Weg deutet das BSG in einer Entscheidung aus dem Jahre 1969[36] an. In Abgrenzung zur Arbeitspflicht der Kriegsgefangenen aufgrund eines öffentlich-rechtlichen Gewaltverhältnisses stellt es fest – nachdem es die Bestimmungen für "Ostarbeiter" referiert hat –, daß die ausländischen Arbeitskräfte nicht in einem öffentlich-rechtlichen Gewaltverhältnis gestanden hätten. Unter zweifelhaftem Hinweis auf die Not- und DienstpflichtVO fährt es fort: Sie waren, auch wenn sie zur Arbeit bei bestimmten Unternehmen verpflichtet worden seien, in ein Beschäftigungsverhältnis zu den Unternehmen getreten. Mit der Dienstverpflichtung sei durch einen Verwaltungsakt zwischen dem Verpflichteten und dem Unternehmer ein Arbeitsvertrag geschlossen worden. Der 13. Senat zitiert diese Entscheidung. Als Beleg für das Nichtzustandekommen einer versicherungspflichtigen Beschäftigung vor dem April 1944 ist sie jedoch untauglich.

Offensichtlich ist schließlich auch der bundesrepublikanische Gesetzgeber vom Vorliegen eines Beschäftigungsverhältnisses ausgegangen. Für heimatlose Ausländer, die in Deutschland verbliebenen displaced persons, führte er eine gesetzliche Nachversicherung ein. Sie gelten, sofern sie während des Krieges als ausländische Arbeitskräfte im Gebiet des Deutschen Reiches beschäftigt waren, als nachversichert für Zeiten, "in denen sie der Versicherungspflicht unterlegen hätten, wenn sie nicht als Ausländer von der Versicherungspflicht ausgenommen gewesen wären" (Art. 6 § 23 I 1 b) FANG). Diese Vorschrift soll gerade die den "Ostarbeitern" und jetzt heimatlosen Ausländern entstandenen Nachteile ausgleichen. Hiervon geht auch das BSG aus.[37] Grundlage der fiktiven Nachversicherung ist ein versicherungspflichtiges Beschäftigungsverhältnis. Dieses wird vorausgesetzt, nur die unterbliebene Beitragsentrichtung wird fingiert.

Das BSG wirft in seiner "Ostarbeiter"-Entscheidung noch die Frage auf, ob der damalige Ausschluß der "Ostarbeiter" von der deutschen Sozialversicherung unter dem Gesichtspunkt eines fundamentalen Verstoßes gegen die Prinzipien der Gerechtigkeit als von Anfang an nichtig anzusehen und insoweit doch vom Bestehen einer Rentenversicherungspflicht auszugehen sei, sah aber aus revisionsrechtlichen und urteilsökonomischen Gründen keine Veranlassung, diese Frage zu entscheiden. In einem obiter dictum am Ende der Entscheidung bejaht der 13. Senat dann doch die Nichtigkeit des Ausschlusses aus der Sozialversicherung, weil dieser erkennbar auf willkürlichen ideologischen Überlegungen beruht habe. Wenn dies auch im Widerspruch zu den Ausführungen zum Beschäftigungsverhältnis steht, so ist dies m.E. zutreffend. In Analogie zur DienstpflichtVO geht der 13. Senat ferner von einer Versicherungspflicht aus. In großzügiger Gesetzesauslegung müßte der 1942 als Siebzehnjährige von der Sowjetunion nach Deutschland verschleppten Klägerin ein Nachentrichtungsrecht zustehen.

---

114 ff.
[36] BSGE 29, 197, 199 f.
[37] Vgl. BSGE 68,283, 284; *Wagner*, SozVers. 1987, S. 233 ff. Nach *Schroeter*, Gesamtkommentar, Art. 6 § 23 FANG, Anm. 5 (Kommentierung Mai 1966), muß die Beschäftigung "an sich versicherungspflichtig" gewesen sein; LSG Nordrhein-Westfalen, *Breithaupt* 1966, 602, 604 f. sieht in der zwangsweisen Anhaltung zur Arbeitsleistung ebf. kein Hindernis für die Nachversicherung.

3. Die Möglichkeit zur Nachentrichtung von Beiträgen

Diesen Weg hat jetzt das Sozialgericht Hamburg in einer Entscheidung vom Mai 1996[38] beschritten. Die Klägerin wurde 19jährig im Juni 1942 zwangsweise aus der Ukraine nach Deutschland gebracht, wo sie bis Kriegsende in verschiedenen Fabriken arbeiten mußte. Das SG Hamburg begründet nochmals ausführlich, daß unter den Bedingungen des Nationalsozialismus ein versicherungspflichtiges Beschäftigungsverhältnis vorlag und der Ausschluß der Versicherungspflicht auf spezifisch nationalsozialistischen, ideologischen Überlegungen zur Minderwertigkeit der Völker der Sowjetunion besteht.

Nach den vorliegenden geschichtswissenschaftlichen Erkenntnissen, die im Urteil hinreichend berücksichtigt werden, scheint mir ein anderes Ergebnis nicht mehr haltbar zu sein. Für gangbar, aber nicht zwingend, weil nicht notwendig, halte ich den Weg der Nachentrichtung der Beiträge. Kann man von einem gewaltsam verschleppten "Fremdarbeiter" verlangen, daß er hierfür noch Beiträge nachentrichtet? Ich meine: nein! Unabhängig von der Frage, ob hier nicht § 12 WGSVG mit seiner Fiktion der Beitragsentrichtung anzuwenden ist, ist der "Fremdarbeiter" zuletzt für die fehlende Beitragsentrichtung verantwortlich. Durch sie ist ihm keinerlei materieller Vorteil zugeflossen. Die Lohnzahlung entsprach verordnungstechnisch der eines vergleichbaren deutschen Arbeiters. Bezahlt wurden aber nur tatsächlich geleistete Arbeitsstunden, also nicht bei Krankheit oder Unfall. Neben den Abzügen für Unterkunft und Verpflegung – teilweise bestand der "auszuzahlende Betrag" nur in "Lagergeld" – führten die hohe Lohnsteuer und die "Ostarbeiterabgabe" zu niedrigeren Löhnen. Dies lag in der Absicht der nationalsozialistischen Machthaber.[39]

Aus der Sicht des Betroffenen war es unerheblich, unter welcher Rechengröße sein Lohn dezimiert wurde. Die Vorenthaltung von Lohnbestandteilen war nur innerhalb des Staatsapparates von Bedeutung. Steuern und "Ostarbeiterabgabe" strich der Fiskus ein, Sozialversicherungsbeiträge die Versicherungsträger. In den somit zwangsweise als "Steuern" und "Ostarbeiterabgabe" einbehaltenen Beträgen ist ein Teil als abgeführter Sozialversicherungsbeitrag zu sehen. Dies ist zwar keine "wirksame Beitragsentrichtung" in unserem heutigen Sinne. Man muß aber wenigstens partiell die Fiktion aufgeben, als könnte in bruchloser Kontinuität, ergänzt um die wenigen Verfolgungstatbestände, die Unschuld der Sozialversicherung gerettet werden. Ich halte diesen behutsam rechtsfortbildenden Weg für wenigstens genauso systemkonform wie die Nachentrichtung, da gerade staatlicherseits, diskriminierend ein Ausschluß aus der Versichertengemeinschaft erfolgte. Dies ist auch staatlicherseits zu korrigieren. Die ganzen Gründe, die für eine wirksame und zeitnahe Beitragsentrichtung sprechen,[40] kommen hier deshalb nicht zum Tragen. Eine solche Beitragsnachentrichtung hat – soweit sie nicht als Ausgleich zwischen Fiskus und Versicherungsträger erfolgt – allenfalls Symbolcharakter von fraglichem Wert.

---

[38] Urt. v. 31.5.1996 – 20 J 873/94 –; Versicherungspflicht wird bereits bejaht von *Bergmann*, RzW 1979, S. 41 ff.; s.a. *ders.*, RzW 1966, S. 1 ff., 4; 1971, S. 101 ff., 103; *Tritschler*, BJ 1987, S. 132 f.
[39] Vgl. *Herbert*, Fremdarbeiter, S. 171 ff.
[40] Vgl. z.B. *Schulin*, Sozialrecht, 3. Aufl., 1989, Rdnr. 475.

4. Verfolgtenbegriff und "Fremdarbeiter"

Soweit man vom Unrechtscharakter des Ausschlusses von der Versicherungspflicht ausgeht, liegt eigentlich § 12 WGSVG[41] nahe. Hiernach gelten Zeiten als Pflichtbeitragszeiten, in denen ein Verfolgter eine rentenversicherungspflichtige Beschäftigung oder Tätigkeit ausgeübt hat, für die aus Verfolgungsgründen Beiträge nicht gezahlt sind. Hierbei handelt es sich um eine spezifisch wiedergutmachungsrechtliche Vorschrift. Für "Fremdarbeiter" ist diese Vorschrift ebenso wie der auf dem Verfolgungsbegriff aufbauende Ersatzzeitentatbestand vollständig aus dem Blick geraten. Wesentliche Vorarbeit hat hierfür die Rechtsprechung des BGH geleistet, die von den Sozialgerichten weitgehend unbesehen übernommen wurde. Verfolgter ist nur, wer aus den Verfolgungsgründen des §1 BEG verfolgt wurde. Damit beginnt, wie es der Verfolgten-Anwalt und Entschädigungsrechts-Experte Otto Küster einmal treffend formulierte, die "Sortierarbeit im Unflat der Motive", die von sich zu weisen die Indignationskraft unserer Richter leider nicht ausgereicht habe.[42]

Eine fast lückenlose Rechtsprechung des BGH,[43] nach der im wesentlichen nur katholische Priester aus Polen als vollanspruchsberechtigte Verfolgte nach § 1 BEG anerkannt werden konnten, verneinte rassische Verfolgungsgründe für nichtjüdische Angehörige der osteuropäischen Staaten. Rassenpolitische Erwägungen waren dafür nicht ausreichend. Maßstab sollten allein die Nürnberger Gesetze vom September 1935 sein. Nur Juden und mit Brüchen "Zigeuner" wurden als aus rassischen Gründen Verfolgte anerkannt. Diese, auf die unterschiedliche Verfolgungspraxis und den Völkermord reagierende Zuordnung entfaltete ihre Ausschlußfunktion erst im Zusammenhang mit den "politischen Gründen". Ausländischen Verfolgten wurde definitorisch eine "politische" Gegnerschaft zum "Nationalsozialismus" abgesprochen. Ihr Handeln war bestenfalls von einem davon strikt zu trennenden "Nationalbewußtsein" bestimmt, das nur gegen "Deutschland" gerichtet sein konnte. Jeder Widerstand, ob aktiv oder passiv, mit Waffen oder gewaltfrei, galt als "Kampf gegen Deutschland schlechthin". Die maßgebliche Verfolgermotivation war nicht politisch bedingt, sondern diente der "Sicherung der militärischen Ordnung", war "militärischen Gründen" oder "militärischen Notwendigkeiten" geschuldet, diente der Bekämpfung einer "grundsätzlichen Widersetzlichkeit gegen die Anordnung der Besatzungsmächte" oder war, in bezug auf Zwangsarbeit, Ausdruck einer "allgemeinen Verschleppungsaktion".

Dieser Rechtsprechung des BGH hat sich das BSG[44] angeschlossen. 1975 vernein-

---

[41] I.d.F.d. RRG 1992; diese Regelung entspricht dem früheren § 14 II 1 WGSVG; zur Entwicklung s. *Finke*, in: Die Wiedergutmachung nationalsozialistischen Unrechts durch die Bundesrepublik Deutschland, Bd. VI, 1987, S. 305 ff.; *Pawlita*, a.a.O., S. 432 ff.
[42] *Küster*, Probleme der Leistungsverwaltung, 1965, S. 8.
[43] Vgl. zum folgenden *Pawlita*, "Wiedergutmachung" als Rechtsfrage?, 1993, S. 332 ff.
[44] BSG SozR 2200 § 1251 Nr. 14; daran anschließend BayLSG, Urt. v. 15.12.1988 – L 7 Ar 666/88 –; LSG Nordrhein-Westfalen, Urt. v. 22.5.1991 – L 8 J 116/91 (Vorinstanz zur "Ostarbeiter"-Entscheidung des BSG); vgl. a. *Friedrichs*, SGb. 1976, S. 81 ff.; SG Hamburg, Urt. v. 3.2.1987 – 18 J 1561/84 – verneint politische Verfolgungsgründe, weil die Verhängung von Schutzhaft und die Einweisung in ein sog. Arbeitserziehungslager nur der Zwangsrekrutierung von Arbeitskräften für bestimmte Projekte gedient habe, sieht hierin aber ein menschenunwürdiges Unrecht, für das die Schaffung eines Ersatzzeitentatbestandes seitens des Gesetzgebers nahelege; im Urt. des BSG v. 25.6.1987 – 5b RJ 30/86 – wird die Vorinstanz immerhin verpflichtet, Feststellungen darüber zu treffen, aus welchem Grunde der Kl. 1942 in Polen von der Gestapo verhaftet und zur Zwangsarbeit

te es rassische Gründe, weil die nationalsozialistische Ideologie noch die Artverwandtschaft der Polen mit den Deutschen zugelassen habe. Unter ausführlichem Rückgriff auf die Entstehungsgeschichte des Entschädigungsrechts mit seiner Unterscheidung in Verfolgte und Nationalgeschädigte hält das BSG mit seiner bereits erwähnten Entscheidung aus dem Jahre 1995 an dieser Rechtsprechung fest. Als Ergebnis formulierte der 13. Senat, daß die Annahme der rassischen Verfolgung der gesetzgeberischen Konzeption zuwiderlaufen würde. Die von der Ausgangsinstanz zitierten historischen Quellen belegten nur, daß bei den nationalsozialistischen Machthabern Tendenzen bestanden hätten, auch slawische Völker, insbesondere die Völker der Sowjetunion zu vernichten. Nur hätten sich diese Tendenzen in der tatsächlichen Handlungsweise des nationalsozialistischen Staates bis zu dessen Zusammenbruch nicht durchsetzen können. Wie zuvor sieht das BSG nach den tatsächlichen Anhaltspunkten keine Veranlassung, politische Verfolgungsgründe näher zu prüfen. Allenfalls sei die Klägerin als Nationalgeschädigte anzusehen. Für diese sei aber nach dem Wortlaut eine Ersatzzeit ausgeschlossen.

Bei der Auslegung des Begriffs "Nationalgeschädigter" scheint das BSG großzügiger zu verfahren. Dies liegt daran, daß dieser Begriff sozialrechtlich ohne jede Bedeutung ist und letztlich nicht entscheidungserheblich ausgelegt werden mußte. Insoweit verkennt das BSG die restriktive Handhabung durch den BGH. Analysiert man dessen Entscheidungen hierzu,[45] so wurden osteuropäische Zwangsarbeiter nur in Ausnahmefällen als "Nationalgeschädigte" anerkannt. Fremdarbeiterdeportationen erfolgten allein aus "kriegswirtschaftlichen Gründen" und dienten "in erster Linie und vorwiegend der Beseitigung des kriegsbedingten Mangels an Arbeitskräften". Als schädigende Maßnahmen kamen daher nur Transport, allgemeine Lebensbedingungen und die Behandlung der Zwangsarbeiter in Betracht. Im Ergebnis bedeutete dies eine Aufspaltung des einheitlichen Verfolgungsschicksals "Zwangsarbeit". Die Abspaltung des Verschleppungsvorgangs als "kriegswirtschaftliche" Maßnahme "normalisierte" auch den Arbeitsvorgang selbst. Entschädigungsansprüche wurden so überwiegend abgelehnt und kamen nur in Einzelfällen mit dem Charakter von "Exzeßtaten" – Alte, Kranke, Kinder – in Betracht.

Auch das BSG verneint so für "Ostarbeiter" einen Ersatzzeitentatbestand. Wesentlich stellt es hierbei auf den weiteren Begriff des "Nationalgeschädigten" ab. Diese Auffassung kann man so vertreten. Der Begriff des Nationalgeschädigten ist aber keine Vorgabe der Alliierten im Überleitungsvertrag, der dann ab 1953 in die Bundesgesetze übernommen wurde. Es handelte sich vielmehr um eine zäh ausgehandelte Vereinbarung, der die alliierte Kritik an der spezifisch bundesrepublikanischen Sicht des Begriffs der politischen Verfolgung zugrunde lag.[46] Neben dem sog. Territorialitätsprinzip diente diese Sichtweise vor allem dem Ausschluß der Ansprüche ausländischer Verfolgter und ermöglichte ein Kontinuitätsdenken über die politischen Epochen hinweg, wie der Ausschluß weiterer Verfolgtengruppen, z.B. der sog. Wehrkraftzersetzer zeigt.[47] In der tatbestandlichen Übernahme samt Auslegungspraxis wurde diese Aus-

---

nach Deutschland verbracht worden war.
[45] Vgl. *Pawlita*, a.a.O., S. 352 ff.
[46] Vgl. *Goschler*, Wiedergutmachung, 1992, S. 241 ff.; s.a. *Pawlita*, a.a.O., S. 257 ff., 307 ff. u. 317 ff.
[47] Vgl. *Pawlita*, a.a.O., S. 372 ff.

schlußfunktion rentenrechtlich verlängert. Nur die deutsche Staatsangehörigkeit oder die deutsche Volkszugehörigkeit soll die Beziehung zu den politischen Verhältnissen in Deutschland herstellen und so überhaupt erst eine politische Verfolgung ermöglichen.[48] Von Bedeutung wurde dies vor allem für Konzentrationslagerhäftlinge.

Soweit man nunmehr aber anerkennt, daß der Ausschluß der Versicherungspflicht der "Ostarbeiter" nationalsozialistisches Unrecht war, wird die Verneinung von Verfolgungsgründen erschwert. Der BGH hat bisher, wie gezeigt, den Unrechtscharakter der Fremdarbeiterdeportationen verneint. Der 13. Senat vermeidet einen expliziten Rückgriff auf Begriffe wie "rassisch" oder "rassenpolitisch". Klarer ist hier das Urteil des SG Hamburg, das den Unrechtscharakter in den "völkisch-rassischen Vorstellungen über die Minderwertigkeit der Völker der Sowjetunion" verortet.[49] Geht man so weit, dann ist eigentlich eine Auseinandersetzung mit der Rechtsprechung des BGH unausweichlich, wonach die Verfolgungsgründe nur mitursächlich, nicht ausschließliche Ursache für die Verfolgung sein müßten.[50]

Die Anwendung des § 12 WGSVG auf "Ostarbeiter" hätte eine weitere Hürde zu nehmen. Wiederholt hat das BSG die Auffassung vertreten, es müsse sich um eine konkrete und individuelle Verfolgung des Beschäftigten selbst oder seines Arbeitgebers gehandelt haben. Der allgemeine Verfolgungsdruck der damaligen Zeit gegen jüdische Mitbürger reiche nicht aus. Übertragen auf die "Ostarbeiter" könnte man schlußfolgern, daß der allgemeine Verfolgungsdruck, wie er sich u.a. in der Verneinung einer Versicherungspflicht im Wege der allgemeinen Verordnungstätigkeit gezeigt habe, nicht ausreichend ist.[51]

Wenn auch die Entscheidung des 13. Senats in Begründung und Ergebnis nicht befriedigt, so wird darin doch erstmals der Unrechtscharakter des "Ostarbeitereinsatzes" einschließlich ihres Ausschlusses aus der Sozialversicherung anerkannt. Er wendet ferner einige Mühe auf, sein Ergebnis verfassungsrechtlich zu halten.

III. Zeiten im Konzentrationslager und im Getto

Zeiten im Konzentrationslager oder im Getto werden nach der bisherigen sozialgerichtlichen Rechtsprechung allenfalls als Ersatzzeitentatbestände erfaßt. Dies gilt auch dann, wenn die Häftlinge Erwerbsarbeit außerhalb des Lagers leisten mußten. Ab 1942 wurden die Häftlinge vermehrt in der Wirtschaft eingesetzt und das Lagersystem begann, sich bei steigenden Häftlingszahlen mit seinen Nebenstellen flächendeckend auch im deutschen Reich auszubreiten. 95% der Häftlinge waren nichtdeutscher Herkunft, Russen, Polen und Juden stellten den stärksten Anteil.[52] Bei ausländischer Herkunft wurde ein Verfolgungstatbestand fast durchweg verneint, da KZ-Haft allein hierfür nicht als ausreichend angesehen wird.[53] Bei Juden als rassisch Verfolgten wurde der

---

[48] So *Klattenhoff*, in: *Hauck/Haines*, Sozialgesetzbuch, § 250 SGB VI, Rdnr. 250.
[49] SG Hamburg (Fn. 32), S. 22.
[50] BGH RzW 75, 264, 265 m.w.Nw. ("genügt die einfache Mitwirkung von Verfolgungsgesichtspunkten bei den Entschlüssen des Verfolgers"); aufgenommen in BSG SozR 2200 § 1251 Nr. 130.
[51] BSG SozR 5070 § 14 Nr. 1 u. 15; z.T. weitergehend aber BSG a.a.O. Nr. 4.
[52] Vgl. *Broszat*, Der Staat Hitlers, 7. Aufl., 1978, S. 379; s.a. *Pingel*, Häftlinge unter SS-Herrschaft, 1978; *Fröbe u.a.*, Konzentrationslager in Hannover, 1985.
[53] Vgl. z.B. BGH RzW 1958, 182; zur Entscheidungspraxis des BSG s. neben den in Fn. 43 u. 49

Begriff des Beschäftigungsverhältnisses oder das Versicherungsprinzip in Form des sog. Brückentatbestandes funktionalisiert. Nur für Versicherte, die also vor oder nach ihrer Verfolgung in einem letztlich regulären Beschäftigungsverhältnis standen, ist der Ersatzzeitentatbestand, den KZ-Haft unzweifelhaft erfüllt, von Nutzen. Damit werden weitgehend nur deutsche Verfolgte erfaßt oder solche Verfolgte, die in Deutschland verblieben sind.

1. Die Rechtsprechung des Bundessozialgerichts

Jedenfalls soweit Erwerbstatbestände erfüllt wurden, ist dies sozialrechtlich nicht nachvollziehbar. Die Häftlinge arbeiteten zwar unter elenden Zwangsverhältnissen, verrichteten aber im Ergebnis – auch volkswirtschaftlich – Erwerbsarbeit. Es ist verständlich, daß sie abseits des Entschädigungsrechts nicht nur ihren vorenthaltenen Lohn einzuklagen versuchen,[54] sondern auch Beitragszeiten geltend machen. Das sozialversicherungsrechtliche Territorialitätsprinzip kommt ihnen insoweit entgegen, als die Beitragszeit allein auf den Umstand der abhängigen Beschäftigung abstellt. Herkunft und Staatsangehörigkeit sind grundsätzlich unbeachtlich. Es versteht sich von selbst, daß das nationalsozialistische Sozialversicherungssystem hier eine Lücke gelassen hat. Für einen Großteil der Häftlinge führte diese Arbeit zum beabsichtigten Tod. Das Beitragsrecht ist in diesen Fällen ohne Bedeutung.

Diese Lücke kann an und für sich nur durch § 12 WGSVG geschlossen werden.

Hier taucht erneut der Begriff der "rentenversicherungsrechtlichen Beschäftigung" auf. Ist dieser Begriff identisch mit dem allgemeinen beitragsrechtlichen Begriff des Beschäftigungsverhältnisses? Immer wieder wird zutreffend betont, die rentenversicherungsrechtlichen Wiedergutmachungsregeln gehörten zwar gesetzestechnisch dem Sozialversicherungsrecht an, seien aber nach Inhalt und Zweck eine Materie des Wiedergutmachungsrechts, was das BSG auf die Formel brachte, im gesamten Entschädigungsrecht gebühre dem Prinzip der Wiedergutmachung der Vorrang vor formalen Bedenken, weshalb eine eben noch mögliche Lösung bevorzugt werden müsse, die dazu führe, das verursachte Unrecht so weit wie möglich auszugleichen.[55]

Wiederholt hat das BSG aber schon früher festgestellt, daß sich der Begriff der "rentenversicherungsrechtlichen Beschäftigung" nicht von dem entsprechenden Begriff in der Reichsversicherungsordnung unterscheide.[56] In einer Entscheidung aus dem Jahre 1974 führte das BSG auf die Klage einer im August 1944 von der Gestapo aus den Niederlanden in ein Konzentrationslager verbrachten Jüdin, die dann innerhalb und außerhalb des Lagers Zwangsarbeiten verrichten mußte, weiter aus, der Umstand, daß die gesamte Arbeitsleistung aufgrund eines öffentlich-rechtlichen Gewaltverhältnisses erbracht werde, schließe ein Beschäftigungsverhältnis grundsätzlich aus. Es müsse eine Entlohnung gewährt werden, die der Beschäftigten selbst zufließe. Es komme nicht

---

genannten Entscheidungen weiter Urt. v. 27.2.1991 – 5 RJ 85/89 –.
[54] Vgl. *Pawlita*, a.a.O., S. 386 ff.; zu neueren Versuchen s. *Randelzhofer/Dörr*, Entschädigung für Zwangsarbeit, 1994; *Heß*, JZ 1993, S. 606 ff.; *Schröder*, Jura 1994, S. 61 ff. u. 118 ff.; BVerfG, Beschluß v. 13.5.1996 – 2 BvL 33/93 –.
[55] BSGE 13, 67, 71; ähnl. bereits BGH RzW 1955, 55,57; vgl. a. BSG SozR 5070 § 9 Nr. 7.
[56] BSG SozR 5070 § 14 Nr. 4; 10; 13; 15; 16; zum Ausschluß zuvor freiwillig Versicherter s. bereits BSG SozR VerfolgtenG Allg. Nr. 14.

darauf an, daß aus Verfolgungsgründen eine Arbeit geleistet worden sei, sondern vielmehr darauf, daß eine an sich rentenversicherungspflichtige Beschäftigung vorgelegen habe und daß lediglich eine Beitragsentrichtung aus Verfolgungsgründen unterblieben sei.[57] Im Jahre 1979 bestätigte das BSG seine Rechtsauffassung für Zwangsarbeit in einem Getto. Es schloß ausdrücklich aus, daß eine Gesetzeslücke vorliege, da ein Ersatzzeitentatbestand gegeben sei.[58]

Diese Rechtsprechung, die auf der Gefangenen-Entscheidung[59] aufbaut, kann sich zur Legitimation auf ein tradiertes Verständnis des Beschäftigungsverhältnisses berufen. Nur Arbeit, die der Sicherung der Lebensgrundlage dient, ist Arbeit im Sinne einer Beschäftigung. Sie erfolgt aufgrund eines Austauschvertrages, also freiwillig. Arbeit wird gegen Entgelt geleistet. Arbeit in Anstaltsverhältnissen dient nicht dem Ziel der Erwerbsarbeit.

2. Zur Kritik des "Beschäftigungsverhältnisses"

Dieser Beschäftigungsbegriff kann aber nur für halbwegs zivilisierte Gesellschaften von Bedeutung sein. Wer hier in staatliche Obhut gerät, unterliegt als Äquivalent zum sozialversicherungsrechtlichen Schutz einer staatlichen Fürsorge. Die Begründung des Anstaltsverhältnisses erfolgt auf gesetzlicher Grundlage. Arbeit, die hier geleistet wird, muß nicht sozialversicherungspflichtig sein. Im einzelnen sozialrechtlich umstritten ist dies hinnehmbar, weil Arbeit in dieser Form nur als Ausnahme erfolgt. Dies wird dann problematisch, wenn der Staat Erwerbsarbeit massenhaft in Zwangsverhältnissen organisiert. Damit entzieht er dem Sozialversicherungsrecht seine Grundlage; jedenfalls solange, als er nicht Beitragszeiten fingiert. Nun war auch gegen Kriegsende die Arbeit in Konzentrationslagerhaft nicht zur Regelform geworden, sie trat aber als Massenphänomen auf und diente, im Gegensatz zu den ersten Jahren, dem Ersatz fehlender regulärer Arbeitskräfte. Für den Häftling war sie von noch elementarerer Bedeutung. Sie diente nicht der Lebensgrundlage, sondern dem Erhalt des Lebens schlechthin. Die Verfolgung nimmt der in dieser Form geleisteten Arbeit Freiwilligkeit und Entgeltfunktion. Diese Kriterien werden somit untauglich für die Beurteilung des Beschäftigungsverhältnisses. Anhand der rentenrechtlichen Systematik kann allenfalls die Frage gestellt werden, ob der Konzentrationslagerhäftling eine Tätigkeit verrichtet hat, die in zivilisierten Gesellschaften von freien Arbeitskräften verrichtet wird.

Die sozialgerichtliche Rechtsprechung übernimmt nun die nationalsozialistische Ausgrenzung aus der Versichertengemeinschaft. Diese erfolgte durch die KZ-Haft, der Begründung eines öffentlich-rechtlichen Gewaltverhältnisses. Zwangsarbeit als KZ-Häftling kann keine reguläre und keine fingierte Beitragszeit begründen. Das ist systemwidrig und ungerecht. Im übrigen war es für den Betroffenen oft rein zufällig, ob er als versicherter "Fremdarbeiter" oder als KZ-Häftling arbeiten mußte.[60]

---

[57] BSGE 38, 245; ähnl. für das Unfallrecht bereits LSG Mainz RzW 1974, 283.
[58] BSG SozR 5070 § 14 Nr. 9; aus der Instanzenpraxis vgl. z.B. SG Frankfurt a.M., Urt. v. 19.3.1997 – S 17 J 1831/95 –.
[59] BSGE 27, 197; zu Erweiterungen nach dem Strafvollzugsgesetz vgl. BSGE 48, 129. Ein Anstaltsverhältnis allein schließt eine Versicherungspflicht nicht aus, vgl. BSGE 18,246; 39, 104; zur Bestimmtheit des Begriffs der Beschäftigung s. BVerfG (2. Ka. d. 1. Sen.), NZA 1996, 1063.
[60] Vgl. *Pingel*, in: *Eiber* (Hrsg.), Verfolgung, Ausbeutung, Vernichtung, 1985, S. 24; *ders.*, in: *Dlugoborski* (Hrsg.), Zweiter Weltkrieg und sozialer Wandel, 1981, S. 159.

3. Weitere Kritik der Rechtsprechung

Die Systemwidrigkeit wird durch den Ersatzzeitentatbestand nicht beseitigt. Ein solcher wird nur anerkannt, wenn, trotz aller Verbesserungen über die Jahre hinweg durch den Gesetzgeber, eine Vor- oder Nachversicherung besteht. Für deportierte ausländische Verfolgte ist dies in der Regel nicht der Fall. Ein solcher "Brückenbeitrag" kann zwar grundsätzlich durch § 12 WGSVG erlangt werden.[61] Jüdische Verfolgte aus dem Ausland sind aber ohne Zeiten außerhalb des Konzentrationslagers, nichtjüdische Verfolgte könnten z.T. auf eine Beitragszeit als "Fremdarbeiter" zurückgreifen, werden aber nicht als Verfolgte i.S.d. § 1 BEG anerkannt.

Eine Entschädigung auf andere Weise erfolgt nicht. Das Entschädigungsrecht erfaßt keine sozialversicherungsrechtlichen Schäden (§ 5 Abs. 1 BEG). Diese können nur nach den sozialversicherungsrechtlichen Wiedergutmachungsvorschriften geltend gemacht werden (§ 138 BEG).

Der Ersatzzeitentatbestand deckt Krankheit, Arbeitslosigkeit und Auslandsaufenthalt sowie die Zeiten des Freiheitsentzugs ab. Den sozialversicherungsrechtlichen Grundtatbestand der Arbeit bzw. Beschäftigung erfaßt er nicht. Sozialversicherungsrechtlich können Beitrags- und Ersatzzeit nebeneinander bestehen. Die Beitragszeit geht dann kraft Gesetz der Ersatzzeit vor.[62]

Der Hinweis in der Rechtsprechung des BSG auf Wortlaut und Entstehungsgeschichte der Wiedergutmachungsvorschriften ist nicht zwingend, wenn man "Arbeitsverhältnis" i.S.d. § 4 Abs. 5 NVG 1949 und das daran anschließende Beschäftigungsverhältnis nach § 12 WGSVG im oben dargelegten Sinne interpretiert. Dies mag noch für das NVG 1949 gelten, das aus der Schicht der ersten Wiedergutmachungsgesetze der Länder stammt. Mit § 14 WGSVG 1970 hat der Gesetzgeber aber § 4 Abs. 5 NVG 1949 erweitert. Eine Verfolgungszeit konnte nun erstmals ein Versicherungsverhältnis begründen. Nach der Gesetzesbegründung der Bundesregierung wurde die Regelung geschaffen, um die beschäftigten Verfolgten einzubeziehen, für die keine Beiträge abgeführt worden seien, um den Verfolgten und seinen Arbeitgeber nicht zu gefährden.[63] Diese enge Sichtweise hat sich allerdings im Wortlaut nicht niedergeschlagen. Der Gesetzgeber hat sich zwar ersichtlich nicht bemüht, die Arbeit der Konzentrationslagerhäftlinge wieder in das Beitragsrecht zu integrieren. Mit der Schaffung des WGSVG hat er diese Möglichkeit aber nicht verschlossen. Allein vom versicherungsrechtlichen Schadensbegriff her ist eine Einbeziehung ebenfalls gerechtfertigt. Ohne verfolgungsbedingte Zwangsverhältnisse liegt ein Beschäftigungsverhältnis vor.[64] Der

---

[61] Vgl. BSG SozR 5070 § 14 Nr. 1; 4; 8; 9; 15; anders n.d. NVG 1949, vgl. *Penquitt*, Wege zur Sozialversicherung 1949, S. 302 ff., 304; *Finke*, a.a.O., S. 312 u. 315; BSG SozR VerfolgtenG Allg Nr. 10; seinerzeit a.A. *Ehrig*, Urteilsanmerkung, RzW 1963, S. 46 f.; zur Verfassungsmässigkeit des "Brückenbeitrags" s. BVerfG SozR 5750 Art. 2 § 9a Nr. 8; 5070 § 10a Nr. 8; s.a. EuGH SozR 6050 Art. 4 Nr. 12.

[62] Vgl. bereits den Wortlaut d. § 250 I SGB VI u. d. Kommentarliteratur.

[63] Vgl. BT-Drs. 6/715, S. 11 (zu § 13 I).

[64] Der Gesetzeszweck, die Gleichstellung der Verfolgten mit denjenigen zu erreichen, die - anstatt eine Verfolgung zu erleiden - eine rentenversicherungspflichtige Beschäftigung ausgeübt haben (BSG RzW 1961, 93, 94), wird allerdings nur auf einen ganz engen Schadensbegriff angewandt. Nur der Schaden, der aus der Nichtzahlung der Pflichtbeiträge entstanden ist, gilt als ausgleichspflichtig; so fällt auch das verfolgungsbedingte Ausweichen auf eine nicht rentenversicherungspflichtige Beschäftigung aus diesem Schadensbegriff heraus, vgl. BSG SozR 5070 § 14 Nr. 16

Schaden besteht somit in der Lücke in der Versicherungsbiographie, da ein anderer Staat diesen grundsätzlich nicht auszugleichen hat. Die Legitimation des fortbestehenden Ausschlusses haben somit in erster Linie die Gerichte zu verantworten.

4. Anderer methodischer Ansatz in der fremdrentenrechtlichen Rechtsprechung

Im Gegensatz zur wiedergutmachungsrechtlichen Rechtsprechung berücksichtigt die fremdrentenrechtliche Rechtsprechung des BSG stärker die historischen Verhältnisse. Bei einem in der DDR zu Strafhaft Verurteilten erkannte das BSG ein Beschäftigungsverhältnis an. Der Kläger war in einem Gefangenenlager untergebracht, von dem aus er mit den anderen Gefangenen gemeinsam unter Bewachung zur Arbeit und zur Unterkunft transportiert wurde. Ausbezahlt wurde ihm nur ein Restlohn nach Anrechnung der Haftkosten, des Familienunterhalts und eines Sparbetrags für die Haftentlassung. In der Begründung stellte das BSG darauf ab, daß die Arbeit nur mit seinem gesetzlich gewährleisteten Einverständnis und die Entlohnung nach Tarif unter Abführung von Sozialversicherungsbeiträgen erfolgt sei. Die Beschäftigungsweise sei aus "der Eigenart der Strafvollzugsverhältnisse in der SBZ" zu erklären.[65]

Für eine weitere Klägerin, die 1945/46 in Schlesien von der polnisch-russischen Besatzungsmacht über das Arbeitsamt zu Reinigungs- und Küchenarbeiten bei der Besatzungsmacht ohne jede Gegenleistung verpflichtet worden war, erkannte das Gericht eine Regelungslücke. § 16 FRG ziele auf die Wiedergutmachung eines durch die Nichtversicherung von Beschäftigten erlittenen Schadens. Verglichen mit den unversicherten, aber immerhin entgeltlichen Beschäftigungsverhältnissen sei die "Diskriminierung" bei den unentgeltlichen eher noch stärker und die Wiedergutmachung um so dringender. Hier wie dort seien die Betroffenen durch die Nichtversicherung zu Schaden gekommen. Wenn die Wortfassung solche unentgeltlichen Beschäftigungsverhältnisse ausschließe, müßten sie so behandelt werden, als ob das sonst übliche Entgelt gewährt worden sei.[66]

Der 8. Senat des BSG entschied 1993 in einem dritten Fall, daß während des Zweiten Weltkriegs innerhalb der Sowjetunion zwangsumgesiedelte deutsche Volkszugehörige trotz der Auswirkungen des sog. Stalindekrets von 1941 in einem freien Arbeitsverhältnis gestanden hätten. Danach habe die Pflicht zum Arbeitseinsatz mit einer Beschränkung der freien Berufs- und Arbeitsplatzwahl, zwangsweisen Umsetzung der Arbeiter von einem Betrieb oder Bezirk in einen anderen, Ausschluß eines Kündigungsrechts sowie mit Strafen wegen Verletzung der Arbeitsdisziplin oder Bruchs des Arbeitsvertrags bestanden. Der 8. Senat ließ es offen, ob von einem besonderen Gewaltverhältnis gesprochen werden könne. Da eine Vielzahl der Aussiedler wie der Kläger ähnlichen Zwangsmaßnahmen ausgesetzt worden sei, könnten sie dann jedenfalls keine Leistungen erhalten. Abzustellen sei daher nicht auf die allgemeine Lebenssituation. Vielmehr sei das Arbeitsverhältnis als solches und für sich daraufhin zu unter-

---

m.w.Nw.; VDR-Kommentar, § 12 WGSVG, Rdnr. 1 u. 4; z.T. anders für das Recht auf Nachentrichtung von Beiträgen BSG a.a.O. § 10 Nr. 11 m.w.Nw.; weitergehend a. BSG SozR § 1251 RVO Nr. 12.
[65] BSGE 12, 71; Kritik bei *Rösener*, BG 1960, S. 407 ff.
[66] BSGE 25, 217; zur rechtsgedanklichen Aufnahme in der wiedergutmachungsrechtlichen Verwaltungspraxis s. u. (Fn. 75).

suchen, ob es "frei" gewesen sei. Wegen der Einordnung in den Betrieb der Arbeitgeberin, fehlende Weisungsbefugnis von außen und üblicher Gegenleistung für den gewöhnlichen Lohn habe so der notwendige freie Austausch von Lohn und Arbeit vorgelegen.[67]

Entscheidend an dieser Rechtsprechung ist weniger der Umstand von Arbeitsverpflichtung oder Zwangsarbeit, sondern die methodische Vorgehensweise. Auch wenn der Gesetzgeber mit Begrifflichkeiten der bundesrepublikanischen Friedenslage operiert, muß der historische Tatbestand ausreichend erfaßt und gegebenenfalls zu Modifikationen in der Begriffsbildung führen, evtl. zur Rechtsfortbildung. Die Abstraktion der Begriffsbildung muß noch in der Lage sein, die tatsächlichen Verhältnisse zu erfassen.

5. Rechtliche Konstruktion eines "Beschäftigungsverhältnisses"

Folgt man der hier vorgeschlagenen Rechtsauslegung zu § 12 WGSVG nicht, so liegt, wie dargelegt, eine Gesetzeslücke vor. Der Gesetzgeber hat offensichtlich die Arbeit im KZ nicht berücksichtigt. Eine rechtsfortbildende Lückenschließung hat er nicht verboten. Mit dem Friedensrecht des BGB und Sozialrechts kann das Dreiecksverhältnis zwischen SS, Häftling und Arbeitgeber nicht adäquat erfaßt werden. Man könnte aber auch hier in der Zuweisung eines Häftlings durch die SS ein Arbeitsverhältnis zwischen Arbeitgeber und Häftling im reduzierten Sinne konstruieren, wobei die Lohnzahlung, die unter Berücksichtigung dessen fachlicher Qualifikation erfolgte, durch die unbeachtliche Vereinbarung zwischen SS und Arbeitgeber dem Häftling vorenthalten wurde. "Beschäftigungsverhältnis" bedeutet dann nur noch das, was es war, nämlich ein tatsächliches, von rechtlichen Friktionen befreites reines Machtverhältnis, das innerhalb des Arbeitsprozesses vor Ort dem Arbeitgeber die Direktionsbefugnis gab. Wo die Rechtsordnung sich auflöst und nackte Gewalt an ihre Stelle tritt, sind rechtsstaatliche Begriffe im heutigen Sinn als Rechtsbegriffe zur Erfassung der Wirklichkeit untauglich.

IV. Zur Auseinandersetzung um die Zeiten im Getto Lodz.

Verschiedene Entscheidungen erstinstanzlicher Sozialgerichte haben jüngst unter Auswertung des vom SG Berlin veranlaßten Gutachtens des Historikers Bodek[68] die rentenrechtliche Bewertung von im Getto Lodz zurückgelegter Zeiten problematisiert. Das Getto in Lodz war im Frühjahr 1940 errichtet worden und mit zeitweise über 160.000 Bewohnern das erste und neben Warschau das größte im besetzten Europa. Insgesamt lebten in den viereinhalb Jahren seines Bestehens über 200.000 Juden im Getto. Davon blieb etwa ein Drittel bei der Liquidierung des Gettos übrig, ein wesentlich höherer Prozentsatz als bei den übrigen Gettos. Bis auf wenige Ausnahmen wurden diese Juden nach Auschwitz-Birkenau im August 1944 deportiert. Ihr weiteres Schicksal verliert

---

[67] BSG SozR 3-5050 § 5 Nr. 1; anders BayLSG Breithaupt 1973, 247.
[68] Gutachten v. 15.12.1994 (im Verfahren SG Berlin - S 8 An 494/92 -); zum Folgendem vgl. weiter "Unser einziger Weg ist Arbeit". Das Getto in Lodz 1940-1944, 1990; Gutachten des Rechnungshofs über das Getto Lodz, in: Beiträge zur nationalsozialistischen Gesundheits- und Sozialpolitik, Bd. 9 (1991), S. 39 ff.; zur wirtschaftlichen Bedeutung s. bereits *Brauer*, RArbBl. V 1941, S.274 ff.

sich dort und in einigen anderen Konzentrationslagern. Organisatorisch lag die Verwaltung in den Händen der Stadt, die sie im Auftrag des Reiches in der Form etwa eines Regiebetriebs ausübte. Die interne Verwaltung führte der jüdische Ältestenrat mit einem eigenen großen Verwaltungsapparat weitgehend selbständig aus. Die stetige Erweiterung der Produktionspalette ging mit einer rapiden Zunahme von Aufträgen aus dem wehrwirtschaftlichen Sektor einher und machte das Getto Lodz zu einem wichtigen Produktionsstandort für den Bedarf der gesamten Wehrmacht. Von Ende 1942 bis Anfang 1944 war es ein reines Arbeitsghetto, da fast alle 80.000 Bewohner innerhalb und zu etwa 1/10 außerhalb beschäftigt waren. Die übrigen hatte man bereits deportiert.

1. Das Sozialversicherungsrecht in den annektierten Gebieten

Später als in den annektierten Gebieten Danzig und Oberschlesien (1.1.1940) wurde die deutsche Sozialversicherung im "Reichsgau Wartheland", zu dem Lodz gehörte, erst zum 1.1.1942 eingeführt. Für "Schutzangehörige und Staatenlose polnischen Volkstums" – damit waren vor allem polnische, nichtjüdische Staatsangehörige gemeint, soweit nicht die deutsche Volksliste zum Zuge kam – galt sie jedoch erst ab Oktober 1942, wobei das Leistungsrecht erheblich eingeschränkt war.[69] Für Juden, die zunächst ebenfalls ausgeschlossen worden waren, waren nach dem Erlaß des Reichsarbeitsministers vom 13. März 1943 vorbehaltlich einer allgemeinen Regelung über die Behandlung der Juden in der Reichsversicherung, die offensichtlich nicht mehr erging,[70] Beiträge nach den reichsrechtlichen Vorschriften zu entrichten. Dies galt rückwirkend mit jeweiliger Einführung der Reichsversicherung.[71]

2. Die Lösungsansätze der erstinstanzlichen Entscheidungen

Die Kläger vor den Sozialgerichten arbeiteten fast die gesamte Zeit in der Schneiderei, Sattler- oder Teppichwerkstatt im Getto. Unter besonderer Berücksichtigung der konkreten historischen Situation, insbesondere Funktion und Organisation des Gettos, betont die 20. Kammer des SG Hamburg die existentielle Bedeutung der Arbeit im Überlebenskampf des einzelnen Gettobewohners, sieht im Gettogeld das Arbeitsentgelt und arbeitet die Reduzierung des Freiwilligkeitsmoments innerhalb der allgemeinen Arbeitsverhältnisse sowie die aufgrund der relativen Selbstverwaltung innerhalb des Gettos verbliebenen individuellen Freiräume, auch im Unterschied zu Konzentrationslagerhäftlingen, heraus. Im Ergebnis geht die Kammer von einem Arbeitsverhältnis zwischen Gettobewohner und den einzelnen Ressorts, also Organen der jüdischen Selbstverwaltung, aus. Nach Auffassung der Kammer unterblieb die Entrichtung der in den Warenpreisen gegenüber den Abnehmern kalkulierten und gegenüber der jüdischen

---

[69] Vgl. Verordnung über die Einführung der Reichsversicherung in den eingegliederten Ostgebieten v. 22.12.1941, RGBl. I S. 777; Erlaß über die den Schutzangehörigen und den Staatenlosen polnischen Volkstums in den eingegliederten Ostgebieten an Stelle der Leistungen der Reichsversicherung zu gewährenden Unterstützungen v. 26.8.1942, RArbBl. II S. 469; vgl. ferner Erlasse v. 26.2. u. 29.6.1942, RArbBl. II S. 147 u. 408; v. 29.3. u. 11.11.1944, RArbBl. II S. 77 u. 301.
[70] S.o. Fn. 21.
[71] Erlaß Betr.: Behandlung von Juden in der Reichsversicherung in den eingegliederten Ostgebieten, RArbBl. II 1943 S. 126.

Selbstverwaltung in Abzug gebrachten Sozialversicherungsbeiträge aus Verfolgungsgründen.[72]

Ähnlich argumentieren die 18. Kammer des SG Hamburg[73] sowie die Sozialgerichte Düsseldorf[74] und Berlin[75], wobei letzteres noch stärker auf das Vorliegen eines "gewöhnlichen Beschäftigungsverhältnisses" abstellt.

3. Bewertung dieser Ansätze

Methodisch zutreffend wird unser Begriff eines freien Beschäftigungsverhältnisses nicht einfach einer völlig anderen historischen Situation übergestülpt. Geht man diesen Weg, so braucht man die bisherige Rechtsprechung nicht aufzugeben, sondern kann sie modifizieren. Diese wie gehabt fortzuführen, dürfte angesichts der vorliegenden Erkenntnisse der Historiker kaum möglich sein. So kann die klageabweisende Entscheidung der 16. Kammer des SG Hamburg nicht überzeugen. Hier wird lapidar wegen der zwangsweisen Gettoeinweisung jegliche Freiwilligkeit und wegen des Gettogeldes eine Entgeltzahlung verneint.[76]

Die Arbeit der noch Lebenden war als Erwerbsarbeit Teil der Volkswirtschaft. Mit dem Getto war sie zugleich auch Teil des Vernichtungsprozesses. Die Frage nach Vertragsfreiheit oder Lohnhöhe zu stellen hieße, die Verhältnisse, so wie sie waren, zu akzeptieren. Die menschenverachtende Gier der Machthaber ließ allenfalls noch einen Raum zu entscheiden, bei welchem Ressort gearbeitet wird.[77] Dies nicht aus Rechtsgründen, sondern weil die Konstruktion der jüdischen Selbstverwaltung eine Form der Herrschafts- und Vernichtungstechnik war. Das Gettogeld regelte die Verteilung der Güter innerhalb des Gettos und sicherte dessen Absperrung ökonomisch ab. Konsumptive Freiräume zu schaffen lag nicht im Interesse der Machthaber, wenn auch die Tauschmittelfunktion diese nicht vollständig beseitigte. Greift man ausschließlich das Zwangsmoment auf, verleugnet man den versicherungsrechtlichen Grundtatbestand der Erwerbsarbeit. Die Ausgrenzungsfunktion des Gettos wird so sozialrechtlich fortgeführt.

Die neueren sozialgerichtlichen Entscheidungen reflektieren nun erstmals diese Kontinuität der sozialrechtlichen Ausgrenzung. Im Urteil des SG Düsseldorf heißt es z.B., die Zielsetzung der Nationalsozialisten, sich um die Arbeitsleistung und Beitragszahlung zu bereichern, andererseits aber konkrete Anwartschaften auf Leistungen der Invalidenversicherung auszuschließen, würde durch die Nichtanerkennung der vom

---

[72] Urt. v. 21.7.1995 – S 20 J 669/ 94 –; Sprungrevision zum 5. Sen. ist eingelegt worden.
[73] Urt. v. 7.12.1995 – S 18 J 778/94 –.
[74] Urt. v. 27.2.1996 – S 4 (3) J 22/93 –; s.a. Urt. v. 27.2.1997 – S 15 J 29/95 –.
[75] Urt. v. 3.5.1995 – S 15 An 2430/94 –. Die jeweils mit Berufung angerufenen Landessozialgerichte warten offensichtlich erst einmal die Entscheidung des BSG ab. Insgesamt sollen bei Gerichten und Versicherungsträgern noch über 2000 Verfahren anhängig sein.
[76] Urt. v. 3.3.1995 – S 16 J 885/93 –. Nach der Verwaltungspraxis war, wenn aus Verfolgungsgründen kein Entgelt oder als Entgelt nur freier Unterhalt gewährt worden ist, die Beschäftigung in Anlehnung an BSGE 25, 217 (s.o. Fn. 65) so zu behandeln, als ob das übliche Entgelt gezahlt worden wäre, vgl. Arbeitsanweisung der Rentenabteilung, Amtl.Mitt.LVA Rheinprovinz 1974, S. 402 ff., 428 f.
[77] Konsequent sieht die 20. Kammer d. SG Hamburg (S. 24) das Arbeitsverhältnis mit den einzelnen Ressorts; ähnl. SG Berlin (S. 8 u. 13) u. SG Düsseldorf (S. 19 f.); wohl auf die (dt.) Gettoverwaltung abstellend die 18. Kammer d. SG Hamburg.

Lohn abgezogenen Beiträge letztlich verwirklicht.[78] Die 18. Kammer des SG Hamburg legt dar, daß ein Abstellen auf die Freiwilligkeit der Beschäftigung eine Fortsetzung des nationalsozialistischen Unrechts bedeuten würde.[79] In der Durchbrechung dieser Kontinuität liegt, neben der Herstellung von Gerechtigkeit für die Betroffenen, die Stärke dieser sozialgerichtlichen Urteile.

4. Erstinstanzliches Ergebnis: Beitragszeit oder Zeit nach § 17 Abs. 1 S. 1 lit. b FRG a.F.

Folgt man der Linie der 20. Kammer des SG Hamburg, so liegt über das WGSVG ab 1942 eine Beitragszeit vor. Die Sozialgerichte Düsseldorf und Berlin sehen eine reguläre Beitragszeit nach § 1250 RVO, da unter Berücksichtigung der besonderen Verhältnisse im Getto der Rechtsgedanke aus der LohnabzugsVO, wonach Beiträge als entrichtet gelten, soweit der auf den Beitragsanteil entfallende Lohn abgezogen worden ist, zum Tragen komme. Das SG Berlin wendet das WGSVG aufgrund der Rechtsprechung des BSG ausdrücklich nicht an, wonach die Beitragsentrichtung wegen konkreter Gefahr der Verfolgung unterblieben sein muß.[80] Ebenso verfährt die 18. Kammer des SG Hamburg. Diese Kammer wendet § 1397 Abs. 6 RVO unmittelbar an, insofern konsequent erst für die Zeit ab 29.6.1942. Die davor liegenden Zeiten nach polnischem oder Reichsrecht werden von dieser Kammer nicht als Beitragszeiten anerkannt. § 17 FRG kommt nicht zur Anwendung. Das überzeugt nicht vollständig. Das Datum der Einführung des Lohnabzugsverfahrens ist ohne jeglichen Bezug zu den Gettoverhältnissen. Auch vor dessen Einführung erfolgte keine Beitragsabführung. Immerhin liegt aber auch nach dieser Auffassung ein Brückenbeitrag vor, der die Anerkennung der davor und danach liegenden Verfolgungszeiten als Ersatzzeiten erlaubt.

Für die Zeit bis 1942 ist von einer polnischen Versicherungszeit auszugehen, auch wenn der polnische Versicherungsträger in der Hand der deutschen Besatzungsmacht lag. Damit kommt über § 17 Abs. 1 S. 1 lit. b FRG in der bis 1991 geltenden Fassung[81] das Fremdrentenrecht zur Anwendung. Erst das Rentenreformgesetz 1992 hatte mit Geltung ab 1990 die Fortführung des ursprünglichen Ausschlusses von Polen und insbesondere von Juden in der Ostgebietsverordnung beseitigt. In mehreren Entscheidungen hatte das BSG zuvor diesen Ausschluß gerechtfertigt, weil auch das "Polenstatut" nichts daran geändert habe, daß die Sozialversicherung nur auf die in Polen lebenden deutschen Volksangehörigen ausgedehnt werden sollte. Ohne die zusätzliche Diskriminierung seien Juden aber nur als polnische Staatsangehörige zu behandeln.[82] Erst nachdem bereits Verfassungsbeschwerde[83] erhoben worden war, war der Gesetzgeber tätig geworden.

---

[78] Urt. v. 27.2.1996 S 4(3) J 22/93, S. 28.
[79] A.a.O., S. 7.
[80] S.o. Fn. 50.
[81] Zur Rechtsentwicklung vgl. die Kommentierung zu § 17 FRG im VDR-Kommentar (Stand: 1.1.1996).
[82] BSGE 62,109; SozR 5050 § 17 Nr. 12; Urt. v. 15.10.1987 – 1 RA 43/ 86 – u. – 1 RA 41/ 86 –; zuvor bereits BSG SozR FRG § 17 Nr. 5; BayLSG SozVers 1985, 167 m. Anm. *Schmidinger;* LSG Nordrhein-Westfalen Amtl.Mitt.LVA Rheinprovinz 1985, 418.
[83] Vgl. *Herrmann/Möbius,* DAngVers 1990, S. 251 ff., 253; *Herrmann/Mutz,* DAngVers 1991, S. 198 ff., 201.

Mit § 17 FRG a.F. können somit Versicherungszeiten bei ausländischen Versicherungsträgern als deutsche Beitragszeiten über den Personenkreis des Fremdrentenrechts hinaus erfaßt werden. Solche Zeiten werden von den genannten erstinstanzlichen Gerichten als Beitragszeiten oder über § 14 Abs.2 WGSVG a.F. unterstellt.

V. Zusammenfassendes Ergebnis

Der "Grundsatz der Wertneutralität des Sozialversicherungsrechts"[84] ist in bezug auf die Berücksichtigung der Beschäftigungsverhältnisse während des Nationalsozialismus höchst politisiert. Das an das Reichsrecht bruchlos anknüpfende Beitragsprinzip grenzt die Erwerbsarbeit der KZ-Häftlinge und Gettobewohner und z.T. auch der "Ostarbeiter" weiterhin aus der Sozialversicherung aus. Nach dem Territorialitätsprinzip ist dies systemwidrig. Das "Beschäftigungsverhältnis" im tradierten Sinne wird zur Abgrenzung untauglich, wenn der Staat Erwerbsarbeit massenhaft in Zwangsverhältnissen organisiert. "Freiwilligkeit" und "Entgeltzahlung" sind als Kriterien untauglich, wenn die Verfolgung gerade auf deren Beseitigung abzielt. Anhand der rentenrechtlichen Systematik kann allenfalls die Frage gestellt werden, ob der Zwangsarbeiter eine Tätigkeit verrichtet hat, die in zivilisierten Gesellschaften von freien Arbeitskräften verrichtet wird. Diese Lücke im Versicherungssystem wird durch die sozialrechtlichen Wiedergutmachungsvorschriften nicht geschlossen. Ausländischen jüdischen Zwangsarbeitern fehlt i.d.R. der notwendige Brückenbeitrag. Die übrigen ausländischen "Fremdarbeiter" werden, auch bei KZ-Haft, nicht als Verfolgte anerkannt. Die neueren instanzgerichtlichen Entscheidungen reflektieren nun erstmals die Kontinuität der sozialrechtlichen Ausgrenzung. Unter Berücksichtigung der besonderen Verhältnisse im Getto Lodz zeigen sie gangbare Lösungsansätze innerhalb des geltenden Rechts. Es bleibt zu hoffen, daß die zu erwartende Revisionsentscheidung des Rentensenats nicht im Althergebrachten erstarrt, sondern wie der Kriegsopfersenat in der Entscheidung zu den sog. Wehrkraftzersetzern im Jahre 1991[85] die Chance nutzt, wenigstens neue Akzente zu setzen, die auch im Ergebnis nicht folgenlos sind.[86]

Nachtrag

Die Urteile des Bundessozialgerichts v. 18.06.1997 – 5 RJ 66/95 u. 68/95 – (Beschäftigungszeiten im Getto Lodz)

Mit den beiden Urteilen hat das BSG die von der Vorinstanz, dem Sozialgericht Hamburg vorgezeichnete Linie in vollem Umfang bestätigt. Dem Ergebnis ist vorbehaltlos zuzustimmen. Damit hat die Rechtsprechung die rentenrechtliche Bewertung der Arbeitszeiten im Getto behutsam korrigiert. Die Begründung der Senatsentscheidung

---

[84] So *Klattenhoff*, in: *Hauck/Haines*, SGB VI, § 250, Rdnr. 133.
[85] Vgl. *Pawlita*, SGb. 1994, S. 617 ff.
[86] Inzwischen hat das BSG mit Urt. v. 17.6.1997 – 5 RJ 66/95 – (in diesem Band S. 300 ff.) das erstinstanzliche Urteil bestätigt und damit das Vorliegen eines Beschäftigungsverhältnisses im Getto Lodz anerkannt, vgl. Frankfurter Rundschau v. 20.6.1997, S. 5 ("Rente für die Arbeit im Ghetto").

subsumiert allerdings allzu leicht über die von der Vorinstanz noch ausführlich erörterten rechtlichen Hürden hinweg[87]. Entscheidender ist aber, daß die produktiven erstinstanzlichen Neuansätze nicht beendet worden sind.

Das BSG hält an der Auslegung des Begriffs des "Beschäftigungsverhältnisses" auch unter den Bedingungen des Nationalsozialismus fest, betont nunmehr aber unter Aufgreifen der bisher eher vereinzelt gebliebenen Rechtsprechung auf dem Gebiet des Fremdrentenrechts[88], daß die Sphären "Beschäftigungsverhältnis" und "Lebensbereich" zu trennen seien. Dies ermöglicht ihm eine Abstraktion von den unmenschlichen, für viele schon im Getto tödlichen Lebensbedingungen. Unter Hinweis auf die Vorinstanz, die die beschränkten Freiräume der jüdischen "Selbstverwaltung" herausgearbeitet hatte, gelangt es zur Annahme eines "freien" Arbeitsverhältnisses und damit zur Grundlage eines versicherungspflichtigen Beschäftigungsverhältnisses nach den allgemeinen Bestimmungen der ab 1942 im "Reichsgau Wartheland" geltenden Reichsversicherungsordnung. Auf eine Abführung von Rentenversicherungsbeiträgen kommt es nicht an, da diese nach dem "Wiedergutmachungs"recht in der Sozialversicherung (§ 14 Abs. 2 WGSVG a.F., jetzt § 12) als entrichtet gelten. Für die Anwendung dieser Vorschrift hatte das BSG bisher immer verlangt, es müsse eine konkrete und individuelle Verfolgung vorgelegen haben[89]. Das BSG legt in den neuen Urteilen nicht eindeutig dar, ob es dieses Kriterium nunmehr aufgibt und entgegen der früheren Rechtsprechung den allgemeinen Verfolgungsdruck der damaligen Zeit ausreichen läßt. Die Vorinstanz hatte eine Konkretisierung des allgemeinen Verfolgungsdrucks im Verhalten der deutschen Gettoverwaltung gesehen.

Die im Getto vor Einführung der RVO zurückgelegten Zeiten – das Getto wurde im Frühjahr 1940 errichtet – sind polnische Versicherungszeiten, da auf sie das WGSVG ebenfalls angewandt wird. Sie sind gegenüber dem deutschen Versicherungsträger nach § 17 Abs. 1 S. 1 lit. b FRG a.F. anrechenbar. Aufgrund des nunmehr vorhandenen Brückenbeitrags können auch weitere Zeiten im Getto ohne Beschäftigung oder Zeiten der Verfolgung, die mit der Besetzung Polens begannen, als Ersatzzeiten anerkannt werden.

Die Versicherungsträger akzeptieren diese Entscheidungen für das Getto Lodz. Sie haben sich inzwischen darauf verständigt, dessen Grundsätze auf andere Arbeitseinsätze jüdischer Arbeiter in den eingegliederten Ostgebieten zu übertragen, soweit vergleichbare Sachverhalte oder Tatsachen vorliegen. Für die Arbeit als KZ-Häftling wird dies verneint, ebenso für jüdische Arbeiter, die für kriegswichtige Unternehmen und Projekte herangezogen und in bewachten Zwangsarbeitslagern untergebracht wurden[90]. Unter schlichtem Hinweis auf die Einsperrung in einem Getto oder ein allgemeines Zwangsverhältnis wird man aber zukünftig eine Beitragszeit nicht mehr ablehnen können. Es wird in jedem Einzelfall mit der aufwendigen Hilfe der Historiker nachzuweisen sein, ob und inwieweit Freiräume für die Aufnahme einer Beschäftigung bestanden haben. Selbst das Wissen, andernfalls deportiert oder umgebracht zu werden, schließt einen solchen "Freiraum" nach der BSG-Rechtsprechung nicht aus. Insgesamt verbleibt es bei

---

[87] Zur ausführlichen Kritik vgl. *Pawlita*, SozVers 1998 (Heft 4).
[88] Vgl. o. unter Fn. 64 u. 66.
[89] Vgl. o. unter Fn. 50.
[90] Vgl. LVA Rheinprovinz 1997, S. 581 f. (Anmerkung).

dem wenig befriedigenden Ergebnis, daß mit der Zunahme der Verfolgungsintensität die Chancen für eine Beschäftigungszeit schwinden, wofür eine lückenhafte "Wiedergutmachung" in der Sozialversicherung einschließlich des Ersatzzeitentatbestandes keinen vollen Ausgleich zu schaffen vermag.

Aber auch dort, wo "freie" Beschäftigungsverhältnisse nachzuweisen sein werden, müssen diese unter Geltung der RVO bestanden haben. In Betracht kommen neben dem Reichsgebiet nur die annektierten oder annektionsähnlich besetzten Gebietsteile, auf die die Geltung der RVO erstreckt wurde. Soweit ein "Brückenbeitrag" nachgewiesen werden kann, können weitere Verfolgungszeiten wenigstens als Ersatzzeiten anerkannt werden. Ein Rückgriff auf § 17 Abs. 1 S. 1 lit. b FRG a.F. ist seit 1992 nicht mehr möglich, da dieser ersatzlos aufgehoben wurde.

Abkommen über deutsche Auslandsschulden
London, den 27. Februar 1953

Agreement on German External Debts
London, 27th February, 1953

Accord sur les dettes extérieures allemandes
Londres, 27 février 1953

(2) Voraussetzung ist, daß die Schulden

(a) unter die Bestimmungen der Anlage I dieses Abkommens fallen oder

(b) von einer Person als Hauptschuldner oder in anderer Weise, als ursprünglichem Schuldner oder als Rechtsnachfolger geschuldet werden, die im Währungsgebiet der Deutschen Mark (West) jeweils in dem Zeitpunkt ansässig ist, in dem gemäß diesem Abkommen und seinen Anlagen vom Schuldner ein Regelungsvorschlag gemacht oder vom Gläubiger oder gegebenenfalls bei verbrieften Schulden von der Gläubigervertretung eine Regelung verlangt wird.

(3) Voraussetzung ist ferner, daß die Schulden

(a) entweder gegenüber der Regierung eines Gläubigerstaates bestehen oder

(b) gegenüber einer Person bestehen, die jeweils in demjenigen Zeitpunkt in einem Gläubigerstaat ansässig ist oder dessen Staatsangehörigkeit besitzt, in dem gemäß diesem Abkommen und seinen Anlagen vom Schuldner ein Regelungsvorschlag gemacht oder vom Gläubiger eine Regelung verlangt wird, oder

(c) aus marktfähigen Wertpapieren herrühren, die in einem Gläubigerstaat zahlbar sind.

Artikel 5
Nicht unter das Abkommen fallende Forderungen

(1) Eine Prüfung der aus dem Ersten Weltkriege herrührenden Regierungsforderungen gegen Deutschland wird bis zu einer endgültigen allgemeinen Regelung dieser Angelegenheit zurückgestellt.

(2) Eine Prüfung der aus dem Zweiten Weltkriege herrührenden Forderungen von Staaten, die sich mit Deutschland im Kriegszustand befanden oder deren Gebiet von Deutschland besetzt war, und von Staatsangehörigen dieser Staaten gegen das Reich und im Auftrage des Reichs handelnde Stellen oder Personen, einschließlich der Kosten der deutschen Besatzung, der während der Besetzung auf Verrechnungskonten erworbenen Guthaben sowie der Forderungen gegen die Reichskreditkassen, wird bis zu der endgültigen Regelung der Reparationsfrage zurückgestellt.

(3) Eine Prüfung der während des Zweiten Weltkrieges entstandenen Forderungen von Staaten, die sich während dieses Krieges mit Deutschland nicht im Kriegszustand befanden oder deren Gebiet nicht von Deutschland besetzt war, und von Staatsangehörigen dieser Staaten gegen das Reich und im Auftrage des Reichs handelnde Stellen oder Personen, einschließlich der auf Verrechnungskonten erworbenen Guthaben, wird zurückgestellt, bis die Regelung dieser Forderungen im Zusammenhang mit der Regelung der in Absatz 2

(2) Provided that such debts: —

(a) are covered by Annex I to the present Agreement, or

(b) are owed by a person, whether as principal or otherwise, and whether as original debtor or as successor, who, whenever a proposal for settlement is made by the debtor or a request for settlement is made by the creditor or, where appropriate in the case of a bonded debt, a request for settlement is made by the creditors' representative under the present Agreement and the Annexes thereto, resides in the currency area of the Deutsche Mark West;

(3) Provided also that such debts: —

(a) are owed to the Government of a creditor country; or

(b) are owed to a person who, whenever a proposal for settlement is made by the debtor or a request for settlement is made by the creditor under the present Agreement and the Annexes thereto, resides in or is a national of a creditor country; or

(c) arise out of marketable securities payable in a creditor country.

Article 5
Claims excluded from the Agreement

(1) Consideration of governmental claims against Germany arising out of the first World War shall be deferred until a final general settlement of this matter.

(2) Consideration of claims arising out of the second World War by countries which were at war with or were occupied by Germany during that war, and by nationals of such countries, against the Reich and agencies of the Reich, including costs of German occupation, credits acquired during occupation on clearing accounts and claims against the Reichskreditkassen shall be deferred until the final settlement of the problem of reparation.

(3) Consideration of claims, arising during the second World War, by countries which were not at war with or occupied by Germany during that war, and by nationals of such countries, against the Reich and agencies of the Reich, including credits acquired on clearing accounts, shall be deferred until the settlement of these claims can be considered in conjunction with the settlement of the claims specified in paragraph (2) of this Article (except in so far as they may be settled on the basis of, or in connexion with, agreements

(2) A condition que ces dettes:

(a) soient visées par l'Annexe I au présent Accord, ou

(b) soient dues par une personne, comme débiteur principal ou à un autre titre, comme ayant-cause, qui réside dans la zone monétaire du Deutschemark-Ouest au moment où une proposition est présentée par le débiteur ou une demande est faite par le créancier en vue de l'établissement de modalités de règlement ou, dans le cas des dettes obligataires justiciables de cette procédure, au moment où une demande en vue d'une offre de règlement est faite par le représentant des créanciers, au titre du présent Accord et de ses Annexes;

(3) A condition également que ces dettes:

(a) soient dues au Gouvernement d'un pays créancier, ou

(b) soient dues à une personne qui réside dans un pays créancier, ou a la qualité de ressortissant d'un tel pays au moment où une proposition est présentée par le débiteur ou une demande est faite par le créancier en vue de l'établissement de modalités de règlement au titre du présent Accord et de ses Annexes, ou

(c) soient dues au titre de valeurs mobilières négociables payables dans un pays créancier.

Article 5
Créances exclues du présent Accord

(1) L'examen des créances gouvernementales à l'encontre de l'Allemagne issues de la première guerre mondiale sera différé jusqu'à un règlement général définitif de cette question.

(2) L'examen des créances issues de la deuxième guerre mondiale des pays qui ont été en guerre avec l'Allemagne ou ont été occupés par elle au cours de cette guerre, et des ressortissants de ces pays, à l'encontre du Reich et des agences du Reich, y compris le coût de l'occupation allemande, les avoirs en compte de clearing acquis pendant l'occupation et les créances sur les Reichskreditkassen, sera différé jusqu'au règlement définitif du problème des Réparations.

(3) L'examen des créances nées au cours de la deuxième guerre mondiale des pays qui n'ont pas été en guerre avec l'Allemagne, ni occupés par elle au cours de cette guerre, et des ressortissants de ces pays, à l'encontre du Reich et des agences du Reich, y compris les avoirs acquis en compte de clearing, sera différé jusqu'à ce que le règlement de ces créances puisse être étudié en liaison avec le règlement des créances visées au paragraphe (2) du présent Article (sauf dans la mesure où elles pourraient être

dieses Artikels bezeichneten Forderungen behandelt werden kann (soweit nicht diese Forderungen auf der Grundlage von oder im Zusammenhang mit Abkommen geregelt werden, die von den Regierungen der Französischen Republik, des Vereinigten Königreichs von Großbritannien und Nordirland und der Vereinigten Staaten von Amerika sowie der Regierung eines solchen Staates unterzeichnet worden sind).

(4) Die gegen Deutschland oder deutsche Staatsangehörige gerichteten Forderungen von Staaten, die vor dem 1. September 1939 in das Reich eingegliedert oder am oder nach dem 1. September 1939 mit dem Reich verbündet waren, und von Staatsangehörigen dieser Staaten aus Verpflichtungen, die zwischen dem Zeitpunkt der Eingliederung (bei mit dem Reich verbündet gewesenen Staaten dem 1. September 1939) und dem 8. Mai 1945 eingegangen worden sind, oder aus Rechten, die in dem genannten Zeitraum erworben worden sind, werden gemäß den Bestimmungen behandelt, die in den einschlägigen Verträgen getroffen worden sind oder noch getroffen werden. Soweit gemäß den Bestimmungen dieser Verträge solche Schulden geregelt werden können, finden die Bestimmungen dieses Abkommens Anwendung.

(5) Die Regelung der Schulden der Stadt Berlin und der im Besitz von Berlin befindlichen oder von Berlin maßgebend beeinflußten öffentlichen Versorgungsbetriebe, soweit sie in Berlin liegen, wird bis zu dem Zeitpunkt zurückgestellt, in dem Verhandlungen über die Regelung dieser Schulden von der Regierung der Bundesrepublik Deutschland und dem Senat der Stadt Berlin sowie von den Regierungen der Französischen Republik, des Vereinigten Königreichs von Großbritannien und Nordirland und der Vereinigten Staaten von Amerika für tunlich angesehen werden.

which have been signed by the Governments of the French Republic, the United Kingdom of Great Britain and Northern Ireland and the United States of America and the Government of any such country).

(4) Claims against Germany or German nationals by countries which were, before 1st September, 1939, incorporated in, or which were, on or after 1st September, 1939, allied to, the Reich, and of nationals of such countries, arising out of obligations undertaken or rights acquired between the date of incorporation (or, in the case of countries allied to the Reich, 1st September, 1939) and 8th May, 1945, shall be dealt with in accordance with the provisions made or to be made in the relevant treaties. To the extent that, under the terms of such treaties, any such debts may be settled, the terms of the present Agreement shall apply.

(5) The settlement of debts owed by the City of Berlin and by public utility enterprises owned or controlled by Berlin, and situated in Berlin, shall be deferred until such time as negotiations on the settlement of these debts are considered by the Governments of the French Republic, the United Kingdom of Great Britain and Northern Ireland and the United States of America and by the Government of the Federal Republic of Germany and the Senat of Berlin to be practicable.

réglées sur la base des accords qui ont été signés par les Gouvernements des Etats-Unis d'Amérique, de la République Française et du Royaume-Uni de Grande-Bretagne et d'Irlande du Nord, et le Gouvernement d'un de ces pays, ou en relation avec ces accords).

(4) Les créances à l'encontre de l'Allemagne ou des ressortissants allemands des pays qui ont été incorporés au Reich avant le 1er septembre 1939, ou qui étaient les Alliés du Reich le 1er septembre 1939 ou après cette date, et des ressortissants de ces pays, lorsque ces créances résultent d'obligations contractées ou de droits acquis entre la date d'incorporation (ou, dans le cas des Alliés du Reich, le 1er septembre 1939) et le 8 mai 1945, seront traitées conformément aux dispositions prises ou à prendre dans les traités appropriés. Dans la mesure où de telles dettes pourront, aux termes de ces traités, faire l'objet d'un règlement, les dispositions du présent Accord seront applicables.

(5) Le règlement des dettes de la Ville de Berlin et des services publics appartenant à Berlin ou contrôlés par elle et situés à Berlin sera différé jusqu'au moment où les Gouvernements des Etats-Unis d'Amérique, de la République Française et du Royaume-Uni de Grande-Bretagne et d'Irlande du Nord, le Gouvernement de la République Fédérale d'Allemagne et le Sénat de Berlin estimeront qu'il est possible d'ouvrir des négociations pour le règlement de ces dettes.

Artikel 6
Zahlung und Transfer nach dem Abkommen

Die Bundesrepublik Deutschland wird

(a) gemäß den Bestimmungen dieses Abkommens und seiner Anlagen Zahlungen und Transfer für solche Schulden vornehmen, für die sie nach diesen Bestimmungen selber haftet;

(b) gemäß den Bestimmungen dieses Abkommens und seiner Anlagen die Regelung und die Bezahlung von solchen Schulden zulassen, für die eine andere Person als die Bundesrepublik Deutschland haftet, und gemäß den Bestimmungen dieses Abkommens und seiner Anlagen den Transfer von Zahlungen auf geregelte Schulden vorsehen.

Article 6
Payment and Transfer under the Agreement

The Federal Republic of Germany will: —

(a) make payments and transfers, in accordance with the provisions of the present Agreement and of the Annexes thereto, on the debts for which it is liable thereunder;

(b) permit the settlement and payment, in accordance with the provisions of the present Agreement and the Annexes thereto, of debts for which any person other than the Federal Republic of Germany is liable, and make provision for the transfer of payments on such debts as are settled, under the provisions of this Agreement and the Annexes thereto.

Article 6
Paiements et transferts au titre du présent Accord

La République Fédérale d'Allemagne

(a) effectuera, conformément aux dispositions du présent Accord et de ses Annexes, les paiements et les transferts afférents aux dettes qui lui incombent au titre de cet Accord et de ses Annexes;

(b) autorisera l'établissement de modalités de règlement et le paiement, conformément aux dispositions du présent Accord et de ses Annexes, des dettes incombant à une personne autre que la République Fédérale d'Allemagne, et assurera le transfert, conformément aux dispositions du présent Accord et de ses Annexes, des paiements effectués sur les dettes dont les modalités de règlement auront été ainsi établies.

Bundesentschädigungsgesetz
Allgemeine Vorschriften
Anspruch auf Entschädigung
§§ 1–2

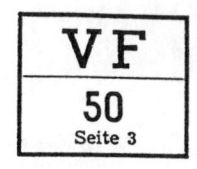

Erster Abschnitt
Allgemeine Vorschriften

Erster Titel
Anspruch auf Entschädigung

§ 1 [Verfolgte]

(1) Opfer der nationalsozialistischen Verfolgung ist, wer aus Gründen politischer Gegnerschaft gegen den Nationalsozialismus oder aus Gründen der Rasse, des Glaubens oder der Weltanschauung durch nationalsozialistische Gewaltmaßnahmen verfolgt worden ist und hierdurch Schaden an Leben, Körper, Gesundheit, Freiheit, Eigentum, Vermögen, in seinem beruflichen oder wirtschaftlichen Fortkommen erlitten hat (Verfolgter).

(2) Dem Verfolgten im Sinne des Absatzes 1 wird gleichgestellt, wer durch nationalsozialistische Gewaltmaßnahmen verfolgt worden ist,
1. weil er auf Grund eigener Gewissensentscheidung sich unter Gefährdung seiner Person aktiv gegen die Mißachtung der Menschenwürde oder gegen die sittlich, auch durch den Krieg nicht gerechtfertigte Vernichtung von Menschenleben eingesetzt hat;
2. weil er eine vom Nationalsozialismus abgelehnte künstlerische oder wissenschaftliche Richtung vertreten hat;
3. weil er einem Verfolgten nahegestanden hat.

(3) Als Verfolgter im Sinne des Absatzes 1 gilt auch
1. der Hinterbliebene eines Verfolgten, der getötet oder in den Tod getrieben worden oder an den Folgen der Schädigung seines Körpers oder seiner Gesundheit verstorben ist;
2. der Geschädigte, der eine ihm zur Last gelegte Handlung in Bekämpfung der nationalsozialistischen Gewaltherrschaft oder in Abwehr der Verfolgung begangen hat, aber den Beweggrund dieser Handlung verbergen konnte;
3. der Geschädigte, der von nationalsozialistischen Gewaltmaßnahmen betroffen worden ist, weil er irrtümlich einer Personengruppe zugerechnet wurde, die aus den in Absatz 1 und 2 genannten Gründen verfolgt worden ist;
4. der Geschädigte, der als naher Angehöriger des Verfolgten von nationalsozialistischen Gewaltmaßnahmen mitbetroffen ist; als nahe Angehörige gelten der Ehegatte des Verfolgten und die Kinder, solange für sie nach dem bis zum 31. Dezember 1974 geltenden Beamtenrecht Kinderzuschläge gewährt werden können.

§ 2 [Verfolgungsmaßnahmen]

(1) Nationalsozialistische Gewaltmaßnahmen sind solche Maßnahmen, die aus den Verfolgungsgründen des § 1 auf Veranlassung oder mit Billigung einer Dienststelle oder eines Amtsträgers des Reiches, eines Landes, einer sonstigen Körperschaft, Anstalt oder Stiftung des öffentlichen Rechts, der NSDAP, ihrer Gliederungen oder ihrer angeschlossenen Verbände gegen den Verfolgten gerichtet worden sind.

(2) Der Annahme nationalsozialistischer Gewaltmaßnahmen steht nicht entgegen, daß sie auf gesetzlichen Vorschriften beruht haben oder in mißbräuchlicher Anwendung gesetzlicher Vorschriften gegen den Verfolgten gerichtet worden sind.

(Fortsetzung auf Seite 5)

Bundesentschädigungsgesetz
§§ 3–4

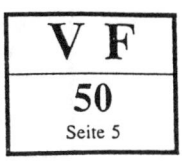

§ 3 [Entschädigungsanspruch]

Der Verfolgte hat Anspruch auf Entschädigung nach diesem Gesetz.

§ 4 [Anspruchsvoraussetzungen]

(1) Anspruch auf Entschädigung besteht,
1. wenn der Verfolgte
   a) am 31. Dezember 1952 seinen Wohnsitz oder dauernden Aufenthalt im Geltungsbereich dieses Gesetzes gehabt hat;
   b) vor dem 31. Dezember 1952 verstorben ist und seinen letzten Wohnsitz oder dauernden Aufenthalt im Geltungsbereich dieses Gesetzes gehabt hat;
   c) vor dem 31. Dezember 1952 ausgewandert ist, deportiert oder ausgewiesen worden ist und seinen letzten Wohnsitz oder dauernden Aufenthalt im Reichsgebiet nach dem Stande vom 31. Dezember 1937 oder im Gebiet der Freien Stadt Danzig gehabt und diesen nicht erst nach Beendigung der nationalsozialistischen Gewaltherrschaft in den unter fremder Verwaltung stehenden deutschen Ostgebieten oder im Gebiet der Freien Stadt Danzig begründet hat;
   d) (aufgehoben)
   e) Vertriebener im Sinne des § 1 des Gesetzes über die Angelegenheiten der Vertriebenen und Flüchtlinge (Bundesvertriebenengesetz) ist und im Geltungsbereich dieses Gesetzes seinen Wohnsitz oder dauernden Aufenthalt bis zum 30. April 1965 genommen hat oder nach diesem Zeitpunkt innerhalb von 6 Monaten nimmt, nachdem er das Gebiet des Staates verlassen hat, aus dem er vertrieben oder ausgesiedelt worden ist;
   f) als Sowjetzonenflüchtling im Sinne des § 3 des Bundesvertriebenengesetzes anerkannt ist und seinen Wohnsitz oder dauernden Aufenthalt im Geltungsbereich dieses Gesetzes genommen hat oder nimmt; gleichgestellt ist, wer aus der sowjetischen Besatzungszone oder aus dem sowjetisch besetzten Sektor von Berlin im Wege der Notaufnahme oder eines vergleichbaren Verfahrens zugezogen ist und am 31. Dezember 1964 seinen Wohnsitz oder dauernden Aufenthalt im Geltungsbereich dieses Gesetzes gehabt hat; § 3 Abs. 2 des Bundesvertriebenengesetzes findet entsprechende Anwendung;
   g) im Wege der Familienzusammenführung seinen Wohnsitz oder dauernden Aufenthalt aus dem Gebiet der sowjetischen Besatzungszone oder aus dem sowjetisch besetzten Sektor von Berlin in den Geltungsbereich dieses Gesetzes verlegt hat oder verlegt, weil er infolge körperlicher oder geistiger Gebrechlichkeit ständiger Wartung und Pflege bedarf oder mindestens 65 Jahre alt ist; § 3 Abs. 2 des Bundesvertriebenengesetzes findet entsprechende Anwendung;
2. wenn der Verfolgte am 1. Januar 1947 sich in einem DP-Lager im Geltungsbereich dieses Gesetzes aufgehalten hat und nach dem 31. Dezember 1946 entweder während des Aufenthalts im DP-Lager verstorben ist oder aus dem Geltungsbereich dieses Gesetzes ausgewandert ist oder als heimatloser Ausländer in die Zuständigkeit der deutschen Behörden übergegangen ist oder die deutsche Staatsangehörigkeit erworben hat.

(2) Als Auswanderung im Sinne dieses Gesetzes gilt auch, wenn der Verfolgte vor dem 8. Mai 1945 aus den Verfolgungsgründen des § 1 seinen Wohnsitz oder dauernden Aufenthalt

DAS DEUTSCHE BUNDESRECHT
682. Lieferung – November 1992

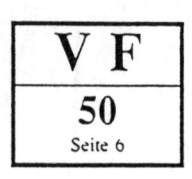

aus dem Reichsgebiet nach dem Stande vom 31. Dezember 1937 oder dem Gebiet der Freien Stadt Danzig verlegt hat.

(3) Der Anspruch auf Entschädigung entfällt nicht dadurch, daß der deportierte Verfolgte (Absatz 1 Nr. 1 Buchstabe c) zwangsweise in das Reichsgebiet nach dem Stande vom 31. Dezember 1937 oder in das Gebiet der Freien Stadt Danzig zurückgeführt worden ist.

(4) Der vertriebene Verfolgte (Absatz 1 Nr. 1 Buchstabe e) hat auch dann Anspruch auf Entschädigung, wenn sich seine Zugehörigkeit zum deutschen Volk darauf gründet, daß er dem deutschen Sprach- und Kulturkreis angehört hat; ein ausdrückliches Bekenntnis zum deutschen Volkstum ist nicht Voraussetzung der Zugehörigkeit zum deutschen Sprach- und Kulturkreis.

(5) Als Familienzusammenführung (Absatz 1 Nr. 1 Buchstabe g) gilt die Aufnahme durch den Ehegatten, durch Verwandte gerader Linie oder der Seitenlinie bis zum zweiten Grad oder durch Stief- oder Pflegekinder, an Kindes Statt Angenommene oder Schwiegerkinder. Eine Aufnahme durch Stief- oder Pflegekinder oder an Kindes Statt Angenommene kommt nur in Betracht, wenn sie vor Vollendung des 18. Lebensjahres oder mindestens drei Jahre lang mit dem Zuziehenden in häuslicher Gemeinschaft gelebt hatten.

(6) Der durch Freiheitsentziehung bedingte Zwangsaufenthalt und der Aufenthalt in einem DP-Lager gelten nicht als Wohnsitz oder dauernder Aufenthalt im Sinne dieses Gesetzes.

(7) Für Schaden an Grundstücken besteht der Anspruch auf Entschädigung ohne Rücksicht auf Wohnsitz oder dauernden Aufenthalt des Verfolgten, wenn das Grundstück im Geltungsbereich dieses Gesetzes belegen ist.

§ 8 [Geltendmachung der Ansprüche gegen den Staat — Andere Ansprüche]

(1) Ansprüche gegen das Deutsche Reich, die Bundesrepublik Deutschland und die deutschen Länder können unbeschadet der in § 5 genannten und der durch § 228 Abs. 2 aufrechterhaltenen Vorschriften nur nach diesem Gesetz geltend gemacht werden, wenn sie darauf beruhen, daß durch Maßnahmen, die aus den Verfolgungsgründen des § 1 getroffen worden sind, Schaden entstanden ist.

(2) Ansprüche gegen andere Körperschaften, Anstalten oder Stiftungen des öffentlichen Rechts oder gegen Personen des privaten Rechts werden durch dieses Gesetz nicht berührt. Sie gehen, soweit nach diesem Gesetz Entschädigung geleistet ist, auf das leistende Land über. Der Übergang kann nicht zum Nachteil des Berechtigten geltend gemacht werden.

Leitsatz

zum Beschluß des Zweiten Senats vom 13. Mai 1996

- 2 BvL 33/93 -
(Zwangsarbeiter)

Zur Frage, ob eine allgemeine Regel des Völkerrechts besteht, nach der Ansprüche aus innerstaatlichem Recht, die auf Kriegsereignissen beruhen, nicht individuell durchsetzbar sind, sondern nur auf zwischenstaatlicher Ebene geltend gemacht werden können.

BUNDESVERFASSUNGSGERICHT

- 2 BvL 33/93 -

IM NAMEN DES VOLKES

In dem Verfahren

zur Prüfung

1. welche Reichweite der völkerrechtliche Grundsatz hat, daß die materiellen Kriegsfolgen nur aufgrund völkerrechtlicher Vereinbarung geltend gemacht werden können; ob dieser Grundsatz insbesondere auch die mit vorliegender Klage geltend gemachten Zahlungsansprüche aus geleisteter Zwangsarbeit umfaßt;

2. ob § 1 des Allgemeinen Kriegsfolgengesetzes (AKG) - nach wie vor - mit dem Grundgesetz vereinbar ist.

- Aussetzungs- und Vorlagebeschluß des Landgerichts Bonn vom 2. Juli 1993 (1 O 134/92) -

hat das Bundesverfassungsgericht - Zweiter Senat - unter Mitwirkung der Richterinnen und Richter

        Präsidentin Limbach,
        Graßhof,
        Kruis,
        Kirchhof,
        Winter,
        Sommer,
        Jentsch,
        Hassemer

am 13. Mai 1996 beschlossen:

Die Vorlagen sind unzulässig.

Gründe:

A.

Das Verfahren betrifft die Frage, ob Ansprüchen auf Arbeitsentgelt, die ehemalige jüdische Zwangsarbeiter unmittelbar gegen die Bundesrepublik Deutschland geltend machen, eine allgemeine Regel des Völkerrechts entgegensteht, und ob § 1 des Gesetzes zur allgemeinen Regelung durch den Krieg und den Zusammenbruch des Deutschen Reiches entstandener Schäden (Allgemeines Kriegsfolgengesetz) vom 5. November 1957 (BGBl I S. 1747; im folgenden: AKG), mit dem Grundgesetz vereinbar ist, soweit die Vorschrift Ansprüche ausschließen könnte.

I.

Das Grundgesetz für die Bundesrepublik Deutschland hat bereits in seiner am 23. Mai 1949 verkündeten Fassung die Wiedergutmachung nationalsozialistischen Unrechts (Art. 74 Nr. 9 GG) als vorrangige Aufgabe anerkannt. Dementsprechend schloß die Bundesrepublik Deutschland Globalentschädigungsabkommen mit Israel, weiteren ausländischen Staaten sowie der Conference on Jewish Material Claims against Germany und regelte individuelle Wiedergutmachungsansprüche in Gesetzen über Rückerstattung und Entschädigung (vgl. Bericht der Bundesregierung über Wiedergutmachung und Entschädigung für nationalsozialistisches Unrecht sowie über die Lage der Sinti, Roma und verwandter Gruppen, BTDrucks. 10/6287, S. 8 ff.). Für Opfer der nationalsozialistischen Verfolgung, die aus Gründen politischer Gegnerschaft gegen den Nationalsozialismus oder aus Gründen der Rasse, des Glaubens oder der Weltanschauung durch nationalsozialistische Gewaltmaßnahmen verfolgt worden waren und hierdurch Schaden an Leben, Körper, Gesundheit, Freiheit, Eigentum, Vermögen oder in ihrem beruflichen oder wirtschaftlichen Fortkommen erlitten hatten, begründete das Bundesgesetz zur Entschädigung für Opfer der nationalsozialistischen Verfolgung (Bundesentschädigungsgesetz - BEG -; BGBl I 1956 S. 559, zuletzt geändert durch Art. 9 Nr. 1 des Gesetzes zur Änderung von Kostengesetzen und anderen Gesetzen - KostRÄndG 1994 - vom 24. Juni 1994, BGBl I S. 1325) unter bestimmten Stichtags- und Wohnsitzvoraussetzungen Entschädigungsansprüche. Ein Entgelt für geleistete Zwangsarbeit sieht die Entschädigungsgesetzgebung nicht vor.

Der militärische und politische Zusammenbruch des Deutschen Reiches im Frühjahr 1945 hatte zu einem Staatsbankrott geführt. Die Höhe der Verschuldung schloß die vollständige Befriedigung aller Verbindlichkeiten aus. Deshalb erging das Gesetz zur Einfügung eines Art. 135a in das Grundgesetz vom 22. Oktober 1957 (BGBl I S. 1745) sowie zu dessen Ausführung das Allgemeine Kriegsfolgengesetz. § 1 Abs. 1 AKG bestimmt über die Reichsverbindlichkeiten:

> "Erlöschen von Ansprüchen
>
> (1) Ansprüche gegen
> 1. das Deutsche Reich einschließlich der Sondervermögen Deutsche Reichsbahn und Deutsche Reichspost, ...
> erlöschen, soweit dieses Gesetz nichts anderes bestimmt."

In § 1 Abs. 2 und 3 AKG wird sodann klargestellt, daß bestehende und zukünftige Gesetze, die dennoch solche Ansprüche gewähren, unberührt bleiben. § 101 AKG bestimmt weiter:

> "Londoner Schuldenabkommen
>
> Das Abkommen vom 27. Februar 1953 über deutsche Auslandsschulden und die zu seiner Ausführung ergangenen Vorschriften werden durch die Vorschriften dieses Gesetzes nicht berührt."

Art. 5 Abs. 2 und 4 des Abkommens über deutsche Auslandsschulden vom 27. Februar 1953 (BGBl II S. 331; im folgenden: Londoner Schuldenabkommen - LondSchAbk) bestimmen:

> "(2) Eine Prüfung der aus dem Zweiten Weltkriege herrührenden Forderungen von Staaten, die sich mit Deutschland im Kriegszustand befanden

oder deren Gebiet von Deutschland besetzt war, und von Staatsangehörigen dieser Staaten gegen das Reich und im Auftrag des Reichs handelnde Stellen oder Personen, einschließlich der Kosten der deutschen Besatzung, der während der Besetzung auf Verrechnungskonten erworbenen Guthaben sowie der Forderungen gegen die Reichskreditkassen, wird bis zu der endgültigen Regelung der Reparationsfrage zurückgestellt.

...

(4) Die gegen Deutschland oder deutsche Staatsangehörige gerichteten Forderungen von Staaten, die vor dem 1. September 1939 in das Reich eingegliedert oder am oder nach dem 1. September 1939 mit dem Reich verbündet waren, und von Staatsangehörigen dieser Staaten aus Verpflichtungen, die zwischen dem Zeitpunkt der Eingliederung (bei mit dem Reich verbündet gewesenen Staaten dem 1. September 1939) und dem 8. Mai 1945 eingegangen worden sind, oder aus Rechten, die in dem genannten Zeitraum erworben worden sind, werden gemäß den Bestimmungen behandelt, die in den einschlägigen Verträgen getroffen worden sind oder noch getroffen werden. Soweit gemäß den Bestimmungen dieser Verträge solche Schulden geregelt werden können, finden die Bestimmungen dieses Abkommens Anwendung."

II.

1. Die Kläger waren zur Zeit des Zweiten Weltkriegs polnische, ungarische und deutsche Staatsangehörige. Sie wurden als Juden während des Zweiten Weltkriegs in den von der deutschen Wehrmacht besetzten Gebieten verfolgt, in das Konzentrationslager Auschwitz gebracht und dort in der Zeit zwischen September 1943 und Januar 1945 auf Anordnung der SS einem privaten Unternehmen als Zwangsarbeiter zur Produktion von Artilleriezündern, Granaten und Munition zugewiesen. Entlohnung erhielten sie nicht. Das Unternehmen zahlte der SS für jeden der Kläger ein Entgelt. Nach 1945 wechselten die Kläger zum Teil die Staatsangehörigkeit; die deutsche Klägerin behielt ihre Staatsangehörigkeit bei. Die Kläger verlangen von der Bundesrepublik Deutschland zur Abgeltung der geleisteten Arbeit Zahlungen in einer Höhe zwischen 8.700 und 22.200 DM. Sie stützen diese Ansprüche auf §§ 812, 823, 831, 683 BGB sowie das Bestehen eines faktischen Arbeitsverhältnisses.

2. Das Gericht hat das Verfahren der deutschen Klägerin gemäß Art. 100 Abs. 1 GG ausgesetzt und dem Bundesverfassungsgericht die Frage vorgelegt, ob § 1 AKG mit dem Grundgesetz vereinbar ist.

Zur Begründung wird im wesentlichen ausgeführt:

a) Zwar bestehe kein Anspruch nach dem Bundesentschädigungsgesetz, wohl aber seien die Voraussetzungen eines öffentlich-rechtlichen Erstattungsanspruchs gegen die Bundesrepublik Deutschland erfüllt. Die SS sei als Teil der Staatsmacht öffentlich-rechtlich aufgetreten und habe aus der unentgeltlich geleisteten Arbeit einen Vermögensvorteil erlangt, der nach

Übernahme des Vermögens der NSDAP durch die Bundesrepublik Deutschland und die Deutsche Demokratische Republik sowie aufgrund des Einigungsvertrags auf die Bundesrepublik Deutschland übergegangen sei. Ein Rechtsgrund für diese Bereicherung bestehe nicht. Weder greife Art. 52 der Ordnung der Gesetze und Gebräuche des Landkriegs vom 18. Oktober 1907 (RGBl 1910 S. 107; im folgenden: Haager Landkriegsordnung - HLKO), da die danach erlaubten Dienstleistungen der Zivilbevölkerung nicht Kriegsunternehmungen gegen deren Vaterland dienen dürften. Noch sei ein etwaiger Rechtsgrund aus nationalsozialistischem Recht zu beachten, da die Verschleppung der Zivilbevölkerung zur Zwangsarbeit ein Verbrechen gegen die Menschlichkeit und ein Kriegsverbrechen darstelle.

§ 8 Abs. 1 BEG-SchlußG (gemeint ist offenbar § 8 Abs. 1 BEG in der Fassung des BEG-SchlußG <BGBl I 1965 S. 1315>) schließe zwar Ansprüche aufgrund von Verfolgungsmaßnahmen nach anderen Vorschriften als denen des Bundesentschädigungsgesetzes grundsätzlich aus; doch gelte dies nur, soweit an ihre Stelle unter den im Bundesentschädigungsgesetz geregelten Voraussetzungen neue Ansprüche getreten seien. Auf die Forderungen der Kläger, die die Voraussetzungen des Bundesentschädigungsgesetzes ohnehin nicht erfüllten, finde die Vorschrift also von vornherein keine Anwendung.

b) Dem Anspruch der deutschen Klägerin stehe aber der Ausschlußgrund des § 1 Abs. 1 AKG entgegen; eine abweichende Bestimmung sei nicht ersichtlich. § 1 AKG sei insoweit jedoch verfassungswidrig. Das Bundesverfassungsgericht habe § 1 AKG zwar wiederholt als verfassungsgemäß beurteilt, allerdings auch festgestellt, daß die Vorschrift nicht den gesamtdeutschen Gesetzgeber präjudiziere, die Bundesrepublik die Schulden des

Deutschen Reiches nach Maßgabe des Möglichen erfüllen müsse und dabei an den allgemeinen Gleichheitssatz gebunden sei. Auf der Grundlage dieser Rechtsprechung könne sich der - jetzt gesamtdeutsche - Gesetzgeber nicht mehr auf die Artikel 134 Abs. 4, 135a GG stützen. Diese Vorschriften trügen allein den Besonderheiten der Nachkriegszeit Rechnung. Auf sie dürfe sich die Bundesrepublik heute in Anbetracht ihrer wirtschaftlichen Stärke nicht mehr berufen.

Jedenfalls verstoße ein Erlöschen der Forderung der deutschen Klägerin gegen den Gleichheitssatz des Art. 3 GG. Deutsche Staatsangehörige und Staatenlose würden aufgrund des Bundesentschädigungsgesetzes, ausländische Verfolgte aufgrund völkerrechtlicher Verträge entschädigt. Es sei kein sachlicher Grund dafür ersichtlich, gerade die deutsche Klägerin, deren Anspruch nach dem Bundesentschädigungsgesetz an Wohnsitz- und Stichtagsvoraussetzungen scheitere, von jeder Entschädigung auszuschließen.

3. Das Gericht hat das Verfahren auch insoweit ausgesetzt, als es die ausländischen Kläger betrifft, und dem Bundesverfassungsgericht nach Art. 100 Abs. 2 GG die Frage vorgelegt, ob eine allgemeine Regel des Völkerrechts bestehe, nach der die hier in Rede stehenden Ansprüche nicht individuell durchsetzbar, sondern nur auf zwischenstaatlicher Ebene geltend zu machen seien.

a) Art. 5 Abs. 2 LondSchAbk stehe den Zahlungsansprüchen der ausländischen Kläger nicht entgegen. Denn die "endgültige Regelung der Reparationsfrage", bis zu der die Prüfung der Ansprüche zurückgestellt sei, treffe der Vertrag über die abschließende Regelung in bezug auf Deutschland vom 12. September 1990

(BGBl II S. 1317; im folgenden: Zwei-plus-Vier-Vertrag) im Zusammenhang mit dem Vertrag zwischen der Bundesrepublik Deutschland und der Republik Polen über die Bestätigung der zwischen ihnen bestehenden Grenze vom 14. November 1990 (BGBl II 1991 S. 1328; im folgenden: Deutsch-Polnischer Grenzvertrag). Der Zwei-plus-Vier-Vertrag erfülle die Funktion eines Friedensvertrages und enthalte einen Reparationsausschluß, an den auch diejenigen Staaten gebunden seien, die zwar nicht diesen Vertrag, wohl aber das Londoner Schuldenabkommen unterzeichnet hätten. Die vier Mächte hätten aufgrund ihrer historisch gewachsenen, besonderen Verantwortung stellvertretend für alle Alliierten gehandelt, die dieses Verhalten auch zum Teil ausdrücklich, zum Teil stillschweigend gebilligt hätten.

Der Reparationsverzicht des Zwei-plus-Vier-Vertrages selbst schließe jedoch Ansprüche der Kläger nicht aus, da diese keine Reparationen darstellten. Diese Sicht werde durch spätere staatliche Handlungen bestätigt.

b) Auch § 1 Abs. 1 AKG schließe gemäß § 101 AKG i.V.m. Art. 5 Abs. 2 LondSchAbk die Ansprüche der ausländischen Kläger nicht aus. Zahlungsansprüche von Zwangsarbeitern fielen unter Art. 5 Abs. 2 LondSchAbk, auch wenn sie nicht als Reparationen verstanden würden. Die Vorschrift gelte unmittelbar für die polnischen, analog für die zur Zeit der Zwangsarbeit ungarischen Staatsangehörigen. Die Sonderregel des Art. 5 Abs. 4 LondSchAbk greife nicht ein, da die in ihr angesprochenen Friedensverträge auf Ansprüche von Verfolgten nicht anwendbar seien.

c) Die Ansprüche seien auch nicht wegen Ablaufs der 30jährigen Frist analog § 195 BGB verjährt. Denn die Verjährung

sei zumindest während der Geltungsdauer des Moratoriums nach
Art. 5 Abs. 2 LondSchAbk und - analog § 1 Abs. 2 des Gesetzes
über die Verjährung von deutschen Auslandsschulden und ähnlichen Schulden vom 19. Dezember 1956 (BGBl I S. 915; im folgenden: Verjährungsgesetz) - während des Ablaufs von weiteren
18 Monaten gehemmt. Die Klagen seien deshalb vor dem frühestmöglichen Ablauf der Verjährungsfrist am 15. September 1992 erhoben worden.

d) Zweifelhaft sei aber, ob dem Anspruch eine allgemeine Regel des Völkerrechts entgegenstehe. Soweit Kriegsschäden einzelner Bürger einen Reparationsanspruch begründeten, könne dieser ausschließlich als völkerrechtlicher Anspruch auf zwischenstaatlicher Ebene vom Siegerstaat gegenüber dem unterlegenen Staat durchgesetzt werden; die Ansprüche der geschädigten Staatsangehörigen gingen darin auf. Die Ansprüche der Kläger seien nicht als Reparationsforderungen einzuordnen, stünden aber in engem Zusammenhang mit der Kriegsführung, so daß es möglich erscheine, daß dieser "Grundsatz der Exklusivität des völkerrechtlichen Ausgleichs" auch auf sie Anwendung finde. Für eine solche Verallgemeinerung des Grundsatzes der "Exklusivität" auf alle aus dem Krieg herrührenden Forderungen spreche die Vielzahl der potentiellen Forderungsinhaber, die begrenzte Leistungsfähigkeit des besiegten Staates, die in der Regel zu einer Reduzierung der Reparationsforderungen im Vergleich zu dem angerichteten Kriegsschaden führe, sowie das Interesse des siegenden Staates, die erhaltene Wiedergutmachung möglicherweise nach anderen politischen Kriterien einzufordern und zu verwenden, als es den Ansprüchen seiner Staatsangehörigen entspreche. Andererseits habe der Bundesgerichtshof (vgl. BGH, MDR 1963, S. 492 f.) Zweifel an einem so verstandenen Grundsatz der "Exklusivität" geäußert. Auch stehe bei einem völkerrechtlichen

Delikt außerhalb eines Krieges der völkerrechtliche Anspruch zwar grundsätzlich nur dem Heimatstaat zu; dadurch werde die Verfolgung eines sonstigen Individualanspruchs durch den Geschädigten vor den Gerichten des schädigenden Staates aber nicht ausgeschlossen. Sollte der Grundsatz der "Exklusivität" Anwendung finden, so sei zusätzlich zu fragen, ob dies auch gelte, wenn ein Betroffener seine Staatsangehörigkeit gewechselt habe.

III.

Die Bundesregierung hat durch Vorlage eines Rechtsgutachtens von Prof. Dr. Randelzhofer Stellung genommen. Der Gutachter hält die Vorlagen für unzulässig; die Ansprüche seien nicht hinreichend dargetan. Völkerrechtliche Individualansprüche seien nicht gegeben und würden zudem vom zwischenstaatlichen Reparationsanspruch absorbiert. Deutsches innerstaatliches Recht fände keine Anwendung; außerdem seien die Voraussetzungen der dort gewährten Anspruchsgrundlagen nicht erfüllt. Auch hätten sowohl Ungarn als auch Polen rechtswirksam auf eventuelle Individualansprüche verzichtet. Schließlich verstoße § 1 Abs. 1 AKG nicht gegen das Grundgesetz, da es sich um eine Kriegsfolgenregelung handele, bei der dem Gesetzgeber ein besonders weiter Gestaltungsspielraum eingeräumt sei.

B.

Die Vorlagen sind unzulässig.

I.

Die Vorlage gemäß Art. 100 Abs. 1 GG ist unzulässig, da weder die Entscheidungserheblichkeit des § 1 AKG noch die Überzeugung von seiner Verfassungswidrigkeit hinreichend dargelegt ist.

1. Eine Vorlage nach Art. 100 Abs. 1 GG ist allerdings nicht schon deshalb ausgeschlossen, weil das Bundesverfassungsgericht die Verfassungsmäßigkeit des § 1 AKG bereits mehrfach bejaht hat (vgl. BVerfGE 15, 126 <149 f.>; 19, 150 <165>; 23, 153 <166>; 24, 203 <214 f.>). Eine erneute Vorlage kommt dann in Betracht, wenn tatsächliche oder rechtliche Veränderungen eingetreten sind, die eine Grundlage der früheren Entscheidungen berühren und deren Überprüfung nahelegen (vgl. BVerfGE 87, 341 <346> m.w.N.). Hier verweist das vorlegende Gericht auf die nunmehr erreichte Wiedervereinigung Deutschlands und auf die nach der Rechtsprechung des Bundesverfassungsgerichts (vgl. BVerfGE 15, 126 <149>) mögliche, erneute Prüfung der Entschädigungsfrage durch einen gesamtdeutschen Gesetzgeber. Außerdem nimmt es den Gedanken der Verfassungsrechtsprechung auf, wonach § 1 AKG durch die begrenzte finanzielle Leistungskraft der Bundesrepublik Deutschland nach dem Krieg gerechtfertigt wird, und stellt dem gegenüber, daß Deutschland inzwischen wirtschaftlich erstarkt sei.

2. Das Gericht hat jedoch nicht hinreichend begründet, daß § 1 AKG entscheidungserheblich ist.

a) Eine Vorlage nach Art. 100 Abs. 1 GG ist unzulässig, wenn der Vorlagebeschluß entgegen § 80 Abs. 2 Satz 1 BVerfGG nicht mit hinreichender Deutlichkeit erkennen läßt, daß das vorlegende Gericht im Falle der Gültigkeit der in Frage gestellten Vorschrift zu einem anderen Ergebnis kommen würde als im Falle ihrer Ungültigkeit, und wie das Gericht dieses Ergebnis begründen würde (vgl. BVerfGE 7, 171 <173 f.>; stRspr). Das Gericht muß sich dabei eingehend mit der Rechtslage auseinandersetzen und die in Literatur und Rechtsprechung entwickelten Rechtsauffassungen berücksichtigen, die für die Auslegung der zur Prüfung vorgelegten Norm von Bedeutung sind (vgl. BVerfGE 65, 308 <316>; stRspr). Im übrigen ist für die Beurteilung der Entscheidungserheblichkeit die Rechtsauffassung des vorlegenden Gerichts maßgebend, sofern sie nicht offensichtlich unhaltbar ist (vgl. BVerfGE 44, 297 <299>; stRspr).

b) Abgesehen davon, daß das Landgericht nicht darlegt, warum es für den von ihm zugrunde gelegten öffentlich-rechtlichen Erstattungsanspruch den Rechtsweg zu den ordentlichen Gerichten für gegeben hält, begründet der Vorlagebeschluß nicht, inwiefern auf die hier zu beurteilenden Sachverhalte der öffentlich-rechtliche Erstattungsanspruch Anwendung findet. Hierzu wäre angesichts des für die Geltung des öffentlichen Rechts in Betracht zu ziehenden Territorialitätsprinzips darzulegen gewesen, ob die territoriale Zugehörigkeit von Auschwitz zu Polen dadurch aufgehoben war, daß der Bezirk Kattowitz, zu dem Stadt- und Landgemeinde von Auschwitz gehörten (vgl. Die Ostgebiete des Deutschen Reiches und das Generalgouvernement der besetzten polnischen Gebiete in statistischen Angaben, 1940, S. 73, 60, 55), nach der Besetzung 1939 Bestandteil der Provinz Schlesien und damit unmittelbar des Deutschen Reiches werden sollte (vgl. § 4 des Erlasses über Gliederung und Verwaltung der Ostgebiete vom 8. Oktober 1939, RGBl I S. 2042; zum Inkrafttreten RGBl I 1939 S. 2057). Dem dürfte allerdings die aufgrund des Verbots des Angriffskrieges durch den Vertrag über die Ächtung des

Krieges vom 27. August 1928 (RGBl II 1929 S. 97 - Briand-Kellog-Pakt) geltende Rechtsunwirksamkeit einer Annektion entgegenstehen (vgl. zum Annektionsverbot Verdross/Simma, Universelles Völkerrecht, 3. Aufl., S. 52, 606 f.; Bindschedler, Annexation, in: Encyclopedia of Public International Law, vol. 1, S. 168 <170 f.>; im Ergebnis auch BGH, DVBl 1959, S. 434). Sodann wäre zu begründen gewesen, ob das Territorialitätsprinzip generell den Anwendungsbereich des öffentlichen Rechts bestimmt (vgl. einerseits BGHZ 31, 367 <371>; Kegel, Internationales Privatrecht, 7. Aufl., S. 847 und andererseits Klaus Vogel, Der räumliche Anwendungsbereich der Verwaltungsrechtsnorm, 1965, S. 142 und passim), welchen Inhalt es im Rahmen des hier betroffenen Sachgebiets hat (zu den verschiedenen Ausprägungen vgl. etwa BVerfGE 84, 90 <123> zum Enteignungsrecht, BVerfGE 14, 221 <237>; 51, 356 <367> zum Sozialversicherungsrecht und BVerfGE 13, 31 <38>; 38, 128 <136> zum Wiedergutmachungsrecht) und ob es für die Rechtsquellenfrage erheblich ist, daß das Deutsche Reich bestimmte Teilrechtsbereiche und einige Einzelvorschriften des deutschen Rechts ausdrücklich für anwendbar erklärt hat, im übrigen aber von der Fortgeltung polnischen Rechts ausgegangen ist (vgl. §§ 7, 8, 12 des Erlasses über Gliederung und Verwaltung der Ostgebiete sowie die dazu ergangenen Verordnungen etwa in RGBl I 1941 S. 597 und RMBl 1941 S. 98, 257, 295). Insbesondere erörtert das Landgericht nicht, ob die hier zu beurteilenden Sachverhalte, in denen deutsche Hoheitsgewalt auf fremdem Territorium ausgeübt worden ist, es nahelegen, daß die Bundesrepublik Deutschland sich nicht auf eine etwaige Unanwendbarkeit deutschen Rechts berufen kann.

c) Das Gericht hat sich auch nicht mit der geltend gemachten Einrede der Verjährung der Ansprüche der deutschen Klägerin auseinandergesetzt. Das Gericht geht vom Bestehen einer 30jährigen Verjährungsfrist analog § 195 BGB aus, die jedoch analog Art. 5 Abs. 2 LondSchAbk und § 1 Abs. 2 des Verjährungsgesetzes keine Anwendung finde. Da aber Art. 5 Abs. 2 LondSchAbk - und damit auch der darauf bezogene § 1 Abs. 2 des Verjährungsgesetzes - nur von Ansprüchen ausländischer Staaten und deren Staatsangehöriger spricht, fehlt es an jeder Ausführung des Landgerichts zu der Frage, warum die 30jährige Verjährungsfrist für die deutsche Klägerin nicht eingreifen soll.

3. Auch die Verfassungswidrigkeit des § 1 Abs. 1 AKG ist nicht hinreichend dargelegt. Das Gericht muß sich zur Begründung seiner Auffassung, die vorgelegte Norm sei verfassungswidrig, jedenfalls mit naheliegenden Gesichtspunkten auseinandersetzen, sowie die in Literatur und Rechtsprechung entwickelten Rechtsauffassungen berücksichtigen (vgl. BVerfGE 79, 240 <243 f.>; 86, 52 <57>). Eine vertiefte Auseinandersetzung liegt nahe, wenn das Bundesverfassungsgericht sich - wie hier (vgl. BVerfGE 15, 126 <149 f.>; 19, 150 <165>; 23, 153 <166>; 24, 203 <214>) - bereits mit der Norm befaßt hat (vgl. BVerfGE 79, 240 <245>).

a) Das Gericht deutet an, daß es eine Abweichung von den bisherigen Entscheidungen des Bundesverfassungsgerichts zu § 1 Abs. 1 AKG aufgrund der Wiedervereinigung für notwendig hält. Es hätte sich dabei aber deutlicher mit der Auffassung des Bundesverfassungsgerichts auseinandersetzen müssen, daß § 1 AKG die gesamtdeutsche Staatsgewalt, die Art. 146 GG a.F. im Auge habe, nicht präjudiziere (vgl. BVerfGE 15, 126 <149>). Damit ist erkennbar gemeint, daß nach der Wiedervereinigung eine erneute Entscheidung über die Reichsverbindlichkeiten möglich, nicht jedoch, daß sie notwendig ist.

b) Das Gericht erläutert auch nicht näher, warum sich seiner Ansicht nach die Bundesrepublik Deutschland wegen ihrer heutigen wirtschaftlichen Stärke nicht mehr auf Art. 134 Abs. 4, 135a Abs. 1 GG stützen dürfe. Es hätte sich insbesondere mit der Rechtsprechung des Bundesverfassungsgerichts auseinandersetzen müssen, nach der eine verbesserte Finanzlage nicht zur nachträglichen Änderung einer vom früheren Standpunkt aus nicht sachwidrigen Regelung verpflichtet. Wirtschaftliches Wachstum bedeutet also nicht, daß sämtliche in der Vergangenheit abgeschlossenen Entschädigungsregelungen von neuem aufzurollen sind; sonst wäre eine wirksame Planung der staatlichen Tätigkeit für die Zukunft ausgeschlossen (vgl. BVerfGE 27, 253 <288 f.>; 41, 126 <187>).

Das Bundesverfassungsgericht hat den Auftrag des Gesetzgebers, zwischen Wiedergutmachungsleistungen und sonstigen Staatsaufgaben Prioritätsentscheidungen zu treffen, für die Situation nach der Wiedervereinigung bestätigt, die den Staat vor neue Wiedergutmachungspflichten und zugleich vor die Aufgabe des Wiederaufbaus in den neuen Bundesländern stellt. Bei der Gewichtung der einzelnen Staatsaufgaben und der Einschätzung von wirtschaftlicher Lage und finanzieller Leistungskraft des Staates kommt dem Gesetzgeber ein besonders weiter Beurteilungsspielraum zu (vgl. BVerfGE 84, 90 <130 f.> unter Hinweis auf BVerfGE 27, 253 <284 f.>).

c) Der Vorlagebeschluß legt auch nicht hinreichend dar, warum das "Erlöschen" (vgl. BVerfGE 15, 126 <149 f.>) der Ansprüche der deutschen Klägerin nach § 1 Abs. 1 AKG gegen den Gleichheitssatz des Art. 3 Abs. 1 GG verstoße. Der Gleichheitssatz ist verletzt, wenn ein vernünftiger, einleuchtender Grund für eine gesetzliche Differenzierung im jeweiligen Sachbereich fehlt (vgl. BVerfGE 24, 203 <215>; 84, 239 <268>; 93, 121 <134>).

Das Recht der Wiedergutmachung geht von dem Befund aus, daß ohne Schaffung besonderer Ansprüche eine Geltendmachung von Wiedergutmachungsforderungen nicht möglich wäre (vgl. Moses, Die jüdischen Nachkriegs-Forderungen, Tel Aviv 1944, S. 16 ff., insbes. S. 39 f.). Vor diesem Hintergrund hätte das Gericht sich zunächst mit der von § 1 Abs. 1 AKG nahegelegten Erwägung befassen müssen, inwiefern im Bereich des Entschädigungsrechts neben dem Bundesentschädigungsgesetz und etwaigen völkerrechtlichen Regeln weitere Anspruchsgrundlagen in Betracht kommen können. Das Bundesentschädigungsgesetz sucht einen - wie auch § 8 BEG zeigt - abschließenden Ausgleich; die Anwendung eines ungeschriebenen Erstattungsanspruchs bedarf deshalb besonderer Begründung.

Das Bundesentschädigungsgesetz gewährt für nationalsozialistische Verfolgungsmaßnahmen Entschädigung, jedoch kein Entgelt für geleistete Zwangsarbeit (vgl. Zorn, in: Entschädigung für NS-Zwangsarbeit, Öffentliche Anhörung des Innenausschusses des Deutschen Bundestages am 14. Dezember 1989, Zur Sache 6/90, S. 104). Insoweit wird die deutsche Klägerin nicht anders behandelt als andere Opfer nationalsozialistischer Verfolgung.

Eine verfassungswidrige Ungleichbehandlung ist auch nicht für einen Vergleich mit denjenigen ausländischen Verfolgten dargetan, für die Globalabkommen zwischen der Bundesrepublik Deutschland und den jeweiligen Heimatstaaten abgeschlossen worden sind. Das Landgericht prüft schon nicht, ob aufgrund dieser Globalabkommen tatsächlich Entlohnung für geleistete Zwangsarbeit gezahlt worden ist. Vor allem aber ist nicht ersichtlich, warum eine deutsche Klägerin den Personen, die aufgrund derartiger Vereinbarungen nur einen globalen Härteausgleich erhalten, gleichgestellt werden muß, wenn ihr grundsätzlich die Möglichkeit offensteht, Entschädigung nach dem Bundesentschädigungsgesetz zu erhalten, die sie nur im Einzelfall wegen Nichterfüllung der Wohnsitz- und Stichtagsvoraussetzungen nicht beanspruchen kann.

Schließlich beruht die Unterscheidung zwischen deutschen und ausländischen Klägern nach der insoweit für das Bundesverfassungsgericht maßgeblichen Rechtsauffassung des Gerichts auf § 101 AKG i.V.m. Art. 5 Abs. 2 LondSchAbk. Das Gericht hätte sich deshalb mit dem Sinn des Art. 5 Abs. 2 LondSchAbk sowie dem weiten Entscheidungsspielraum des Gesetzgebers bei der Regelung der Folgen von Krieg und Zusammenbruch des nationalsozialistischen Systems (vgl. BVerfGE 23, 153 <168>; 24, 203 <215>) und bei der Zustimmung zu völkerrechtlichen Verträgen (vgl. BVerfGE 36, 1 <14 f.>; 55, 349 <365>; Beschluß vom 18. April 1996 - 1 BvR 1452/90, 1 BvR 1459/90, 1 BvR 2031/94 -, S. 33 des Umdrucks) auseinandersetzen müssen. Weiterhin hätte das Gericht die verfassungsrechtlichen Auswirkungen seiner Ansicht darlegen müssen, wonach die ausländischen Kläger mit ihren Ansprüchen nur aufgrund des Zwei-plus-Vier-Vertrages in Verbindung mit dem Deutsch-Polnischen Grenzvertrag durchdringen könnten. Die Ungleichbehandlung beruhte danach auf veränderten Umständen des Jahres 1990 und gäbe wiederum Anlaß, die Rechtsprechung des Bundesverfassungsgerichts zur Gebundenheit gesetzlicher Regelungen in den jeweils zugrundeliegenden Umständen (vgl. BVerfGE 27, 253 <288 f.>; 41, 126 <187>; 84, 90, <125, 131>) und damit zur Gleichheit in der Zeit zu bedenken.

II.

1. Auch die Vorlage nach Art. 100 Abs. 2 GG ist unzulässig. Gegenstand dieses Normenverifikationsverfahrens sind nur die allgemeinen Regeln des Völkerrechts im Sinne von Art. 25 GG, also das universell geltende Völkergewohnheitsrecht sowie die allgemeinen Rechtsgrundsätze (vgl. BVerfGE 23, 288 <317>). Alle übrigen völkerrechtlichen Regeln und insbesondere das Völkervertragsrecht haben die Fachgerichte selbst anzuwenden und auszulegen. Die verfassungsgerichtliche Nachprüfung ihrer Entscheidungen folgt den dafür geltenden allgemeinen Maßstäben für die Kontrolle von Gerichtsentscheidungen (vgl. BVerfGE 18, 441 <450>; 59, 63 <89>).

Das Gericht hat die bei Art. 100 Abs. 2 GG vorausgesetzte Entscheidungserheblichkeit der vorgelegten Regel des Völkerrechts (vgl. BVerfGE 15, 25 <30>) nicht hinreichend dargelegt. Auch für die ausländischen Kläger hätte begründet werden müssen, warum der öffentlich-rechtliche Erstattungsanspruch anwendbar ist; erst dann könnte ein völkerrechtlicher Grundsatz Bedeutung erlangen.

2. Der Senat sieht sich veranlaßt, auf Folgendes hinzuweisen:

a) Das Gericht belegt die für eine Vorlage nach Art. 100 Abs. 2 GG genügenden Zweifel (vgl. BVerfGE 23, 286 <316, 319>) am Bestehen eines völkerrechtlichen Grundsatzes der "Exklusivität" mit Stimmen in der Literatur (vgl. etwa Féaux de la Croix, Schadensersatzansprüche ausländischer Zwangsarbeiter im Lichte des Londoner Schuldenabkommens, NJW 1960, S. 2268 <2269>; Dolzer, in: Entschädigung für NS-Zwangsarbeit, a.a.O., S. 199) und einer Entscheidung des Bundesgerichtshofs (BGH, MDR 1963, S. 492 <493>). Die Annahme, ein solcher Grundsatz könne auch Ansprüche ausschließen, die das deutsche Recht gewähre, beruht jedoch auf einer nicht ausreichenden Unterscheidung zwischen Ansprüchen nach Völkerrecht und nach nationalem Recht.

aa) Die traditionelle Konzeption des Völkerrechts als eines zwischenstaatlichen Rechts versteht den Einzelnen nicht als Völkerrechtssubjekt, sondern gewährt ihm nur mittelbaren internationalen Schutz: Bei völkerrechtlichen Delikten durch Handlungen gegenüber fremden Staatsbürgern steht ein Anspruch nicht dem Betroffenen selbst, sondern nur seinem Heimatstaat zu (vgl. Verdross/Simma, a.a.O., S. 878 f. m.w.N.; Kokott, Zum Spannungsverhältnis zwischen nationality rule und Menschenrechtsschutz bei der Ausübung diplomatischer Protektion, in: Ress/Stein, Der diplomatische Schutz im Völker- und Europarecht, 1996, S. 45 ff.>). Der Staat macht im Wege des diplomatischen Schutzes sein eigenes Recht darauf geltend, daß das Völkerrecht in der Person seines Staatsangehörigen beachtet wird (vgl. Mavrommatis Palestine Concessions Fall, StIGH, Série A, No. 2, S. 12; Reparation for Injuries Fall, ICJ Rep. 1949, S. 184; Nottebohm Fall, ICJ Rep., 1955, S. 24; Barcelona Traction Fall, ICJ Rep. 1970, S. 44).

Dieses Prinzip einer ausschließlichen Staatenberechtigung galt in den Jahren 1943 bis 1945 auch für die Verletzung von Menschenrechten. Der Einzelne konnte grundsätzlich weder die Feststellung des Unrechts noch einen Unrechtsausgleich verlangen. Auch hatte er weder nach Völkerrecht noch in der Regel nach dem innerstaatlichen Recht des einzelnen Staates einen subjektiven, durchsetzbaren Anspruch darauf, daß sein Heimatstaat den diplomatischen Schutz ausübt (vgl. Doehring, Die

Pflicht des Staates zur Gewährung diplomatischen Schutzes, 1959, S. 11 ff., 47 ff.). Erst in der neueren Entwicklung eines erweiterten Schutzes der Menschenrechte gewährt das Völkerrecht dem Einzelnen ein eigenes Recht, berechtigt andere Völkerrechtssubjekte auf der Grundlage von Resolutionen des Sicherheitsrates der Vereinten Nationen zur Intervention bei gravierenden Verstößen und entwickelt vertragliche Schutzsysteme, in denen der Einzelne seinen Anspruch auch selbst verfolgen kann (vgl. Henkin, Human Rights, in: Encyclopedia of Public International Law, vol. 2, 1995, S. 886 ff.; Beyerlin, Humanitarian Intervention, in: ibid., S. 926 ff.).

bb) Das Grundprinzip des diplomatischen Schutzes schließt aber einen Anspruch nicht aus, den das nationale Recht des verletzenden Staates dem Verletzten außerhalb völkerrechtlicher Verpflichtungen gewährt und der neben die völkerrechtlichen Ansprüche des Heimatstaates tritt. Dies zeigt sich bereits an dem Grundsatz, daß der Staat den diplomatischen Schutz erst ausüben darf, wenn der betroffene Staatsangehörige den innerstaatlichen Rechtsweg erschöpft hat (vgl. Mavrommatis Palestine Concessions Fall, StIGH, Série A, No. 2, S. 12; Interhandel-Fall, ICJ Rep. 1959, S. 27). Damit wird die Möglichkeit eines eigenen Anspruchs des betroffenen Individuums auch nach nationalem Recht vorausgesetzt (vgl. Brownlie, Principles of Public International Law, 4. Aufl., S. 495, 497; Claim of Finnish Shipowners <Finnland/Great Britain>, Reports of International Arbitral Awards, vol. III, S. 1479 <1484, 1490 ff.>; Ambatielos Claim <Greece/United Kingdom>, ibid., vol. XII, S. 83 <120 ff.>). Das gilt insbesondere dann, wenn in der staatlichen Verletzungshandlung sowohl ein Bruch des Völkerrechts als auch des nationalen Rechts liegt (vgl. Brownlie, a.a.O.).

cc) Diese Anspruchsparallelität gilt auch für etwaige zwischenstaatliche Ansprüche aufgrund von Zwangsarbeit im Zusammenhang mit dem Zweiten Weltkrieg. Das vorlegende Gericht knüpft seine Zweifel an die These, Ansprüche aus Kriegshandlungen könnten nur von Staat zu Staat geltend gemacht werden, weil der Krieg ein zwischenstaatliches Verhältnis sei (vgl. Gurski, Kriegsforderungen, AWD 1961, S. 14 f.). Die Regelung von Reparationen bleibe zwischenstaatlichen Friedensverträgen vorbehalten, um so die unübersehbare Geltendmachung zahlreicher Einzelforderungen zu verhindern (vgl. Féaux de la Croix, a.a.O., S. 2269; dagegen Domke, Individualansprüche für völkerrechtliche Deliktshaftung?, Schweizerische Juristenzeitung 1962, S. 2 <4 ff.>). Selbst wenn sich aus diesen Erwägungen eine ausschließliche Staatenberechtigung ergäbe und diese Ausschließlichkeit auf - nach Auffassung des Gerichts nicht reparationsrechtliche - Ausgleichsansprüche übertragbar wäre, beträfe der Grundsatz auch hier nur völkerrechtliche Ansprüche (vgl. Granow, Ausländische Kriegsschädenansprüche und Reparationen, AöR 77 <1951/52>, S. 67 <68 ff.>; Dolzer, a.a.O., S. 199; Düx, in: Entschädigung für NS-Zwangsarbeit, a.a.O., S. 141; Hahn, ibid., S. 150; Eichhorn, Reparation als völkerrechtliche Deliktshaftung, 1992, S. 71 ff.). Hingegen bleibt es dem das Völkerrecht verletzenden Staat unbenommen, der verletzten Person aufgrund des eigenen, nationalen Rechts Ansprüche zu gewähren. Deshalb wird in ständiger Rechtspraxis nicht in Frage gestellt, daß das Bundesentschädigungsgesetz individuelle, aus eigenem Recht der Verletzten durchsetzbare Ansprüche gewährt und diese Ansprüche durch das an Kriegshandlungen anknüpfende Völkerrecht auch insoweit nicht berührt werden, als sie an Tatbestände anknüpfen, die mit Kriegsgeschehen zusammenhängen.

Die Anspruchsparallelität besteht erst recht, wenn der Ausgleichsanspruch nicht aus dem Sonderrecht für Kriegsfolgen oder Verfolgungsschäden abgeleitet wird, sondern aus einem allgemeinen öffentlich-rechtlichen Erstattungsanspruch. Stellt der Erstattungsanspruch nach Auffassung des Gerichts eine Ergänzung und somit einen Teil des Wiedergutmachungsrechts dar, so bliebe er ebenso wie dieses Rechtsgebiet vom Völkerrecht unberührt. Sieht das Gericht den Erstattungsanspruch hingegen außerhalb des Wiedergutmachungsrechts, so stünde er in keinerlei spezifischem Zusammenhang mit der Regelung von Kriegsfolgen. Eine völkerrechtliche Ausschlußnorm, die gerade Kriegsfolgen betreffen soll, würde also noch weniger greifen können als bei Ansprüchen nach dem Bundesentschädigungsgesetz.

b) Im übrigen besteht auch eine solche Regel des Völkergewohnheitsrechts über die "Exklusivität" nicht, nach der Entschädigungsregelungen im Zusammenhang mit Kriegsfolgen nur im Rahmen von völkerrechtlichen Verträgen, insbesondere von Friedensverträgen getroffen werden könnten oder bestehende Verträge über solche Entschädigungen abschließend wären (in diese Richtung aber Féaux de la Croix, a.a.O., S. 2269).

Eine solche Regel würde zumindest eine entsprechende Staatenpraxis, d.h. eine dauernde und einheitliche Übung unter weitgestreuter und repräsentativer Beteiligung voraussetzen. Daß eine solche Praxis nicht besteht, zeigen Friedensverträge, in denen die Staaten im Zusammenhang mit der Reparationsfrage auf Ansprüche gegeneinander verzichten. Diese Verzichtserklärungen betreffen regelmäßig nur Ansprüche der Staaten wegen einer Schädigung ihrer Staatsangehörigen, nicht aber Ansprüche der Staatsangehörigen selbst (vgl. etwa Art. 3 des Friedensvertrages zwischen Österreich/Ungarn und Finnland vom 29. Mai 1918

<Martens/Triepel, Nouveau Recueil General de Traités, 3e série, Bd. 12, S. 15>; Art. 8 des Friedensvertrages zwischen Rußland und Estland vom 2. Februar 1920 <LNTS, vol. 11, S. 51>, Art. 1 Buchst. a des Deutsch-Russischen Vertrages von Rapallo vom 17. Juli 1922 <RGBl II 1922 S. 677>, Art. 58 Satz 1 des Friedensvertrages von Lausanne zwischen Großbritannien, Frankreich, Italien, Japan, Griechenland, Rumänien, Serbo-Kroatien-Slowenien und der Türkei vom 24. Juli 1923 <LNTS, vol. 28, S. 12>; Art. 5 des Friedensvertrages zwischen Lettland und Rußland vom 11. August 1920 <LNTS, vol. 2, S. 212>).

Soweit Friedensverträge Individualforderungen ausschließen, regeln sie die Ansprüche der Staatsangehörigen ausdrücklich neben den Forderungen der Staaten (vgl. etwa Art. II Abs. 2 der Deutsch-Polnischen Übereinkunft vom 31. Oktober 1929 <RGBl II 1930 S. 549>; Art. 111 des Friedensvertrages von Lausanne vom 24. Juli 1923 <LNTS, vol. 28, S. 12>; Art. 14 Buchst. b des Friedensvertrages der Alliierten mit Japan vom 8. September 1951 <UNTS, vol. 136, S. 45>; Ziff. VI der Sowjetisch-Japanischen Vereinbarung vom 19. Oktober 1956 <EA 11, 1956, S. 9287>).

Auch aus der übrigen Staatenpraxis wird deutlich, daß den Staaten die Unterscheidung zwischen staatlichen und individuellen Ansprüchen bewußt gewesen ist. Dies gilt etwa für Art. 71, 137, 258, 260 Abs. 2 Satz 3 des Versailler Vertrages vom 28. Juni 1919 (RGBl S. 687), Art. 43, 112, 209 des Vertrages von Saint-Germain-en-Laye zwischen den Alliierten und Österreich vom 10. September 1919 (Martens/Triepel, Nouveau Recueil General de Traités, 3e série, Bd. 11, S. 691), Art. 96 des Vertrages von Trianon zwischen den Alliierten und Ungarn vom 4. Juni 1920 (Martens/Triepel, Nouveau Recueil General de

Traités, 3e série, Bd. 12, S. 422), Art. 2 Abs. 1 der Deutsch-Polnischen Übereinkunft vom 31. Oktober 1929 (RGBl II 1930 S. 549) und das sog. Litvinoff-Abkommen vom 16. November 1933 zwischen den USA und der UdSSR (American Journal of International Law, Supplement 28 <1934>, S. 10). Diese Staatenpraxis setzte sich nach 1945 fort, etwa in Art. 30 Abs. 4 des Friedensvertrages der Alliierten mit Ungarn vom 10. Februar 1947 (UNTS, vol. 41, S. 135), Art. 28 Abs. 4 des Friedensvertrages der Alliierten mit Rumänien vom 10. Februar 1947 (UNTS, vol. 42, S. 3), Art. 26 Abs. 4 des Friedensvertrages der Alliierten mit Bulgarien vom 10. Februar 1947 (UNTS, vol. 41, S. 21), Art. 76 Abs. 1 des Friedensvertrages der Alliierten mit Italien vom 10. Februar 1947 (UNTS, vol. 49, S. 3), Art. 19 Buchst. a und c des Friedensvertrages der Alliierten mit Japan vom 8. September 1951 (UNTS, vol. 136, S. 45), Art. 3 des Pariser Reparationsabkommens vom 14. Januar 1946 (UNTS, vol. 555, S. 69), Art. 6 des Vertrages der Deutschen Demokratischen Republik mit Finnland vom 3. Oktober 1984 (Fieberg/Reichenbach/Messerschmidt/Neuhaus, Vermögensgesetz, Kommentar, Anhang II/4) und Art. 7 des Vertrages der Deutschen Demokratischen Republik mit Österreich vom 21. August 1987 (BGBl für die Republik Österreich 1988 S. 1887; vgl. dazu Österreichischer Verfassungsgerichtshof, RIW 1993, S. 1027).

c) Das Fehlen einer Regel des Völkergewohnheitsrechts, nach der Individualentschädigungen im Zusammenhang mit Kriegsereignissen allein völkervertragsrechtlich geregelt werden können, schließt jedoch nicht aus, daß einzelne Verzichtserklärungen - wie etwa die polnische Erklärung vom 23. August 1953 (Zbiór Dokumentow 1953, Nr. 9, S. 1830 <1831>) - oder völkerrechtliche Verträge - wie etwa der Zwei-plus-Vier-Vertrag, das Londoner Schuldenabkommen und der Friedensvertrag der Alliierten mit Ungarn vom 10. Februar 1947 (UNTS, vol. 41, S. 135) - solche Ansprüche zum Erlöschen bringen. Die Entscheidung hierüber obliegt dem vorlegenden Gericht.

III.

Die Entscheidung ist einstimmig ergangen.

Limbach   Graßhof   Kruis

Kirchhof   Winter   Sommer

    Jentsch   Hassemer

Landgericht Bonn[*]

Anlage zum Verkündungsprotokoll vom 05.11.1997
<u>verkündet am 05.11.1997</u>
Engelen, Justizsekretärin
als Urkundsbeamter der Geschäftsstelle

Geschäftszeichen: 1 O 134/92

Im Namen des Volkes

Urteil

In dem Rechtsstreit

....

Kläger,

– Prozeßbevollmächtigte: Rechtsanwälte Lienkamp, Keller und Schreinemacher in Bonn –

gegen

die Bundesrepublik Deutschland, vertreten durch den Bundesminister der Finanzen, Graurheindorfer Str. 108, 53117 Bonn,

Beklagte

– Prozeßbevollmächtigte: Rechtsanwälte Prof. Dr. Redeker, Prof. Dr. Dahs, Dr. Sellner, Dr. Becker, Keller, Börger, Dr. Lübbert, Feigen, Dr. Pape, Dr. Bracher, Dr. Frieser, Dr. Messerschmidt, Dr. Lüders, Thierau, Merkens, Dr. Mayen, Dr. Walpert, Dr. Glahs, Birnkraut, Dr. Reichert, Okonek, Dr. Wunderlich und Dr. Fischer in Bonn –

hat die 1. Zivilkammer des Landgerichts Bonn
auf die mündliche Verhandlung vom 24. September 1997
durch den Vorsitzenden Richter am Landgericht Sonnenberger, die Richterin am Landgericht Schumacher und die Richterin Gösele

für **Recht** erkannt:

---

[*]   Unveränderte auszugsweise Abschrift des Urteils (die Hrsg.).

Die Beklagte wird verurteilt, an die Klägerin zu 19) DM 15.000,-- nebst 4 % Zinsen seit dem 09.04.1992 zu zahlen.

Im übrigen werden die Klage abgewiesen.

Die Kosten des Rechtsstreits werden wie folgt verteilt: ...

TATBESTAND:

Die Klägerinnen und der Kläger machen mit der vorliegenden Klage Zahlungsansprüche wegen geleisteter Zwangsarbeit geltend, zu der sie in der Zeit zwischen September 1943 und dem 18.01.1945 herangezogen worden sind.

Als Angehörige des jüdischen Volkes wurden sie von den Nationalsozialisten verfolgt und im Zuge dieser Verfolgung in das Konzentrationslager Auschwitz eingeliefert. Von dort wurden sie auf Anordnung der SS der Firma Weichsel Metall Union KG als Arbeitskräfte zur Verfügung gestellt, die in einem nahegelegenen Werk Artilleriezünder, Granaten und Munition herstellte.

Die Klägerinnen und der Kläger mußten an sechs Tagen in der Woche in zwei Schichten jeweils 12 Stunden arbeiten. Eine Entlohnung erhielten sie hierfür nicht. Die Unterbringung und Verpflegung war völlig unzureichend und erfolgte unter menschenunwürdigen Bedingungen.

Im einzelnen dauerte die Verpflichtung zur Zwangsarbeit bei den Klägerinnen zu 1), 2), 9), 10), 11), 14) und 17) 68 Wochen, bei den Klägerinnen zu 3), 5), 6), 7) und 13) 63 Wochen, bei der Klägerin zu 19) 55 Wochen, bei den Klägerinnen 20) bis 22) 53 Wochen und bei dem Kläger zu 15) 32 Wochen, sowie bei der Klägerin zu 18) 29 Wochen, den Klägerinnen zu 8), 12) und 16) 28 Wochen und bei der Klägerin zu 4) 27 Wochen.

Die Firma Weichsel Metall Union KG mußte für jeden von der SS zur Verfügung gestellten KZ-Häftling pro Stunde 1,23 RM** an die SS abführen. Die Klägerin zu 1) - 7), 9) - 11), 13), 14), 17), 19), 21) und 22) hatten zum damaligen Zeitpunkt die polnische, die Klägerinnen zu 8), 12), 16) und 18) sowie der Kläger zu 15) die ungarische Staatsangehörigkeit. Die Klägerinnen zu 1) bis 13), 16) bis 19) und der Kläger zu 15) erwarben zwischen 1948 und 1968 die israelische Staatsangehörigkeit und zwar die Klägerinnen zu 2) bis 6), 11) bis 13) und 17) im Jahre 1948, die Klägerinnen zu 1) und 9) im Jahre 1949, die Klägerin zu 7) im Jahr 1950, die Klägerin zu 10) im Jahre 1954,

---

** Pro Tag (die Hrsg.).

die Klägerin zu 18) im Jahre 1958, die Klägerinnen zu 8) und 16) im Jahre 1959, sowie der Kläger zu 15) im Jahre 1964 und die Klägerin zu 19) im Jahre 1968. Die Klägerin zu 14) ist seit 1965 Kanadierin, die Klägerinnen zu 21) und 22) sind seit 1957 bzw. 1963 Staatsangehörige der USA, die Klägerin zu 20) war damals wie heute Deutsche.

Nachdem die Klägerinnen und der Kläger zunächst vorgetragen haben, sie hätten zu keinem Zeitpunkt die Stichtags- und Wohnsitzvoraussetzungen des Bundesentschädigungsgesetzes (BEG) erfüllt und auch keine Entschädigungszahlungen nach diesem Gesetz erhalten (Seite 16 der Klageschrift), hat die Kammer die Sache dem Bundesverfassungsgericht durch Beschluß vom 02. Juli 1993 gem. Art. 100 Abs. 1 GG zur Entscheidung über die Fragen vorgelegt, ob völkerrechtliche Grundsätze die individuelle Geltendmachung der streitgegenständlichen Ansprüche ausschließe und ob § 1 des Allgemeinen Kriegsfolgengesetzes mit dem Grundgesetz vereinbar sei. Nachdem das Bundesverfassungsgericht diese Vorlage durch Beschluß vom 13. Mai 1996 als unzulässig zurückgewiesen hat, hat die Beklagte im Dezember 1996 Kenntnis davon erhalten, daß zumindest in einigen Fällen bereits Leistungen nach dem Bundesentschädigungsgesetz (BEG) bezahlt wurden. Nachdem die Kläger hierzu zunächst mit Schriftsatz vom 17.02.1997 vorgetragen haben, sie könnten sich wegen ihres hohen Alters und der Verdrängung ihrer schrecklichen Erlebnisse nicht mehr daran erinnern, ob Zahlungen geleistet worden seien, ist nunmehr unstreitig, daß folgende Zahlungen an die Kläger geleistet wurden:

Klägerin zu 1): Kapitalentschädigung nach dem BEG 9.350,-- DM, laufende monatliche BEG-Rente von derzeit 886,-- DM und Heilbehandlungskosten in Form von 11 bewilligten Kuren.
Klägerin zu 2): Kapitalentschädigung nach dem BEG 9.750,-- DM.
Klägerin zu 3): Kapitalentschädigung nach dem BEG 35.756,-- DM, laufende monatliche BEG-Rente von derzeit 732,-- DM.
Klägerin zu 4): Kapitalentschädigung nach dem BEG 13.767,-- DM; laufende monatliche BEG-Rente von derzeit 1.074,-- DM.
Klägerin zu 5): Kapitalentschädigung nach dem BEG 18.235,-- DM, laufende monatliche BEG-Rente von derzeit 913,-- DM.
Klägerin zu 6): Kapitalentschädigung nach dem BEG 25.199,-- DM, laufende monatliche BEG-Rente von derzeit 931,-- DM.
Klägerin zu 7): Kapitalentschädigung nach dem BEG 56.301,-- DM, laufende monatliche BEG-Rente von derzeit 913,-- DM.
Klägerin zu 8): Kapitalentschädigung nach dem BEG 7.940,-- DM.
Zahlungen der Claims Conference: Überbrückungszahlung in Höhe von 5.000,-- DM und laufende monatliche Rente in Höhe von 500,-- DM.
Klägerin zu 9): Kapitalentschädigung nach dem BEG 33.746,-- DM, laufende monatliche BEG-Rente von derzeit 896,-- DM.
Klägerin zu 10): Kapitalentschädigung nach dem BEG 24.605,-- DM, laufende monatliche BEG-Rente von derzeit 2.479,-- DM, Ersatz von Heilbehandlungskosten in Höhe von 33.970,-- DM.

Klägerin zu 11): Kapitalentschädigung nach dem BEG 19.750,-- DM, laufende monatliche BEG-Rente von derzeit 718,-- DM.
Klägerin zu 12): Kapitalentschädigung nach dem BEG 1.800,-- DM.
Klägerin zu 13): Kapitalentschädigung nach dem BEG 33.476,-- DM, laufende monatliche BEG-Rente von derzeit 913,-- DM.
Klägerin zu 14): Kapitalentschädigung nach dem BEG 9.450,-- DM.
Kläger zu 15): Kapitalentschädigung nach dem BEG 21.570,-- DM.
Klägerin zu 16): Kapitalentschädigung nach dem BEG 7.940,-- DM. Zahlungen durch die Claims Conference: 6.500,-- DM. Überbrückungsgeld, 9.500,-- DM Rentennachzahlung, seit April 1997 laufende Rente von monatlich 500,-- DM.
Klägerin zu 17): Kapitalentschädigung nach dem BEG 13.917,-- DM, laufende monatliche Rente von derzeit 931,-- DM.
Klägerin zu 18): Kapitalentschädigung nach dem BEG 7.940,-- DM.
Klägerin zu 19): Keine Leistungen nach dem BEG. Zahlungen durch die Claims Conference: 6.500,-- DM Überbrückungszahlung, 9.500,-- DM Rentennachzahlung und eine seit April 1997 laufende Rente von monatlich 500,-- DM.
Klägerin zu 20): Kapitalentschädigung nach dem BEG und Vorläuferregelungen 11.100,-- DM, laufende monatliche BEG-Rente von derzeit 1.675,-- DM.
Klägerin zu 21): Laufende monatliche BEG-Rente in von der Klägerin zu 21) nicht angegebener Höhe.
Klägerin zu 22): Kapitalentschädigung nach dem BEG 9.600,-- DM, Zahlungen durch die Claims Conference: laufende monatliche Rente von 500,-- DM bis zu ihrem Tod im Sommer 1996, Zahlung einer einmaligen Entschädigung in Höhe von 5.000,--.

Der Kläger zu 15) und die Klägerin zu 22) sind nach Rechtshängigkeit der Klage verstorben; ein Aussetzungsantrag gem. § 246 Abs. 1 ZPO ist nicht gestellt worden.

Die Kläger sind der Ansicht, ihnen stehe gegen die Beklagte ein Vergütungsanspruch wegen der zwangsweise erbrachten Arbeitsleistung zu und zwar auch dann, wenn schon Entschädigungsleistungen nach dem BEG erbracht wurden. Denn das BEG stelle keine abschließende Regelung für sämtliche Formen der nationalsozialistischen Verfolgung dar.

Auch § 43 Abs. 3 BEG in der Fassung vom 29.06.1956 erfasse nicht die hier geltend gemachten Ansprüche, sondern lediglich einen Teilbereich der Zwangsarbeit, nämlich die immateriellen Beeinträchtigungen durch die Verpflichtung zur Zwangsarbeit in Form der Freiheitsentziehung.

Die Kläger meinen, der Geltendmachung ihrer individual-rechtlichen Ansprüche stünden Regeln des Völkerrechts nicht entgegen, da der individual-rechtliche Charakter von Entschädigungsansprüchen für geleistete Zwangsarbeit völkerrechtlich seit Jahrzehnten anerkannt sei und dies über Art. 25 GG auch die Beklagte binde.

Ebensowenig stehe ihrem Anspruch die Erlöschensvorschrift des § 1 Abs. 1 AKG entgegen, da dieses Gesetz als nationales Recht die Ansprüche ausländischer Staatsangehöriger nicht verdrängen könne. Überdies seien insoweit nach § 101 AKG die Bestimmungen des Londoner Schuldenabkommens von 1953 die spezielleren.

Schließlich steht auch Art. 5 des Londoner Schuldenabkommens ihren Ansprüchen nicht entgegen: Zum einen bezieht sich die in Art. 5 Abs. 2 dieses Abkommens geregelte Stundung lediglich auf Reparationen, wohingegen es im vorliegenden Fall um den hiervon zu unterscheidenden Begriff der Wiedergutmachung gehe. Zum anderen habe aber auch die Beklagte durch die Ratifizierung des 2+4 Vertrages ihre uneingeschränkte Souveränität wiedererlangt, weshalb dieses Abkommen als endgültiger Friedensvertrag anzusehen sei. Letztlich sei aber auch eine Berufung der Beklagten auf die Bestimmungen des Londoner Schuldenabkommens wegen der zwischenzeitlich erfolgten wirtschaftlichen Konsolidierung der Bundesrepublik Deutschland verfassungswidrig. Letztlich verstoße die Tatsache, daß sie im Gegensatz zu anderen Zwangsarbeitern aus westeuropäischen Ländern nicht entschädigt worden seien, gegen den Gleichheitssatz, von dessen Geltung die Beklagte auch nicht wegen Art. 135 a GG und Art. 134 Abs. 4 GG befreit sei.

Auch in dem Abschluß völkerrechtlicher Verträge zwischen Ungarn und Polen einerseits und der Beklagten andererseits liege kein Forderungsverzicht, da diese die streitgegenständlichen Ansprüche nicht erfaßten.

Hinsichtlich der Höhe der geltend gemachten Vergütung sind die Kläger der Auffassung, es sei der durchschnittliche Wochenlohn eines deutschen Arbeiters zugrundezulegen, welcher zum Zeitpunkt der Verpflichtung zur Zwangsarbeit unstreitig bei 60,-- RM pro Woche lag. Bei der Berechnung der Schadensersatzforderung sei auch nicht wegen der Währungsreform im Jahre 1948 im Verhältnis 1:10 abzuwerten, da es sich vorliegend um völkerrechtlich festgeschriebene Individualansprüche handele, die durch nationale Währungsumstellungen nicht beeinflußbar seien. Als Geldwertschulden seien diese Beträge unter Berücksichtigung des Nominalwertprinzips in Anlehnung an den Lebenshaltungskostenindex an den heutigen Stand anzupassen. Zwar sei der Preisindex von 4-Personen-Haushalten von Arbeitern und Angestellten mit mittleren Einkommen von 22,0 im Jahre 1945 auf 114,4 im Jahre 1996 gestiegen, so daß eigentlich mit einem Faktor von 5,4 zu multiplizieren sei. Tatsächlich sei aber mit dem Faktor 17,61 zu multiplizieren, da die Preisindexberechnung nicht die gestiegenen höheren Mieten berücksichtige, ebensowenig die Tatsache, daß der Preisindex zahlreiche Güter enthalte, die es 1945 noch gar nicht gab, wie etwa Unterhaltungselektronik.

Mit ihrer am 3. April 1992 bei Gericht eingegangenen Klage sowie ferner mit Schriftsatz vom 10. August 1992 haben die Kläger ursprünglich beantragt,

    die Beklagte zu verurteilen,

        1. an die Klägerin zu 1) DM 22.200,00
        2. an die Klägerin zu 2) DM 22.200,00
        3. an die Klägerin zu 3) DM 19.200,00

4. an die Klägerin zu 4) DM 8.700,00
5. an die Klägerin zu 5) DM 19.200,00
6. an die Klägerin zu 6) DM 19.200,00
7. an die Klägerin zu 7) DM 19.200,00
8. an die Klägerin zu 8) DM 8.700,00
9. an die Klägerin zu 9) DM 19.200,00
10. an die Klägerin zu 10) DM 19.200,00
11. an die Klägerin zu 11) DM 19.200,00
12. an die Klägerin zu 12) DM 8.700,00
13. an die Klägerin zu 13) DM 19.200,00
14. an die Klägerin zu 14) DM 22.200,00
15. an den Kläger zu 15) DM 9.000,00
16. an die Klägerin zu 16) DM 8.700,00
17. an die Klägerin zu 17) DM 19.800,00
18. an die Klägerin zu 18) DM 8.700,00
19. an die Klägerin zu 19) DM 15.600,00
20. an die Klägerin zu 20) DM 1.800,00
jeweils nebst 4 % Zinsen seit dem 09.04.1992 zu zahlen,
sowie
21. an die Klägerin zu 21) DM 15.600,00
22. an die Klägerin zu 22) DM 15.600,00
jeweils nebst 4 % Zinsen seit dem 13.08.1992 zu zahlen.

Durch Schriftsätze vom 21. und 25. November 1996 haben sie ihre Klage erhöht und beantragen nunmehr,

die Beklagte zu verurteilen
1. an die Klägerin zu 1) DM 68.000,00
2. an die Klägerin zu 2) DM 68.000,00
3. an die Klägerin zu 3) DM 63.000,00
4. an die Klägerin zu 4) DM 27.000,00
5. an die Klägerin zu 5) DM 63.000,00
6. an die Klägerin zu 6) DM 63.000,00
7. an die Klägerin zu 7) DM 63.000,00
8. an die Klägerin zu 8) DM 28.000,00
9. an die Klägerin zu 9) DM 68.000,00
10. an die Klägerin zu 10) DM 68.000,00
11. an die Klägerin zu 11) DM 68.000,00
12. an die Klägerin zu 12) DM 28.000,00
13. an die Klägerin zu 13) DM 63.000,00
14. an die Klägerin zu 14) DM 68.000,00
15. an die Klägerin zu 15) 32.000,00
16. an die Klägerin zu 16) DM 28.000,00
17. an die Klägerin zu 17) DM 68.000,00
18. an die Klägerin zu 18) DM 29.000,00

19. an die Klägerin zu 19) DM 55.000,00
20. an die Klägerin zu 20) DM 53.000,00
jeweils nebst 4 % Zinsen seit dem 22. November 1996 zu zahlen
sowie
21. an die Klägerin zu 21) DM 52.000,00
22. an die Klägerin zu 22) DM 52.000,00
jeweils nebst 4 % Zinsen seit dem 25. November 1996 zu zahlen.

Die Beklagte beantragt,

die Klage abzuweisen.

Die Beklagte meint, weitergehende Entschädigungs- bzw. Schadensersatzansprüche über die bereits geleisteten Zahlungen hinaus stünden den Klägern bereits deshalb nicht zu, weil Entschädigungsansprüche für Verfolgungsmaßnahmen im BEG abschließend geregelt seien und § 8 BEG weitergehende Ansprüche als die dort erfaßten ausschließe. In diesem Zusammenhang seien aber auch die Zahlungen der Conference on Jewish Material Claims against Germany zu berücksichtigen, welche heute bei im westlichen Ausland lebenden jüdischen Verfolgten als Einrichtung für deutsche Wiedergutmachungsleistungen in Erscheinung tritt, da diese von ihr, der Beklagten, finanziert werde und die Entschädigungsleistungen in vollem Umfang von ihr getragen würden. Die Leistungen der Claims Conference seien von den Stichtagsvoraussetzungen des BEG unabhängig, einzige Voraussetzung sei, daß die Antragsteller ihren Wohnsitz oder dauernden Aufenthalt außerhalb des "Ostblocks" haben. Demgemäß bedeute es keine unbillige Härte für die Klägerinnen, daß ein gesonderter Anspruch auf Vergütung für geleistete Zwangsarbeit nicht bestehe.

Darüber hinaus seien ihre Ansprüche auch nach § 1 Abs. 1 AKG erloschen, § 101 AKG bedeute lediglich, daß Ansprüche, die nach dem Londoner Schuldenabkommen nicht zu erfüllen seien oder erloschen sind, auch nach dem Allgemeinen Kriegsfolgengesetz nicht zu erfüllen seien.

Ein Erlöschenstatbestand ergebe sich ferner aus der Bestimmung des Art. 5 Abs. 4 LSchA, da die Volksrepublik Polen in ihrer Erklärung vom 23.08.1953 auf Reparationen gegenüber ganz Deutschland verzichtet habe. Dieser Verzicht sei auch im Rahmen der Verhandlungen zum Warschauer Vertrag im Jahre 1970 von Polen ausdrücklich bestätigt worden. Ebenso habe Ungarn in Art. 30 Abs. 4 des Friedensvertrages von 1947 auf alle Ansprüche gegenüber Deutschland verzichtet. Dies müßten jedenfalls die Kläger, die ehemals die polnische und ungarische Staatsangehörigkeit hatten, gegen sich geltend lassen, da sie zum Zeitpunkt der Heranziehung zur Zwangsarbeit Angehörige dieser Staaten waren.

Ferner bestehe die Stundung nach Art. 5 Abs. 2 LSchA fort und stehe folglich einer Erfüllung der streitgegenständlichen Ansprüche nach wie vor entgegen, da es sich hierbei um Reparationsforderungen im Sinne des Abkommens handele. Dies sei auch aus verfassungsrechtlicher Sicht nicht zu beanstanden, da dem Gesetzgeber - wie dies das Bundesverfassungsgericht bereits mehrfach bestätigt habe - bezüglich Grund und Höhe zu erfüllender Ansprüche aus dem Kriegsfolgenrecht ein weiter Gestaltungsspielraum zustehe.

Die Beklagte ist weiter der Ansicht, bei den geltend gemachten Ansprüchen handele es sich um sogenannte Reparationsforderungen, die nach allgemeinen völkerrechtlichen Grundsätzen nicht individuell geltend gemacht werden könnten; ein Ausgleich derartiger Ansprüche müsse zwischenstaatlichen Regelungen vorbehalten bleiben.

Ein Verstoß gegen den Gleichbehandlungsgrundsatz liege nicht vor, da eine Ungleichbehandlung der Kläger gegenüber anderen gleichgelagerten Fällen nicht gegeben sei.

Hilfsweise erhebt die Beklagte die Einrede der Verjährung.

Entscheidungsgründe:

Die Kläger der Klägerin zu 19) ist zum Teil begründet, die Klagen der Kläger zu 1) bis 18) sowie 20) bis 22) sind hingegen unbegründet.

A. Anspruch der Klägerin zu 19)

I.

Die Klägerin zu 19) hat gegen die Beklagte dem Grunde nach einen Anspruch auf Vergütung für geleistete Zwangsarbeit aus dem Gesichtspunkt der Amtshaftung nach § 839 BGB i.V.m. Art. 34 GG wegen einer durch das Deutsche Reich begangenen unerlaubten Handlung im Sinne des Deliktsrechts gem. § 823 Abs. 1 BGB.

1.

Das Deutsche Reich hat die Klägerin zu 19) durch ihre Zwangsverpflichtung zur Arbeit sowohl in ihrem durch § 823 BGB geschützten Persönlichkeitsrecht in schwerwiegender Weise verletzt, als auch in ihrem Recht auf Freiheit beschränkt.

Eine Verletzung des Persönlichkeitsrechtes liegt immer dann vor, wenn das Recht eines einzelnen auf Achtung seiner Würde und freier Entfaltung seiner Persönlichkeit, wie dies nunmehr durch Artikel 1, 2 Abs. 1 GG von staatlicher Seite garantiert ist, verletzt wird (grundlegend BGHZ 13, 334).

Daß eine solche Persönlichkeitsverletzung dann zu bejahen ist, wenn Personen unter menschenunwürdigen Bedingungen und ständiger Todesdrohung zu Arbeitsleistungen gezwungen werden, bedarf keiner weiteren Erörterung. Ebenso liegt es auf der Hand, daß in solchen Fällen, in denen Menschen allein wegen ihrer Zugehörigkeit zu einer bestimmten Rasse oder wegen mißliebiger politischer Gesinnung in Vernichtungslager verbracht und dort zu Zwangsarbeit gezwungen werden, der Tatbestand der Freiheitsberaubung erfüllt ist (in diesem Sinne auch OLG Stuttgart, RzW 64, 425).

Obwohl zu der Zeit der Begehung der unerlaubten Handlung das Grundgesetz noch nicht galt, welches die Beachtung dieser Werte zur vordringlichsten Aufgabe der Staatsorgane macht, führt dies nicht dazu, daß diese Vorgehensweise nicht rechtswidrig wäre. So ergibt sich die Rechtswidrigkeit dieser Handlungen bereits aus Artikel 52 HLKO (Haager Landkriegsordnung). Nach dieser Vorschrift können Dienstleistungen der Zivilbevölkerung nur für die Bedürfnisse des Besatzungsheeres gefordert werden; sie müssen im Verhältnis zu den Hilfsquellen des Landes stehen und dürfen nicht die Verpflichtung enthalten, an Kriegsunternehmungen gegen das eigene Vaterland teilzunehmen. Die Arbeit, die der Klägerin zu 19) durch ihren Einsatz bei der Weichsel-Metall-Union KG abverlangt wurde, war nach Art und Umfang hiervon nicht mehr gedeckt. Vielmehr wurde die Verschleppung der Zivilbevölkerung zur Zwangsarbeit vom Internationalen Militärgerichtshof in Nürnberg allgemein als Verbrechen gegen die Menschlichkeit und Kriegsverbrechen beurteilt (vgl. Artikel 6 des Status des Internationalen Militärtribunals - IMT - und dazu Majer, Protokoll Nr. 73 des Innenausschusses des Deutschen Bundestages, 11. Wahlperiode, S. 194 vom 14.12.1989). Soweit dies nach damaligen nationalsozialistischen Recht erlaubt war, ist das demgegenüber unbeachtlich (BGH RzW 1959, 219; BGH NJW 1952, 1139).

2.

Für dieses durch das Deutsche Reich begangene Unrecht hat die Beklagte zu haften.

a)
So haftet die Beklagte als Rechtsnachfolgerin des Deutschen Reiches, da die SS gegenüber den KZ-Häftlingen als Teil der kriegsführenden Staatsmacht auftrat (vgl. OLG Stuttgart, RzW 1964, 425: "Die Häftlinge verblieben auch während des Arbeitseinsatzes unter der öffentlichen Gewalt der SS-Stelle" und Gursky, Das Abkommen, S. 198: "Das Reich, verkörpert durch die SS, hatte sich durch die uneingeschränkte Herrschaftsgewalt über die Ausländer angemaßt, die es in KZ-Lagern verwahrte.").

Die Beklagte hat für diese schadenersatzpflichtigen Handlungen als vormalige Reichsschulden nunmehr - nach der Wiedervereinigung - aufgrund ihrer Identität mit dem Deutschen Reich zu haften (vgl. zur Identität Rauschnig DVBl 1990, 1275, 1278; zur Haftung von Nachfolgestaaten vgl. Seidel-Hohenveldern, Völkerrecht, 1987, Rdnr. 1423) und der Übernahme des Reichsvermögens nach Artikel 134 Abs. 1, 135 a GG, die grundsätzlich auch die Passiven umfaßt (BVerfGE 15, 138.; Maunz in: Maunz/-Dürig/Herzog/Scholz, Kommentar zum Grundgesetz, Art. 134, Rdnr. 10), soweit nicht die Passivlegitimation durch Art. 134 Abs. 4 GG i.V.m. dem Allgemeinen Kriegsfolgengesetz (AKG) ausgeschlossen wird.

Bereits vor der Wiedervereinigung hat die Beklagte für sich in Anspruch genommen, mit dem Deutschen Reich identisch zu sein, hinsichtlich des Gebietes allerdings nur teilidentisch (BVerfGE 36, 1 ff.). Dementsprechend bestätigte der deutsche Bundeskanzler den Alliierten bei den Verhandlungen zum Londoner Schuldenabkommen (LSchA), daß die Bundesrepublik für die Reichsschulden aus der Zeit vor dem 2. Weltkrieg hafte, soweit sie einen Bezug zu Westdeutschland aufwiesen. Ihre Haftung für Reichsschulden wurde offenbar vorausgesetzt (Schmidt-Bleibtreu/Klein, Kommentar zum Grundgesetz, Art. 135 a, Anm. 4). Nach dem Beitritt der ehemaligen DDR und der nunmehr endgültigen Festlegung des deutschen Staatsgebietes, insbesondere der Ostgrenze durch den Grenzvertrag mit Polen, gilt dies für die Bundesrepublik in ihrer jetzigen Ausdehnung uneingeschränkt.

b)
Insbesondere steht einer Haftung der Beklagten nicht entgegen, daß die Klägerin zu 19) von der SS in einem Gebiet eingesetzt wurde, welches das Deutsche Reich unter Verletzung der völkerrechtlichen Verbote des Angriffskrieges und der Annektion unter seine staatliche Gewalt gestellt hatte. Denn die Tatsache, daß eine Annektion nach dem Völkerrecht unwirksam ist (vgl. zum Annektionsverbot: Verdroß/Simma, Universelles Völkerrecht, 3. Auflage, S. 52, 606 f.) entbindet die Beklagte in ihrer Eigenschaft als Rechtsnachfolgerin des Deutschen Reiches nicht von ihrer Verantwortung für das dort begangene Unrecht, sondern begründet diese gerade.

So war bereits vor Ausbruch des 2. Weltkrieges die Entwicklung des Angriffskriegsverbotes und die in einem solchen Fall bestehende Aggressorhaftung Bestandteil des Völkerrechts geworden.

Durch den Kellog-Briand-Pakt vom 27. August 1928, in Kraft getreten am 24. Juli 1929, erfolgte erstmals eine uneingeschränkte Ächtung des Krieges als Mittel der Politik (vgl. zur Entstehungsgeschichte des Vertrages Brownline, Ian, International Law and the Use of Force by States, Oxford 1963). Dieser Vertrag, der von fast allen damals souveränen Staaten einschließlich Deutschland unterzeichnet wurde, und der heute noch nach wie vor in Kraft ist (zur aktuellen Bedeutung des Kellog-Paktes vgl. Mähler, Hans-Georg, Die völkerrechtliche Bedeutung des Kriegs- und Gewaltverbots durch Kellog-Pakt und UN-Satzung, insbesondere im Hinblick auf das Neutralitätsrecht, die Bestrafung von Staatsorganen wegen Verbrechens gegen den Frieden und das Recht des Gebietserwerbs, München, 1965, S. 17 ff.) wurde zur Quelle des uneingeschränkten Verbots des Angriffskrieges. Seine allgemeine Anerkennung machte das Angriffskriegsverbot in der Zeit zwischen dem 1. und dem 2. Weltkrieg zum gewohnheitsrechtlichen Völkerrechtssatz. Die Kürze der Zeit spricht dabei nicht gegen das Entstehen einer solchen gewohnheitsrechtlichen Regel (Seidel-Hohenveldern, Ignatz, Völkerrechtliches Gewohnheitsrecht in: Lexikon des Rechts/Völkerrecht, S. 104).

Ebenso war im Friedensvölkerrecht seit der Entscheidung des ständigen Internationalen Gerichtshofes vom 26. Juli 1927 im Chorzow-Fall (in: Judgements, Orders and Advisory Opinions-PCIJ-Serie A Nr. 9, S. 21) der Satz anerkannt, daß ein Völkerrechtssubjekt, das durch ein völkerrechtliches Tun oder Überlassung ein anderes Völkerrechtssubjekt verletzt hat, Wiedergutmachung in Form von Naturalrestitution, Schadensersatz oder Wiedergutmachung zu leisten hat (vgl. statt vieler Verdroß/Simma, a.a.O., S. 845, 873 f. m.w.N.).

Dieses Haftungsprinzip gilt auch im Kriegsvölkerrecht (Eichhorn, Bert-Wolfgang, Reparation als völkerrechtliche Deliktshaftung, Köln 1992, S. 34). Mit der Reparationsregelung des Versailler Vertrages, die erstmals das Prinzip einer Haftung für völkerrechtswidriges Verhalten im Kriegsvölkerrecht zum Ausdruck brachte, gab es bereits in der Staatenpraxis vor der Chorzow-Entscheidung eine ausdrückliche Anerkennung der deliktischen Haftungsgrundsätze auf das Kriegsvölkerrecht. Die Aggressorhaftung ist damit durch die Entwicklung des Angriffsverbotes in der Zwischenkriegszeit ein Bestandteil des Völkerrechts geworden. Die Staaten handelten deshalb bereits vor dem Ausbruch des 2. Weltkrieges in der Rechtsüberzeugung, daß ein Angriffskrieg verboten ist und seine Entfesselung den verantwortlichen Staat für dessen Folgen haftbar macht (Eichhorn, a.a.O., S. 38, m.w.N.).

3.

Wegen dieses völkerrechtlichen Grundsatzes ist die Geltendmachung von Staatshaftungsansprüchen auch nicht im Hinblick auf die Fortgeltung des Gesetzes über die Haftung des Reichs für seine Beamten (RBHG) vom 22.05.1910 ausgeschlossen.

Zwar steht nach § 7 RBHG Angehörigen eines ausländischen Staates ein Ersatzanspruch nur insoweit zu, als nach einer im Reichsgesetzblatt (jetzt Bundesgesetzblatt) enthaltenen Bekanntmachung des Reichskanzlers (jetzt Bundesministers der Justiz) durch die Gesetzgebung des ausländischen Staates oder durch Staatsvertrag die Gegenseitigkeit verbürgt ist. Diese Regelung hat den Sinn, einen geschädigten Ausländer, mit dessen Heimatstaat keine Gegenseitigkeit verbürgt ist, in Deutschland nicht besser zu stellen als einen Deutschen in dem betreffenden ausländischen Staat, das heißt Staatshaftungsansprüche sind einem ausländischen Staatsangehörigen nur insoweit zuzubilligen, als auch ein Deutscher gegenüber diesem Staat Ansprüche geltend machen kann. Diese Vorschrift ist Ausdruck des völkerrechtlichen Gegenseitigkeitsprinzips, das der Wahrnehmung eigener staatlicher Belange gegenüber anderen Staaten dient und eröffnet die Möglichkeit, anderen Staaten die Gleichstellung ihrer Staatsangehörigen als Gegenleistung dafür anzubieten, daß sie Deutschen entsprechende Rechte gewähren (BVerfGE 30, 409, 414 m.w.N.). Der Bundesgerichtshof hat auch mehrfach § 7 des Reichsgesetzes als weiterhin gültig bezeichnet (BGH NJW 1956, 1836; BGHZ 25,231; BGH JZ 1962,100).

Gegenseitigkeitsabkommen bestehen indessen nur mit Griechenland (Bekanntmachung vom 31.07.1957, BGBl. I, S. 607), den Niederlanden (Bekanntmachung vom

06.05.1958, BGBl. I, S. 339), Belgien (Bekanntmachung vom 27.02.1959, BGBl. I, S. 88), der Schweiz (Bekanntmachung vom 18.11.1960, BGBl. I, S. 852), Japan (Bekanntmachung vom 05.09.1961, BGBl. I, S. 1655) und Frankreich (Bekanntmachung vom 28.09.1961, BGBl. I, S. 1855). Ferner ist nach Art. 7 Abs. 1 des EWG-Vertrages vom 25.03.1957 (BGBl. II, S. 766), der ein Diskriminierungsverbot enthält, ein Staatshaftungsausschluß Angehörigen der EG-Staaten gegenüber unzulässig. Dies gilt ebenso für Staaten, die die Europäische Sozialcharta vom 18.10.1961 (BGBl. 1964, S. 1262) und/oder das Europäische Niederlassungsabkommen vom 13.12.1955 (BGBl. 1959 II, S. 998) unterzeichnet haben, sowie ferner für den deutsch-amerikanischen Handels- und Freundschaftsvertrag vom 29.10.1954 (BGBl. 1956, II, S.7).

Keiner dieser Verträge wurde jedoch von Polen - dem Staat, dessen Angehörige die Klägerin zu 19) bis zum Jahre 1968 war - unterzeichnet. Da entscheidend für die Anwendbarkeit des § 7 RBHG ohnehin die Verbürgung der Gegenseitigkeit und deren amtliche Bekanntmachung zum Zeitpunkt der Tat ist (BGHZ 77, 13; Schäfer in: Staudinger, BGB, 12. Auflage, § 839, Rdnr. 47 m.w.N.), kommt es allein auf diesen Staat an, so daß danach die Passivlegitimation der Beklagten zu verneinen wäre.

Indessen ist § 7 RBHG deshalb nicht anwendbar, weil nach Art. 25 GG die allgemeinen Regeln des Völkerrechts nicht nur Bestandteil des Bundesrechtes sind, sondern auch den allgemeinen Gesetzen vorgehen. "Allgemeine Regeln" im Sinne des Art. 25 GG sind vor allem die Regeln des Völkergewohnheitsrechts, das heißt solche, die von der überwiegenden Mehrheit der Staaten als verbindlich anerkannt werden (v. Münch, GG-Kommentar, 2. Auflage, Art. 25, Rdnr. 6). Solche allgemeinen Regeln finden sich entweder in Konventionen oder im Gewohnheitsrecht oder in allgemeinen Rechtsgrundsätzen (Maunz/Dürig/Herzog/Scholz, GG-Kommentar, Art. 25, Rdnr. 16). Das Besondere der allgemeinen Rechtsgrundsätze besteht darin, daß sie entweder jeder Rechtsordnung notwendigerweise innewohnen, weil sie sich aus dem Wesen und der Natur des Rechts ergeben, oder daß sie sich in der überwiegenden Zahl der staatlichen Rechtsordnungen als Regelung allgemeiner Sachverhalte erweisen (Maunz/Dürig/Herzog/Scholz, a.a.O., Rdnr. 16).

Wie bereits ausführlich dargelegt wurde, ist die Aggressorhaftung bereits in der Zeit zwischen den beiden Weltkriegen Bestandteil des Völkerrechts geworden. Einigkeit besteht aber auch darüber, daß zu den allgemeinen Regeln des Völkerrechts der Grundsatz gehört, daß Kriegsgefangene und Zivilpersonen in einem besetzten Gebiet nicht getötet oder versklavt werden dürfen (Maunz/Dürig/Herzog/Scholz, a.a.O., Rdnr. 16, 20). Dieser allgemeine Rechtsgrundsatz hat im übrigen seinen Ausdruck gefunden in dem IV. Haager Abkommen über die Gesetze und Gebräuche des Landkrieges vom 18.10.1907), welche das Deutsche Reich am 07.10.1919 ratifizierte und dessen Grundsätze es demzufolge zu beachten hatte. In der Anlage zu diesem Abkommen ist unter anderem in Art. 52 bestimmt, daß Dienstleistungen von Einwohnern eines besetzten Landes nur für die Bedürfnisse des Besatzungsheeres gefordert werden können und für die Bevölkerung nicht die Verpflichtung enthalten dürfen, an Kriegsunternehmungen gegen ihr Vaterland teilzunehmen, sowie ferner in Art. 46, daß die Ehre, das Leben und die religiösen Überzeugungen der Bürger geachtet werden sollen. Demnach war für das kriegsführende deutsche Reich auch unter diesem Aspekt die Heranziehung von Bürgern jüdischen Glaubens zur Arbeitsleistung in Rüstungsbetrieben unter menschenunwürdigen Bedingungen mit dem Zwecke, diese zu vernichten, verboten.

In Ansehung dieser Grundsätze kann sich die Beklagte daher auf die in § 7 RBHG normierte Haftungsbeschränkung nicht berufen, da die allgemeinen Regeln des Völkerrechts, und zwar insbesondere die Regel, daß eine kriegsführende Partei, die gegen diese Grundsätze verstößt, hierfür auch zu haften hat, wegen Art. 25 GG der Bestimmung des § 7 RBHG vorgehen. Dies ergibt sich daraus, daß mit der durch Art. 25 GG vollzogenen Eingliederung der allgemeinen Regeln des Völkerrechts in das Bundesrecht eine entsprechende Geltung des Bundesrechts mit Vorrang vor den Gesetzen erzwungen wird. Der Sinn der unmittelbaren Geltung der allgemeinen Regeln des Völkerrechts liegt darin, kollidierendes innerstaatliches Recht zu verdrängen oder seine völkerrechtskonforme Anwendung zu bewirken (BVerfGE 23, 288 (316); 46, 342 (363)). Zwar bewirkt die Bestimmung in Art. 25 S. 2 GG, wonach die allgemeinen Regeln des Völkerrechts den Gesetzen vorgehen, nicht, daß diese Verfassungsrang oder gar Überverfassungsrang hätten, jedoch gehen sie dem einfachen innerstaatlichen Gesetzesrecht bei Widerspruch vor; maßgebend ist dann die allgemeine Regel des Völkerrechts (Maunz/Dürig/Herzog/Scholz, a.a.O., Rdnr. 25; v. Münch, a.a.O., Rdnr. 37 jeweils m.w.N.). So ist es auch hier.

4.

Dem Anspruch der Klägerin zu 19) auf Entschädigung für geleistete Zwangsarbeit steht auch kein völkerrechtlicher Grundsatz entgegen, wonach Ansprüche aus Kriegshandlungen nur von Staat zu Staat geltend gemacht werden können, weil der Krieg ein zwischenstaatliches Verhältnis ist. Wie das Bundesverfassungsgericht auf den Vorlagebeschluß der Kammer in dieser Sache in einem Obiter Dictum dargelegt hat, teilt es diese in der Literatur zur Frage der Reparationen häufig vertretene Auffassung (Féaux de la Croix, NJW 1960, S. 2269 f.; Gursky, Abkommen über deutsche Auslandsschulden, Kommentierung zu Artikel 5 LSchA, S. 182 a; Hahn, Protokoll Nr. 73 des Innenausschuß des Deutschen Bundestages, 11. Wahlperiode, S. 167) nicht, da eine solche völkerrechtliche Regel nur bei einer entsprechend dauernden und einheitlichen Staatenpraxis angenommen werden kann. Daß ein solcher völkerrechtlicher Grundsatz nicht besteht, hat das Bundesverfassungsgericht in den Gründen seines Beschlusses vom 13. Mai 1996, auf die insoweit Bezug genommen wird, ausführlich dargelegt.

5.

Auch Artikel 5 Abs. 2 LSchA steht den Zahlungsansprüchen der Klägerin zu 19) nicht entgegen. Zum Zeitpunkt des Vertragsschlusses des Londoner Schuldenabkommens hatten sich die Gläubigerstaaten, wie es in der Präambel des Londoner Schuldenabkommens steht, dafür entschieden, normale Wirtschaftsbeziehungen zwischen der Bundesrepublik Deutschland und den anderen Staaten zu errichten, um dadurch "einen Beitrag zur Entwicklung einer blühenden Völkergemeinschaft zu leisten". Dies war aber so lange nicht möglich, wie die Bundesrepublik jederzeit mit Reparationsforderungen einzelner Staaten rechnen mußte. Mit der Zurückstellung der Reparationsforderungen "von Staaten, die sich mit Deutschland in Kriegszustand befanden oder deren Gebiet von Deutschland besetzt war" so der Wortlaut des Art. 5 Abs. 2 LSchA, verpflichtete sich deshalb die Bundesrepublik gegenüber den Vertragsstaaten des Abkommens, auch mit Nichtsignatar-Staaten des Abkommens keine Sondervereinbarungen über Reparationsfragen zu treffen (vgl. Protokoll der 1. Sitzung 29. Januar 1953 in: BT 1/4478 Anlage 3, S. 54, Nr. 5 und 7). Die Alliierten bestanden entgegen den damaligen Vorstellungen der Bundesrepublik auf einer Formulierung des Art. 5 Abs. 2 LSchA, die eine allgemeine Zurückstellung der Reparationsfrage, also auch gegenüber den Nicht-Vertragsstaaten, ermögliche. Nach ständiger Rechtsprechung (BGH MDR 1963, 492; NJW 1973, 1549 und BVerwGE 35, 262, 264) sind Zahlungsansprüche von Zwangsarbeitern für geleistete Zwangsarbeit als "aus dem 2. Weltkrieg herrührende Forderungen" im Sinne des Art. 5 Abs. 2 LSchA anzusehen, deren "Prüfung bis zur endgültigen Regelung der Reparationsfrage" zurückgestellt ist. Daran ist festzuhalten, auch wenn diese Forderungen nach Auffassung der Kammer nicht unter den vom Bundesgerichtshof auch in diesem Zusammenhang verwendeten Begriff der Forderungen mit "Reparationscharakter" (BGH NJW 1973, 1549, 1552) fallen; die Zurückstellungen der Forderungen der ausländischen Zwangsarbeit zugunsten der unter das Abkommen fallenden Vorkriegsschulden und der alliierten Reparationsansprüche war von den vertragschließenden Staaten offenbar beabsichtigt (vgl. Herbert, Protokoll Nr. 73 des Innenausschusses des Deutschen Bundestages, 11. Wahlperiode, S. 138). Sinn dieses Moratoriums war, den gesamten Fragenkomplex, auf dem die Ansprüche beruhen, zunächst auf sich beruhen zu lassen (BGH MDR 1963, 492 f.; NJW 1973, 1549, 1551). Demgemäß wurden alle Klagen ehemaliger Zwangsarbeiter, auch soweit sie sich gegen die Betriebe selbst richteten, bis zum Zeitpunkt der Wiedervereinigung unter Hinweis auf den gemäß Artikel 5 Abs. 2 LSchA bestehenden Klagestop als "zur Zeit unbegründet" abgewiesen (vgl. nur BGH MDR 1963, 492; NJW 1973, 1549; BVerwGE 35, 262, 264; LG Frankfurt, NJW 1960, 1575, 1577).

Artikel 5 Abs. 2 des Londoner Schuldenabkommens steht dem Zahlungsanspruch der Klägerin zu 19) jedoch nicht mehr entgegen. Der Endzeitpunkt des Moratoriums, nämlich die "endgültige Regelung der Reparationsfrage", ist durch den Abschluß des sogenannten 2+4-Vertrages vom 12.09.1990 zwischen den USA, Frankreich, Großbritannien und der UdSSR einerseits und den beiden deutschen Staaten andererseits im Zusammenhang mit dem deutsch/polnischen Grenzvertrag vom 14.11.1990 mittlerweile eingetreten.

Der 2+4 Vertrag enthält eine endgültige Regelung der Reparationsfrage zunächst im Verhältnis der beteiligten sechs Staaten. Zwar enthält der Vertrag keine ausdrücklichen Bestimmungen über etwaige Reparationszahlungen Deutschland, er läßt jedoch den Umkehrschluß zu, daß solche Zahlungen von Deutschland künftig nicht mehr verlangt werden.

Die Pflicht des unterlegenen Staates, nach einem Krieg Reparationen an den Siegerstaat zu zahlen, wird in der völkerrechtlichen Praxis in einem Friedensvertrag oder zuvor in besonderen Reparationsverträgen vereinbart. Der Fall einer Reparationsvereinbarung nach einem Friedensvertrag ist bislang, soweit ersichtlich, nicht eingetreten (Dolzer, Protokoll Nr. 73 des Innenausschusses des Deutschen Bundestages, 11. Wahlperiode, S. 282). Dementsprechend wurde auch in den Nachkriegsverträgen mit den sogenannten "drei Westmächten" (vgl. Artikel 7 des Deutschlandvertrages vom 26.05.1952, 6. Teil, Artikel 1 des Vertrages zur Regelung aus Krieg und Besatzung entstandener Fragen, BGBl II. 1954, S. 157 ff.), ebenso wie in der Rechtsprechung und der Literatur (BGHZ 18, 22, 29; Gursky, Abkommen über deutsche Auslandsschulden, Kommentierung zu Artikel 5 LSchA, S. 182 a; Rumpf, a.a.O., S. 363; Granow, a.a.O., S. 67 und 73) als Zeitpunkt für die endgültige Regelung der Reparationsfrage immer der Abschluß eines Friedensvertrages genannt.

Die Funktion eines Friedensvertrages erfüllt im Falle Deutschlands - zunächst unter den beteiligten Staaten - der 2+4-Vertrag (Rauschning, DVBl 1990, 1275, 1279).

Der Vertrag trifft, wie sich dies bereits aus der Überschrift und der Präambel ergibt, eine abschließende Regelung in Bezug auf Deutschland. Er enthält eine endgültige Festlegung der deutschen Grenzen (Art. 1), stellt die volle Souveränität Deutschlands wieder her (Artikel 7) und bekräftigt die Absicht zu einem friedlichen Zusammenleben. Er enthält damit alle wesentlichen Elemente eines Friedensvertrages, insbesondere diejenigen "Leistungen" der Siegerstaaten, die üblicherweise nur im Gegenzug zur Übernahme von Reparationsverpflichtungen des besiegten Staates gewährt werden (vgl. ORG Berlin, RzW 1967, 57 f.), und die sich die drei Westmächte im Deutschland-Vertrag auch bis zum Abschluß einer "friedensvertraglichen Regelung" ausdrücklich vorbehalten haben (vgl. Art. 2 zur Wiedervereinigung und zur Souveränität/Aufrechterhaltung der "Verantwortlichkeit der drei Mächte für Deutschland als Ganzes" und Art. 7 zur endgültigen Grenzregelung).

Die vertragsschließenden Parteien waren sich auch bewußt, daß der zu schließende Vertrag die Funktion eines Friedensvertrages haben würde. Demgemäß schlug die UdSSR einen Friedensvertrag vor, zu dem das Potsdamer Abkommen von 1945 Punkt für Punkt durchgegangen werden sollte und der die Frage nach der Beteiligung der anderen Staaten aufwarf, die sich mit Deutschland im Kriegszustand befunden hatten (vgl. FAZ vom 15.05.1990, S. 7). Ein Friedensvertrag herkömmlicher Art wurde schließlich jedoch übereinstimmend nicht mehr für erforderlich gehalten (FAZ vom 19.07.1990, S. 1 f.), da wesentlich Elemente eines Friedensvertrages bereits vorher durch zwischenstaatliche Akte erledigt worden waren und die noch verbliebenen Fragen der Ablösung der vier Mächte sowie die endgültige Festlegung der Ostgrenze ohnehin allein durch die vier Mächte und Polen verbindlich geregelt werden konnten (FAZ vom 15.05.1990, S. 7), wobei die Mitwirkung Polens durch Teilnahme an den Verhandlungen und die Verpflichtung Deutschlands zum Abschluß eines entsprechenden Grenzvertrages gewährleistet wurde. Die Beteiligung der übrigen ehemaligen Feindstaaten Deutschlands (bis zu 70 Staaten hatten sich mit Deutschland im Krieg befunden, Rauschning, DVBl 1990, 1275, 1278) und ein Anknüpfen an die "Potsdamer Ordnung"

45 Jahre nach Kriegsende wurde von der Bundesrepublik - letztlich erfolgreich - zurückgewiesen.

Daß mit dem auf den 2+4-Prozeß folgenden 2+4-Vertrag dennoch alle rechtlichen Fragen aus Krieg und Besatzung, soweit sie noch nicht endgültig geregelt sind, als abgeschlossen gelten, ergibt sich aus dem 2+4-Vertrag selbst. In der Klausel 12 der Präambel wird der Vertrag als abschließende Regelung in Bezug auf Deutschland bezeichnet. Von seiner Wirkung her ist der 2+4-Vertrag somit als ein Ersatz-Friedensvertrag zu sehen (so auch Schröder, Dieter, Ein Ersatz-Friedensvertrag in: Süddeutsche Zeitung vom 13. September 1990, S. 4; die friedensvertragliche Regelung des 2+4-Vertrages bzw. sein abschließender Charakter hinsichtlich der Regelung klassischer friedensvertraglicher Aspekte findet sich auch bei Rauschning, DVBl 1990, 1289; Blumenwitz, Dieter, Der Vertrag vom 12.09.1990 über die abschließende Regelung in Bezug auf Deutschland, in: NJW 1990, S. 3042; Fiedler, Wilfried, Die Wiedererlangung der Souveränität Deutschlands und die Einigung Europas, in: JZ 1991, S. 688).

Eine andere Regelung, "die Friedensvertrag genannt werden könnte", wird es, wie Regierungssprecher Klein am 18.08.1990 als Standpunkt der Bundesregierung mitteilte (vgl. FAZ vom 19.07.1990 "Nach den Verabredungen von Paris ist ein Friedensvertrag nicht mehr nötig"), nicht mehr geben.

Nach Auffassung der Kammer ist durch den 2+4-Vertrag darüber hinaus die "endgültige Regelung der Reparationsfrage" im Sinne des Artikel 5 Abs. 2 LSchA getroffen. Es ist nicht ersichtlich, daß weitere Voraussetzungen noch erfüllt werden müßte, um zu einer endgültigen Regelung zu kommen. Auch die Bundesregierung betrachtete die Frage der Reparationen nach dem 2+4-Vertrag, "offenkundig" unter Bezugnahme auf das Londoner Schuldenabkommen vom 1953 als erledigt (FAZ unter Berufung auf Regierungssprecher Klein, a.a.O.; vgl. auch Rauschning, a.a.O., S. 1280).

Soweit die Beklagte eingewendet hat, daß gegenüber Polen und der CSSR noch offene Fragen wegen der ehemals deutschen Gebiete bestünden und Vermögensansprüche von deren Bürgern erhoben würden (siehe hierzu auch den Briefwechsel der Außenminister Polens und Deutschlands als Anlage zum Grenzvertrag, der solche Fragen ausdrücklich offen läßt), steht dieser einer endgültigen Regelung der Reparationsfragen nicht entgegen. Die Auslegung des Art. 5 Abs. 2 LSchA nach seinem Sinn und Zweck ergibt nämlich, daß die Reparationsfrage nur im Verhältnis zu den Staaten geregelt sein muß, die Signatar-Staaten des Londoner Schuldenabkommens sind. Dazu gehören Polen und die damalige CSSR jedoch nicht (vgl. die Liste der Signatar-Staaten bei Rumpf, a.a.O., S. 348). Sinn des Londoner Schuldenabkommens war einerseits, der neu gegründeten Bundesrepublik Gelegenheit zur wirtschaftlichen und damit sogleich zur politischen Stabilisierung zu geben, andererseits sollte sichergestellt werden, daß im Rahmen der zunehmenden Zahlungsfähigkeit der Bundesrepublik die Vorkriegsforderungen der Signatar-Staaten Vorrang vor den Ansprüchen anderer Staaten hatten. Letzteres wird u.a. deutlich belegt durch die Bestimmung des Art. 10 LSchA; sie enthält ein Zahlungsverbot bezüglich regelbarer Schulden in nicht deutscher Währung gegenüber denjenigen Staaten, die dem Abkommen nicht beigetreten sind. Diesem Zweck entspricht die hier vertretene Auslegung, daß eine endgültige Regelung nur mit allen unter Art. 5 Abs. 2 fallenden Signatar-Staaten erforderlich ist. Denn sie stellt sicher, daß den eigenen Forderungen Vorrang vor denen anderer Staaten eingeräumt und der Zeitpunkt für das Ende des Moratoriums allein von den Signatar-Staaten des Londoner Schuldenabkommens bestimmt werden kann. Dagegen ist nicht vorstellbar, daß die Signatar-Staaten bereit gewesen sein sollten, die Durchsetzbarkeit weiterer "aus dem 2. Weltkrieg herrührender" Forderungen der alliierten Staaten bzw. ihrer Staatsangehörigen von dem Abschluß einer Reparationsregelung zwischen Deutschland und einem Drittstaat abhängig zu machen.

Die übrigen alliierten Signatar-Staaten des Londoner Schuldenabkommens sind an die im 2+4-Vertrag getroffene - negative - Reparationsregelung gebunden:

Die drei Westmächte bzw. die "4 Mächte" haben in ihrer historisch gewachsenen, herausgehobenen Stellung, kraft derer sie seit Kriegsende besondere Verantwortung für Deutschland und die Vertretung der Interessen der Alliierten gegenüber Deutschland übernommen haben (vgl. Erklärung des französischen Außenministers Dumas bei der Eröffnung der 2+4 Verhandlungen vom 05.05.1990, Europa-Archiv 1990, D 497), gleichsam stellvertretend für alle Alliierten gehandelt. Diese Regelung haben sie - insbesondere auch für die Durchsetzung von Reparationsforderungen - bereits im Potsdamer Abkommen eingenommen, in dem die Haftungsmassen für Reparationsforderung der UdSSR und Polen einerseits und der übrigen Alliierten andererseits aufgeteilt wurden. Sie setzt sich fort in der Übernahme der in "Verantwortung für Deutschland als Ganzes" bzw. für die drei Westzonen (vgl. Art. 2 des Deutschlandvertrages, BGBl II, 1995, 218) und wurde in dieser Form von den übrigen Alliierten auch hingenommen, wie dies z.B. die gemeinsame Note der Regierung Belgiens, der Niederlande und Luxemburgs zur Alliiertenpolitik gegenüber Deutschland vom 26.11.1947 (Europa-Archiv 1940, 1227 f.) und die Erklärung der Außenministerkonferenz Polens, der Tschechoslowakei und Jugoslawien vom 17./18.02.1948 (Europa-Archiv 1948, 1229) belegen: Mit ihren Stellungnahmen zur Politik gegenüber Deutschland wandten sie sich an die vier Mächte, die letztlich allein zu bestimmen hatten. Schließlich nahmen die drei Westmächte auch bei den Verhandlungen zum Londoner Schuldenabkommen eine führende Position ein, die sich auch in ihrer Sonderstellung in Artikel 5 Abs. 3 und 5 LSchA niedergeschlagen hat.

In dieser Funktion haben die vier Mächte auch bei den 2+4-Verträgen gehandelt. Zwar betonte der amerikanische Außenminister Baker, daß die 6 beteiligten Staaten "von anderen Nationen kein Mandat zur Vertretung ihrer Interessen erhalten" haben, sah dies jedoch nur als problematisch an, soweit es um "umfassendere europäische Interessen" ging, nicht jedoch, soweit Beschlüsse gefaßt werden sollten "die sich auf die Rechte und Pflichten der 4 Mächte beziehen" (Europa-Archiv 1990, D 496). An der alleinigen und völkerrechtlich verbindlichen Entscheidungsbefugnis der 4 Mächte in ihrem traditionell übernommenen Verantwortungsbereich, unter den auch die im 2+4-Vertrag getroffenen Regelungen fallen, bestand offenbar kein Zweifel. Nach Beschränkung der Tagesordnung der 2+4 Gespräche auf diese Fragen, die die sicherheitspolitischen Themen (Abrüstungsvereinbarung, NATO-Mitgliedschaft Deutschlands) anderen internationalen Gremien vorbehielt, bestanden daher keine Bedenken mehr, eine völkerrechtlich verbindliche endgültige Regelung für Deutschland zu vereinbaren, die auch im Verhältnis zu den nicht beteiligten Staaten gelten würde.

Des weiteren ist zu berücksichtigen, daß der 2+4 Prozeß von den 6 beteiligten Staaten vor den Augen der Weltöffentlichkeit und mit der Bereitschaft geführt wurde, etwaige sonstige Belange oder Interessen einzelner Staaten durch Beteiligung an den Verhandlungen, wie im Falle Polens, oder durch Konsultation der zuständigen Gremien (z.B. KSZE-Konferenz) zu berücksichtigen; die 6 Staaten verstanden sich insoweit als "Lenkungsgruppe" (vgl. US-Außenminister Baker, a.a.O.). Jedem Staat wäre es danach möglich gewesen, etwaige Bedenken gegen die beabsichtigte endgültige Regelung geltend zu machen. Dies ist jedoch, soweit ersichtlich, nicht geschehen.

6.

Ebensowenig sind die Ansprüche der Klägerin zu 19) durch völkerrechtliche Verträge oder Verzichtserklärungen aus der Nachkriegszeit erloschen. Die in Betracht kommenden Verträge enthalten eine solche Regelung nicht.

a)
Die polnische Reparationsverzichtserklärung vom 24. August 1953, in der Polen vom 01.01.1954 an auf weitere Reparationszahlungen gegen Deutschland im Hinblick auf die bereits geleisteten erheblichen Zahlungen verzichtet hat und die für die damals noch polnische Klägerin zu 19) verbindlich sein könnte, betrifft nicht den hier geltend gemachten Erstattungsanspruch für geleistete Zwangsarbeit.

Für ihre gegenteilige Ansicht kann sich die Beklagte nicht auf die Begriffsbestimmung des Versailler-Vertrages und die darin anschließende völkerrechtliche Literatur (vgl. Seidel-Hohenveldern, in: Strupp/Schlochauer, Wörterbuch des Völkerrecht, Band 2, 1961, S. 337 f.) berufen, wonach die Reparationsverpflichtungen Deutschlands auch alle Ansprüche wegen Schäden abgelten sollte, die Zivilpersonen an Leben oder Gesundheit u.a. infolge von Zwangsarbeit erlitten hatten. Zum einen umfaßte schon die damalige Begriffsbestimmung nur Körperschäden infolge von Zwangsarbeit, nicht jedoch die hier streitigen Ansprüche, die auf eine Vergütung der geleisteten Arbeit oder deren Wert unabhängig von dabei erlittenen Schäden abzielen: Aus Art. 6 HLKO ergibt sich, daß Überschüsse aus der Arbeit von Kriegsgefangenen nicht als Rechnungsposten des Reparationsanspruchs des Siegerstaates behandelt, sondern grundsätzlich als Individualansprüche der Kriegsgefangenen behandelt werden, denen der Überschuß bei ihrer Freilassung selbst auszuzahlen war (BVerwGE 35, 262 f.). Diese Zahlungspflicht bestand unterschiedslos für den siegenden wie für den unterliegenden Staat. "Reparationen" können jedoch nur vom Siegerstaat beansprucht werden (Rumpf, ZaöR, Band 33, 344, 356). Fallen danach selbst Vergütungsansprüche von Kriegsgefangenen nicht unter den Reparationsbegriff, so gilt dies erst recht nicht für Ansprüche von Zivilisten, die aus Anlaß des Krieges in völkerrechtswidriger Weise zur Zwangsarbeit herangezogen werden.

Zum anderen ist der Begriff der "Reparation" nach dem 2. Weltkrieg durch Abgrenzung gegenüber dem Begriff der "Wiedergutmachung nationalsozialistischen Unrechts" eingeschränkt worden. Unter "Reparationen" wurden danach nur Schadensersatzleistungen für solche Schäden verstanden, die unmittelbare Folge der Kriegsführung waren. Als "Wiedergutmachung nationalsozialistischen Unrechts" wurden dagegen Leistungen zum Ausgleich von Maßnahmen verstanden, die aus der nationalsozialistischen Ideologie der Reichsführung resultierten, insbesondere Schäden, die durch Verfolgung aus rassischen Gründen entstanden waren (vgl. schon die eindeutige Differenzierung im Vertrag zur Regelung aus Krieg und Besatzung entstandener Fragen, der die "Entschädigung für Opfer der nationalsozialistischen Verfolgung" in Teil 4 und die "Reparationen" völlig unabhängig davon in Teil 6 behandelt - BGBl II 1954, S. 1957 ff. sowie Düx, Protokoll Nr. 73 des Innenausschusses des Deutschen Bundestages, 11. Wahlperiode, S. 153 und 165 f. m.w.N. zum differenzierten Sprachgebrauch der Alliierten; Buschboom in Biella u.a., Das Bundesrückerstattungsgesetz, Band II, S. 67 f.; Rumpf, a.a.O., S. 353 und 355; BVerwGE 35, 262 f.; ORG Berlin, RzW 1967, S. 57 ff.). Dem Ausgleich solcher Schäden dienten vor allem das Rückerstattungsgesetz und die Entschädigungsgesetzgebung der westlichen Alliierten, die im Bundesentschädigungsgesetz (BEG - in der Fassung vom 18.09.1953, abgedruckt in BGBl. Teil I, 1953, 1387 ff. und in der Fassung vom 29.06.1956, abgedruckt in BGBl. Teil I, 1953, 1387 ff. und in der Fassung vom 29.06.1956, abgedruckt in BGBl. Teil I, 1956, 562. ff.) und Bundesentschädigungsschlußgesetz (BEG-SchlußG, abgedruckt in BGBl. Teil I, 1965, 1315 ff.) von der Beklagten weitergeführt worden ist. Die Lebens- und Arbeitsbedingungen, die die Klägerinnen als Angehörige des jüdischen Volkes ausgesetzt waren und die eindeutig auf die physische Vernichtung der Häftlinge abzielten, sind danach nicht den notwendigen Begleitumständen eines Krieges zuzurechnen, die allenfalls Reparationsansprüche auslösen können, sondern fallen unter den Begriff des spezifischen "nationalsozialistischen Unrechts". Die Beklagte macht selbst geltend, daß solche Sachverhalte dem BEG, als dem Wiedergutmachungskomplex, zuzurechnen und dort - ihrer Auffassung nach abschließend - berücksichtigt seien. Diese Einordnung gilt auch dann, wenn die Betroffenen keine Leistungen nach dem BEG erhalten haben, weil sie die dortigen Wohnsitz- und Stichtagsvoraussetzungen nicht erfüllt haben.

Die Tatsache, daß Polen gleichwohl 1947 die Vergütungsansprüche der polnischen Zwangsarbeiter unter dem Oberbegriff "Reparationen" zur Berücksichtigung angemeldet hatten, führt nicht zu einer anderen Bewertung. Es wäre durchaus möglich und sinnvoll gewesen, diese Ansprüche zusammen mit den Reparationsansprüchen gegen Deutschland auf zwischenstaatlicher Ebene zu regeln; die unkorrekte Bezeichnung unter dem einheitlichen Begriff der Reparationen wäre in diesem Zusammenhang unschädlich gewesen.

Hinzu kommt, daß Polen Personen, die durch KZ-Aufenthalt und Zwangsarbeit Schäden erlitten haben, ausdrücklich von dem Reparationsverzicht gegenüber Deutschland ausgenommen hat. Bei Abschluß des Warschauer Vertrages vom 07. Dezember 1970

(BGBl II, 1972, S. 362) bestätigte die polnische Delegation gegenüber der Bundesregierung die Gültigkeit der Verzichtserklärung vom 23. August 1953 für ganz Deutschland (vgl. Das amtliche Kommuniqué der Bundesregierung zum Vertrag mit der Volksrepublik Polen, in: Bulletin des Presse- und Informationsamtes der Bundesregierung vom 08. Dezember 1970, Nr. 171, S. 1819). Von polnischer Seite wurde allerdings hinzugefügt, daß dieser Verzicht nicht Schäden erfassen könne, die natürliche Personen aus KZ-Aufenthalt und Zwangsarbeit erlitten haben (Rumpf, ZaöR, Band 33 (1973), S. 351). Für Polen handelte es sich demnach insoweit um NS-Unrecht, daß von dem Verzicht auf Reparationen für herkömmliche Kriegsmaßnahmen nicht erfaßt wurde. Dies zeigt insbesondere auch die Tatsache, daß nach der Wiedervereinigung Deutschlands Entschädigungsleistungen für die in Polen und in der ehemaligen Sowjetunion lebende KZ-Opfer von der Deutschen Bundesregierung in Aussicht gestellt und für Polen 1991 auch beschlossen wurden (FAZ vom 07.03.1990, S. 19; vom 09.02.1991, S. 6; vom 01.03.1991, S. 1; vom 08.06.1991, S. 2). So hat das Kabinett der Bundesregierung am 16. Oktober 1991 zur Entschädigung polnischer Zwangsarbeiter in der NS-Zeit der Finanzierung einer "Stiftung deutsch-polnischer Aussöhnung" zugestimmt. Die Einzelheiten sind in einem Notenwechsel vom selben Datum festgehalten. Die polnische Regierung verzichtet darin auf die Geltendmachung weiterer Ansprüche polnischer Bürger, die sich aus einem Zusammenhang mit nationalsozialistischer Verfolgung ergeben könnten. Die finanzielle Grundausstattung der Stiftung beträgt 500.000.000,-- (Information des Pressereferates des AA 420/91 vom 16. Oktober 1991).

Demgemäß ging auch die Beklagte offensichtlich davon aus, daß der Reparationsverzicht die hier in Rede stehenden Unrechtshandlungen nicht erfaßte und eine Regelung nach den 2+4 Verträgen ungehindert von Art. 5 Abs. 2 LSchA möglich sei.

b)
Auch dem Abkommen zwischen der Bundesrepublik und dem Staat Israel vom 10.09.1952 (BGBl II 1953, S. 37) läßt sich ein Verzicht auf die hier in Rede stehenden Ansprüche nicht entnehmen. Ohnehin unterscheidet sich dieser Vertrag durch seine Ausgangssituation und seinen Inhalt wesentlich von anderen völkerrechtlichen Vereinbarungen, insbesondere auch den eigentlichen Reparationsvereinbarungen. Denn der Staat Israel existiert erst seit dem 14. Mai 1948, als Großbritannien das Mandat für Palästina niederlegte mit der rechtlichen Konsequenz, daß dem Staat Israel gegenüber nach dem geltenden Völkerrecht keine Reparationspflicht im legalen Sinne bestand (Eichhorn, a.a.O., S. 157 ff. m.w.N.). Auch in seinem Regelungsgehalt wich der Israel-Vertrag von den eigentlichen Reparationsvereinbarungen ab. Während letztere sich auf durch herkömmliche Kriegsmaßnahmen verübte Kriegsverbrechen gründeten, ging es bei dem Israel-Vertrag um nicht unmittelbar im Zusammenhang mit dem Kriegsgeschehen stehende Verbrechen gegen die Menschlichkeit für die gesamte Zeit der nationalsozialistischen Gewaltherrschaft von 1933 an. An der Art der Begründung der Forderungen des Staates Israel wird deutlich, daß die hier streitgegenständlichen Forderungen durch den Vertrag nicht abgegolten sein sollten, sondern diese auf den Ersatz der Eingliederungskosten gerichtet waren, die dem Staat Israel durch die Auf-

nahme jüdischer Flüchtlinge aus Deutschland und den besetzten Gebieten entstanden sind (siehe Kommuniqué anläßlich der Unterzeichnung des Abkommens in: Die auswärtige Politik der Bundesrepublik Deutschland, 1972, S. 200, Doc. 34; Rumpf, Völkerrechtliche und außenpolitische Aspekte der Wiedergutmachung in: Wiedergutmachung, Band 3, S. 336; Eichhorn, a.a.O., S. 160). Vom speziellen Vertragsgegenstand her gesehen ist das Israel-Abkommen damit als Präzedenzfall des Völkerrechtes im Bereich der Abhilfe des Flüchtlingselends zu werten. Der Staat, der für die Flucht, Vertreibung oder Aussiedlung von Bevölkerungsgruppen verantwortlich ist, schuldet dem Aufnahmestaat Schadensersatz für die Eingliederungskosten (Rumpf, a.a.O., S. 332; Eichhorn, a.a.O., S. 160).

Demgemäß läßt das Abkommen mit Israel gemäß Artikel 16 i.V.m. dem Schreiben Nr. 1 a des israelischen Außenministers und Nr. 1 b des Bundeskanzlers vom 10.09.1952 individuelle Ansprüche israelischer Staatsbürger ausdrücklich unberührt.

c)
Entsprechend gilt dies auch für das Abkommen der Bundesrepublik Deutschland mit einer nicht politischen privaten Organisation, der Conference on Jewish Material Claims against Germany, die gleichzeitig mit dem Israel-Vertrag in den sogenannten "Haager Protokollen" getroffen wurde (BGBl II, 1953, S. 85). Sie betreffen zwar die Individualwiedergutmachung und sind damit sachlich von der Globalentschädigung des Israel-Vertrages zu unterscheiden (die Haager Protokolle wurden zwar zusammen mit dem Israelvertrag im Bundesgesetzblatt verkündet, wie sich aber aus Art. 16 b) des Israelvertrages ergibt, sind sie nur aus Verweisungszwecken beigefügt - so auch BVerwGE 29, 20 (26)). Dennoch besteht zwischen beiden Vereinbarungen ein innerer Zusammenhang durch die gemeinsame Entstehungsgeschichte, ihre gemeinsame Verhandlung und Unterzeichnung. Durch die Haager Protokolle wurde erstmals im Völkerrecht anerkannt, daß die Interessen von einzelnen Individuen nicht nur von Staaten, sondern auch von Organisationen auf völkerrechtlicher Ebene vertreten werden können (Silvers, The future of International Law as seen through the Jewish Material Claims Conference against Germany, in: Jewish Social studies, Bd. 42 (1980), S. 225 f.; Eichhorn a.a.O., S. 159; Féaux de la Croix, Internationalrechtliche Grundlagen der Wiedergutmachung, in: Wiedergutmachung, Bd. 3 S. 194). Von ihrem Regelungsgehalt her geht es auch hier um die Unterstützung, Eingliederung und Ansiedlung von jüdischen Verfolgten. Die Haager Protokolle sind jedoch insoweit umfassender als das nur den jüdischen Staat betreffende Israelabkommen, als diese die Unterstützung von jüdischen Verfolgten in verschiedenen Ländern betreffen, also Hilfe auch denjenigen gewähren, die sich nicht im Staate Israel, sondern in anderen Ländern ansiedelten (vgl. Kommuniqué anläßlich der Unterzeichnung des Abkommens, in: Die auswärtige Politik der Bundesrepublik Deutschland, 1972, S. 220, Doc. 34). Demgemäß wurden Zahlungen an die Claims Conference aufgrund des Abkommens mit dieser Organisation vom 08./10.09.1952 nicht - wie die Beklagte selbst einräumt - zur Entschädigung von Zwangsarbeit als solcher geleistet.

Insbesondere ist in diesem Zusammenhang unbeachtlich, daß mehrere große deutsche Industrieunternehmen (z.B. Siemens, Krupp, AEG, Telefunken, Flick) nach 1945 im Hinblick auf in ihren Unternehmen beschäftigte Zwangsarbeiter nach 1945 Übereinkünfte mit der Jewish Claims Conference schlossen, aufgrund derer sie Zahlungen für Zwangsarbeiter leisteten (vgl. Süddeutsche Zeitung vom 2.9.1997, S. 8). Denn diese Zahlungen wirken sich im Hinblick auf den Anspruch der Klägerin zu 19) für die Beklagte nicht schuldbefreiend aus, da zum einen die Firma Weichsel-Metall-Union KG solche Zahlungen, soweit ersichtlich, nicht geleistet hat und zudem nach den allgemeinen Grundsätzen des Schadensrechtes freiwillige Leistungen Dritter nur dann schuldbefreiend wirken, wenn sie auch den Schädiger entlasten sollen (Palandt-Heinrichs, BGB, 53. Auflage, Rdnr. 131 vor § 249). Im vorliegenden Fall muß jedoch davon ausgegangen werden, daß entsprechende Zahlungen zwar den Geschädigten zugutekommen, nicht aber den Schädiger von seiner Haftung freistellen sollten.

Daß die Zahlungen der Claims Conference an die Klägerin zu 19) nicht zur Entschädigung der Zwangsarbeit geleistet werden sollten, folgt darüber hinaus auch aus den Richtlinien der Bundesregierung für die Vergabe von Mitteln an jüdische Verfolgte zur Abgeltung von Härten in Einzelfällen im Rahmen der Wiedergutmachung vom 03.10.1980 (BANZ 1980, Nr. 129) und dem Inhalt der Vereinbarung zwischen der Bundesregierung und der Claims Conference vom 29.10.1992, welche die Beklagte mit Schriftsatz vom 25.09.1997 (Bl. 521 ff.) zu den Gerichtsakten gereicht hat. So ergibt sich aus den Richtlinien für die Vergabe von Mitteln an jüdische Verfolgte, daß diese Mittel, die den jüdischen Opfern durch die Beklagte seitens der Claims Conference zur Verfügung gestellt wurden, ausschließlich zum Ausgleich für erlittene Gesundheitsschäden gezahlt wurden. Dies ist bereits in der Präambel der Richtlinie so fixiert und auch in § 1 der Richtlinie ist wörtlich bestimmt, daß Beihilfen nur an solche jüdischen Opfer gezahlt werden dürfen, die "durch nationalsozialistische Gewaltmaßnahmen ... erhebliche Gesundheitsschäden erlitten haben und sich in einer besonderen Notlage befinden". Überdies folgt aus eben dieser Bestimmung auch, daß Zahlungen nur in Härtefällen erfolgen, eben dann, wenn eine "besondere Notlage" im Sinne der Vorschrift vorliegt. Unabhängig von dem Vorliegen der Voraussetzungen dieses unbestimmten Rechtsbegriffs ist ferner in § 3 der Richtlinie bestimmt, daß auf Gewährung der Beihilfe kein Anspruch besteht.

Ebensowenig läßt sich dem Inhalt der Vereinbarung vom 29.10.1992 - welche von der Beklagten auch gar nicht in ihrem Wortlaut vorgelegt wurde - entnehmen, daß an diesen Voraussetzungen nicht mehr festgehalten werden sollte.

Erfolgt eine Entschädigung aber gerade nicht in allen Fällen, die auch das BEG als entschädigungspflichtig anerkennt, so kann sich die Beklagte auch nicht darauf berufen, ihre Zahlungsverpflichtungen wegen der geleisteten Zwangsarbeit seien durch Erfüllung seitens der Claims Conference erloschen. Vielmehr gewährt das BEG - anders als die hier vorgelegten Vereinbarungen zwischen der Claims Conference und der Beklagten - einen Entschädigungsanspruch für eine Vielzahl weiterer Fälle, unter anderem auch für den Fall der Freiheitsentziehung, § 43 Abs. 1 BEG, dem nach § 43 Abs. 3 BEG die Verpflichtung zur Zwangsarbeit gleichgestellt ist, sowie eine Entschädigung für Beschränkungen im beruflichen Fortkommen nach §§ 65 ff. BEG. Nur eine Entschädigung nach diesen Vorschriften könnte jedoch - wie an späterer Stelle noch ausgeführt wird - einem Vergütungsanspruch für geleistete Zwangsarbeit entgegenstehen, da das Erlöschen eines Anspruchs nur dann angenommen werden kann, wenn entsprechende Tatbestandsvoraussetzungen, die den Fall der Zwangsarbeit erfassen, einen Anspruch gewähren (in diesem Sinne für das BEG bereits BGHZ 12, 278, 283; OLG Stuttgart RzW 1964, 425). Wird jedoch eine Entschädigung allein für erlittene Gesundheitsschäden gezahlt, so kann nicht - jedenfalls nicht ohne eine entsprechende gesetzliche Regelung - davon ausgegangen werden, damit sollten schlechthin alle übrigen etwaigen Ansprüche wegen nationalsozialistischer Gewaltmaßnahmen mit abgegolten sein. Demgemäß müßten Zahlungen seitens der Claims Conference aufgrund aller im BEG geregelten Tatbestände möglich sein, um die Ansprüche der Klägerin zu 19) zum Erlöschen zu bringen. Da dies aber nicht der Fall ist, sondern Zahlungen nur zum Ausgleich von Gesundheitsschäden erfolgen dürfen - und das auch nur in besonderen Härtefällen - können die Zahlungen der Claims Conference an die Klägerin zu 19) nicht schuldbefreiend zu Gunsten der Beklagten wirken.

d)
Schließlich enthält auch der 2+4-Vertrag keinen konkludenten endgültigen Verzicht auf sonstige "aus dem 2. Weltkrieg herrührenden" Forderungen, der zu einem Ausschluß der hier geltend gemachten Ansprüche führen würde. Aus der völkerrechtlichen "Endgültigkeit" des 2+4-Vertrages kann ein solcher Ausschluß sonstiger Wiedergutmachungsansprüche nicht geschlossen werden: Insbesondere die sowjetische Regierung hat deutlich gemacht, daß sie auf pauschale Reparationsforderungen verzichte, um statt dessen - nach Deutung des Auswärtigen Amtes - aus Rücksicht auf polnische Wünsche nach Entschädigung für ehemalige Zwangsarbeiter - eine individuelle Regelung zu verlangen (FAZ vom 15.05.1990, S. 7). Dementsprechend wurde auch, wie bereits ausgeführt, nach Abschluß des 2+4-Vertrages im November 1990 die Stiftung polnisch-deutscher Aussöhnungen "für die Entschädigung von (heute noch) polnischen Opfern nationalsozialistischer Verfolgung" gegründet. Daß auch die 3 Westmächte davon ausgingen, daß Wiedergutmachungsansprüche von dem 2+4-Vertrag unberührt blieben, wird deutlich durch Art. 4 c der Vereinbarung vom 27./28. September 1990 zu dem Vertrag über die Beziehungen zwischen der Bundesrepublik Deutschland und den 3 Mächten sowie zu dem Vertrag zur Regelung aus Krieg und Besatzung entstandener Fragen (BGBl II 1990, S. 1386), die die Fortgeltung der Wiedergutmachungsgesetze und darüber hinaus die Erstreckung des Bundesrückerstattungsgesetzes und des Bundesentschädigungsgesetzes auf das Gebiet der ehemaligen DDR vorsieht.

7.

Die Ansprüche der Klägerin zu 19) sind auch nicht gemäß § 8 Abs. 1 BEG ausgeschlossen.

Die Beklagte kann sich zwar auf den undifferenzierten Wortlaut der Gesetzesbegründung berufen, wonach das "BEG eine abschließende und ausschließliche Regelung darstellt (BT Drucksache 2. Wahlperiode 1963, Nr. 2382, S. 4; ebenso Blessin/Gießler, BEG Kommentar, § 8 Anm. II). Dementsprechend wird auch in der Literatur die Auffassung vertreten, daß § 8 Abs. 1 BEG schlechthin alle Ansprüche zum Erlöschen bringe, soweit sie ihren Ursprung in nationalsozialistischen Verfolgungsmaßnahmen haben, seien diese bürgerlich-rechtlicher oder öffentlich-rechtlicher Natur - wie etwa der Staatshaftungsanspruch (Blessin-Ehrig-Wilden, Bundesentschädigungsgesetze, 3. Aufl., § 8 BEG, Rdnr. 3; Brunn/Hebenstreit, BEG, § 8 Rdnr. 1, 2). Dies gelte insbesondere auch in den Fällen, in denen ein Opfer nationalsozialistischer Verfolgungsmaßnahmen etwa wegen Fehlens der nach § 4 BEG erforderlichen Wohn- und Stichtagsvoraussetzungen überhaupt keine Entschädigungsansprüche nach dem BEG geltend machen könne und demgemäß insgesamt entschädigungslos bleibe (Blessin-Ehrig-Wilden, a.a.O., Rdnr. 4; Pagendarm NJW 1958, S. 41 ff.).

Diese Auffassung hält jedoch einer rechtlichen Nachprüfung nicht stand: So hat bereits der Bundesgerichtshof in einer Entscheidung aus dem Jahre 1954 (BGHZ 12, 278, 282 ff.) ausgeführt, daß es Sinn und Zweck des BEG war, den geschädigten Verfolgten soweit möglich einen Ausgleich zu gewähren. Zu diesem Zweck wurden den Opfern nationalsozialistischer Gewaltmaßnahmen erhebliche Erleichterungen gewährt, etwa durch ein vereinfachtes Verfahren, Enthebung von der Notwendigkeit eines oft nicht mehr möglichen Schuld- und Haftungsnachweises, Klärung der Zweifel über die entschädigungspflichtige Stelle. Daß hierdurch Ansprüche auf Ersatz des entstandenen Schadens modifiziert oder eingeschränkt wurden, hat der Bundesgerichtshof im Hinblick auf die abschließende Wirkung des BEG für zulässig gehalten. Indessen hat er ausdrücklich klargestellt, daß die Annahme, einem Verfolgten habe hierdurch auch ein im BEG nicht genannter selbständiger Anspruch genommen werden sollen, mit dem Sinn und Zweck des Gesetzes unvereinbar sei (BGHZ 12, 278, 283).

Nun ist diese Entscheidung auf den vorliegenden Fall nur bedingt übertragbar, da sie seinerzeit zu § 9 Abs. 1 BEG in der Fassung des Jahres 1953 erging und der Bundesgerichtshof bei seiner zitierten Entscheidung davon ausging, das BEG erfasse nur materielle, nicht aber immaterielle Schadenstatbestände. Indessen ist daraus zu folgern - und insoweit gelten die damals getroffenen Erwägungen fort - daß § 8 Abs. 1 BEG, der dem § 9 Abs. 1 BEG in der Fassung von 1953 entspricht, nur so ausgelegt werden kann, daß nur diejenigen Ansprüche gegen Reich, Bundesrepublik und Länder ausgeschlossen sind, an deren Stelle unter den dort geregelten Tatbestandsvoraussetzungen neue Ansprüche getreten sind. Demgemäß wurde auch nach der Neufassung des Bundesentschädigungsgesetzes im Jahre 1956 weiterhin in der Rechtsprechung die Auffassung vertreten, die Ausschlußwirkung des § 8 BEG könne sich nur auf solche Schäden beziehen, die im Bundesentschädigungsgesetz geregelt seien (OLG RzW 1964, 425).

Dies trifft aber hinsichtlich der Klägerin zu 19) nicht zu: Im Gegensatz zu den übrigen Klägern, die bis zum Jahre 1965 in das westliche Ausland emigriert sind und damit nach Art. V Ziff. 1, Abs. 4 lit. b) des BEG-Schlußgesetzes vom 18. September 1965

(BGBl. 1965, I, S. 1315 ff.) die Voraussetzungen für eine Entschädigung wegen Freiheitsentziehung und erlittener Gesundheitsschäden erfüllten, erwarb die Klägerin zu 19) erst im Jahre 1968 die israelische Staatsangehörigkeit mit der Folge, daß sie für die infolge Zwangsarbeit und der Inhaftierung im Konzentrationslager Auschwitz erlittene Freiheitsentziehung bis heute nicht entschädigt wurde.

Daß dies aber nicht dazu führen kann, daß die Klägerin zu 19) heute entsprechende Ansprüche nicht mehr geltend machen kann, ergibt sich bereits aus dem Sinn und Zweck des Bundesentschädigungsgesetzes. Dieses würde in sein Gegenteil verkehrt, wenn hierdurch Opfern, die allein wegen ihrer Staatsangehörigkeit entschädigungslos geblieben sind, jede Entschädigung auch für die Zukunft versagt bliebe, wohingegen es der ursprüngliche Sinn war, den Opfern die Geltendmachung von Entschädigungsansprüchen zu erleichtern. Im übrigen folgt die Tatsache, daß sich die Ausschlußwirkung des § 8 Abs. 1 BEG nur auf den Personenkreis bezieht, der unter den dort bestimmten Wohn- und Stichtagsvoraussetzungen Ansprüche geltend machen kann, aber auch aus dem Gesetzestext selbst. Denn in § 238 BEG ist bestimmt, daß eine weitergehende Regelung der Entschädigung für die Verfolgten mit Beziehung zu außerhalb liegenden deutschen Gebieten bis zur Wiedervereinigung vorbehalten bleibt. Eine solche Regelung wäre sinnlos, wenn diese Ansprüche bereits durch § 8 Abs. 1 BEG erloschen wären. Daraus, daß die Rechtsprechung frühere Klagen wegen geleisteter Zwangsarbeit lediglich unter Hinweis auf Art. 5 Abs. 2 LSchA als "zur Zeit unbegründet" abgewiesen hat, (vgl. nur BGH MDR 1963, 492; NJW 1973, 1549; BVerwGE 35, 262, 264; LG Frankfurt NJW 1960, 1575, 1577) kann im übrigen nach Auffassung der Kammer auch gefolgert werden, daß auch damals nicht von einer Ausschlußwirkung des § 8 Abs. 1 BEG ausgegangen wurde. Vielmehr muß davon ausgegangen werden, daß in diesem Fall eine unbedingte Klageabweisung erfolgt wäre.

Der von der Beklagten angenommenen Ausschlußwirkung des § 8 Abs. 1 BEG steht ferner entgegen, daß die streitgegenständlichen Ansprüche zu den Passiva des Deutschen Reiches gehören, die nach der Entscheidung des Bundesverfassungsgerichts (BVerfGE 15, 126, 140; 23, 153, 166; 24, 203, 214) in den Regelungskomplex des Art. 134 Abs. 4 GG fallen. Insofern enthält Art. 135 a GG lediglich eine Legalinterpretation, soweit er ausspricht, daß auch Verbindlichkeiten des Reiches im Wege einer Gesetzgebung nach Art. 134 Abs. 4 GG geregelt werden können (BVerfGE 15, 126, 140). Die zitierten Vorschriften des Grundgesetzes beruhen auf der Tatsache, daß sich das Reich nach dem 2. Weltkrieg in der Lage eines Staatsbankrotts befand. Die Folgerung, daß eine Sanierung nach den Prinzipien, die sich aus der Konkursunfähigkeit eines Staates ergeben, geboten sei, war damit unabwendbar. Das gesamte Wirtschaftsleben war zerstört, das Wirtschaftspotential selbst weitgehend vernichtet und das persönliche Leben der Menschen so stark betroffen, daß neben einer grundsätzlichen staatlichen Neuordnung auch ein Wiederaufbau des ganzen wirtschaftlichen und sozialen Lebens an allen Stellen notwendig war. Demgemäß erlaubt Art. 134 GG eine der Natur der Sache entsprechende Abwicklung (vgl. zum Vorstehenden BVerfGE 15, 126, 140 ff.; 23, 153, 166; 24, 203, 214 f.; 19, 151, 163 ff.) und räumt dem Gesetzgeber im Rahmen des Art. 134 Abs. 4 GG einen Ermessensspielraum ein, im Rahmen dessen er Ansprüche auch kürzen, ganz verweigern oder von bestimmten Voraussetzungen abhängig machen darf. Ziel der nach Art. 134 GG vorbehaltenen Gesetzgebung hinsichtlich der Passiven des Reiches ist es danach, den Staatsbankrott des Reiches vollständig zu beseitigen und für die Zukunft die Grundlage für gesunde staatliche Finanzen zu schaffen, weil dies die erste Voraussetzung einer geordneten Entwicklung des sozialen und politischen Lebens ist.

Dies bedeutet aber nicht, daß der Regelungsgesetzgeber damit volle Gestaltungsfreiheit hätte. Die Begründung einer Regelungskompetenz für Reichsverbindlichkeiten ist etwas anderes als eine Annullierung von Grundgesetzes wegen. Vielmehr hat der Gesetzgeber zu beachten, daß ihm Forderungen gegen das ehemalige Deutsche Reich als dem Grunde nach existent zur Maßgabe des Möglichen überwiesen sind. Nur mit dieser Maßgabe darf er die Befriedigung kürzen oder verweigern (BVerfGE 15, 126 (140 ff.); 23, 153 (166); 24, 203 (214 f.); 19, 151 (163 ff.)).

Im vorliegenden Fall ist es jedoch so, daß der Gesetzgeber von der ihm eingeräumten Möglichkeit keinen Gebrauch gemacht hat, weil er stets von einer Stundung dieser Reparationsforderungen aufgrund des Londoner Schuldenabkommens ausging. Insbesondere hat das Parlament bis auf die bereits erwähnte Errichtung der "Stiftung deutsch-polnischer Aussöhnungen" am 16.10.1991 mit Polen keinerlei völkerrechtliche Verträge geschlossen, die zu einem Ausschluß oder einer Minderung der streitgegenständlichen Individualansprüche führen. Dies hätte um so näher gelegen, als die Beklagte selbst nach Abschluß des 2+4-Vertrages, wie bereits ausgeführt, davon ausging, daß die Bestimmung des Art. 5 Abs. 2 LSchA nicht mehr gilt.

8.

Die Ansprüche der Klägerin zu 19) sind auch nicht durch das Allgemeine Kriegsfolgengesetz (AKG - abgedruckt in BGBl., Teil I, 1957, 1747) ausgeschlossen.

§ 1 Abs. 1 AKG bestimmt, daß Ansprüche gegen
(1)
Das Deutsche Reich einschließlich der Sondervermögen "Deutsche Reichsbahn" und "Deutsche Bundespost"***,
(2)
Das ehemalige Land Preußen
(3)
Das Unternehmen Reichsautobahnen
erlöschen, soweit dieses Gesetz nichts anders bestimmt.

Diese Vorschrift findet jedoch auf den streitgegenständlichen Anspruch wegen § 101 AKG keine Anwendung. Denn in § 101 AKG ist bestimmt, daß das Abkommen vom

---

*** Deutsche Reichsbahn (die Hrsg.)

27.2.1953 über deutsche Auslandsschulden (LSchA) und die zu seiner Ausführung ergangenen Vorschriften durch die Vorschriften des AKG nicht berührt werden.

§ 101 AKG stellt durch diese Regelung klar, daß die Erlöschensklausel des § 1 AKG für die Forderungen abseits bleibender Gläubiger des Reiches nicht gilt, das heißt, daß wegen Art. 5 Abs. 2 und 3 LSchA i.V.m. § 101 AKG Ansprüche selbst dann nicht erfüllt werden können, wenn sie ihrer Art nach erfüllbar wären (Féaux de la Croix, Die Kriegsfolgenschlußgesetzgebung, § 101 AKG, Anm. 1 und 3; in diesem Sinne auch Pagenkopf, Allgemeines Kriegsfolgengesetz, § 101, Anm. 1). Wie bereits im einzelnen ausgeführt, wurden die Bestimmungen des Art. 5 Abs. 2 LSchA eingefügt um sicherzustellen, daß die erheblichen Beträge, die der Bundesrepublik Deutschland aufgrund des Marschall-Planes zur Verfügung gestellt wurden, zum wirtschaftlichen Wiederaufbau Deutschlands genutzt werden, um derart eine Einbindung in die demokratische Völkergemeinschaft herbeizuführen. Dieser Zweck wäre aber vereitelt worden, wenn die Beklagte von den ihr zur Verfügung gestellten Mitteln die Reparationsforderungen der durch den Krieg geschädigten Staaten hätte erfüllen müssen. Demgemäß bestimmt Art. 101 AKG, daß auch Ansprüche, die nach dem AKG zu erfüllen wären, eben wegen der Bestimmungen des Londoner Schuldenabkommens nicht zu erfüllen sind. Daß aber die streitgegenständlichen Forderungen zu denen gehören, die unter den Regelungsgehalt des Londoner Schuldenabkommens fallen, wurde von der Rechtsprechung bereits - wie ausgeführt - in einer Vielzahl gleichgelagerter Fälle angenommen (BGH MDR 1963, 492; NJW 1973, 1549; BVerwGE 35, 262, 264; LG Frankfurt NJW 1960, 1575, 1577). Ist aber das Allgemeine Kriegsfolgengesetz wegen der Regelung in § 101 AKG auf solche Forderungen nicht anwendbar, so muß dies auch für die Erlöschensklausel nach § 1 AKG geltend. Entsprechend dem Sinn der getroffenen Bestimmung in Art. 5 Abs. 2 LSchA, den gesamten Reparations- und Wiedergutmachungskomplex bis zu einer friedensvertraglichen Regelung auf sich beruhen zu lassen, schließt dies die Annahme aus, durch § 1 AKG habe auch das Erlöschen solcher Forderungen wie der streitgegenständlichen bestimmt werden sollen.

9.

Der Anspruch der Klägerin zu 19) ist auch nicht verjährt. Zwar gilt für unerlaubte Handlungen gem. § 852 Abs. 1 BGB eine Verjährungsfrist von lediglich 3 Jahren. Die Verjährung war jedoch, solange die Sperre des Londoner Schuldenabkommens bestand, gehemmt (BGHZ 18, 22 ff. (40); LG Frankfurt NJW 1960, 1575, 1577). Jedenfalls bis zum Zeitpunkt der Wiedervereinigung wurden alle Klagen ehemaliger Zwangsarbeiter, auch soweit sie sich gegen die Betriebe selbst richteten, unter Hinweis auf den gemäß Art. 5 LSchA bestehenden Klagestop als "zur Zeit unbegründet" abgewiesen (BGH MDR 1963, 492; NJW 1973, 1549; BVerwGE E 35, 262, 264; LG Frankfurt NJW 1960, 1575, 1577). Waren die Reparationsforderungen danach bis zur Vollendung der Wiedervereinigung Deutschlands gestundet, so trat hinsichtlich der Verjährung gemäß § 202 Abs. 1 BGB eine Hemmung ein, die in analoger Anwendung des § 1 Abs. 2 des Gesetzes über die Verjährung von deutschen Auslandsschulden und ähnlichen Schulden (BGBl I, 1956, 1915) frühestens 18 Monate nach Inkrafttreten des 2+4-Vertrages am

15.03.1991 (vgl. Bekanntmachung vom 15.03.1991, BGBl., Teil II, 1991, 587 ff.), also am 15.09.1992, endete. Da die Klägerin zu 19) ihre Klage am 03.04.1992 erhoben hat, kommt eine Verjährung demnach nicht in Betracht.

10.

Der Anspruch der Klägerin zu 19) ist auch nicht durch § 839 Abs. 3 BGB ausgeschlossen, weil diese eine anderweitige Möglichkeit hätte, ihren Schaden ersetzt zu bekommen. Wie die Kläger unwidersprochen dargelegt haben, existiert die Firma Weichsel Metall Union KG nicht mehr, insbesondere sind auch die Voraussetzungen der Rechtsnachfolge nicht gegeben. Damit scheidet ein möglicher Anspruch der Klägerin zu 19) gegen die Firma Weichsel Metall Union KG aus unerlaubter Handlung aus.

11.

a)
Die begangenen Rechtsverletzungen an ihrer Persönlichkeit und Freiheit haben bei der Klägerin zu 19) - neben dem unermeßlichen Leid, welches ihr zugefügt wurde - zu einem materiellen Schaden geführt, weil sie die ihr auferlegte Arbeit verrichten mußte, ohne hierfür eine angemessene Vergütung zu erhalten. Der der Klägerin zu 19) danach zu ersetzende Schaden besteht in der Vergütung, die üblicherweise für solche Arbeiten in der Zeit zwischen 1944 und 1945 zu zahlen gewesen wäre.

Gemäß den unbestritten gebliebenen Ausführungen der Kläger in der Klageschrift betrug die vergleichbare Vergütung für deutsche Arbeiter in dieser Zeit 60,-- RM pro Woche. Eben dieser Betrag ergibt sich aus dem Gutachten des von den Klägern beauftragten Privatgutachters Prof. Dr. Steiger vom 26.03.1997, welches dem Schriftsatz der Klägervertreter vom 16.04.1997 als Anlage beigefügt war, und der ebenfalls von einem durchschnittlichen Monatslohn für deutsche Arbeiter von 240,-- RM im Monat ausgeht. Bei einer 55 Wochen dauernden Arbeitsleistung der Klägerin zu 19) ergibt sich damit unter Zugrundelegung eines Wochenlohns von 60,-- RM pro Woche ein Arbeitslohn von 3.300,-- RM, welchen das Deutsche Reich an die Klägerin zu 19) zu zahlen gehabt hätte, wäre diese nicht unter ständiger Todesdrohung zur unentgeltlichen Arbeitsleistung gezwungen worden.

Dieser Betrag war bei der Schadensberechnung zugrunde zu legen. Insbesondere war nicht etwa auf der Basis des Lohnes eines polnischen Arbeiters zu rechnen, weil die Klägerin zu 19) als polnische Staatsangehörige auf polnischen Staatsgebiet arbeitete. Die Kammer geht hierbei davon aus, daß polnische Staatsbürger sich ohne die Gewaltherrschaft des Dritten Reiches in dem besetzten polnischen Staatsgebiet zu einer freiwilligen - auch entgeltlichen - Arbeitsleistung nicht bereit erklärt hätten. Dies muß schon deshalb gelten, weil gerade die Arbeiten in Rüstungsfabriken der Aufrechterhaltung eben dieser Gewaltherrschaft und deren Ausdehnung dienten. Demgemäß wäre das Dritte Reich ohne den Einsatz von Zwangsarbeitern gezwungen gewesen, seine Aufrüstung mit Hilfe deutscher Arbeiter zu betreiben, denen naturgemäß auch entsprechende Löhne zu zahlen gewesen wären.

b)
Der Betrag von 3.300,-- RM ist auch nicht im Hinblick auf die Tatsache, daß im Zuge der allgemeinen Währungsreform im Jahre 1948 eine Umstellung der Währung und gleichzeitige Abwertung erfolgte, im Verhältnis 10 RM : 1 DM abzuwerten.

Nach §§ 13, 16 des Umstellungsgesetzes vom 20. Juni 1948 (WiGBL Beilage 5, S. 13) wurden alle von vornherein auf Zahlung einer Geldsumme gerichteten schuldrechtlichen Ansprüche im Verhältnis 10 RM : 1 DM umgestellt. Schadensersatzansprüche fallen hierunter jedoch nicht, vielmehr hat die deutsche Literatur und Rechtsprechung hierzu die systematische Unterscheidung zwischen "Geldsummenansprüchen" und "Geldwertansprüchen" entwickelt.

Bei der Geldsummenschuld ist die geschuldete Leistung als bestimmter Betrag in Währungseinheiten festgelegt, und es gilt für sie das Prinzip des Nominalismus (Nennwertprinzips): Das bedeutet, daß der Wert durch den Nennwert und nicht den inneren Wert des Geldes bestimmt wird, mit der Folge, daß die Geldsummenschuld durch Zahlung des Nennbetrages dann erlischt, wenn sich der Wert des Geldes bis zum Zeitpunkt der Tilgung wesentlich geändert hat. Nur für diese Geldsummenschulden findet die Umstellung nach § 13 UmstG Anwendung.

Bei Geldwertansprüchen hingegen wird die Höhe des zu leistenden Betrages durch den jeweiligen Schuldzweck bestimmt. Bei solchen Ansprüchen besteht die Besonderheit, daß die Zahlung der Geldsumme nur Mittel zur Erfüllung des geschuldeten Wertausgleichs ist, daß sie also das, was sie rechtlich leisten soll, nur leistet, wenn sie diesen Wertausgleich wirklich herbeiführt. Geldsummenschulden sollen danach der Währungsreform unterliegen, wohingegen bei Geldwertschulden eine Abwertung nicht zu erfolgen hat (vgl. zu dem Vorstehenden grundlegend BVerfGE 27, 253, 279 f.; BGHZ (GS) 11, 157 (161).

Nach allgemeiner Auffassung zählen Ansprüche auf Schadensersatz, Wertersatz, Aufwendungsersatz und Bereicherung zu den Geldwertschulden, sofern sie nicht von vornherein auf Geld gerichtet sind (BGHZ 11, 157, (161 ff.); Palandt-Heinrichs, BGB, § 245, Rdnr. 10).

Da es sich vorliegend um einen Schadensersatzanspruch handelt, also gerade nicht um eine Geldsummenforderung, haben die Gerichte in ständiger Rechtsprechung die Anwendung des Umstellungsgesetzes auf Schadensersatzansprüche abgelehnt, soweit nicht schon vor dem Währungsstichtag eine sogenannte Verfestigung zu einem Geldsummenanspruch eingetreten war (vgl. nur BGHZ 11, 156, 161). Denn der Schadensersatzanspruch ist nach seinem Ziel darauf gerichtet, dem Betroffenen einen wirklichen Ausgleich für den erlittenen Vermögensnachteil zu gewähren. Demgemäß muß dies auch zu einer gleichen umstellungsrechtlichen Behandlung führen und die Entschädigung ist in

Geld so zu gewähren, daß sie ihren Zweck auch zu erfüllen vermag. Bei einem Schadensersatzanspruch soll das Opfer einen wirklichen Ausgleich erhalten mit der Folge, daß der Geldbetrag zugesprochen werden muß, der unter den jetzigen Verhältnissen eine angemessene Entschädigung ermöglicht. Denn Zweck der Schadensersatzleistung ist der Ausgleich des entstandenen Vermögensnachteils, der durch einen Eingriff in private Rechte entstanden ist. Eine schematische Umstellung des Geldbetrages, der in einem vor der Währungsreform liegenden Zeitpunkt angemessen gewesen wäre, nach § 16 UmstG im Verhältnis 10 : 1 in Deutsche Mark würde gerade das Gegenteil der erstrebten und von dem übergeordneten Gleichheitssatz zwingend geforderten Rechtswirkung herbeiführen. Der Zweck der Schadensersatzleistung würde den Grundsatz der ausgleichenden Gerechtigkeit unerträglich verletzen, wenn der Geschädigte tatsächlich nur mit 1/10 des wirklichen Anspruchs entschädigt werden würde. Der Schadensersatzanspruch könnte damit seine eigentliche Wirkung nicht mehr erfüllen (BGHZ 11, 156, 163 ff.).

c)
Eben dieser Gedanke eines angemessenen Schadensausgleichs gebietet es ferner, auch einschneidende Veränderungen der Währungsmaßstäbe zu berücksichtigen, das heißt, daß jedenfalls dann, wenn einschneidende Veränderungen der Währungsmaßstäbe eintreten, diesen Veränderungen in der Form Rechnung getragen werden muß, daß dem Betroffenen ein wirklicher Wertausgleich in dem Augenblick zuteil wird, in dem er vollzogen wird (in diesem Sinne auch BGHZ (GS) 11, 156 (167)). In Anbetracht dieses Umstandes muß der Betrag von 3.300,-- RM daher dem heutigen Wert gemäß dem gestiegenen Lebenshaltungskostenindex angepaßt werden, da ansonsten der Klägerin zu 19) ein wirklicher Schadensausgleich nicht zuteil würde: Bedingt durch den durch Art. 5 Abs. 2 LSchA bestehenden Klagestop war die Klägerin zu 19) von 1945 bis zum Inkrafttreten des 2+4-Vertrages, also ca. 46 Jahre daran gehindert, einen Wertersatz zu erhalten. Hingegen konnte die beklagte Bundesrepublik mit den ihr durch das Londoner Schuldenabkommen gestundeten Mitteln wirtschaftlich arbeiten, und die erhaltenen Beträge nahmen an der allgemeinen Wertsteigerung teil. Bei dieser Sachlage würde es einen unerträglichen Verstoß gegen das Gerechtigkeitsempfinden bedeuten, wenn die Klägerin zu 19) gleichwohl nur einen Ausgleich bekäme, der dem Wert ihrer Arbeitsleistung vor 50 Jahren entspricht.

In ein Verhältnis zueinander zu setzen war demnach der Wert des Betrages von 3.300,-- RM im Jahre 1945 zum Geldwert, der dem Stand des Jahres 1991 entspricht, dem Zeitpunkt, als der Klägerin zu 19) erstmalig eine Geltendmachung ihrer Ansprüche möglich war. Dies war - wie bereits ausgeführt - am 15.03.1991 der Fall, als der 2+4-Vertrag in Kraft trat.

Mangels anderer Anhaltspunkte legt die Kammer ihrer Berechnung den einzig schon 1945 verfügbaren Preisindex von 4-Personen-Haushalten von Arbeitern und Angestellten mit mittlerem Einkommen zugrunde.

Gemäß Auskunft des statistischen Bundesamtes in Wiesbaden lag der Preisindex für die Lebenshaltung von 4-Personen-Haushalten von Arbeitern und Angestellten mit mittlerem Einkommen im Jahre 1945 bei 22,0 und im Jahre 1991 bei 100,0. Damit ergibt sich, wenn man diese beiden Zahlungen zueinander in ein Verhältnis setzt, (nämlich 3.300,-- RM : 22,0 x 100,0) ein Betrag von 15.000,-- DM, welchen die Beklagte an die Klägerin zu 19) zu zahlen hat.

Der sich danach ergebende Multiplikationsfaktor von 4,545454 (nämlich 100,0 : 22,0) entspricht eben der Wertsteigerung, die der Betrag von 3.300,-- RM über 46 Jahre hinweg erfahren hat, so wie er allgemein gültig von dem Statistischen Bundesamt in Wiesbaden auch zugrundegelegt wird. Soweit der von den Klägern beauftragte Privatgutachter Prof. Dr. Steiger in seinem Schreiben vom 26.11.1996 (Bl. 422 d.A.) sowie in seinen Gutachten vom 19.12.1996 (Bl. 431 f.d.A.), 26.03.1997, welches die Kläger als Anlage zu dem Schriftsatz vom 16.04.1997 zu den Akten gereicht haben, und vom 10.09.1997 (Bl. 511 ff. d.A.) ausführt, tatsächlich sei ein Multiplikationsfaktor von 10 anzusetzen, folgt die Kammer dem nicht. Wie jede andere Berechnung muß sich auch diese an einem objektiven und allgemein gültigen Maßstab orientieren. Diesen Maßstab errechnet das Statistische Bundesamt in Wiesbaden, indem es die Kaufkraft des Geldes in den Händen der Verbraucher durch ein Wägungsschema (den sogenannten "Warenkorb") dem Preisindex für die Lebenshaltung als feste Größe zugrunde legt. Hierbei wird bewußt in Kauf genommen, daß damit keine exakte mathematische Vergleichbarkeit erreicht werden kann, da veraltete Warenkörbe oft Güter enthalten, die zum Vergleichszeitpunkt nicht mehr auf dem Markt sind oder nicht mehr in gleicher Ausführung und Qualität angeboten werden. Auf der anderen Seite ist aber zu berücksichtigen, daß Indizes, die etwa auf der Grundlage veralteter Warenkörbe berechnet werden, ebensowenig ein zutreffendes Bild der tatsächlichen Entwicklung geben würden, worauf das Statistische Bundesamt in seinem Merkblatt (Bl. 465 d.A.) auch hinweist. Ebensowenig kann, wie dies der Privatgutachter Prof. Dr. Steiger meint, einfach der Monatslohn eines Arbeiters im Jahre 1945 mit dem eines Arbeiters heute verglichen werden. Schließlich weist der Gutachter selbst darauf hin, daß die Kaufkraft des Geldes von zahlreichen Faktoren beeinflußt wird, die von der tatsächlichen Lohnhöhe unabhängig sind, wie etwa der Abgabenquote, die heute wesentlich höher liegt als im Jahr 1945, der Höhe der Mieten, die im Jahr 1945 noch der Mietpreisbindung unterlagen und der Höhe der staatlichen Zuschüsse sowie ferner der Höhe der Einzelhandelspreise für Grundnahrungsmittel und andere Bedarfsgegenstände. Eine annähernd realistische Vergleichsrechnung kann demnach nur so errechnet werden, wie dies auch vom Statistischen Bundesamt getan wird, nämlich derart, daß die Kaufkraft des Geldes in vergleichbaren Haushalten unter Berücksichtigung der sich ändernden Bedürfnisse ermittelt wird, indem ein sogenannter Warenkorb dem Preisindex für die Lebenshaltung als feste Größe zugrunde gelegt wird.

Damit hat die Schadensersatzklage der Klägerin zu 19) lediglich in Höhe eine Teilbetrages von 15.000,-- DM Erfolg, wohingegen die überschießende Klageforderung wegen der aufgezeigten Gesichtspunkte nicht gerechtfertigt ist.

Die Zinsentscheidung beruht auf §§ 291, 288 Abs. 1 Satz 1 BGB.

II.

Ferner steht der Klägerin zu 19) dem Grunde nach aus demselben Sachverhalt auch ein Anspruch auf Wertersatz nach §§ 852 Abs. 3 BGB i.V.m. § 812 BGB bzw. aus dem Gesichtspunkt des öffentlich-rechtlichen Erstattungsanspruches zu. Auch für eine Entscheidung über den letztgenannten Anspruch ist die Kammer gem. § 17 Abs. 2 GVG zuständig.

Dem Grunde nach liegen sowohl die Voraussetzungen für einen öffentlich-rechtlichen Erstattungsanspruch als auch die Voraussetzungen für einen Anspruch aus § 852 Abs. 3 i.V.m. § 812 BGB vor.

Nach dem Rechtsinstitut des öffentlich-rechtlichen Erstattungsanspruches, welcher neben den §§ 812 ff. BGB eine weitere Ausprägung des allgemeinen, im Rechtsstaatsprinzip wurzelnden Grundsatzes darstellt, daß ungerechtfertigte Vermögensverschiebungen auszugleichen sind (Ossenbühl, Staatshaftungsrecht, 4. Auflage, 1991, S. 334), besteht ein Erstattungsanspruch, wenn durch öffentlich-rechtliches Handeln eine rechtsgrundlose Vermögensverschiebung eintritt. Anspruchsgegner ist derjenige, bei dem die Bereicherung eingetreten ist bzw. fortbesteht.

Durch die Zwangsarbeit der Klägerin zu 19) ist es zu einer Vermögensverschiebung zu ihren Lasten gekommen. Die SS hat sich die Arbeitskraft der in Auschwitz Inhaftierten angeeignet und sie gewinnbringend durch entgeltliche Weitervermittlung an die Weichsel-Metall-Union KG genutzt.

Erlangt hat damals das Deutsche Reich, vermittelt durch die SS, wie die Klägerinnen von der Beklagten unwidersprochen dargelegt haben, 1,23 RM pro Stunde. Dies ergibt bei einer wöchentlichen Arbeitsleistung der Klägerin zu 19) von 6 Tagen à jeweils 12 Stunden einen Betrag von 88,56 RM pro Woche, die von der Firma Weichsel-Metall-Union KG an die SS gezahlt wurden.

Damit hat das Deutsche Reich, hochgerechnet auf die Anzahl der Wochen, die Klägerin zu 19) Zwangsarbeit leisten mußte, einen Betrag von 4.870,-- RM erlangt, nämlich 88,56 RM pro Woche multipliziert mit den 55 Wochen, die die Klägerin zu 19) im Werk der Weichsel-Metall-Union KG arbeiten mußte.

Dieser Vermögensvorteil ist der Beklagten aufgrund der Übernahme des Vermögens des Deutschen Reiches und der NSDAP zugute gekommen. Diese Übernahme beruht einerseits auf Art. 134 Abs. 1 GG, wonach das Vermögen des Reiches Bundesvermögen wird und auf § 24 Abs. 1 des Gesetzes zur Regelung der Verbindlichkeiten nationalsozialistischer Einrichtungen und der Rechtsverhältnisse an deren Vermögen (BGBl I 1965, 597 ff.), sowie andererseits auf der Übernahme des Staatsvermögens der ehemaligen DDR gemäß Art. 21 ff. des Einigungsvertrages vom 06.09.1990, der das Vermögen der NSDAP und ihrer Einrichtungen in der sowjetischen Besatzungszone bereits im Jahr 1945 durch Enteignung und Überführung in Volkseigentum aufgrund des SMAD-Befehls Nr. 126 zugeflossen war.

Anders als der der Klägerin zu 19) zuerkannte Schadensersatzanspruch aus dem Gesichtspunkt der Amtshaftung ist dieser Betrag jedoch im Verhältnis 10 RM : 1 DM abzuwerten:

Zwar handelt es sich hier um einen Bereicherungsanspruch, der grundsätzlich als Geldwertschuld zu behandeln ist. Allerdings besteht hier die Besonderheit, daß der Wert des Erlangten - nämlich der genaue Betrag - zum Zeitpunkt der Währungsreform bereits feststand. In einem solchen Fall aber ist die Forderung als Geldsummenschuld zu werten und unterliegt damit der Abwertung durch §§ 13, 16 UmstG. Anders als in der Entscheidung des Bundesgerichtshofs (GS) vom 16. November 1953 (BGHZ 11, 156 ff.) geht es hier nämlich nicht um einen Schadensersatzanspruch, der das Ziel hat, dem Betroffenen einen wirklichen Ausgleich für den erlittenen Vermögensnachteil zu gewähren. In diesem Fall würde es, wie dargelegt, dem Grundsatz der ausgleichenden Gerechtigkeit widersprechen, wenn jemand als Entschädigung nur 1/10 des tatsächlichen Wertes erhalten würde (BGH, a.a.O., S. 166 f.). Geht es aber - wie im vorliegenden Fall - um einen Bereicherungsanspruch, der bereits vor der Währungsreform allein auf Geld gerichtet war, muß die Abwertung entsprechend den aufgezeigten Grundsätzen in die Berechnung mit einbezogen werden (in diesem Sinne BVerfGE 27, 253 (286 f.)).

Durch diese Differenzierung werden verfassungsrechtliche Grundsätze, insbesondere der Gleichheitsgrundsatz nicht verletzt: Gewiß erscheint dies für den Betroffenen als Härte, jedoch haben der Krieg und seine Folgen in Millionen verschiedenartiger Fälle zu materiellen und immateriellen Schäden geführt. Diese Schicksalsschläge in jedem Einzelfall gerecht auszugleichen, ist durch gesetzliche Regelungen nicht möglich. Die durch die Abwertung eines auf eine Geldsumme gerichteten Bereicherungsanspruch entstehende Härte ist im Grunde keine andere, als sie auch sonst bei den typischen Währungsschäden infolge der grob schematischen Natur der Umstellungsregelung eingetreten sind (BVerGE 27, 253 (286 f.)). Für die Richtigkeit dieser Auffassung spricht im übrigen auch, daß die beklagte Bundesrepublik die Abwertung des von ihr erlangten Geldbetrages durch das Umstellungsgesetz in gleichem Maße erfahren hat, so daß auch sie nur im Verhältnis 10 RM : 1 DM bereichert ist. Demgemäß ist als Summe, um die die Beklagte bereichert ist, lediglich ein Betrag von 487,-- RM zugrunde zu legen.

Zwar war auch hier entsprechend den aufgezeigten Grundsätzen die einschneidende Veränderung der Währungsmaßstäbe über die lange Zeitdauer hinweg zu berücksichtigen, die die Klägerin zu 19) an einer Geltendmachung ihres Anspruchs gehindert war, wohingegen die Beklagte mit diesem Betrag arbeiten konnte, der an der allgemeinen Wertsteigerung teilnahm. Demgemäß ist jedenfalls eine Anpassung des Betrages von 487,-- RM entsprechend dem gestiegenen Lebenshaltungskostenindex geboten.

Gleichwohl führt dies dazu, daß die Klägerin zu 19) auf der Basis dieser Berechnung nur einen Bruchteil des Betrages bekäme, den sie mit der vorliegenden Klage geltend macht, nämlich nur 2.213,63 DM (487,-- RM : 22,0 x 100,0 oder auch 487,-- RM x 4,545454).

Damit kann die Klägerin zu 19) aus dem Gesichtspunkt des öffentlich-rechtlichen Erstattungsanspruchs eine höhere Forderung als die bereits aus Amtshaftungsgesichtspunkten zuerkannte Schadensersatzforderung nicht herleiten.

Daher war der Klägerin zu 19) aus dem Gesichtspunkt der Amtshaftung nach § 839 BGB, Art. 34 GG ein Anspruch in Höhe von 15.000,-- RM zuzuerkennen, im übrigen war die Klage abzuweisen.

B. Kläger zu 1) bis 18), 21 und 22)

Unbegründet sind jedoch die Klagen der übrigen ausländischen Kläger, also der Kläger zu 1) bis 18) sowie der Klägerinnen zu 21) und 22).

Die Kammer übersieht nicht, daß auch diesen Klägern unermeßliches Leid zugefügt wurde, welches durch materielle Zuwendungen ohnehin nur unzureichend wieder ausgeglichen werden kann.

Im Gegensatz zu der Klägerin zu 19) haben diese Kläger jedoch bereits in der Vergangenheit Leistungen nach dem BEG bzw. dem BEG-SchlußG erhalten, was dazu führt, daß sie - aus rechtlichen Gesichtspunkten - weitergehende Ansprüche gegen die Beklagte nicht mehr geltend machen können, weder als Schadensersatzanspruch nach § 839 BGB i.V.m. Art. 34 GG, noch nach den Grundsätzen des öffentlich-rechtlichen Erstattungsanspruchs.

1.

Die Ansprüche der ehemaligen ungarischen Kläger zu 8), 12), 15), 16) und 18) sind zwar nicht von der seitens der Republik Ungarn in den Pariser Friedensverträgen vom 10.02.1947 gegenüber den alliierten und assoziierten Mächten in Artikel 30 Abs. IV abgegebene Verzichtserklärung (siehe hierzu: United Nations Treaty Series-UNTS 41, S. 168, Nr. 664) erfaßt und damit auch nicht durch eine Verzichtserklärung erloschen.

Dort heißt es wörtlich:
"Dieser Verzicht umfaßt alle Schulden, alle zwischenstaatlichen Forderungen aus Abmachungen, die im Verlauf des Krieges vereinbart wurden, sowie alle Forderungen aus Verlusten oder Schäden, die während des Krieges entstanden sind."

(Die Übersetzung ist zitiert bei: Ziger, Das Thema der Reparationen im Hinblick auf die besondere Lage Deutschlands, in: Recht der internationalen Wirtschaft/Außenwirtschaftsdienste des Betriebsberaters - REW/AWD-Band 26 (1980), S. 16), wobei dieser Verzicht gemäß Art. 5 LSchA auch für die Bundesrepublik Deutschland gilt.

Durch diese Erklärung sollte jedoch kein Verzicht auf Wiedergutmachung diskriminierenden Unrechts durch Deutschland statuiert werden. Zwar wird in Artikel 3 und 27 des genannten Friedensvertrages bestimmt, daß Ungarn zur Wiedergutmachung in der Vergangenheit begangenen Unrechts verpflichtet ist. So lautet Artikel 3: Ungarn führt die Maßnahmen zu Ende, die es gemäß dem Waffenstillstandsabkommen in der Zwischenzeit ergriffen hat, um ohne Unterschied ihrer Staatsangehörigkeit oder Volkszugehörigkeit alle Personen, die sich aufgrund ihrer Tätigkeit oder Einstellung zugunsten der Vereinten Nationen oder wegen ihrer rassischen Abstammung in Haft befanden, auf freien Fuß zu setzen, sowie diskriminierende Gesetze und in deren Verfolgung erlassene Beschränkungen aufzuheben. Ungarn wird hinfort keinerlei Maßnahmen ergreifen oder Gesetze erlassen, die mit den in diesem Artikel gesetzten Zielen unvereinbar sind.

Dem kann jedoch nicht entnommen werden, daß die Alliierten das hauptverantwortliche Deutschland von jeglicher Wiedergutmachung des vom Reich und seinen Organen ungarischen Staatsangehörigen zugefügten Unrechts freistellen wollten. Vielmehr ist im Hinblick auf den für die Wiedergutmachungsverpflichtung für Verfolgte gewählten Stichtag, nämlich den 01.09.1939, davon auszugehen, daß die Vertragsparteien damit nur die durch die ungarische diskriminierende Gesetzgebung und Tätigkeit verursachten Schäden erfassen wollten (so auch ORG Berlin, RzW 1967, 57 ff.; ebenso in RzW 1967, 293; zustimmend. Buschbohm, a.a.O., S. 48).

Nach einhelliger Meinung (Menzel, Die Forderungsverzichtsklausel gegenüber Deutschland in den Friedensverträgen von 1947, Hamburg 1955; Gursky, Das Abkommen über deutsche Auslandsschulden, S. 261 a; Granow, Ausländische Kriegsschäden ansprüche und Reparationen in: AöR, Band 77, S. 67, 74) wollten die Alliierten Ungarn durch die Verzichtsklausel des Friedensvertrages u.a. für sein Bündnis mit Hitler-Deutschland bestrafen. Nach diesem Sinn und Zweck ist es aber auszuschließen, daß durch diese Strafe auch diejenigen Bevölkerungsgruppen betroffen sein sollten, die während des Krieges selbst der Verfolgung durch Organe des ungarischen Staates ausgesetzt waren und deshalb nicht als Bündnispartner Deutschlands, sondern als dessen Gegner anzusehen waren (vgl. ORG Berlin, RzW 1967, 57 ff.).

2.

Ebensowenig sind ihre Ansprüche - ebenso wie der polnischen Klägerinnen - nach § 1 AKG erloschen.

Die Kammer geht davon aus, daß die Vorschrift des § 101 AKG einheitlich nicht nur auf die damals polnischen, sondern - analog - auch auf die damals ungarischen Staatsangehörigen Anwendung findet. Zwar bestimmt Artikel 5 Abs. 4 LSchA, daß für die Forderungen von Staaten, die - wie Ungarn - mit Deutschland verbündet waren und deren Staatsangehörige die Bestimmungen der einschlägigen Nebenfriedensverträge mit den Alliierten anzuwenden sind. Wie bereits aufgezeigt erstreckt sich der Verzicht in dem Friedensvertrag mit Ungarn jedoch nicht auf die Ansprüche von Bürgern, die wie die ungarischen Klägerinnen selbst Verfolgte in dem mit Deutschland verbündeten Staat waren. Insoweit liegt eine Regelungslücke vor, und es ist nicht davon auszugehen, daß im Regelungsbereich von Art. 5 Abs. 4 LSchA noch weitere Abkommen mit den mit

Deutschland verbündeten Staaten über die Ansprüche der Verfolgten getroffen werden sollten. Art. 5 Abs. 4 LSchA ist auf sie nicht anwendbar (ORG Berlin, RzW 1967, 57 ff.). Dies ergibt sich zum einen aus der Systematik der Regelung der Absätze 2 - 4 des Art. 5 LSchA, die eindeutig als Sanktionsmaßnahme gegen ehemalige Feindstaaten der Alliierten gedacht war (BGH NJW 1973, 1549, 1550; Féaux de la Croix, NJW 1960, 2268 ff.; Granow, AöR, Band 77 (1951), S. 67, 74), und zum andern aus der vorbehaltlosen Bezugnahme auf die zum Teil bereits bestehenden Nebenfriedensverträge, die den Schluß zuläßt, daß hier eine endgültige Regelung der Ansprüche dieser Staaten beabsichtigt war. Diese Regelungslücke ist wegen der übereinstimmenden Interessenlage bei den Ansprüchen der mit Deutschland verfeindeten Staaten und ihrer Staatsangehörigen durch eine analoge Anwendung von Art. 5 Abs. 2 LSchA zu schließen. Daß aber die Geltung des § 101 AKG die Anwendbarkeit des Allgemeinen Kriegsfolgengesetzes und damit auch die Anwendbarkeit der Erlöschensvorschrift des § 1 AKG ausschließt, wurde bereits ausgeführt.

3.

Ansprüche der Kläger zu 1) - 18), 21) und 22) auf eine Entlohnung wegen der von ihnen geleisteten Zwangsarbeit bestehen jedoch deshalb nicht, weil diese bereits Leistungen nach dem Bundesentschädigungsgesetz (BEG) erhalten haben.

Die Kammer ging zunächst entsprechend dem Vortrag der Kläger auf Seite 8 und 16 der Klageschrift davon aus, daß diese die Wohn- und Stichtagsvoraussetzungen nach dem Bundesentschädigungsgesetz zu keinem Zeitpunkt erfüllt haben und demgemäß insgesamt entschädigungslos geblieben sind. Dies gilt um so mehr, als die Kläger auch der entsprechenden Darstellung im Vorlageschluß der Kammer an das Bundesverfassungsgericht in dieser Sache zu keinem Zeitpunkt widersprochen haben. Nachdem aber nunmehr die Beklagte vorgetragen hat, welche Zahlungen die Kläger im einzelnen erhalten haben und zum Teil in Form einer monatlichen Rente heute noch erhalten, und die Kläger dieser Darstellung nicht substantiiert entgegengetreten sind, kann als unstreitig davon ausgegangen werden, daß die Kläger zu 1) - 18), 21) und 22) Leistungen nach dem BEG erhalten haben. Damit sind aber in Anwendung des § 8 Abs. 1 BEG weitergehende Ansprüche ausgeschlossen.

Wie bereits ausgeführt, werden durch § 8 Abs. 1 BEG zwar nur solche Ansprüche ausgeschlossen, die durch das Bundesentschädigungsgesetz neu geregelt werden. Demgemäß kann die Ausschlußwirkung des § 8 Abs. 1 BEG nur dann zum Tragen kommen, wenn durch die Leistungen des Bundesentschädigungsgesetzes sowohl immaterielle als auch die hier geltend gemachten materiellen Ansprüche infolge der Zwangsarbeit ausgeglichen werden sollen. Auf die streitgegenständliche Forderung der Kläger trifft dies jedoch zu:

So gewährt das Bundesentschädigungsgesetz in der Fassung vom 29.06.1956 Entschädigungen in mehreren Fällen, so bei Schäden an Leben (§ 15 BEG), Körper oder Gesundheit (§ 28 BEG), Freiheit (§§ 43 ff. BEG), Vermögen (§ 56 BEG) und im beruflichen oder wirtschaftlichen Fortkommen (§§ 65 ff. BEG).

Nach § 43 Abs. 1 BEG wird eine Entschädigung insbesondere dann gewährt, wenn dem Verfolgten in der Zeit zwischen dem 30.01.1933 und dem 08.05.1945 die Freiheit entzogen worden ist, soweit dies von der nationalsozialistischen deutschen Regierung veranlaßt wurde, wobei nach § 43 Abs. 2 BEG als Freiheitsentziehung insbesondere auch die Konzentrationslagerhaft gilt. Nach § 43 Abs. 3 BEG ist der Freiheitsentziehung aber auch Zwangsarbeit unter haftähnlichen Bedingungen gleichzusetzen. Damit besteht ein Entschädigungsanspruch grundsätzlich auch im Falle geleisteter Zwangsarbeit.

Allerdings ist es richtig, daß eine Entschädigung nach § 43 Abs. 3 BEG dem Gesetzeswortlaut nach nur dafür gewährt wird, daß bei Zwangsarbeit ebenso wie bei der Freiheitsbeschränkung im übrigen der Ausgleich allein für den Tatbestand der Freiheitsentziehung gewährt wird, die Zwangsarbeit also lediglich ein spezieller Unterfall der Freiheitsentziehung ist (Blessin/Wilden, Kommentar zum BEG, 3. Auflage, § 43, Rdnr. 25) und eine gesonderte Entlohnung für die erbrachte Arbeitsleistung nicht vorsieht.

Gleichwohl meint die Kammer, daß nach der Entstehungsgeschichte des Gesetzes durch den Tatbestand des § 43 Abs. 3 BEG gleichzeitig auch etwaige Vergütungsansprüche mit abgegolten sind.

Zwar hat der Bundesgerichtshof in einer Entscheidung aus dem Jahre 1954 die Auffassung vertreten, das Bundesentschädigungsgesetz in der Fassung von 1953 erfasse lediglich materielle Schäden mit der Folge, daß immaterielle Schäden wie Schmerzensgeldansprüche fortbestünden (BGHZ 12, 278 (282 f.). Bereits damals waren Ansprüche auf Entschädigung wegen geleisteter Zwangsarbeit in der Vorschrift des § 16, insbesondere Absatz 3, geregelt und diese Norm entsprach inhaltlich der Regelung, wie sie heute in § 43 BEG in der Fassung von 1956 zu finden ist.

Bei den Beratungen über die neue Fassung des Bundesentschädigungsgesetzes vom 29.06.1956 wurde jedoch zum Ausdruck gebracht, daß die Haftentschädigung schon nach bisherigem Recht nur als eine Art Schmerzensgeld gedacht gewesen sei (BT Drucks,, 2. Wahlperiode 1953 Nr. 1949, S. 71). Demgemäß wird seitdem die Auffassung vertreten, § 43 BEG erfasse nur immaterielle Schäden (OLG Stuttgart RzW 1964, 425; Blessin/Ehrig/Wilden, BEG, Rdnr. 1 vor § 43 BEG, Pagendarm NJW 1958, 41 f.).

Indessen teilt die Kammer diesen Standpunkt nicht: Bei der Frage, ob der Anspruch aus § 43 Abs. 3 BEG neben Schmerzensgeldansprüchen auch Vergütungsansprüche wegen geleisteter Zwangsarbeit erfassen, war abzustellen auf die Situation von Häftlingen in Konzentrationslagern, die nicht zeitweise zur Arbeit in Rüstungsfabriken herangezogen wurden. Auch diese wurden aber in Konzentrationslagern zu Arbeiten gezwungen, deren Verrichtung sie nicht ablehnen konnten, ohne sich in Lebensgefahr zu begeben und die sie freiwillig nicht geleistet hätten, ohne daß das Bundesentschädigungsgesetz hierfür eine gesonderte Vergütung gewährt. Insofern liegt eine vergleichbare Lage mit den Häftlingen vor, die zu Arbeiten in Rüstungsfabriken abgestellt wurden, und die unmenschlichen Haftbedingungen in den Konzentrationslagern waren mit denen vergleichbar, die die Zwangsarbeiter in den Fabriken erfuhren. Die Tatsache, daß der Gesetzgeber den Tatbestand der Zwangsarbeit gemeinsam mit dem Tatbestand der Freiheitsentziehung geregelt hat, zeigt, daß dies auch von seiten des Parlaments so gesehen wurde.

Selbst wenn man insoweit aber anderer Auffassung sein sollte, besteht ein gesonderter Vergütungsanspruch nicht. Denn in der Beratung zur Neufassung des Bundesentschädigungsgesetzes, insbesondere zu dem heutigen § 43 BEG, wurde gleichzeitig klargestellt, daß der durch die Freiheitsentziehung im übrigen eingetretene Schaden daneben durch die Gewährung anderer Ansprüche, insbesondere durch den Anspruch auf Entschädigung für Schäden im beruflichen Fortkommen abgegolten sein soll (BT Drucks. 2. Wahlperiode 1953, Nr. 1949, S. 116). Entsprechend hat auch die Rechtsprechung durch die Ansprüche nach §§ 65 ff. BEG Vergütungsansprüche wegen geleisteter Zwangsarbeit als mit abgegolten angesehen (OLG Stuttgart RzW 1964, 425, 426).

Zwar ist nach dem bisherigen Vortrag offen, ob die Kläger zu 1) - 18), 21) und 22) für Schäden im beruflichen Fortkommen eine Entschädigung erhalten haben, ebenso ob eine Entschädigung für die von ihnen erlittene Freiheitsbeschränkung in Form der unter haftähnlichen Bedingungen erfolgten Zwangsarbeit erfolgte. Andererseits kann aber nicht außer acht gelassen werden, daß diese Kläger grundsätzlich solche Entschädigungsansprüche nach dem Bundesentschädigungsgesetz gehabt hätten, nachdem sie die grundsätzlichen Voraussetzungen für Leistungen nach dem BEG erfüllen bzw. erfüllt haben. Bei dieser Sachlage sieht sich die Kammer in Anbetracht des im BEG vorgesehenen Verfahrens nicht in der Lage, über diese Ansprüche zu entscheiden. Vielmehr sind nach §§ 173 ff. BEG zunächst die Entschädigungsbehörden der Länder zur Entscheidung befugt und die Entschädigungsgerichte sind nach § 210 BEG erst dann zuständig, wenn die Entschädigungsbehörden den geltend gemachten Anspruch abgelehnt haben.

Letztlich entspricht die Wertung, daß Vergütungsansprüche für geleistete Zwangsarbeit durch die Vorschriften des Bundesentschädigungsgesetzes mit abgegolten sein sollen, auch dem Willen des Gesetzgebers. Denn wie bereits ausgeführt, hat er den Tatbestand der Zwangsarbeit - wie dies die Regelung des § 43 Abs. 3 BEG zeigt - bei der Schaffung des Bundesentschädigungsgesetzes bedacht und gleichwohl bei der Gesetzesbegründung dargelegt, "das BEG solle eine abschließende und ausschließliche Regelung darstellen" (BT Drucksache, 2. Wahlperiode 1953, Nr. 2382, S. 4; ebenso Blessin/Gießler, BEG, § 8 Anm. II; Brunn/Hebenstreit, BEG, § 8 Rdnr. 1; Blessin/Ehrig/Wilden, § 8, Rdnr. 4; Pagendarm NJW 1958, 41 ff.).

Ein gesonderter Vergütungsanspruch für geleistete Zwangsarbeit neben den Vorschriften des Bundesentschädigungsgesetzes steht den Klägern damit wegen des abschließenden Charakters dieses Gesetzes nicht zu.

Diese Regelung, wonach Ansprüche nur insoweit bestehen, als das Bundesentschädigungsgesetz diese gewährt, ist auch aus verfassungsrechtlicher Sicht nicht zu beanstanden.

Insbesondere verstößt diese Auslegung nicht gegen den Inhalt des Auftrages aus Art. 134, 135 a GG, die Reichsverbindlichkeiten nach Maßgabe des Möglichen zu berücksichtigen.

Wie bereits ausgeführt, gewährt diese Regelung dem Regelungsgesetzgeber damit zwar keine volle Gestaltungsfreiheit, vielmehr hat er zu beachten, daß ihm die Forderungen gegen das Reich als dem Grunde nach existent zur Maßgabe des Möglichen überwiesen sind und er nur mit dieser Maßgabe die Befriedigung kürzen oder verweigern darf (BVerfGE 15, 126 (14 ff.); 23, 153, (166); 24, 203 (214 f.); 19, 151 (163 ff.)).

Indessen können sich die Kläger nicht darauf berufen, die Bundesrepublik Deutschland habe sich nunmehr wirtschaftlich konsolidiert mit der Folge, daß sich die Beklagte auf Art. 134 GG nicht mehr stützen könne.

Denn auch eine Verbesserung der finanziellen Leistungsfähigkeit verpflichtet die Beklagte nicht, eine frühere, damals nicht sachwidrige Finanzprognose hinsichtlich der Entschädigungsregelung zu revidieren. Eine andere Auffassung würde zu dem unerträglichen Ergebnis führen, daß der Gesetzgeber gezwungen wäre, bei jeder Besserung der Finanzlage sämtliche, in der Vergangenheit abgeschlossenen Entschädigungsregelungen von neuem aufzurollen; damit wäre eine wirksame Planung der staatlichen Tätigkeit für die Zukunft ausgeschlossen (BVerfGE 27, 253 (288 f.); 41, 126 (187)).

Da die bestehenden Gesetze somit einen Zahlungsanspruch nicht gewähren, war die Klage der Kläger zu 1) bis 18), 21) und 22) als unbegründet abzuweisen. Zwar wäre nunmehr, wie dies auch das Bundesverfassungsgericht in seinem Beschluß vom 13.05.1996 in dieser Sache ausgeführt hat, eine erneute Entscheidung des Gesetzgebers über die Reichsverbindlichkeiten möglich. Verpflichtet ist der Gesetzgeber hierzu indessen nicht. Auch die Kammer kann wegen des Grundsatzes der Gewaltenteilung, der tragendes Prinzip der deutschen Verfassung ist, den Klägern aus diesem Grunde keine Schadensersatzforderung zusprechen. Vielmehr steht es allein im Ermessen der gesetzgebenden Gewalt, einen von der bisherigen Rechtslage abweichenden Entschädigungsmodus zu fixieren.

C. Anspruch der Klägerin zu 20)

Unbegründet ist ferner die Klage der deutschen Klägerin zu 20). Auch diese hat gegen die Beklagte keinen Vergütungsanspruch wegen der von ihr zwangsweise erbrachten Arbeitsleistung, und zwar weder nach § 839 BGB i.V.m. Art. 34 GG noch nach den Grundsätzen des öffentlich-rechtlichen Erstattungsanspruchs.

1.

Ebenso wie bei den ausländischen Klägern, die gleich der Klägerin zu 20) bereits eine Entschädigung nach dem Bundesentschädigungsgesetz erhalten haben, findet auch bei der Klägerin zu 20) die Vorschrift des § 8 Abs. 1 BEG Anwendung, die weitergehende Ansprüche als die, die das Bundesentschädigungsgesetz gewähren, ausschließen. Da die Klägerin zu 20) Zahlungen nach diesem Gesetz bereits erhalten hat, steht ihr mithin der geltend gemachte Anspruch nicht zu. Zur Vermeidung von Wiederholungen wird insoweit auf die obenstehenden Ausführungen Bezug genommen.

2.

Jedenfalls gilt für die Ansprüche der deutschen Klägerin die Vorschrift des § 1 Abs. 1 AKG, durch die ein Erlöschen anderer Ansprüche als der im Allgemeinen Kriegsfolgengesetz vorgesehenen bestimmt wird. Insbesondere ist ihr Anspruch nicht nach § 5 Abs. 1 Nr. 2 AKG zu erfüllen; Ansprüche, die unmittelbar oder mittelbar auf nationalsozialistischen Gewaltmaßnahmen beruhen, werden gemäß § 5 Abs. 2 Nr. 3 AKG nur im Rahmen des Bundesentschädigungsgesetzes berücksichtigt, aufgrund dessen Zahlungen an die Klägerin zu 20) aber bereits geleistet wurden.

Die Vorschrift des § 1 Abs. 1 AKG ist auch unter verfassungsrechtlichen Gesichtspunkten nicht zu beanstanden.

Wie bereits ausführlich dargelegt wurde, steht dem Gesetzgeber bei der Regelung des Kriegsfolgenrechtes ein relativ weiter Ermessensspielraum zu, im Rahmen dessen er Ansprüche auch kürzen, ganz verweigern, oder von bestimmten Voraussetzungen abhängig machen darf.

So war bei der Beurteilung der Verfassungsmäßigkeit des § 1 Abs. 1 AKG insbesondere zu berücksichtigen, daß das Bundesverfassungsgericht sich bereits mehrfach in ähnlich gelagerten Fällen mit dieser Norm befaßt und jeweils eine Verfassungswidrigkeit weder unter dem Gesichtspunkt der Verletzung des Art. 14 GG, des Rechtsstaatsprinzips (Art. 20 GG) und des Gleichheitsgebots nach Art. 3 Abs. 1 GG beanstandet hat. Vielmehr hat das Bundesverfassungsgericht in allen Fällen das in § 1 Abs. 1 AKG bestimmte Erlöschen aller nicht durch das AKG aufrechterhaltenen Ansprüche im Hinblick auf die erforderliche Konsolidierung der Bundesrepublik Deutschland nicht beanstandet (vgl. BVerfGE 15, 126 (149); 19, 150 (165); 23, 153 (166); 24, 203 (214)).

Auch der vorliegende Fall gibt keinen Anlaß zu einer abweichenden Beurteilung.

Aus den dargelegten Gründen kann sich die Klägerin zu 20) ebensowenig wie die ausländischen Kläger, die bereits eine Entschädigung nach dem Bundesentschädigungsgesetz erhalten haben, auf die nunmehr erfolgte wirtschaftliche Konsolidierung der Bundesrepublik stützen.

Schließlich ist die Vorschrift des § 1 Abs. 1 AKG auch nicht wegen Verletzung des in Art. 3 Abs. 1 GG normierten Gleichheitsgebotes als verfassungswidrig anzusehen, weil die Klägerin zu 20) als deutsche Staatsangehörige für die geleistete Zwangsarbeit keine gesonderte Entlohnung erhält, obwohl dies nach Auffassung der Kammer bei der ausländischen Klägerin zu 19), die bisher mit Ausnahme der erlittenen Gesundheitsschäden keine Entschädigungsleistungen erhalten hat, anders zu beurteilen ist.

Bei der Prüfung einer Verletzung des Gleichheitsgebotes war zunächst abzustellen auf andere deutsche Staatsangehörige, die gleich der Klägerin zu 20) nationalsozialistischer Verfolgung ausgesetzt waren. Hierbei ist eine Ungleichbehandlung der Klägerin zu 20) nicht zu erkennen: Die Klägerin zu 20) hatte ebenso wie alle anderen Verfolgten deutscher Nationalität die Wohn- und Stichtagsvoraussetzungen zu erfüllen, wie dies das Bundesentschädigungsgesetz vorschreibt und blieb wie diese in Teilbereichen entschädigungslos.

Die unterschiedliche Behandlung der ausländischen Zwangsarbeiter, soweit sie bisher keine Entschädigung nach dem Bundesentschädigungsgesetz erhalten haben, führt zu keiner anderen rechtlichen Wertung.

Vielmehr war die Klägerin zu 20) dem Grunde nach zunächst - vor der Wiedervereinigung - insoweit gegenüber diesen ausländischen Betroffenen bevorzugt, als für sie die Sperre des Art. 5 Abs. 2 LSchA nicht galt. Die Veränderung der Umstände durch die Wiedervereinigung Deutschlands wirkt sich zwar jetzt für sie insofern nachteilig aus, als sie nach wie vor für die Zwangsarbeit entschädigungslos bleibt. Gleichwohl läge eine sachwidrige Ungleichbehandlung gegenüber anderen deutschen Staatsangehörigen vor, die sich mit der vergleichsweise geringen Entschädigung nach § 45 BEG begnügen mußten oder gar leer ausgingen, würde man der Klägerin nunmehr einen Schadensersatzanspruch zubilligen. Im übrigen kann in diesem Zusammenhang nicht außer acht gelassen werden, daß die Klägerin zu 20), anders als etwa die Klägerin zu 19), eine Entschädigung wenigstens in Teilbereichen erhalten hat.

3.

Im übrigen ist der Anspruch der Klägerin zu 29) aber auch verjährt.

Für den Schadensersatzanspruch aus § 839 BGB i.V.m. Art. 34 GG gilt die dreijährige Verjährungsfrist nach § 852 Abs. 1 BGB, für den öffentlich-rechtlichen Erstattungsanspruch die 30-jährige Verjährungsfrist nach § 195 BGB, dies gilt ebenso für den Anspruch aus § 852 Abs. 3 i.V.m. § 812 BGB (Palandt-Thomas, BGB, 55. Auflage, § 852 Rdnr. 21). Diese Fristen sind nunmehr lange abgelaufen. Da für die Klägerin zu 20) als deutsche Staatsangehörige der in Art. 5 Abs. 2 LSchA angeordnete Klagestop nicht galt, sie mithin an der Geltendmachung ihrer Ansprüche - anders als die ausländischen Kläger - nicht gehindert war, war die Verjährung nicht nach § 202 BGB gehemmt, so daß ihre Klage jedenfalls aus diesem Gesichtspunkt als unbegründet abzuweisen war.

D.

Die Kostenentscheidung beruht auf §§ 91, 92 ZPO, die Entscheidung über die vorläufige Vollstreckbarkeit auf §§ 709, 708 Nr. 11, 711 ZPO.

Streitwert:
bis zum 10.08.1992: 309.900,-- DM
vom 11.08.1992 bis 20.11.1996: 341.100,-- DM
vom 21.11.1996 bis zum 24.11.1996: 1.071.000,-- DM
ab dem 25.11.1996: 1.175.000,-- DM

Sonnenberger					Gösele					Schumacher

Landgericht Bremen*

Geschäftszeichen: 1 O 2889/90
verkündet am 2. Juni 1998

Im Namen des Volkes

Urteil

in Sachen

1. ...

2. ...

3. ...

                                                                                                                Kläger,

gegen

die Bundesrepublik Deutschland, vertreten durch den Bundesminister der Finanzen, Graurheindorfer Str. 108, 53117 Bonn,

                                                                                                                Beklagte

hat die 1. Zivilkammer des Landgerichts Bremen auf die mündliche Verhandlung vom 21. April 1998 durch die Richter

...

für Recht erkannt:

> Die Beklagte wird verurteilt, an die Klägerin zu 3) DM 15.000,-- nebst 4 % Zinsen seit dem 18. Juli 1991 zu zahlen.
>
> Die Klagen gegen die Klägerinnen zu 1) und 2) werden abgewiesen.
>
> (...)

---

* Von dem Abdruck des Urteils wird abgesehen, da es in seiner Begründung dem Urteil des LG Bonn weitgehend entspricht.

OVG Münster[*]

Anspruch auf Vergütung von Zwangsarbeit als Kriegsgefangener im Zweiten Weltkrieg

1. Art. 5 Abs. 2 Londoner Schuldenabkommen steht einer gerichtlichen Überprüfung von aus dem Zweiten Weltkrieg herrührenden Individualforderungen nicht mehr entgegen. Mit Inkrafttreten des Zwei-plus-Vier-Vertrages ist die Reparationsfrage in bezug auf Deutschland endgültig geregelt.

2. Es besteht kein Individualanspruch auf Vergütung der während der Kriegsgefangenschaft im Deutschen Reich geleisteten Zwangsarbeit (hier: Vergütungsanspruch eines polnischen Fähnrichs).

OVG NW, Urteil vom 19.11.1997 – 14 A 362/93

Zum Sachverhalt:
Ein polnischer Fähnrich wurde als Kriegsgefangener in den Jahren 1940 bis 1945 im Deutschen Reich zu körperlicher Arbeit herangezogen. Seine Klage auf Vergütung der Zwangsarbeit wurde vom VG abgewiesen. Die Berufung seiner Erben, die nach seinem Tode den Rechtsstreit aufnahmen, hatten keinen Erfolg.

Aus den Gründen:
Mit dem Tode des Rechtsvorgängers der Kläger während des Berufungsverfahrens ist keine Erledigung des Rechtsstreits in der Hauptsache eingetreten. Die Aufnahme des Rechtsstreits durch die Erben ist zulässig, da der geltend gemachte Vergütungsanspruch nicht höchstpersönlicher Natur ist, sondern zum Vermögen des Verstorbenen gehört. Hierauf deutet auch die Formulierung in Art. 34 Abs. 5 Satz 2 des Abkommens über die Behandlung der Kriegsgefangenen vom 27.7.1929 (– GKGA –, RGBl. II 1934, S. 227) hin, wonach der dem Kriegsgefangenen als Guthaben verbleibende Arbeitslohn im Falle seines Todes auf diplomatischem Wege seinen Erben zuzustellen ist.

Die Kläger haben keinen Anspruch auf Vergütung der von ihrem Rechtsvorgänger während der Kriegsgefangenschaft im Deutschen Reich in den Jahren 1940 bis 1945 geleisteten Zwangsarbeit. Der *Senat* läßt die Frage offen, ob Art. 5 II des Abkommens über deutsche Auslandsschulden vom 27.2.1953 (sog. Londoner Schuldenabkommen – LSchA – BGBl. II, S. 333) der Zulässigkeit einer Zahlungsklage oder i.S. einer Stundung, die im Rahmen der Begründetheit zu berücksichtigen wäre, der Erfüllung von

---

[*] Das Urteil ist erstmals abgedruckt in: NJW 1998, S. 2302 ff.

Zahlungsansprüchen entgegenstand. Art. 5 II LSchA hindert eine gerichtliche Überprüfung des geltend gemachten Vergütungsanspruchs jedenfalls nicht mehr. Nach dieser Vorschrift war eine Prüfung der aus dem Zweiten Weltkriege herrührenden Forderungen gegen das Reich u. a. von Staatsangehörigen der Staaten, die sich mit Deutschland im Kriegszustand befanden oder deren Gebiet von Deutschland besetzt war, bis zur endgültigen Regelung der Reparationsfrage zurückgestellt. Sinn dieser Regelung war es, die Leistungsfähigkeit der Bundesrepublik vor Überbeanspruchung zu bewahren und so die Wiederherstellung normaler Wirtschaftsbeziehungen zwischen der Bundesrepublik und anderen Staaten zu erleichtern, andererseits aber auch, die Abwicklung der Vor- und Nachkriegsschulden sicherzustellen (vgl. BverwGE 35, 262, [263 f.]; *Rumpf,* ZaöRV 33 [1973], 344 [349 f.]).

Es kann dahinstehen, ob das Zustimmungsgesetz zum Londoner Schuldenabkommen vom 24.8.1953 (BGBl. II, 331) insoweit mit dem Grundgesetz, insbesondere Art. 14 GG, vereinbar ist, als die von Art. 5 II LSchA erfaßten Ansprüche zumindest vorläufig, wenn nicht sogar auf unabsehbare Zeit, nicht erfüllt werden (der Sache nach bejahend *BverwGE* 35, 262 [268]).

Weiter kann die Frage offenbleiben, ob Individualforderungen polnischer Staatsangehöriger, wie z.B. die hier streitigen Lohnansprüche polnischer Kriegsgefangener gegen das Deutsche Reich, unter Art. 5 II LSchA fallen (bejahend *BverwGE* 35, 262 [263 ff.]; vgl. Auch Rumpf, ZaöRV 33 [1973], 344 [364]. Zweifel ergeben sich daraus, daß Polen an der Vereinbarung des Londoner Schuldenabkommens nicht beteiligt gewesen und ihm auch später nicht beigetreten ist und ein völkerrechtlicher Vertrag die Rechte eines am Vertrag nicht beteiligten Staates weder aufheben noch zu seinem Nachteil verändern kann *(Dahm,* VölkerR III [1961], S. 117 f.).

Ungeachtet dieser Zweifelsfragen nach der Wirksamkeit und dem Anwendungsbereich des Art. 5 II LSchA ist dem Senat jedenfalls die Prüfung von aus dem Zweiten Weltkrieg herrührenden Forderungen, nämlich die endgültige Regelung der Reparationsfrage, ist entgegen der Auffassung des VG durch Inkrafttreten des zwischen den vier Hauptsiegermächten und den beiden deutschen Staaten geschlossenen Vertrages über die abschließende Regelung in bezug auf Deutschland vom 12.9.1990 (BGBl. II, 1318 – sog. Zwei-Plus-Vier-Vertrag) eingetreten. Davon geht auch die Bundesregierung aus, wie der Erklärung der Bekl. in der mündlichen Verhandlung vor dem Senat entnommen werden kann.

Unter der endgültigen Regelung der Reparationsfrage i.S. der genannten Vorschrift wurde zwar allgemein ein Friedensvertrag mit Gesamtdeutschland verstanden (vgl. *Rumpf,* ZaöRV 33 [1973], 344 [350, 363]. Der Zwei-Plus-Vier-Vertrag verhält sich demgegenüber nicht ausdrücklich zur Frage der aus dem Zweiten Weltkrieg herrührenden Reparationsforderungen der Siegermächte gegenüber Deutschland. Er regelt vielmehr seinem wesentlichen Inhalt nach u.a. die mit der Vereinigung Deutschlands verbundenen Grenzfragen. Insbesondere sieht er eine völkerrechtliche Bestätigung der zwischen dem vereinten Deutschland und der Republik Polen bestehenden Grenze vor (Art. 1 II). Daneben gewinnt das vereinte Deutschland mit der Beendigung der Rechte und Verantwortlichkeiten der vier Siegermächte seine volle Souveränität (Art. 7). Insgesamt dürfte der Vertrag deshalb nicht als Friedensvertrag im herkömmlichen Sinne, der üblicherweise die Beendigung des Kriegszustandes, die Aufnahme friedlicher Beziehungen und eine umfassende Regelung der durch den Krieg entstandenen Rechtsfragen erfaßt, zu qualifizieren sein (vgl. hierzu *Blumenwitz*, NJW 1990, 3041 [3042]; *Rauschning*, DVBl 1990, 1275 [1279]). Gleichwohl läßt der Zwei-Plus-Vier-Vertrag die in Art. 5 II LSchA vereinbarte Rückstellung entfallen. Denn mit dem Abschluß dieses Vertrages stellt sich die Frage der Reparationen im Zusammenhang mit dem Zweiten Weltkrieg nicht mehr. Aus der Präambel ergibt sich, daß der Vertrag mit dem Ziel geschlossen wurde, die abschließende Regelung in bezug auf Deutschland zu vereinbaren. Hierdurch wird klargestellt, daß es keine weiteren (friedens-)vertraglichen Regelungen über rechtliche Fragen im Zusammenhang mit dem Zweiten Weltkrieg und der Besatzung Deutschlands mehr geben wird (in diesem Sinne auch *LG Bonn*, Urt. v. 24.9.1997 – 1 O 134/92, Urteilsabdr. S. 24 ff.).

Nachdem die Sowjetunion im Vorfeld des Vertragsabschlusses zunächst noch die Vereinbarung eines Friedensvertrages angestrebt hatte, wurde im Sommer 1990 zwischen den Vertragspartnern die allgemeine Übereinstimmung erzielt, daß ein Friedensvertrag herkömmlicher Art nicht mehr notwendig sei (vgl. *Rauschning*, DVBl 1990, 1275 [1277]).

Aufgrund der – in der Präambel hervorgehobenen – besonderen Rolle, die den Vier Mächten in Bezug auf Berlin und Deutschland als Ganzes – auch mit Rücksicht auf alle anderen auf Seiten der Alliierten kriegsteilnehmenden Staaten zukam, und aus der in der Präambel getroffenen Qualifizierung des Zwei-Plus-Vier-Vertrages als abschließender Regelung folgt insbesondere auch, daß die Reparationsfrage in bezug auf Deutschland nach dem Willen der Vertragspartner nicht mehr vertraglich geregelt werden soll; die Reparationsfrage hat sich damit "erledigt" (so *Rauschning*, DVBl 1990, 1275 [1279]). Das wird durch folgende weitere Überlegungen bestätigt:

Die endgültige Regelung i.S. des Art. 5 II LSchA ist in der völkerrechtlichen und politischen Praxis an die Voraussetzung der Wiedervereinigung des geteilten Deutschland geknüpft worden, u.a. weil nur eine gesamtdeutsche Regelung auch deutsche Gegenforderungen geltend machen oder auf sie verzichten kann (vgl. *Rumpf*, ZaöRV 33 [1973], 344 [364]). Darüber hinaus steht der Zwei-Plus-Vier-Vertrag vor dem Hintergrund der von Deutschland in den ersten Nachkriegsjahren bereits erbrachten Reparationsleistungen und der noch fortlaufenden umfangreichen Leistungen zur Wiedergutmachung nationalsozialistischen Unrechts, die an Einzelpersonen – wenn auch z.T. auf der Grundlage von zwischenstaatlichen Verträgen oder von Verträgen mit privaten Organisationen – erbracht werden.

Schließlich erfolgen die Verhandlungen des Zwei-Plus-Vier-Vertrages vor den Augen der Weltöffentlichkeit. Auch an dem Vertragsabschluß nicht beteiligte Staaten hätten etwaige Bedenken gegen die beabsichtigte endgültige Regelung in bezug auf Deutschland geltend machen können. Das gilt insbesondere für Polen. Polen ist zwar nicht Vertragspartner des Zwei-Plus-Vier-Vertrages, sondern lediglich am Zusammentreffen der Außenminister in Paris am 17.7.1990 beteiligt gewesen (vgl. die letzte Präambel zum Zwei-Plus-Vier-Vertrag). Polen und Deutschland haben jedoch in Ausführung des Art. 1 II des Zwei-Plus-Vier-Vertrages die zwischen ihnen bestehende Grenze durch Vertrag vom 14.11.1990 (BGBl. 1991 II, 1329) bestätigt. Nach der Präambel dieses Vertrages erfolgte der Vertragsabschluß unter Berücksichtigung des Zwei-Plus-Vier-Vertrages. Bereits aus dieser Bezugnahme kann gefolgert werden, daß es auch zwischen Deutschland und Polen keine weiteren (friedens-)vertraglichen Regelungen über aus dem Zweiten Weltkrieg herrührende Rechtsfragen mehr geben wird, insbesondere auch die Reparationsfrage abschließend geregelt ist.

Diese Auslegung wird gestützt durch den schon 1953 erfolgten Verzicht Polens gegenüber ganz Deutschland auf weitere Reparationsleistungen. Auf der Potsdamer Konferenz vom 2.8.1945 war vereinbart worden, daß die Reparationsansprüche Polens aus dem Anteil der der UdSSR zugesprochenen Reparationen befriedigt werden sollten. Am 22.8.1953 erklärte die UdSSR im Einverständnis mit der polnischen Regierung jedoch, ab dem 1.1.1954 die Entnahme von Reparationen aus der DDR vollständig zu beenden und auf weitere Reparationsleistungen Deutschlands zu verzichten. Dem stimmte die polnische Regierung unter dem 23.8.1953 zu und faßte zugleich den eigenen Beschluß, mit Wirkung vom 1.1.1954 auf die Zahlung von Reparationen zu verzichten (Erklärung der Regierung der Volksrepublik Polen vom 23.8.1953, Zbioér Dokumentow, 1953, Nr. 9, S. 1830 – vgl. zum Vorstehenden *Rumpf,* ZaöRV 33 [1973], 344 [345 ff]).

Auch das *BVerfG* sieht in den genannten Erklärungen der sowjetischen und polnischen Regierungen nicht nur einen Regelungsaufschub, sondern einen materiellen Verzicht auf Reparationen *(BVerfGE* 40, 141 [169] = NJW 1975, 2287 unter Bezugnahme auf *Rumpf,* ZaöRV 33 [1973], 344 [351]). Von dieser Verzichtserklärung ist die polnische Regierung auch später nicht abgerückt. Sie hat die Gültigkeit der Regierungserklärung vom 23.8.1953 gegenüber Deutschland als Ganzem bei Abschluß des Vertrages zwischen der Bundesrepublik Deutschland und der Volksrepublik Polen über die Grundlagen der Normalisierung ihrer gegenseitigen Beziehungen vom 7.12.1970 (sog. Warschauer Vertrag, BGBl. II, 362) sogar ausdrücklich bestätigt (amtl. Kommuniqueé der BReg. zum Vertrag mit der Volksrepublik Polen, Bulletin 8.12.1970, Nr. 171, S. 1819; vgl. hierzu auch *BVerfGE* 40, 141 [169 f.] = NJW 1975, 2287, und *Rauschning,* DVBl 1990, 1275). Somit ist festzuhalten, daß eine Prüfung des geltend gemachten Anspruchs nicht mehr aufgrund Art. 5 II LSchA aufgeschoben ist.

Es kann dahinstehen, ob die Verzichtserklärung der polnischen Regierung vom 23.8.1953 auch individuelle Forderungen polnischer Staatsangehöriger gegenüber Deutschland, insbesondere den hier geltend gemachten Anspruch auf Zahlung von Arbeitsentgelt wegen der in der Kriegsgefangenschaft geleisteten Zwangsarbeit erfaßt (diese Frage wird angeschnitten von *BVerfG,* NJW 1996, 2717 = DVBl. 1996, 981 [985], und verneint vom *LG Bonn,* Urt. v. 24.9.1997 – 1 134/92, Urteilsabdr. S. 31 ff.).

Nach einer – auch von der Bekl. vertretenen – verbreiteten Auffassung gehört die Behandlung aller Schadensersatz- oder Entschädigungsforderungen, die Kriegsgefangene und Zwangsarbeiter gegen den Gewahrsamsstaat geltend machen, in den Bereich der Reparationsfrage (*Féaux de la Croix,* NJW 1960, 2268 [2270]; Bericht der BRep. über Wiedergutmachung und Entschädigung für nationalsozialistisches Unrecht sowie über die Lage der Sinti, Roma und verwandter Gruppen, BT-Dr 10/6287 v. 31.10.1986, S. 48). Folgt man dieser Auffassung, so ist ein Anspruch der Kl. auf Vergütung von Zwangsarbeit, unabhängig davon, ob und aus welchem Rechtsgrund er überhaupt entstanden ist, durch Verzicht erloschen.

Gegen eine derartige Annahme spricht allerdings der in der Erklärung vom 23.8.1953 verwandte Begriff der Reparationen. Anders als der Begriff der Wiedergutmachung, der einen Ausgleich von begangenem Unrecht im weitesten (u.a. auch moralischen) Sinne meint, ist der Begriff der Reparation in dem (engeren) Sinne einer

Kriegsentschädigung zu verstehen. Außerdem wird der Reparationsanspruch - ebenso wie der Wiedergutmachungsanspruch - von Staat zu Staat geltend gemacht (vgl. *Rumpf,* ZaöRV 33 [1973], 344 [356]). Darüber hinaus wurde im Zusammenhang mit dem Abschluß des Warschauer Vertrages die Auffassung der polnischen Regierung deutlich, daß der erklärte Verzicht auf Reparationen die Ansprüche natürlicher Personen aus Freiheitsberaubung und körperlichen Schäden (Aufenthalt im Konzentrationslager und Zwangsarbeit) nicht erfassen sollte. Die Regelung der individuellen Ansprüche natürlicher Personen wurde auch nach Abschluß des Warschauer Vertrages von polnischer Seite als Teil der Wiedergutmachung betrachtet, die der Bundesrepublik als moralische Pflicht obliegen soll (vgl. *Rumpf,* ZaöRV 33 [1973], 344 [368]).

Daß immer noch Individualforderungen polnischer Staatsangehöriger im Zusammenhang mit dem Zweiten Weltkrieg offenstehen, könnte sich schließlich auch aus dem Briefwechsel im Zusammenhang mit der Unterzeichnung des Vertrages zwischen der Bundesrepublik Deutschland und der Republik Polen über gute Nachbarschaft und freundschaftliche Zusammenarbeit vom 17.6.1991 (BGBl II, 1315) ergeben. In dem deutschen Brief wird die übereinstimmende Erklärung wiedergegeben, daß sich dieser Vertrag u.a. nicht mit Vermögensfragen befasse (vgl. Nr. 5).

Aber auch wenn man die Verzichtserklärung der polnischen Regierung vom 23.8.1953 einschränkend dahin auslegt, daß individuelle Forderungen polnischer Staatsangehöriger hiervon nicht erfaßt werden, haben die Kl. keinen Anspruch auf Vergütung der von ihrem Rechtsvorgänger geleisteten Zwangsarbeit.

Ein Vergütungsanspruch ergibt sich nicht aus den zur Zeit der Kriegsgefangenschaft des Rechtsvorgängers der Klage geltenden Bestimmungen des Abkommens über die Behandlung der Kriegsgefangenen vom 27.7.1929, insbesondere dessen Art. 27 III GKGA und Art. 34 II GKGA. Es kann zugunsten der Kl. davon ausgegangen werden, daß ihr Rechtsvorgänger unter Verletzung des Art. 27 III GKGA, wonach kriegsgefangene Unteroffiziere grundsätzlich nur zum Aufsichtsdienst herangezogen werden können, zu körperlicher Arbeit gezwungen wurde und hierfür entgegen der Bestimmung in Art. 34 II GKGA keinen Arbeitslohn erhalten hat.

Die genannten Bestimmungen sind jedoch nicht in dem Sinne unmittelbar anwendbar ("self-executing"), daß der einzelne hieraus gegenüber dem am Abkommen beteiligten Staat subjektive Rechte geltend machen kann (vgl. hierzu *Verdross/Simma,* Universelles VölkerR, 3. Aufl. [1984], §§ 423 und 864; *Bernhardt,* Der Abschluß völkerrechtlicher Verträge im Bundesstaat [1957], S. 25 f). Zwar ist nach der neueren Völkerrechtslehre die Einzelperson nicht mehr nur bloßes Objekt des Völkerrechts, das nur über das Medium des Staates mit dem Völkerrecht verbunden ist, sondern kann unmittelbar selbst Träger völkerrechtlicher Rechte oder Verpflichtungen sein (hierzu *Ipsen,* VölkerR, 3. Aufl. [1990], § 7 Rdnrn. 1 ff., und *BVerfG,* NJW 1996, 2217 = DVBl 1996, 981 [983 f.]; zur unmittelbaren Gewährung von Ansprüchen durch die Europäische Menschenrechtskonvention vgl. *BGHZ* 45, 46 ff. = NJW 1966, 726 = LM Konvention z. Schutze d. Menschenrechte u. Grundfreiheiten Nr. 5). Dies gilt insbesondere auch für die Rechtsposition des einzelnen im internationalen bewaffneten Konflikt, der durch das völkerrechtliche Kriegsrecht geregelt wird (vgl. hierzu *Ipsen,* § 65 Rdnrn. 3 f.; a.A. noch *Berber,* Lehrb. d. VölkerR II, Kriegsrecht, [1962], S. 78 f.). Das Genfer Abkommen über die Behandlung der Kriegsgefangenen von 1929 gehört als humanitäres Völkervertragsrecht zu diesem "ius in bello" (hierzu

Ipsen, § 2 Rdnr. 60). Dennoch begünstigen die Bestimmungen der Art. 27 III und Art. 34 II GKGA den einzelnen Kriegsgefangenen nur, verleihen ihm aber keine subjektiven Rechte gegenüber dem Gewahrsamsstaat, die er vor dessen innerstaatlichen Gerichten durchsetzen könnte. Als völkerrechtliche Vertragsbestimmungen können sie nur dann innerstaatlich rechtlich verbindlich geworden sein, wenn sie nach Wortlaut, Zweck und Inhalt geeignet sind, wie eine innerstaatliche Gesetzesvorschrift rechtliche Wirkungen auszulösen (vgl. Zur Transformationsfähigkeit völkerrechtlicher Vertragsbestimmungen *BVerfGE* 29, 348 [360]; *BverwGE* 44, 156 [160]).
Diese Voraussetzungen sind hier nicht gegeben.

Aus der Bestimmung des Art. 34 GKGA läßt sich ein Anspruch des Kriegsgefangenen auf Vergütung geleisteter Zwangsarbeit nicht herleiten. Zwar haben die Gefangenen, die zu anderen Arbeiten als den in Abs. 1 der Bestimmung genannten (Verwaltung, Bewirtschaftung und Unterhaltung der Lager) herangezogen werden, dem Wortlaut des Art. 34 II GKGA nach "Anspruch auf einen Lohn". Hierdurch wird der einzelne Gefangene jedoch nicht berechtigt, vor den staatlichen Gerichten des Gewahrsamsstaates einen Anspruch auf Auszahlung des ihm verweigerten Lohns geltend zu machen. Art. 34 GKGA ist nicht hinreichend bestimmt, um als Grundlage für einen Vergütungsanspruch im Einzelfall herangezogen zu können. Die Bestimmung selbst enthält keinerlei Grundlage für die Lohnbemessung, insbesondere auch keine Differenzierung je nach Art der geleisteten Zwangsarbeit. Ohne jede vertragliche Vorgabe haben die am Genfer Abkommen von 1929 beteiligten Vertragsparteien die Festsetzung des Arbeitslohnes vielmehr den kriegführenden Staaten überlassen, die hierüber durch Vereinbarungen zu beschließen haben (vgl. Art. 34 II GKGA). Fehlt es – wie im vorliegenden Fall zwischen Polen und Deutschland – an solchen Vereinbarungen, so enthält Art. 34 IV GKGA zwar weitere Regeln für die Entlohnung der Arbeit der Gefangenen. Diese Bestimmungen sind jedoch ebenfalls dem Inhalt nach objektiv nicht geeignet, um als Grundlage für einen Vergütungsanspruch herangezogen werden zu können. In den beiden in Art. 34 IV GKGA geregelten Fällen steht es letztlich im Ermessen des Gewahrsamsstaates, den Arbeitslohn zu bestimmen. Für den Fall, daß Arbeiten für den Staat ausgeführt werden, gelten für die Bezahlung die Sätze, die für Militärpersonen des eigenen Heeres bei Ausführung derartiger Arbeiten gelten; bestehen solche Sätze nicht, werden die Arbeiten nach einem Satz bezahlt, wie er den geleisteten Arbeiten entspricht (Art. 34 IV a GKGA). Werden Arbeiten für Rechnungen anderer öffentlicher Verwaltungen oder für Privatpersonen ausgeführt, werden die Bedingungen (vom Gewahrsamsstaat) im Einverständnis mit der Militärbehörde festgesetzt (Art. 34 IV b GKGA).

Darüber hinaus läßt die Fassung des Art. 34 III GKGA darauf schließen, daß den Gefangenen nicht der gesamte Arbeitslohn zustehen sollen, da die zwischen den kriegsführenden Staaten nach Abs. 2 zu treffenden Vereinbarungen über Arbeitslohn auch den Betrag genau zu bestimmen haben, der dem Kriegsgefangenen *gehört,* einen Teil darf die Lagerverwaltung zurückbehalten.

Auch Art. 27 III GKGA ist nicht bestimmt genug gefaßt, um für den Fall seiner Verletzung der Einzelperson – eventuell im Zusammenhang mit anderen nationalen Vorschriften – als Grundlage für einen Entschädigungsanspruch dienen zu können. Mit dem Gebot, kriegsgefangene Unteroffiziere grundsätzlich nur zum Aufsichtsdienst heranzuziehen, richtet sich diese Bestimmung an die am Abschluß des Genfer Abkommens beteiligten Staaten. Die Rechte der kriegsgefangenen Unteroffiziere im Falle der Verletzung des Verbots von Zwangsarbeit beschränken sich auf die Möglichkeit, Beschwerde einzulegen, vgl. Art. 31 II GKGA. Einen Schadensausgleich sieht das Genfer Abkommen nicht vor. Unabhängig von der fehlenden objektiven Eignung der Art. 27 III und Art. 34 II GKGA als Rechtsgrundlage für den geltend gemachten Vergütungsanspruch, steht ihrer unmittelbaren Anwendung als innerstaatliches Recht auch der Umstand entgegen, daß es an Bestimmungen über ihre gerichtliche Durchsetzbarkeit fehlt. Die Annahme eines Individualrechts bleibt inhaltsleer, solange der Einzelne nicht die Möglichkeit hat, seine Rechte – notfalls vor innerstaatlichen Gerichten – geltend zu machen (vgl. zum Rechtsschutz bei Verletzung völkervertragsrechtlicher Bestimmungen *Dahm*, VölkerR I, 1958, S. 413). Das Genfer Abkommen von 1929 sieht jedoch den Rechtsschutz für den Einzelnen durch unabhängige Gerichte nicht vor. Unter der Kapitelüberschrift "Klagen der Kriegsgefangenen über ihre Behandlung" gesteht Art. 42 I GKGA den Kriegsgefangenen nur das Recht zu, an die Militärbehörden des Gewahrsamsstaates Gesuche zu richten. Weiter sind die Kriegsgefangenen nach Art. 42 II GKGA berechtigt, sich bei Klagen hinsichtlich ihrer Behandlung an die Vertreter der Schutzmächte zu wenden. Gegenüber den Militärbehörden und Schutzmächten werden die Kriegsgefangenen durch von ihnen bestimmte Vertrauensleute vertreten, vgl. Art. 43 GKGA. Außerdem wird in Art. 86, 87 GKGA die Möglichkeit einer Kontrolle der Anwendung des Abkommens durch die Schutzmächte gewährleistet. Darüber hinausgehende Berechtigungen des einzelnen enthält das Genfer Abkommen von 1929 nicht. Es läßt insgesamt darauf schließen, daß es Sache der Vertragsparteien – und nicht des einzelnen Kriegsgefangenen – ist, Verletzungen der völkerrechtlichen Bestimmungen untereinander geltend zu machen und ggf. zu ahnden (vgl. zur Genfer Zivilkonvention von 1949 *Urner,* Die Menschenrechte der Zivilpersonen im Krieg gemäß der Genfer Zivilkonvention von 1949, 1956, S. 145 ff.).

Ziel des Genfer Abkommens von 1929 ist es u.a., im äußersten Falle eines Kriegs dessen unvermeidliche Härte abzuschwächen und das Los der Kriegsgefangenen zu mildern (so die Präambel). Die Bestimmungen über die Arbeit der Kriegsgefangenen im Dritten Abschnitt des Genfer Abkommens von 1929 sind somit in erster Linie Ausdruck von Humanität. Die Vertragsparteien sind zu ihrer Beachtung unter allen Umständen verpflichtet (vgl. Art. 82 GKGA), so daß der einzelne Kriegsgefangene im Wege der Reflexwirkung begünstigt wird, ohne die Einhaltung der Bestimmungen gerichtlich durchsetzen zu können.

Der kl. Anspruch ist auch nicht nach nationalem Recht gerechtfertigt.

Ein Anspruch auf Vergütung der geleisteten Zwangsarbeit besteht nicht nach § 839 BGB i.V.m. Art. 34 GG. Eine Amtspflichtverletzung unter dem Gesichtspunkt der unerlaubten Handlung (§ 823 Abs. 1 BGB) scheidet aus. Zwar ist der Rechtsvorgänger der Kl. entgegen der Bestimmung des Art. 27 III GKGA "überobligationsmäßig" zu schwerer körperlicher Arbeit eingesetzt worden. Hierdurch hat er nach seinem Vorbringen Gesundheitsschäden erlitten. Auch kann in der Zwangsarbeit eine Persönlichkeitsrechtsverletzung gesehen werden (vgl. hierzu *LG Bonn,* Urt. v. 24.9.1997 – 1 134/92, Urteilsabdr. S. 14 f.). Jedoch hat der Gewahrsamsstaat für die Verletzung des Art. 27 III GKGA allein nach völkerrechtlichen Regeln einzustehen. Daneben besteht kein Anspruch des Geschädigten gegen den Gewahrsamsstaat nach innerstaatlichem

Recht. Im Kriegsfalle tritt insoweit an die Stelle des Individualschutzes durch die – jeweilige – staatliche Rechtsordnung das Völkerrecht und dessen Instrumentarium zur Sicherung seiner Beachtung (vgl. *Ipsen,* § 44 Rdnr. 55, 968).

Auch auf die Verletzung des Art. 34 GKGA könne sich die Kl. nicht erfolgreich berufen. Diese Bestimmung entfaltet keine Schutzwirkung zugunsten des Kriegsgefangenen. Vielmehr dient sie den Interessen der am Abschluß des Genfer Abkommens beteiligten Staaten an einer ordnungsgemäßen Behandlung ihrer Staatsangehörigen in der Kriegsgefangenschaft. Der *Senat* hat daher keinen Anlaß, den Fragen nachzugehen, ob die geforderte Vergütung von Zwangsarbeit als Vermögensschaden überhaupt vom Schutzbereich des § 839 BGB erfaßt oder – bei Annahme einer unerlaubten Handlung – durch die Rechtsgutsverletzung kausal bedingt ist.

Der Vergütungsanspruch besteht auch nicht nach dem Bundesentschädigungsgesetz.

Es kann dahinstehen, ob der Rechtsvorgänger der Kl. als Opfer nationalsozialistischer Verfolgung i.S. des § 1 BEG anzusehen ist, weil er als kriegsgefangener polnischer Unteroffizier zur Zwangsarbeit herangezogen worden ist (für einen polnischen Kriegsgefangenen offengelassen im Urt. des *Senats* v. 26.1.1995 – 14 A 1843/91, Urteilsabdr. S. 10; vgl. zur Behandlung der polnischen Bevölkerung außerdem Senatsbeschl. v. 6.11.1997 – 14 E 402/95). Das Bundesentschädigungsgesetz enthält nämlich keine Rechtsgrundlage, nach der Entgelt für geleistete Zwangsarbeit verlangt werden kann (vgl. *BVerfG,* NJW 1996, 2717 = DVBl 1996, 981 [983]).

Die Kl. haben auch keinen Vergütungsanspruch aus einem mit dem Deutschen Reich bestehenden Arbeitsverhältnis privatrechtlicher oder öffentlichrechtlicher Natur. Soweit ihr Rechtsvorgänger unmittelbar bei der Deutschen Wehrmacht beschäftigt war, wurde das Verhältnis zwischen ihm und dem Deutschen Reich ausschließlich vom Kriegsvölkerrecht erfaßt. Für die Annahme eines auf der Ebene des Zivilrechts zustandegekommenen Arbeitsverhältnisses fehlt jede Grundlage. Das Verhältnis zwischen dem Kriegsgefangenen und dem Gewahrsamsstaat ist nicht von Gleichordnung geprägt. Vielmehr kann der Gewahrsamsstaat den Kriegsgefangenen auch zwangsweise zur Arbeit verpflichten, vgl. Art. 27 I GKGA.

Die Kl. haben auch keine Anhaltspunkte dafür vorgetragen, daß außerhalb des Kriegsvölkerrechts vertragliche Vereinbarungen zwischen ihrem Rechtsvorgänger und dem Deutschen Reich geschlossen worden sind. Hierfür ist auch nichts ersichtlich. Nichts anderes gilt für die Arbeit, die der Rechtsvorgänger der Kl. bei privaten Unternehmen geleistet hat. In derartigen Fällen ist regelmäßig ein Vertragsverhältnis zwischen dem Deutschen Reich und dem jeweiligen Unternehmen zustandegekommen, das für die Arbeit des "entliehenen" Kriegsgefangenen ein Entgelt an das Deutsche Reich gezahlt hat. Das Verhältnis zwischen dem Deutschen Reich und dem Kriegsgefangenen blieb daneben ausschließlich kriegsvölkerrechtlich geprägt. Dies folgt aus Art. 28 GKGA, wonach der Gewahrsamsstaat auch dann, wenn die Kriegsgefangenen für Rechnung von Privatpersonen arbeiten, die volle Verantwortung für Unterhalt, Versorgung, Behandlung und Entlohnung der Kriegsgefangenen übernimmt.

Die Kläger können schließlich Vergütung der geleisteten Arbeit auch nicht auf der Grundlage eines öffentlichrechtlichen Erstattungsanspruchs analog den §§ 812 ff. BGB beanspruchen. Auch wenn ihr Rechtsvorgänger unter Verletzung der Bestimmung des

Art. 27 III GKGA, wonach der kriegsgefangene Unteroffizier nur zum Aufsichtsdienst herangezogen werden kann, zu schwerer körperlicher Arbeit verwendet wurde, hat der Gewahrsamsstaat – wie dargelegt – hierfür allein nach völkerrechtlichen Regeln einzustehen. Ein unmittelbarer Anspruch des Geschädigten gegen den Gewahrsamsstaat ist nicht gegeben.

Bundessozialgericht[*]

Altersrente für Arbeit im Ghetto Lodz

BSG, Urt. v. 18.6.1997 – 5 RJ 66/95 (SG Hamburg)

Zum Sachverhalt:
Die Beteiligten streiten über die Gewährung von Altersruhegeld für die Klägerin und deren Zulassung zur Beitragsnachentrichtung. Streitig ist insbesondere die rentenrechtliche Bewertung der von der Kl. im Ghetto Lodz zurückgelegten Zeiten. Die im März 1922 in Lodz als polnische Staatsangehörige und Kind jüdischer Eltern geborene Kl. lebte von Mai 1940 bis Spätsommer 1944 im Ghetto Lodz. Hier arbeitete sie von September 1940 bis August 1944 in einer Wäsche- und Kleiderfabrik als Näherin in der Trikotagenabteilung. Nach Räumung des Ghettos im August 1944 wurde die Kl. über das Konzentrationslager Ravensbrück in das Lager Wittenberg bei Halle deportiert. Sie ist als Verfolgte des Nationalsozialismus wegen rassischer Verfolgung anerkannt und hat Leistungen nach dem Bundesentschädigungsgesetz erhalten. Die Anträge der Kl. auf Zulassung zur Nachentrichtung von Beiträgen gem. §§ 21, 22 WGSVG von Dezember 1990 bzw. auf Gewährung von Altersruhegeld von Januar 1991 lehnte die Bekl. durch Bescheid vom 27. Juli 1992 in der Gestalt des Widerspruchsbescheides vom 30. September 1993 ab, weil die Kl. keine in der deutschen Sozialversicherung anrechenbaren Zeiten zurückgelegt habe. Die Anerkennung von Zeiten der Beschäftigung der Kl. im Ghetto Lodz als Näherin in einem Schneiderressort als Beitrags- bzw. Beschäftigungszeiten verweigerte die Beklagte, weil es sich nicht um ein Arbeitsverhältnis auf freiwilliger Basis, sondern um ein Zwangsarbeitsverhältnis aufgrund eines bbesonderen öffentlich-rechtlichen Gewaltverhältnisses gehandelt habe; ein versicherungspflichtiges Beschäftigungsverhältnis habe daher nicht bestanden.
Das *SG Hamburg* (NZS 1996, 30 L) hat der Klage stattgegeben. Die Sprungrevision der Bekl. blieb im wesentlichen erfolglos.

Aus den Gründen:
II. ... Der Anspruch der Kl. auf Altersruhegeld richtet sich noch nach der RVO in der am 31. Dezember 1991 gültigen Fassung, weil der Rentenantrag bereits im Januar 1991 gestellt worden ist und sich auch auf die Zeit vor dem 1. Januar 1992 bezieht (§300 II SGB VI).
Gem. § 1248 V RVO erhält Altersruhegeld der Versicherte, der das 65. Lebensjahr vollendet und die Wartezeit nach Absatz 7 S. 3 der Vorschrift erfüllt hat. Die Wartezeit ist erfüllt, wenn eine Versicherungszeit von 60 Kalendermonaten zurückgelegt ist. Die Kl. hat mehr als 60 Kalendermonate Versicherungszeit zurückgelegt.

---

[*] Die Herausgeber danken dem Verlag C.H. Beck für die Erlaubnis zum Abdruck des Urteils aus NJW 1998, S. 2302 ff.

Gem. § 1250 I lit. a und b RVO sind anrechnungsfähige Versicherungszeiten ua Zeiten, für die nach Bundesrecht oder früheren Vorschriften der reichsgesetzlichen Invalidenversicherung Beiträge wirksam entrichtet sind oder als entrichtet gelten (Beitragszeiten) sowie Zeiten ohne Beitragsleistung nach § 1251 RVO (Ersatzzeiten). Im Gebiet von Lodz ist das Recht der RVO durch die Ostgebiete-VO vom 22. Dezember 1941 eingeführt worden. Auf die Beschäftigung der Kl. von Januar 1942 bis August 1944 ist daher als frühere Vorschrift der reichsgesetzlichen Invalidenversicherung § 1226 I Nr. 1 RVO in der damals gültigen Fassung (a.F.) anzuwenden. Denn die Kl. stand während dieser Zeit in einem die Rentenversicherungspflicht begründenden Arbeits- bzw. Beschäftigungsverhältnis (s. unten 1.). Für die Zeit von September 1940 bis zum 31. Dezember 1941 sind die Arbeits- und Beitragsleistung der Kl. nach §§ 15, 17 I lit. b FRG zu beurteilen. Hiernach stehen die bei einem nichtdeutschen Träger der gesetzlichen Rentenversicherung zurückgelegten Beitragszeiten den nach Bundesrecht zurückgelegten Beitragszeiten gleich (s. unten 2.).

1. Gem. § 1225 I Nr. 1 RVO a.F. wurden in der Arbeiterrentenversicherung (Invalidenversicherung) insbesondere Arbeiter versichert. Unter "Arbeiter" war nach dem damaligen Recht eine Person zu verstehen, die in derselben Bedeutung beschäftigt und aufgrund dieser Beschäftigung pflichtversichert war wie eine Person, die iS der Nachfolgevorschrift des § 1227 I Nr. 1 RVO (in der bis Ende 1991 geltenden Fassung – n.F.) "als Arbeitnehmer gegen Entgelt beschäftigt" war, d.h. "nichtselbständige Arbeit" verrichtete, § 7 I SGB IV. Damit war die Arbeit bzw. Beschäftigung Voraussetzung für die Entstehung des Rechtsverhältnisses zwischen Versichertem und Rentenversicherungsträger, das Grundlage und Abgrenzungskriterium für die in §§ 1250 ff. RVO a.F. bzw. §§ 1235 RVO n.F. genannten bzw. geregelten Leistungen ist. Arbeit ist die auf ein wirtschaftliches Ziel gerichtete planmäßige Tätigkeit eines Menschen, gleichviel, ob geistige oder körperliche Kräfte eingesetzt werden (vgl. z.B. *Seewald*, in: KassKomm, Bd. 1, Stand Oktober 1996, § 7 SGB IV RdNr. 10). Nichtselbständig ist die Arbeit, wenn sie in dem Sinne fremdbestimmt ist, daß sie vom Arbeitnehmer hinsichtlich Ort, Zeit, Gegenstand und Art der Erbringung nach den Anordnungen des Arbeitgebers vorzunehmen ist.

Rechtsgrundlage für die Arbeit in diesem Sinne ist das Arbeits-/Beschäftigungsverhältnis zwischen Arbeitgeber und Arbeitnehmer. Zustande kommt das Arbeits-/Beschäftigungsverhältnis durch Vereinbarung zwischen den Beteiligten. Typisch ist mithin, daß auf beiden Seiten jeweils eigene Entschlüsse zur Beschäftigung vorliegen, die nach dem Modell der Erklärungen bei einem vertragsschluß geäußert werden. Nach seinem unmittelbaren Zweck und dem daran ausgerichteten Inhalt ist das Arbeits-/Beschäftigungsverhältnis ein Austausch wirtschaftlicher Werte im Sinne einer Gegenseitigkeitsbeziehung. Auszutauschende Werte sind die Arbeit einerseits sowie das dafür zu zahlende Arbeitsentgelt – der Lohn – andererseits. Das Arbeitsentgelt kann in Geld oder Gegenständen, insbesondere körperlichen Gegenständen ("Sachen", § 90 BGB) bestehen, d.h. Bar- oder Sachlohn sein, § 160 I RVO a.F. Eine wirtschaftliche Gleichwertigkeit ("Äquivalenz") der Leistungen braucht nicht gegeben zu sein; das Arbeitsentgelt muß allerdings einen Mindestumfang erreichen, damit Versicherungspflicht entsteht (vgl. § 1226 II i.V. mit § 160 RVO a.F. bzw. § 1228 I Nr. 4 Halbs. 1 RVO n.F. i.V. mit § 8 Abs.1 SGB IV).

Aus der Zusammenstellung der Begriffsmerkmale ergibt sich zum einen, daß die Beweggründe, die jemanden zur Aufnahme einer Beschäftigung veranlassen (etwa Bedarfsdeckung, Gewinn- bzw. Einkommensmaximierung, Selbstverwirklichung), keine Rolle für die Frage spielen, ob eine rentenversicherungspflichte Beschäftigung vorliegt oder nicht. Zum anderen bleiben allgemeine sonstige Lebensumstände des Versicherten außer Betracht, die nicht die Arbeit und das Arbeitsentgelt als solche, sondern sein häusliches familiäres, wohn- und aufenthaltsmäßiges Umfeld betreffen. Sie können lediglich für die Motivation zur Beschäftigungsaufnahme bedeutsam sein. Entsprechend hat die Rechtssprechung des BSG stets die Frage, in welchem Rahmen selbst "unfreie" Personen Leistungen aus der Sozialversicherung erhalten können, nicht vornehmlich nach ihrer allgemeinen Lebenssituation beantwortet (SozR 3-5050 § 5 Nr. 1; SozR Nr. 18 zu § 537 RVO). Vielmehr sind die Sphären "Lebensbereich" (mit Freiheitsentziehung oder-beschränkung) und "Beschäftigungsverhältnis" grundsätzlich zu trennen und die Umstände und Bedingungen des Beschäftigungsverhältnisses für sich zu bewerten. Demgemäß ist nicht entscheidend, ob Personen, die sich in einem Beschäftigungsverhältnis befinden, zwangsweise ortsgebunden sind *(BSG,* SozR 3-5050 § 5 Nr. 1). Auch der *Senat* geht davon aus, daß die Frage, ob im Einzelfall ein freies oder ein unfreies Beschäftigungsverhältnis begründet worden ist, nicht nach den sonstigen Lebensumständen, unter denen der Beschäftigte leben mußte, zu beantworten ist. Vielmehr ist das Beschäftigungsverhältnis selbst daraufhin zu untersuchen, ob es "frei" im oben bezeichneten Sinn eines aus eigenem Antrieb begründeten Vertragsschlusses war.

Wie das *SG* bindend (§ 163 SGG) festgestellt hat, arbeitete die Kl. von September 1940 bis August 1944 im Ghetto Lodz als Schneiderin in einer Fabrik. Von der tatsächlichen Erbringung einer Arbeitsleistung geht ausweislich des Sitzungsprotokolls vom 21. Juli 1995 auch die Bekl. aus. Nach den Feststellungen des *SG* handelte es sich bei der Beschäftigung in der Wäsche- und Kleiderfabrik des Betriebes Nr. 9 um Arbeit im Sinne eines zweckgerichteten Einsatzes der körperlichen oder geistigen Kräfte und Fähigkeiten. Der Arbeitsplatz wurde der Kl. durch den Judenrat, der einer eigenen Stadtverwaltung mit umfangreicher Verwaltungsbürokratie entsprach, vermittelt. Die Kl. ging das Arbeitsverhältnis aus eigenem Willensentschluß ein. Für ihre Beschäftigung erhielt sie nach den Feststellungen des *SG* Entgelt in Form von Mark-Quittungen. Aufgrund der vorhandenen Unterlagen hat auch die Bekl. ausweislich des Sitzungsprotokolls vom 21.7.1995 keine Bedenken gegen die Annahme, daß die Kl. Mark-Quittungen in Höhe von über einem Drittel des damals maßgeblichen Ortslohnes erhielt. Dieses sog. Ghettogeld bildete eine im Sinne des Rentenversicherungsrechts ausreichende Gegenleistung für die Arbeitsleistung eines Arbeitnehmers. Die Kl. übte im Ghetto Lodz mithin eine Beschäftigung aus, die die Kriterien eines rentenversicherungspflichtigen Arbeits-/Beschäftigungsverhältnisses erfüllte.

Die Bekl. hält eine Rentenversicherungspflicht der Kl. in der streitigen Zeit allein deshalb nicht für gegeben, weil das Arbeits-/Beschäftigungsverhältnis nicht auf "freiwilliger Basis" bestanden habe, die gesamte Arbeitsleistung vielmehr aufgrund eines öffentlich-rechtlichen Gewaltverhältnisses erbracht worden sei. Indes gibt es - wie oben ausgeführt - keine rechtliche Handhabe, bei Erfüllung der vorgenannten Voraussetzungen für die Bestimmung eines sozialversicherungspflichtigen Arbeits-/Beschäftigungsverhältnisses die Versicherungspflicht allein deshalb zu negieren, weil die Arbeitsleistung in einem räumlich begrenzten Bereich erbracht worden ist, dessen Verlassen den Bewohnern wegen drastischer Strafandrohungen praktisch unmöglich war.

Bei der von der Kl. im Ghetto Lodz ausgeübten Beschäftigung handelt es sich nicht um Arbeit, die aufgrund obrigkeitlichen bzw. gesetzlichen Zwanges verrichtet wurde. Insbesondere ist die Situation der Kl. nicht mit den von der Bekl.n angeführten Strafgefangenen, Fürsorgezöglingen, Kriegsgefangenen oder im Inland zurückgehaltenen Angehörigen feindlicher Staaten vergleichbar. Wie die Bekl. selbst ausführt, bestand ein "Ghetto-Arbeitsmarkt", der in erster Linie von den ins Ghetto hereinkommenden Aufträgen bestimmt war. Dementsprechend sei die Nachfrage nach den jeweiligen Arbeitskräften aufgrund der branchenspezifischen Anforderungen entstanden. Arbeiter seien je nach Arbeitsmarktlage im Ghetto in verschiedene Betriebe vermittelt worden.

Zu Recht hat es das *SG* offengelassen, ob Sozialversicherungsbeiträge nach der Ostgebiete-VO zu einem deutschen Träger der Rentenversicherung für die Zeit ab Januar 1942 bis August 1944 tatsächlich abgeführt worden sind. Denn die Beiträge sind gemäß § 14 II WGSVG zu fingieren, weil sie – wenn die Beitragsentrichtung unterblieben ist – aus verfolgungsbedingten Gründen nicht entrichtet wurden. Die Kl. ist anerkannte Verfolgte des Nationalsozialismus und erfüllt damit die Voraussetzungen des § 1 WGSVG. Da die Kl. ein dem Grunde nach sozialversicherungspflichtiges Arbeits-/Beschäftigungsverhältnis im Ghetto Lodz ausgeübt hat, zwischen den Bet. insbesondere unstreitig ist, daß sie ein über der Geringfügigkeitsgrenze des Drittels des Ortslohnes liegendes Entgelt bezogen hat, und das (mögliche) Unterbleiben einer Beitragsentrichtung auf Verfolgungsmaßnahmen beruhte, erfüllt die Kl. die Voraussetzungen des § 14 II WGSVG. Dies entspricht dem Ziel des Gesetzgebers bei Erlaß des WGSVG, das Recht der Wiedergutmachung so zu verbesser, daß den Sozialversicherten ein voller Ausgleich des Schadens ermöglicht wird, den sie durch Verfolgungsmaßnahmen in ihren Ansprüchen und Anwartschaften aus der gesetzlichen Renten- und Unfallversicherung erlitten haben (Schriftlicher Bericht des 10. Ausschusses über den von der Bundesregierung eingebrachten Entwurf eines Gesetzes zur Änderung und Ergänzung der Vorschriften über die Wiedergutmachung nationalsozialistischen Unrechts in der Sozialversicherung, BR-Dr VI/1449 S. 1).

2. Zutreffend hat das *SG* auch die Zeiten von September 1940 bis 31. Dezember 1941 gem. § 17 I lit. b i.V. mit Abs. 4, § 15 FRG, § 14 II WGSVG als (fiktive) Beitragszeiten berücksichtigt. Zwar konnte die Kl. nach den den *Senat* bindenden Feststellungen des SG (§ 162 SGG) nicht glaubhaft machen (§ 4 FRG), daß tatsächlich Beiträge an einen polnischen Versicherungsträger ebgeführt worden sind. Auch scheitert eine unmittelbare Berücksichtigung von Beitrags- bzw. Beschäftigungszeiten nach §§ 15, 16 FRG daran, daß die Kl. nicht zum Personenkreis des § 1 lit. a bis d FRG i.V. mit dem Bundesversorgungsgesetz gehört. Denn die Kl. ist weder Vertriebene i.S. des § 1 BVG oder Spätaussiedlerin noch Deutsche im Sinne des Art. 116 I und 2 GG oder eine ihnen gleichgestellte heimatlose Ausländerin. Sie ist über § 14 II WGSVG aber so zu behandeln, als seien Beiträge an einen nichtdeutschen Träger der gesetzlichen Rentenversicherung entrichtet worden, die ein deutscher Träger der gesetzlichen Rentenversicherung bei Eintritt des Versicherungsfalls wie nach den Vorschriften der Reichsversicherungsgesetze entrichtete Beiträge zu behandeln hatte.

303

Zutreffend hat das *SG* im angefochtenen Urteil ausgeführt, daß auf die Kl. § 17 I lit. b FRG i.d.F. des RRG 1992 vom 18.12.1989 anzuwenden ist. Nach dem letzten Halbsatz von § 17 I lit. b FRG in dieser Fassung gilt die Verweisung auf § 15 FRG auch für Beiträge von Personen, deren Ansprüche nach der sog. Ostgebiete-VO ausgeschlossen waren. Diese Entscheidung ist im Zusammenhang mit mehreren Urteilen des *BSG* (vgl. *BSGE* 62, 109 = SozR 5050 § 17 Nr. 11; *BSG,* SozSich 1988, 189) zu sehen, wonach Versicherungsverhältnisse und damit die Beiträge von damals sogenannten Schutzangehörigen polnischen oder jüdischen Volkstums, die zum polnischen Versicherungsträger entrichtet worden waren, nicht in die reichsdeutsche Versicherungslast übergegangen sein sollten. Dies hatte zur Folge, daß vor allem frühere Beitragszeiten von polnischen Juden in den besetzten Gebieten, die verfolgungsbedingt oder nach der Verfolgung in die USA oder nach Israel emigriert waren, unberücksichtigt blieben. Die Gesetzesergänzung sollte gewährleisten, daß die Personen, die von der Anwendung der Ostgebiete-VO ausgeschlossen waren, nach § 17 I FRG Rentenleistungen für die an den polnischen Versicherungsträger entrichteten Beiträge erhalten können. Die Kl. gehört – wie das *SG* zutreffend ausgeführt hat – als frühere polnische Staatsangehörige zu dem von der Gesetzesergänzung begünstigten Personenkreis.

Daß die Kl. – wie für die Zeiten ab Januar 1942 – eine tatsächliche Beitragsentrichtung nicht glaubhaft machen konnte, steht der Anrechnung der Zeiten von September 1940 bis Dezember 1941 als Beitragszeiten nicht entgegen. Denn auch für diese Zeiten sind über § 14 II WGSVG Beiträge zu fingieren, weil sie aus verfolgungsbedingten Gründen nicht entrichtet worden sind. Auch die Bekl. geht ausweislich des Sitzungsprotokolls vom 21. Juli 1995 davon aus, daß nach polnischem Recht Sozialversicherungsbeiträge in Höhe von 5,5% zum polnischen Versicherungsträger hätten entrichtet werden müssen, die Abführung der Beiträge aber aus konkreten verfolgungsbedingten Gründen unterblieben ist. Zwar setzt § 14 II WGSVG grundsätzlich eine bestehende Versicherungspflicht in der deutschen gesetzlichen Rentenversicherung voraus (vgl. Verbands-Komm zum Recht der Gesetzlichen Rentenversicherung, Stand Januar 1996, § 14 WGSVG RdNr. 6). § 14 II WGSVG ist aber auch i.V. mit Beitragszeiten nach § 17 I lit. b, § 15 I FRG anzuwenden, wenn – wie im vorliegenden Fall durch die sog. OstgebieteVO – bestehende Versicherungsverhältnisse auf den deutschen Versicherungsträger übergegangen sind und die bisher nach polnischem Recht erworbenen Versicherungszeiten als von vornherein nach den Reichsversicherungsgesetzen zurückgelegte Zeiten behandelt werden (so ausdrücklich *BSG,* SozSich 1988, 189). Entsprechend wurden die in der ehemaligen polnischen Rentenversicherung zurückgelegten Beitragszeiten gem. § 20 I lit. a Ostgebiete-VO von den deutschen Versicherungsträgern übernommen, wenn der Versicherte die letzten polnischen Pflichtbeiträge vor dem Stichtag aufgrund einer Beschäftigung in den eingegliederten Ostgebieten entrichtet hatte. Zutreffend hat das SG daher entschieden, daß auch das Arbeits-/Beschäftigungsverhältnis der Kl. im Ghetto Lodz so zu behandeln ist, als ob es von vornherein nach den Reichsversicherungsgesetzen zurückgelegt worden wäre. Da eine Beitragsentrichtung als den persönlichen Beschränkungen der Kl. unterblieben ist, richtet sich die rechtliche Bewertung der unterbliebenen Beitragsentrichtung nach § 14 II WGSVG.

Dem kann die Bekl. nicht mit Erfolg entgegenhalten, daß der Gesetzgeber die Möglichkeit gehabt hätte, die fiktive Beitragsentrichtung in den Wortlaut des § 17 I lit. b FRG einzubringen, wenn er gewollt hätte, daß auch fingierte Beitrags- bzw. Beschäftigungszeiten wie bei einem deutschen Rentenversicherungsträger zurückgelegte Beitragszeiten berücksichtigt werden sollten. Nach §§ 15, 17 I FRG soll zwar der Verlust von Zeiten entschädigt werden, die nach fremdem Recht eine Rentenanwartschaft begründet haben. Dies aber nur dann, wenn ein deutscher Träger der gesetzlichen Rentenversicherung die Zeiten bei Eintritt des Versicherungsfalls wie nach den Vorschriften der Reichsversicherungsgesetze entrichtete Beiträge zu behandeln hätte. Damit stellt § 17 I lit. b FRG in der hier anzuwendenden Fassung des RRG 1992 bereits auf das Eingliederungsprinzip ab, das auch dem späteren deutsch-polnischen Sozialversicherungsabkommen zugrunde lag. Dies bedeutet aber, daß Art der Anrechnung, Berücksichtigung und Bewertung rentenversicherungsrechtlich relevanter Zeiten nach den Rechtsvorschriften des Wohnlandes zu erfolgen hat. Die Eingliederung der Ostgebiete in das deutsche Reich hat mithin zur Folge, daß alle innerstaatlichen Rechtsvorschriften über soziale Sicherheit – die heutigen Vorschriften der Bundesrepublik Deutschland – auf die Beurteilung des Sozialversicherungsrechtsverhältnisses der Kl. Anwendung finden.

3. Zutreffend – und von der Revision auch nicht angegriffen – hat das *SG* entschieden, daß die Zeiten von November 1939 bis August 1940 und von September 1944 bis August 1945 als Verfolgungsersatzzeiten gemäß § 1251 I Nr. 4 RVO Anrechnung finden.

B. Ebenfalls zutreffend hat das *SG* erkannt, daß die Kl. die Voraussetzungen des § 21 II Satz 3 WGSVG i.V. mit §§ 9, 10 I 1 WGSVG erfüllt und zur Nachentrichtung von Beiträgen berechtigt ist. Insbesondere waren für die Kl. als frühere polnische Staatsangehörige Beitragszeiten nach § 17 I lit. b FRG in der bis zum 31.12.1989 geltenden Fassung nicht zu berücksichtigen, weil nach der Rechtsprechung des *BSG* Versicherungsverhältnisse und damit die Beiträge von den damals sogenannten Schutzangehörigen polnischen Volkstums, die zum polnischen Versicherungsträger entrichtet worden waren, nicht in die reichsdeutsche Versicherungslast übergegangen waren. Aufgrund der Ergänzung des § 17 I lit. b FRG durch das RRG 1992 sind daher zugunsten der Kl. erstmals Beitragszeiten nach dem FRG zu berücksichtigen. Die rentenversicherungspflichtige Beschäftigung der Kl. als Schneiderin im Ghetto Lodz endete aus Verfolgungsgründen im August 1944. Unter Berücksichtigung ihrer Beitrags- und Ersatzzeiten hat die Kl. eine Versicherungszeit von mehr als 60 Kalendermonaten zurückgelegt.

Deutscher Bundestag
13. Wahlperiode

Drucksache 13/8956

11. 11. 97

Antrag

der Abgeordneten Volker Beck (Köln), Dr. Helmut Lippelt, Winfried Nachtwei, Christa Nickels, Dr. Antje Vollmer, Gerald Häfner, Cem Özdemir, Gerd Poppe, Dr. Jürgen Rochlitz, Kerstin Müller (Köln), Joseph Fischer (Frankfurt) und der Fraktion BÜNDNIS 90/DIE GRÜNEN

Errichtung einer Bundesstiftung „Entschädigung für NS-Zwangsarbeit"

Der Bundestag wolle beschließen:

I. Der Deutsche Bundestag stellt fest:

1. Schon vor mehr als 11 Jahren hat das Europäische Parlament den Deutschen Bundestag, die Bundesregierung und insbesondere die deutsche Industrie aufgefordert, eine Initiative zugunsten der Opfer von NS-Zwangsarbeit zu ergreifen. Darauf hat die Bundesregierung nicht geantwortet. Seit dem Jahr 1990 hat auch der Deutsche Bundestag mehrfach Entschließungen zur Frage der Entschädigung von NS-Zwangsarbeit verabschiedet. Noch immer ist jedoch keine befriedigende Lösung dieser Frage gefunden worden. Die Bundesregierung hat die bisherigen Entschließungen des Deutschen Bundestages entweder nicht oder nur unzureichend umgesetzt.

In der letzten, von allen Fraktionen getragenen, Entschließung vom 24. Februar 1994 (Drucksache 12/6725) hat der Deutsche Bundestag die Bundesregierung aufgefordert, auf die deutsche Industrie einzuwirken, damit diese ihre historische Pflicht gegenüber denjenigen Opfern erfüllt, die bei diesen Firmen zur Zwangsarbeit eingesetzt waren. Die Bundesregierung hat diesen Auftrag des Parlamentes nicht umgesetzt und statt dessen mit dem Hinweis auf die Gefährdung von Arbeitsplätzen davor gewarnt, die deutsche Wirtschaft mit derartigen zusätzlichen Aufwendungen zu belasten (Unterrichtung durch die Bundesregierung, Drucksache 13/4787). Auch wäre es angeblich „nicht möglich, die Unternehmen und ihre Rechtsnachfolger zu ermitteln, die während des Zweiten Weltkrieges Zwangsarbeiter aus Osteuropa beschäftigt haben." (ebenda, S. 2). Zugleich aber verhandelte die Bundesregierung mit namentlich bekannten Firmen, wie Ansprüche von Zwangsarbeiterinnen und Zwangsarbeitern gemeinsam zu begegnen sei.

Diese Weigerung der Bundesregierung, eine Lösung zugunsten der Opfer zu finden, kann nicht akzeptiert werden. Der

Deutsche Bundestag spricht sich wegen der Verantwortung für die Opfer nochmals dafür aus, daß alsbald eine politische Lösung für diese ungelöste Frage der deutschen Geschichte gefunden wird.

2. Nach den Entschädigungsgesetzen Deutschlands wird für die NS-Zwangsarbeit als solche bislang kein Schadensausgleich geleistet. Eine Entschädigung wird nur für Tatbestände wie den Haftschaden oder Gesundheitsschäden gewährt und dies auch nur, wenn die strengen Bedingungen des Verfolgtenstatus, des Territorialitätsprinzips, des Wohnsitzprinzips und der Antragsfristen erfüllt werden. Die Opfer begehren seit vielen Jahrzehnten vom deutschen Staat und der Industrie einen Ausgleich für die Ausbeutung ihrer Arbeitskraft und die Bedingungen, unter denen sie Zwangsarbeit zu leisten hatten. Ihre Versuche, in Prozessen vor deutschen Gerichten zu ihrem Recht zu kommen, haben sich bislang als aussichtslos erwiesen.

3. Zu dieser für die Opfer äußerst entmutigenden Rechtsprechung bez. der Firmen hat einerseits die Auffassung der Bundesregierung und der obersten deutschen Gerichte beigetragen, bei der Entschädigung für die Zwangsarbeit als solche handele es sich um eine Angelegenheit des Reparationsrechts, weswegen Ansprüche nur von Staaten, nicht aber von individuell Geschädigten gegen die Bundesrepublik Deutschland oder deutsche Firmen geltend gemacht werden könnten. Diese Rechtsauffassung ist aber seit dem Beschluß des Bundesverfassungsgerichtes vom 13. Mai 1996 nicht mehr haltbar. Da das Bundesverfassungsgericht aber damit dem Gesetzgeber und der Bundesregierung keinen eigenständigen Auftrag zur Schaffung einer entsprechenden gesetzlichen Grundlage auf den Weg gegeben hat, bleibt die Aufgabe, seitens des Deutschen Bundestages eine politische Lösung zu finden.

4. Die bisherige Rechtsprechung zuungunsten der Opfer ist andererseits darauf zurückzuführen, daß die deutschen Gerichte urteilten, die entsprechenden Firmen, die Zwangsarbeiterinnen und Zwangsarbeiter eingesetzt haben, hätten dies nicht freiwillig getan, sondern seien dazu selbst vom NS-Staat gezwungen worden. Diese skandalöse Begründung konnte in allen Fällen zurückgewiesen werden, in denen eine rückhaltlose Aufarbeitung der eigenen Geschichte von den Firmen selbst geleistet oder an unabhängige Historikerinnen und Historiker in Auftrag gegeben wurde. Der Deutsche Bundestag fordert die Firmen und andere Nutznießer von NS-Zwangsarbeit auf, entsprechende Anstrengungen zur Aufarbeitung vorzunehmen. Es ist den zumeist sehr alten und verarmten Opfern nicht zumutbar, den aussichtslosen Weg über die Klage vor deutschen Gerichten einzuschlagen.

5. Bislang haben nur sehr wenige Firmen ihre Bereitschaft erklärt, ihren ehemaligen Opfern einen individuellen Schadensausgleich für geleistete Zwangsarbeit als solche zu gewähren. Aus Angst vor formellen Regreßansprüchen waren diese Firmen nur bereit zu außerrechtlichen Leistungen ohne Anerkenntnis einer historischen Schuld oder Rechtsverpflichtung. Diese in-

dividuellen Leistungen sind zudem nur an jüdische Zwangsarbeiterinnen und Zwangsarbeiter ergangen, während das Gros dieser Opfer, heute überwiegend in den osteuropäischen Staaten lebend, leer ausging. Nur eine deutsche Firma hat einen namhaften Betrag in die Stiftung für polnisch-deutsche Aussöhnung zugunsten individueller Opfer eingezahlt. Einige Firmen haben Beträge an karitative Organisationen gezahlt, damit diese Altenheime etc. für Opfer des NS-Regimes fördern können.

Der überwiegende Teil der Nutznießer der NS-Zwangsarbeit hat aber bislang jede Verantwortung für die Opfer ausgeschlagen. Indirekte Zahlungen, etwa zum Betrieb von Altenheimen, können nicht den Anspruch auf einen individuellen Ausgleich für die Lohneinbuße ersetzen. Der Deutsche Bundestag beharrt darum darauf, daß die ehemaligen Nutznießer der Zwangsarbeit einen individuellen Schadensausgleich gegenüber den Opfern leisten sollen.

6. Der Deutsche Bundestag spricht sich für eine unbürokratische Lösung dieses Problems aus. Es soll per Gesetz eine Bundesstiftung errichtet werden, in die der Bund und die ehemaligen Nutznießer der NS-Zwangsarbeit, vor allem die deutsche Industrie, einzahlen.

Die Stiftung soll allein einen Ausgleich für entgangenen Lohn durch NS-Zwangsarbeit („Zwangsarbeit als solche") und einen Pauschbetrag für diejenigen Bedingungen der Zwangsarbeit (schlechte Behandlung, Schläge, Unterernährung usw.) leisten, die nach deutschem Entschädigungsrecht (vor allem dem Bundesentschädigungsgesetz und dem Allgemeinen Kriegsfolgengesetz und dem Entschädigungsrentengesetz) nicht entschädigungsfähig sind. Die Stiftung leistet also nicht für Schaden an Freiheit (Haft), Gesundheit, Leben oder beruflichem Fortkommen. Die vorgeschlagene Regelung orientiert sich damit an der Praxis einzelner Firmen, die mit der Jewish Claims Conference für jüdische Zwangsarbeiter einen zusätzlichen Ausgleich zu den Bestimmungen und Leistungsmöglichkeiten des Bundesentschädigungsgesetzes vereinbart haben.

7. Um den bürokratischen Aufwand gering zu halten und die Opfer noch zu Lebzeiten an der Regelung teilhaben zu lassen, ist es notwendig, daß die eingerichtete Stiftung mit Pauschalzahlungen arbeitet. Da zudem die Bedingungen der NS-Zwangsarbeit recht unterschiedlich waren (von Zwangsarbeit in der Landwirtschaft bis hin zur Zwangsarbeit im KZ, gar als „Vernichtung durch Arbeit"), ist bei der Pauschalisierung von Leistungen eine Differenzierung nötig, die sicherstellt, daß insbesondere für die besonders schweren Fälle eine höhere Leistung gezahlt wird. Es wird deshalb zusätzlich vorgeschlagen, eine Staffelung bei der Vergabe von Leistungen vorzusehen, die eine geringere Leistungspauschale für Zwangsarbeit in der Landwirtschaft, eine erhöhte für Zwangsarbeit in der deutschen Industrie und die höchste Leistung für Zwangsarbeit unter Haftbedingungen, insbesondere KZ-Haft, vorsieht.

8. Im ersten Jahr (1998) sollen der Bundesstiftung aus dem Bundeshaushalt 100 Mio. DM zur Verfügung gestellt werden, in den Folgejahren der jeweils im Bundeshaushalt aufgrund der Antragslage notwendige Betrag. Die deutsche Industrie und andere Nutznießer der Zwangsarbeit sollen sich in gleichem Umfang an der Bereitstellung von Finanzmitteln für diese Stiftung beteiligen.

9. Zur Überwindung der Benachteiligung der Opfer in der gesetzlichen Rentenversicherung ist unverzüglich eine eigenständige gesetzliche Änderung vorzubereiten.

II. Der Deutsche Bundestag fordert die Bundesregierung auf,

1. einen Gesetzentwurf für die Errichtung einer Bundesstiftung zur Entschädigung von NS-Zwangsarbeit vorzulegen, der folgende Kriterien erfüllt:

   a) Für die NS-Zwangsarbeit als solche und die Bedingungen der Zwangsarbeit erhalten ehemalige Zwangsarbeiterinnen und Zwangsarbeiter mit Wohnsitz in Deutschland und im westlichen Ausland einen einmaligen Pauschalbetrag, der gestaffelt ist nach der Schwere der Bedingungen, unter der Zwangsarbeit zu leisten war und sofern der Arbeitseinsatz mindestens 1 Jahr, unter Haftbedingungen mindestens 6 Monate, umfaßte. Für die schwerste Form der Zwangsarbeit, den Arbeitseinsatz im KZ oder unter vergleichbaren Haftbedingungen, soll der Betrag von einmalig 10 000 DM vorgesehen werden.

   b) Es soll für die Höhe der Leistungen an osteuropäische Zwangsarbeiterinnen und Zwangsarbeiter ein besonderer Vergabeschlüssel geschaffen werden, der die unterschiedlichen Lebenshaltungskosten (Verbrauchergeldparitäten) in den westeuropäischen und osteuropäischen Staaten berücksichtigt.

   c) Da nach deutschem Recht bislang keine Entschädigung für die Zwangsarbeit als solche vorgesehen ist, ist nicht statthaft, bei der Vergabe von Mitteln aus der Stiftung Leistungen anzurechnen, die der Berechtigte aufgrund anderer gesetzlicher oder außergesetzlicher Regelungen erhalten hat. Dies widerspräche auch der Praxis, die Teile der deutschen Industrie bez. des Schadensausgleichs gegenüber jüdischen Zwangsarbeiterinnen und Zwangsarbeitern angewendet haben.

2. in konkreten Verhandlungen mit der deutschen Industrie und anderen Nutznießern der NS-Zwangsarbeit diese dazu zu bewegen, Beträge in die Stiftung einzuzahlen. Damit soll das Ziel verfolgt werden, die Stiftung zu gleichen Teilen vom deutschen Staat und der Privatwirtschaft zu finanzieren. Um die Zahlungsmoral der Firmen zu erhöhen, sollen diejenigen Firmen, die einen Betrag in die Stiftung zahlen, der annähernd dem Gewinn entspricht, den sie aus dem Einsatz von Zwangsarbeit erwirtschaftet haben, von weiteren zivilrechtlichen Ansprüchen

freigestellt werden. Dafür ist eine eigenständige gesetzliche Regelung außerhalb des Stiftungsgesetzes vorzusehen,

3. zusammen mit den Ländern die Firmen dazu aufzurufen, Initiativen für eine rückhaltlose Aufarbeitung der NS-Vergangenheit dieser Firmen, insbesondere in den besonders stark mit dem NS-Regime verstrickten Branchen der Chemie-, Elektro-, Automobil-, Stahl- und Rüstungsindustrie, zu ergreifen,

4. bei den Regierungen der Staaten mit dem höchsten Anteil an ehemaligen Zwangsarbeiterinnen und Zwangsarbeitern während der NS-Herrschaft – insbesondere in Ost-, Mittel- und Südosteuropa – Erkundigungen über die Zahl der zu erwartenden Antragstellungen einzuholen,

5. für den Bundeshaushalt 1998 einen Betrag von 100 Mio. DM, in den Folgejahren den jeweils erforderlichen Betrag für die Finanzierung einer Bundesstiftung „Entschädigung für NS-Zwangsarbeit" einzustellen,

6. an der Stiftung die Opferverbände umfassend zu beteiligen.

Bonn, den 5. November 1997

Volker Beck (Köln)
Dr. Helmut Lippelt
Winfried Nachtwei
Christa Nickels
Dr. Antje Vollmer
Gerald Häfner
Cem Özdemir
Gerd Poppe
Dr. Jürgen Rochlitz
Joseph Fischer (Frankfurt), Kerstin Müller (Köln) und Fraktion

Begründung

Allgemeines

Bei den Schädigungen, die ehemaligen Zwangsarbeiterinnen und Zwangsarbeitern durch NS-Unrechtsmaßnahmen entstanden sind, müssen verschiedene Sachverhalte unterschieden werden, die zugleich unterschiedliche Regelungen eines Schadensausgleichs begründen. Die wichtigsten Regelungsbereiche sind:

a) Für Schaden wegen Freiheitsentziehung (KZ-Haft) etc., Schaden an Leben, Gesundheit etc. sind grundsätzlich das Bundesentschädigungsgesetz (BEG), das Allgemeine Kriegsfolgengesetz (AKG) oder das Entschädigungsrentengesetz für NS-Verfolgte aus dem Beitrittsgebiet (ERG) zuständig. Wegen der dort normierten Prinzipien (Verfolgungsbegriff, Territorialitätsprinzip, Wohnsitzprinzip, Stichtagsregelungen für Anträge usw.) kommen die genannten Leistungen für ausländische NS-Opfer, namentlich der Zwangsarbeiterinnen und Zwangsarbeiter, nicht oder nur in Ausnahmefällen in Frage. An die Stelle dieser einschlägigen gesetzlichen Regelungen (und darauf bezogenen Härteregelungen) sind mit vielen Staaten sog. Globalabkommen getreten, die von Deutschland finanziert wurden. Dazu gehören die Stiftungen in Polen und den GUS-Staaten, aus denen die Betroffenen für die genannten Schädigungen eine – zumeist nur sehr niedrige – Einmalleistung erhalten konnten.

b) Für die „Zwangsarbeit als solche" sieht das deutsche Entschädigungsrecht keinen Schadensausgleich vor. (Siehe erläuternd: Unterrichtung durch die Bundesregierung, Drucksache 10/6287, S. 47 ff.). Dies betrifft vor allem die ungerechtfertigte Bereicherung (seitens des Staates und/oder der Unternehmen), also die nicht oder nur teilweise entlohnte Arbeitskraft, ferner die Bedingungen der Zwangsarbeit wie die Schmerzen wegen unmenschlicher Behandlung, schlechte Unterbringung, die Androhung hoher Strafen bei intimem Verkehr mit Deutschen usw. Diese Tatbestände sind nach dem deutschen Entschädigungsrecht nicht entschädigungspflichtig. Gerade wegen dieser Tatbestände soll die mit diesem Antrag angestrebte Bundesstiftung einen pauschalen Leistungsausgleich gewähren.

c) Der dritte Bereich betrifft die Schäden, die ehemaligen Zwangsarbeiterinnen und Zwangsarbeitern in der gesetzlichen Rentenversicherung, also bez. ihrer Altersrente, entstanden sind. So haben viele Opfer während der Zwangsarbeit oftmals mehrere Jahre lang Beiträge in die deutsche gesetzliche Rentenversicherung einbezahlt, die sie sich nun aber nicht auf ihre Altersrente anrechnen lassen können. Dafür wäre entweder ein besonderes Sozialversicherungsabkommen mit den Heimatstaaten dieser Opfer (ein solches Abkommen gibt es z. B. mit Polen, nicht aber mit den GUS-Staaten) oder eine gesetzliche Neuregelung im deutschen Rentenrecht nötig. Zur Zeit scheitern die Opfer an der geltenden Rechtslage, die ihnen eine Mindestbeitragsdauer von fünf Jahren abfordert. Es gibt aber nahezu kein Opfer, das fünf Jahre lang in Deutschland Zwangsarbeit geleistet und Beiträge eingezahlt hat.

Hier geht es also nicht um eine Entschädigung, sondern um die Anerkennung bereits geleisteter Beiträge, die in deutsche Kassen eingezahlt wurden. Für KZ-Opfer, die Zwangsarbeit geleistet haben, wurden häufig nicht einmal Beiträge an die gesetzliche Rentenversicherung abgeführt, sondern der NS-Staat hat sich daran zusätzlich bereichert. Für deutsche NS-Verfolgte würde hier der sog. Rentenschadensausgleich greifen, der aber wiederum an Bedingungen wie die Erfüllung des Territorialitätsprinzips etc. gebunden, damit zumeist für ausländische Opfer grundsätzlich nicht zugänglich ist. Die hier geforderte Stiftung kann für einen diesbezüglichen Rentenschadensausgleich bzw. die Neuregelung in der Rentenversicherung keine Lösung anbieten. Dies wäre einer eigenständigen gesetzlichen Regelung vorbehalten.

Einzelbegründung

Zu Abschnitt I

Zu Nummer 1:

Die „Entschließung des Europäischen Parlamentes zu Entschädigungsleistungen für ehemalige Sklavenarbeiter der deutschen Industrie" vom 16. Januar 1986 ist abgedruckt im Amtsblatt der Europäischen Gemeinschaften, Nr. C 36/129, vom 17. Februar 1986. Den Entschließungen des Deutschen Bundestages gingen parlamentarische Initiativen von Fraktionen des Deutschen Bundestages voraus, u. a. der Gesetzentwurf der Fraktion DIE GRÜNEN/ BÜNDNIS 90 „Errichtung einer Stiftung Entschädigung für NS-Zwangsarbeit" (Drucksache 11/4704) und die parallel eingebrachten Anträge der Fraktion DIE GRÜNEN „Politische und rechtliche Initiativen der Bundesregierung gegenüber den Nutznießern der NS-Zwangsarbeit" (Drucksache 11/4705) und „Individualentschädigung für ehemalige polnische Zwangsarbeiterinnen und Zwangsarbeiter unter der NS-Herrschaft durch ein Globalabkommen" (Drucksache 11/4706)sowie der Antrag der Fraktion der SPD „Errichtung einer Stiftung Entschädigung für Zwangsarbeit" (Drucksache 11/5176).

Die beiden letztgenannten Anträge sind heute in dem Sinne überholt, als die darin geforderte Entschädigung für die Schadenstatbestände der Gesundheitsschäden, Haftschäden etc. durch die aus deutschen Finanzmitteln in Polen errichtete Stiftung erfolgt (wenngleich in einer für die Opfer wenig befriedigenden finanziellen Höhe).

Keine Lösung gibt es jedoch bis heute für die Forderung der Entschädigung für die „Zwangsarbeit als solche" und für die Nachteile, die den Zwangsarbeiterinnen und Zwangsarbeitern in der gesetzlichen Rentenversicherung entstanden sind. Das entsprechende Petitum im genannten Antrag der Fraktion der SPD wurde bisher vom Gesetzgeber nicht aufgegriffen und umgesetzt.

Die angesprochene Unterrichtung der Bundesregierung (Drucksache 13/4787) vom 3. Juni 1996 hat den Titel „Umfassender Bericht über bisherige Wiedergutmachungsleistungen deutscher Unternehmen". Die hier zitierte Äußerung der Bundesregierung, sie könne keine Firmen ausfindig machen, die Zwangsarbeiterinnen und Zwangsarbeiter beschäftigt haben, ist eine Schutzbehauptung. Einerseits haben die Fraktionen des Deutschen Bundestages der Bundesregierung bereits in der 11. und 12. Wahlperiode des Deutschen Bundestages der Bundesregierung in den Beratungen des Unterausschusses Wiedergutmachung Übersichten über ehemaligen Nutznießer der Zwangsarbeit, vor allem Firmen, zugänglich gemacht.

Zweitens war die Bundesregierung vermittelnd tätig, als deutsche Firmen vor wenigen Jahren für Geschädigte in den USA für die Tatsache der Zwangsarbeit einen Ausgleich gezahlt haben (sog. Fall Hugo Prinz et. al). Erst in diesem Jahr wurde sogar öffentlich berichtet, daß sich Vertreter der Bundesregierung mehrmals mit Vertretern namhafter Firmen, die Zwangsarbeiterinnen und Zwangsarbeiter beschäftigt haben, getroffen haben, um zu erörtern, wie gemeinsam Schadensausgleichsforderungen ehemaliger Zwangsarbeiterinnen und Zwangsarbeiter zu begegnen seien (s. Antworten der Bundesregierung auf die Kleinen Anfragen „Der Rechtsstreit eines ehemaligen Zwangsarbeiters gegen deutsche Konzerne und die Rolle der Bundesregierung" – Drucksache 13/8482 – und „Die Rolle der Bundesregierung bei der Abwehr von Entschädigungsansprüchen eines ehemaligen KZ-Zwangsarbeiters" – Drucksache 13/8381 –, sog. Fall Henry David Fishel).

Zu Nummer 3:

Bei dem zitierten Beschluß des Bundesverfassungsgerichtes vom 13. Mai 1996 (– 2 BvL 33/93) handelt es sich in Bezug auf die Revision der Rechtsauffassung zur Geltendmachung individueller Ansprüche im Rahmen des Reparationsrechts um ein sog. „Orbiter dictum", d. h., die Formulierung von Grundsätzen, die fortan von den Zivilgerichten bei entsprechenden Fällen zu beachten sind.

Zu Nummer 4:

Für die Industrie gilt insgesamt, daß es zwar in einzelnen Fällen, etwa anläßlich von Firmenjubiläen, kleinere Darstellungen ihrer Verstrickung in die NS-Diktatur gegeben hat. Es fehlt jedoch sowohl für wichtige Einzelfirmen wie für die wichtigsten Branchen der deutschen Industrie eine umfassende historisch abgesicherte Gesamtdarstellung ihrer Aktivitäten, insbesondere des aktiven Einsatzes von Zwangsarbeiterinnen und Zwangsarbeitern. Arbeiten wie die des Historikers Mommsen im Auftrag der Volkswagen AG bilden immer noch eine rühmliche Ausnahme. Wo aber – durch eigenständige Aktivitäten der Firmen oder durch Geschichtswerkstätten, Betriebsräte der Firmen oder Initiativen ehemaliger Opfer die Firmengeschichte während der NS-Zeit aufgearbeitet wurde, konnte in jedem Fall nachgewiesen werden, daß die Firmen sich aktiv um die Zuweisung von Zwangsarbeiterinnen und Zwangsarbeiter zu ihren Firmen bemühten und vielfach allein für die schlechten Lebens- und Arbeitsbedingungen der Zwangsarbeit verantwortlich waren.

Eine Aufarbeitung dieses düsteren Kapitels der deutschen Geschichte und das Bedürfnis nach historischer Wahrhaftigkeit ist aber nicht nur im Hinblick auf die Ansprüche der Opfer zu befriedigen. Wie etwa die „Goldhagen"-Debatte und die Auseinandersetzungen über die Ausstellung zu den Verbrechen der deutschen Wehrmacht zeigen, sind derartige Aufarbeitungen und die damit verbundenen Debatten – auch wenn sie in heftigen Kontroversen geführt werden – gerade für das Geschichtsbewußtsein der Gesamtgesellschaft besonders produktiv. Diese Aufgabe wird also keineswegs mit dem Tod der letzten beteiligten Opfer erledigt sein.

Ergänzend zu den hier geforderten Aktivitäten der Firmen sollten der Bund und die Länder prüfen, inwieweit verstärkt Initiativen zur historischen Aufarbeitung der Firmen- und Branchengeschichte unter dem NS-Regime finanziell und ideell gefördert werden können.

Zu den Nummern 5 und 6:

Die Leistungen, die die wenigen deutschen Unternehmen gegenüber jüdischen Zwangsarbeiterinnen und Zwangsarbeitern erbracht haben, sind in dem Buch von Benjamin Ferencz, Lohn des Grauens, Frankfurt/Main und New York 1981, dargestellt. Es ist für die Stiftung darauf zu achten, daß weder eine Vermischung mit noch eine Anrechnung von Leistungen aufgrund der Bestimmungen des deutschen Entschädigungsrechts für NS-Unrecht erfolgt. Die deutschen Gesetze sehen bislang keinen Schadensausgleich für die Zwangsarbeit als solche (vor allem die Ausbeutung der Arbeitskraft, aber auch Unterernährung, körperliche Strafen, Verbot des Kontaktes zu deutschen Liebespartnerinnen und Partnern etc.) vor, sondern allenfalls den Ausgleich von Haft- und Gesundheitsschäden von NS-Verfolgten, die zugleich Zwangsarbeiterinnen und Zwangsarbeiter waren und dies wiederum nur, wenn die strengen formalen Voraussetzungen (Territorialitätsprinzip etc.) erfüllt waren. Auch die von den deutschen Firmen zusätzlich erbrachten Zuwendungen an jüdische Zwangsarbeiterinnen und Zwangsarbeiter waren von dem Erhalt oder Nichterhalt staatlicher Entschädigungsleistungen vollkommen unabhängig und wurden nicht damit verrechnet.

Zu Nummer 7:

Siehe unter Abschnitt II., Ausführungen zu Nummer 1.

Zu Abschnitt II

Zu Nummer 1:

Im Gegensatz zu einer Stiftung bürgerlichen Rechts hat die Errichtung einer Bundesstiftung den Charakter einer spezialgesetzlichen Regelung. Sie wird durch Bundesgesetz erlassen. Bei ihr kommen die Mittel in voller Höhe zur Verteilung an die Opfer, die der Deutsche Bundestag im Bundeshaushalt für diesen Zweck bereitstellt. Auch dies ist ein gewichtiger Unterschied zu einer Stiftung bürgerlichen Rechts, die nur die auf dem Kapitalmarkt erwirtschafteten Zinsen des Kapitalstocks zur Erfüllung des Stiftungszwecks zur Verfügung hat.

Es bietet sich das folgende Modell für die geforderte Bundesstiftung an:

a) Die Stiftung zahlt an ehemalige Zwangsarbeiterinnen und Zwangsarbeiter mit Wohnsitz in Deutschland oder im westlichen Ausland zur Abgeltung des Lohnausfalls und als Pauschbetrag für die nach dem deutschen Entschädigungsrecht nicht entschädigungsfähigen Schädigungen aufgrund der Bedingungen der Zwangsarbeit einen Einmalbetrag von 5 000 DM, wenn

- es eine Zwangsarbeit unter menschenunwürdigen Bedingungen war,

- die Zwangsarbeit mindestens 1 Jahr, unter schweren Haftbedingungen, insbesondere KZ-Haft, mindestens 6 Monate betrug.

Der Grundbetrag von 5 000 DM erhöht sich auf 10 000 DM, wenn die Zwangsarbeit als KZ-Haft oder Haft im Sinne der §§ 42 ff. Bundesentschädigungsgesetz mehr als 1 Jahr betrug.

Das Kriterium der menschenunwürdigen Bedingungen wäre bei der Zwangsarbeit in der Industrie grundsätzlich und bei Zwangsarbeit unter Haftbedingungen ausnahmslos erfüllt.

Für die Zwangsarbeit in der Landwirtschaft hinge die Zuordnung vom Einzelfall ab. Es ist zu erwägen, für die Fälle der Zwangsarbeit in der Landwirtschaft einen Grundbetrag von 500 bis 1 000 DM vorzusehen, der dann bis zur Höhe von 5000 DM angehoben werden kann, wenn im Einzelfall der menschenunwürdige Charakter des Arbeitseinsatzes dem des Einsatzes in der Industrie oder unter Haftbedingungen vergleichbar ist. Dabei soll die Stiftung, um zu umfangreiche bürokratische Prüfungen zu vermeiden, berechtigt sein, Pauschalierungen der Bedingungen festzulegen.

b) Die vorgenannten Grundbeträge gelten für die Überlebenden in den westlichen Staaten, die die genannten Bedingungen erfüllen. Sie werden für die Staaten Osteuropas mit einem Faktor verrechnet, der sich aus dem Vergleich des Lebenshaltungsindexes (Verbrauchergeldparität) in diesen Staaten mit dem deutschen Lebenshaltungsindex und unter Beachtung der Höhe der üblichen Zahlungen aus den Stiftungen in den osteuropäischen Staaten ergibt. Eine Anrechnung von Leistungen für Gesundheitsschäden, Haftschäden etc., die bereits von den in diesen Staaten existierenden Stiftungen erbracht wurden, findet nicht statt.

c) Betroffene, die das 75. Lebensjahr vollendet haben, sind bei der Vergabe der Mittel prioritär zu berücksichtigen.

d) Es ist nicht möglich, jeden Anspruch auf Heller und Pfennig zu errechnen. Wenn die Betroffenen dies wollten, müßten sie auf den beschwerlichen Weg der Privatklage zurückgreifen. In einer Vielzahl von Prozessen wurde bisher – aber vergeblich – versucht, zivilrechtlich einen Schadensausgleich seitens des Staates oder eines Unternehmens, etwa wegen ungerechtfertigter Bereicherung, zu erwirken.

Die Zahl der noch lebenden ehemaligen Zwangsarbeiterinnen und Zwangsarbeiter in Ost und West ist z. Z. nicht genau zu beziffern. Es kann mit mehr als 1 Million Überlebenden gerechnet werden, die deutliche Mehrzahl davon in den osteuropäischen Staaten. Es wird geschätzt, daß etwa die Hälfte der Betroffenen einen Anspruch auf eine Leistung aufgrund der vorgenannten Kriterien hätte. Damit ergäbe sich – über mehrere Jahre verteilt – in jedem Fall eine Gesamtsumme von mehreren 100 Mio. DM, die seitens des Bundes und der Privatwirtschaft aufzubringen wären.

e) Aus rechtlichen (Reparationsrecht) und politischen Gründen können nur zivile Zwangsarbeiterinnen und Zwangsarbeiter, nicht aber Kriegsgefangene, die Zwangsarbeit geleistet haben, von der Stiftung Leistungen erhalten.

Deutscher Bundestag
13. Wahlperiode

Drucksache 13/9218

25. 11. 97

Antrag

der Abgeordneten Andrea Fischer (Berlin), Volker Beck (Köln), Gerald Häfner, Dr. Helmut Lippelt, Winfried Nachtwei, Christa Nickels, Rezzo Schlauch, Dr. Antje Vollmer und der Fraktion BÜNDNIS 90/DIE GRÜNEN

Leistungen der gesetzlichen Rentenversicherung für die osteuropäischen Opfer von NS-Zwangsarbeit

Der Bundestag wolle beschließen:

Der Deutsche Bundestag fordert die Bundesregierung auf,

einen Gesetzentwurf vorzulegen, der für osteuropäische ehemalige Zwangsarbeiterinnen und Zwangsarbeiter unter dem NS-Regime, die Beiträge zur gesetzlichen Rentenversicherung in Deutschland entrichtet haben, eine geringfügige pauschale monatliche Rentenleistung vorsieht. Diesen Personen sollen diejenigen gleichgestellt werden, die als Zwangsarbeiterinnen oder Zwangsarbeiter aus Gründen der nationalsozialistischen Weltanschauung von Beitragszahlungen zur gesetzlichen Rentenversicherung ausgeschlossen wurden oder für die deshalb keine Beiträge zur Rentenversicherung abgeführt wurden, weil sie Zwangsarbeit unter Haftbedingungen, insbesondere KZ-Haft, geleistet haben.

Die gesetzliche Neuregelung soll nicht für Personen gelten, die bereits von Regelungen des Gemeinschaftsrechts der EU oder aufgrund eigenständiger Sozialversicherungsabkommen erfaßt sind und daraus eine Leistung erhalten können.

Bonn, den 19. November 1997

Andrea Fischer (Berlin)
Volker Beck (Köln)
Gerald Häfner
Dr. Helmut Lippelt
Winfried Nachtwei
Christa Nickels
Rezzo Schlauch
Dr. Antje Vollmer
Joseph Fischer (Frankfurt), Kerstin Müller (Köln) und Fraktion

Begründung

Das NS-Regime hat millionenfach Menschen nach Deutschland verschleppt und zur Zwangsarbeit unter häufig furchtbaren Bedingungen herangezogen. Ihre Arbeitsleistung wurde ausgebeutet und nur teilweise entlohnt. Diese Menschen haben zeitweilig Leistungen in die deutsche Rentenversicherung einbezahlt, zeitweilig wurden sie gesetzlich von der Mitgliedschaft in der gesetzlichen Rentenversicherung ausgeschlossen. Die ehemaligen Zwangsarbeiterinnen und Zwangsarbeiter können für die von ihnen entrichteten Beiträge im Alter mangels entsprechender Sozialversicherungsabkommen zwischen Deutschland und ihren Heimatstaaten keine Leistung erhalten.

Bei den Ansprüchen von osteuropäischen Opfern handelt es sich nicht um versicherungsfremde Leistungen, da Beiträge entrichtet worden sind. Das Bundessozialgericht hat mittlerweile festgestellt, daß die bisherige Praxis – insbesondere gegenüber den „Ostarbeiterinnen und Ostarbeitern" – rechtsstaatlich nicht mehr haltbar ist. Dies soll exemplarisch am Beispiel der „Ostarbeiterinnen und Ostarbeiter", den Zwangsarbeiterinnen und Zwangsarbeitern des NS-Regimes aus der ehemaligen Sowjetunion, verdeutlicht werden:

„Ostarbeiterinnen und Ostarbeiter" wurden im Deutschen Reich von Anfang 1942 bis April 1945 zwangsweise zur Arbeit verpflichtet. Sie wurden überwiegend in Weißrußland und der Ukraine aufgegriffen und in das Deutsche Reich verschleppt. Nach NS-Auffassung war es „... nicht möglich, die deutsche Sozialordnung ohne weiteres auf den Ostarbeiter anzuwenden, da die dazu notwendigen blutmäßigen Voraussetzungen fehlen" (vgl. Küppers/Bannier, Einsatzbedingungen der Ostarbeiter, 1942, S. 27). Aufgrund dieser NS-Anschauung wurden die „Ostarbeiterinnen und Ostarbeiter" nicht rentenversichert. Eine Änderung dieser Rechtslage trat erst durch die Verordnung über die Einsatzbedingungen der Ostarbeiter vom 25. März 1944 (RGBl. I S. 68) ein. Ab 1. April 1944 wurden sie rentenversichert, d. h. seit diesem Datum wurden auch tatsächlich Beiträge zur Rentenversicherung gezahlt.

Das Bundessozialgericht hat in seiner Entscheidung vom 23. Mai 1995, Az: 13 RJ 67/91, ausgeführt, daß der vorherige Ausschluß der „Ostarbeiter" (beschönigend „Befreiung von" genannt) von der Beitragspflicht zur Sozialversicherung bis zum Jahr 1944 erkennbar auf willkürlichen ideologischen Überlegungen beruhe. Diese dürften in solchem Maße gegen die fundamentalen Prinzipien der Gerechtigkeit verstoßen und ein derart evidentes Unrecht darstellen, daß dessen Fortwirken in unserer Rechtsordnung in der Weise, daß solche Differenzierungen weiterhin berücksichtigt werden, nicht hingenommen werden könnten. Die Normen, die einer Einbeziehung der „Ostarbeiterinnen und Ostarbeiter" entgegenstanden, wären deshalb als nichtig anzusehen.

Nach Auffassung des Bundessozialgerichts sollte daher den „Ostarbeiterinnen und Ostarbeitern" die Einbeziehung in die Sozialversicherung ermöglicht werden. Dies hätte zur Folge, daß eine rentenversicherungspflichtige Beschäftigung bereits Anfang 1942 vorlag. Selbst wenn dies erreicht würde, bliebe aber ein Grundproblem bestehen, das einem Leistungsbezug entgegensteht.

Unabhängig von dieser Situation können die ehemaligen „Ostarbeiter" derzeit nämlich vor allem deshalb keine Leistungen aus der Rentenversicherung erhalten, weil sie nach deutschem Recht die Wartezeit für eine Altersrente nicht erfüllen. Diese beträgt gemäß § 35 SGB VI fünf Jahre, eine Zeit, die für die ehemaligen „Ostarbeiter" entweder aufgrund der Dauer ihrer Zwangseinsätze im ehemaligen Deutschen Reich oder aufgrund ihres vormaligen Ausschlusses von der Versicherung nicht erfüllbar ist. Daraus folgt, daß trotz der Entrichtung von Beiträgen keine Leistungen gezahlt werden müssen.

Dieses Problem stellt sich in gleicher Weise für ehemalige Zwangsarbeiterinnen und Zwangsarbeiter („Fremdarbeiter") aus anderen osteuropäischen Staaten, etwa aus Tschechien und Bulgarien, da auch diese die Wartezeit nicht erfüllen können. Etwas anderes gilt für die Zwangsarbeiterinnen und Zwangsarbeiter aus den westlichen Staaten und Polen, da diese aus den Zeiten, in denen Beiträge zur Sozialversicherung entrichtet wurden, aufgrund des Gemeinschaftsrechts [Verordnung (EWG) Nr. 1408/71] bzw. des deutsch-polnischen Sozialversicherungsabkommens Leistungen erhalten können.

Dieser Ausschluß der ehemaligen Zwangsarbeiterinnen und Zwangsarbeiter von Leistungen der Rentenversicherung setzt ihre vormalige Ausbeutung auch im Alter fort. Eine Rentenleistung zu ermöglichen, wäre damit ein später Akt der Gerechtigkeit. Da Beiträge zur Rentenversicherung entrichtet wurden, geht es hier nicht um versicherungsfremde Leistungen. Der Ausschluß von den Leistungen der Rentenversicherung erfolgt hier nur aufgrund der Nichterfüllung weiterer formaler Voraussetzungen für den Leistungsbezug.

Um die Benachteiligung zu beseitigen, die in der gegenwärtigen Praxis liegt, gibt es grundsätzlich folgende Lösungsmöglichkeiten:

Eine Option besteht im Abschluß entsprechender Sozialversicherungsabkommen mit den Folgestaaten der UdSSR und anderen osteuropäischen Staaten. Der Abschluß von Sozialversicherungsabkommen mit den osteuropäischen Staaten ist jedoch in aller Regel erst nach vielen Jahren realistisch, da die Verhandlungen mit diesen Staaten sehr kompliziert sind. Die Bundesregierung strebt zudem an, den Zeitraum vor 1945 aus den Verhandlungen um Sozialversicherungsabkommen herauszuhalten. Auch organisieren diese Länder z. Z. ihre Sozialversicherungssysteme neu; Verhandlungen vor Abschluß der innerstaatlichen Gesetzgebung im Bereich der Sozialversicherung sind aber nach aller Erfahrung nicht zweckmäßig. Aufgrund ihres hohen Alters ist den ehemaligen Zwangsarbeiterinnen und Zwangsarbeitern eine derart lange Wartezeit jedoch nicht mehr zuzumuten.

Eine Alternative besteht in der Zahlung einer einheitlichen monatlichen Rente ohne individuelle Berechnung, wie sie im deutschen Recht bereits ein Vorbild bei der Berechnung von Kindererziehungszeiten hat. Diese Regelung hat den Vorteil, daß eine pauschale Leistung erfolgt und eine komplizierte Einzelberechnung daher entfallen kann.

Bei der Gewährung von Leistungen für Kindererziehung an Mütter der Geburtsjahrgänge vor 1921 wurde pauschal der Betrag für die Kindererziehungszeiten gezahlt. Als Grund für die Zahlung reichte die Geburt des Kindes aus, auf die tatsächliche Erziehung während eines Jahres kam es ebensowenig an wie auf die Erfüllung einer Wartezeit. Die Gewährung einer Leistung ohne die Erfüllung einer Wartezeit ist der Rentenversicherung also nicht fremd.

Übertragen auf die Zwangsarbeiterinnen und Zwangsarbeiter wäre es demnach ausreichend, wenn nachgewiesen wird, daß Zwangsarbeit geleistet wurde. Eine individuelle Berechnung müßte nicht erfolgen. Eine weitergehende Einzelfallprüfung wäre im übrigen sehr verwaltungs- und zeitaufwendig, sind doch vielfach die einzelnen Unterlagen nicht mehr oder nicht vollständig auffindbar. Die besonderen Gegebenheiten rechtfertigen ein derartiges Vorgehen.

Die bestehende gesetzliche Regelung sieht vor, daß für die Kindererziehungszeit pauschal eine monatliche Rente in Höhe von z. Z. 37 DM gezahlt wird. Da üblicherweise nach § 113 SGB VI in das vertragslose Ausland an Empfänger nur 70 % der Inlandsleistungen gezahlt werden, wäre bei der Übertragung dieses Modells zu überlegen, den Leistungsbetrag auch für ehemalige Zwangsarbeiterinnen und Zwangsarbeiter entsprechend zu senken, auch weil die Lebenshaltungskosten in den osteuropäischen Herkunftsländern der Zwangsarbeiterinnen und Zwangsarbeiter deutlich niedriger sind. Zu zahlen wäre dann eine Rente in Höhe von ca. 25 DM monatlich.

Geht man davon aus, daß noch ca. eine Million ehemalige Zwangsarbeiterinnen und Zwangsarbeiter am Leben sind, so wären Zahlungen in Höhe von ca. 250 Mio. DM pro Jahr erforderlich. In den Folgejahren würde dieser Betrag aufgrund des Alters der Rentenbezieherinnen und Rentenbezieher rasch sinken.

Eine entsprechende Regelung sollte jedoch auch für Personen gelten, die Zwangsarbeit unter Haftbedingungen, etwa im KZ, leisten mußten oder die – wie bez. der „Ostarbeiter" ausgeführt – aus ideologischen Gründen von der Beitragsentrichtung ausgeschlossen wurden. Hier wurden oftmals bei Zwangsarbeiterinnen und Zwangsarbeitern keine Beiträge an die gesetzliche Rentenversicherung abgeführt. Gerade die inhaftierten schwergeschädigten Personen dürfen aber nicht schlechter gestellt werden als die übrigen Zwangsarbeiterinnen und Zwangsarbeiter. Hier dürfte es sich auch um einen kleineren Personenkreis handeln. Der vorgesehene Betrag von 25 DM monatliche Rente hätte für diesen Personenkreis formal den Status eines Rentenschadensausgleichs, wie er in anderer Form für NS-Opfer in Deutschland gilt. Die für diesen zusätzlichen Personenkreis notwendigen Leistungen wären vom Bundeshaushalt der Rentenversicherung zu erstatten, da es sich hierbei – anders als bei den beitragsfinanzierten – um versicherungsfremde Leistungen handelt.

Deutscher Bundestag
13. Wahlperiode

Drucksache 13/8576

24. 09. 97

Antrag

der Abgeordneten Bernd Reuter, Fritz Rudolf Körper, Uta Titze-Stecher, Otto Schily, Doris Barnett, Tilo Braune, Hans Büttner (Ingolstadt), Elke Ferner, Günter Graf (Friesoythe), Angelika Graf (Rosenheim), Barbara Imhof, Hans-Peter Kemper, Marianne Klappert, Thomas Krüger, Dr. Uwe Küster, Dorle Marx, Dr. Willfried Penner, Gisela Schröter, Bodo Seidenthal, Johannes Singer, Dr. Cornelie Sonntag-Wolgast, Wieland Sorge, Dr. Peter Struck, Siegfried Vergin, Ute Vogt (Pforzheim), Gert Weisskirchen (Wiesloch), Jochen Welt, Dieter Wiefelspütz, Rudolf Scharping und der Fraktion der SPD

Wiedergutmachung für die Opfer von NS-Willkürmaßnahmen

Der Bundestag wolle beschließen:

I. Der Deutsche Bundestag stellt fest:

Die Wiedergutmachung nationalsozialistischen Unrechts ist auch heute, 45 Jahre nach Beginn der offiziellen Wiedergutmachungspolitik der Bundesrepublik Deutschland, eine fortdauernde moralische Verpflichtung. Vieles ist in den vergangenen Jahrzehnten geleistet worden. Doch immer noch warten viele Opfer der NS-Gewaltherrschaft auf ihre Rehabilitierung sowie eine Entschädigung für ihre Verfolgung und deren Folgewirkungen.

Ein komplexes, durch zahlreiche Veränderungen und Regelungen ergänztes Gesetzeswerk führte zu mangelnder Transparenz und zu Ungerechtigkeiten. Außerdem ist die Ungleichbehandlung der einzelnen Opfergruppen menschenunwürdig und mit unserem Verfassungsverständnis nicht vereinbar. Hinzu kommt, daß die Antragsbearbeitung sich wegen des zeitlichen Abstandes zu der NS-Verfolgung immer schwieriger und zeitaufwendiger gestaltet, so daß im Sinne der Opfer möglichst rasche und verwaltungsvereinfachende Entscheidungen zu treffen sind.

In vielen östlichen Staaten Europas leben Überlebende des NS-Terrors, die verfolgt und gequält wurden und trotz schwerer Schäden bisher von der Bundesrepublik Deutschland keine Entschädigung erhalten haben. Wo die Bundesrepublik Deutschland nach Fall des Eisernen Vorhangs Wiedergutmachung leistet, reicht diese gerade zu humanitären Gesten. Diese Wiedergutmachung bleibt weit hinter dem zurück, was in früheren Globalabkommen mit westlichen Staaten festgelegt wurde.

Es ist somit unzutreffend, daß durch das vorhandene gesetzliche Regelwerk „nahezu alle durch NS-Unrecht verursachten Schäden erfaßt werden" und alle Regelungen „in einem nach Grund und Umfang der Schädigung ausgewogenen Verhältnis zueinander" stehen (so Staatssekretärin Irmgard Karwatzki im Plenum des Deutschen Bundestages am 30. Januar 1997).

Es trifft ebenfalls nicht zu, daß die Bundesregierung die Wiedergutmachung des vom NS-Regime verübten Unrechts stets „als vorrangige Aufgabe behandelt" hat (Staatssekretärin Irmgard Karwatzki s. o.). In den vergangenen vier Jahrzehnten waren mit der Durchsetzung materieller Wiedergutmachung immer wieder enorme Anstrengungen des Parlaments und der Betroffenen verbunden. Jede Verbesserung mußte gegen erbitterten politischen Widerstand durchgesetzt werden. Damals wie heute werden finanzielle Gründe als Haupthindernis für die Gewährung von Wiedergutmachungsleistungen geltend gemacht.

Um so bitterer empfinden es heute viele NS-Opfer, wenn sie, zermürbt von einem langen Kampf gegen Unverständnis und Ablehnung zur Kenntnis nehmen müssen, daß es den damaligen Tätern erheblich besser geht als ihnen. So zahlt die Bundesrepublik Deutschland bis heute nach dem Bundesversorgungsgesetz laufende Versorgungsleistungen an Personen, die Kriegsverbrechen und Verbrechen gegen die Menschlichkeit verübt haben oder an ihnen beteiligt waren. Diese Rentenzahlungen erfolgen monatlich und einkommensunabhängig. Mit einer ähnlich großzügigen Regelung können und konnten die NS-Opfer nicht rechnen.

Es ist auch heute selbstverständliche Pflicht der Bundesrepublik Deutschland, den betagten und vielfach kranken Opfern der nationalsozialistischen Verbrechen zu helfen. Wiedergutmachung ist keineswegs Geschichte. Solange noch Opfer leben, bleibt sie ein wichtiger Bestandteil der Politik:

II. Die Bundesregierung wird aufgefordert:

- Den von der Fraktion der SPD geforderten Gesetzentwurf (vgl. Drucksache 13/6824) zur Errichtung einer Bundesstiftung „Entschädigung für NS-Unrecht" zügig vorzulegen.

- Verfolgten des Naziregimes oder Hinterbliebenen im Beitrittsgebiet, die eine Ehrenpension beziehen, ist eine Entschädigungsrente nach § 3 des Entschädigungsrentengesetzes zu gewähren, auch wenn sie am Stichtag 30. April 1992 ihren Wohnsitz nicht mehr in Ost-, sondern in Westdeutschland hatten und deshalb keine Ehrenpension erhielten.

  Eine angemessene Entschädigung ist auch denen zu zahlen, die als Verfolgte des NS-Regimes im Beitrittsgebiet nicht als politische Opfer anerkannt waren und folglich keine Rente erhielten oder denen die Rente aus politischen Gründen wieder aberkannt wurde.

- Entsprechend dem im Grundgesetz festgelegten Gleichbehandlungsgebot Vorschläge vorzulegen, die einheitliche Beurteilungskriterien zwischen den einzelnen Verfolgtengruppen zur Grundlage haben.

- Regelungsvorschläge zu unterbreiten,

  wie Euthanasiegeschädigte und Zwangssterilisierte sowie homosexuelle Opfer des NS-Regimes entsprechend als rassisch Verfolgte im Sinne des Bundesentschädigungsgesetzes anerkannt werden können.

  Beim Internationalen Suchdienst des Deutsches Roten Kreuzes (ITS) eine Überprüfung zu veranlassen, ob im ITS-Haftstättenverzeichnis bisher nicht aufgeführte Lager, Haftstätten und Ghettos als Konzentrationslager und Ghettos im Sinne des § 43 Abs. 2 BEG zu qualifizieren sind.

- Die Beurteilungskriterien zu dem Verfolgtenschicksal der Sinti und Roma im Lichte der Verwaltungsrechtsprechung auf ihre Verfassungsgemäßheit zu überprüfen und darüber zu berichten.

- Die Arbeitsfähigkeit des für den Wiedergutmachungs-Dispositions-Fonds eingerichteten Beirats durch Nachwahl der ausgeschiedenen Mitglieder sicherzustellen und den neuen Beirat einzuberufen.

- Vorschläge zu einer Errichtung einer Stiftung „Entschädigung für Zwangsarbeit" (vgl. SPD-Antrag Drucksache 11/5176) vorzulegen. Dadurch sollen ehemalige Zwangsarbeiter auf Antrag laufende Leistungen erhalten können. Die Stiftung soll ausdrücklich berechtigt sein, Zuwendungen von anderer Seite, z. B. von Unternehmen, die früher Zwangsarbeiter beschäftigten, anzunehmen. Die Bundesregierung ist aufgefordert, in diesem Sinne erneut bei den Spitzenverbänden der deutschen Wirtschaft und bei den betreffenden Unternehmen vorstellig zu werden.

  Noch bestehende Lücken in der Anerkennung von Rentenzeiten von Zwangsarbeitern im In- und Ausland sind unverzüglich durch die notwendigen gesetzgeberischen Initiativen zu schließen.

- Eine Gruppe spanischer Staatsangehöriger, die in Frankreich Opfer von NS-Gewalttaten geworden sind und in Konzentrationslagern (Mauthausen) überlebten, zu entschädigen.

- Möglichkeiten zu Entschädigungsleistungen aus dem Artikel 2-Fonds für in westlichen Ländern lebende Verfolgte zu schaffen, die aus formalen Gründen des Wohnsitzes bzw. der Staatsangehörigkeit bisher keinerlei Entschädigung erhielten.

- Die von den Fraktionen SPD und BÜNDNIS 90/DIE GRÜNEN geforderte „Entschädigung für die Opfer des Nationalsozialismus in den osteuropäischen Staaten" (vgl. Drucksache 13/6844) fristgerecht umzusetzen.

- Entsprechend der Bedarfslage den von der UNHCR verwalteten Härtefonds für Nationalgeschädigte neu aufzulegen.

Drucksache 13/8576 Deutscher Bundestag – 13. Wahlperiode

– Den Unterausschuß „Wiedergutmachungsfragen" des Innenausschusses wieder einzusetzen.

Bonn, den 24. September 1997

Bernd Reuter
Fritz Rudolf Körper
Uta Titze-Stecher
Otto Schily
Doris Barnett
Tilo Braune
Hans Büttner (Ingolstadt)
Elke Ferner
Günter Graf (Friesoythe)
Angelika Graf (Rosenheim)
Barbara Imhof
Hans-Peter Kemper
Marianne Klappert
Thomas Krüger
Dr. Uwe Küster

Dorle Marx
Dr. Willfried Penner
Gisela Schröter
Bodo Seidenthal
Johannes Singer
Dr. Cornelie Sonntag-Wolgast
Wieland Sorge
Dr. Peter Struck
Siegfried Vergin
Ute Vogt (Pforzheim)
Gert Weisskirchen (Wiesloch)
Jochen Welt
Dieter Wiefelspütz
Rudolf Scharping und Fraktion

Lothar Eberhardt*

Hoffen auf Deutschland

Der Stukenbrocker Appell verschafft den sowjetischen NS-Opfern Gehör! "Humanitäre Ausgleichszahlung" an sowjetische NS-Opfer durch die ukrainische, russische und weißrussische Stiftung für "Verständigung und Aussöhnung".- Entzieht sich Deutschland seiner historischen Verantwortung? Kann den Opfern Gerechtigkeit widerfahren?[1]

Am 16. Dezember 1992 - fast fünfzig Jahre nach Kriegsende - unterzeichneten Bundeskanzler Helmut Kohl und Präsident Boris Jelzin in Moskau eine gemeinsame Erklärung, in der die wirtschaftliche und kulturelle Zusammenarbeit geregelt und unter Punkt 6 eine "humanitäre Regelung für nationalsozialistisches Unrecht " an sowjetischen Bürgern vereinbart wurde. Die Bundesrepublik stellte eine humanitäre Ausgleichszahlung von 1 Milliarde DM in Aussicht. Die Einzelheiten wurden im März 1993 in einem Notenwechsel zwischen der Bundesrepublik, Rußland, der Ukraine und Belarus (Weißrußland) vereinbart.

In allen drei Ländern wurden Stiftungen für "Verständigung und Aussöhnung" gegründet, denen die Mittel im Verhältnis 40% : 40% : 20% (für Belarus) von der Bundesrepublik in 3 Raten überwiesen wurden. Die deutsche Seite regte an, die Zahlungen für ehemals sowjetische Bürger vorzusehen, die durch das nationalsozialistische Regime verfolgt worden sind. Dabei sollte die "Schwere des zugefügten Leides und des erlittenen Gesundheitsschadens" und die "gegenwärtige wirtschaftliche Notlage" der betroffenen Menschen berücksichtigt werden. Die ehemaligen Kriegsgefangenen und ZwangsarbeiterInnen sollten ausdrücklich nicht bedacht werden. Nach deutscher Auffassung sind sie nicht Opfer von NS-Unrecht, sondern von "kriegsbedingtem Unrecht".

Fast unbemerkt von der deutschen Öffentlichkeit ist die humanitäre Ausgleichsregelung in bilateralen Vereinbarungen zwischen den Staaten abgeschlossen worden. Die Betroffenen in den drei baltischen Staaten (Lettland, Litauen sowie Estland) und in Moldavien sollten sich mit ihren Ansprüchen an je eine der drei Stiftungen wenden. Diese Verfahrensweise war, nicht zuletzt aus historischen Gründen, für die NS-Opfer aus dem Baltikum unzumutbar. Seit längerem sind von Seiten der Bundesregierung Bemühungen im Gange - mitiniziiert durch die interfraktionelle Bundestagsabgeordnetengruppe, die sich für jüdische Ghetto-Opfer von Riga einsetzt - eine eigenständige "Regelung" für die baltischen Staaten zu finden.

Sind die "humanitären Ausgleichszahlungen" ein spätes Freikaufen von der Schuld?

Im Londoner Schuldenabkommen - das 1953 die deutschen Kriegs- und Nachkriegsschulden regelte - ist die Regelung der Reparationszahlungen Deutschlands auf einen Friedensvertrag verschoben worden. Nicht zuletzt vor diesem Hintergrund wurde

---

* Lothar Eberhardt ist Koordinator des Stukenbrocker Appells und des Aktionsbündnisses Potsdamer Appell.

1 Nachfolgend finden sich der Stukenbrocker Appell und der Potsdamer Appell, der aus Anlaß des 1. Gedenktages für die Opfer des Nationalsozialismus im Februar 1996 entstanden ist.

nach der Wiedervereinigung Deutschlands ein 2+4-Abkommen geschlossen – kein Friedensvertrag – und von humanitärer Ausgleichsleistung gesprochen, um die Frage der Entschädigung nicht mehr aufrollen zu müssen.

Durch das Zurverfügungstellen der Pauschalsumme an die drei Staaten wurde der Eindruck einer Goodwillgeste erweckt und sicherlich mit dem Interesse verbunden, der deutschen Wirtschaft die Tür zum "russischen Markt" zu öffnen. Die Verantwortung wurde an Stiftungen delegiert, die alle weiteren Aufgaben ohne deutsche Unterstützung zu bewältigen hatten. In der öffentlichen Wahrnehmung hat Deutschland damit nun nichts mehr zu tun. Den Opfern fühlte sich Deutschland scheinbar nicht verpflichtet.

Die Bundesrepublik hatte die Chance, deutliche Zeichen zu setzen. Den Opfern sollte mehr als fünfzig Jahre nach dem Überfall der deutschen Wehrmacht auf die Sowjetunion längst Gerechtigkeit widerfahren sein. Den wiederholten politischer Willenserklärungen hätten längst entsprechende Handlungskonsequenzen folgen müssen, die vergessenen Opfer aus der Anonymität zu heben, sie materiell zu "entschädigen", ihnen moralisch Achtung zukommen zu lassen. Wieviele Menschen, denen in Deutschland Unrecht geschah und die Unmenschlichkeit erdulden mußten, warten noch immer auf eine menschliche Geste aus dem "Land der Täter"?

Rufen wir uns nochmals ins Gedächtnis:
Durch den Krieg verlor die Sowjetunion ungefähr 30 Prozent ihrer Bevölkerung, mehr als sechs Millionen Menschen wurden während der deutschen Besetzung gezielt ermordet. Fünfeinhalb Millionen Sowjetbürger starben durch Hunger und Krankheit.

Nach dem Überfall Deutschlands wurden über 4 Millionen Kriegsgefangene und Zivilisten zur Zwangsarbeit nach Deutschland verschleppt. Den Verschleppten wurde das Los von Sklaven und die Behandlung als "bolschewistische Untermenschen" zuteil. Sie waren billigste Arbeitskräfte für den deutschen "Endsieg" in der Industrie, im Bergbau und in der Landwirtschaft unter gröbster Mißachtung völkerrechtlicher Vereinbarungen.

Viele überlebten nicht! Dieses erlittene Leid, diese Unmenschlichkeit war den ungefähr 1 Million Überlebenden bis zu diesem Zeitpunkt von Deutschland immer noch nicht moralisch oder materiell anerkannt worden!

Der Stukenbrocker Appell nahm sich der Opfer an!
Klagen von Überlebenden und ihren Verbänden über den Umgang der russischen Bürokratie mit ihren Forderungen erreichte in Deutschland zuerst Gedenkstätteninitiativen, Historiker und die Aktion Sühnezeichen/Friedensdienste.

Dies zeigt, daß das Vertrauen der Opfer in die russische Bürokratie gering war. Viele Sowjetbürger waren Doppelopfer. Sie durchliefen nach ihrer Rückkehr aus Deutschland die Filtrationslager, wurden als sogenannte Kollaborateure gebrandmarkt, verteufelt und verschwanden oft in Stalins GULAG.

Viele vertauschten so den einen Stacheldraht mit dem anderen. Sie wurden in der offiziellen Sowjetgesellschaft ausgegrenzt und im persönlichen und beruflichen Fortkommen erheblich benachteiligt.

Einige Opfer richteten ihre Fragen nach den Auszahlungsmodalitäten auch direkt an Bundeskanzler Helmut Kohl. Sie erhielten ähnlich lautende Antworten, so z.B. der

St. Petersburger KZ-Häftlingsverband, der über einen Bundestagsabgeordneten eine Anfrage hatte stellen lassen.

Die Bundesregierung ließ durch das Auswärtige Amt verlauten, daß nach allgemeinen völkerrechtlichen Grundsätzen Einzelansprüche von Geschädigten nicht gegen verantwortliche Staaten erhoben werden können. Die Sowjetunion habe 1953 gegenüber der DDR – im Verständnis der Bundesrepublik gegenüber Deutschland insgesamt – auf weitere Reparationsleistungen verzichtet, verantwortlich für die Verteilung der Mittel seien nun allein die Stiftungen.

Hinter dieser Haltung verbirgt sich eine komplizierte völkerrechtliche, juristische, und politische Realität. Die Bundesregierung arbeitet an diesem Punkt mit viel diplomatischem Geschick, das sie zuvor schon in anderen bilateralen Abkommen mit westeuropäischen Ländern erprobt hat.

Die deutsche Auffassung, daß Zwangsarbeit "normales Kriegsrecht", also kein NS-Unrecht darstellt, und somit unter Reparationsforderungen fällt, ist sicherlich nicht länger haltbar.

Die historische Forschung belegt heute eindeutig, daß die Wehrmacht im Krieg gegen die Sowjetunion Trägerin und Vollstreckerin der nationalsozialistischen Vernichtungsideologie war und für den Holocaust in Osteuropa mitverantwortlich ist.

Im Frühjahr 1994 nutzten wir die Tagung in Stukenbrock am Rande des Teutoburger Waldes – dem Ort des Stalags 326, wo ca. 300.000 sowjetische Kriegsgefangene interniert waren, von denen 65.000 Menschen nicht überlebten – und initiierten den Stukenbrocker Appell.

Seit dem autobiographischen Buch von Heinrich Albertz "Blumen für Stukenbrock" ist dieser Ort bekannt.

Wir verschafften den Opfern Gehör und formulierten ihre Fragen und Forderungen, die uns von den Opfern erreicht hatten in den Appell. Der Adressat waren die politisch Verantwortlichen und die Öffentlichkeit in den jeweiligen Ländern und in Deutschland.

Wir versandten über 400 Briefe, zumeist an Persönlichkeiten des öffentlichen Lebens. Wir erhielten ca. 250 Unterschriften, u.a. von Dr. Hans-Jochen Vogel, Ignatz Bubis, Gottfried Forck, Marie Jepsen, Lew Kopelew, Rosalinda von Ossietzky-Palm und Jens Reich.

Der Bundesverband Information und Beratung für NS-Verfolgte in Köln, die Interessengemeinschaft ehemaliger Zwangsarbeiter unter dem NS-Regime, der Arbeitskreis "Blumen für Stukenbrock", das Maximilian-Kolbe-Werk, die Heinrich-Böll-Stiftung u.a. brachten ihren Erfahrungsschatz in die Diskussion mit ein.

Die Koordination der Arbeit wurde von Aktion Sühnezeichen/Friedensdienste übernommen und von Uta Gerlant und Lothar Eberhardt in den letzten zwei Jahren in ehrenamtlicher Arbeit vorangebracht und koordiniert.

Was ist seit der Veröffentlichung des Stukenbrocker Appells im Juni 1994 passiert? Die Verfahrenswege für die Antragstellung, die Adressen der Stiftungen, die Vergabekriterien, die Zusammensetzung des Aufsichtsrates und der Vergabekommission der Stiftungen, die verantwortlichen Ansprechpartner sind bekannt.

Seit Sommer 1994 wird von allen drei Stiftungen – sie hatten untereinander die Vergabekriterien, Auszahlungsmodalitäten abgesprochen – ausbezahlt. Von anfänglich geschätzten 5 Millionen Anspruchsberechtigten meldeten sich fast eine Million bei den drei Stiftungen. Die Auszahlungen sind in vollem Gange. Im Durchschnitt erhalten die Opfer eine einmalige Zahlung von 600 DM in der Ukraine und in Belarus und Rußland ca. 800 DM.

Die drei Stiftungsvorsitzenden aus Moskau, Kiew und Minsk befanden sich im Herbst 1995 auf einer Informationsreise in Deutschland und besuchten die Aktion Sühnezeichen/Friedensdienste. Sie stellten den aktuellen Stand der Arbeit und die Schwierigkeiten in ihrer Stiftungsarbeit dar.

In kürzester Zeit mußten sie arbeitsfähige Strukturen aufbauen. Herr Kasmiruk, der Vertreter der ukrainischen Stiftung "Verständigung und Aussöhnung", bemängelte die fehlende Unterstützung der Stiftungen in ihrer Aufbauarbeit von deutscher Seite, da die reichhaltigen Erfahrungen, das Know-how z. B. der polnischen Stiftung etc. vorlag und nicht zur Verfügung gestellt wurden.

Sie teilten weiterhin mit, daß bis Oktober 1995 in Rußland von 145.000 eingegangenen Anträgen ca. 116.000 bewilligt und ausbezahlt wurden.

Die ukrainische Stiftung hatte bei 650.000 geschätzten Anspruchsberechtigten über 505.000 Anträge erhalten, etwa 450.000 bearbeitet und 360.000 Betroffenen Pauschalen von durchschnittlich 600 DM gezahlt.

Die weißrussische Stiftung hat mit 65.000 bewilligten Anträge bereits fast der Hälfte aller geschätzten Opfer geholfen.

Wir verwiesen auf das Bemühen der Opfer, ihrer Verbände und Bürgerrechtsorganisationen, die sich bemühten, in den Stiftungen mitzuarbeiten. Sie wurden teilweise von den Verantwortlichen hingehalten, und es entstand der Eindruck bei uns, daß die Mitsprache der Betroffenen und somit eine demokratische Kontrolle nicht erwünscht war. Sie erklärten, daß die Arbeit nun in vollem Gange ist und in diesen laufenden Prozeß der Stiftungsarbeit nicht mehr eingegriffen werden kann. Sie betonten, daß die Stiftungen jetzt zum erstenmal in der Lage sind, mehr Anträge von Anspruchsberechtigten zu bearbeiten wie eingehen. Die drei Vertreter brachten ihre Zuversicht zum Ausdruck, daß sie die Arbeit bis Ende 1996 abschließen können und hoffen auf Unterstützung aus Deutschland bei dem schwierigsten Problem, der Beschaffung von Dokumenten für die Opfer.

Wir vereinbarten weitere Zusammenarbeit, die sich vor allem auf den Informationsaustausch und die gegenseitige Unterstützung in der Arbeit bezog.

Im Frühjahr 1996 waren die stellvertretenden Vorsitzenden der russischen und belarussischen Stiftung zu Gesprächen in Deutschland und waren auch bemüht, mit Hilfe von ASF Kontakte zu deutschen Industriebetrieben zu knüpfen, die "Ostarbeiter" beschäftigt hatten, um sie für die finanzielle Unterstützung der Stiftungsarbeit durch Finanz- und Sachspenden zu gewinnen. Beide Stiftungen planen, medizinische Versorgungs- und Rehabilitationseinrichtungen für die Opfer aufzubauen und führten erste Informationsgespräche mit deutschen Anbietern.

Der russische Vertreter berichtete, daß weitere 30.000 Anträge bearbeitet wurden und zur Auszahlung kamen. Auf Nachfragen teilte er uns mit, daß der zu erwartende Überschuß aus den Stiftungsmitteln in einer zweiten Runde an die Opfer ausgezahlt werden soll.

Die belarussischen Stiftungsvertreter berichteten bei ihrem Besuch im April 1996 von der Umsetzung des Beschlusses des Ministerrates, nachdem die Opfer in einer zweiten Runde weitere Auszahlungen erhalten. Aus den übriggebliebenen Stiftungsmitteln wurden die Grundbeträge für die einzelnen Opferkategorien angehoben. Sie können mit einem Nachschlag der Einmalzahlung von ca. 500 DM bei KZ-Häftlingen und Ostarbeitern in Lagern und Haushalten um ca. 100 DM rechnen. Die belarussische Stiftung will einen Fonds von 20 Millionen einrichten. Er ist als Härtefonds für die Opfer gedacht, die sich nach Ablauf der Antragsfristen melden. Die belarussische Stiftung hat sicher "Modellcharakter" für die beiden anderen Stiftungen.

Zu erwähnen bleibt in diesem Zusammenhang, daß die belarussische Stiftung Vorreiter war bei der "humanitären Ausgleichszahlung". Die Höhe der Auszahlung orientiert sich an dem erlittenen Leid, am individuellen Einzelfall und damit an der Schwere der erlebten Bedingungen (Arbeit, Unterbringung etc.). Demgegenüber gehen die beiden anderen Stiftungen über das Alter: die Gruppe der minderjährigen Opfer des Nationalsozialismus erhalten die höheren Zahlungen. Die zum Zeitpunkt der Verschleppung noch Minderjährigen bilden mit rund 70% sowohl in der Ukraine als auch in Rußland die größte Gruppe und der Anspruchsberechtigten.

In Weißrußland dagegen bilden die "Ostarbeiter" (Zwangsarbeiter) mit ca. 50% die größte Gruppe der Anspruchsberechtigten. Die KZ- und Ghettohäftlinge die "Kompensation" aus den Stiftungsmitteln erhalten, machen in Rußland lediglich 2,4 Prozent, in der Ukraine 3,8 Prozent und in Weißrußland 4,9 Prozent aus. Diese Zahlen zeigen, daß die meisten Opfer OstarbeiterInnen/ZwangsarbeiterInnen, wovon die Minderjährigen, unter 18 Jahre zum Zeitpunkt der Verschleppung, die größte Gruppe darstellen.

Der neue ukrainische Leiter der Stiftung berichtete bei der Tagung der Akademie der Diözese Rottenburg-Stuttgart: Gerechtigkeit – nach 50 Jahren? Entschädigung von NS-Zwangsarbeit, Ende Oktober 1996 über den aktuellen Stand der Stiftungsarbeit. So wurden bis zum 2. Oktober 1996 schon annähernd 90 Prozent der 626.000 eingegangenen Anträge bearbeitet und von den 400 Millionen DM Stiftungsmitteln über 313 Millionen DM an mehr als 541.000 Anspruchsberechtigte ausbezahlt. Die ukrainische Stiftung ist im Vergleich zu den anderen beiden Stiftungen mit viel mehr Anspruchsberechtigten konfrontiert und hat einschließlich den 4.000 Personen aus der Republik Moldawien, Kasachstan und den Republiken Mittelasiens und des Kaukasus schon mehr als drei Viertel ihres Kapitals zur Auszahlung gebracht. Festzuhalten bleibt, daß die ukrainische Stiftung ungefähr doppelt soviel Anspruchsberechtigte zu bearbeiten hat(te) wie die russische und weißrussische Stiftung und einen durchschnittlichen Auszahlungsbetrag von 615 DM an die NS-Opfer leistete. Die beiden anderen Stiftungen zahlen ca. 1000 DM aus.

Als Resümee bleibt festzuhalten: Die deutsche Bürokratie hat den Ball den drei Stiftungen zugespielt. Sie hat sie in ihrer Arbeit allein gelassen!

Die Mitwirkung der Opfer und ihrer Verbände und Bürgerrechtsorganisationen wurde in der Aufbauphase der Stiftungen verweigert. Die demokratische Kontrolle von gesellschaftlichen Gruppen war offensichtlich nicht erwünscht. Die Betroffenen fühlten sich vom Entscheidungsprozeß ausgegrenzt. Die damals minderjährigen Opfer genießen gegenüber den damals Erwachsenen – unterteilt in KZ- und Ghetto-Häftlinge sowie "Ostarbeiter" – Privilegien und sind durch das Sozial- und Rentenrecht in den Ländern bevorteilt.

Die "Ostarbeiter" haben keine Lobby und sind kaum organisiert. Die Kriegsgefangenen können aus völkerrechtlichen Gründen nicht berücksichtigt werden. Die staatlichen Vertreter sind in den Stiftungsgremien überrepräsentiert. Die Auszahlungskategorien sind bei zwei Stiftungen nicht an der Schwere des Leides, sondern am Alter orientiert. Die Schwächsten und Ältesten scheinen wieder ausgegrenzt zu werden und nicht zu ihrem Recht zu kommen.

Die Opfer und ihre Interessenvertreter fordern, daß in einer zweiten Runde die restlichen Mittel vor allem an die benachteiligten Opfergruppen der KZ- und Ghetto-Häftlinge ausgezahlt werden sollen. Die Kriegsgefangenen wollen an den "Kompensationszahlungen" beteiligt werden.

Der Stukenbrocker Appell stellte sicherlich die richtigen Fragen zum richtigen Zeitpunkt. Die Reaktion der Verantwortlichen – vor allem in Rußland – bestätigt diese These. Die Verantwortlichen in der Bundesrepublik und in den GUS-Staaten haben die Einwände der Betroffenen oft nicht einmal zur Kenntnis genommen oder gar respektiert und in die Arbeit einfließen lassen oder ihren Einfluß geltend gemacht. Sicherlich kann die komplexe, politische Situation in den GUS-Staaten nicht aus ihrem historischen Kontext und den Erfahrungshintergründen der Menschen herausgelöst werden. Sie befinden sich in einem schwierigen Transformationsprozeß, der nicht an unserem demokratieerprobten Politikverständis gemessen werden kann.

Der Stukenbrocker Appell verschaffte den Opfern Gehör, gab ihnen eine Stimme, ließ ihnen Gerechtigkeit widerfahren.

Was bleibt, ist das millionenfach erlittene Unrecht, das unsägliche Leid, das nicht zu entschädigen und wiedergutzumachen ist. Es scheint der politische Wille zu fehlen, den Opfern unbürokratisch zu helfen. Die Überlebenden setzen ihr Hoffnungen immer wieder auf Deutschland!

Erinnern
das ist vielleicht die qualvollste Art
des Vergessens,
und vielleicht
die freundlichste Art
der Linderung dieser Qual

Erich Fried

Stukenbrocker Appell

Vom 22. bis 24. April 1994 kamen in Schloß Holte-Stukenbrock 50 Historikerinnen und Historiker sowie Mitarbeiterinnen und Mitarbeiter von Gedenkstätten und Gedenkstätteninitiativen zusammen, um sich mit dem Thema "Sowjetische Kriegsgefangene und Kriegsgefangenenlager im Deutschen Reich 1941-1945" auseinanderzusetzen.

Stukenbrock ist der Ort, an dem zwischen 1941 und 1945 etwa 300.000 sowjetische Kriegsgefangene unter menschenunwürdigen und völkerrechtswidrigen Bedingungen gefangengehalten wurden. Von ihnen haben 65.000 die Lagerzeit nicht überlebt.

Ehemals sowjetische Bürger, die durch das NS-Regime verfolgt worden sind - Überlebende von Konzentrationslagern, Kriegsgefangenschaft und Zwangsarbeit -, haben bis heute keine umfassende "Entschädigung" erhalten.

Das am 16. Dezember 1992 unterzeichnete Abkommen zwischen Bundeskanzler Helmut Kohl und dem Präsidenten der Russischen Föderation, Boris Jelzin, stellt 1 Milliarde DM für die NS-Opfer in der ehemaligen Sowjetunion zur Verfügung. Die Regelung der Vergabe liegt in den Händen der in Moskau, Kiew und Minsk zu gründenden Stiftungen "Verständigung und Aussöhnung".

Die Umsetzung dieser humanitären Ausgleichsregelung erfordert jedoch noch umfangreiche Bemühungen der beteiligten Staaten, denn die Betroffenen wissen zumeist nicht, an wen sie sich wenden sollen.

Wir appellieren an die verantwortlichen Unterzeichner dafür zu sorgen, daß die überlebenden Opfer nationalsozialistischer Willkür möglichst rasch und unbürokratisch das erhalten, was ihnen aufgrund der Vereinbarungen zugesichert wurde.

Klarheit über die die Stiftungen betreffenden Sachverhalte zu gewinnen, ist um so dringlicher, als die betroffenen Menschen alt und krank sind und oft in schlechten sozialen Verhältnissen leben. Sie benötigen eine alsbaldige Auszahlung der Gelder und sofortige Informationen darüber, was sie unternehmen sollen, um diese zu erhalten.

Als Bürgerinnen und Bürger der Bundesrepublik Deutschland sehen wir uns in der Verantwortung, auf die Umsetzung des Abkommens zu achten.

Wir bitten darum, in Kenntnis gesetzt zu werden,
- wo sich der Sitz der Stiftung in Moskau/Kiew/Minsk befindet (Adresse, Telefon, Öffnungszeiten);
- wo das Stiftungsvermögen deponiert ist (Geldinstitut, Kontonummer etc.) und welche Möglichkeit besteht, von Deutschland aus Gelder einzuzahlen, damit sich beispielsweise auch Betriebe, die an Zwangsarbeit verdient haben, beteiligen können;

- wie die Vergabekommission zustande gekommen ist und wie sie zusammengesetzt ist, wobei wir die Beteiligung der Betroffenen und ihrer Verbände sowie unabhängiger Beobachter (beispielsweise von "Memorial") voraussetzen;
- wer persönlich für die Verwendung der Gelder verantwortlich zeichnet;
- welche Kriterien zur Vergabe der Gelder angewendet werden;
- welches Verfahren die Betroffenen durchlaufen sollen;
- wie die russische/ukrainische/weißrussische Öffentlichkeit über all diese Fragen informiert wurde und wird, wobei wir von regelmäßiger und umfassender Information durch die Massenmedien ausgehen;
- wie die Stiftungen in dem betreffenden baltischen Staat bzw. der Moldavien vertreten sind (die Moskauer Stiftung in Litauen und Lettland, die Kiewer in der Moldavien und die Minsker in Estland) und wie die dortige Öffentlichkeit informiert wurde und wird;
- an wen sich NS-Opfer wenden sollen, die nicht in den genannten sieben Staaten, jedoch auf dem Gebiet der ehemaligen Sowjetunion leben.

Da sowjetische Kriegsgefangene im damaligen Deutschen Reich als Zwangsarbeiter beschäftigt worden sind, erwarten wir, daß auch sie an der humanitären Ausgleichsregelung beteiligt werden. Daraus ergibt sich notwendig eine Aufstockung des Stiftungsvermögens.

Wir appellieren an alle beteiligten Staaten und die jeweiligen Stiftungen, das Abkommen umsichtig und schnell umzusetzen. Es besteht dringender Handlungsbedarf, da für die Überlebenden jeder Monat zählt und es in wenigen Jahren zu spät sein wird.

Ich unterstütze den Stukenbrocker Appell

Name / Institution   Anschrift   Unterschrift

Potsdamer Appell

Dem Gedenken müssen Taten folgen!
NS-Justiz nicht verurteilt, die Opfer der NS-Militärgerichtsbarkeit warten auf die längst überfällige Rehabilitierung und Entschädigung.

In den letzten Wochen wurden in der Öffentlichkeit viele mahnende Worte zum Gedenken an die Opfer des Nationalsozialismus gesprochen. Es besteht die Gefahr, daß der 27. Januar – als Gedenktag für die Opfer des Nationalsozialismus – die Öffentlichkeit in- und außerhalb Deutschlands beruhigt und zur "Gedenkroutine" verkommt, wenn diesen Worten keine politische Handlungen zugunsten der Opfer folgen.

Wir fordern von den Verantwortlichen, daß dem Gedenktag politische Handlungen folgen, die über anerkennende Worte hinausgehen:
- Unrechtserklärung aller Urteile der NS-Militärjustiz und der Sondergerichte durch den Bundestag;
- Rehabilitierung der NS-Militärjustizopfer durch eine Erklärung des Bundestages (analog der Erklärung für Opfer des SED-Unrechts (1. SED-Unrechtsbereinigungsgesetz));
- Finanzielle Förderung der geschichtlichen und politischen Aufarbeitung der NS-Unrechtsjustiz;
- Entschädigung nach den Grundsätzen des Bundesentschädigungsgesetzes;
- Kennzeichnung (Gedenktafel, Denkmale etc.) aller Orte des NS-Justizunrechts, einschließlich des Berliner Reichskriegsgerichts, als Orte des Gedenken an die Opfer.

Bis heute sind ganze Opfergruppen (Kriegsdienstverweigerer, Homosexuelle, Deserteure, deutsche und im Ausland lebende ZwangsarbeiterInnen, sogenannte Asoziale, Euthanasie-Geschädigte, Psychiatrie-Opfer, KommunistInnen u.a.) von der gesetzlichen Leistung des Bundesentschädigungsgesetzes ausgegrenzt. Diese Opfergruppen haben kaum eine Lobby, finden kein politisches Gehör, bleiben mit ihren Forderungen nach Entschädigung und Rehabilitierung allein.

Wie ernst nehmen die Verantwortlichen ihre Verpflichtung, die längst überfällige moralische und rechtliche Anerkennung der Opfer umzusetzen?

Die Rolle der NS-Justiz kam in den offiziellen Reden zum Gedenktag am 27.1.1996 nicht zur Sprache. Die NS-Terrorjustiz hat über 46.000 Todesurteile zu verantworten. Sie wurde vom Bundesgerichtshof (BGH) als "Blutjustiz" bezeichnet. Bis heute ist von deutschen Gerichten kein einziger NS-Jurist rechtskräftig verurteilt worden.

Von den etwa 3.000 NS-Militärjuristen wurden über 30.000 Todesurteile unterzeichnet, die mehr als 20.000 Menschen das Leben kosteten. Es waren dies Urteile u.a. wegen sogenannter "Wehrkraftzersetzung", wegen Hoch- und Landesverrates, angeblicher Spionage, unterstellter Feindbegünstigung und Fahnenflucht.

Die Urteile des "zivilen" Volksgerichtshofs führten in diesem Zeitraum zu 5.191 Exekutionen.

Die aktuelle Forschung beweist die Mittäterschaft der deutschen Wehrmacht beim Genozid an den europäischen Jüdeninnen und Juden und bei anderen Verbrechen gegen die Menschlichkeit. Unbestritten ist, daß die Urteile der Militärjustiz institutionalisiertes Unrecht und ihre Gerichte Terrorinstrumente der Nazi-Diktatur waren. Die Militärrichter haben massenhaft Todesurteile gefällt, ohne dazu gezwungen worden zu sein.

Kein Richter der Militärjustiz (Juristen und Offiziere) wurde nach dem Zweiten Weltkrieg verurteilt. In der bundesrepublikanischen Politik und Verwaltung kamen viele ehemalige Militärrichter wieder in höchste Positionen: z.B. der ehemalige Marinerichter und Ministerpräsident von Baden-Württemberg, Hans Karl Filbinger, oder der ehemalige Militärjurist und Rektor der Universität Marburg, Erich Schwinge, und Werner Hülle, Oberlandesgerichtspräsident in Oldenburg u.a.

Vom Reichskriegsgericht, dem höchsten Militärgericht – dort befindet sich heute das Berliner Kammergericht und der 5. Strafsenat des Bundesgerichtshofes – wurden nachweisbar 1.189 Todesurteile ausgesprochen, von denen 1.049 vollstreckt wurden. Zum Vergleich: Im Ersten Weltkrieg wurden 48 Soldaten aufgrund von Militärgerichtsurteilen hingerichtet.

Vor dem Reichskriegsgericht wurden bis August 1944 zentral alle Verfahren gegen Kriegsdienstverweigerer geführt. Über 260 wegen ihrer Überzeugung zum Tod Verurteilten wurden hingerichtet.

So wurden z.B. am 9. August 1943 zusammen mit Franz Jägerstätter 16 Kriegsdienstverweigerer im Zuchthaus Brandenburg geköpft.

Die angemessene Markierung der Orte der verbrecherischen Wehrmachtgerichtsbarkeit ist längst überfällig!

Wie wenig ernst das Gedenken von offizieller Seite genommen wird, zeigen die Auseinandersetzungen um die Anbringung der Gedenktafel im Sommer 1995 für den österreichischen Kriegsdienstverweigerer Franz Jägerstätter und um die Gedenktafel für alle Kriegsdienstverweigerer am Gebäude des ehemaligen Reichskriegsgericht 1989 in Berlin.

Unterstützung und Unterschriften bitte an:
Aktionsbündnis Potsdamer Appell, Oranienstr. 25. (2.Aufg. 1 Etg.) 10999 Berlin
Tel.: 030-615 00 5 60, Fax 030-615 00 5 99 Email: lothare@ignaz.in-berlin.de Bankverbindung: Potsdamer Appell. Konto-Nr.: 64 00 333 50, Sparkasse Berlin: BLZ 100 500 00

Ausländische Zivilarbeiter und Kriegsgefangene nach Staatsangehörigkeit und Wirtschaftszweigen, August 1944

„Staatsangehörigkeit"		Landwirtschaft	Bergbau	Metall	Chemie	Bau	Verkehr	insgesamt
Belgier	insgesamt	28.652	5.146	95.872	14.029	20.906	12.576	253.648
	Zivilarbeiter	3.948	2.787	86.441	13.533	19.349	11.585	203.262
	Kriegsgefangene	24.704	2.629	9.431	496	1.557	991	50.386
	in % aller Belgier	11,2 %	2,0 %	37,8 %	5,5 %	8,2 %	4,9 %	100 %
Franzosen	insgesamt	405.897	21.844	370.766	48.319	59.440	48.700	1.254.749
	Zivilarbeiter	54.590	7.780	292.800	39.417	36.237	34.905	654.782
	Kriegsgefangene	351.307	14.064	77.966	8.902	23.203	13.795	599.967
	in % aller Franzosen	32,3 %	1,7 %	29,5 %	3,9 %	4,7 %	3,9 %	100 %
Italiener	insgesamt	45.288	50.325	221.304	35.276	80.814	35.319	585.337
	Zivilarbeiter	15.372	6.641	41.316	10.791	35.271	5.507	158.099
	Kriegsgefangene	29.916	43.684	179.988	24.485	45.543	29.812	427.238
	in % aller Italiener	7,7 %	8,6 %	37,8 %	6,0 %	13,8 %	6,0 %	100 %
Niederländer	Zivilarbeiter	22.092	4.745	87.482	9.658	32.025	18.356	270.304
	in % aller Niederl.	8,2 %	1,8 %	32,4 %	3,5 %	11,9 %	6,8 %	100 %
Sowjets	insgesamt	862.062	252.848	883.419	92.952	110.289	205.325	2.758.312
	Zivilarbeiter	723.646	92.950	752.714	84.974	77.991	158.024	2.126.753
	Kriegsgefangene	138.416	159.898	130.705	7.978	32.298	47.301	631.559
	in % aller Sowjets	28,5 %	8,3 %	29,2 %	3,7 %	3,6 %	6,8 %	100 %
Polen	insgesamt	1.125.632	55.672	130.905	23.871	68.428	35.746	1.688.080
	Zivilarbeiter	1.105.719	55.005	128.556	22.911	67.601	35.484	1.659.764
	Kriegsgefangene	19.913	667	2.349	960	827	262	28.316
	in % aller Polen	66,7 %	3,3 %	7,5 %	1,4 %	4,1 %	2,1 %	100 %
„Protektorats"angehörige	Zivilarbeiter	10.289	13.413	80.349	10.192	44.870	18.566	280.273
	in % aller „Protektorats"angehörigen	3,7 %	4,8 %	28,7 %	3,6 %	16,0 %	6,6 %	100 %
Insgesamt	Zivilarbeiter	2.747.238	433.790	1.691.329	252.068	478.057	378.027	7.615.970
	Zivilarbeiter	2.061.066	196.782	1.397.920	206.741	349.079	277.579	5.721.883
	Kriegsgefangene	686.172	237.008	293.409	45.327	128.978	100.448	1.930.087
	in %	36,1 %	5,7 %	22,2 %	3,3 %	6,3 %	5,0 %	100 %

Arbeitseinsatz von KZ-Häftlingen:
Schätzungen aufgrund der in der Literatur genannten Zahlen für die einzelnen Lager

Gesamtzahl der zwischen 1939 und 1945 in Konzentrationslager der SS eingelieferten Häftlinge	ca. 2.500.000
davon Deutsche Ausländer	ca. 400.000 ca. 2.100.000
Gesamtzahl der zwischen 1939 und 1945 in Konzentrationlagern der SS gestorbenen Häftlinge (ohne Vernichtungslager, mit Todesmärschen 1944/45)	ca. 1.100.000 – 1.300.000
Zahl der bei Privatfirmen oder Staatsbetrieben als Arbeitskräfte eingesetzte KZ-Häftlinge, Stand Ende 1944	Häftlinge insgesamt 600.000 davon arbeitsfähig 480.000 davon bei Privatf. 240.000 bei OT, Kammler-Proj. und anderen 240.000
Zahl der insgesamt zwischen 1939 und 1945 als Arbeitskräfte außerhalb der Lager eingesetzten KZ-Häftlinge (grobe Schätzung)	ca. 900.000
Abgabe der Unternehmen an die SS pro Häftling und Arbeitsmonat durchschnittlich Schätzung der durchschnittlichen Verweildauer der Häftlinge in Arbeitsstellen	ca. 120,-- RM ca. 8 Monate
Geleistete Zahlungen pro Häftling	ca. 1000,-- RM

Ausländische Arbeitskräfte in der deutschen Kriegswirtschaft 1939 bis 1944

		1939	1940	1941	1942	1943	1944
Land-wirtschaft	Deutsche	10.732.000	9.684.000	8.939.000	8.969.000	8.743.000	8.460.000
	Zivile Ausländer	118.000	412.000	769.000	1.170.000	1.561.000	1.767.000
	Kriegsgefangene	—	249.000	642.000	759.000	609.000	635.000
	Ausländer insg.	118.000	661.000	1.411.000	1.929.000	2.230.000	2.402.000
	Ausländer aller Beschäftigten in %	1,1 %	6,4 %	13,6 %	17,7 %	20,3 %	22,1 %
Alle nicht-landwirtsch.	Deutsche	28.382.000	25.207.000	24.273.000	22.568.000	21.324.000	20.144.000
	Zivile Ausländer	183.000	391.000	984.000	1.475.000	3.276.000	3.528.000
	Kriegsgefangene	—	99.000	674.000	730.000	954.000	1.196.000
	Ausländer insg.	183.000	490.000	1.659.000	2.205.000	4.230.000	4.724.000
	Ausländer aller Beschäftigten in %	0,6 %	1,9 %	6,4 %	8,9 %	16,5 %	18,9 %
Gesamt-wirtschaft	Deutsche	39.114.000	34.891.000	33.212.000	31.537.000	30.067.000	28.604.000
	Zivile Ausländer	301.000	803.000	1.753.000	2.645.000	4.837.000	5.295.000
	Kriegsgefangene	—	348.000	1.316.000	1.489.000	1.623.000	1.831.000
	Ausländer. insg.	301.000	1.151.000	3.069.000	4.134.000	6.460.000	7.126.000
	Ausländer aller Beschäftigten in %	0,8 %	3,2 %	8,5 %	11,6 %	17,7 %	19,9 %

Deutsche und ausländische Arbeitskräfte in ausgewählten Berufsgruppen, August 1944

Berufsgruppe	Beschäftigte insgesamt	davon ausl. Arbeitskräfte	davon Zivilarbeiter	Kriegsgefangene	Ausländeranteil an den Gesamtbeschäftigten in %
Landwirtschaft	5.919.761	2.747.238	2.061.066	686.172	46,4
Bergbau	1.289.834	433.790	196.782	237.008	33,7
Metall	5.630.538	1.691.329	1.397.920	293.409	30,0
Chemie	886.843	252.068	206.741	45.327	28,4
Bau	1.440.769	478.057	349.079	128.978	32,3
Verkehr	1.452.646	378.027	277.579	100.448	26,0
Druck	235.616	9.668	8.788	880	4,1
Textil/Bekleidung	1.625.312	183.328	165.014	18.314	
Handel/Banken	1.923.585	114.570	92.763	21.807	11,1
Verwaltung	1.488.176	49.085	39.286	9.799	6,0
					3,3
Gesamtwirtschaft	28.853.794	7.651.970	5.721.883	1.930.087	26,5

Geheime Staatspolizei

Staatspolizeistelle Potsdam

B.-Nr. I D 2

Potsdam, den 13. August 1943

Sondervorschriften zur Behandlung der im Reich eingesetzten Arbeiter und Arbeiterinnen polnischen Volkstums.

Die nachstehenden Vorschriften gelten nur für polnische Arbeitskräfte, die nach dem 1.9.1939
aus dem Generalgouvernement,
aus dem Distrikt Galizien und
dem Bezirk Bialystok ins Altreich gekommen sind und keine andere Volkstumszugehörigkeit besitzen.
Die Bestimmungen gelten
nicht für Zivilpolen, die vor dem 1.9.1939 im Altreich aufhältlich waren;
nicht für die fremdvölkischen Arbeitskräfte, die aus den genannten Gebieten stammen und nichtpolnischen Volkstums sind (z.B. Ukrainer) und
nicht für Arbeitskräfte, die aus anderen Ostgebieten stammen und unter der Bezeichnung "Ostarbeiter" zusammengefaßt werden.

I. Die Verordnungen sind folgende:
   1. Kennzeichnung durch "P"-Abzeichen. Kennzeichnungszwang auch für "Polen in besonderen Berufen", z.B. Ingenieure, Friseure usw.
   2. Verbot, den Arbeitsort ohne behördliche Genehmigung zu verlassen.
   3. Verbot, sich in der Zeit
      vom 1.4. bis 30.9.   von 21.00 bis 5.00 Uhr
      vom 1.10. bis 31.3. von 20.00 bis 6.00 Uhr
      ohne behördliche Genehmigung außerhalb der Unterkunft aufzuhalten.
   4. Verbot der Benutzung öffentlicher Verkehrsmittel über den Ortsbereich hinaus.
   5. Verbot der Teilnahme an deutschen Veranstaltungen.
   6. Verbot des Aufenthaltes in deutschen Gaststätten, sofern sie nicht zu einzelnen Tageszeiten für Zivilpolen freigegeben sind.
   7. Verbot, Fahrräder zu besitzen oder zu benutzen.
   8. Verbot, Fotoapparate zu besitzen oder zu benutzen.
   9. Verbot der Teilnahme an deutschen kirchlichen Veranstaltungen.
      Kirchendienst für Zivilpolen: am 1. Sonntag jeden Monats und an Festtagen zwischen 10.00 und 12.00 Uhr nur für den Ortsbereich (5 km). Anwendung der polnischen Sprache ist verboten.

II. Es bedarf der besonderen Genehmigung der Staatspolizeistelle:
   1. Der Betrieb eines Rundfunkgerätes. Schwarzhörer sind zur Rechenschaft zu ziehen, die Geräte einzuziehen.

2. Führerschein. Der zuständige Fahrdienstleiter und das Arbeitsamt sind zuvor in Kenntnis zu setzen.

III. Grundsätzlich ausgeschlossen sind:
1. Eheschließungen zwischen Reichsdeutschen und Polen.
- Eheschließungen von Polen untereinander werden nicht duchgeführt.
- Bei Eheschließungen von Polen mit anderen Ausländern ist die Entscheidung der Staatspolizeistelle einzuholen.
2. Schulbesuch der Kinder und Berufsschule für Jugendliche.
3. Urlaub.
- In besonderen Fällen (Tod, schwere Krankheit, Geburt) sind Betriebsführer und Arbeitsamt für die Gewährung zuständig.

IV. Es sind zu melden:
A. der Staatspolizeistelle:
1. Flüchtlinge Polen. Formularmeldungen mit Begleitbericht.
2. Handlungen von Zivilpolen, die erhebliche Gefahrenmomente enthalten, z.B.: Sabotagehandlungen, polnische Widerstandsbestrebungen, Abhören ausländischer Sender, Geschlechtsverkehr mit Reichsdeutschen und unsittliche Handlungen gegenüber Reichsdeutschen.
3. Strafbare Handlungen von Zivilpolen. Vorlage eines abgeschlossenen Ermittlungsvorganges oder erforderlichenfalls fernmündliche Verständigung.
- Die unmittelbare Abgabe an die Justizbehörde ist unzulässig.

B. der zuständigen Kriminalpolizeistelle:
Aufgegriffene Polen.
- Zuführung der OPB. oder dem nächsten Arbeitserziehungslager.
- Überweisung an ein Arbeitsamt oder vorläufiger Arbeitseinsatz ist unstatthaft.

V. Es obliegen der Abwehr durch die OPB.:
1. kleinere Straftaten (Diebstahl, Unterschlagung, Betrug).
2. Unbotmäßiges Verhalten, sofern keine politischen Hintergründe zu erkennen sind (Beihilfe zur Flucht, beunruhigende Schwätzereien, freches Verhalten Reichsdeutschen gegenüber usw.).

VI. Belehrung zu Beginn des Arbeitsverhältnisses:
Androhung von scharfen staatspolizeilichen Maßnahmen bei Nichtbefolgung der Vorschriften, insbesondere der Todesstrafe bei geschlechtlichen Beziehungen zu Reichsdeutschen.
- Verjährung gibt es bei den Maßnahmen durch die Staatspolizei nicht.

VII. Der "Deutsche Gruß" steht Zivilpolen nicht zu. Strafmöglichkeit besteht nicht. Im Falle der Erweisung ist er zu übersehen.
Ehrung von Fahnen usw. ist nicht zu verlangen.

VIII. Ausweis: Arbeitskarte.

Pressemitteilung

Deutscher Gewerkschaftsbund

Bundespressestelle

DGB-Erklärung
"Entschädigung von Zwangsarbeiterinnen und Zwangsarbeitern"

PM 190
07.10.98
http://www.dgb.de

Die anschließend im Wortlaut dokumentierte Erklärung "Entschädigung von Zwangsarbeiterinnen und Zwangsarbeitern" wurde vom DGB-Bundesvorstand auf seiner Sitzung am 6. Oktober 1998 verabschiedet:

1. Der DGB-Bundesvorstand hält die Einrichtung einer Bundesstiftung zur Entschädigung aller noch lebenden Zwangsarbeiterinnen und Zwangsarbeiter für dringend geboten, um eine für alle möglichst gerechte und abschließende Regelung zu verwirklichen. An dieser Stiftung müssen sich der Bund, die Länder, die Kommunen, die betroffenen Unternehmen und die deutsche Wirtschaft gemeinsam beteiligen. Die Einrichtung dieser Stiftung ist notwendig und gerechtfertigt aufgrund der historischen Verantwortung Deutschlands und vieler deutscher Firmen.

2. Der DGB-Bundesvorstand begrüßt Entscheidungen von Firmen, die durch Unternehmensstiftungen oder Fondslösungen einen humanitären Beitrag zur Entschädigung von Zwangsarbeiterinnen und Zwangsarbeitern leisten wollen. Er fordert die Firmen, die sich bisher geweigert haben, ihrer Verantwortung gerecht zu werden, auf, ebenfalls ihren Beitrag zu leisten und einer Bundesstiftung nicht länger im Wege zu stehen.

3. Da die Bundesrepublik Deutschland die Rechtsnachfolge des Deutschen Reiches angetreten ist, ist auch sie aufgefordert, die Menschen zu entschädigen, die beim Reich bzw. den Gemeinden Zwangsarbeit leisten mussten.

4. Der DGB fordert die Abgeordneten des Deutschen Bundestages auf, umgehend eine fraktionsübergreifende Initiative zur Einrichtung der Bundesstiftung zur Entschädigung der Zwangsarbeiterinnen und Zwangsarbeiter zu ergreifen. Die neue Bundesregierung soll auf dieser Grundlage gemeinsam mit Kirchen, Wohlfahrtsverbänden und Initiativen der Betroffenen sowie mit dem Thema vertrauten Interessenorganisationen eine schnelle, unkomplizierte und unbürokratische Regelung zur Entschädigung treffen. Durch Einrichtung einer Informationsstelle für Zwangsarbeit sollen die Betroffenen Hilfe und Beratung erhalten. Die Informationsstelle soll über die historischen Fakten und das individuelle Schicksal der Betroffenen informieren.

5. Der DGB-Bundesvorstand fordert die örtlichen Gliederungen der Gewerkschaften, Betriebsräte und Arbeitnehmervertreter in Aufsichtsräten auf, die Frage der Entschädigung von Zwangsarbeitern verantwortungsbewusst aufzugreifen und Überlegungen mit dem Ziel eine Bundesstiftung zu unterstützen.

6. Der DGB wird gemeinsam mit den Gewerkschaften prüfen, wie die Ansprüche von Zwangsarbeiterinnen und Zwangsarbeitern weiter politisch unterstützt werden können, wenn es nicht zu einer befriedigenden Regelung im Rahmen einer Bundesstiftung kommen sollte.

Verantwortlich:	Postfach 10 10 26	Hans-Böckler-Straße 39	Telefon 0211 -4301-215
Hans-Jürgen-Arlt	40001 Düsseldorf	(Hans-Böckler-Haus)	Telefax 0211 -4301-324
		40476 Düsseldorf	

Gedruckt auf chlorfrei gebleichtem Material

Herausgeberin/Herausgeber

Klaus Barwig ist Studienleiter an der Akademie der Diözese Rottenburg-Stuttgart mit dem Arbeitsschwerpunkt Migrationsfragen und Menschenrechte.

Günter Saathoff ist Vorstandsbeauftragter des Bundesverbandes Information und Beratung für NS-Verfolgte, Köln und Koordinator des Arbeitskreises Innen- und Rechtspolitik der Bundestagsfraktion BÜNDNIS 90/DIE GRÜNEN.

Nicole Weyde ist Rechtsanwältin in Berlin und freie Mitarbeiterin der Jewish Claims Conference.